Studien zum Privatr

116

Christian Dietz

Gesamtschuldnerregress und Verjährung

Mohr Siebeck

Christian Dietz, geboren 1992; Studium der Rechtswissenschaft an der Julius-Maximilians-Universität Würzburg; 2015 Erstes Juristisches Staatsexamen; Referendariat in Schweinfurt und Würzburg; 2017 Zweites Juristisches Staatsexamen; Wissenschaftlicher Mitarbeiter am Lehrstuhl für Bürgerliches Recht, Europäisches Wirtschaftsrecht, Internationales Privat- und Prozessrecht sowie Rechtsvergleichung der Universität Würzburg; seit 2021 Rechtsanwalt in München; 2023 Promotion.
orcid.org/0009-0002-9322-4021

Das vorliegende Werk wurde als Dissertation an der Juristischen Fakultät der Julius-Maximilians-Universität angenommen.

ISBN 978-3-16-162656-2 / eISBN 978-3-16-163391-1
DOI 10.1628/978-3-16-163391-1

ISSN 1867-4275 / eISSN 2568-728X (Studien zum Privatrecht)

Die Deutsche Nationalbibliothek verzeichnet diese Publikation in der Deutschen Nationalbibliographie; detaillierte bibliographische Daten sind über *https://dnb.dnb.de* abrufbar.

Das Buch Gulde Druck in Tübingen auf alterungsbeständiges Werkdruckpapier gedruckt und dort gebunden.

Printed in Germany.

Vorwort

Die Arbeit wurde im Sommersemester 2022 von der Juristischen Fakultät der Julius-Maximilians-Universität Würzburg als Dissertation angenommen. Die Entwicklungen in Rechtsprechung und Literatur wurden bis zur Einreichung im Mai 2022 berücksichtigt. Die Arbeit entstand während meiner Tätigkeit als wissenschaftlicher Mitarbeiter am Lehrstuhl für Bürgerliches Recht, Europäisches Wirtschaftsrecht, Internationales Privat- und Prozessrecht sowie Rechtsvergleichung von Prof. Dr. Oliver Remien in Würzburg.

An erster Stelle möchte ich mich ganz besonders bei meinem Doktorvater Herrn Prof. Dr. Oliver Remien bedanken, der im April 2023 nach kurzer schwerer Krankheit verstorben ist. Prof. Dr. Oliver Remien war maßgeblich an der Themenfindung beteiligt und stets ein kritischer Diskussionspartner für die in dieser Arbeit aufgeworfene Fragestellung. Diese Dissertation ist somit nicht nur das Produkt meiner eigenen Forschung und Anstrengung, sondern auch das Ergebnis der unermüdlichen Unterstützung und Inspiration, die ich von Herrn Prof. Dr. Oliver Remien erhalten habe. Die Zeit an seinem Lehrstuhl hat mich nicht nur fachlich, sondern auch menschlich sehr geprägt. Seine offene Art, sein freundliches und gewinnendes Wesen sowie die von ihm vermittelte Leidenschaft für sein Fach werden mir immer in bester Erinnerung bleiben. Herzlichen Dank für alles, Herr Professor! Zudem danke ich Herrn Prof. Dr. Wolfram Buchwitz für die zügige Erstellung des Zweitgutachtens.

Ebenso möchte ich mich bei all denjenigen bedanken, die mich auf dem Weg zur Promotion begleitet haben und mir stets eine sichere Stütze waren, sei es fachlich oder freundschaftlich. Auch euch ist es zu verdanken, dass die vorliegende Dissertation gelingen konnte und meine Promotionszeit so erfüllend und wertvoll war.

Mein größter Dank gilt schließlich meiner Familie. Meinen Eltern Birgit und Stephan möchte ich dafür danken, dass sie mich stets ermutigt und unterstützt haben, meine Ziele zu verfolgen, und mir auch in schwierigen Zeiten immer ein sicherer Rückhalt waren. Meinen Brüdern Maximilian und Florian danke ich für ihre Brüderlichkeit, ihre Freundschaft, ihren Humor und ihre ständige Unterstützung. Ihr habt mich immer daran erinnert, dass das Leben nicht nur aus Arbeit und „Jura" besteht.

So ist diese Arbeit letztlich nicht nur das Ergebnis meiner Anstrengungen, sondern auch das Ergebnis der Liebe und Unterstützung, die ich von meiner Familie erfahren habe. Ihnen ist dieses Buch gewidmet.

München, im November 2023 *Christian Dietz*

Inhaltsverzeichnis

Abkürzungsverzeichnis

a.A.	anderer Auffassung
a.a.O.	am angegebenen Ort
ABl.	Amtsblatt
Abs.	Absatz
AcP	Archiv für die civilistische Praxis
a.E.	am Ende
AEUV	Vertrag über die Arbeitsweise der Europäischen Union
a.F.	alte Fassung
AGB	Allgemeine Geschäftsbedingungen
ABGB	Allgemeines Bürgerliches Gesetzbuch
AGG	Allgemeines Gleichbehandlungsgesetz
AHG	Amtshaftungsgesetz (Österreich)
Anm.	Anmerkung
AnwBl	Anwaltsblatt (Zeitschrift)
AO	Abgabenordnung
ArbR	Arbeitsrecht aktuell (Zeitschrift)
ArbRB	Arbeits-Rechtsberater (Zeitschrift)
ARGE	Arbeitsgemeinschaft
Arg. e. contr.	Argumentum e contrario
AT	Allgemeiner Teil
AuA	Arbeit und Arbeitsrecht (Zeitschrift)
Aufl.	Auflage
BAG	Bundesarbeitsgericht
BAGE	Entscheidungen des Bundesarbeitsgerichts
BauR	Zeitschrift für das gesamte öffentliche und private Baurecht
BauVertrRRG	Bauvertragsrechtsreformgesetz
BB	Betriebsberater (Zeitschrift)
Bd.	Band
Beck OGK	Beck Online-Grosskommentar BGB
BeckOK BGB	Beck Online-Kommentar BGB
BeckRS	Beck-Rechtsprechung
Begr.	Begründer
BernK	Berner Kommentar zum Obligationenrecht
Beschl.	Beschluss
BFH	Bundesfinanzhof
BGB	Bürgerliches Gesetzbuch
BGB-KE	BGB-Kommissionsentwurf
BGBl.	Bundesgesetzblatt
BGE	Entscheide des Bundesgerichts (Schweiz)

BGer.	Bundesgericht (Schweiz)
BGH	Bundesgerichtshof
BGHR	BGH-Rechtsprechung
BGHZ	Entscheidungssammlung des Bundesgerichtshofs in Zivilsachen
BKR	Zeitschrift für Bank- und Kapitalmarktrecht (Zeitschrift)
BMJV	Bundesministerium der Justiz und für Verbraucherschutz
BRAO	Bundesrechtsanwaltsordnung
BReg.	Bundesregierung
BRTV-Bau	Bundesrahmentarifvertrag für das Baugewerbe
BStBl.	Bundessteuerblatt
BT	Besonderer Teil
BT-Drs.	Bundestags-Drucksache
BTV	Besondere Technische Vertragsbedingungen
BVB	Besondere Vertragsbedingungen
BVerfG	Bundesverfassungsgericht
CC	Code Civil
CHK	Handkommentar zum Schweizer Privatrecht
C.i.c.	Culpa in contrahendo
CMR	Convention relative au contrat de transport international de marchandises par route
DB	Der Betrieb (Zeitschrift)
DCFR	Draft Common Frame of Reference
Ders.	Derselbe
DGVZ	Deutsche Gerichtsvollzieher Zeitung (Zeitschrift)
DHG	Dienstnehmerhaftpflichtgesetz (Österreich)
Dies.	Dieselbe(n)
DIN	Deutsche Industrienorm
DK	Der Konzern (Zeitschrift)
DStR	Deutsches Steuerrecht (Zeitschrift)
Ebd.	Ebenda
Ed.	Edition
EG	Europäische Gemeinschaft
EGBGB	Einführungsgesetz zum Bürgerlichen Gesetzbuch
EG ZHR	EG-Beiheft der Zeitschrift für das gesamte Handelsrecht und Wirtschaftsrecht
endg.	endgültig
EStG	Einkommensteuergesetz
EU(-)	Europäische Union bzw. zur Europäischen Union gehörend
EuGH	Europäischer Gerichtshof
EuZW	Europäische Zeitschrift für Wirtschaftsrecht (Zeitschrift)
EWiR	Entscheidungen zum Wirtschaftsrecht, Kurzkommentare
EWS	Europäisches Wirtschafts- und Steuerrecht (Zeitschrift)
f.	folgend(e)
FA	Fachanwalt Arbeitsrecht (Zeitschrift)
ff.	folgende (mehrere)
FGO	Finanzgerichtsordnung
Fn.	Fußnote
FS	Festschrift

gem.	gemäß
GG	Grundgesetz
GI aktuell	Gerling Informationen für wirtschaftsprüfende, rechts- und steuerberatende Berufe
GmbHR	GmbH-Rundschau (Zeitschrift)
GRUR	Gewerbliches Rechtsschutz und Urheberrecht (Zeitschrift)
GRUR-Prax.	Gewerblicher Rechtsschutz und Urheberrecht. Praxis im Immaterialgüter- und Wettbewerbsrecht (Zeitschrift)
GWB	Gesetz gegen Wettbewerbsbeschränkungen
GWR	Gesellschafts- und Wirtschaftsrecht (Zeitschrift)
HeizKG	Heiz- und Kältekostenabrechnungsgesetz (Österreich)
h.M.	herrschende Meinung
HKK-BGB	Historisch-kritischer Kommentar zum BGB
HOAI	Honorarordnung für Architekten- und Ingenieurleistungen
Hrsg.	Herausgeber
HWB	Handwörterbuch
IBR	Immobilien- und Baurecht (Zeitschrift)
i.d.F.	in der Fassung
i.S.d.	im Sinne des/der
i.V.m.	in Verbindung mit
i.w.S.	im weiteren Sinne
JA	Juristische Arbeitsblätter (Zeitschrift)
JBl.	Justizblatt
JR	Juristische Rundschau (Zeitschrift)
JURA	Juristische Ausbildung (Zeitschrift)
JuS	Juristische Schulung (Zeitschrift)
JZ	Juristenzeitung (Zeitschrift)
KBA	Kraftfahrt-Bundesamt
KG	Kammergericht, Kommanditgesellschaft
KMU	Kleine und mittlere Unternehmen
KSI	Krisen-, Sanierungs- und Insolvenzberatung (Zeitschrift)
LG	Landgericht
Lit.	Littera (lat.: Buchstabe)
LMK	Lindenmaier-Möhring – Kommentierte BGH-Rechtsprechung
Ls.	Leitsatz
Mat.	Materialien
MDR	Monatsschrift für Deutsches Recht (Zeitschrift)
Mot.	Motive (zum BGB)
Münch. Komm. BGB	Münchener Kommentar zum BGB
Münch. Komm. ZPO	Münchener Kommentar zur ZPO
m.w.N.	mit weiteren Nachweisen
n. F.	neue Fassung
NJOZ	Neue Juristische Online-Zeitschrift
NJW	Neue Juristische Wochenschrift (Zeitschrift)
NJW-RR	Neue Juristische Wochenschrift-Rechtsprechungsreport (Zeitschrift)
NZKart.	Neue Zeitschrift für Kartellrecht (Zeitschrift)
ÖZK	Österreichische Zeitschrift für Kartellrecht

OFK	Orell-Füssli-Kommentar
OGH	Oberster Gerichtshof (Österreich)
OK	Online-Kommentar
OLG	Oberlandesgericht
OLGR	OLG-Report (Zeitschrift)
OR	Obligationenrecht (Schweiz)
PECL	Principles of European Contract Law
PICC	Principles for international commercial contracts
ProstG	Prostitutionsgesetz
RabelsZ	Rabels Zeitschrift für ausländisches und internationales Privatrecht (Zeitschrift)
RdTW	Recht der Transportwirtschaft
RG	Reichsgericht
RGRK-BGB	Reichsgerichtsrätekommentar zum BGB
RGZ	Entscheidungssammlung des Reichsgerichts in Zivilsachen
RIW	Recht der internationalen Wirtschaft (Zeitschrift)
RL	Richtlinie
Rn.	Randnummer
Rs.	Rechtssache
SGECC	Study Group on a European Civil Code
Slg.	Sammlung
SME	Small and medium-sized Enterprise
StF	Stammfassung (Österreich)
str.	streitig
st. Rspr.	ständige Rechtsprechung
StudZR	Studentische Zeitschrift für Rechtswissenschaft
SVG	Strassenverkehrsgesetz (Schweiz)
Teilbd.	Teilband
TranspR	Transportrecht (Zeitschrift)
Tz.	Textziffer
Überbl.	Überblick
UNIDROIT	Institut international pour l'unification du droit privé
Urt.	Urteil
UWG	Gesetz gegen den unlauteren Wettbewerb
v.	von
verbd.	verbunden
VerkProspG	Verkaufsprospektgesetz
VersR	Versicherungsrecht (Zeitschrift)
VG	Verwaltungsgericht
vgl.	vergleiche
VO	Verordnung
VOB	Vertrags- und Vergabeordnung für Bauleistungen
VOB/A	Allgemeine Bestimmungen für die Vergabe von Bauleistungen
VOB/B	Allgemeine Vertragsbedingungen für die Ausführung von Bauleistungen
VOB/C	Allgemeine Technische Vertragsbedingungen für Bauleistungen
Vorbem.	Vorbemerkung
VuR	Verbraucher und Recht – Zeitschrift für Wirtschafts- und Verbraucherrecht (Zeitschrift)

VVG	Versicherungsvertragsgesetz
wbl	Wirtschaftsrechtliche Blätter (Zeitschrift Österreich)
WM	Wertpapier-Mitteilungen. Zeitschrift für Wirtschafts- und Bankrecht
WRP	Wettbewerb in Recht und Praxis (Zeitschrift)
WuW	Wirtschaft und Wettbewerb (Zeitschrift)
WuW/DE-R	Wirtschaft und Wettbewerb – Entscheidungssammlung (Deutschland)
WuW/E Eu	Wirtschaft und Wettbewerb – Entscheidungssammlung (Europa)
ZAP	Zeitschrift für die Anwaltspraxis (Zeitschrift)
z.B.	zum Beispiel
ZEuP	Zeitschrift für Europäisches Privatrecht (Zeitschrift)
ZEV	Zeitschrift für Erbrecht und Vermögensnachfolge
ZfA	Zeitschrift für Arbeitsrecht (Zeitschrift)
ZfBR	Zeitschrift für deutsches und internationales Bau- und Vergaberecht (Zeitschrift)
ZfRV	Zeitschrift für Europarecht, Internationales Privatrecht und Rechtsvergleichung (Zeitschrift Österreich)
ZGS	Zeitschrift für das gesamte Schuldrecht
ZHR	Zeitschrift für das gesamte Handels- und Wirtschaftsrecht (Zeitschrift)
ZIP	Zeitschrift für Wirtschaftsrecht (bis 1982: Zeitschrift für Wirtschaftsrecht und Insolvenzpraxis)
ZPO	Zivilprozessordnung
ZTV	Zusätzliche Technische Vertragsbedingungen
ZVB	Zusätzliche Vertragsbedingungen
ZVR	Zeitschrift für Verkehrsrecht (Zeitschrift Österreich)
ZWeR	Zeitschrift für Wettbewerbsrecht (Zeitschrift)
ZZP	Zeitschrift für Zivilprozess (Zeitschrift)

Einleitung

I. Bedeutung der Thematik

Friedrich Carl von Savigny war einer der namhaftesten Rechtsgelehrten seiner Zeit. Noch heute wird in Rechtsprechung und Lehre auf seine Ansichten verwiesen, welche auch 160 Jahre nach seinem Tode (1861) im heutigen Recht fortwirken. Ein äußerst bekanntes Beispiel, das einem seiner bedeutendsten Werke – „Das Obligationenrecht als Theil des heutigen römischen Rechts" – entstammt, in welchem er sich grundlegend mit der Gesamtschuld auseinandersetzte, ist das sog. „Glücksspielargument".[1] Damit beabsichtigte er die nachteiligen Folgen, die dem Gesamtschuldner aus der zufälligen und alleinigen Inanspruchnahme durch den Gläubiger drohen, zu beschreiben.[2] Um diesen nachteiligen Folgen entgegenzuwirken, wollte *Savigny* für die Correalschuld,[3] der, wie er sagte, ein Regress nach ihrem „abstracten Wesen […] fremd" gewesen sei,[4] einen Regressanspruch zugunsten des in Anspruch genommenen Schuldners aus einer fingierten Zession herleiten.[5]

Ein Blick in das Bürgerliche Gesetzbuch zeigt zunächst, dass sich der Gesetzgeber aber für eine andere Form des Ausgleichs zwischen Gesamtschuldnern entschieden hat: § 426 Abs. 1 BGB begründet eine gesetzliche Ausgleichspflicht.[6]

---

[1] *Savigny*, Das Obligationenrecht als Theil des heutigen römischen Rechts, Bd. I, § 22, S. 216, § 23, S. 229.

[2] Ebd.

[3] Ausgehend von der römisch-rechtlichen Terminologie wurde im 19. Jahrhundert auch in Deutschland teilweise zwischen Korrealobligationen, d.h. hauptsächlich vertraglich oder testamentarisch begründeten Gesamtschulden, und bloßen Solidarobligationen, also kraft Gesetzes entstandenen Gesamtschuldverhältnissen, insbesondere deliktischer Art, differenziert. Diese Unterscheidung wurde nicht in das BGB übernommen und findet sich auch im neuen französischen Recht nicht mehr. *S. Meier,* in: Historisch-kritischer Kommentar zum BGB (HKK-BGB), Bd. 2 Schuldrecht Allgemeiner Teil, Teilbd. §§ 305–432, 2007, Rn. 6 zu §§ 420–432/I; *Hente/Appl/Valenzuela*: Die Neuregelung der Verjährung im französischen Recht – Für das Forderungsmanagement bedeutsame Änderungen im Überblick, KSI 2009, S. 115, 116. Soweit ersichtlich unterscheidet Savigny aber nicht zwischen den jeweiligen Entstehungsgründen und verwendet den Begriff „Correalschuld" einheitlich für sämtliche Arten von Gesamtschulden.

[4] Vgl. *Savigny*, a.a.O.; *Ehmann,* Die Gesamtschuld, S. 88 f.

[5] Ebd.

[6] So jedenfalls die ganz h.M., insbesondere unter Berufung auf Motive II, S. 169 f., bei

Sie besteht zunächst in einem Mitwirkungs- und Befreiungsanspruch und wandelt sich nach Befriedigung des Primärgläubigers durch einen der Gesamtschuldner in einen Zahlungsanspruch um, soweit der jeweilige Gesamtschuldner mehr als den von ihm im Innenverhältnis zu tragenden Anteil geleistet hat.[7] Die Ausgleichspflicht nach §426 Abs. 1 BGB wird häufig durch Ausgleichsansprüche überlagert, die sich aus einer im Innenverhältnis zwischen den Gesamtschuldnern bestehenden vertraglichen oder vertragsähnlichen Rechtsbeziehung ergeben. Soweit ein Gesamtschuldner den Primärgläubiger befriedigt und von den anderen Schuldnern Ausgleich verlangen kann, geht außerdem – *Savignys* Gedanken folgend – gem. §426 Abs. 2 BGB der Anspruch des Primärgläubigers auf ihn über. Insoweit ist der Zessionsregress also doch Gesetz geworden (*Cessio legis*). Dem ausgleichsberechtigten Gesamtschuldner ist es daher möglich, seinen Regressanspruch auch auf diesen übergegangenen Anspruch zu stützen. *Ehmann* stellte fest, dass der Gesetzgeber damit „die von Savigny gestellte Aufgabe gelöst" habe.[8] Trotz dieser vielfältigen Möglichkeiten des Gesamtschuldners einen Regressanspruch geltend zu machen, wird bereits seit Jahrzehnten über dessen Inhalt, Funktion und den zeitlichen Anwendungsbereich des Ausgleichsanspruchs gestritten.[9]

Aufgrund der durch die Schuldrechtsmodernisierung erfolgten und ab 2002 geltenden grundlegenden Änderungen des Verjährungsrechts wird der Diskurs zunehmend durch verjährungsrechtliche Probleme bestimmt. Dies ist insbesondere darauf zurückzuführen, dass für die drei genannten Anspruchsgrundlagen unterschiedliche Verjährungsregeln gelten:

Der Ausgleichsanspruch nach §426 Abs. 1 BGB, unabhängig ob Mitwirkungs-, Befreiungs- oder Zahlungsanspruch, verjährt nach h.M. innerhalb der regelmäßigen Verjährungsfrist von drei Jahren, die mit der Entstehung des Gesamtschuldverhältnisses beginnt. Der Anspruch aus §426 Abs. 1 BGB unterliegt dabei, egal, in welcher Form er vorliegt, einer einheitlichen Verjährung.[10] Ansprüche aus dem jeweiligen Innenverhältnis verjähren innerhalb der für den jeweiligen Anspruch maßgeblichen besonderen Verjährungsfrist. Der nach §426 Abs. 2 BGB übergegangene Anspruch verjährt innerhalb der Frist, die im Verhältnis zwischen Primärgläubiger und ausgleichspflichtigem Gesamtschuldner maßgebend ist.[11] Insbesondere die von der Rechtsprechung und weiten Teilen der

---

Mugdan (Hrsg.), Die gesammten Materialien zum Bürgerlichen Gesetzbuch für das Deutsche Reich, II. Band, S. 93.

[7] Vgl. dazu z.B. nur: *Heinemeyer,* in: Münch. Komm. BGB, 8. Aufl. 2019, §426, Rn. 24; *Grüneberg,* in: Grüneberg, 81. Aufl. 2022, §426 BGB, Rn. 6.

[8] *Ehmann,* Die Gesamtschuld, S. 92.

[9] Vgl. dazu z.B. nur: *Stamm,* BauR 2004, 240, 244, 250; *Dollmann,* GmbHR 2004, 1330, 1331.

[10] Vgl. BGH, Urt. v. 18.06.2009 – VII ZR 167/08 = BGHZ 181, 310, 314 ff.

[11] *Grüneberg,* in: Grüneberg, 81. Aufl. 2022, §426 BGB, Rn. 4, 16; *Heinemeyer,* in: Münch. Komm. BGB, 8. Aufl. 2019, §426, Rn. 28, 48; *Gehrlein,* in: BeckOK BGB, 53. Ed. (Stand: 01.02.2020), §426, Rn. 18; *Looschelders,* in: Staudinger, Kommentar zum BGB, Neubearbeitung 2017, §426, Rn. 143.

Literatur vertretene Ansicht hinsichtlich eines einheitlich und selbstständig verjährenden Ausgleichsanspruchs aus §426 Abs. 1 BGB, der schon mit Begründung der Gesamtschuld entstehe und der dreijährigen Regelverjährung gem. §§195, 199 BGB unterliege,[12] hat seit jeher Gegenstimmen hervorgerufen.[13]

Wie im Verlaufe der Arbeit zu zeigen sein wird, ist wohl diesen Ansichten entgegenzuhalten, dass Gesamtschuldner in nicht wenigen Fällen tatsächlich zu Glücksspielern werden, sodass *Savignys* anfänglich dargestellte Bedenken ggf. nach wie vor an Brisanz nicht verloren haben.[14]

Auf der Grundlage der Kartellschadensersatzrichtlinie (2014/104/EU),[15] welche bis zum 27.12.2016 in internes deutsches Recht umzusetzen war, hat der Gesetzgeber in der 9. GWB-Novelle[16] mit §33h Abs. 7 GWB eine Norm geschaffen, die bereits aufgrund ihres Wortlauts von der bisherigen Praxis des Verjährungsbeginns des Ausgleichsanspruchs im Gesamtschuldverhältnis abweicht. Dort soll für den Beginn der Verjährungsfrist des Regressanspruchs, wenn es um einen Anspruch auf Ausgleichung nach §33d Abs. 2 GWB wegen Befriedigung eines Schadensersatzanspruchs nach §33a Abs. 1 GWB geht, der Zeitpunkt der Befriedigung des Schadensersatzanspruchs maßgeblich sein. Darüber hinaus enthalten die §§439 Abs. 2 S. 3, 463 HGB bereits seit 1998 für den Fracht- und den Speditionsvertrag eine ähnliche Regelung.[17]

Es zeigt sich, dass die Komplexität der bereits zuvor bestehenden Verjährungsproblematik sowohl durch die Schuldrechtsmodernisierung als auch durch europäische Impulse im Gefolge der Kartellschadensersatzrichtlinie erheblich zugenommen hat. Darüber hinaus hat der Gesetzgeber das Problem der vorzeitigen Verjährung des Ausgleichsanspruchs erkannt und weicht im HGB und in der 9. GWB-Novelle zum Teil von der BGH-Konzeption ab.

---

[12] Hier nur: BGHZ 181, 310, 313; *Grüneberg,* in: Grüneberg, 81. Aufl. 2022, §426, BGB Rn. 4; *Looschelders,* a. a. O., §426 Rn. 7.

[13] Vgl. zunächst nur *Looschelders*, a.a.O., Rn. 10 m.w.N.; *Stamm,* BauR 2004, 240, 244, 250; *Dollmann,* GmbHR 2004, 1330, 1331.

[14] Daneben bestehen weitere Problemkreise, wie beispielsweise die Frage, ob der Ausgleichsanspruch unabhängig von der Verjährung der Forderung gegen die Gesamtschuldner durchsetzbar sein soll (vgl. BGH NJW 2010, 62, 63; BGH NJW 435, 436; *Pfeiffer*, NJW 2010, 23, 25.) In diesem Zusammenhang wird die Auffassung vertreten, dass eine kürzere Verjährungsfrist aus dem Innenverhältnis auf die Ansprüche aus §426 BGB durchschlägt (vgl. *Looschelders*, a. a. O., Rn. 27).

[15] Richtlinie 2014/104/EU des Europäischen Parlaments und des Rates v. 26.11.2014 über bestimmte Vorschriften für Schadensersatzklagen nach nationalem Recht wegen Zuwiderhandlungen gegen wettbewerbsrechtliche Bestimmungen der Mitgliedstaaten und der Europäischen Union, ABl. (EU) L 349/1 v. 05.12.2014.

[16] BT-Drs. 18/10207.

[17] Vgl. unten §4 I.

II. Zentrale Fragestellung und Ziel der Arbeit

Zur Verdeutlichung der Thematik diene folgender Sachverhalt:[18]

2004 schließt A einen Architekten- und B einen Bauvertrag mit C über den Bau einer Mauer, die noch am 30.11.2004 durch C abgenommen wird. 2007 treten dann jedoch erste Risse an der Mauer auf. A und B korrespondieren noch im selben Jahr über Ursachen und Verantwortlichkeiten, wobei ihnen bewusst ist, dass sie beide die Ursache für die Risse zu vertreten haben. Nach langem Hin und Her zwischen A und C leitet C Anfang 2008 hierzu gegen A ein selbständiges Beweisverfahren ein. Am 11.04.2008 stellt ein Sachverständiger die Verantwortlichkeiten von A und B fest. A und C streiten anschließend außergerichtlich noch lange über die Höhe und Angemessenheit der Mängelbeseitigungskosten. Am 28.12.2011 zahlt die Haftpflichtversicherung von A, die D, schließlich an C für Mängelbeseitigungskosten und verlangt hieraus mit Schreiben vom 05.01.2012 von B im Wege des Gesamtschuldnerausgleichs 70 % erstattet. B wendet hiergegen die Einrede der Verjährung ein. Zu Recht?

Maßgeblich für die rechtliche Beurteilung ist die Beantwortung der Frage, wann die Verjährungsfrist für den Ausgleichsanspruch in Form des Zahlungsanspruchs zu laufen begonnen hat. Würde man, wie in der neuen Regelung in § 33h Abs. 7 GWB, auf den Zeitpunkt der Zahlung an C am 28.12.2011 abstellen, ginge die Einrede der Verjährung ins Leere, da Verjährung erst mit Ablauf des 31.12.2014 eintreten würde. Stellt man mit dem BGH auf den Zeitpunkt der Entstehung der Gesamtschuld ab, kommt es für den Verjährungsbeginn entscheidend auf die Frage an, wann A, dessen Kenntnis D wegen des übergegangenen Anspruchs zugerechnet wird, Kenntnis im Sinne von § 199 Abs. 1 Nr. 2 BGB erlangt hat. Der BGH hält es für eine Kenntnis aller Umstände, die einen Ausgleichsanspruch nach § 426 Abs. 1 BGB begründen, nämlich für erforderlich, dass der Ausgleichsberechtigte Kenntnis von den Umständen hat, die einen Anspruch des Gläubigers gegen den Ausgleichsverpflichteten begründen, von denjenigen, die einen Anspruch des Gläubigers gegen ihn selbst begründen, sowie von denjenigen, die das Gesamtschuldverhältnis begründen, und schließlich von den Umständen, die im Innenverhältnis eine Ausgleichspflicht begründen.[19]

Daher kommt zum einen der Zeitpunkt des Schriftwechsels zwischen A und B im Jahr 2007 infrage, zum anderen der Zeitpunkt des Sachverständigengutachtens. Stellt man auf den Schriftwechsel aus dem Jahr 2007 ab, so ist der Ausgleichsanspruch des A gegen den B aus § 426 Abs. 1 BGB mit Ablauf des 31.12.2010 verjährt. Stellt man auf den Zeitpunkt des Sachverständigengutachtens ab, so tritt Verjährung am 31.12.2011 ein, und das, obwohl die Zahlung erst am 28.12.2011 geleistet wurde. Somit hat D, folgt man der Ansicht des BGH, keinen Anspruch aus § 426 Abs. 1 BGB gegen den B. Auch der gem. § 426 Abs. 2 BGB auf D nach Zahlung übergegangene Anspruch des C gegen den B ist wegen

---

[18] Sachverhalt in Anlehnung an BGHZ 181, 310, vgl. Einl. Fn. 9.

[19] So BGH, Urt. v. 18.06.2009 – VII ZR 167/08 = BGHZ 181, 310, 314 ff., Leitsatz 2.

der bereits 2004 erfolgten Abnahme und der fehlenden Verjährungshemmung durch C gegenüber B am 30.11.2009 verjährt. Der D stehen somit keine Ansprüche mehr gegen B zu.

Stellt man somit für den Verjährungsbeginn auf den Zeitpunkt der Entstehung der Gesamtschuld ab, so ergibt sich im Zusammenhang mit der Dauer der Verjährungsfristen die zentrale Frage, ob die vom BGH und Teilen der Literatur vertretene Auffassung mit ihrem dem Institut des Gesamtschuldnerregresses zugrundeliegenden Konzept, dass gerade die von *Savigny* aufgezeigte „Glücksspielkonstellation" vermieden werden soll, noch vereinbar ist. Bedarf es zur Vermeidung dieser Diskrepanzen einer Ergänzung des Wortlauts von § 426 BGB oder einer Regelung an anderer Stelle? Soll dabei für den Beginn der Verjährungsfrist an die Zahlung durch den ausgleichsberechtigten Gesamtschuldner oder an die Gläubigerforderung angeknüpft und sollte eine Verjährungshöchstfrist festgesetzt werden?

Gerade aus der Praxis werden immer wieder Stimmen laut, die schon länger die vom BGH gewählte Lösung kritisieren und um andere Lösungsansätze bemüht sind.[20] Auch ein Vergleich mit den Lösungen anderer EU-Staaten und Rechtsharmonisierungsbestrebungen auf EU-Ebene zeigen, dass einer Lösung, wie sie in Deutschland mehrheitlich vertreten wird, gewichtige Gründe entgegenstehen können. Ziel der Arbeit ist es zum einen, einen umfassenden Überblick über den aktuellen Streitstand zu geben, und zum anderen, unter Berücksichtigung sämtlicher für und gegen die einzelnen Konzeptionen sprechenden Argumente einen eigenen Ansatz für eine „gerechtere" und den Befürchtungen von *Savigny* deutlich besser Rechnung tragende Lösung für die am Gesamtschuldverhältnis Beteiligten zu entwickeln.

Wie der der Entscheidung des BGH vom 18.06.2009[21] zugrunde liegende Sachverhalt zeigt, ergibt sich die Problematik einer vorzeitigen Verjährung des Ausgleichs- bzw. Regressanspruchs nicht nur für das Teilrechtsgebiet des Kartellrechts, sondern darüber hinaus auch im Bau- und im Haftpflichtrecht sowie generell in sämtlichen Konstellationen, in denen ein Gesamtschuldnerausgleich ansteht. Demnach ist nach Auffassung des Verfassers eine Änderung bzw. Neuregelung an zentraler Stelle für das Zivilrecht insgesamt, unmittelbar in § 426 BGB oder kraft Verweisung in § 199 Abs. 1 BGB, und nicht nur in den jeweiligen Spezialvorschriften der einzelnen Rechtsgebiete erforderlich. Dies aufzuzeigen und argumentativ zu begründen ist Gegenstand der Arbeit.

---

[20] Vgl. dazu an dieser Stelle nur die Ausführungen von *Stamm*, BauR 2004, 240, 244, 250; *Dollmann*, GmbHR 2004, 1330, 1331.

[21] Vgl. BGH, Urt. v. 18.06.2009 – VII ZR 167/08 = BGHZ 181.

III. Vorgehensweise

Die Arbeit ist in drei Kapitel gegliedert:

Im ersten Kapitel werden die Grundlagen des Verjährungsrechts und der Gesamtschuld dargestellt. Dadurch soll ein Grundverständnis für die nachfolgend zu erörternde Problematik geschaffen werden. Im Einzelnen wird insbesondere auf die dem zivilistischen Verjährungsrecht zugrunde liegende Konzeption, ihre Historie und die durch die Schuldrechtsmodernisierung ausgelösten Änderungen und dabei in erster Linie auf den im vorliegenden Kontext relevanten Verjährungsbeginn eingegangen. Anschließend werden die Gesamtschuld, ebenfalls unter Einbeziehung der Historie, und der dabei erforderliche Innenausgleich und Regressmöglichkeiten nach § 426 BGB vorgestellt, stets aus dem Blickwinkel der aufgezeigten speziellen Verjährungsproblematik. Schließlich werden alternative Ansatzpunkte für die Festlegung des Zeitpunkts des Verjährungsbeginns behandelt.

Das zweite Kapitel ist sodann zunächst europäischen Impulsen und dem Vergleich sowohl mit Lösungsansätzen in anderen (deutschen) Teilrechtsgebieten als auch in Rechtsordnungen ausgewählter EU-Mitgliedstaaten gewidmet. Im Vordergrund steht dabei die bereits erwähnte Kartellschadensersatzrichtlinie[22] und ihre Umsetzung in internes deutsches Sachrecht durch die 9. GWB-Novelle,[23] wobei auch hier der Fokus auf der Regelung der Verjährungsfrage liegt. Zu Beginn wird ein Überblick über die Rechtslage vor Erlass der genannten Richtlinie gegeben. Im Anschluss daran werden die einschlägigen Regelungen der Richtlinie zum Gesamtschuldnerinnenausgleich und deren Umsetzung in den §§ 33a ff. GWB erörtert. Danach wird auf vergleichbare Problemlagen in anderen (deutschen) Teilrechtsgebieten eingegangen. Dies dient, ebenso wie der Exkurs zum ausländischen Recht und die Erörterung von EU-Bestrebungen zur Rechtsharmonisierung, dazu, andere Herangehensweisen und Lösungsalternativen zu identifizieren, die sich auf die Diskussion der hier im Mittelpunkt stehenden Thematik befruchtend auswirken können. Am Ende dieses Abschnitts wird zu den unterschiedlichen Konzeptionen kurz Stellung genommen.

Gegenstand des dritten Kapitels sind die im Rahmen von § 426 BGB bestehenden Mitwirkungspflichten und die sich hierbei ergebende Thematik des Laufs der Verjährungsfrist. Dabei wird die vorherrschende Meinung, ausgehend von einer Darstellung des Streitstands, analysiert und einer umfassenden Kritik unterzogen. Von besonderer Bedeutung ist dabei wiederum die Frage nach dem Beginn der Verjährungsfrist des Ausgleichsanspruchs und danach, wie sich die Neugestaltung des Verjährungsrechts auf die Mitwirkungspflichten auswirkt. Dabei sollen auch alternative Lösungsansätze in den Blick genommen und auf ihre argumentative Plausibilität hin untersucht werden.

---

[22] Vgl. oben, Einl. Fn. 15.

[23] Neuntes Gesetz zur Änderung des Gesetzes gegen Wettbewerbsbeschränkungen v. 01.06.2017, BGBl. 2017 I Nr. 33 v. 08.06.2017, S. 1416–1433.

Auf der Grundlage der bis dahin gewonnenen Erkenntnisse sollen dann im abschließenden Resümee ein eigenständiger Ansatz des Verfassers entwickelt und ein Lösungsvorschlag präsentiert werden. Abgeschlossen wird die Arbeit durch eine Schlussbetrachtung und eine stichpunktartige Zusammenfassung des Gesamtergebnisses.

1. Kapitel

Grundlagen

§ 1

Einführung in das Verjährungsrecht und in das Recht der Gesamtschuld

Die in diesem Teil der Arbeit zu erörternden Grundlagen stellen gewissermaßen einen allgemeinen, vor die Klammer gezogenen Teil der Arbeit dar, auf den, sofern von Bedeutung, im weiteren Verlauf Bezug genommen wird.

I. Verjährungsrecht

Wie eingangs erwähnt,[1] wurde die Problematik der Verjährung des Ausgleichsanspruchs unter Gesamtschuldnern durch die im Rahmen der Schuldrechtsmodernisierung[2] erfolgte Neuregelung des Verjährungsrechts maßgeblich verschärft. Um diese zu verstehen, wird nachfolgend ein kurzer Überblick über die Grundlagen des Verjährungsrechts, insbesondere zu dessen Sinn und Zweck, dessen Geschichte, den Auswirkungen der Reform und den Voraussetzungen der Verjährung, gegeben. Da es in dieser Arbeit vornehmlich um Ansprüche geht, die der regelmäßigen Verjährung im Sinne der §§ 195, 199 BGB unterliegen, beschränkt sich die Darstellung weitestgehend auf diese.

1. Die Anspruchsverjährung nach BGB

Verjährung bedeutet Entkräftung eines Anspruchs durch Zeitablauf. Mit Ablauf der Verjährungsfrist braucht der Schuldner nicht mehr an den Gläubiger zu leisten. Dem Schuldner steht nach Ablauf der genannten Frist gem. § 214 Abs. 1 BGB die (peremptorische) Einrede der Verjährung zu.[3] Die Verjährung als echte Einrede im technischen Sinn begründet ein dauerhaftes Leistungsverweigerungsrecht des Schuldners. Der verjährte Anspruch erlischt somit nicht, sondern ist weiterhin erfüllbar.[4] Dass es sich bei der Verjährung nicht um eine rechtsvernich-

---

[1] Vgl. oben Einl. I.

[2] Schuldrechtsmodernisierungsgesetz vom 26.11.2001, BGBl. I, S. 3137, in Kraft seit dem 01.01.2002.

[3] Vgl. *Peters/Jacoby,* in: Staudinger, Kommentar zum BGB, Neubearbeitung 2019, Vorbem. zu § 194–225 Rn. 4; *Brox/Walker*, Allgemeiner Teil des BGB, 42. Aufl. 2018, § 31, Rn. 12; *Medicus/Petersen,* Allgemeiner Teil des BGB, 11. Aufl. 2016, § 14, Rn. 120.

[4] *Ellenberger,* in: Grüneberg, 81. Aufl. 2022, Überbl. v. § 194, Rn. 5; *Henrich,* in: BeckOK

tende, sondern um eine rechtshemmende Einwendung handelt, wird dann relevant, wenn der Schuldner trotz Ablaufs der Verjährungsfrist an den Gläubiger leistet. Gemäß §§ 214 Abs. 2, 813 Abs. 1 S. 2 BGB kann diese freiwillig erbrachte Leistung nicht mehr vom Schuldner kondiziert werden.[5] Wegen der beachtlichen Wirkung der Verjährung ist es offensichtlich, dass gerade der Verjährungsbeginn und der Verjährungsablauf, der durch die Tatbestände der Verjährungshemmung nach den §§ 203 ff. BGB und dem Neubeginn der Verjährung nach § 212 BGB beeinflusst werden kann, in der Praxis, gerade auch im Bereich der Gesamtschuld, von großer Bedeutung ist.

a) Gegenstand und Zweck

Das Recht, von einem anderen ein Tun oder Unterlassen verlangen zu können (Anspruch), unterliegt gem. § 194 Abs. 1 BGB der Verjährung. Der Verjährung sind dabei alle vertraglichen und gesetzlichen Ansprüche unterworfen, die ihren Ursprung im materiellen Recht haben.[6] Durch die zeitliche Begrenzung der Durchsetzbarkeit von Ansprüchen sollen Rechtssicherheit und Rechtsfrieden gefördert werden.[7] Diese Überlegung findet ihre Grundlage darin, dass es für den Rechtsverkehr klarer Verhältnisse bedarf, um vor einer Verdunkelung der Rechtslage bewahrt zu bleiben, wie es bei späterer Geltendmachung von Ansprüchen aufgrund längst vergangener Tatsachen zu befürchten wäre.[8] Tatsächliche Zustände, die längere Zeit hinweg unangefochten bestanden haben, werden aus diesem Grund als zu Recht bestehend anerkannt und die am Rechtsverkehr Beteiligten mittelbar angehalten, ihre Rechtsposition in absehbarer Zeit geltend zu machen.[9] Weiterhin sind die Regelungen des Verjährungsrechts möglichst einheitlich und klar zu formulieren[10] und die Auslegung der Vorschiften hat sich grundsätzlich eng am Wortlaut zu orientieren,[11] was zwar eine Analogie nicht per

BGB, 52. Ed. (Stand: 01.02.2020), § 194, Rn. 3; *Grothe,* in: Münch. Komm. BGB, 8. Aufl. 2018, Vorbem. zu § 194, Rn. 1; *Peters/Jacoby,* a.a.O., Vorbem. zu § 194, Rn. 4.

[5] *Ellenberger,* a.a.O., § 214, Rn. 3; *Henrich,* in: BeckOK BGB, 52. Ed. (Stand: 01.11.2019), § 214, Rn. 5; *Grothe,* a.a.O., § 214, Rn. 9; *Peters/Jacoby,* a.a.O., § 214, Rn. 36.

[6] *Ellenberger,* a.a.O., § 194, Rn. 4; *Henrich,* in: BeckOK BGB, a.a.O., Rn. 4; *Grothe,* a.a.O., § 194, Rn. 2; *Peters/Jacoby,* a.a.O., § 194, Rn. 2 ff.

[7] BGH, Urt. v. 16.06.1972 – I ZR 154/70 = BGHZ 59, 72–76; *Grothe,* a.a.O., Vorbem. zu § 194, Rn. 1; *Peters/Jacoby,* a.a.O., Vorbem. zu § 194, Rn. 7, allerdings krit. zum Rechtsfrieden; *Stadler*, Allgemeiner Teil des BGB, 19. Aufl. 2017, § 9, Rn. 5.

[8] RG, Urt. v. 27.10.1934 – V 353/34 = RGZ 145, 239–246; BGH, Urt. v. 08.01.1986 – VIII ZR 313/84; *Grothe,* a.a.O., Vorbem. zu § 194, Rn. 7; krit. *Spiro,* Die Begrenzung privater Rechte durch Verjährungs-, Verwirkungs- und Fatalfristen, Bd. I, 1975, § 15.

[9] Vgl. BGH, Urt. v. 08.12.1992 – X ZR 123/90; BGH, Urt. v. 30.09.2003 – XI ZR 426/01 = BGHZ 156, 232–249; *Ellenberger,* in: Grüneberg, 81. Aufl. 2022, Überbl. v. § 194, Rn. 9; *Grothe,* in: Münch. Komm. BGB, 8. Aufl. 2018, Vorbem. zu § 194, Rn. 7.

[10] BT-Drs. 14/6040, S. 100.

[11] RG, Urt. v. 08.06.1928 – III 426/27 = RGZ 120, 355–363; BGH, Urt. v. 06.11.1969 – VII ZR 159/67 = BGHZ 53, 43–47; BGH, Urt. v. 12.10.1972 – VII ZR 21/72 = BGHZ 59,

se ausschließt, aber dazu führt, dass an eine solche besonders strenge Anforderungen zu stellen sind.[12]

Neben diesen vornehmlich der Allgemeinheit dienenden Zwecken soll die Verjährung in erster Linie dem Schuldner dienen und ihn vor der Inanspruchnahme aufgrund unbegründeter, unbekannter oder unerwarteter Forderungen schützen.[13] Dieser soll vor allem vor der „verdunkelnden Macht der Zeit"[14] und einer daraus resultierenden Beweisnot bewahrt werden.[15] Eine längere Untätigkeit des Gläubigers kann dazu führen, dass, je nach Länge des seit Entstehung seines Anspruchs vergangenen Zeitraums, der Schuldner davon ausgehen kann, der Gläubiger halte die Forderung (mittlerweile) selbst nicht mehr für begründet oder bestehe zumindest nicht mehr auf Leistung. Eine zuverlässige Feststellung über Tatsachen, die maßgeblich für die Rechtsbeziehungen der Parteien sind, wird hierdurch deutlich erschwert. Zwar obliegt es grundsätzlich dem Gläubiger, seinen Anspruch zu beweisen, dieser hat jedoch die Möglichkeit, einer etwaigen Beweisnot durch rechtzeitige Beweissicherung und Geltendmachung des Anspruchs entgegenzutreten. Der Schuldner hingegen trägt die Beweislast für anspruchshemmende und anspruchsvernichtende Tatsachen. Dabei muss er auf das Tätigwerden des Gläubigers warten, er ist dem Risiko für zeitlich bedingte Unaufklärbarkeit der Tatsachen also in höherem Maße ausgesetzt als der Gläubiger.[16]

Weiterhin kann es dem Schuldner, um Dispositionsfreiheit zu erhalten, nicht zugemutet werden, unbegrenzte Rücklagen für Risiken aus früheren Geschäften zu bilden.[17] Durch die Möglichkeit, die Forderung mittels Erhebung der Verjährungseinrede pauschal abzuwehren, erhält der Schuldner eine Beweisersparung,[18] durch die das Ungleichgewicht zwischen ihm und dem Gläubiger in Ausgleich gebracht werden soll.[19] Die Verjährung konkretisiert also die Maximen von Treu und Glauben in Gestalt der allgemeinen Rücksichtnahmepflicht.[20] Der Haupt-

---

323–328; BGH, Urt. v. 08.12.1992 – X ZR 123/90; BGH, Urt. v. 06.07.1993 – VI ZR 306/92 = BGHZ 123, 337–347; BGH, Urt. v. 30.09.2003 – XI ZR 426/01 = BGHZ 156, 232–249; *Ellenberger*, a. a. O., Überbl. v. § 194, Rn. 12; *Grothe*, a. a. O., Vorbem. zu § 194, Rn. 7; a. A. *Spiro*, Die Begrenzung privater Rechte durch Verjährungs-, Verwirkungs- und Fatalfristen, Bd. I, 1975, § 22.

[12] BGH, Urt. v. 30.09.2003 – XI ZR 426/01 = BGHZ 156, 232–249; BGH, Urt. v. 18.01.2006 – VIII ZR 94/05.

[13] BT-Drs. 14/6040, 96, 100; ferner Mot. I 291; BGH, Urt. v. 18.11.1982 – IX ZR 91/81; *Grothe*, a.a.O., Vorbem. zu § 194, Rn. 6; *Ellenberger*, a.a.O., Überbl. v. § 194, Rn. 7.

[14] Mot. I 512.

[15] Vgl. *Ellenberger*, a.a.O., Überbl. v. § 194, Rn. 8; *Grothe*, a.a.O., Vorbem. zu § 194, Rn. 6; *Peters/Jacoby*, in: Staudinger, Kommentar zum BGB, Neubearbeitung 2019, Vorbem. zu § 194, Rn. 5.

[16] Vgl. *Ellenberger*, a.a.O., Überbl. v. § 194, Rn. 8; *Grothe*, a.a.O., Vorbem. zu § 194, Rn. 6; *Peters/Jacoby*, a.a.O., Vorbem. zu § 194, Rn. 5.

[17] *Ellenberger*, in: Grüneberg, 81. Aufl. 2022, Überbl. v. § 194, Rn. 8.

[18] Vgl. BGH, Urt. v. 04.05.1955 – VI ZR 37/54 = BGHZ 17, 199–209.

[19] *Grothe*, in: Münch. Komm. BGB, 8. Aufl. 2018, Vorbem. zu § 194, Rn. 6.

[20] Mot. I 291, 296; *Grothe*, a.a.O., Vorbem. zu § 194, Rn. 6; *Oetker*, Die Verjährung, 1994, S. 46 ff., 62.

zweck der Verjährung liegt somit nicht darin, dass dem Berechtigten sein Recht entzogen wird, sondern dass dem Verpflichteten ein Schutzmittel gegeben wird, sich gegen voraussichtlich unberechtigte Ansprüche ohne Eingehen auf die Sache selbst verteidigen zu können.[21]

Als Nebenzweck[22] oder auch nur als bloße Verjährungsfolge[23] werden zudem die Entlastung der Gerichte[24], die Beschleunigung der Abwicklung von Rechtsverhältnissen[25] sowie die quasi enteignende Wirkung der Verjährung[26] gesehen. Zwecke zugunsten des Gläubigers hingegen erfüllt die Verjährung nicht. Die Chance zur Geltendmachung der Forderung scheidet aus, da Erziehung nicht Aufgabe des Privatrechts sei.[27] Im Konflikt zwischen Gläubigerschutz einerseits und Schuldnerschutz und Rechtsfrieden andererseits verdienen Letztere den Vorrang.

Die Verjährungsfristen sollten allerdings so bemessen sein, dass dem Gläubiger eine faire Chance gegeben wird, seinen Anspruch durchsetzen zu können.[28]

b) Historische Entwicklung[29]

Aus heutiger Sicht ist der Standort des Verjährungsrechts im materiellen Recht wenig bemerkenswert, aus rechtshistorischer Perspektive handelt es sich hingegen mitnichten um eine Selbstverständlichkeit.[30] Das klassische römische Recht, welches die Grundlage der Pandektistik des 19. Jahrhunderts darstellte, dachte aktionenrechtlich und stellte daher den vorwiegend prozessual geprägten Begriff der *actio*[31] (Klagemöglichkeit) in den Vordergrund.[32] Entscheidend war, ob das

---

[21] Mot. I 512.

[22] *Ellenberger,* in: Grüneberg, 81. Aufl. 2022, Überbl. v. § 194, Rn. 11.

[23] *Grothe*, in: Münch. Komm. BGB, 8. Aufl. 2018, Vorbem. zu § 194, Rn. 8; *Peters/Jacoby,* in: Staudinger, Kommentar zum BGB, Neubearbeitung 2019, Vorbem. zu § 194, Rn. 7.

[24] *Ellenberger,* in: Grüneberg, 81. Aufl. 2022, Überbl. v. § 194, Rn. 11; *Grothe,* a.a.O., Vorbem. zu § 194, Rn. 8; *Peters/Jacoby,* a.a.O., Vorbem. zu § 194, Rn. 7.

[25] *Ellenberger,* a.a.O., Überbl. V. § 194, Rn. 11.

[26] Vgl. *Piekenbrock*, in: BeckOGK BGB, Stand: 01.11.2019, § 194, Rn. 13 ff.

[27] *Spiro*, Die Begrenzung privater Rechte durch Verjährungs-, Verwirkungs- und Fatalfristen, Bd. I, 1975, § 13.

[28] *Ellenberger,* in: Grüneberg, 81. Aufl. 2022, Überbl. v. § 194, Rn. 11.

[29] Einen umfassenden Einblick in die geschichtliche Entwicklung des Verjährungsrechts mit Blick auf das römische und das in Deutschland geltende Gemeine Recht gewähren *Piekenbrock,* Befristung, Verjährung, Verschweigung und Verwirkung, S. 30 ff., 117 ff.; *Hermann,* in: HKK-BGB, §§ 194–225, Rn. 7 ff.; *Savigny,* System des heutigen Römischen Rechts, Band V, § 237, S. 265 ff.

[30] Vgl. *Peters/Jacoby,* in: Staudinger, Kommentar zum BGB, Neubearbeitung 2019, § 194, Rn. 1 f.; *Baldus,* in: Remien (Hrsg.), Verjährungsrecht in Europa – zwischen Bewährung und Reform, 2011, S. 6.

[31] Vgl. zum Begriff *actio*: *Kaser/Knütel*, Römisches Privatrecht, 17. Aufl. 2003, S. 203

[32] Vgl. *Peters/Jacoby,* in: Staudinger, Kommentar zum BGB, Neubearbeitung 2019, § 194, Rn. 2; *Baldus,* in: Remien (Hrsg.), Verjährungsrecht in Europa – zwischen Bewährung und Reform, 2011, S. 7.

„klägerische" Begehren prozessual durchsetzbar – also von einer *actio* gedeckt – war.[33] Da zwischen Anspruch und Klage begrifflich nicht differenziert wurde, kannte das römische Recht zunächst keine Verjährung im modernen Sinne.[34] Zwar entstanden nach und nach Regelungen, die als zeitliche Durchsetzungsbeschränkungen für eine Reihe von Rechtspositionen bezeichnet werden konnten, ein „einheitliches" Verjährungsrecht gab es allerdings nicht.[35] Erst in der Spätantike entwickelte sich dann ein Rechtsinstitut, welches bisweilen als allgemeine Verjährungsregel verstanden wird: die *longi temporis praescriptio.*[36] Diese Begrifflichkeit ist grundsätzlich sachenrechtlich zu verstehen, da dadurch an bestimmten Grundstücken nach einer gewissen Zeit des Besitzes ein gerichtsfestes Behaltensrecht entstand.[37] Aufgrund der fehlenden Unterscheidung zwischen Klage und Anspruch lässt sich dieses Rechtsinstitut nach heutigem Verständnis entweder als Verjährung oder als Ersitzung verstehen.[38] Daher wurde der Begriff der Verjährung in einem viel weiteren Sinne gebraucht als heute. Er umfasste nicht nur die rechtshindernde, sondern auch die rechtsvernichtende (Verwirkung) und sogar die rechtsbegründende Wirkung (Ersitzung) der Zeit.[39]

Zu einer übersichtlichen Rechtslage führte dies freilich nicht, einzelne Elemente wurden in die Gesetze der germanischen Nachfolgestaaten Roms übernommen.[40] Will man einen Zeitpunkt bestimmen, an dem das römische Recht zumindest eine einheitliche Klageverjährung statuierte, so ist dieser wohl auf eine Konstitution des Kaisers Theodosius II. im Jahre 424 n. Chr.[41] festzulegen.[42] Unter kanonischen Einflüssen kristallisierte sich in der Neuzeit die Unterscheidung zwischen materiellem Recht und Prozessrecht sowie der *praescriptio*

---

[33] *Peters/Jacoby,* a.a.O., § 194, Rn. 2.

[34] *Baldus,* a.a.O., S. 8.

[35] Ebd.

[36] Wörtlich: Ersitzung wegen langer Zeit, übersetzt in *Benke/Meissel,* Juristenlatein, 3. Aufl. 2009, S. 217; *Baldus,* a.a.O., S. 10.

[37] *Baldus,* a.a.O., S. 10.

[38] Ebd.

[39] Vgl. Mot. I 511; *Grothe,* in: Münch. Komm. BGB, 8. Aufl. 2018, Vorbem. zu § 194, Rn. 1; *Peters/Jacoby,* in: Staudinger, Kommentar zum BGB, Neubearbeitung 2019, Vorbem. zu § 194, Rn. 1.

[40] *Baldus,* in: Remien (Hrsg.), Verjährungsrecht in Europa – zwischen Bewährung und Reform, S. 11.

[41] Nämlich CTh 4,14 bzw. C. 7,39,3 = „Sicut in rem speciales, ita de universitate ac personale actione ultra triginta annorum spatium minime protendantur [...]. Quae ergo ante non motae sunt actiones, triginta annorum iugi silentio, ex quo competere iure coeperunt, vivendi ulterius non habeant facultatem." (Gleichwie die auf eine bestimmte Sache gerichtete Klagen sollen auch die in Bezug auf Gesamtheiten und persönliche über einen Zeitraum von 30 Jahren nicht ausgedehnt werden [...]. Alle Klagen also, die nicht früher erhoben wurden, sollen nach einem dreißigjährigen Schweigen von da an, wo sie klagbar wurden, fortan keine Kraft mehr haben), vgl. *Hermann,* in: HKK-BGB, §§ 194–225, Rn. 7, Fn. 45.

[42] *Hermann,* a.a.O., Rn. 7.

extinctiva[43] und der *praescriptio acquisivita*[44] weiter aus.[45] Im 19. Jahrhundert folgte dann, basierend auf einer Schrift von *Windscheid*,[46] bei der *praescriptio-acquisivita* eine Abkehr vom aktionenrechtlichen Denken des römischen Rechts, welches primär prozessual zu sehen war, hin zur rein materiell-rechtlichen Anspruchsverjährung.[47] Als Folge dieses Prozesses wurde die rechtsbegründende Wirkung verselbständigt und die rechtsvernichtende Wirkung von dem System der Verjährung getrennt.[48] Einzig aus dieser Zeit geblieben ist der kasuistische Charakter der Verjährung, der bis zur Schuldrechtsreform von 2002 fortwirkte und in dieser äußerst ausführlich diskutiert wurde.[49]

Entgegen der „nicht ungewichtigen Stimmen“[50] entschied sich die BGB-Kommission dafür, es, wie schon im spätrömischen System, bei einer Verjährungsfrist von 30 Jahren zu belassen.[51] Begründet wurde dies wie folgt:

„Durch die dem Institute gegebene Gestaltung erhält es eine wesentlich einschneidendere Bedeutung und Wirksamkeit als bisher. Die Art und Weise, wie der Beginn der Verjährung geregelt ist, die Beschränkung der Hemmungsgründe, die Nichtberücksichtigung der Unkenntnis vom Vorhandensein des Anspruchs, die Erstreckung auf bisher Privilegierte, die Beseitigung der Wiedereinsetzung, werden nur dann völlig unbedenklich sein, wenn ihnen eine entsprechend lange Frist gegenübersteht.“[52]

Daneben entwickelten sich neben der kenntnisunabhängigen dreißigjährigen Regelverjährung ein zumindest teilweise regelloser Katalog zwei- und vierjähriger Fristen in § 196 BGB a.F. sowie weitere Sonderregelungen an anderer Stelle im Gesetz.[53] Die erhoffte Klärung der Verjährungsregeln blieb aus, es bildete sich ein bunter, unübersichtlicher „Fleckerlteppich“ verschiedener Verjährungsfris-

[43] Wörtlich: Auslöschende Verjährung, übersetzt in *Benke/Meissel*, Juristenlatein, 3. Aufl. 2009, S. 279.

[44] Wörtlich: Erwerbende Verjährung, Ersitzung, übersetzt in *Benke/Meissel*, a.a.O.

[45] *Peters/Jacoby*, in: Staudinger, Kommentar zum BGB, Neubearbeitung 2019, § 194, Rn. 2; *Baldus*, in: Remien (Hrsg.), Verjährungsrecht in Europa – zwischen Bewährung und Reform, 2011, S. 11.

[46] *Windscheid*, Die Actio des römischen Zivilrechts vom Standpunkt des heutigen Rechts, 1856.

[47] *Peters/Jacoby*, in: Staudinger, Kommentar zum BGB, Neubearbeitung 2019, Rn. 2.

[48] Mot. I 511.

[49] *Baldus*, in: Remien (Hrsg.), Verjährungsrecht in Europa – zwischen Bewährung und Reform, 2011, S. 11.

[50] Mot. I 515.

[51] Ebd.; *Baldus*, in: Remien (Hrsg.), Verjährungsrecht in Europa – zwischen Bewährung und Reform, 2011, S. 14.

[52] Mot. I 515.

[53] Ebd.; *Peters/Zimmermann*, in: Bundesministerium der Justiz (Hrsg.), Gutachten und Vorschläge zur Überarbeitung des Schuldrechts, Bd. I, 1981, S. 186 f.; Bundesministerium der Justiz (Hrsg.), Kommission zur Überarbeitung des Schuldrechts, Abschlussbericht, 1992, S. 26 ff.; *Baldus*, in: Remien (Hrsg.), Verjährungsrecht in Europa – zwischen Bewährung und Reform, 2011, S. 14.

ten, sodass die Argumente für eine Schuldrechtsmodernisierung immer gewichtiger wurden und schließlich nicht mehr ignoriert werden konnten.[54]

c) Neukonzeption des Verjährungsrechts durch die Schuldrechtsmodernisierung

Ziel der Reform war es, das bestehende Verjährungsrecht mit seiner Vielzahl unterschiedlicher Verjährungsfristen für gleiche oder ähnliche Tatbestände zu vereinheitlichen und praktikabler zu machen.[55] Das BGB kannte Verjährungsfristen von sechs Wochen, sechs Monaten, einem, zwei, drei, vier, fünf und 30 Jahren.[56] Gerade im Bereich der kauf- und werkvertragsrechtlichen Gewährleistung war die mangelnde Kohärenz der Verjährungsregeln einer der Gründe für das „Ausweichen" auf Problemfelder des Besonderen Schuldrechts, auf Rechtsinstitute wie etwa die *Culpa in contrahendo* und die positive Forderungsverletzung.[57]

Die Reform des Verjährungsrechts weist wegen der Komplexität und der großen Auswirkung eine lange Geschichte auf. Das von *Peters* und *Zimmermann* bereits 1981 vorgelegte, zum Verjährungsrecht grundlegende Gutachten zur Überarbeitung des Schuldrechts wirkte in vielen Punkten auf den Abschlussbericht der Schuldrechtskommission von 1991 ein.[58] Der dort enthaltene Vorschlag einer zweijährigen Regelverjährung, deren Lauf bei fehlender Anspruchskenntnis gehemmt ist, konnte sich bei der Kommission jedoch nicht durchsetzen.[59] Auf der Grundlage des Kommissionsberichts stellte das Bundesjustizministerium im August 2000 einen Diskussionsentwurf eines Schulrechtsmodernisierungsgesetzes[60] vor, der sowohl in der Praxis[61] als auch innerhalb der Wissenschaft[62] auch

[54] *Peters/Zimmermann,* in: Bundesministerium der Justiz (Hrsg.), Gutachten und Vorschläge zur Überarbeitung des Schuldrechts, Bd. I, 1981, S. 191 ff.; Bundesministerium der Justiz (Hrsg.), Kommission zur Überarbeitung des Schuldrechts, Abschlussbericht, 1992, S. 26 ff.

[55] *Peters/Zimmermann,* a.a.O., S. 77 ff.; Bundesministerium der Justiz (Hrsg.), a.a.O., S. 26 f.

[56] Bundesministerium der Justiz (Hrsg.), a.a.O., S. 26.

[57] *Peters/Zimmermann,* a.a.O., S. 106.

[58] *Peters/Zimmermann,* a.a.O., S. 77 ff.; Bundesministerium der Justiz (Hrsg.), a.a.O., S. 35 f.; *Rabe,* NJW 1992, 2395; *Mansel,* NJW 2002, 89.

[59] Bundesministerium der Justiz (Hrsg.), a.a.O., S. 35 f.

[60] *Ernst/Zimmermann* (Hrsg.), Zivilrechtswissenschaft und Schuldrechtsreform, 2001, S. 613 ff., *Mansel,* NJW 2002, 89.

[61] Vgl. Stellungnahme des Bundesverbandes der Deutschen Industrie sowie der Bundesvereinigung der Deutschen Arbeitgeberverbände zum Diskussionsentwurf eines Schuldrechtsmodernisierungsgesetzes vom 12.01.2001.

[62] Vgl. *Ernst,* Zum Fortgang der Schuldrechtsmodernisierung, in: Ernst/Zimmermann (Hrsg.), Zivilrechtswissenschaft und Schuldrechtsreform, 2001, S. 559 ff.; *Mansel,* Die Reform des Verjährungsrechts, in: Ernst/Zimmermann, a.a.O., S. 333 ff.; Diskussionsbericht (Referat Mansel), in: Ernst/Zimmermann, a.a.O., S. 425 ff.; *Gsell/Rüfner,* NJW 2000, 424; *Jakobs,* JZ 2001, 27; *Bydlinski und Eidenmüller,* in: *Schulze/Schulte-Nölke* (Hrsg.), Die Schuldrechtsreform vor dem Hintergrund des Gemeinschaftsrechts, 2001; *Mansel,* NJW 2002, 89.

wegen seiner Vorschläge zum Verjährungsrecht auf Kritik stieß. Im Verlaufe der daraufhin einsetzenden Diskussion und unter Berücksichtigung verschiedener verjährungsrechtlicher Entwurfsfassungen vollzog die Bund-Länder-Arbeitsgruppe, der u.a. *Zimmermann, Heinrich* und *Haas* angehörten,[63] dann die Abkehr von der 30-jährigen Regelverjährung. Das Schuldrechtsmodernisierungsgesetz folgt mit seiner dreijährigen, kenntnisabhängigen Verjährung somit im Wesentlichen den Vorschlägen von *Peters* und vor allem von *Zimmermann*.[64] Als Vorbild diente dabei die Regelung in § 852 BGB a.F., wonach der Anspruch auf Ersatz des aus einer unerlaubten Handlung resultierenden Schadens in drei Jahren ab dem Zeitpunkt verjährte, an welchem der Verletzte von dem Schaden und der Person des Ersatzpflichtigen Kenntnis erlangte.

Die neuen Verjährungsregeln gelten einheitlich für gesetzliche und vertragliche Ansprüche, soweit keine besondere Verjährungsregelung greift. Begrenzt wird der schwebende Verjährungsbeginn durch eine kenntnisunabhängige Verjährungshöchstfrist von in der Regel zehn Jahren, was zu einer effektiven Verjährungsverkürzung um 20 Jahre führt.[65] Mit dem Inkrafttreten des Verjährungsanpassungsgesetzes[66] am 15.12.2004 wurden darüber hinaus zahlreiche zivilrechtliche Nebengesetze an die Regelverjährung angeglichen.[67]

Die größte Änderung im Verjährungsrecht bestand demnach in der Herabsetzung der bisher 30-jährigen Regelverjährung auf drei Jahre (§ 195 BGB). Hinsichtlich des Verjährungsbeginns musste der Gesetzgeber jedoch angesichts der massiven Verkürzung der Regelverjährung von einem kenntnisunabhängigen objektiven System auf ein kenntnisabhängiges subjektives System wechseln.

Erst hieraus ergibt sich, wie sogleich zu zeigen ist, die Problematik der Verjährung des Ausgleichsanspruchs zwischen Gesamtschuldnern.

d) Beginn der Regelverjährung im subjektiven System

Nachfolgend werden die Voraussetzungen für den Beginn der Verjährung in einem subjektiven System dargestellt. Der Beginn der regelmäßigen Verjährungsfrist ist in § 199 Abs. 1 BGB geregelt. Danach beginnt die regelmäßige Verjährungsfrist, soweit nicht ein anderer Verjährungsbeginn bestimmt ist, mit dem Schluss des Jahres, in dem der Anspruch entstanden ist und der Gläubiger von den anspruchsbegründenden Umständen und der Person des Schuldners Kenntnis erlangt oder ohne grobe Fahrlässigkeit hätte erlangen müssen. Die Erörterung der Voraussetzungen soll als Grundlage für die Klärung der Frage dienen, wann der Ausgleichsanspruch zwischen Gesamtschuldnern zu verjähren beginnt.

---

[63] Vgl. *Heinrichs*, BB 2001, 1417; *Haas*, BB 2001, 1313; *Zimmermann u.a.*, JZ 2001, 684 f.

[64] *Peters/Zimmermann*, in: Bundesministerium der Justiz (Hrsg.), Gutachten und Vorschläge zur Überarbeitung des Schuldrechts, Bd. I, 1981, S. 77 ff.; *Zimmermann*, JZ 2000, 853; *ders.*, ZEuP 2001, 217; *ders. u.a.*, JZ 2001, 684; *Mansel*, NJW 2002, 89.

[65] *Medicus/Petersen*, Allgemeiner Teil des BGB, 11. Aufl. 2016, § 14, Rn. 112, 114a.

[66] BGBl. I 2004 S. 3214.

[67] *Nassall*, NJW 2014, 3681.

aa) Objektive Voraussetzung: Entstehung bzw. Fälligkeit des Anspruchs

Auch im subjektiven System bildet die Entstehung bzw. die Fälligkeit des Anspruchs eine zentrale Voraussetzung für den Verjährungsbeginn, § 199 Abs. 1 Nr. 1 BGB. Diese gesetzgeberische Entscheidung beruht auf dem Gedanken, dass die Verjährung nicht beginnen sollte, bevor der Gläubiger nicht eine realistische Möglichkeit hat, seinen Anspruch gerichtlich geltend zu machen. Daher wird für die Frage nach der Entstehung des Anspruchs im deutschen Recht auf den Zeitpunkt abgestellt, an dem der Anspruch erstmals gerichtlich geltend gemacht werden konnte.[68] Entstehung und Fälligkeit des Anspruchs fallen damit regelmäßig, aber nicht zwingend zusammen.[69] Dem Grundsatz der Schadenseinheit wird dadurch Rechnung getragen, dass die Zulässigkeit einer Feststellungsklage ausreicht, um die Entstehung des Anspruchs auch im Hinblick auf die noch nicht genauer zu beziffernden Folgeschäden zu begründen.[70] Der Anspruch muss, so die herrschende Meinung, noch nicht in seiner konkreten Form fällig sein.[71] Dies ist vor allem für den Ausgleichsanspruch unter Gesamtschuldnern von wesentlicher Bedeutung.

bb) Subjektive Voraussetzung: Kenntnis bzw. grob fahrlässige Unkenntnis

Als zweite, zusätzliche und subjektive Voraussetzung des Verjährungsbeginns nennt § 199 Abs. 1 Nr. 2 BGB die Kenntnis des Gläubigers bzw. seine grob fahrlässige Unkenntnis von den anspruchsbegründenden Umständen und der Person des Schuldners.[72]

(1) Kenntnis

Wie viele andere europäische Rechtsordnungen[73] geht das deutsche Recht davon aus, dass dem Gläubiger jedenfalls positive Kenntnis der anspruchsbegründenden Umstände schadet.[74] Kenntnis verlangt nicht, dass der Gläubiger alle Ein-

---

[68] Vgl. BGH, Urt. v. 21.05.2019 – II ZR 340/18; *Ellenberger,* in: Grüneberg, 81. Aufl. 2022, § 199, Rn. 3; *Henrich,* in: BeckOK BGB, 53. Ed. (Stand: 01.02.2020), § 199, Rn. 4; *Grothe,* in: Münch. Komm. BGB, 8. Aufl. 2018, § 199, Rn. 4; *Peters/Jacoby,* in: Staudinger, Kommentar zum BGB, Neubearbeitung 2019, § 199, Rn. 3; *Brox/Walker,* Allgemeiner Teil des BGB, 42. Aufl. 2018, § 31, Rn. 18.

[69] Vgl. BGH, Urt. v. 17.07.2019 – VIII ZR 224/18; *Ellenberger,* a.a.O., § 199, Rn. 3; *Henrich,* a.a.O., § 199 Rn. 4; *Grothe,* a.a.O. § 199, Rn. 4; *Peters/Jacoby,* a.a.O., Rn. 5.

[70] Vgl. BGH, Urt. v. 21.05.2019 – II ZR 340/18; *Ellenberger,* a.a.O., § 199 Rn. 14 ff.; *Henrich,* BeckOK BGB, 52. Ed. (Stand: 01.11.2019), § 199, Rn. 5 f.; *Grothe,* a.a.O., § 199 Rn. 4, 9 ff.; *Peters/Jacoby,* a.a.O., § 199, Rn. 5.

[71] *Grothe,* a.a.O., § 199, Rn. 8; *Ellenberger,* a.a.O., § 199, Rn. 3; a.A. *Peters/Jacoby,* a.a.O., § 199, Rn. 8a.

[72] Vgl. *Peters/Jacoby,* a.a.O. § 199, Rn. 53 ff.; *Grothe,* a.a.O., § 199, Rn. 27 ff.; *Ellenberger,* a.a.O., § 199, Rn. 24 ff.

[73] Vgl. dazu im Einzelnen die Ausführungen in § 5.

[74] Vgl. *Peters/Jacoby,* in: Staudinger, Kommentar zum BGB, Neubearbeitung 2019, § 199,

zelheiten der dem Anspruch zugrunde liegenden Umstände überblickt. Vielmehr reicht es, dass der Gläubiger den Sachverhalt in seinen Grundzügen kennt und weiß, dass dieser deutliche Anhaltspunkte für die Entstehung eines Anspruchs aufweist.[75] Weiterhin muss für den Gläubiger erkennbar sein, dass die Inhaberschaft des Anspruchs gerade in seiner Person liegt.[76] Die Frist beginnt im Prinzip frühestens dann zu laufen, wenn der Gläubiger die Möglichkeit hat, ihren Lauf aufzuhalten.[77] Entscheidend ist also, ob der Gläubiger auf der Grundlage der ihm bekannten Tatsachen gegen eine bestimmte Person Klage, sei es auch nur in Form der Feststellungsklage, erheben kann.[78] Dabei müssen die ihm bekannten Tatsachen bei verständiger Würdigung so viel Aussicht auf Erfolg bieten, dass die Erhebung der Klage für ihn zumutbar ist.[79] Die Zumutbarkeit der Klageerhebung stellt insoweit eine übergreifende Voraussetzung für den Beginn der Verjährung dar.[80] Folglich erstreckt sich die für den Verjährungsbeginn notwendige Tatsachenkenntnis nur auf die Umstände, für die der Gläubiger die Beweislast trägt, hingegen nicht auf diejenigen, die der Schuldner zu beweisen hat.[81] Sichere Kenntnis darüber, dass der Prozess im Wesentlichen kein Risiko mit sich bringt, ist ebenso wenig Voraussetzung der Kenntnis wie das Vorhandensein ausreichender Beweismittel für eine risikofreie Prozessführung.[82] Drängen sich jedoch Umstände auf, die für das Fehlen einer anspruchsbegründenden Voraussetzung spre-

---

Rn. 62 ff.; *Grothe,* in: Münch. Komm. BGB, 8. Aufl. 2018, § 199 Rn. 28 ff.; *Ellenberger,* in: Grüneberg, 81. Aufl. 2022, § 199, Rn. 27 ff.

[75] BGH, Urt. v. 06.02.1986 – III ZR 109/84 = BGHZ 97, 97–113; BGH, Urt. v. 29.06.1989 – III ZR 92/87 = NJW 1990, 176–179.

[76] BGH, Urt. v. 17.10.1995 – VI ZR 246/94 = NJW 1996, 117–119; *Grothe,* a.a.O., § 199, Rn. 28.

[77] BGH, Urt. v. 16.07.2015 – IX ZR 127/14 = BGH NJW 2015, 3299–3301; *Peters/Jacoby,* a.a.O., § 199, Rn. 3.

[78] BGH, Urt. v. 10.07.1967 – III ZR 78/66 = BGHZ 48, 181–193; BGH, Urt. v. 26.11.1987 – IX ZR 162/86 = BGHZ 102, 246–252; BGH, Urt. v. 20.09.1994 – VI ZR 336/93 = NJW 1994, 3092–3094; *Grothe,* a.a.O., § 199 Rn. 28; m.w.N.; *Ellenberger,* a.a.O., § 199, Rn. 28; a.A. *Peters/Jacoby,* a.a.O., § 199, Rn. 3, 7 ff.

[79] StRspr. seit BGH, Urt. v. 09.06.1952 – III ZR 128/51 = NJW 1952, 1090; vgl. auch BGH, Urt. v. 06.02.1986 – III ZR 109/84 = BGHZ 97, 97–113, NJW 1986, 2309–2312; BGH, Urt. v. 06.05.1993 – III ZR 2/92 = NJW 1993, 2303–2305; BGH, Urt. v. 20.09.1994 – VI ZR 336/93 = NJW 1994, 3092–3094; BGH, Urt. v. 14.10.2003 – VI ZR 379/02 = NJW 2004, 510–511; BGH, Urt. v. 20.01.2009 – XI ZR 504/07 = BGHZ 179, 260–278, NJW 2009, 2046–2050; BGH, Urt. v. 15.06.2010 – XI ZR 309/09 = NJW-RR 2010, 1574–1577; BGH, Urt. v. 16.06.2016 – I ZR 222/14 = GRUR 2016, 1291–1296; zuletzt BGH, Urt. v. 08.11.2016 – VI ZR 594/15 = BGH NJW 2017, 949–953.

[80] *Nassall,* NJW 2014, 3683; *Looschelders,* in: Remien (Hrsg.), Verjährungsrecht in Europa – zwischen Bewährung und Reform, 2011, S. 187.

[81] BGH, Urt. v. 14.05.2009 – I ZR 82/07 = MDR 2010, 224 f.

[82] BGH, Urt. v. 27.05.2008 – XI ZR 132/07 = NJW-RR 2008, 1495–1500; BGH, Urt. v. 18.01.1994 – VI ZR 190/93 = NJW 1994, 1150–1152; BGH, Urt. v. 20.09.1994 – VI ZR 336/93 = NJW 1994, 3092–3094; BGH, Urt. v. 05.02.1985 – VI ZR 61/83 = NJW 1985, 2022–2023.

chen, kann erst nach hinreichender Aufklärung dieser Tatsachen von der Kenntnis des Gläubigers ausgegangen werden.[83]

Nicht von Bedeutung ist es hingegen, dass der Gläubiger alle Umstände in tatsächlicher und rechtlicher Hinsicht zutreffend würdigt.[84] Auch eine Parallelwertung in der Laiensphäre wird dabei als Voraussetzung abgelehnt.[85] Der Gläubiger muss sich also seiner rechtlichen Stellung nicht bewusst sein, es genügt bereits, dass er sich diese aus den ihm bekannten Tatsachen erschließen kann.[86] Grundsätzlich unerheblich sind auch etwaige Rechtsirrtümer des Gläubigers.[87] Ausnahmsweise können gewichtige rechtliche Zweifel den Verjährungsbeginn hinausschieben, bis eine zutreffende Einschätzung der rechtlichen Lage möglich ist.[88] Dies kann beispielsweise der Zeitpunkt der ersten anwaltlichen Beratung sein.[89] Solche Ausnahmen können und sollen nur in einem eng zu begrenzenden Rahmen angenommen werden, da der Verjährungsbeginn ansonsten der Gefahr der Manipulation des Gläubigers ausgesetzt wäre, den dieser ansonsten durch vorübergehende Untätigkeit hinausschieben könnte.[90] Um eine unklare Rechtslage annehmen zu können, muss zumindest ein ernsthafter Meinungsstreit in Rechtsprechung und Schrifttum bestehen,[91] wobei allerdings fraglich erscheint, ab wann ein Meinungsstreit als „ernsthaft" zu qualifizieren ist.

(2) Grob fahrlässige Unkenntnis

In der sich dem Gläubiger aufdrängenden Kenntnis findet sich der Übergang zur grob fahrlässigen Unkenntnis, welche der Gesetzgeber im Rahmen des Schuldrechtsmodernisierungsgesetzes der Kenntnis gleichgesetzt hat.[92] Grob fahrlässige Unkenntnis ist anzunehmen, wenn dem Gläubiger die zuvor genannten Umstände nur deshalb nicht bekannt sind, weil er die im Verkehr gebotene Sorgfalt in

---

[83] BGH, Urt. v. 22.06.1993 – VI ZR 190/92 = NJW 1993, 2614–2615.

[84] Teilweise wird jedoch in neueren Entscheidungen eine Auflockerung dieses Grundsatzes in Verbrauchersachen vertreten. Vgl. BGH NJW 2012, 3569; BGH NJW 2014, 993; BGH NJW 2014, 2345; *Nassall*, NJW 2014, 3681.

[85] BGH, Urt. v. 16.06.2016 – I ZR 222/14 = BGH GRUR 2016, 1291–1296; BGH, Urt. v. 28.10.2014 – XI ZR 348/13; BGH, Urt. v. 19.03.2008 – III ZR 220/07; BGH, Urt. v. 03.03.2005 – III ZR 353/04; BGH, Urt. v. 17.10.1995 – VI ZR 246/94; BGH, Urt. v. 17.10.1995 – VI ZR 246/94.

[86] BGH, Urt. v. 17.10.1995 – VI ZR 246/94 = NJW 1996, 117–119.

[87] *Grothe,* in: Münch. Komm. BGB, 8. Aufl. 2018, § 199 Rn. 29.

[88] BGH, Urt. v. 16.06.2016 – I ZR 222/14 = BGH GRUR 2016, 1291–1296; BGH, Urt. v. 28.10.2014 – XI ZR 348/13; BGH, Urt. v. 19.03.2008 – III ZR 220/07; BGH, Urt. v. 03.03.2005 – III ZR 353/04; BGH, Urt. v. 17.10.1995 – VI ZR 246/94; *Herrler*, NJW 2009, 1845.

[89] OLG Frankfurt, Urt. v. 22.05.2007 – 9 U 51/06 = WM 2007, 1969–1972; a.A. *Herrler*, NJW 2009, 1845.

[90] *Grothe,* in: Münch. Komm. BGB, 8. Aufl. 2018, § 199 Rn. 29.

[91] BGH, Urt. v. 07.12.2010 – XI ZR 348/09, Rn. 21.

[92] Vgl. *Grothe,* in: Münch. Komm. BGB, 8. Aufl. 2018, § 199, Rn. 31.

besonders hohem Maße verletzt und auch ganz naheliegende Überlegungen nicht angestellt oder solche Umstände nicht beachtet hat, die im jeweiligen Fall jedem hätten einleuchten müssen.[93] Dies soll der Fall sein, wenn sich dem Gläubiger die Tatsachen geradezu aufgedrängt haben oder er leicht zugängliche Informationsquellen nicht genutzt hat.[94] In einem solchen Fall beginnt die Verjährung allerdings erst ab dem Zeitpunkt zu laufen, zu dem die Nachforschungen des Gläubigers zum Erfolg geführt hätten.[95] Den Gläubiger trifft allerdings gerade keine Ermittlungspflicht.[96] Er muss keine Nachforschungen für einen möglichst frühzeitigen Verjährungsbeginn betreiben und so im Interesse des Schuldners handeln.[97] Er muss sich weder spezielles Fachwissen[98] aneignen noch die Aufklärung des Geschehenen initiieren.[99] Grobe Fahrlässigkeit soll demnach dann vorliegen, wenn das Unterlassen von Ermittlungen nach Lage des Falls geradezu unverständlich erscheint.[100]

cc) Darlegungs- und Beweislast

Die Darlegungs- und Beweislast für die Kenntnis oder grob fahrlässige Unkenntnis der anspruchsbegründenden Umstände i.S.d. § 199 Abs. 1 Nr. 2 BGB trägt der Schuldner.[101] Als derjenige, der die Einrede der Verjährung erhebt, ist er für die dafür maßgeblichen Tatsachen darlegungs- und beweisbelastet.[102] Da es sich folglich oftmals um Umstände aus der Sphäre des Gläubigers handelt, kann diesen eine sekundäre Darlegungslast[103] treffen; dies spielt in der Praxis vor allem dann eine Rolle, wenn es sich bei dem Gläubiger um ein arbeitsteilig organisiertes Unternehmen handelt.[104] Entsprechendes gilt auch für Umstände, die den Gläubiger an der Erkenntnis gehindert haben, dass ihm ein Anspruch zusteht, und für das, was er zur Ermittlung der Voraussetzungen seines Anspruchs getan hat.[105]

---

[93] Vgl. BT-Drs. 14/6040, S. 108.

[94] BGH, Urt. v. 15.03.2016 – XI ZR 122/14 = NJW-RR 2016, 1187–1190; BGH, Urt. v. 27.05.2008 – XI ZR 132/07 = NJW-RR 2008, 1495–1500; BGH, Urt. v. 23.09.2008 – XI ZR 395/07; *Grothe,* in: Münch. Komm. BGB, 8. Aufl. 2018, § 199, Rn. 31.

[95] BGH, Urt. v. 23.09.2008 – XI ZR 395/07 = NJW 2009, 587–588.

[96] *Nassal*, NJW 2014, 3683; *Grothe,* a.a.O., § 199, Rn. 31.

[97] *Spindler*, in: BeckOK, 52. Edition (Stand: 01.11.2019), § 199, Rn. 23.

[98] BGH, Urt. v. 10.10.2006 – VI ZR 74/05 = NJW 2007, 217–220.

[99] BGH, Urt. v. 28.02.2012 – VI ZR 9/11 = NJW 2012, 1789–1792.

[100] BGH, Urt. v. 22.09.2011 – III ZR 186/10 = NJW-RR 2012, 111–114.

[101] *Henrich*, in: BeckOK, 52. Edition (Stand: 01.11.2019), § 194, Rn. 10; *Fritzsche/Klöppner/Schmidt,* NZKart 2016, 501, 502 m.w.N.

[102] *Kersting/Podzun,* 9. GWB-Novelle, 1. Aufl. 2017, S. 298, Rn. 26.

[103] Zum Verhältnis der sekundären Darlegungslast zur Beweislast: BGH, Urt. v. 17.01.2008 – III ZR 239/06, Rn. 18; BGH, Urt. v. 22.07.2014 – KZR 27/13, Rn. 18 f.

[104] *Henrich*, in: BeckOK, 52. Edition (Stand: 01.11.2019), § 194, Rn. 10.

[105] *Grothe,* in: Münch. Komm. BGB, 8. Aufl. 2018, § 199, Rn. 46 m.w.N.

e) Kenntnisunabhängige Verjährung – Verjährungshöchstfristen

Um eine faktische Unverjährbarkeit von Ansprüchen zu verhindern, verjähren die der regelmäßigen Verjährungsfrist unterliegenden Ansprüche gem. § 199 Abs. 4 BGB unabhängig von der Kenntnis des Gläubigers spätestens zehn Jahre nach ihrer Entstehung, sofern es sich nicht um Schadensersatzansprüche wegen Verletzung des Lebens, des Körpers, der Gesundheit oder der Freiheit oder sonstige Schadensersatzansprüche handelt, für welche § 199 Abs. 2, 3 BGB eine differenzierte Sonderregelung vorsehen. Eine weitere Ausnahme bildet die Verjährungsfrist von 30 Jahren gem. § 199 Abs. 3a BGB für Ansprüche, die auf einem Erbfall beruhen oder deren Geltendmachung die Kenntnis einer Verfügung von Todes wegen voraussetzen. Diese Verjährungshöchstfristen begründen keine Jahresendverjährung, vielmehr ist der Verjährungsbeginn hier auf den Tag genau zu bestimmen.[106] Besondere Verjährungsregeln von zehn bzw. 30 Jahren gelten auch für Ansprüche auf Übertragung bzw. Einräumung bestimmter dinglicher Rechte an Grundstücken einschließlich der betreffenden Gegenleistung (§ 196 BGB), für bestimmte dingliche und familienrechtliche Ansprüche sowie für titulierte Ansprüche (§ 197 BGB).

2. Die Anspruchsverjährung kraft vertraglicher Vereinbarung

Die bisher erläuterten Verjährungsregeln des BGB sind, in gewissen Grenzen,[107] *Ius dispositivum.*[108] Demnach ist es möglich, anstelle der gesetzlichen Regelverjährung gem. § 195 BGB abweichende Verjährungsfristen zu vereinbaren. Dies geschieht in der Regel durch individualvertragliche Vereinbarung.[109]

a) Grundsätzliche Zulässigkeit von Vereinbarungen über die Verjährung

Dass Vereinbarungen über die Verjährung getroffen werden können, ergibt sich aus § 202 BGB. Nach altem bis zum 31.12.2001 geltenden Recht waren die Verjährung ausschließende oder erschwerende Vereinbarungen verboten und daher nichtig.[110] Dies betraf nicht nur die Verlängerung der Verjährung, sondern auch die Vereinbarung gesetzlich nicht vorgesehener Hemmungs- und Unterbrechungsgründe. Nicht verboten waren dagegen Vereinbarungen, die die Verjäh-

---

[106] BGH, Urt. v. 11.03.2010 – III ZR 178/09 –, NJW 2010, 1956 – 1958; *Grothe,* a.a.O., § 199, Rn. 49; *Ellenberger,* in: Grüneberg, 81. Aufl. 2022, § 199, Rn. 42.

[107] *Harke,* Privatautonomie und Verjährung: Verjährungsvereinbarungen, in: Remien (Hrsg.): Verjährungsrecht in Europa – zwischen Bewährung und Reform. Würzburger Tagung vom 8. und 9. Mai 2009, 107, 108.

[108] *Ellenberger,* in: Grüneberg, 81. Aufl. 2022, § 195, Rn. 1.

[109] Die Vereinbarung einer Verjährungsverlängerung ist vom (einseitigen oder vertraglichen) Verjährungsverzicht zu unterscheiden, vgl. dazu unten § 3 I. 3. a) cc) (3) (d), § 4 III. 4. a) ee) (3) und § 8 II.

[110] BGH NJW 1984, 289, 290.

rung lediglich erschwerten,[111] z.B. die Stundung,[112] Vereinbarungen über das Hinausschieben der Fälligkeit und damit des Verjährungsbeginns,[113] über eine aufschiebende Bedingung[114] oder das *Pactum de non petendo*.[115] Das Verbot der Verjährungsverlängerung galt dagegen nicht für die kurzen Gewährleistungsfristen im Kauf- und im Werkvertragsrecht.[116] Dieses starre Verbot der Verjährungsverlängerung erwies sich allerdings in der Praxis als unpraktikabel.[117] Zwar sprachen die Aspekte Rechtsfrieden und Schuldnerinteresse grundsätzlich für das Verbot. Befanden die Parteien sich aber in Verhandlungen, bestand ein Bedürfnis für die Fristverlängerung, die die Parteien nur mittelbar durch die genannten Maßnahmen erreichen konnten.[118] Da die Regelverjährung im Rahmen der Schuldrechtsmodernisierung[119] drastisch auf drei Jahre verkürzt wurde, lag es nahe, das strikte Verbot aufzuheben. Sedes materiae ist nunmehr § 202 BGB n.F. Die Bestimmung übernimmt die bisher in §§ 477 Abs. 1, 638 Abs. 2 BGB a.F. enthaltene Regelung und dehnt sie auf sämtliche Verjährungsfristen aus.[120] Die Verjährungsfrist kann daher durch ein Rechtsgeschäft nicht über die Dauer von 30 Jahren ab dem gesetzlichen Verjährungsbeginn hinaus verlängert werden. Dabei umfasst eine nicht formularmäßige Verjährungsvereinbarung über einen Anspruch im Zweifel auch solche Ansprüche, die mit dem Anspruch konkurrieren oder wirtschaftlich an dessen Stelle treten, wenn sich nicht durch Auslegung Gegenteiliges ergibt.[121] Dies gilt auch für den einseitigen Verzicht auf die Erhebung der Verjährungseinrede. Die aufgrund der Privatautonomie[122] gegebene mögliche Verjährungserschwerung findet somit ihre Grenze in § 202 BGB.[123]

---

[111] Ebd.

[112] BGH NJW 1986, 1608.

[113] BGH NJW 1984, 289, 290.

[114] BGH NJW 1995, 2283.

[115] Auch eine solche Vereinbarung ist nicht unbegrenzt zulässig, vgl. BGH, Beschl. v. 29.01.2014 – XII ZB 303/13; *Ellenberger,* in: Grüneberg, 81. Aufl. 2022, § 195, Rn. 3; Vgl. *Grüneberg,* in: Grüneberg, 81. Aufl. 2022, Überbl. v. § 311, Rn. 3; *Emmerich,* in: Münch. Komm. BGB, 8. Aufl. 2019, § 311, Rn. 1 ff.

[116] §§ 477 Abs. 1 S. 2, 480 Abs. 1, 490 Abs. 1 S. 2, 638 Abs. 2 BGB a.F.

[117] *Schmidt-Räntsch*, Das neue Schuldrecht. Anwendung und Auswirkungen in der Praxis, Rn. 111.

[118] Ebd.

[119] Vgl. dazu oben § 1 I. 1. c).

[120] *Schmidt-Räntsch,* Das neue Schuldrecht. Anwendung und Auswirkungen in der Praxis, Rn. 115.

[121] Dies gilt auch für den einseitigen Verzicht auf die Erhebung der Verjährungseinrede, BGH, Urt. v. 01.10.2020 – IX ZR 247/19 = MDR 2020, 1433.

[122] BVerfGE 8, 274, 328; BVerfGE 12, 341, 347; BVerfGE 21, 87, 90 f.; BVerfGE 70, 115, 123; *Di Fabio*, in: Dürig/Herzog/Scholz, GG, 95. EL 07.2021, Art. 2, Rn. 101.

[123] *Peters/Jacoby,* in: Staudinger, Kommentar zum BGB, Neubearbeitung 2019, § 202, Rn. 1.

b) Bedeutung für die Gesamtschuld

Die praktische Bedeutung *im Vorhinein* getroffener Vereinbarungen[124] über die Verjährungsverlängerung dürfte für den Gesamtschuldnerausgleich allerdings gering sein. Denn es sind wohl kaum Konstellationen denkbar, in denen Vertragsparteien gewissermaßen vorsorglich die Abrede treffen, einen später im Gesamtschuldverhältnis ggf. bestehenden Rückgriffsanspruch des den gemeinsamen Gläubiger befriedigenden Mitschuldners einer über drei Jahre hinausgehenden Verjährungsfrist zu unterwerfen. Daran ist weder im Kartell-, im Steuer-, im Bau- und im Architektenrecht noch in anderen Fällen gesamtschuldnerischer Haftung zu denken. Für derartige Vereinbarungen besteht, wenn sich die Möglichkeit einer Inanspruchnahme durch den gemeinsamen Gläubiger noch nicht abzeichnet, kein Bedürfnis. Erst recht gilt dies bei gesetzlich (deliktisch) begründeten Gesamtschulden, d.h. in denjenigen Fällen, die im Recht des 19. Jahrhunderts teilweise als Solidarobligationen bezeichnet wurden.[125] Stellt sich z.B. später heraus, dass mehrere Kraftfahrer unfallursächlich sind, werden Haftpflichtversicherer, bevor feststeht, dass und welche Kraftfahrer beteiligt sind, allenfalls im Rahmen einer konkreten Schadensregulierung eine Verlängerungsvereinbarung für den internen Gesamtschuldausgleich treffen. Dass dies aber generell für alle zukünftigen möglichen Schadensfälle vereinbart wird, wird den Interessen der Beteiligten nicht gerecht und ist lebensfremd.

Am ehesten sind Vereinbarungen denkbar, die *nach Schadenseintritt* getroffen werden, indem die Verjährungsfrist, etwa, weil die Gesamtschuldner sich untereinander noch in Verhandlungen befinden, vertraglich verlängert wird, um nicht verfrüht einen Rechtsstreit zu initiieren, oder ein Deliktschuldner für den Innenausgleich gem. §§ 830, 840 BGB auf die Erhebung der Verjährungseinrede verzichtet.[126]

II. Voraussetzungen der Gesamtschuld

Die Gesamtschuld ist gem. § 421 S. 1 BGB dadurch gekennzeichnet, dass mehrere eine Leistung in der Weise schulden, dass der Gläubiger sie zwar von jedem Schuldner ganz oder teilweise, insgesamt jedoch nur einmal fordern kann. Eine Gesamtschuld kann aufgrund der Natur des Leistungsgegenstandes (§ 431 BGB) kraft Rechtsgeschäfts (§ 427 BGB) oder aufgrund einer gesetzlichen Anordnung (z.B. § 840 BGB) bestehen. Liegen diese Voraussetzungen nicht vor, greift die ganz h.M. auf § 421 BGB zurück.[127] Obwohl es heute nicht mehr auf die frühere

---

[124] *Henrich,* in: BeckOK BGB, 54. Ed. (Stand: 01.05.2020), § 202, Rn. 3.

[125] Vgl. oben Einl. Fn. 3; *S. Meier*, in: Historisch-kritischer Kommentar zum BGB (HKK-BGB), Bd. 2 Schuldrecht Allgemeiner Teil, Teilbd. §§ 305 – 432, 2007, Rn. 6 zu §§ 420 – 432/I.

[126] Vgl. dazu ausführlich unten § 3 I. 3. a) cc) (3) (d), § 4 III. 4. a) ee) (3) und § 8 II.

[127] *Looschelders,* in: Staudinger, Kommentar zum BGB, Neubearbeitung 2017, § 421 BGB, Rn. 8.

Unterscheidung zwischen Correal- und Solidarschulden ankommt,[128] sind die Voraussetzungen für die wirksame Entstehung der Gesamtschuld nach wie vor umstritten.[129] Gerade in älteren Werken findet man häufig noch den Ansatz, dass §421 BGB eine abschließende Definition der Merkmale bzw. der Voraussetzungen der Gesamtschuld darstelle.[130] Nach heutigem Verständnis regelt §421 BGB dagegen lediglich die Mindestanforderungen der Gesamtschuld, neben denen noch weitere ungeschriebene Merkmale vorliegen müssen.[131] Neben der Existenz mehrerer Schuldner, die alle auf „das Ganze" haften, und dem einmaligen Forderungsrecht des Gläubigers sowie der Identität bzw. der Gleichartigkeit des Gläubigerinteresses bedarf es nach heutiger Ansicht in Rechtsprechung und Literatur noch eines weiteren Merkmals, durch welches die innere Verbundenheit der Gesamtschuldner zum Ausdruck kommt.[132] Dieses Kriterium soll sicherstellen, dass eine Gesamtschuld nur in den Fällen bejaht wird, in denen eine wechselseitige Tilgungswirkung gem. §422 Abs. 1 S. 1 BGB, also ein Freiwerden der übrigen Schuldner bei Erfüllung durch einen Schuldner, gerechtfertigt ist. Letztlich kann darin eine Einschränkung des zu weit geratenen §421 BGB aus Wertungsgründen gesehen werden. Zweifelhaft ist allerdings, welches Merkmal die für die Gesamtschuld kennzeichnende innere Verbundenheit begründet. Nach der früheren Rechtsprechung wurde das Vorliegen einer „Zweckgemeinschaft" als Abgrenzungskriterium gefordert.[133] Unter dem Begriff der Zweckgemeinschaft wurde dabei ein innerer Zusammenhang zwischen den jeweiligen Verpflichtungen der Schuldner verstanden. Der BGH dehnte dieses Merkmal der Zweckgemeinschaft allerdings so weit aus, dass es praktisch mit der Identität bzw. der Gleichartigkeit des Gläubigerinteresses zusammenfiel und ihm somit keine eigenständige Bedeutung mehr zukam. Dies führte letztlich dazu, dass der BGH, auch wegen der zunehmend lauter werdenden Kritik aus der Literatur, dieses Kriterium als „leerlaufend" aufgab.[134] Durchgesetzt hat sich mittlerweile das Merkmal der „Gleichstufigkeit",[135] auch wenn in einigen BGH-Entscheidun-

---

[128] *Wandt,* in: Bork (Hrsg.), Recht und Risiko, S. 769.

[129] Vgl. *Looschelders,* in: Staudinger, Kommentar zum BGB, Neubearbeitung 2017, §421 BGB, Rn. 8, 11ff., 26; *S. Meier,* in: HKK-BGB, §§420–432/I, Rn. 209, 210ff.; *Weber,* in: RGRK-BGB, §421, Rn. 1, 7ff.

[130] Vgl. *Heck,* Grundriss des Schuldrechts, S. 234, S. 238ff.

[131] Vgl. *Brox/Walker*, Allgemeines Schuldrecht, 43. Aufl. 2019, §37, Rn. 9ff.

[132] Vgl. *Looschelders,* in: Staudinger, Kommentar zum BGB, Neubearbeitung 2017, §421 BGB; Rn. 20ff.; *Ellenberger,* in: Grüneberg, 81. Aufl. 2022, §421, Rn. 7ff.; *Brox/Walker*, a.a.O., §37, Rn. 9; kritisch: *Heinemeyer,* in: Münch. Komm. BGB, 8. Aufl. 2018, §421, Rn. 9ff.

[133] BGH, Urt. v. 12.06.1992 – V ZR 106/91; BGH, Beschl. v. 31.05.1954 – GSZ 2/54 = BGHZ 13, 360–370; BGH, Beschl. v. 01.02.1965 – GSZ 1/64 = BGHZ 43, 227–335; BGH, Urt. v. 29.06.1972 – VII ZR 190/71 = BGHZ 59, 97–104.

[134] BGH, Urt. v. 22.12.2011 – VII ZR 7/11 = BGHZ 192, 182–189; BGH, Urt. v. 27.03.1969 – VII ZR 165/66 = BGHZ 52, 39–47.

[135] BGH, Urt. v. 26.01.1989 – III ZR 192/87 = BGHZ 106, 313–323; BGH, Urt. v. 15.06.2004 – VI ZR 60/03 = BGHZ 159, 318–323; *Grüneberg,* in: Grüneberg, 81. Aufl. 2022,

gen vereinzelt noch vom Merkmal der Zweckgemeinschaft die Rede ist.[136] Danach kommt es entscheidend darauf an, ob die einzelnen Verbindlichkeiten in ihrem Verhältnis zueinander gleichstufig bzw. gleichrangig sind. Anders als beim Merkmal des einheitlichen Gläubigerinteresses steht somit das Verhältnis der Schuldner im Blickpunkt. Für die Annahme der Gleichstufigkeit ist in Abgrenzung zur Haftungsquote des Innenverhältnisses nach § 426 Abs. 1 S. 1 BGB darauf abzustellen, ob das Rangverhältnis der Schuldner auch im Außenverhältnis zum Ausdruck kommt. Die „Gleichstufigkeit" liegt nicht vor, wenn der Leistungszweck der einen gegenüber der anderen Verpflichtung vorläufig oder subsidiär und somit nachrangig ist.[137] Das heißt, dass im Fall der Gesamtschuld letztlich jeder einen Beitrag zu leisten haben muss, sodass es eines Ausgleichs unter ihnen bedarf, wenn einer an den Gläubiger geleistet hat.

III. Der Innenausgleich zwischen Gesamtschuldnern

Das Innenverhältnis zwischen den Gesamtschuldnern ist ein gesetzliches Schuldverhältnis, aus dessen Verletzung sich Ansprüche wegen Pflichtverletzung ergeben können[138], und das oft durch ein zwischen den Gesamtschuldnern bestehendes Vertragsverhältnis, etwa eine Gesellschaft (§ 705 ff. BGB) oder eine vertragsähnliche Rechtsbeziehung, wie z.B. eine Geschäftsführung ohne Auftrag (§§ 677 ff. BGB),[139] überlagert wird. Wie bereits dargestellt,[140] hat der Regressanspruch des leistenden Gesamtschuldners potenziell eine dreifache Grundlage.[141] Grund für die Ausgleichspflicht ist, neben einem möglichen besonderen Rechtsverhältnis, die bei der Gesamtschuld bestehende innere Verbundenheit der Schuldner. In dem zwischen den Gesamtschuldnern bestehenden gesetzlichen Schuldverhältnis steht den Gesamtschuldnern der Anspruch aus § 426 Abs. 1 BGB als Mitwirkungs-, Befreiungs- und Zahlungsanspruch zu. Sie sind mit Entstehung der Gesamtschuld wechselseitig verpflichtet, an der Befriedigung des gemeinsamen Gläubigers mitzuwirken.[142] Nimmt der Gläubiger einen der Gesamtschuldner in Anspruch, so haben die übrigen Gesamtschuldner den in An-

§ 421 BGB, Rn. 7 f.; *Heinemeyer,* in: Münch. Komm. BGB, 8. Aufl. 2018, § 421 Rn. 12 ff.; *Gehrlein,* in: BeckOK BGB, 51. Ed. (Stand: 01.08.2019), § 421, Rn. 8; *Brox/Walker*, Allgemeines Schuldrecht, 43. Aufl. 2019, § 37, Rn. 10; *Selb,* Mehrheiten von Gläubigern und Schuldnern, S. 40 ff.

[136] BGH, Urt. v. 13.07.1992 – II ZR 269/91 = BGHZ 119, 201–216.

[137] BGH, Urt. v. 28.11.2006 – VI ZR 136/05 = NJW 2007, 1208; *Grüneberg,* in: Grüneberg, 81. Aufl. 2022, § 421 BGB, Rn. 7 f.; *Heinemeyer,* in: Münch. Komm. BGB, 8. Aufl. 2019, § 421 Rn. 12; *Gehrlein,* in: BeckOK BGB, 51. Ed. (Stand: 01.08.2019), § 421, Rn. 8.

[138] *Heinemeyer,* a.a.O., § 426 Rn. 75.

[139] BGH NJW 1963, 2068.

[140] Siehe oben Einl. I.

[141] *Brox/Walker*, Allgemeines Schuldrecht, 43. Aufl. 2019, § 37, Rn. 15 ff.

[142] BGH NJW 1957, 747; *Grüneberg*, in: Grüneberg, 81. Aufl. 2022, § 426 BGB Rn. 5.

spruch genommenen Gesamtschuldner jeweils von dem Teil der Schuld zu befreien, den sie jeweils im Innenverhältnis zu tragen haben.[143] Nach Zahlung an den Gläubiger wandelt sich der Anspruch in einen Zahlungsanspruch um.[144]

1. Historische Grundlagen des Innenausgleichs

Aus rechtshistorischer Perspektive ist es keinesfalls selbstverständlich, dass § 426 Abs. 1 BGB einen Ausgleichsanspruch vorsieht, der seinen Grund im Gesamtschuldverhältnis als solchem findet und vom Innenverhältnis der Gesamtschuldner unabhängig ist.[145] Während stets anerkannt war, dass sich ein Innenausgleichsanspruch aus dem von der Gesamtschuld zu unterscheidenden Innenverhältnis der Gesamtschuldner ergeben kann,[146] ist ein dem § 426 Abs. 1 BGB vergleichbarer eigenständiger Ausgleichsanspruch in der deutschen Rechtstradition alles andere als tief verwurzelt. Anders als vertragliche Gesamtschuldner sind Gesamtschuldner, deren gemeinsame Haftung auf Delikt beruht (Deliktsschuldner), allerdings gerade auf einen solchen Ausgleichsanspruch angewiesen, da es zwischen ihnen in aller Regel an einem Innenverhältnis fehlen wird, auf das der Regress gestützt werden könnte.

Das römische Recht kannte keinen mit § 426 Abs. 1 BGB vergleichbaren Ausgleichsanspruch.[147] Insbesondere fand vor dem Hintergrund der Deliktsklagen inhärenter pönaler Elemente ein Ausgleich unter vorsätzlich handelnden und solidarisch haftenden Deliktsschuldnern nicht statt.[148] Im Gemeinen Recht entwickelte sich keine einheitliche Position zum Regress unter Gesamtschuldnern:[149] Es wurden sowohl die Gewährung eines Ausgleichsanspruchs unter Berufung auf den Gedanken der Fremdgeschäftsführung als auch der Ausschluss jedes von einem etwaigen Innenverhältnis unabhängigen Ausgleichsanspruchs vertreten.[150] Zugleich fanden sich von beiden Regeln Ausnahmen für bestimmte auf gesetzlicher Anordnung beruhende Schuldverhältnisse: So gab es Befürworter eines grundsätzlichen Regressausschlusses, die aber gerade für Schadensersatzverbindlichkeiten einen Regress zulassen wollten, da nicht vertragliche Gesamtschuldner gerade nicht die Möglichkeit hätten, eine Rückgriffvereinbarung zu treffen. Auf der anderen Seite gab es Regressbefürworter, die gerade deliktisch oder vorsätzlich handelnden Schuldnern keinen Innenausgleichsanspruch zu-

[143] BGH NJW 1986, 3132.

[144] BGH NJW 2010, 60.

[145] *S. Meier*, Gesamtschulden, S. 263 ff., 556, 562 ff.; *Goette*, Gesamtschuldbegriff und Regressproblem, S. 103 ff.; vgl. auch oben § 1 bzw. *Savigny*, Obligationenrecht, Bd. I, § 22, S. 216, § 23, S. 229.

[146] *S. Meier*, a.a.O., S. 271 f.

[147] *S. Meier*, in: HKK-BGB, §§ 420–432/I, Rn. 108.

[148] *S. Meier*, Gesamtschulden, S. 568.

[149] Überblick dazu bei *S. Meier*, a.a.O., S. 271, 575.

[150] Ebd.

kommen lassen wollten. Eine Sonderstellung nahm *Savigny* ein, der den Regress grundsätzlich als „billig und wünschenswerth" ansah.[151] Obwohl er der Ansicht war, dass „das abstracte Wesen der Correalschuld an sich auf eine Ausgleichung nicht führt", hielt er es für möglich, einen Regressanspruch über die Anwendung anderer Rechtsregeln herzustellen.[152] Dabei stützte er sich auf die den Instituten der Geschäftsführung ohne Auftrag und der ungerechtfertigten Bereicherung zugrundeliegenden Rechtsgedanken.[153]

Erst im Verlauf der BGB-Beratung änderte sich die Einstellung zum Gesamtschuldregress grundlegend.[154] Der Vorlageentwurf des Redaktors *von Kübel* aus dem Jahre 1878 wollte einen Regress nur auf der Basis des Innenverhältnisses zulassen, da sich die Gesamtschuld an sich zur Ausgleichsfrage neutral verhalte.[155] Der Teilentwurf von 1882 sah immerhin zugunsten des ausgleichssuchenden Gesamtschuldners vor, das Bestehen eines solchen Innenverhältnisses zu vermuten. Auch diese Beweislastumkehr hätte gesetzlich begründete Solidarobligationen allerdings regresslos belassen. Im ersten Entwurf fand schließlich der entscheidende Schritt zu einem auf der Gesamtschuld selbst beruhenden, dem heutigen § 426 Abs. 1 BGB entsprechenden Ausgleichsanspruch statt. Dieser Ausgleichsanspruch sollte jedoch ausdrücklich Vorsatztätern nicht zugutekommen. Der erste Entwurf sah in § 338 E1 noch eine entsprechende Sonderregelung vor, die den Regress für Vorsatztäter ausschloss.[156]

Letztlich wurde diese Ausnahmeregelung aber nicht in das BGB aufgenommen. Die zweite Kommission war der Ansicht, die Benachteiligung desjenigen Täters, der das Opfer entschädigt habe, während die anderen Mittäter untätig geblieben seien, entspräche nicht dem modernen Rechtsbewusstsein.[157] Auch *von Gierke* hatte kritisiert, dass die Ausnahmeregelung zu großen Unbilligkeiten führen könne und deshalb kaum zu rechtfertigen sei. Mindestens solle sie nach dem Vorbild des schweizerischen Obligationsrechts abgemildert werden, das eine Ausgleichsgewährung durch den Richter in Einzelfällen ermöglicht.[158] So heißt es

---

[151] *Savigny*, Das Obligationenrecht als Theil des heutigen römischen Rechts, Band I, § 23, S. 229 ff.; vgl. auch oben Einl. I.

[152] Ebd.

[153] *Goette*, Gesamtschuldbegriff und Regressproblem, S. 125; *S. Meier*, Gesamtschulden., S. 588.

[154] Zum Ganzen *S. Meier*, a.a.O., S. 279 ff., 584 ff.; *S. Meier*, in: HKK-BGB, §§ 420–432/I, Rn. 112 ff.

[155] Vgl. *Jakobs/Schubert*, Die Beratung des Bürgerlichen Gesetzbuchs, SR I, S. 106. Vgl. im Übrigen die Quellen zur historischen Genese des aus dem Ausgleichsanspruch resultierenden Mitwirkungsanspruchs § 6 III. 2.

[156] Motive II, S. 169 f., bei *Mugdan*, II. Bd., S. 93; *S. Meier*, Gesamtschulden, S. 587.

[157] Protokolle zu den Beratungen der Ersten Kommission, *Jakobs/Schubert*, Die Beratung des Bürgerlichen Gesetzbuchs, SR I, S. 951 ff.; Protokolle zu den Beratungen der zweiten Kommission, bei *Mugdan*, II. Bd., S. 608 f.; *S. Meier*, a.a.O., S. 590.

[158] *Von Gierke*, Der Entwurf eines Bürgerlichen Gesetzbuchs und das deutsche Recht, 1889, S. 212.

in Art. 50 Abs. 2 OR: „Ob und in welchem Umfange die Beteiligten Rückgriff gegeneinander haben, wird durch richterliches Ermessen bestimmt.“[159] Der Gesetzgeber entschied sich letztlich für einen selbstständigen Ausgleichsanspruch, der sich aus der Gesamtschuld selbst ergibt und durch einen Übergang der Gläubigerforderung in Höhe des zu viel Geleisteten unterstützt werden soll.

2. Regressmöglichkeiten nach § 426 BGB

Rekapitulierend[160] sei nochmals festgehalten:

Der Innenausgleich kann sich zum einen aus einem zwischen den Gesamtschuldnern bestehenden besonderen Vertragsverhältnis oder der Natur der Sache ergeben.[161] Zum anderen sieht §426 BGB zwei selbstständig nebeneinander[162] bestehende Wege für den Gesamtschuldnerausgleich vor: Nach §426 Abs. 1 S. 1 BGB sind die Gesamtschuldner zu gleichen Anteilen verpflichtet, soweit nicht ein anderes bestimmt ist. Dieser Anspruch entsteht bereits mit Begründung der Gesamtschuld als Mitwirkungs- und Befreiungsanspruch.[163] Kann der auf einen Gesamtschuldner entfallende Betrag von diesem nicht erlangt werden, ist gem. §426 Abs. 1 S. 2 BGB der Ausfall von den übrigen ausgleichspflichtigen Schuldnern zu tragen.[164] Hat ein Gesamtschuldner den Gläubiger befriedigt und kann er von den übrigen Schuldnern Ausgleichung verlangen, geht die Gläubigerforderung gegen diese gem. §426 Abs. 2 BGB auf ihn über. Der Übergang kann nicht zum Nachteil des Gläubigers geltend gemacht werden, d.h. der regressierende Gesamtschuldner darf durch den Forderungsübergang nicht schlechter gestellt werden, als wenn der von ihm in Anspruch genommene Gesamtschuldner selbst an den gemeinsamen Gläubiger geleistet hätte („*nemo subrogat contra se*“).[165] Der Forderungsübergang erfolgt erst mit Befriedigung des Gläubigers. Dessen Forderung erlischt durch Zahlung des Gesamtschuldners nicht vollständig, sondern bleibt zwecks Rückgriffs meist nur teilweise erhalten.[166] Dem Regressgläubiger

---

[159] Maßgeblich für den Umfang des Rückgriffsanspruchs in Haftpflichtfällen ist in erster Linie die Schwere des Verschuldens, vgl. dazu *Furrer und Schnyder,* in: CHK – Handkommentar zum Schweizer Privatrecht, Art. 50 OR Rn. 22 m.w.N. sowie § 5 II.

[160] Vgl. oben Einl. I.

[161] BGH NJW 1992, 2288; BGH NJW 1993, 585.

[162] Vgl. BGH NJW 1981, 1667; BGH NJW 1972, 942; VersR 1965, 804; *Grüneberg,* in: Grüneberg, 81. Aufl. 2022, §426, Rn. 16; *Heinemeyer,* in: Münch. Komm. BGB, 8. Aufl. 2019, §426 Rn. 48.

[163] BGH, Urt. v. 18.06.2009 – VII ZR 167/08 = NJW 2010, 60; BGH. Urt. v. 21.11.1953 – VI ZR 82/52 = BGHZ 11, 170; RG, Urt. v. 16.11.1908 – VI 607/07 = RGZ 69, 422; vgl. auch oben Einl. I.

[164] *Grüneberg*, in: Grüneberg, 81. Aufl. 2022, §426 BGB Rn. 7.

[165] *Herpers*, Über den Nachteil des Gläubigers bei der Legalzession, AcP 166 (1966), 454–461.

[166] BGH, Urt. v. 20.09.1990 – IX ZR 214/89 = NJW 1991, 97; BGH, Urt. v. 15.01.1988 – V ZR 183/86 = NJW 1988, 1375.

sollen etwaige Sicherheiten, welche gem. §§ 412, 401 BGB auf ihn übergehen, zugutekommen, während dem Regressschuldner gem. §§ 412, 404 BGB mögliche Einreden gegenüber dem ursprünglichen Gläubiger auch gegenüber dem Regressgläubiger erhalten bleiben sollen.[167]

3. Verjährungsbeginn

Wann die Verjährungsfrist von Ansprüchen gem. § 426 Abs. 1 BGB und gem. § 426 Abs. 2 BGB übergegangenen Ansprüchen beginnt, wird in Rechtsprechung und Lehre kontrovers beurteilt.

a) Verjährungsbeginn des Ausgleichsanspruchs aus § 426 Abs. 1 BGB

aa) Standpunkt des BGH

Nach Meinung des BGH unterliegt der Ausgleichsanspruch zwischen Gesamtschuldnern unabhängig von seiner Ausprägung als Mitwirkungs-, Befreiungs- oder Zahlungsanspruch einer einheitlichen Verjährung (§ 199 BGB).[168] Der Umstand, dass der Ausgleichsanspruch zunächst als Mitwirkungs- und Befreiungsanspruch entsteht und sich irgendwann später durch Zahlung eines der Gesamtschuldner in einen Zahlungsanspruch wandelt, ändere daran nichts.[169] Unabhängig von seiner Ausprägung als Mitwirkungs-, Befreiungs- oder Zahlungsanspruch handle es sich um einen einheitlichen Anspruch, der einer einheitlichen Verjährung unterliege.[170]

Demgegenüber stellt eine andere Ansicht für den Verjährungsbeginn auf die Leistung durch den ausgleichsberechtigten Gesamtschuldner an den gemeinsamen Gläubiger ab.[171] Teilweise wird der Verjährungsbeginn auch an die Inanspruchnahme eines der Gesamtschuldner geknüpft.[172] Schließlich orientieren sich andere an der Hauptforderung des Gläubigers und wollen den Anspruch aus § 426 Abs. 1 BGB eine gewisse Zeit nach Verjährung der Hauptforderung verjähren lassen.[173]

---

[167] Vgl. *Gehrlein,* in: BeckOK BGB, 53. Ed. (Stand: 01.02.2020), § 426, Rn. 19; *Böttcher*, in: Erman, BGB, 15. Aufl. 2017, § 426, Rn. 46.

[168] BGHZ 181, 310, 315; *Grüneberg,* in: Grüneberg, 81. Aufl. 2022, § 426, Rn. 4; *Heinemeyer,* in: Münch. Komm. BGB, 8. Aufl. 2019, § 426, Rn. 26; *Gehrlein,* a.a.O., § 426, Rn. 4; *Weise,* NJW-Spezial 2011, 108; *S. Fischer,* ZIP 2014, 406, 407.

[169] BGH, Urt. v. 18.06.2009 – VII ZR 167/08, NJW 2010, 60.

[170] BGHZ 181, 310, 315; *Grüneberg,* in: Grüneberg, 81. Aufl. 2022, § 426, Rn. 4; *Heinemeyer,* in: Münch. Komm. BGB, 8. Aufl. 2019, § 426, Rn. 26; *Gehrlein,* in: BeckOK BGB, 53. Ed. (Stand: 01.02.2020), § 426, Rn. 4.

[171] *Peters/Jacoby,* in: Staudinger, Kommentar zum BGB, Neubearbeitung 2019, § 199 Rn. 8a; *Hartmann/Lieschke*, WM 2011, 205, 209; *Peters,* ZGS 2010, 154; *Dollmann*, GmbHR 2004, 1330; *S. Meier*, Gesamtschulden, S. 654.

[172] *Piekenbrock,* in: BeckOGK BGB, Stand: 01.11.2019, § 199, Rn. 64.

[173] Bundesministerium der Justiz (Hrsg.): Kommission zur Überarbeitung des Schuldrechts, Abschlussbericht. Köln 1992, S. 108 ff.; *Schwenke*, NZKart 2015, 383, 389.

Der BGH[174] tritt allen diesen Ansätzen mit folgenden Erwägungen entgegen: Zunächst stellt er fest, dass § 426 Abs. 1 BGB selbst keine Angaben darüber mache, wie der Ausgleich zwischen den Gesamtschuldnern erfolgen soll. Die Zahlung des Ausgleichsberechtigten an den Primärgläubiger sei gerade keine tatbestandliche Voraussetzung des Ausgleichsanspruchs. Daraus sei zu folgern, dass die Zahlung somit keinen neuen Anspruch entstehen lasse. Die Zahlung habe vielmehr nur zur Folge, dass der Ausgleichanspruch nunmehr in anderer Form als zuvor erfüllt werden müsse. Soweit der Ausgleichsanspruch einmal verjährt sei, müsse es dabei sein Bewenden haben, auch wenn sich sein Inhalt dadurch ändere, dass die Zahlung erfolgt sei. Auch die Zahlung während des Laufs der Verjährung ändere nichts am weiteren Ablauf der Verjährung.[175]

Weiterhin könne es zu Unbilligkeiten führen, wenn in verjährungsrechtlicher Hinsicht an die Zahlung des ausgleichsberechtigten Gesamtschuldners angeknüpft werde. Dieser hätte es dann nämlich in der Hand, durch sein eigenes Verhalten den Verjährungsbeginn und die Notwendigkeit der Erhebung verjährungshemmender Maßnahmen hinauszuzögern.[176] Dies sei aber mit dem Zweck des Rechtsinstituts der Verjährung, nämlich Schuldnerschutz und Rechtsfrieden zu schaffen, nicht zu vereinbaren. Diese Zwecke würden überdies nur unvollkommen erreicht, wenn ein Streit über das Bestehen einer Ausgleichspflicht zwar zunächst durch Erhebung der Einrede der Verjährung vermieden werden könnte, solange die Pflicht durch Befreiung von einer Verbindlichkeit zu erfüllen wäre, während diese Möglichkeit nicht mehr bestünde, nachdem der Anspruch sich in einen Zahlungsanspruch verwandelt habe.[177]

Darüber hinaus stehe dies in Einklang mit früherer Rechtsprechung[178] des BGH, dass die Rechtskraft einer Verurteilung zur Freistellung von einer Schadenersatzpflicht auch Einwendungen des Verurteilten gegen deren Grund in einem nachfolgenden Zahlungsprozess ausschließe und auch den Zahlungsanspruch erfasse, sodass die Verjährung sich nach § 218 Abs. 1 S. 1 BGB richtet. Dies beruhe auf der Überlegung, dass es sich lediglich um verschiedene Gestalten desselben Schadensersatzanspruchs auf Vermögensausgleich handle. Nichts anderes gelte für den Ausgleichsanspruch aus § 426 Abs. 1 BGB.[179] Keine Rolle spiele weiterhin, dass der Rechtausschuss im Gesetzgebungsverfahren zur Schuldrechtsmodernisierung gemeint habe, die regelmäßige Verjährungsfrist beginne nicht vor dem Zeitpunkt, zu dem der begünstigte Gesamtschuldner an den Primärgläubiger leiste.[180] Dies spiele deshalb keine Rolle, weil sie im Gesetz keinen Ausdruck gefunden habe und nicht auf einer ausreichend fundierten Analyse

174 BGHZ 181, 310, 315.
175 BGH, Urt. v. 18.06.2009 – VII ZR 167/08 = NJW 2010, 60.
176 BGH, Urt. v. 29.01.2008 – XI ZR 160/07 = BGHZ 175, 161, 169 f.
177 BGH, Urt. v. 18.06.2009 – VII ZR 167/08 = NJW 2010, 60.
178 BGH, Urt. v. 26.02.1991 – XI ZR 331/89 = NJW 1991, 2014.
179 BGH, Urt. v. 18.06.2009 – VII ZR 167/08 = NJW 2010, 60.
180 BT-Drs. 14/7052, S. 195.

der Rechtslage basiere.[181] Auch müsse der Ausgleichsanspruch für den Beginn der Verjährung nicht beziffert und auch nicht Gegenstand einer Leistungsklage sein. Denn ein Anspruch sei entstanden, wenn er geltend gemacht und notfalls im Wege der Klage durchgesetzt werden könne. Hierfür genüge die Möglichkeit, eine verjährungshemmende Feststellungsklage erheben zu können.[182]

Der BGH hat sich damit bewusst für einen sehr frühen Beginn der Verjährung des Ausgleichsanspruchs unter Gesamtschuldnern entschieden, verneint aber, dass dies zu Unbilligkeiten führen und gerade zulasten des ausgleichsberechtigten Gesamtschuldners gehen könne. Dieser sei durch § 199 Abs. 1 Nr. 2 BGB ausreichend geschützt, welcher für den Beginn der Verjährung zusätzlich auf ein kenntnisabhängiges Moment abstellt.[183] Für eine Kenntnis aller Umstände, die einen Ausgleichsanspruch nach § 426 Abs. 1 BGB begründen und somit auch dessen Verjährung beginnen lassen, ist es demnach erforderlich, dass der Ausgleichsberechtigte

(1) Kenntnis von den Umständen hat, die einen Anspruch des Primärgläubigers gegen den Ausgleichsverpflichteten begründen,

(2) von denjenigen, die einen Anspruch des Primärgläubigers gegen ihn selbst begründen,

(3) sowie von denjenigen, die das Gesamtschuldverhältnis begründen, und

(4) schließlich von denjenigen Umständen, die im Innenverhältnis eine Ausgleichungspflicht begründen.[184]

Inwieweit das Erfordernis der Kenntnis den ausgleichsberechtigten Gesamtschuldner tatsächlich schützt, wird später untersucht.[185]

bb) Grundsatz der Schadenseinheit bei mehreren Schäden

Wegen seiner Bedeutung für die Verjährung des Ausgleichsanspruchs und der damit einhergehenden Verschärfung der Verjährungsproblematik muss nachfolgend kurz auf den vom BGH entwickelten Grundsatz der Schadenseinheit[186] eingegangen werden, der auch im Bereich des Gesamtschuldnerausgleichs Anwendung finden soll.[187]

---

[181] BGH, Urt. v. 18.06.2009 – VII ZR 167/08 = NJW 2010, 60. Damit bestätigt der BGH indirekt die vom Verfasser vertretene Notwendigkeit einer Gesetzesänderung *de lege ferenda*, vgl. Resümee und Gesamtergebnis II. Die fundierte Analyse will der Verfasser mit der vorliegenden Arbeit liefern.

[182] Vgl. zuletzt BGH, MDR 2017, 149 f.; BGH, Urt. v. 18.06.2009 – VII ZR 167/08 = NJW 2010, 60.

[183] BGHZ 181, 310, 315.

[184] BGH v. 18.06.2009 – VII ZR 167/08 = NJW 2010, 60.

[185] Vgl. dazu unter § 7.

[186] RGZ 83, 354, 360; RGZ 87, 306, 312; BGHZ 50, 21, 24; BGH NJW 1986, 1162 f.; BGH NJW 1991, 2833, 2835; BGH NJW-RR 1998, 742, 743; BeckRS 2016, 21188; *Grothe,* in: Münch. Komm. BGB, 8. Aufl. 2019, § 199, Rn. 9.

[187] BGH, Urt. v. 08.11.2016 – VI ZR 200/15 = VersR 2017, 170.

Danach gilt der gesamte Schaden, der auf einem einheitlichen Verhalten beruht, bereits mit der ersten Vermögenseinbuße als eingetreten, sofern mit den einzelnen Schadensfolgen bereits beim Auftreten des ersten Schadens gerechnet werden kann.[188] Die Verjährung des Ersatzanspruches erfasst auch solche nachträglich eintretenden Schadensfolgen, die zum Zeitpunkt der Entstehung des Anspruchs (allenfalls) als möglich voraussehbar waren. Für etwaige Folgeschäden beginnt daher keine neue Verjährungsfrist.[189] Dieser Rechtsgedanke beruht auf den Geboten der Rechtssicherheit und Rechtsklarheit.[190] Er findet seine Rechtfertigung darin, dass dem Geschädigten in aller Regel zuzumuten sei, sich schon aufgrund der Kenntnis von der haftungsbegründenden Erstschädigung durch Feststellungsklage bezüglich aller weiteren Schadensfolgen gegen die Verjährung zu sichern.[191]

Der Grundsatz der Schadenseinheit sei auch für die Beurteilung der Frage heranzuziehen, wann der Ausgleichsanspruch eines zum Schadensersatz verpflichteten Gesamtschuldners gegen andere Gesamtschuldner im Hinblick auf Schäden entstanden ist, die erst nach Verwirklichung des haftungsbegründenden Tatbestands eingetreten sind.[192] Hier gilt, dass der gesamte aus einer unerlaubten Handlung oder einer Vertragsverletzung entspringende Schaden sich auch im Rahmen des Gesamtschuldverhältnisses als Einheit darstellt, welche alle Folgeschäden umfasst, die zum Zeitpunkt der Erlangung allgemeinen Wissens um den Erstschaden als möglich voraussehbar waren. Der Ansicht, dass der Ausgleichsanspruch erst mit jeder im weiteren Verlauf nach Schädigung fällig werdenden Schadensersatzposition entsteht, erteilte der BGH eine Absage, da dies zu einer unbegrenzten Vielzahl von Ausgleichsansprüchen desselben Ersatzpflichtigen aufgrund derselben Verletzungshandlung führen würde.[193]

cc) Gesamtschuldnerausgleich trotz Verjährung des Gläubigeranspruchs

Grundsätzlich gilt es festzustellen, dass derjenige Gesamtschuldner, welcher den Anspruch des Primärgläubigers erfüllt hat, nicht um die Durchsetzbarkeit seines

[188] BGH, Urt. v. 08.11.2016 – VI ZR 200/15 = VersR 2017, 170; *Grothe,* in: Münch. Komm. BGB, 8. Aufl. 2019, § 199, Rn. 9; *Ellenberger,* in: Grüneberg, 81. Aufl. 2022, § 199, Rn. 14.

[189] BGH, Urt. v. 22.02.1979 – VII ZR 256/77 = BGHZ 73, 363–365; BGH, Urt. v. 23.03.1987 – II ZR 190/86 = BGHZ 100, 228–231; BGH, Urt. v. 21.02.2005 – II ZR 112/03 = ZIP 2005, 852, Rn. 9; vgl. BGH, Urt. v. 24.04.2012 – VI ZR 329/10 = VersR 2012, 924, Rn. 19.

[190] BGH, Urt. v. 03.06.1997 – VI ZR 71/96 = VersR 1997, 1111, Rn. 13; BGH v. 24.04.2012 – VI ZR 329/10 = VersR 2012, 924, Rn. 19.

[191] BGH, Urt. v. 08.11.2016 – VI ZR 200/15 = VersR 2017, 170; BGH, Urt. v. 07.06.1983 – VI ZR 171/81 = VersR 1983, 735–737; BGH, Urt. v. 19.12.1989 – VI ZR 57/89 = VersR 1990, 497; BGH, Urt. v. 27.11.1990 – VI ZR 2/90 = NJW 1991, 973, Rn. 14.

[192] BGH, Urt. v. 08.11.2016 – VI ZR 200/15 = VersR 2017, 170; *Hager,* JA 2017, 546, 548 ff.

[193] BGH a.a.O.

Ausgleichsanspruchs fürchten muss, wenn der Anspruch des Primärgläubigers gegen den anderen Gesamtschuldner bereits verjährt ist.[194] Der Grund hierfür liegt in der in der Literatur nicht kritiklos[195] gebliebenen Anerkennung des §426 Abs. 1 BGB als eigene Anspruchsgrundlage. Anders als bei §426 Abs. 2 BGB ist der nach §426 Abs. 1 BGB ausgleichsverpflichtete Gesamtschuldner nicht berechtigt, dem ausgleichsberechtigten Gesamtschuldner alle Einreden entgegenzuhalten, die sich aus seinem Verhältnis zum Primärgläubiger ergeben.[196] Im Ergebnis kann die Verjährung des Gläubigeranspruchs gegen den ausgleichsverpflichteten Gesamtschuldner wegen deren Einzelwirkung nicht zum Nachteil des ausgleichsberechtigten Gesamtschuldners gehen, vgl. §422 BGB.[197] Dieser ist an der Rechtsbeziehung zwischen dem Primärgläubiger und dem anderen Gesamtschuldner gerade nicht beteiligt. In der Folge darf die Entscheidung des Primärgläubigers, ob er den Anspruch innerhalb dieses Rechtsverhältnisses bewusst oder unbewusst gegenüber einem Gesamtschuldner verjähren lässt, nicht das Innenverhältnis der Gesamtschuldner zum Nachteil des ausgleichsberechtigten Gesamtschuldners beeinflussen.[198] §426 Abs. 1 BGB gewährt dem ausgleichsberechtigten Gesamtschuldner eine Position, die er allein durch die Legalzession aus §426 Abs. 2 BGB nicht hätte. Würde man jedoch zulassen, dass der ausgleichsverpflichtete Gesamtschuldner die Einrede der Verjährung, die er gegen den Anspruch des Primärgläubigers hätte, auch gegen den Anspruch aus §426 Abs. 1 BGB erheben könnte, dann würde man dem ausgleichsberechtigten Gesamtschuldner die durch diesen Anspruch bezweckte Begünstigung wieder nehmen.[199]

Zur Begründung zieht der BGH die Gesetzgebungsmaterialien heran. In diesen wurde im Abschlussbericht der Schuldrechtskommission der Vorschlag gemacht, eine beschränkte Gesamtwirkung der Verjährung des Anspruchs des Primärgläubigers und des Ausgleichsanspruchs des Gesamtschuldners aus §426

[194] BGH, Urt. v. 23.04.2015 – IX ZR 176/12 = GI aktuell 2015, 100; BGH, Urt. v. 09.07.2009 – VII ZR 109/08 = NJW 2010, 62–64; BGH, Urt. v. 09.03.1972 – VII ZR 178/70. Dabei handelt es sich um solche Fälle, in denen der Anspruch des Primärgläubigers eine kürzere Verjährungsfrist hat, beispielsweise Mängelrechte gem. §438 Abs. 1 Nr. 3 BGB, als der Anspruch aus §426 Abs. 1 BGB oder der Primärgläubiger seinen Anspruch gegen einen anderen Gesamtschuldner bewusst verjähren lässt, vgl. hierzu auch *Heinemeyer*, in: Münch. Komm. BGB, 8. Aufl. 2019, §426, Rn. 27 ff.

[195] *Stamm*, NJW 2004, 811, 812; *Stamm*, AcP 217 (2017), 165, 201; *Kreße*, in: BeckOGK BGB, Stand: 01.09.2020, §426 Rn. 6 ff.; ausführlich dazu auch *S. Meier*, Gesamtschulden, S. 670 ff.

[196] Vgl. BGH NJW 1981, 1667; *Heinemeyer*, in: Münch. Komm. BGB, 8. Aufl. 2019, §426, Rn. 48; *Gehrlein*, in: BeckOK BGB, 53. Ed. (Stand: 01.02.2020), §426, Rn. 18; *Böttcher*, in: Erman, BGB, 15. Aufl. 2017, §426, Rn. 6.

[197] BGHZ 58, 216, 218; BGHZ 47, 376, 379; BGH, Urt. v. 25.11.2009 – IV ZR 70/05 = NJW 2010, 435.

[198] BGH, Urt. v. 25.11.2009, a.a.O.

[199] vgl. BGHZ 58, 216, 219 f.; *Kniffka*, BauR 2005, 274, 280; *Heinemeyer*, in: Münch. Komm. BGB, 8. Aufl. 2019, §426 Rn. 62.

Abs. 1 BGB anzunehmen.[200] Da dieser Vorschlag allerdings nicht in das Gesetz zur Modernisierung des Schuldrechts aufgenommen wurde, geht der BGH davon aus, dass diese Entscheidung des Gesetzgebers nur so verstanden werden könne, dass er dem Ausgleichsberechtigten auch dann einen Anspruch gegen den Ausgleichsverpflichteten einräumen wolle, wenn der Anspruch des Primärgläubigers gegen diesen längst verjährt sei.[201] Die sich hieraus ergebende und auch in der Literatur häufig thematisierte Problematik wurde seinerzeit zwar erkannt, eine entsprechende Änderung des Gesetzes blieb allerdings aus. Auch aus dieser Entscheidung des BGH ergeben sich einige Probleme, auf die im Rahmen dieser Arbeit allerdings nicht vertieft eingegangen wird.

b) Verjährungsbeginn des gem. § 426 Abs. 2 BGB übergegangenen Anspruchs

Bei §426 Abs. 2 BGB ist die Verjährungssituation weniger komplex: Wegen der Legalzession[202] richtet sich die Verjährung nach dem Anspruch des Primärgläubigers. Die Verjährungsfrist läuft, wie bei der Abtretung, unabhängig vom Forderungsübergang weiter.[203]

Der Zessionar als ausgleichsberechtigter Gesamtschuldner muss sich die für den Verjährungsbeginn maßgebliche Kenntnis des Zedenten, des ursprünglichen Gläubigers, anrechnen lassen.[204] Entscheidend für die Frage der Verjährung ist nur, ob der ausgleichspflichtige Gesamtschuldner gegen den übergegangenen Anspruch Verjährung einwenden kann. Dabei spielt es keine Rolle, ob der Anspruch aus §426 Abs. 1 BGB bereits verjährt ist, da dieser ja selbstständig neben die Legalzession aus §426 Abs. 2 BGB treten soll.[205] Das OLG München stellte daher fest, dass die Formulierung in §426 Abs. 2 S. 1 BGB: „Soweit ein Gesamtschuldner von den übrigen Schuldnern Ausgleich verlangen kann" nicht so zu verstehen sei, dass bei Verjährung des Anspruchs aus §426 Abs. 1 BGB auch die Geltendmachung des übergegangenen Anspruchs ausscheide bzw. es gar nicht mehr zu einem Anspruchsübergang auf den zahlenden Gesamtschuldner komme.[206]

Eine Befreiung des im Innenverhältnis ausgleichspflichtigen Gesamtschuldners erfolgt nur in dem Umfang, in dem die Forderung des Primärgläubigers die Regressforderung übersteigt. Insoweit besteht eine Wechselwirkung oder, wie Ehmann es bezeichnet, ein „kommunizierendes System" zwischen §422 und §426

---

[200] Bundesministerium der Justiz (Hrsg.): Kommission zur Überarbeitung des Schuldrechts, Abschlussbericht, S. 109.

[201] BGH, Urt. v. 25.11.2009 – IV ZR 70/05 = NJW 2010, 435.

[202] *Brox/Walker*, Allgemeines Schuldrecht, 43. Aufl. 2019, §37, Rn. 28.

[203] BGH NJW 1988, 1375.

[204] Vgl. *Gehrlein,* in: BeckOK BGB, 53. Ed. (Stand: 01.02.2020), §426, Rn. 19; *Schulze*, in: Schulze, BGB, 10. Aufl. 2019, 426, Rn. 12; *Heinemeyer,* in: Münch. Komm. BGB, 8. Aufl. 2019, §426, Rn. 44 ff.

[205] *Heinemeyer,* a.a.O., §426 Rn. 48.

[206] OLG München, Urt. v. 26.03.2009 – 23 U 4885/08 = OLGR München 2009, 673.

Abs. 2 BGB.[207] § 422 BGB ist daher unter Berücksichtigung von § 426 für den Regress so zu lesen: „Höhe der getilgten Forderung des Gläubigers minus Höhe der Regreßforderung = Umfang der Befreiung.“[208] Beide Normen zusammen markieren gleichsam die Schnittstelle zwischen Außen- und Innenverhältnis der Gesamtschuldnerschaft.

IV. Zusammenfassung

Die hier behandelte Problematik hat ihren Ursprung in der vom BGH aufgestellten Annahme, dass die Verjährungsfrist des Ausgleichsanspruchs aus § 426 Abs. 1 BGB mit der Entstehung des Gesamtschuldverhältnisses zu laufen beginnt, während Ansprüche aus dem jeweiligen Innenverhältnis innerhalb der für diese maßgeblichen Frist und nach § 426 Abs. 2 BGB übergegangene Ansprüche in der für jene geltenden Frist verjähren.[209] Demnach kann die Situation eintreten, dass der Rückgriffsanspruch des ausgleichsberechtigten Gesamtschuldners früher verjährt als der Gläubigeranspruch. Die Wahrscheinlichkeit, dass sich dieses Risiko realisiert, wurde durch die Verkürzung der Regelfrist des § 195 BGB erhöht. Dass für den Verjährungsbeginn gem. § 199 Abs. 1 Nr. 2 BGB auch subjektive Voraussetzungen vorliegen müssen, hat die Situation nur unwesentlich entschärft. Dies lässt sich auch schön am einleitend erläuterten Beispiel[210] nachvollziehen. Hier wäre die Verjährung des Ausgleichsanspruchs aus § 426 Abs. 1 BGB des D gegen den B bei Annahme einer Verjährungsfrist von 30 Jahren erst Ende 2034 eingetreten. Durch die radikale Verkürzung der Verjährungsfrist ist die Verjährung hier allerdings bereits eingetreten.[211]

Mithin ist fraglich, welche Lösungsansätze für die nunmehr noch deutlicher gewordene Verjährungsproblematik gefunden werden können. Dies soll in § 2 untersucht werden.

[207] *Ehmann,* Gesamtschuld, S. 102.

[208] Ebd.

[209] Vgl. oben Einl. I.; *Grüneberg,* in: Grüneberg, 81. Aufl. 2022, § 426 BGB, Rn. 4, 16; *Heinemeyer,* in: Münch. Komm. BGB, 8. Aufl. 2019, § 426, Rn. 28, 48; *Gehrlein,* in: BeckOK BGB, 53. Ed. (Stand: 01.02.2020), § 426, Rn. 18; *Looschelders,* in: Staudinger, Kommentar zum BGB, Neubearbeitung 2017, § 426, Rn. 143.

[210] Vgl. oben Einl. II.

[211] Vgl. oben Einl. II.

§ 2

Denkbare Lösungsansätze für die Verjährungsproblematik

Wie sich aufgrund der bisherigen Ausführungen ergibt, lassen sich unter den Versuchen, eine sachgerechte Lösung für das Verjährungsproblem zu finden, verschiedene Strategien ausmachen. Sie unterscheiden sich durch das Zusammenspiel verschiedener Elemente und betreffen den Zeitpunkt des Verjährungsbeginns, die Dauer der Verjährungsfrist und die Anspruchsentstehung. Dabei kann an die Anspruchsentstehung als objektives Merkmal und an subjektive Merkmale sowie, als drittes Element, an andere Aspekte zum Beginn der Verjährung für den Gesamtschuldnerinnenausgleich angeknüpft werden. Teilweise wird dem ausgleichsberechtigten Gesamtschuldner nach seiner Leistung auch noch eine kurze Frist für die Geltendmachung seines Regressanspruchs eingeräumt. Nachfolgend werden die denkbaren Alternativen dargestellt. Damit soll dem Leser ein Überblick über mögliche Lösungsalternativen gegeben werden. Dies ist notwendig, um die in der Einführung aufgeworfene zentrale Frage beantworten zu können, ob eine Lösung der aufgezeigten Problematik ggf. *de lege lata* im Wege sachgemäßer Auslegung und/oder, wenn nicht, *de lege ferenda* durch eine Gesetzesänderung möglich ist.

I. Länge der Verjährungsfrist

Zur Länge der Verjährungsfrist existieren verschiedene Ansätze. Dabei soll hier lediglich auf die Regelungen im deutschen Zivilrecht eingegangen werden, abweichende Regelungen im ausländischen Recht werden in § 5 behandelt. Es sei nur angemerkt, dass der Entscheidung über die Dauer der Verjährungsfrist unterschiedliche rechts- und wirtschaftspolitische Vorstellungen zugrunde liegen, die teilweise auch das Ergebnis politischer Konsensfindung sind.

1. Regelverjährungsfrist von 30 Jahren

Nach dem Willen des historischen Gesetzgebers betrug die regelmäßige Verjährungsfrist gem. § 195 BGB a.F. 30 Jahre.[1] Diese Frist war, sofern sie kenntnisun-

[1] Vgl. dazu oben § 1 I. 1. b).

abhängig war, bereits außerordentlich lang. Sofern sie von der Kenntnis des betreffenden Gläubigers abhing, war sie im Einzelfall weitaus länger und konnte u.U. dazu führen, dass Schuldner oft ein Leben lang in der Haftung blieben. Andererseits war im Bereich vertraglicher Ansprüche zudem ein „fast barock zu nennender Formenreichtum“[2] unterschiedlicher kurzer Verjährungsfristen, der weder für Juristen noch für Laien nachvollziehbar war,[3] zu beklagen. Außerdem stand eine derart lange Verjährungsfrist in diametralem Gegensatz zum Gebot des Schuldnerschutzes.[4] Von daher bestand akuter Reformbedarf.

Speziell für den Gesamtschuldnerinnenausgleich wäre eine derart lange Frist dem Rechtsfrieden abträglich. Der Rechtsverkehr wäre durch lange Auseinandersetzungen, insbesondere durch Gerichtsprozesse, übermäßig beeinträchtigt.[5] Im Zeitalter der Digitalisierung und Globalisierung wäre dies nicht hinnehmbar. Die Digitalisierung bzw. die sich überstürzende Entwicklung der Informations- und Kommunikationssysteme[6] haben einen gigantischen Umgestaltungsprozess ausgelöst, zur Veränderung von Liefer- und Wertschöpfungsketten geführt und dominieren mittlerweile nahezu sämtliche Lebensbereiche einer Weltbevölkerung, die im Zuge der Globalisierung[7] zunehmend zusammenwächst. Dies erfordert auch eine rasche Abwicklung und Klärung bestehender Forderungs- und Beitreibungsprobleme. Eine dreißigjährige Verjährungsfrist entspricht daher weder im Allgemeinen noch speziell im Gesamtschuldnerinnenausgleich den Erfordernissen der Zeit. Dies zeigt u.a. auch die Entwicklung im Insolvenzrecht. Aufgrund unionsrechtlicher Vorgaben[8] und der Auswirkungen der Coronapandemie soll die Frist für die Restschuldbefreiung nach §§ 286 ff. InsO von sechs auf drei Jahre abgekürzt werden.[9] Anders als im EU-Recht vorgesehen soll dies nicht nur für unternehmerisch tätige Schuldner gelten, sondern auch für Verbraucherinnen und Verbraucher (§ 13 BGB).[10] Wenn auch die Notwendigkeit der Abkürzung der Wohlverhaltensphase gerade durch die Coronakrise besonders evident wird, so zeigt dieses Vorhaben, also die Verkürzung von Fristen generell, und so eben auch

---

[2] *Peters/Zimmermann*, Bd. 1, S. 187.

[3] *Schmidt-Räntsch*, Das neue Schuldrecht, Rn. 36.

[4] Vgl. oben § 1 I. 1. a).

[5] Vgl. nur *Rabe*, NJW 1992, 2395.

[6] *Gabler*, Wirtschaftslexikon, Stichwort Informations- und Kommunikationssysteme, 2019.

[7] Globalisierung lässt sich umschreiben als ein „multidimensionaler, multikausaler, weitgehend eigendynamischer, dialektischer und im Hinblick auf seine Folgen ambivalenter Prozess, der über eine länger zurückreichende historische Genese verfügt, jedoch erst in jüngster Zeit eine ‚neue Qualität‘ angenommen hat“. *Teusch,* Was ist Globalisierung? S. 86.

[8] Richtlinie (EU) 2019/1023 des Europäischen Parlaments und des Rates v. 20.06.2019, Abl. EU L 172/18 v. 26.06.2019. Die Richtlinie war bis zum 17. 07 2021 in deutsches Recht umzusetzen.

[9] Bundesministerium der Justiz und für Verbraucherschutz (BMJV) Pressemitteilung v. 01.07.2020. Verkürztes Restschuldbefreiungsverfahren auf den Weg gebracht.

[10] Ebd.

im Verjährungsrecht, dass die heutigen ökonomischen Rahmenbedingungen eine radikale Fristverkürzung erfordern.

2. Regelverjährungsfrist von drei Jahren

Eine kurze Regelverjährungsfrist von drei Jahren ist nunmehr geltendes Recht.[11] Ein durch die massive Fristverkürzung eintretender Rechtsverlust auf Gläubigerseite wird durch das Erfordernis der rechtzeitigen Geltendmachung des Anspruchs kompensiert.[12] Dass dies für den im Innenverhältnis Rückgriff nehmenden Gesamtschuldner u.U. problematisch sein kann, wurde bereits dargetan.[13] Umso mehr wird zu prüfen sein, ob und in ggf. welchem Umfang der Rückgriffsgläubiger durch verjährungshemmende Maßnahmen einen Rechtsverlust verhindern kann. Dazu wird im Einzelnen noch später Stellung genommen.[14] So wie es nach altem Recht in § 196 BGB a.F. eine Vielzahl kurzer Verjährungsfristen gab, gibt es – umgekehrt – *de lege lata* in § 204 Abs. 1 BGB n.F. insgesamt 14 verschiedene Hemmungstatbestände. Dies ist der radikalen Fristverkürzung geschuldet und soll die Möglichkeit der Rechtsverfolgung durch den Gläubiger sicherstellen.

3. Gleichlauf von Innenausgleich und Gläubigerforderung im Außenverhältnis

Denkbar wäre es auch, einen Gleichlauf der Verjährungsfristen für die Rückgriffsforderung und die Gläubigerforderung vorzusehen. Schon zum alten Recht wurde vorgeschlagen, den Regressanspruch nicht in der 30-jährigen Regelfrist, sondern in der für die Forderung des Primärgläubigers geltenden Frist verjähren zu lassen.[15] Dies würde aber nicht die Möglichkeit verhindern, dass die Forderung gegen den ausgleichsverpflichteten Gesamtschuldner schon verjährt ist, wenn der an den Primärgläubiger leistende Schuldner Rückgriff nehmen will.[16] Auch die Kommission zur Überarbeitung des Schuldrechts sah in § 426a BGB-KE einen Gleichlauf beider Fristen vor. Es hieß dort zur Verjährung von Ausgleichsansprüchen in § 426a Abs. 1 S. 1 BGB-KE:[17]

---

[11] Vgl. oben § 1 I. 1. c).

[12] *Ellenberger,* in: Grüneberg, 81. Aufl. 2022, Überbl. § 194 BGB Rn. 10.

[13] Vgl. oben Einl. II sowie § 1 III. 1.

[14] Vgl. unten § 7 III und IV.

[15] *Schlechtriem*, NJW 1972, 1556; *Ehmann,* Gesamtschuld, S. 322; *Rüßmann*, JuS 1974, 296. *S. Meier*, Gesamtschulden, S. 643 m.w.N.; im Ergebnis auch *Bydlinski,* in: Münch. Komm. BGB, 7. Aufl. 2016, § 426, Rn. 25. Dies entsprach bis zur Einführung von Art. 139 OR auch einer in der schweizerischen Lehre vertretenen Ansicht: vgl. *Oftinger/Stark,* Haftpflichtrecht I, Rz. 10/52; *Gauch/Schluep/Schmid/Rey*, OR AT 2, Rz. 3960, siehe auch unter § 5 II.

[16] Vgl. oben Einl. II.

[17] Vgl. unten § 7 II. 2.

„(1) Für die Verjährung des Ausgleichsanspruchs nach § 426 Abs. 1 BGB ist die Verjährung des Anspruchs des Gläubigers gegen den ausgleichspflichtigen Gesamtschuldner maßgebend.“

Um allerdings den zuvor beschriebenen Schwierigkeiten zu entgehen, enthielt § 426 Abs. 1 S. 2 BGB die Zusatzregelung, dass die Verjährung nicht „vor Ablauf von sechs Monaten seit dem Tag ein(tritt), an dem der Gläubiger gegen den ausgleichsberechtigten Gesamtschuldner Klage erhoben hat.“ Darüber hinaus war in § 426 Abs. 1 S. 4 BGB-KE vorgesehen, dass die Sechsmonatsfrist ausnahmsweise dann nicht gelten sollte, „wenn der Anspruch des Gläubigers gegen den ausgleichsberechtigten Gesamtschuldner zum Zeitpunkt der Klageerhebung oder Leistung bereits verjährt war.“ In einem solchen Fall hätte der Rückgriffsgläubiger von seinem Leistungsverweigerungsrecht (§ 214 BGB) keinen Gebrauch gemacht, das sollte sich nach den Vorstellungen der Kommissionsmitglieder nicht zulasten des Rückgriffsschuldners auswirken. Anders entscheidet dagegen die h.M., der zufolge die Verjährung des Gläubigeranspruchs gegen den ausgleichspflichtigen Gesamtschuldner und damit auch die Verjährung der nach § 462 Abs. 1 S. 2 BGB übergehenden Forderung der Geltendmachung des Ausgleichsanspruchs nach § 426 Abs. 1 S. 1 BGB nicht entgegensteht.[18]

II. Beginn der Verjährungsfrist

Wichtiger noch als die Länge der Verjährungsfrist für den Gesamtschuldregress ist der Zeitpunkt des Verjährungsbeginns. Hierbei unterscheidet § 199 Abs. 1 BGB zwischen einem subjektiven Element (§ 199 Abs. 1 Nr. 2 BGB) und einem objektiven Element (§ 199 Abs. 1 Nr. 1 BGB). Die unterschiedlichen Anknüpfungsmöglichkeiten im Rahmen dieser Elemente sollen nachfolgend kurz skizziert werden.

1. Möglichkeiten des kenntnisabhängigen/ kenntnisunabhängigen Verjährungsbeginns

Wie bereits dargestellt, lässt sich der Beginn der Verjährungsfrist an die Kenntnis des Rückgriffsgläubigers anknüpfen.[19] Denkbar ist aber auch ein kenntnisunabhängiger Beginn der Verjährungsfrist. Schließlich kommt auch die Inanspruchnahme des ausgleichsberechtigten Gesamtschuldners durch den Primärgläubiger als Zeitpunkt für den Fristbeginn in Betracht.

---

[18] *Looschelders*, in: Staudinger, Kommentar zum BGB, Neubearbeitung 2017, § 426 Rn. 14 m.w.N.

[19] Vgl. oben § 1 I. d) bb) (1) und (2).

a) Kenntnisabhängig

In ihrem Gutachten zur Reform des deutschen Verjährungsrechts schlugen *Peters* und *Zimmermann* zur Lösung des Problems eine allgemeine kenntnisabhängige Verjährung von zwei Jahren vor, die dann gleichermaßen für die Gläubigerforderung und für den Regress gelten sollte. Die Verjährung des Regresses sollte mit der Entstehung des Anspruchs beginnen, aber gehemmt sein, solange der Regressberechtigte keine Kenntnis von seinem Anspruch oder dem Mitschuldner hatte.[20] Der kenntnisabhängige Beginn der allerdings dreijährigen Regelverjährungsfrist ist Gesetz geworden (§ 199 Abs. 1 Nr. 2 BGB).[21] Für den Gesamtschuldnerinnenausgleich ist dies aus der Perspektive des Rückgriffsgläubigers vorteilhaft, zumal der BGH Kenntnis von sämtlichen Umständen fordert, die dessen Anspruch gegen den Ausgleichsverpflichteten begründen.[22]

b) Kenntnisunabhängig

Ein vollkommen kenntnisunabhängiger Fristbeginn, der nicht noch zusätzlich, wie es das Gesetz in § 199 Abs. 1 Nr. 2 BGB verlangt, subjektiv die Kenntnis des Rückgriffsgläubigers verlangt, entspricht keinesfalls den Interessen der am Rückgriff beteiligten Gesamtschuldner. Ein solches Vorgehen wäre allenfalls dann sinnvoll, wenn man eine längere Verjährungsfrist als drei Jahre annehmen würde. Das Gesetz sieht eine kenntnisunabhängige Anknüpfung an die Handlungsbegehung, Anspruchsentstehung und andere Momente nur für Schadensersatz- und andere Ansprüche vor (§ 199 Abs. 2, 3, 4 und 5 BGB). Eine derart lange Frist ist angesichts der Schnelllebigkeit des modernen Rechtsverkehrs nur in diesen Ausnahmefällen opportun. Würde der Beginn der Verjährungsfrist ohne Rücksicht auf die Kenntnis des Anspruchsinhabers mit Beginn des Gesamtschuldverhältnisses zusammenfallen, brächte die eigenständige Verjährung dem Regressberechtigten kaum Vorteile im Vergleich zu einem Zessionsregress.[23]

c) Mit Inanspruchnahme eines der Gesamtschuldner durch den Gläubiger

Schließlich bietet es sich an, für den Beginn der wie auch immer lange dauernden Verjährungsfrist auf den Zeitpunkt der Inanspruchnahme des ausgleichsberechtigten Gesamtschuldners durch den Primärgläubiger abzustellen.

In dem bereits zitierten[24] § 426a Abs. 1 BGB-KE wurde, wenn auch für das Fristende, auf die Inanspruchnahme des Rückgriffsgläubigers abgestellt, d.h. auf die Rechtshängigkeit der Klage (§§ 253 Abs. 1, 261 Abs. 1 ZPO; § 426 Abs. 1 S. 2

[20] *Peters/Zimmermann*, Gutachten, §§ 195, 196, 199, 208, hierzu S. 236 f., 299 f., 315 ff.). 1.

[21] Vgl. oben § 2 I. 1. d) bb).

[22] BGH, Urt. v. 18.06.2009 – VII ZR 167/08 = BGHZ 181, 310, 314 ff., Leitsatz 2 und oben Einl. II.

[23] *Peters/Zimmermann*, Gutachten, S. 257.

[24] Vgl. zuvor in § 2 I. 3. a.E.

BGB-KE) bzw., bei außergerichtlicher Forderungstilgung, auf den Zeitpunkt der Leistung durch den ausgleichsberechtigten Gesamtschuldner an den Gläubiger. In § 426a Abs. 1 S. 3 BGB-KE heißt es:

„Leistet der Gesamtschuldner an den Gläubiger, bevor es zur Durchführung eines Klageverfahrens kommt, so beginnt die Frist mit der Leistung."

In beiden Fällen war der Zeitpunkt der Inanspruchnahme ein entscheidendes Momentum für die Verjährungsfrist des Ausgleichsanspruchs aus § 426 Abs. 1 BGB.

Vergleichbare Vorschläge gab es ebenso in anderen Ländern.[25] Zu ähnlichen Ergebnissen kommen auch diejenigen, die von einer ab Leistung an den Gläubiger laufenden verlängerten Verjährungsfrist ausgehen, aber eine Verwirkung oder ein rechtsmissbräuchliches Verhalten annehmen, wenn der Regressberechtigte die Geltendmachung seines Anspruchs grundlos verzögert.[26] Dem Regressberechtigten wird durch einen kenntnisunabhängigen Fristbeginn allerdings nur zum Teil geholfen. Erfährt er erst sechs Monate nach der Zahlung von der Existenz oder Identität eines Mitschuldners und ist die Gläubigerforderung gegen diesen inzwischen verjährt, scheidet ein möglicher Regress aus. Dementsprechend ist *de lege lata* für den Verjährungsbeginn nicht nur die Entstehung des Anspruchs, sondern auch die Kenntnis des Gläubigers vom Anspruch und vom Schuldner erforderlich.

2. Entstehung des Anspruchs

Ein weiterer Verjährungsaspekt beim Ausgleichsanspruch und dem gem. § 426 Abs. 2 BGB übergehenden Anspruch ist die Frage, wann der jeweilige Anspruch entsteht. Als maßgebliche Zeitpunkte hierfür kommen einerseits die Begründung der Gesamtschuld und damit die Entstehung des Mitwirkungsanspruchs und andererseits die Zahlung durch einen der Gesamtschuldner an den Gläubiger in Betracht.

---

[25] Vgl. dazu *C. Huber*, JBl 1985, 471 ff.; *Bacher,* Ausgleichansprüche, 98 ff., 105; *Klang/Perner*, ABGB, § 896 Rz. 91 f.; sowie vertiefend § 5 I. So z.B. in Österreich, wo teilweise auch auf einen noch späteren Zeitpunkt, den der Verurteilung des Rückgriffsgläubigers, abgestellt wurde; *Bydlinski,* LMK 2017, 387534l; auch im schweizerischen Recht wurde bis 2020 kenntnisunabhängig allein auf den Leistungszeitpunkt abgestellt; *von Thur/Escher*, OR AT II, 314 Fn. 128; *Brehm*, in: BernK, OR, Art. 50 Rz. 64, Art. 51 Rz. 141 f.; vgl. zu beiden Rechtsordnungen im Übrigen unten § 5 I und II.

[26] *Goette*, Gesamtschuldbegriff, 153; Zum Schweizer Recht BGE 115 II 42, 48 f.; *S. Meier*, Gesamtschulden, S. 512.

a) Mit Entstehung des Mitwirkungsanspruchs

Hier sind der Inhalt und mögliche unterschiedliche Entstehungszeitpunkte des Mitwirkungsanspruchs zu klären.

aa) Inhalt des Mitwirkungsanspruchs

Der Anspruch ist inhaltlich darauf gerichtet, wechselseitig an der Befriedigung des Primärgläubigers mitzuwirken. Die Gesamtschuldner sollen sich so verhalten, dass es zu keinem Rückgriff kommt. Demnach muss sich jeder Gesamtschuldner so verhalten, dass keiner mehr als seinen Anteil zu tragen hat.[27]

bb) Mögliche Entstehungszeitpunkte

(1) Mit Begründung der Gesamtschuld

Nach herrschender Lehre erzeugt das Gesamtschuldverhältnis von Anfang an Mitwirkungsansprüche, die sich im Fall der Zahlung an den Gläubiger in Regressansprüche umwandeln.[28] Danach muss die Verjährung schon dann beginnen, wenn der regressberechtigte Schuldner weiß, dass es einen intern nicht freigestellten Mitschuldner gibt, auch wenn der Primärgläubiger seinen Anspruch noch gar nicht geltend gemacht hat.[29] Dies entspricht der h.M.[30]

(2) Mit außergerichtlicher oder gerichtlicher Geltendmachung des Anspruchs durch den Gläubiger

Als zweiter Entstehungszeitpunkt kann der Zeitpunkt angenommen werden, zu dem der Primärgläubiger einen der Gesamtschuldner außergerichtlich in Anspruch nimmt, ihn also zur Zahlung auffordert, in der Regel bei gleichzeitiger Androhung einer Klage. In Betracht kommt aber auch der Zeitpunkt der Rechtshängigkeit der Klage.[31] Dies ist sinnvoller, weil dieser leichter feststellbar ist als der Zugang des Aufforderungsschreibens an den späteren Beklagten.[32] Hat der verklagte Gesamtschuldner zu dieser Zeit Kenntnis von möglicherweise ausgleichspflichtigen Mitschuldnern, ist es ihm zuzumuten, diesen nach § 73 ZPO den Streit zu verkünden und so die Verjährung des Regressanspruchs nach § 204 Abs. 1 Nr. 6 BGB zu hemmen.

---

[27] *Looschelders*, in: Staudinger, Kommentar zum BGB, Neubearbeitung 2017, § 426, Rn. 92 m.w.N.

[28] Vgl. oben § 1 III.

[29] *Klutinis/Karwatzki*, VersR 2008, 617; bestätigt durch BGH VII ZR 167/08.

[30] BGHZ 181, 310; vgl. im Übrigen oben Einl. II.

[31] *Von Caemmerer*, ZfRV 1968, S. 92; *Piekenbrock*, Befristung, Verjährung, Verschweigung und Verwirkung, S. 421; *Piekenbrock*, in: BeckOGK BGB, § 199, Rn. 65; *Bydlinski*, LMK 2017, 387534.

[32] *von Caemmerer*, ZfRV 9 (1968), 92; *Piekenbrock*, Befristung, Verjährung, Verschweigung und Verwirkung, S. 418.

(3) Mit rechtskräftigem Urteil

Als letzter möglicher Entstehungszeitpunkt der Mitwirkungspflicht kommt der Zeitpunkt in Betracht, zu dem der Gläubiger gegen zumindest einen Gesamtschuldner ein rechtskräftiges Urteil erstritten hat.[33] Neben einem deutlich späteren und auch klar feststellbarem Verjährungsbeginn würden so auch einige Gefahren,[34] die ein Mitwirkungsanspruch, der bereits mit Begründung des Gesamtschuldverhältnisses entsteht, mit sich bringt, vermieden werden. Ein rechtskräftiges Urteil gegen einen der Gesamtschuldner kommt einer Zahlung durch diesen nahe. Weiterhin steht auch die Höhe der Gläubigerforderung fest. Spätestens ab diesem Zeitpunkt hat der Gesamtschuldner, gegen den der Primärgläubiger den Titel hat, ein unbedingtes Interesse an der Mitwirkung der übrigen Gesamtschuldner, da nun die Vollstreckung droht.[35] Ob eine so eingeschränkte Mitwirkungspflicht tatsächlich gewollt ist und auch erst zu einem so späten Zeitpunkt beginnen soll, wird an anderer Stelle noch zu klären sein.[36]

b) Mit Zahlung durch einen Gesamtschuldner

Für die Anspruchsentstehung kann auch auf die Zahlung eines Gesamtschuldners an den Primärgläubiger abgestellt werden.

aa) Generelle Ablehnung einer Mitwirkungspflicht

An die Zahlung eines der Gesamtschuldner an den gemeinsamen Primärgläubiger knüpfen diejenigen an, die eine Mitwirkungspflicht im Innenverhältnis der Gesamtschuldner untereinander negieren.[37] *Denck* lehnt eine Mitwirkungspflicht nur für deliktische Gesamtschuldverhältnisse ab, da diese nicht auf einem Vertrag beruhen. Das gesetzliche Gemeinschaftsverhältnis könne nicht so eng angelegt sein wie ein vertragliches Rechtsverhältnis.[38] Bei einer auf dem Gesetz beruhenden Gesamtschuld seien die Gemeinschaftsinteressen weniger stark ausgeprägt, die Gemeinschaftsinteressen träten gegenüber den Einzelinteressen zurück. Dies gelte vor allem für den deliktischen Haftungsverband des § 840 Abs. 1 BGB, der oft auf Zufall beruht, wie z.B. bei Verkehrsunfällen, weshalb eine Haftungssoli-

[33] *S. Meier*, Gesamtschulden, S. 634.

[34] *S. Meier*, a.a.O., S. 633 ff. nennt hier die Gefahren einer doppelten Inanspruchnahme oder auch die Gefahr einer gerichtlichen Auseinandersetzung zwischen den Gesamtschuldnern, obwohl noch nicht klar sei, ob und in welcher Höhe der Gläubiger sie überhaupt in Anspruch nehme. Zwar werde dem ausgleichsverpflichteten Gesamtschuldner auch hier die Möglichkeit genommen, sich selbst mit dem Gläubiger auseinanderzusetzen, was allerdings in dieser Konstellation hinzunehmen sei.

[35] *S. Meier*, Gesamtschulden, S. 635.

[36] Vgl. unten §§ 6 und 7.

[37] *Kreße*, in: BeckOGK BGB, § 426, Rn. 47, 48; *Selb*, Mehrheiten von Gläubigern und Schuldnern, S. 94; *Goette*, Gesamtschuld und Regress, S. 128 f.; *Denck*, JZ 1976, S. 669 ff.

[38] *Denck*, a.a.O., 669, 673.

darität nicht anerkannt werden könne. Jeder Gesamtschuldner werde versucht sein, den eigenen Haftungsanteil in Abrede zu stellen. Ein solcher „auf der Laune des Zufalls" beruhender Haftungsverband könne nicht die Grundlage für ein Vertrauen auf die rechtzeitige Befriedigung des Gläubigers bilden.[39] Wenn demnach ein Mitwirkungsanspruch nicht existiere, könne von einem Entstehen des Ausgleichs- bzw. Zahlungsanspruchs erst ab Zahlung durch den in Anspruch genommenen Mitgesamtschuldner an den Gläubiger gesprochen werden.

Unabhängig davon, dass die Einwände gegen eine allgemeine Mitwirkungspflicht nicht zu überzeugen vermögen, was im vorliegenden Kontext nicht weiter vertieft werden soll,[40] gelangen auch die Vertreter dieser Meinung zu dem Ergebnis, dass der Rückgriffsanspruch mit der Zahlung an den Gläubiger entsteht. Denn an welchen Zeitpunkt sollten sie sonst anknüpfen?

In ihrem Gutachten zum Verjährungsrecht gingen *Peters* und *Zimmermann* davon aus, dass der Rückgriffsanspruch mit der Zahlung an den Primärgläubiger entsteht.[41] Derselben Ansicht sind auch die europäischen Nachbarrechtsordnungen, weil sie keine Mitwirkungspflicht kennen.[42] Folgt man dem geltenden deutschen Recht, beginnt die dreijährige Verjährungsfrist erst dann, wenn einer der Gesamtschuldner an den Primärgläubiger geleistet hat und seinen Mitschuldner kennt.

bb) Mitwirkungs- und Zahlungsanspruch als verschiedene Ansprüche

Mitwirkungs- und Zahlungsanspruch werden teilweise auch als verschiedene Ansprüche angesehen[43] und nicht, wie dies die h.M. annimmt,[44] als Ausprägungen eines einheitlichen Anspruchs. Deutlich sinnvoller erscheint es, den Mitwirkungs- und den Zahlungsanspruch deshalb als unterschiedliche Ansprüche anzusehen, weil deren Anspruchsinhalt sich maßgeblich unterscheidet. Vor der eigenen Zahlung an den gemeinsamen Primärgläubiger könnte der Zahlungsanspruch gar nicht in der für den Verjährungsbeginn erforderlichen Weise mithilfe einer Leistungsklage gerichtlich durchgesetzt werden, sodass er nicht schon mit der Begründung der Gesamtschuld, sondern eben erst mit der Leistung an den Primärgläubiger „entsteht".[45] Die Vertreter dieser Meinung knüpfen also für den Verjährungsbeginn des Mitwirkungs- bzw. Freistellungsanspruchs an die Begründung der Gesamtschuld und für den Verjährungsbeginn des Zahlungsanspruchs aus § 426 Abs. 1 S. 1 BGB an die Leistung an den Primärgläubiger an.

[39] *Denck*, a.a.O., 669, 674.
[40] Vgl. dazu unten § 6.
[41] *Peters/Zimmermann*, Gutachten, S. 237.
[42] So insbesondere die Schweiz, vgl. unten § 5 II.
[43] *Peters/Jacoby*, in: Staudinger, BGB, Neubearbeitung 2019, § 199, Rn. 8a; *Dollmann*, GmbHR 2004, 1331; *Schwedhelm*, Das Gesamtschuldverhältnis, 2003, Rz. 14.
[44] BGHZ 181, 310, 313.
[45] *Peters/Jacoby*, in: Staudinger, BGB, Neubearbeitung 2019, § 199, Rn. 8a; *Peters*, ZGS 2010, 154 ff.; *Peters*, ZGS 2010, 495 ff.

III. Zusammenfassung

Es konnte gezeigt werden, dass an mehreren Stellschrauben gedreht werden kann, um das Verjährungsproblem im Rahmen des Gesamtschuldnerregresses in den Griff zu bekommen. Zum einen kann die Verjährungsfrist als solche deutlich verlängert werden, was allerdings nicht interessengerecht und nur wenig praktikabel erscheint. Daher ist es nur sinnvoll, an den Verjährungsbeginn als solchen anzuknüpfen, wobei verschiedene Zeitpunkte denkbar sind. So kann zum einen erwogen werden, inwieweit Kenntnis für den Verjährungsbeginn erforderlich ist oder ob die bloße Anspruchsentstehung als ausreichend anzusehen ist. Zum anderen kann darüber nachgedacht werden, ob man auf ganz andere Kriterien, wie beispielsweise die Inanspruchnahme eines der Gesamtschuldner durch den Primärgläubiger, abstellt. Unabhängig davon, ob man sich für ein objektives oder ein subjektives Verjährungsregime entscheidet, stellt sich für den Verjährungsbeginn in der Folge dann stets die Frage, wann der Ausgleichsanspruch gem. § 426 Abs. 1 S. 1 BGB entstanden ist. Als maßgebliche Zeitpunkte hierfür kommen einerseits die Begründung der Gesamtschuld und damit die Entstehung des Mitwirkungsanspruchs und andererseits die Zahlung durch einen der Gesamtschuldner an den Primärgläubiger in Betracht, wobei in den jeweiligen Bereichen noch weiter differenziert werden kann. Im weiteren Verlauf der Arbeit wird daher zu erläutern sein, ob und ab wann eine Mitwirkungspflicht überhaupt besteht[46] und inwiefern die Zahlung eines der Gesamtschuldner an den Primärgläubiger sich auf die Anspruchsentstehung bzw. den Verjährungsbeginn auswirkt.[47]

---

[46] Vgl. oben § 2 III. 2. und unten § 6.

[47] Vgl. unten § 7.

2. Kapitel

Europäische Impulse, andere Teilrechtsgebiete und ausländische Rechtsordnungen

Fragen des Gesamtschuldnerausgleichs stellen sich in den verschiedensten Rechtsgebieten und in wohl allen Rechtsordnungen. So unterliegt auch das Kartellrecht Einflüssen verschiedenster Art. Denn die praktische Handhabung der Rechtsvorschriften wird nicht nur durch Alltagserfahrungen der Kartellrechtsbehörden im Umgang mit Kartellrechtsverletzern bestimmt, sondern auch durch Anregungen aus Wissenschaft und Lehre sowie legislatorische Aktivitäten unterschiedlichster Art. Dabei kommt Maßnahmen auf europäischer Ebene besondere Bedeutung zu, wirkt doch das Unionsrecht in zunehmend stärkerem Maße formend auf die einzelnen nationalen Rechtsordnungen der EU-Mitgliedstaaten ein. Den EU-Organen steht dazu ein breit gefächertes rechtliches Instrumentarium zur Verfügung. Nach Art. 288 AEUV haben sie die Möglichkeit, sich im Rahmen der beschränkten Einzelermächtigung der dort genannten Gestaltungsformen des sekundären Unionsrechts zu bedienen und Verordnungen und Richtlinien zu erlassen bzw. Beschlüsse zu treffen und Empfehlungen und Stellungnahmen abzugeben. Auf dem Gebiet des Kartellrechts haben sie von dieser Möglichkeit durch die bereits erwähnte Kartellschadensersatzrichtlinie Gebrauch gemacht.[1] Inzwischen ist auch die gem. Art. 288 Abs. 2 AEUV erforderliche Transformation der Richtlinie in deutsches Recht durch die 9. GWB-Novelle mit Wirkung ab dem 09.06.2017 erfolgt.[2] Für den weiteren Fortgang und die Beantwortung der eingangs aufgeworfenen Rechtsfragen[3] ist es daher unerlässlich, die Einwirkungen durch das EU-Recht, die Rechtssituation in anderen Teilgebieten des deutschen Rechts und sodann im Wege einer komparativen Analyse alternative Modelle in ausländischen Rechtsordnungen vorzustellen, um darauf aufbauend den Versuch einer eigenständigen Lösung zu entwickeln. Dabei soll auch auf die einschlägige Judikatur des Europäischen Gerichtshofs (EuGH) eingegangen werden.

---

[1] Richtlinie 2014/104/EU des Europäischen Parlaments und des Rates vom 26.11.2014 über bestimmte Vorschriften für Schadensersatzklagen nach nationalem Recht wegen Zuwiderhandlungen gegen wettbewerbsrechtliche Bestimmungen der Mitgliedstaaten und der Europäischen Union, ABl. (EU) L 349/1 v. 05.12.2014.

[2] Neuntes Gesetz zur Änderung des Gesetzes gegen Wettbewerbsbeschränkungen v. 01.06.2017, BGBl. 2017 I Nr. 33 v. 08.06.2017, S. 1416–1433.

[3] Vgl. oben Einl. II.

Nachfolgend wird zunächst auf die Kartellschadensersatzrichtlinie und ihre Transformation in internes deutsches Sachrecht eingegangen. Dabei wird sich zeigen, dass der deutsche Gesetzgeber für das Teilrechtsgebiet des Kartellrechts von der BGH-Konzeption abweicht und für den Verjährungsbeginn des Zahlungsanspruchs auf den Zeitpunkt der Befriedigung des Primärgläubigers abstellt.

§ 3

Die Kartellschadensersatzrichtlinie und ihre Umsetzung im deutschen Recht

Zum umfassenden Verständnis der Problematik ist es erforderlich, zunächst die Rechtslage im deutschen Recht vor Umsetzung der Kartellschadensersatzrichtlinie (I.), sodann die Regelungen in der Kartellschadensersatzrichtlinie (II.) und schließlich die Rechtslage nach Umsetzung der Richtlinie in internes deutsches Sachrecht (III.) eingehend zu betrachten.

I. Rechtslage vor Umsetzung der Kartellschadensersatzrichtlinie

Vor Umsetzung der Kartellschadensersatzrichtlinie und Schaffung von § 33h Abs. 7 BGB konnte man die regelhafte Verjährung des Ausgleichsanspruchs aus § 426 Abs. 1 BGB, bevor die Kartellgeschädigten ihre Schadensersatzansprüche überhaupt geltend machten, als eines der Haupthindernisse für einen funktionierenden Innenausgleich zwischen den Kartellrechtsverletzern ansehen.[1] Diese auch aus anderen Rechtsbereichen wie u.a. dem privaten Bau- und dem Architekten- oder dem Gesellschaftsrecht[2] bekannte Problematik wurde im Kartellrecht durch zwei Aspekte zusätzlich verschärft: Zum einen können Kartelle über einen langen Zeitraum hinweg bestehen, was wegen des unterschiedlichen Verjährungsbeginns des Gläubigeranspruchs gegen die Kartellanten und des Ausgleichsanspruchs zwischen den Kartellanten zu einer Verjährung des Anspruchs aus § 426 Abs. 1 BGB führen konnte, noch bevor der Geschädigte überhaupt Kenntnis von dem Bestehen des Kartells hatte.[3] Zum anderen sah § 33 Abs. 5 GWB a.F. die Hemmung des kartellrechtlichen Schadensersatzanspruchs während der Dauer des behördlichen Ermittlungsverfahrens vor, die jedoch nur für den Schadensersatzanspruch, nicht jedoch für den Ausgleichsanspruch galt.[4] Die sich aus diesem Verjährungsmechanismus ergebenden Implikationen werden nachfolgend dargestellt. Dazu werden zunächst die Voraussetzungen eines kartellrechtlichen Schadensersatzanspruchs, sodann die Grundsätze der Gesamtschuld unter den Schädigern innerhalb eines Kartells im Außenverhältnis dar-

[1] Vgl. *Petrasincu*, NZKart 2014, 437.
[2] Vgl. dazu unten § 4 III. und IV.
[3] *Petrasincu*, NZKart 2014, 437, 440 f.
[4] Vgl. dazu unten § 3 I. 1. d) cc).

gestellt und schließlich der Innenausgleich und die nach altem Recht bestehende Problematik der vorzeitigen Verjährung beschrieben.

1. Voraussetzung und Verjährung von Schadensersatzansprüchen im Kartellrecht nach § 33 Abs. 3 S. 1 GWB a.F.

Zunächst sind die Voraussetzungen des kartelldeliktischen Schadensersatzanspruchs zu betrachten, da diese von besonderer Bedeutung für den späteren Innenausgleich sind. Dabei wird herausgearbeitet, welche Verstöße gegen Kartellrechtsnormen für die sich in der Folge ergebende Innenausgleichsproblematik besonders relevant sind. Es liegt auf der Hand, dass es sich dabei um Verstöße handelt, die von mehreren Personen begangen werden können und in der Regel auch begangen werden. Zunächst werden mögliche Anspruchsgrundlagen (a)), anschließend die Voraussetzungen von § 33 Abs. 3 GWB a.F. (b)) und von 33 Abs. 1 GWB a.F. (c)) und schließlich die für die spätere Diskrepanz zwischen der Verjährung des Schadensersatzanspruchs und des internen Ausgleichsanspruchs relevanten Verjährungsvorschriften dargestellt (d)).

a) Mögliche Anspruchsgrundlagen

Verträge, die Mitglieder eines Kartells vor dem Hintergrund der Kartellabrede mit einem Dritten abschließen (sog. Folgeverträge), sind nach herrschender Meinung im Interesse der Rechtssicherheit nicht gem. § 134 BGB nichtig.[5] Jedoch kann die Durchführung eines solchen Vertrages eine Schadensersatzpflicht der beteiligten Kartellanten begründen. Anspruchsgrundlage nach altem Recht war neben *Culpa in contrahendo* vor allem § 33 Abs. 3 S. 1 GWB a.F. § 33 Abs. 3 S. 1 GWB a.F. war dabei Lex specialis gegenüber § 823 Abs. 1 BGB und § 823 Abs. 2 BGB i.V.m. den Vorschriften des GWB und des AEUV.[6] Ergänzend dazu kamen bei sog. Submissionskartellen[7] Ansprüche aus § 823 Abs. 2 BGB i.V.m. §§ 263, 298 StGB sowie § 826 BGB in Betracht. Wegen des abschließenden Charakters von § 33 GWB schied das im UWG normierte Lauterkeitsrecht als Grundlage für ausschließlich aus der Verletzung von GWB-Vorschriften resultierende Ansprüche aus.[8] Die vormalige Einordnung derartiger Ansprüche in die Fallgruppe des Rechtsbruchs hat der BGH durch die *Probeabonnement-Entscheidung* aufgege-

[5] Vgl. *Bechtold/Bosch*, GWB, 9. Aufl. 2018, § 1, Rn. 97; *Zimmer*, in: Immenga/Mestmäcker, GWB, 6. Aufl. 2020, § 1, Rn. 62 m.w.N.

[6] Vgl. *Logemann*, Der kartellrechtliche Schadensersatz, S. 43 f.; *Schmid*, ZIP 1983, 652, 653.

[7] Das Submissionskartell ist eine Form des Preiskartells, bei dem die Unternehmungen des Unternehmungszusammenschlusses vertraglich verpflichtet werden, bestimmte Vereinbarungen über die Preise und Bedingungen des Angebots bei öffentlichen Ausschreibungen einzuhalten, vgl. *Zimmer*, in: Immenga/Mestmäcker, GWB, 6. Aufl. 2020, § 1, Rn. 105 f.

[8] *Hösch*, Der schadensrechtliche Innenausgleich zwischen Kartellrechtsverletzern, S. 73.

ben.[9] Weiterhin waren (und sind) auch Ansprüche aus *Culpa in contrahendo*[10] wegen Verletzung einer Aufklärungspflicht über das Bestehen einer Wettbewerbsbeschränkung oder eine bereicherungsrechtliche Rückabwicklung[11] nach Anfechtung des Folgevertrags wegen arglistiger Täuschung gem. §123 BGB durch den Dritten denkbar. Dies hängt aber letztlich davon ab, ob und in welchen Fällen man eine Aufklärungspflicht über die Auswirkungen einer Kartellabsprache auf den Preis annimmt.[12] Eine einheitliche Meinung zu dieser Fragstellung hat sich in Literatur und Rechtsprechung noch nicht gebildet. Überzeugend erscheint, dass eine Aufklärungspflicht der Kartellmitglieder gem. §§241 Abs. 2, 311 Abs. 2 BGB nicht ohne Weiteres angenommen werden kann. Vielmehr muss der Vertragspartner eine entsprechend klare Erwartungshaltung zum Ausdruck gebracht haben.[13] Eine solche Annahme ist schon deshalb zweifelhaft, weil grundsätzlich niemand verpflichtet ist, sich selbst zu belasten.[14] Eine Aufklärungspflicht wird also nur in Ausnahmefällen zu bejahen sein.[15]

Abschließend lässt sich jedoch sagen, dass es für den Innenausgleich zwischen den Kartellanten grundsätzlich keine Rolle spielt, auf welcher Anspruchsgrundlage der Schadensersatzanspruch des Kartellgeschädigten im Außenverhältnis beruht. Es ist aber zumindest davon auszugehen, dass alle Kartellteilnehmer deliktisch nach §33 Abs. 3 GWB a.F. hafteten. Daher und wegen des Schwerpunkts der Arbeit werden sich die Ausführungen im Hinblick auf das Außenverhältnis auch auf §33 Abs. 3 GWB a.F. beschränken.

b) Der Deliktsvorwurf gem. § 33 Abs. 3 GWB a.F. und die Entstehung des Schadens

Tatbestandlich setzte der Schadensersatzanspruch aus §33 Abs. 3 S. 1 GWB a.F. einen schuldhaften Kartellrechtsverstoß im Sinne von §33 Abs. 1 S. 1 GWB a.F. und einen äquivalent-kausal darauf beruhenden Schaden voraus. Der Verstoß gegen das Kartellverbot als solcher wurde bereits in der Absprache der Kartellanten gesehen.[16] Allein wenn eine Wettbewerbsbeschränkung bezweckt wurde, war der Tatbestand von Art. 101 AEUV und §1 GWB schon erfüllt, wenn die Absprache stattgefunden hatte. Es musste somit zu keinen tatsächlichen Aus-

---

[9] BGH, Urt. v. 07.02.2006 – KZR 33/04 (Probeabonnement) = NJW 2006, 2627, 2628f.

[10] *Franck,* Archiv für die civilistische Praxis (AcP) 2013 (213), 222, 224.

[11] Ausführlich dazu *Kahle,* Die Leistungskondiktion als Alternative zum Kartellschadensersatzanspruch.

[12] *Hösch*, Der schadensrechtliche Innenausgleich zwischen Kartellrechtsverletzern, S. 73.

[13] Ausführlich *Dück/Schultes*, NZKart 2013, 228; *Mayer*, WuW 2010, 29, 32f.

[14] *Emmerich*, in: Immenga/Mestmäcker, GWB, 5. Aufl. 2014, §33, Rn. 118. „Nemo tenetur se ipsum accusare."

[15] Bejahend bei Hardcore-Kartellen *Logemann*, Der kartellrechtliche Schadensersatz, S. 46; *Schmid*, ZIP 1983, 652, 654; *Schweitzer*, Schadensermittlung und Schadensersatz bei Hardcore-Kartellen, S. 39, 47 m.w.N.

[16] *Kling/Thomas*, Kartellrecht, 1. Aufl. 2007, §4 Rn. 72ff.

wirkungen gekommen sein.[17] Die deliktische Handlung allein war (und ist) allerdings nicht ausreichend, um einen Schadensersatzanspruch zu begründen. Deshalb gilt es zu klären, worin der Schaden als solcher zu sehen ist und wann dieser eintritt. Nur so lässt sich der für das Verjährungsrecht nach § 199 Abs. 1 Nr. 1 BGB relevante Zeitpunkt der Anspruchsentstehung bestimmen.

Da der Schwerpunkt der vorliegenden Arbeit im Verjährungsrecht und im Innenverhältnis zwischen den Gesamtschuldnern liegt, ist bei der Beantwortung dieser Frage nur auf den Musterfall einer Kartellabsprache einzugehen. In Falle einer solchen steigen durch das absprachegemäße Verhalten der Kartellanten die Preise und es kommt dadurch zu einem Schaden, der sich in einzelnen höherpreisigen Verkäufen niederschlägt.[18] Im Rahmen der Schadensentstehung lässt sich also zwischen drei Zeitpunkten unterscheiden: (1) der Absprache der Kartellanten, (2) den Auswirkungen der Absprache auf den Preis und (3) dem konkreten Schadenseintritt durch Vertragsschluss und der daraus resultierenden Zahlungspflicht beim Einzelnen.[19] Man kann demnach sagen, dass der auf den Schaden hinführende Kausalverlauf durch die wettbewerbsbeschränkende Absprache und das daraus resultierende Verhalten der Kartellanten bereits im Keim vollständig angelegt ist. Der Schaden als solcher realisiert sich aber erst dann, wenn das Opfer einen Kaufvertrag mit einem der Kartellanten schließt.[20] Innerhalb dieses Ansatzes sind wiederum zwei mögliche Zeitpunkte für den konkreten Eintritt des Schadens denkbar: Zum einen könnte man auf den Zeitpunkt der tatsächlichen Zahlung des kartellbedingt überhöhten Kaufpreises abstellen,[21] zum anderen auf den Vertragsschluss, da sich der Gläubiger bereits zur Zahlung eines kartellbedingt überhöhten Preises verpflichtet.[22] Letzteres entspricht der überwiegenden Meinung, da der Vertragsschluss die Kaufpreishöhe und damit die Schadenshöhe bestimmt.[23] Letztlich ist es für die hier darzustellende Problematik jedoch irrelevant, auf welchen Zeitpunkt hinsichtlich der Schadensentstehung abgestellt wird. Da sich die Diskrepanz zwischen der Verjährungsfrist des Schadensersatzanspruchs des Gläubigers und des Innenausgleichsanspruchs des Gesamtschuldners noch deutlicher bei einer Annahme der Schadensentstehung zum Zeitpunkt des Vertragsschlusses zeigen lässt, wird in der Folge von dieser Ansicht ausgegangen.

---

[17] Ebd.

[18] Ebd.

[19] *Hösch*, Der schadensrechtliche Innenausgleich zwischen Kartellrechtsverletzern, S. 75.

[20] *Gussone/Schreiber*, WuW 2013, 1040, 1051.

[21] *Bueren,* WuW 2012, 1056; *Fritzsche/Klöppner/Schmidt,* NZKart 2016, 501, 503; *Petrasincu*, NZKart 2014, 437, 438 hält dies zumindest für denkbar, spricht sich aber im Ergebnis für den früheren Zeitpunkt des Vertragsschlusses aus.

[22] KG, Urt. v. 01.10.2009 – 2 U 17/03 Kart.-, Rn. 127; *Krüger*, WuW 2012, 6, 11; *Gussone/Schreiber*, WuW 2013, 1040, 1051; *Krüger,* Kartellregress, S. 126; *Bornkamm*, in: Langen/Bunte, Kartellrecht, Bd. 1, § 33, Rn. 132; *Schuler/Stübinger,* in: Stancke/Weidenbach/Lahme, Kartellrechtliche Schadensersatzklagen, Rn. 871.

[23] KG, Urt. v. 01.10.2009, a.a.O.

c) Verstoß im Sinne des § 33 Abs. 1 GWB a.F.

Nachfolgend wird dargestellt, wann ein Verstoß im Sinne von § 33 Abs. 1 S. 1 GWB a.F. vorlag. Hierbei werden zunächst das Verhältnis zwischen deutschem und europäischem Kartellrecht und anschließend die Tatbestände des Marktmissbrauchs gem. Art. 102 AEUV, §§ 19, 20 GWB sowie des Verstoßes gegen das Kartellverbot aus Art. 101 AEUV, § 1 GWB dargestellt.

aa) Verhältnis von deutschem und europäischem Kartellrecht

Seit der 7. GWB-Novelle[24] im Jahre 2005 können sich schuldhafte Kartellrechtsverstöße gem. § 33 Abs. 1 S. 1 GWB sowohl aus dem europäischen (Art. 101 und 102 AEUV) als auch aus dem deutschen Kartellrecht (§§ 1, 19–21 GWB) ergeben. Da es für den Schadensersatzanspruch selbst keine Rolle spielt und das GWB nicht nur der Durchsetzung des deutschen, sondern auch des europäischen Kartellrechts dient, ist es nicht erforderlich, dass zwischen europäischem und nationalem Recht hinsichtlich der Verstöße unterschieden wird.[25] Dies liegt vor allem daran, dass § 1 GWB Art. 101 AEUV inhaltlich vollständig angeglichen wurde, was dazu führt, dass sich dessen Auslegung auch außerhalb des Anwendungsbereichs der Zwischenstaatlichkeitsklausel mit der von Art. 101 AEUV überwiegend deckt.[26] Da allerdings keine Verpflichtung zur völlig deckungsgleichen Interpretation der jeweiligen Tatbestände des europäischen und des nationalen Kartellrechts besteht, kann es durchaus Einzelfälle geben, in denen es zu Abweichungen kommen kann.[27]

Diese wirken sich allerdings nicht auf die hier zu untersuchenden Aspekte des Schadensersatzanspruchs aus. Weiterhin gibt es gerade keinen eigenständigen europäischen Schadensersatzanspruch, der eine Abgrenzung zu § 33 Abs. 1 GWB a.F. bzw. §§ 33a, 33 Abs. 1 GWB notwendig machen würde. Der Schadensersatzanspruch bei Verstößen gegen das europäische Kartellrecht ist identisch mit dem nach deutschem Kartellrecht.[28] Im Grundsatz unterscheiden sich Mechanismen und Fragestellungen im Rahmen dieser Schadensersatzansprüche daher nicht.[29] Aus diesem Grund werden weitergehende Fragestellungen in dieser Arbeit außer Betracht bleiben, da diese zu weit von der eigentlichen Thematik wegführen würden.

---

[24] Vgl. BGBl. I v. 20.07.2005, S. 2114; *Bornkamm/Tolkmitt*, in: Langen/Bunte, Kartellrecht, Bd. 1, 13. Aufl. 2018, Vorbem. zu § 33, Rn. 20.

[25] Vgl. *Bornkamm/Tolkmitt,* a.a.O., § 33, Rn. 26.

[26] BReg-Drs. 15/3640, S. 21, 22 f.; *Zimmer*, in: Immenga/Mestmäcker, GWB, 6. Aufl. 2020, § 1, Rn. 5; *Ellger*, in: Immenga/Mestmäcker, GWB, 6. Aufl. 2020, § 2, Rn. 35, 37.

[27] Vgl. *Ellger*, a.a.O., § 2, Rn. 35; *Immenga*, ZWeR 2008, 3, 13.

[28] *Kling/Thomas*, Kartellrecht, 2. Aufl., S. 188, 196; *Hager,* in: Schwarze (Hrsg.), Rechtsschutz und Wettbewerb in der neueren europäischen Rechtsentwicklung, S. 107, 110; mit ausführlicher Begründung und weiterführenden Nachweisen auch *Logemann*, Der kartellrechtliche Schadensersatz, S. 119 ff.

[29] *Hösch*, Der schadensrechtliche Innenausgleich zwischen Kartellrechtsverletzern, S. 76 f.

bb) Verstoß gegen das Kartellverbot gem. Art. 101 AEUV, § 1 GWB

Das Kartellverbot aus Art. 101 AEUV, § 1 GWB verbietet Vereinbarungen zwischen Unternehmen, Beschlüsse von Unternehmensvereinigungen und aufeinander abgestimmte Verhaltensweisen, die eine Verhinderung, Einschränkung oder Verfälschung des Wettbewerbs bezwecken oder bewirken. Art. 101 AEUV erfordert zusätzlich, dass das Verhalten geeignet sein muss, den Handel zwischen Mitgliedstaaten zu beeinträchtigen (sog. Zwischenstaatlichkeitsklausel).[30] Der EuGH definiert die Einschränkung des Wettbewerbs (= Wettbewerbsbeschränkungen) als Entstehung von Wettbewerbsbedingungen, die im Hinblick auf die Art der Waren oder erbrachten Dienstleistungen, die Bedeutung und Zahl der beteiligten Unternehmen sowie den Umfang des in Betracht kommenden Marktes nicht den normalen Bedingungen dieses Marktes entsprechen.[31] Seinem Wortlaut nach differenziert der Verbotstatbestand zwar nicht zwischen vertikalen und horizontalen Wettbewerbsbeschränkungen. Eine solche Differenzierung ist allerdings wegen der unterschiedlichen Auswirkungen auf den Wettbewerb Usus und durchaus sinnvoll.[32]

(1) Horizontale Wettbewerbsbeschränkungen

Absprachen im Horizontalverhältnis, allgemein auch als „Kooperation unter Wettbewerbern"[33] bezeichnet, finden zwischen potentiell miteinander im Wettbewerb stehenden Unternehmen statt, die sich auf derselben Wirtschaftsstufe befinden.[34] Horizontale Wettbewerbsbeschränkungen können in vielen verschiedenen Erscheinungsformen auftreten, angefangen vom Hardcore-Preiskartell bis hin zur losen Forschungs- und Entwicklungskooperation.[35] Um hier wenigstens eine grobe Vorstellung davon zu vermitteln, in welcher Gestalt dies der Fall sein kann, sollen die typischerweise als solche gewerteten Verhaltensweisen kurz ge-

---

[30] *Lettl*, Kartellrecht, 4. Aufl., § 2, Rn. 45 ff.

[31] EuGH, Urt. v. 28.05.1998 – Rs. C-7/95 P – Deere, Slg. 1998, I-31111 Rn. 87.

[32] *Zimmer*, in: Immenga/Mestmäcker, GWB, 5. Aufl. 2014, § 1, Rn. 349.

[33] *Kling/Thomas*, Kartellrecht, 2. Aufl., S. 82; *Zimmer*, in: Immenga/Mestmäcker, GWB, 6. Aufl. 2020, Art. 101 AEUV, Rn. 208 f.

[34] *Kling/Thomas*, a.a.O., S. 98; *Zimmer*, in: Immenga/Mestmäcker, a.a.O., Art. 101 AEUV, Rn. 208.

[35] Vgl. 101 Abs. 1, Abs. 2 AEUV, §§ 1 GWB; 134 BGB, Verordnung (EU) Nr. 1217/2010 der Kommission v. 14.12.2010 über die Anwendung von Artikel 101 Absatz 3 des Vertrags über die Arbeitsweise der Europäischen Union auf bestimmte Gruppen von Vereinbarungen über Forschung und Entwicklung. ABL. EU L 335 v. 18.12.2010, S: 36–42.

nannt werden:[36] Hardcore-Kartelle,[37] Vermarktungsvereinbarungen,[38] Einkaufsgemeinschaften,[39] Forschungs- und Entwicklungskooperationen,[40] ggf. auch bestimmte Marktinformationsverfahren,[41] Vergleiche und Schiedssprüche,[42] Sternverträge[43] und Normen-, Typen- und Konditionenkartelle.[44]

Wegen des immensen Schädigungspotenzials, insbesondere von Hardcore-Kartellen, liegt der Schwerpunkt der öffentlichen Kartelldurchsetzung im Vorgehen gegen diese Absprachen.[45] An einer Horizontalvereinbarung sind begriffsnotwendigerweise stets mindestens zwei Kartellanten beteiligt und im Anschluss an den Schadensersatzprozess stellt sich in der Regel die Frage des Innenausgleichs. Dies unterstreicht zusätzlich die Notwendigkeit einer solchen Strategie. Daher wurde in den letzten Jahren vor allem durch die 7. GWB-Novelle und durch die 9. GWB-Novelle die Stärkung der Durchsetzbarkeit privater Schadensersatzklagen weiter vorangetrieben.[46] *Connor* stellte in einer Untersuchung von 516 internationalen Hardcore-Kartellen im Zeitraum zwischen 1990 und

---

[36] *Säcker/Steffens,* in: Münch. Komm. Wettbewerbsrecht, Bd. 1, 3. Aufl. 2020, Art. 101 AEUV, Rn. 177 ff.

[37] *Kling/Thomas*, Kartellrecht, 2. Aufl., S. 88, Rn. 109. Die OECD definiert Hardcore-Kartelle wie folgt: „A hard core cartel is an anticompetitive agreement, anticompetitive concerted practice, or anticompetitive arrangement by competitors to fix prices, make rigged bids (collusive tenders), establish output restrictions or quotas, or share or divide markets by allocating customers, suppliers, territories, or lines of commerce." OECD, Recommendation of the Council concerning effective action against hard core cartels, 1998, S. 3; OECD, Hard core cartels-harm and effective sanctions, in: Policy Brief, Mai 2002, S. 1. Im deutschen Recht existiert weder eine präzise rechtliche noch trennscharfe ökonomische Definition. Im Wesentlichen handelt es sich um wettbewerbsschädliche Vereinbarungen zwischen horizontalen Wettbewerbern im Sinne von Art. 101 Abs.1 AEUV bzw. §1 GWB, die eine Wettbewerbsbeschränkung bezwecken oder bewirken. Für eine solche Vereinbarung genügt die Willensübereinstimmung zwischen mindestens zwei Unternehmen über das gemeinsame Verhalten am Markt, die auch konkludent vorliegen kann und an keine Formanforderungen gebunden ist. Zu den Erscheinungsformen sog. Hardcore-Kartelle gehören auch die in Art. 101 Abs. 1 AEUV und §33a Abs. 2 Satz 2 GWB aufgeführten Regelbeispiele für den – inhaltlich unscharfen – Begriff des „Kartells", insbesondere Preisabsprachen, Festlegungen von Produktions- und Absatzquoten sowie Gebiets- und Kundenaufteilungen einschließlich Angebotsabsprachen; vgl. *Schüssel-Kohlhäufl*, Die Struktur des Delikts im Kartellschadenersatzrecht – Eine Analyse unter besonderer Berücksichtigung der Feststellungswirkung des § 33b GWB, S. 7 f.; EuGH, Urt. v. 15.07.1970, Rs. 41/69, Slg. 664, Zz. 112, „ACF Chemiefarma"; EuGH, Urt. v. 06.01.2004, verbd. Rs. C-2/01 P und C-3/01 P, Slg. 2004, I-64, Tz. 102, „BAI und Kommission/Bayer (Adalat)".

[38] *Kling/Thomas*, Kartellrecht, 2. Aufl., S. 88 f., Rn. 110 ff.

[39] *Kling/Thomas*, a.a.O., S. 89 ff., Rn. 116 ff.

[40] *Kling/Thomas*, a.a.O., S. 91 f., Rn. 121 ff.

[41] *Kling/Thomas*, a.a.O., S. 92 ff., Rn. 126 ff.

[42] *Kling/Thomas*, a.a.O., S. 95 ff., Rn. 135 ff.

[43] *Kling/Thomas*, a.a.O., S. 97, Rn. 137 f.

[44] *Kling/Thomas*, a.a.O., S. 97 f., Rn. 139 ff.

[45] Bundeskartellamt, Erfolgreiche Kartellverfolgung, 2016, S. 5 ff.

[46] BT-Drs. 15/3640, S. 21 f.; BT-Drs. 18/10207, S. 38.

2008 fest, dass die große Mehrzahl von Kartellen zwischen zwei und zehn Mitgliedern hat.[47] Betrachtet man die Situation in Deutschland anhand der Fallberichte des Bundeskartellamts, zeigt sich, dass in den letzten Jahren stets mehr als zwei Unternehmen an entsprechenden Absprachen beteiligt waren. Die hier dargestellten Absprachen, insbesondere diejenigen, die ein Hardcore-Kartell betreffen, führen somit regelmäßig zu Gesamtschuldverhältnissen, an denen mehr als nur zwei Schuldner beteiligt sind. Diese Fälle haben daher große Bedeutung für den Innenausgleich unter diesen Schuldnern und sind damit für die zentrale Fragstellung dieser Arbeit äußerst wichtig.

(2) Vertikale Wettbewerbsbeschränkungen

Vertikalvereinbarungen zeichnen sich im Gegensatz zu Horizontalvereinbarungen dadurch aus, dass sie in Austauschverträgen zwischen Unternehmen verschiedener Wirtschaftsstufen enthalten sind.[48] Während bei horizontalen Vereinbarungen die Interessen der Beteiligten im Grundsatz gleich gerichtet sind, verfolgen die Partner einer Vertikalvereinbarung häufig gegenläufige Interessen. Gegenstand einer Vertikalvereinbarung ist dabei regelmäßig, dass mindestens ein Vertragspartner in seiner Gestaltungsfreiheit hinsichtlich des Inhalts von mit Dritten zu schließenden Verträgen beschränkt wird. Als Beispiele für vertikale Wettbewerbsbeschränkungen sind Preisbindungen,[49] Gebiets- und Kundenbeschränkungen, z.B. durch Exportverbote,[50] Verkaufsverbote in selektiven Vertriebssystemen sowie Beschränkungen des Ersatzteileverkaufs zu nennen.[51]

Anders als horizontale Wettbewerbsbeschränkungen sind vertikale Wettbewerbsbeschränkungen weniger schädlich für den Wettbewerb insgesamt, da nur der Wettbewerb innerhalb einer Branche (sog. Intrabrand-Wettbewerb) beschränkt wird und nicht der sog. Interbrand-Wettbewerb, zumal der Wettbewerb zwischen verschiedenen Branchen bzw. Märkten durch Verträge im Vertikalverhältnis sogar noch intensiviert oder zumindest gefördert werden kann.[52] Einen solchen wettbewerbsfördernden Effekt und damit möglicherweise einhergehenden Vorteil für den Verbraucher haben horizontale Wettbewerbsbeschränkungen dagegen gerade nicht.[53] Der EuGH hat im Fall Allianz Hungária[54] klargestellt, dass vertikale Vereinbarungen ihrer Natur nach zwar oft weniger schädlich für

---

[47] *Connor*, Cartels & Antitrust Portrayed: Private International Cartels from 1990 to 2008, S. 30.

[48] *Kling/Thomas*, Kartellrecht, 2. Aufl., S. 98, Rn. 141.

[49] *Zimmer*, in: Immenga/Mestmäcker, GWB, 6. Aufl. 2020, Art. 101 AEUV, Rn. 253 ff.

[50] *Zimmer*, a.a.O., Art. 101 AEUV, Rn. 267 ff.

[51] *Zimmer*, a.a.O., Art. 101 AEUV, Rn. 276 ff.

[52] *Kling/Thomas*, Kartellrecht, 2. Aufl., S. 98, Rn. 141.

[53] *Kling/Thomas*, a.a.O., S. 98, Rn. 141; *Hösch*, Der schadensrechtliche Innenausgleich zwischen Kartellrechtsverletzern, S. 81.

[54] EuGH, Urt. v. 14.03.2013 – Rs. C-32/11, ECLI:EU:C:2013:160, Rn. 43 = WuW/E Eu-R 2969 = NZKart 2013, 241 – Allianz Hungária Biztosító Zrt. u.a./Gazdasági Versenyhivatal.

den Wettbewerb seien als horizontale Vereinbarungen, unter bestimmten Umständen jedoch auch ein besonders großes wettbewerbsbeschränkendes Potenzial haben könnten. Denkbar ist dies nach Ansicht der EU-Kommission, wenn einer oder gar beide Beteiligte auf ihrer jeweiligen Marktstufe marktmächtig sind.[55] Auch wenn man sagen kann, dass Vertikalvereinbarungen zusammen mit Missbrauchsfällen in der Vergangenheit oftmals eine größere Rolle als Hardcore-Kartelle gespielt haben,[56] so sind die Besonderheiten, die sich hieraus für das Innenverhältnis der Schädiger ergeben, in Bezug auf die Fragestellung dieser Arbeit eher von untergeordneter Bedeutung. Zum einen sind an einer Vertikalvereinbarung im Regelfall lediglich zwei Personen bzw. Unternehmen beteiligt, zwischen denen die Schadenssumme ggf., sofern überhaupt von einer gesamtschuldnerischen Haftung gesprochen werden kann, aufgeteilt werden muss. Für einen Gesamtschuldnerausgleich müsste sich auf Beklagtenseite mehr als eine Person wiederfinden. Problematisch erscheint dabei, dass die Beteiligten meistens weniger gleiche als vielmehr gegenläufige Interessen verfolgen. Häufig dürfte also kein in Bezug auf die Vereinbarung „Außenstehender" einen Schadensersatzanspruch gegen beide Teile der Vereinbarung geltend machen, sondern der gebundene Teil den bindenden Teil wegen überhöhter Preise in Anspruch nehmen. In dieser Konstellation ergibt sich dann allerdings keine Innenausgleichsproblematik. Eine gesamtschuldnerische Haftung ist allerdings in den Fällen, in denen sich beide Teile der Vertikalvereinbarungen auf der Beklagtenseite befinden, durchaus möglich.[57]

An Horizontalvereinbarungen ist hingegen oftmals eine Vielzahl von Akteuren beteiligt.[58] Zum anderen erweist sich die Frage des Verteilungsmaßstabs zwischen den an der Vertikalvereinbarung beteiligten Parteien als besonders problematisch. Dies braucht aber nicht weiter vertieft zu werden, da der Fokus der Arbeit auf der Durchsetzbarkeit des Innenausgleichs unter Verjährungsaspekten liegt. Daher befassen sich die weiteren Ausführungen ausschließlich mit Horizontalvereinbarungen.

cc) Marktmissbrauch gem. Art. 102 AEUV, §§ 19, 20 GWB

Zunächst gilt es zu klären, wann ein Marktmissbrauch vorliegt:

Bei der missbräuchlichen Ausnutzung einer marktbeherrschenden Stellung handelt es sich nach der Rechtsprechung der Unionsgerichte um einen objektiven

---

[55] Vertikal-GVO (330/2010), Erwägungsgrund 7; Europäische Kommission: Leitlinien für vertikale Beschränkungen. ABl. EU 2010 C 130/1 v. 19.05.2010, Rn. 6.

[56] *Hösch*, Der schadensrechtliche Innenausgleich zwischen Kartellrechtsverletzern, S. 81 ff., mit sehr ausführlicher Darstellung zu den Verfahren zu Vertikalabsprachen der letzten Jahre.

[57] Genauer hierzu: Hösch, a.a.O., S. 83 f.; *Nordemann*, in: Loewenheim/Meessen/Riesenkampff, Kartellrecht, 2. Aufl. 2009, § 1 GWB, Rn. 100; Vgl. *Bornkamm/Tolkmitt*, in: Langen/Bunte, Kartellrecht, Bd. 1, 13. Aufl. 2018, § 33, Rn. 35.

[58] Vgl. *Bornkamm/Tolkmitt*, a.a.O., § 33, Rn. 35.

Begriff.[59] Er erfasst sämtliche Verhaltensweisen markbeherrschender Unternehmen, die sich auf die Marktstruktur und auf den Wettbewerb auswirken können. Gleichzeitig wird dadurch ein, wenn ggf. auch nur noch im geringen Umfang vorhandener, verbliebener Wettbewerb durch unlautere Mittel geschwächt. Nach der Rechtsprechung sind daher Verhaltensweisen eines marktbeherrschenden Unternehmens auf einem Markt, dessen Struktur allein durch das Vorhandensein dieses Unternehmens geschwächt ist, schon dann missbräuchlich, wenn sie zu einer zusätzlichen Beschränkung des Wettbewerbs führen. Auf die Manipulationsabsicht des marktbeherrschenden Unternehmens kommt es wegen des objektiven Charakters des Missbrauchsbegriffs gerade nicht an. Wird eine solche jedoch festgestellt, vereinfacht dies den Nachweis eines objektiv missbräuchlichen Verhaltens.[60]

Gerade im Rahmen von Marktmissbrauchsfällen sind private Schadensersatzklagen grundsätzlich häufiger als bei Verstößen gegen Kartellverbote.[61] Allerdings treten in diesem Zusammenhang deutlich seltener Fragen des Gesamtschuldnerausgleichs auf, da ein Unternehmen, anders als bei einem Kartellrechtsverstoß, eine marktbeherrschende Stellung auch im Alleingang missbrauchen kann. Dies kann jedoch auch durch mehrere Unternehmen gemeinschaftlich geschehen. Dabei müssen zwei Voraussetzungen kumulativ vorliegen: Jedes der beteiligten Unternehmen muss eine marktbeherrschende Stellung innehaben und die Unternehmen müssen diese Stellung dann gemeinsam missbräuchlich nutzen.[62] Beachtenswert ist, dass die kollektive Markbeherrschung nicht mit einem kollektiven Verstoß gleichgesetzt werden darf.[63] Weiterhin dürfte ein gemeinsames Ausnutzen letztlich eine Absprache darstellen, die dann unter das in Art. 101 AEUV statuierte Kartellverbot zu fassen ist. Da der Marktmissbrauch, anders als der Kartellrechtsverstoß, allein erfolgen kann und es daher nicht zwingend zu einer Gesamtschuld kommt, soll diese Thematik nicht weiter vertieft werden. Eine gemeinsame Begehung eines Verstoßes gegen Art. 101 AEUV, §§ 19, 20 GWB kann durchaus als Sonderfall mit begrenztem Anwendungsbereich gesehen werden, der im Übrigen auch unter das allgemeine Kartellverbot gefasst werden kann.

Auf diesem soll in der Folge auch das Hauptaugenmerk liegen.

---

[59] *Kling/Thomas*, Kartellrecht, 2. Aufl., S. 223 f. m.w.N.

[60] *Kling/Thomas*, Kartellrecht, 2. Aufl., S. 223 f. m.w.N.

[61] *Fuchs*, ZWeR 2011, 192, 193; *Bornkamm/Tolkmitt,* in: Langen/Bunte, Kartellrecht, Bd. 1, 13. Aufl. 2018, Vorbem. zu § 33, Rn. 11.

[62] Vgl. *Kling/Thomas*, Kartellrecht, 2. Aufl., S. 218 f.

[63] *Kling/Thomas*, a.a.O., S. 219 f.; EuGH, Urt. v. 16.03.2000 – Rs. C-395/96 P und C-369/96 P, Slg. 2000-I, 1365 (Compagnie Maritime Belge).

d) Verjährung des Schadensersatzanspruchs nach altem Recht

Nachdem nun die Voraussetzungen des privaten kartellrechtlichen Schadensersatzanspruchs skizziert wurden, werden nachfolgend die Verjährungsregeln dieses Anspruchs vor der 9. GWB-Novelle dargestellt, da das Verhältnis der Verjährung des Anspruchs im Außenverhältnis zu der Verjährung des Ausgleichsanspruchs im Innenverhältnis maßgeblich für die Möglichkeit der Geltendmachung des Letztgenannten ist.

aa) Beginn und Dauer der regelmäßigen Verjährungsfrist bei Kartellschadensersatzansprüchen

Nach altem Recht richtete sich die Verjährung von Kartellschadensersatzansprüchen – anders als heute – nach den §§ 195, 199 BGB.[64] Maßgeblich für den Verjährungsbeginn war somit die Anspruchsentstehung, also ein Kartellrechtsverstoß und die Entstehung eines Schadens.[65] Aus verjährungsrechtlicher Sicht gestaltet sich die Bestimmung des Verjährungsbeginns bei Kartellrechtsverstößen allerdings problematisch, da diese wegen der zeitlichen Dauer der Kartelle einen Dauercharakter aufweisen.[66] Im Deliktsrecht, dem Verstöße gegen das Kartellrecht zuzuordnen sind,[67] wird zwischen wiederholten Verstößen und Dauerhandlungen unterschieden.[68] Wiederholte Verstöße werden angenommen, wenn jeweils gesondert zu bewertende Handlungen vorliegen, die jeweils einen Schaden verursachen und jeweils einen eigenständigen Anspruch begründen. Der Verjährungsbeginn ist für diese Verstöße für jede einzelne Handlung gesondert zu bestimmen.[69] Als Dauerhandlung ist ein solches Tun oder Unterlassen anzusehen, das ununterbrochen verletzt, solange der dadurch hervorgerufene Zustand andauert. Der auf einer solchen Verletzung beruhende Anspruch ist im Normalfall für die Zwecke des Verjährungsrechts als nicht entstanden anzusehen, solange der Eingriff andauert.[70] Die Annahme von wiederholten Verstößen kann also zu einem deutlich früheren Verjährungsbeginn der einzelnen Deliktsansprüche führen.

Der BGH tendiert dazu, wiederholte Verstöße anzunehmen, wenn der Schaden erst durch das Zusammenspiel zwischen einer zustandsbegründenden Hand-

[64] *Bürger/Aran*, NZKart 2014, 423; *Emmerich*, in: Immenga/Mestmäcker, GWB, 5. Aufl. 2014, § 33 GWB, Rn. 77; *Zöttl/Schlepper*, EuZW 2012, 573 m.w.N.

[65] *Bürger/Aran*, a.a.O., 423.

[66] *Hoffmann/Schneider*, WuW 2016, 102; *Hösch*, Der schadensrechtliche Innenausgleich zwischen Kartellrechtsverletzern, S. 333.

[67] *Sprau*, in: Grüneberg, 81. Aufl. 2022, § 823, Rn., 62, 66; Vgl. auch oben unter § 3 I. 1. b).

[68] Vgl. *Ellenberger,* in: Grüneberg, 81. Aufl. 2022, § 199, Rn. 22.

[69] Vgl. BGHZ 71, 86; BGH NJW 1981, 573; BGH NJW 1985, 1023; BGHZ 97, 97; *Henrich,* in: BeckOK BGB, 52. Ed. (Stand: 01.02.2020), § 199, Rn. 7; *Grothe,* in: Münch. Komm. BGB, 8. Aufl. 2018, § 199, Rn. 14.

[70] BGH NJW 1973, 2285; *Neu*, GRUR 1985, 335, 338 ff.; *Henrich,* a.a.O., § 199, Rn. 7; *Grothe,* a.a.O., § 199, Rn. 13.

lung und nachfolgenden einzelnen Ausführungshandlungen entsteht, wie es etwa beim pflichtwidrigen Abschluss eines Rahmenvertrages und dessen Durchführung durch die einzelne Lieferung der Fall ist.[71] Auch wenn der BGH in jüngerer Zeit dazu übergeht, die Unterscheidung aufzugeben und Dauerhandlungen zur Bestimmung des Verjährungsbeginns gedanklich in Einzelhandlungen aufzuspalten, da wiederholte Verstöße sich nicht hinreichend abgrenzen ließen,[72] so lässt sich doch für Kartellschäden festhalten, dass hier ebenfalls viel für einen wiederholten Verstoß spricht. Denn auch hier entsteht der einzelne Schaden erst durch die Ausführungsverträge, wie z.B. durch die Lieferung zu Kartellpreisen an Dritte.[73] Zwar führt dies dazu, dass bei Beendigung des Kartells theoretisch einzelne Ansprüche bereits verjährt sein könnten. Allerdings spielt dies in der Praxis letztlich keine Rolle, da die Kartellabsprache den Abnehmern in der Regel solange nicht bekannt ist, wie das Kartell noch aktiv ist, weshalb es an der zweiten Voraussetzung für den Beginn der Verjährung, nämlich der Kenntnis oder grob fahrlässigen Unkenntnis der anspruchsbegründenden Tatsachen gem. § 199 Abs. 1 Nr. 2 BGB, fehlt.[74] Im Bereich der Kartellschäden setzt dies die Kenntnis des Kartellrechtsverstoßes, die Kenntnis der dafür verantwortlichen Unternehmen und Personen, die Kenntnis der eigenen Betroffenheit sowie im Falle des § 33 Abs. 3 GWB a.F. noch zusätzlich die Kenntnis des eigenen Schadens, der Kausalität und des Verschuldens aufseiten der Verantwortlichen voraus.[75] Diese Kenntnis kann einerseits auf der tatsächlichen Kenntnisnahme einer kartellbehördlichen Entscheidung beruhen, im Einzelfall aber auch auf anderen Informationsquellen, soweit diese als hinreichend konkret und glaubhaft erscheinen. Die Kenntnisnahme eines Verdachts soll keinesfalls genügen.[76]

Im Rahmen der grob fahrlässigen Unkenntnis kommt es darauf an, ob sich die Kenntnis dem Geschädigten „zumindest hätte aufdrängen müssen".[77] Sofern dem Geschädigten keine besonderen Informationsquellen zur Verfügung stehen, kann sich dies nur aus einer kartellbehördlichen Entscheidung ergeben. Es besteht keine Obliegenheit des Geschädigten, die Entscheidungspraxis des Bundeskartellamts zu verfolgen. Das KG weist in diesem Zusammenhang sogar darauf

---

[71] BGH, Urt. v. 17.04.2002 – VIII ZR 139/01 = NJW-RR 2002, 1256.

[72] BGH, Urt. v. 04.06.2009 – III ZR 144/05 = EuZW 2009, 865: „Weil eine Dauerhandlung sich häufig aus sie unterstützenden Einzelakten zusammensetzt, aus denen jeweils Ansprüche hergeleitet werden können, hat sie in der Rechtsprechung des BGH eher eine theoretische Bedeutung erlangt: Im Allgemeinen ist in den zu Grunde liegenden Fällen ein wiederholtes, selbstständige verjährungsrechtliche Folgen auslösendes Verhalten angenommen und eine Dauerhandlung abgelehnt […] oder deren Vorliegen offen gelassen worden."; vgl. auch *Grothe,* in: Münch. Komm. BGB, 8. Aufl. 2018, § 199, Rn. 13.

[73] *Hoffmann/Schneider*, WuW 2016, 102; *Pohlmann*, WRP 2015, 546, 548.

[74] *Hoffmann/Schneider*, a.a.O., 102.; *Ellenberger*, in: Grüneberg, 81. Aufl. 2022, § 199, Rn. 24 ff.; Vgl. oben § 1 I. 1. d) bb).

[75] Ausführlich dazu: *Soyez*, ZWeR 2011, 409, 411, 413 ff.

[76] *Hoffmann/Schneider*, WuW 2016, 102.

[77] LG Düsseldorf, Urt. v. 17.12.2013 37 O 200/09 = WuW 2014, 183 (Zementkartell II).

hin, dass niemand dazu angehalten sei, die Presse zu verfolgen, sodass eine daraus etwaige mögliche Kenntnisnahme nicht zwingend zu einer grob fahrlässigen Unkenntnis führe.[78] Nach der Rechtsprechung des LG Düsseldorf sei eine grob fahrlässige Unkenntnis nur dann anzunehmen, wenn die „Intensität der Berichterstattung" so hoch sei, dass die Informationen dem Geschädigten „nicht verborgen bleiben" könnten, also gerade bei Fällen, über die flächendeckendend in den Publikumsmedien berichtet wird.[79]

Auch im Kartellrecht spielt die zutreffende rechtliche Würdigung des Sachverhalts keine Rolle für die den Verjährungsbeginn auslösende Kenntnis. In wenigen Ausnahmefällen kann allerdings auch hier das zusätzliche Kriterium der mangelnden Zumutbarkeit der Klageerhebung dem Verjährungsbeginn entgegenstehen, welches der BGH in ständiger Rechtsprechung als „übergreifende Voraussetzung für den Verjährungsbeginn"[80] bezeichnet. Eine solche Unzumutbarkeit kann im Kartellrecht angenommen werden, „wenn eine unsichere und zweifelhafte Rechtslage vorliegt, die selbst ein rechtskundiger Dritter nicht zuverlässig einzuschätzen vermag."[81] Die Verjährung beginnt in einem solchen Fall der objektiven Unsicherheit dann erst mit endgültiger Klärung des Sachverhalts.[82]

Da die Dauer der Regelverjährungsfrist gem. § 195 BGB drei Jahre beträgt, die Verjährungsfrist allerdings gem. § 199 Abs. 1 BGB erst zum Schluss des Jahres, in dem die Voraussetzungen eingetreten sind, zu laufen beginnt und erst zum Jahresende abläuft (sog. Ultimoverjährung),[83] liegt zwischen Kartellabrede, Schadensentstehung, Verjährungsbeginn und dem Ablauf der Verjährungsfrist oft ein sehr langer Zeitraum. Dies ist wegen der oftmals erst spät vorliegenden Kenntnis des Geschädigten gem. § 199 Abs. 1 Nr. 2 BGB bei gleichzeitig früher Kenntnis der Kartellanten selbst einer der Gründe für die hier thematisierte Diskrepanz der Verjährung des Schadensersatzanspruchs im Außenverhältnis und des Innenausgleichsanspruchs zwischen den Schädigern. Ein weiterer Grund lag in dem nachfolgend zu erörternden besonderen Hemmungstatbestand des § 33 Abs. 5 GWB a.F.

---

[78] KG, Urt. v. 01.10.2009 – 2 U 17/03 = NJOZ 2010, 536, insbes. Leitsatz 1. Die Entscheidung bezog sich noch auf § 852 BGB a.F., bei dem grob fahrlässige Unkenntnis noch nicht ausreichte. Allerdings wird die Aussage in den Leitsätzen auch auf § 199 BGB erstreckt.

[79] LG Düsseldorf, Urt v. 17.12.2013 – 37 O 200/09 = WuW 2014, 183 (Zementkartell II).

[80] BGH, Urt. v. 28.10.2014 – XI ZR 348/13 = NJW 2014, 3713; BGH NJW 2014, 3092; BGH NJW 2013, 1077; *Singbartl/Zintl*, GWR 2015, 210.

[81] BGH, Urt. v. 28.10.2014 – XI ZR 348/13 = NJW 2014, 3713.

[82] Vgl. *Ellenberger,* in: Grüneberg, 81. Aufl. 2022, § 199, Rn. 27.

[83] *Henrich,* in: BeckOK BGB, 52. Ed. (Stand: 01.02.2020), § 199, Rn. 3; *Grothe,* in: Münch. Komm. BGB, 8. Aufl. 2018, § 199, Rn. 47.

bb) Objektive Verjährungshöchstfrist

Zusätzlich zu der regelmäßigen, kenntnisabhängigen Verjährungsfrist fanden auch auf die kartellrechtlichen Schadensersatzansprüche die objektiven Verjährungsfristen des § 199 Abs. 3 Nr. 1 und 2 BGB Anwendung (zehn bzw. 30 Jahre). Während die Zehnjahresfrist unabhängig von der Kenntnis des Geschädigten ab der Anspruchsentstehung läuft, wird für die 30-jährige Verjährungsfrist nicht einmal die Entstehung des Anspruchs vorausgesetzt, sodass sie bereits mit Vornahme der Schädigungshandlung zu laufen beginnt.[84] Da die Anspruchsentstehung neben der Schädigungshandlung nur noch den Schadenseintritt voraussetzt, hat die Verjährungsfrist von 30 Jahren nur in den Fällen eine Bedeutung, in denen der Schaden erst lange Zeit nach der eigentlichen Schädigung eintritt. Im Kartellrecht liegt der Schadenseintritt nicht in der Kartellabsprache oder der Aufnahme der missbräuchlichen Geschäftspraxis gem. Art. 102 AEUV, §§ 19, 21 GWB, sondern in der konkreten Ausführungshandlung, präziser: dem Abschluss eines Vertrages mit Dritten zu Kartellpreisen.[85] Ein erhebliches zeitliches Auseinanderfallen zwischen Schädigungshandlung und Schadenseintritt ist daher eher unwahrscheinlich, sodass die Zehnjahresfrist gem. § 199 Abs. 3 Nr. 1 BGB früher abläuft und § 199 Abs. 3 Nr. 2 BGB keine eigenständige Bedeutung hat.[86]

Anders sieht es dagegen für die kenntnisunabhängige Zehnjahresfrist aus, der wegen der bereits angesprochenen langen Dauer kartellrechtlicher Verstöße erhebliche Bedeutung zukommt. Es ist durchaus denkbar, dass zwischen den ersten Ausführungsverträgen eines Kartells, also dem Eintritt des Schadens, und der Aufdeckung des Kartells mehr als zehn Jahre vergehen, sodass diese Ansprüche dann bereits verjährt sein könnten. Auf die Zumutbarkeit die Klageerhebung kommt es für objektive Fristen nämlich gerade nicht an.[87] Allerdings wurde diese Problematik durch die besondere Hemmungsvorschrift des § 33 Abs. 5 GWB a.F. zumindest für die Fälle entschärft, in denen der Schaden nicht mehr als zehn Jahre vor Einleitung des kartellbehördlichen Verfahrens entstand. Für das jeweilige Ende der Verjährungshöchstfristen gilt anders als bei der regelmäßigen, kenntnisabhängigen Verjährungsfrist, dass diese taggenau beginnen und dann gem. §§ 187 f. BGB zu berechnen sind.[88]

cc) Hemmungstatbestände, insbesondere Sonderregel des § 33 Abs. 5 GWB a.F.

Auch in Bezug auf die Hemmung der Verjährung galten zunächst die allgemeinen Vorschriften der §§ 203 ff. BGB.[89] Darüber hinaus enthielt § 33 Abs. 5 GWB a.F.

[84] *Henrich*, a.a.O., § 199, Rn. 56; *Peters/Jacoby,* in: Staudinger, Kommentar zum BGB, Neubearbeitung 2019, § 199, Rn. 98; vgl. auch § 1 I. 1. e).

[85] Vgl. § 3 I. 1. b).

[86] *Hoffmann/Schneider*, WuW 2016, 103.

[87] Vgl. *Herrler*, NJW 2009, 1845, 1846.

[88] Vgl. BGH NJW 2010, 1956; *Ellenberger,* in: Grüneberg, 81. Aufl. 2022, § 199, Rn. 42.

[89] *Emmerich*, in: Immenga/Mestmäcker, Wettbewerbsrecht, 5. Aufl. 2014, § 33, Rn. 77.

einen kartellrechtsspezifischen Tatbestand, wonach die Verjährung des Schadensersatzanspruchs aus § 33 Abs. 3 GWB a.F. auch mit Einleitung eines kartellbehördlichen Verfahrens gehemmt wird. Aus dem Wortlaut der Norm ließ sich dabei nicht genau entnehmen, wann ein Verfahren durch die Kartellbehörde oder durch die EU-Kommission als eingeleitet galt. Nach herrschender Meinung wird ein „Verfahren" in diesem Sinn eingeleitet, sobald die Kartellbehörde oder die EU-Kommission eine Maßnahme trifft, die erkennbar darauf abzielt, gegen jemanden kartellrechtlich vorzugehen.[90] Dabei ist es nicht nötig, dass die Verfahrenseinleitung an die Kartellanten bekannt gegeben wird.[91] Ab diesem Zeitpunkt war die Verjährung für die Dauer des Laufs der Ermittlungen gehemmt. Insbesondere hemmte die kartellrechtliche Ermittlung auch die objektive Verjährungsfrist gem. § 199 Abs. 2 BGB.[92] Gem. § 33 Abs. 5 S. 2 GWB a.F. i.V.m. § 204 Abs. 2 S. 1 BGB endete die Hemmung der Verjährung der Schadensersatzansprüche erst sechs Monate nach rechtskräftiger Entscheidung oder anderweitiger Beendigung des Verfahrens.[93] Für die Hemmung der Verjährung gem. § 33 Abs. 5 GWB a.F. war es somit unerheblich, zu welchem Ergebnis das Verfahren vor der Kartellbehörde oder der EU-Kommission gelangte.

Sinn und Zweck dieser Regelung war es, dass der Geschädigte den Ausgang der oft langwierigen kartellbehördlichen und -gerichtlichen Verfahren abwarten konnte, ohne befürchten zu müssen, dass seine Ersatzansprüche in der Zwischenzeit bereits verjähren.[94] Zusammen mit der recht spät vorliegenden Kenntnis führte dies zu einer meist sehr langen Verjährungsdauer des Anspruchs des Geschädigten im Außenverhältnis und stellte oft eine tückische Verjährungsfalle für den internen Regressanspruch dar. Wie erwähnt, enthielt § 33 Abs. 5 GWB a.F. lediglich eine Regelung für den Schadensersatzanspruch, erfasste aber nicht den Ausgleichsanspruch nach § 426 Abs. 1 BGB.[95] Auch eine analoge Anwendung der Bestimmung auf den Ausgleichsanspruch im Gesamtschuldnerinnenverhältnis schied aus. Zum einen war der den Primärgläubiger befriedigende Gesamtschuldner durch den Forderungsübergang gem. § 426 Abs. 2 S. 1 BGB und aufgrund der Regelung in § 33 Abs. 5 S. 2 GWB a.F. i.V.m. § 204 Abs. 2 S. 1 BGB ausreichend geschützt. Zum anderen fehlte es, auch gerade wegen dieses Schutzes, an einer vergleichbaren Interessenlage. Des Weiteren konnte nicht von einer planwidrigen Regelungslücke ausgegangen werden, da eine analoge Anwendung den Kartellanten begünstigt hätte, was gerade nicht im Sinne des Gesetzgebers gewesen ist.[96]

---

[90] *Emmerich*, in: Immenga/Mestmäcker, Wettbewerbsrecht, 5. Aufl. 2014, § 33, Rn. 79.
[91] *Meeßen*, Anspruch auf Schadensersatz, S. 541, jedoch str.
[92] *Emmerich*, in: Immenga/Mestmäcker, Wettbewerbsrecht, 5. Aufl. 2014, § 33, Rn. 78.
[93] *Emmerich*, a.a.O., § 33, Rn. 78.
[94] *Emmerich*, a.a.O., § 33, Rn. 79 m.w.N.
[95] *Krüger*, Kartellregress, S. 129.
[96] *Bornkamm*, in: Langen/Bunte, Kartellrecht, Bd. 1. Deutsches Kartellrecht, 12. Aufl. 2014, § 33 GWB Rn. 173 m.w.N.

2. Gesamtschuldnerische Haftung der Kartellschädiger

Bis zur Umsetzung der Kartellschadensersatzrichtlinie[97] im Jahre 2017 hafteten die Mitglieder eines Kartells gem. § 33 Abs. 3 GWB, § 1 GWB (Art. 101 AEUV) i.V.m. §§ 830 Abs. 1 S. 1, 840 Abs. 1 BGB i.V.m. §§ 421 ff. BGB gesamtschuldnerisch für Schäden, die aus der wettbewerbsbeschränkenden Absprache entstanden.[98] Die durch den Kartellverstoß Geschädigten konnten folglich von einem Kartellmitglied ihrer Wahl den gesamten ihnen aus dem Kartellverstoß entstandenen Schaden ersetzt verlangen.[99]

a) Gesamtschuldnerische Haftung gem. §§ 830, 840 BGB

§ 840 BGB bestimmt die gesamtschuldnerische Haftung mehrerer Täter einer unerlaubten Handlung für den von ihnen verursachten Schaden. Dies beruht auf dem Gedanken, dass es dem Geschädigten wegen der damit verbundenen Kosten und Risiken nicht zumutbar ist, jeden der Täter einzeln anteilig in Anspruch zu nehmen.[100] Die Begrifflichkeit der unerlaubten Handlung ist weit zu fassen, um dem Geschädigten die Vorteile der Gesamtschuld bei spezialgesetzlichen Haftungstatbeständen möglichst effektiv zu gewährleisten.[101] Bei der zuvor beschriebenen Verabredung und Durchführung eines Kartells handelt es sich um eine gemeinschaftlich begangene unerlaubte Handlung,[102] auf die deshalb § 840 BGB Anwendung findet.[103] Im Kartellrecht bedarf es wegen der gesetzlichen Anordnung in § 840 BGB keiner zusätzlichen Prüfung der Voraussetzungen von § 421 BGB.[104] § 840 BGB stellt dabei keine Anspruchsgrundlage dar, sondern erfüllt eine „Scharnierfunktion zwischen den Haftungsnormen des Deliktsrechts und den allgemeinen Regeln der Gesamtschuld".[105]

---

[97] Richtlinie 2014/104/EU über bestimmte Vorschriften für Schadensersatzklagen nach nationalem Recht wegen Zuwiderhandlung gegen wettbewerbsrechtliche Bestimmungen der Mitgliedstaaten und der Europäischen Union, ABl. 2014, L 349/1.

[98] OLG Düsseldorf, WuW/E OLG 4481, 4483; *Schwenke*, NZKart 2015, 383.

[99] BGH, Urt. v. 28.06.2011 – KZR 75/10 = WuW/E DE-R, 3431; *Wagner,* in: Münch. Komm. BGB, 6. Aufl. 2013, § 840, Rn. 8; *Lettl*, ZHR 2003, 473, 491.

[100] Vgl. *Looschelders*, Schuldrecht AT, 17. Aufl. 2019, § 54, Rn. 14; *Wagner,* in: Münch. Komm. BGB, 7. Aufl. 2017, § 840, Rn. 1; *Vieweg,* in: Staudinger, Kommentar zum BGB, Neubearbeitung 2015, § 840 BGB, Rn. 2.

[101] Vgl. *S. Meier*, Gesamtschulden, S. 835; *Wagner,* a.a.O., § 840, Rn. 5; *Vieweg,* a.a.O., § 840 BGB, Rn. 7; *Sprau,* in: Grüneberg, 81. Aufl. 2022, § 840, Rn. 1.

[102] BGH, GRUR 2012, 291, 298; vgl. auch BGH, NJW 1966, 975; BGH, NJW 1980, 1224, 1225.

[103] BGH, NJW 1966, 975; BGH, NJW 1980, 1224, 1225; *Wagner,* in: Münch. Komm. BGB, 7. Aufl. 2017, § 840, Rn. 9; *Vieweg,* in: Staudinger, Kommentar zum BGB, Neubearbeitung 2015, § 840 BGB, Rn. 14.

[104] Vgl. *Looschelders*, Schuldrecht AT, 17. Aufl. 2019, § 54, Rn. 19 f.

[105] *Wagner,* in: Münch. Komm. BGB, 7. Aufl. 2017, § 840, Rn. 1.

§ 840 BGB legt lediglich die Rechtsfolge fest, wenn mehrere nebeneinander für einen Schaden verantwortlich sind, was wiederum § 830 Abs. 1 und Abs. 2 BGB regelt.[106] Demnach sind Mittäter, Anstifter und Gehilfen für einen durch eine gemeinschaftlich begangene unerlaubte Handlung entstandenen Schaden jeweils gleichermaßen verantwortlich. Speziell für das Kartelldeliktsrecht liege es nach *Krüger* in der Natur der Sache, dass jede schadensersatzbegründende Verletzung des Verbots wettbewerbsbeschränkender Absprachen zwischen Wettbewerbern die tatbestandlichen Voraussetzungen der §§ 830 Abs. 1 S. 1, 840 Abs. 1 BGB erfülle.[107] Vorliegend ist dies im Ergebnis indes ohne Bedeutung, da hier ohnehin nur die Grundzüge der gesamtschuldnerischen Haftung unter Kartellanten, der Innenausgleich und die Verjährungsfrage dargestellt werden.

b) Täterschaft und Teilnahme

Mittäterschaft bedeutet der strafrechtlichen Dogmatik[108] folgend die gemeinschaftliche Begehung der Tat, worunter das bewusste und gewollte Zusammenwirken bei der Tatausführung aufgrund eines gemeinsamen Tatplans zu verstehen ist.[109] Sowohl im Straf- als auch im Zivilrecht wird heute die sog. Tatherrschaftslehre vertreten, wonach für § 830 Abs. 1 S. 1 BGB nicht die rein willentliche Unterstützung eines Verletzungserfolges genügt, sondern auch ein Tatbeitrag des Täters kausal für die Verletzung sein muss.[110] Für das Kartellrecht bedeutet das, dass die an den Absprachen beteiligten Kartellanten diese Voraussetzungen in aller Regel grundsätzlich erfüllen. Dabei spielt es keine Rolle, dass die Kartellanten bei den jeweiligen schadensbegründenden Verkäufen selbstständig agieren, da sich dadurch nur der Schaden realisiert, der durch die gemeinsame Absprache bereits angelegt war.[111]

Anstifter ist, wer vorsätzlich einen anderen bestimmt, eine vorsätzliche unerlaubte Handlung zu begehen. Der Anstifter muss beim Täter einen Tatentschluss wecken, nicht bloß einen irgendwie gearteten Handlungsentschluss.[112] Da Personen, die die Anregung zu einer Kartellabrede geben, sich meist als Haupt- und damit als Mittäter des Kartelldelikts qualifizieren lassen, spielt die Anstiftung hier nur eine untergeordnete bzw. gar keine Rolle.[113]

Fälle der Beihilfe, d.h. des vorsätzlichen Hilfeleistens eines anderen bei der vorsätzlich begangenen unerlaubten Handlung des Haupttäters,[114] sind hingegen

---

[106] *Wagner,* a.a.O., § 840, Rn. 3 f.

[107] *Krüger*, Kartellregress, S. 25.

[108] BGHZ 8, 288, 292 = NJW 1953, 499, 500; BGHZ 63, 124,126 = NJW 1975, 49, 50; BGHZ 89, 383,389 = NJW 1984, 1226, 1228; BGHZ 137, 89, 102 = NJW 1998, 377, 381 f.

[109] BGH NJW 2009, 1960; *Wagner,* in: Münch. Komm. BGB, 7. Aufl. 2017, § 830, Rn. 16.

[110] *Spindler,* in: BeckOK BGB, 52. Ed. (Stand: 01.02.2020), § 830, Rn. 7.

[111] *Hösch,* Der schadensrechtliche Innenausgleich zwischen Kartellrechtsverletzern, S. 68.

[112] BGHZ 75, 96, 107 = NJW 1979, 1823, 1826; *Wagner,* in: Münch. Komm. BGB, 7. Aufl. 2017, § 830, Rn. 22.

[113] *Hösch,* Der schadensrechtliche Innenausgleich zwischen Kartellrechtsverletzern, S. 69.

[114] *Wagner,* in: Münch. Komm. BGB, 7. Aufl. 2017, § 830, Rn. 23.

auch im Kartellrecht durchaus denkbar. Dabei ist grundsätzlich jede physische oder psychische Förderung der Haupttat ausreichend.[115] In diesem Zusammenhang ist es äußerst umstritten, ob die Beihilfehandlung für den Taterfolg kausal gewesen sein muss.[116] Diese Frage muss gerade im Zusammenhang mit dem Kartellrecht nicht entschieden werden, da im Fall von Kartellgehilfen, die ein Kartell zum Beispiel als Wirtschaftsprüfer fördern, eine die Kartellstabilität festigende Wirkung durch ökonomische Untersuchung nachgewiesen ist und Kausalität daher in der Regel vorliegen wird.[117]

Abschließend ist darauf hinzuweisen, dass es für die Begründung der gesamtschuldnerischen Haftung unerheblich ist, welche Rolle die Personen bzw. Unternehmen im Kartell gespielt haben, da § 830 BGB Mittäter, Anstifter und Gehilfen gleichstellt.[118] Da es im Deliktsrecht lediglich um den Ausgleich eines Schadens geht, darf der Grad der Verursachung bzw. der Grad des Verschuldens – zumindest im Außenverhältnis zum Geschädigten – keine Rolle spielen.[119] Relevant werden diese Faktoren dann, wenn der Primärgläubiger durch einen Gesamtschuldner befriedigt wird und der Ausgleich im Innenverhältnis ansteht.

c) Dogmatische Konstruktion von § 830 BGB

Das Deliktsrecht beruht grundsätzlich auf dem Verursachungsprinzip. Schadensersatz kann nur vom jeweiligen Schadensverursacher verlangt werden. Allerdings trägt grundsätzlich der Kläger die Beweislast für die haftungsbegründende und haftungsausfüllende Kausalität. Er müsste daher den Beweis für jeden einzelnen Schädiger führen,[120] befindet sich aber oft in Beweisnot. Diese will § 830 BGB beseitigen.[121] Dabei normiert § 830 Abs. 1 S. 1 BGB nach teilweise vertretener Auffassung eine Beweislastumkehr, die den einzelnen Schädigern eine Exkulpation ermöglicht,[122] während die Rechtsprechung meint, die Bestimmung verzichte vollständig auf das Kausalitätserfordernis.[123] Am überzeugendsten ist es, den Schädigern ihre Tatbeiträge nach den strafrechtlichen Grundsätzen von Mittäterschaft und Teilnahme zuzurechnen und § 830 Abs. 1 S. 1 BGB damit als Zu-

[115] *Eberl-Borges,* in: Staudinger, Kommentar zum BGB, Neubearbeitung 2018, § 830 BGB, Rn. 38.

[116] *Wagner,* in: Münch. Komm. BGB, 7. Aufl. 2017, § 830, Rn. 24.

[117] *Hösch,* Der schadensrechtliche Innenausgleich zwischen Kartellrechtsverletzern, S. 69 m.w.N.

[118] BGH NJW 1998, 377, 382.

[119] *Eberl-Borges,* in: Staudinger, Kommentar zum BGB, Neubearbeitung 2018, § 830 BGB, Rn. 27.

[120] *Wagner,* in: Münch. Komm. BGB, 7. Aufl. 2017, § 830, Rn. 1 ff.; *Spindler,* in: BeckOK BGB, 52. Ed. (Stand: 01.02.2020), § 830, Rn. 1; *Eberl-Borges,* a.a.O., § 830 BGB, Rn. 1.

[121] *Eberl-Borges,* a.a.O., § 830 BGB, Rn. 4.

[122] *Eberl-Borges,* a.a.O., § 830 BGB, Rn. 3 f.

[123] Vgl. BGHZ 8, 288, 292 ff. = NJW 1953, 499, 500; BGHZ 63, 124, 126 = NJW 1975, 49, 50; BGHZ 89, 383, 389 = NJW 1984, 1226, 1228; BGHZ 137, 89, 102 = NJW 1998, 377, 381 f.

rechnungsregel zu qualifizieren. Da den Zurechnungsregeln zufolge jeder Schädiger für den gesamten Schaden verantwortlich ist, entfällt dann die Beweisproblematik.[124] Diese Meinungsunterschiede können sich ggf. auf die Entstehung der Außenhaftung auswirken. Einzelne Kartellanten könnten versuchen nachzuweisen, dass sich ihre Teilnahme an der Kartellabsprache nicht preiserhöhend ausgewirkt habe. Für die hier in Rede stehenden Fragen des Innenausgleichs und der Verjährung ist dies jedoch irrelevant, da § 830 BGB für den Innenausgleich ohne Bedeutung ist.[125]

d) Unanwendbarkeit von § 830 Abs. 1 S. 2 BGB

§ 830 Abs. 1 S. 2 BGB findet stets Anwendung, wenn nicht aufklärbar ist, wer von mehreren Beteiligten einen Schaden verursacht hat und „weist lediglich das Unaufklärbarkeitsrisiko einer Gruppe möglicher Schädiger zu, sofern feststeht, dass ein oder mehrere Mitglieder dieser Gruppe für den Schaden aufzukommen haben, jedoch offenbleibt, wer in welchem Umfang individuell verantwortlich ist".[126] Dabei muss nicht jeder einzelne Ursachenbeitrag dazu geeignet sein, den Gesamtschaden alleine zu verursachen.[127] Im Kartellrecht wird dies aber gerade nicht der Fall sein, da gerade das Zusammenwirken mehrerer Unternehmer den Schaden verursacht hat, sodass § 830 Abs. 1 S. 2 BGB keine Anwendung findet.

3. Grundlagen des Regresses im Kartellschadensersatzrecht und Verjährung des Innenausgleichs

Nachdem in den beiden vorherigen Abschnitten auf die Voraussetzungen und die Verjährung des Schadensersatzanspruchs im Außenverhältnis sowie die Begründung der Gesamtschuld unter Kartellschädigern eingegangen wurde, kann nunmehr der Regressanspruch im Innenverhältnis erörtert werden. Vor Umsetzung der 9. GWB-Novelle fehlte es an einer speziellen Anspruchsgrundlage. Daher richtete sich der Innenausgleich auch im Kartellschadensersatzrecht nach § 426 Abs. 1 und 2 BGB. Die aus der unterschiedlichen Verjährung resultierenden Regressprobleme werden nachfolgend dargestellt. In der Praxis führten diese häufig zu dem unbefriedigenden Ergebnis, dass das in Anspruch genommene Kartellmitglied den gesamten Schaden allein zu tragen hatte, da der Ausgleichsanspruch als solcher bereits verjährt war.

---

[124] Vgl. *Krause*, in: Soergel, BGB, 13. Aufl. 2010, § 830, Rn. 7; *Looschelders*, Schuldrecht BT, 15. Aufl. 2020, § 70, Rn. 3.

[125] Vgl. *Hösch*, Der schadensrechtliche Innenausgleich zwischen Kartellrechtsverletzern, S. 71 m.w.N.

[126] *Wagner,* in: Münch. Komm. BGB, 7. Aufl. 2017, § 830, Rn. 46.

[127] *Wagner,* a.a.O., § 830, Rn. 60.

a) Verjährung des Ausgleichsanspruchs aus § 426 Abs. 1 BGB im Kartellschadensersatzrecht

Im Nachfolgenden wird die Verjährung des selbstständigen Ausgleichsanspruchs aus § 426 Abs. 1 S. 1 BGB dargestellt. Vorliegend interessiert dabei vornehmlich die Konstellation, dass der Innenausgleichsanspruch gem. § 426 Abs. 1 BGB vor dem Primäranspruch des Kartellgeschädigten verjährt. Zur Verdeutlichung werden der Beginn der regelmäßigen Verjährungsfrist sowie die Möglichkeit der Einleitung verjährungshemmender Maßnahmen anhand eines Fallbeispiels dargestellt.[128]

aa) Fallbeispiel

K1 und K2 treffen 2007 eine Preisabsprache zulasten des G. G ist somit der durch das Kartell Geschädigte und Gläubiger der Schadensersatzforderung. Das Bundeskartellamt leitet noch im gleichen Jahr ein Ermittlungsverfahren ein, welches 2012 abgeschlossen wird. Dadurch wird G auf das Kartell aufmerksam und erhebt 2015, also acht Jahre nach der Preisabsprache und dem Schadenseintritt, eine Schadensersatzklage gegen K1. Der Rechtsstreit zwischen G und K1 dauert einige Jahre. K1 unterliegt und geht gegenüber G in vollem Umfang in Vorleistung, K2 ist ihm im Innenverhältnis zum Ausgleich verpflichtet. K1 möchte K2 in Anspruch nehmen.[129]

Für den Ausgleichsanspruch unter Gesamtschuldnern gilt die allgemeine Verjährungsfrist von drei Jahren ab Entstehung und Kenntnis (§§ 195, 199 BGB). Es besteht somit ein reelles Risiko, dass der originäre Ausgleichsanspruch dann, wenn er relevant wird, bereits verjährt ist.[130] Auch der Anspruchsübergang nach § 426 Abs. 2 BGB hilft K1 nicht, sofern K1 keine verjährungshemmenden Maßnahmen ergriffen hat. Hätte G beide, also K1 und K2, gemeinsam verklagt, wäre die Verjährung des Gläubigeranspruchs auch im Verhältnis zu K2 gehemmt, sodass K2 gegenüber dem gem. § 426 Abs. 2 BGB übergegangenen Anspruch nicht wirksam die Verjährungseinrede hätte erheben können. Anders ist die Situation nur bei Anwendung von § 33h Abs. 7 GWB n.F.

Bei dem dargestellten Fall handelt es sich nicht um einen Einzelfall, sondern um ein repräsentatives Beispiel einer typischen Fallkonstellation, wie sie im Bereich des Kartellrechts häufig anzutreffen ist. Vor Inkrafttreten der Neuregelung in § 33h Abs. 7 GWB kam es oft zu einer deutlichen Diskrepanz zwischen der Verjährung des Schadensersatzanspruchs im Außenverhältnis und dem Regressanspruch im Innenverhältnis, was zur Folge hatte, dass der im Außenverhältnis leistende Gesamtschuldner bei konsequenter Anwendung der Rechtsprechung des BGH wegen Zeitablaufs nicht mehr die Möglichkeit hatte, intern Ausgleich zu verlangen. Das führte in der Praxis häufig zu dem unbefriedigenden Ergebnis,

[128] Fallbeispiel in Anlehnung an *Gänswein*, NZKart 2016, 50.
[129] *Gänswein*, a.a.O., 50, 54.
[130] Ebd.

dass das in Anspruch genommene Kartellmitglied den gesamten Schaden allein zu tragen hatte, da der Ausgleichsanspruch als solcher bereits verjährt war.

bb) Regelverjährungsfrist und Verhältnis zum Gläubigeranspruch

Für die Verjährung der Ansprüche aus § 426 Abs. 1 S. 1 BGB und § 33 Abs. 3 GWB a.F. galt nach altem Recht die Regelverjährungsfrist von drei Jahren (§§ 195, 199 BGB).[131] Auf die Ausführungen zum Verjährungsbeginn und die Unabhängigkeit der Regelverjährung für den Ausgleichsanspruch vom Verjährungsregime des Gläubigeranspruchs wird verwiesen.[132] § 33 Abs. 5 GWB a.F. konnte zu einer Diskrepanz mit Blick auf den Verjährungszeitpunkt des Innenausgleichsanspruchs führen.[133] Zudem divergierte der Beginn des Laufs der Verjährungsfristen für Schadensersatz- und Ausgleichsanspruch aufgrund des Charakters von Kartellabsprachen als geheimes Dauerdelikt und führte damit trotz gleicher Verjährungsfristen zu unterschiedlichen Verjährungszeitpunkten, da der Zeitpunkt der Kenntniserlangung jeweils ein anderer ist – bei den Kartellschädigern eher früh, beim Geschädigten eher spät.[134]

cc) Verjährungsbeginn für den kartellrechtlichen Innenausgleichsanspruch

Für den Beginn der Verjährungsfrist gilt, wie schon oben ausgeführt, § 199 Abs. 1 BGB.[135]

(1) Entstehungszeitpunkt

Wie bereits erörtert,[136] entsteht der Ausgleichsanspruch nach Meinung des BGH[137] bereits mit Begründung der Gesamtschuld.[138] Außerdem handelt es sich insoweit um einen einheitlichen Anspruch, der einer einheitlichen Verjährung unterliegt und gerade nicht um selbstständig nebeneinander tretende Ansprüche.[139] Die an die Gesamtschuld anknüpfenden Ausgleichsansprüche nach § 426 Abs. 1 BGB entstanden somit bereits mit dem Entstehen des Schadensersatzanspruchs gem. § 33 Abs. 3 GWB a.F. des jeweiligen Kartellabnehmers.[140] Auch wenn nicht endgültig geklärt ist, wann genau ein Schadensersatzanspruch des

[131] Vgl.dazu nur *Emmerich*, in: Immenga/Mestmäcker, Wettbewerbsrecht, 5. Aufl. 2014, § 33, Rn. 77; *Bechtold/Bosch*, in: Bechtold/Bosch, GWB (Kartellgesetz), 8. Auflage 2015, § 33, Rn. 37 ff.; *Petrasincu*, NZKart 2014, 437, 438 m.w.N.

[132] Vgl. oben § 3 I. 1. d) aa) bis cc).

[133] Vgl. ebd.

[134] *Hösch*, Der schadensrechtliche Innenausgleich zwischen Kartellrechtsverletzern, S. 335.

[135] Vgl. dazu die Ausführungen oben § 1 I. 1. d) und e).

[136] Vgl. oben Einl.

[137] BGH NJW 2010, 60, 61.

[138] Ebd.

[139] Ebd. sowie BGH NJW 2010, 62 f.

[140] *Petrasincu*, NZKart 2014, 437, 438.

Kartellabnehmers entsteht, dürfte viel für eine Entstehung zum Zeitpunkt des Vertragsschlusses sprechen, da sich der Gläubiger bereits zur Zahlung eines kartellbedingt überhöhten Preises verpflichtet.[141] Dies entspricht der Rechtsprechung zum Verjährungsbeginn, die hervorhebt, dass das bloße Setzen einer Schadensursache oder der Eintritt der risikobehafteten Situation für die Anspruchsentstehung im Sinne von § 199 Abs. 1 Nr. 1 BGB nicht ausreicht.[142]

Damit ist die Entstehung des Gesamtschuldverhältnisses für jeden Geschädigten und jeden Schaden gesondert zu betrachten. Somit können unterschiedliche Ansprüche in unterschiedlichen Jahren entstehen. Zwar lassen sich alle Schadensersatzansprüche auf dieselbe Handlung (die Kartellabrede) zurückführen, jedoch verjähren die Ansprüche bei wiederholten Handlungen für jede dieser Handlungen (die Vertragsabschlüsse) selbstständig.[143] Die Situation ist nicht vergleichbar mit den zur Schadenseinheit[144] erläuterten Fällen, sodass dieser Grundsatz hier gerade nicht greift.[145] In solchen Fällen entstehen nämlich alle Schäden, wie z.B. Langzeitfolgen einer Körperverletzung, trotz der zeitlichen Verzögerung ohne weiteres Zutun des Schädigers. Außerdem sind hier die Personen der Geschädigten vielfach verschieden. Die Bestimmung der einzelnen Entstehungszeitpunkte fällt bei geschädigten direkten und indirekten Abnehmern recht leicht, da insoweit auf den jeweiligen Vertragsschluss abzustellen ist.[146] Dies ist dann auch der Zeitpunkt, in dem die Gesamtschuld begründet wird und der Anspruch aus § 426 Abs. 1 S. 1 BGB entsteht.

Die Rechtsprechung des BGH führt also im Ergebnis dazu, dass der Regressanspruch aus § 426 Abs. 1 BGB gem. § 199 Abs. 1 Nr. 1 BGB bereits zu einem sehr frühen Zeitpunkt entsteht. Das erscheint vorliegend durchaus problematisch, da die Mehrheit der Kartellmitglieder sich erst nach dem Zusammenbruch des Kartells mit dem Ausgleich des durch die Zuwiderhandlung begründeten Schadens beschäftigt. Da die Entstehung des Ausgleichsanspruchs aus § 426 Abs. 1 S. 1 BGB, gerade bei langjährigen Kartellen, deutlich vor Beendigung oder Öffentlichwerden dieser und damit vor der Inanspruchnahme der Kartellanten durch den Geschädigten liegt, wird deren Ausgleichsanspruch im Innenverhältnis häufig nicht mehr realisierbar sein.[147]

---

[141] *Krüger*, Kartellregress, S. 126; *Krüger*, WuW 2012, 6, 10 f.; vgl. oben § 3 I. 1. b).

[142] BGH, Urt. v. 24.03.2011 – III ZR 81/10 = NJW-RR 2011, 842, 843; *Ellenberger,* in: Grüneberg, 81. Aufl. 2022, § 199, Rn. 16; *Peters/Jacoby,* in: Staudinger, Kommentar zum BGB, Neubearbeitung 2019, § 199, Rn. 32; krit. insoweit *Petrasincu*, NZKart 2014, 437, 438, der diese Annahme nicht für zwingend hält, da der Schadenseintritt zumindest auch erst mit tatsächlicher Zahlung des kartellbedingt überhöhten Kaufpreises anzunehmen sein könne.

[143] *Peters/Jacoby,* a.a.O., § 199, Rn. 28; *Grothe,* in: Münch. Komm. BGB, 8. Aufl. 2018, § 199, Rn. 13 ff.

[144] Vgl. oben § 1 III. 3. a) bb).

[145] Vgl. *Peters/Jacoby,* in: Staudinger, Kommentar zum BGB, Neubearbeitung 2019, § 199, Rn. 44.

[146] *Hösch,* Der schadensrechtliche Innenausgleich zwischen Kartellrechtsverletzern, S. 337.

[147] *Krüger*, WuW 2012, 6, 10 f.

Dies zeigt auch das oben betrachtete Fallbeispiel von *Gänswein*.[148] Es besteht stets die Gefahr, dass der originäre Ausgleichsanspruch dann, wenn er relevant wird, bereits verjährt ist.[149] Daran vermag, wie sogleich zu zeigen sein wird, auch das subjektive Element gem. § 199 Abs. 1 Nr. 2 BGB nichts zu ändern.

(2) Subjektives Element des § 199 Abs. 1 Nr. 2 BGB

Wie dargelegt,[150] setzt Kenntnis im Rahmen von § 426 Abs. 1 S. 1 BGB nach Meinung des BGH kumulativ voraus,[151] dass der Ausgleichsberechtigte Kenntnis

(1) von den Umständen hat, die den Gläubigeranspruch gegen den Ausgleichsverpflichteten begründen,

(2) von denjenigen, die einen Anspruch des Gläubigers gegen ihn selbst begründen,

(3) sowie von denjenigen, die das Gesamtschuldverhältnis begründen,

(4) und schließlich von den Umständen, die im Innenverhältnis eine Ausgleichspflicht begründen.[152]

Bezogen auf den Ausgleichsanspruch unter Kartellanten gilt dazu Folgendes:

(a) Den Gläubigeranspruch begründende Umstände

Das erste vom BGH genannte Kriterium setzt die Kenntnis oder grob fahrlässige Unkenntnis des Ausgleichssuchenden von sämtlichen Voraussetzungen[153] des § 33 Abs. 3 GWB a.F. voraus.

Die Kenntnis vom Kartellrechtsverstoß wird immer zu bejahen sein, da dieser entweder in einer Kartellvereinbarung oder in einem abgestimmten Verhalten liegt und die Kartellanten davon zwingend Kenntnis haben. Die Kenntnis des Schadenseintritts liegt in dem Zeitpunkt vor, in dem der Kaufvertrag, der einen kartellbedingt überhöhten Preis vorsieht, abgeschlossen wird.[154] Dabei ist weder die rechtlich zutreffende Einordnung[155] noch eine Kenntnis der genauen Schadenshöhe[156] oder der Haftungsquoten[157] erforderlich. Die Kenntnis des Schadenseintritts setzt allerdings weiterhin voraus, dass der Ausgleich suchende Gesamt-

---

[148] Vgl. oben § 3 I. 3. a) aa).

[149] *Gänswein*, NZKart 2016, 50, 54.

[150] Vgl. oben § 1 III. 3. a) aa), a.E.

[151] Vgl. BGH NJW 2010, 60, 61; *Vieweg*, in: Staudinger, Kommentar zum BGB, Neubearbeitung 2015, § 840 BGB, Rn. 86; *Pfeiffer*, NJW 2010, 23, 25. Vgl. oben § 1 III. 3. a) aa), a.E.

[152] Vgl. dazu den in Einl. II dargestellten Sachverhalt und BGH, Urt. v. 18.06.2009 – VII ZR 167/08 = BGHZ 181, 310, 314 = NJW 2010, 60, 61.

[153] Vgl. oben § 1 I. 1 d) bb).

[154] *Petrasincu*, NZKart 2014, 437, 439.

[155] *Spindler*, in: BeckOK BGB, 53. Ed. (Stand: 01.02.2020), § 199, Rn. 26; *Grothe*, in: Münch. Komm. BGB, 8. Aufl. 2018, § 199, Rn. 29.

[156] *Ellenberger*, in: Grüneberg, 81. Aufl. 2022, § 199, Rn. 27 f.

[157] *Peters/Jacoby*, in: Staudinger, Kommentar zum BGB, Neubearbeitung 2019, § 199, Rn. 65.

schuldner auch Kenntnis von der Person des Primärgläubigers und vom Vertragsschluss hatte.[158] Gerade bei selbst geschlossenen Verträgen und Submissionsabsprachen mit anschließender Unterrichtung über den Erfolg der Maßnahmen dürfte dies zu bejahen sein.[159] Fraglich könnte allenfalls sein, in welchem Detailgrad der vorleistende Gesamtschuldner Kenntnis von den konkreten Schädigungshandlungen auch des ausgleichsverpflichteten Gesamtschuldners haben muss. Positive Kenntnis wird insoweit jedenfalls dann vorliegen, wenn die Kunden aufgeteilt wurden,[160] was bei einer rein geografischen Aufteilung jedoch ggf. fraglich ist. Hingegen wird Kenntnis der Kartellanten auch außerhalb dieser offensichtlichen Fälle und einer expliziten Marktzuteilung regelmäßig anzunehmen sein. Die meisten Kartellanten werden auf der Grundlage einer kaufmännischen Marktbeobachtung oder kartellinterner Monitoringsysteme die Lieferbeziehungen ihrer Mitkartellanten kennen, zumal sich die Kartellmärkte grundsätzlich als recht transparent erweisen.[161] Allenfalls in den wenigen verbleibenden Fällen dürfte es zumindest etwas schwieriger sein, dem Ausgleich suchenden Gesamtschuldner eine Kenntnis über die Verträge nachzuweisen, die der ausgleichsverpflichtete Gesamtschuldner mit dem Gläubiger geschlossen hat.[162]

(b) Das Gesamtschuldverhältnis begründende Umstände

Weiterhin müsste Kenntnis oder grob fahrlässige Unkenntnis über die Umstände bestehen, die das Gesamtschuldverhältnis begründen. Der Gesamtschuldner müsste daher Kenntnis davon gehabt haben, dass er zusammen mit dem Ausgleichsverpflichteten eine unerlaubte Handlung begangen und hierbei einen Schaden verursacht hat. Im Wesentlichen handelt es sich dabei um Umstände, die einen Anspruch des Primärgläubigers begründen. Zusätzlich wird lediglich verlangt, dass die Kartellanten Kenntnis von der gemeinsamen Verantwortlichkeit haben, was bei einem Kartellverstoß wegen der gemeinsamen Absprache stets von Anfang an der Fall ist.[163]

(c) Die interne Ausgleichspflicht begründende Umstände

Als letzte Voraussetzung wird verlangt, dass Kenntnis von den Umständen vorliegt, die im Innenverhältnis den Ausgleich begründen.[164] Etwas unklar ist auch

---

[158] *Grothe,* in: Münch. Komm. BGB, 8. Aufl. 2018, § 199, Rn. 28.

[159] *Krüger*, Kartellregress, S. 126; *Gänswein*, NZKart 2016, 50, 55; *Schwenke*, NZKart 2015, 383, 388; *Petrasincu*, NZKart 2014, 437, 439.

[160] *Gänswein*, NZKart 2016, 50, 55; *Schwenke*, NZKart 2015, 383, 388; *Petrasincu*, NZKart 2014, 437, 439.

[161] *Krüger*, Kartellregress, S. 127; *Schwenke*, a.a.O., 383, 388.

[162] *Petrasincu*, NZKart 2014, 437, 439.

[163] *Petrasincu*, a.a.O., 437, 440.

[164] BGH, Urt. v. 18.06.2009 – VII ZR 167/08, Ls. b) = BGHZ 181, 310, 314 = NJW 2010, 60, 61.

heute noch, was der BGH unter diesem Kriterium versteht, da die Annahme einer Gesamtschuld wegen §426 Abs. 1 S. 1 BGB im Regelfall eine Ausgleichspflicht im Innenverhältnis begründet. Das Kriterium wäre dann allerdings überflüssig, da bereits die Kenntnis der Gesamtschuld auch die Kenntnis der Ausgleichspflicht im Innenverhältnis begründen würde, da diese ja gerade auf dem Gesamtschuldverhältnis beruht.[165] Vor diesem Hintergrund hat das OLG Frankfurt die Ansicht vertreten, dass zusätzlich zur Kenntnis der Gesamtschuld auch eine Kenntnis darüber herrschen muss, dass kein Kartellant im Innenverhältnis allein für den aus der Pflichtverletzung resultierenden Schaden einzustehen hat.[166] Angesichts der Unklarheiten, nach welchen die Haftungskriterien bei Kartellverstößen im Innenverhältnis zu bestimmen sind, würde dies letztlich dazu führen, dass der Ausgleichsanspruch erst sehr spät oder gar nicht verjähren würde. Weiterhin widerspricht die Ansicht des OLG Frankfurt der Aussage des BGH, dass lediglich Kenntnis der Umstände erforderlich ist, hier jedoch eine juristische Wertung, die ja gerade für den Verjährungsbeginn nicht zu fordern ist, verlangt wird.[167]

Zusammenfassend lässt sich sagen:

Das für den Verjährungsbeginn entscheidende Kriterium der Kenntnis führt i. d. R. nicht zu einem späteren Verjährungsbeginn: Der ausgleichsberechtigte Kartellant kann nämlich oft bereits bei Abschluss der wettbewerbsbeschränkenden Vereinbarung vorhersehen, dadurch mit den anderen Parteien, also den jetzigen Ausgleichspflichtigen, gesamtschuldnerische Haftungsbeziehungen im Außen- und Innenverhältnis zu begründen,[168] zumal sich Kartelle nach allgemeiner Lebenserfahrung so gut wie immer preiserhöhend und somit schadensbegründend auf dem betroffenen Markt auswirken.[169] Da es das subjektive Element des § 199 Abs. 1 Nr. 2 BGB in der Regel nicht vermochte, den Beginn des Laufs der Verjährungsfrist des Ausgleichsanspruchs aus §426 Abs. 1 BGB im Kartelldeliktsrecht nach hinten zu verlagern, setzte die Verjährung in der Praxis relativ früh ein.[170]

---

[165] *Petrasincu*, NZKart 2014, 437, 439.

[166] OLG Frankfurt, Beschl. v. 03.11.2010 – 25 U 108/09 = BauR 2011, 1059.

[167] *Petrasincu*, NZKart 2014, 437, 439.

[168] Dass es für eine kartellbeteiligte Gesellschaft in aller Regel auf die Kenntnis der handelnden Personen ankommt, die ihr nach § 31 BGB, eventuell auch nach § 166 BGB, zuzurechnen ist (d.h. insbesondere die Kenntnis der geschäftsführenden Organe – *Ellenberger,* in: Grüneberg, 81. Aufl. 2022, §§ 31 ff., 166 ff.), dürfte im Kartellregress praktisch unerheblich sein. Hardcore-Kartelle werden erfahrungsgemäß kaum an der Geschäftsführung eines Unternehmens vorbeipraktiziert. Verjährungsauslösend könnte u.U. auch eine grob fahrlässige Unkenntnis der maßgeblichen Personen sein, vor allem, wenn diese keine hinreichenden Kartellvermeidungs- und -meldesysteme im Unternehmen geschaffen, diese bewusst missachtet und/oder die Augen vor offensichtlichen Kartellverstößen verschlossen haben.

[169] *Krüger*, Kartellregress, S. 127; *Schwenke*, NZKart 2015, 383, 388.

[170] *Krüger*, a.a.O., S. 127; *Gänswein*, NZKart 2016, 50, 55; *Schwenke*, a.a.O., 383, 388; *Petrasincu*, NZKart 2014, 437, 439.

(3) *Verjährungshemmende Maßnahmen*

Wegen des frühen Verjährungsbeginns des Innenausgleichs und der gleichzeitig oft langen Dauer bis zum Verjährungsbeginn des Schadensersatzanspruchs im Außenverhältnis stellte sich daher für die Kartellanten häufig die Frage, ob verjährungshemmende Maßnahmen ergriffen werden sollten. Das Problem der vorzeitigen Verjährung des Innenausgleichs wurde zusätzlich dadurch verschärft, dass die Verjährungshemmung des §33 Abs. 5 GWB a.F. nur für den Schadensersatzanspruch im Außenverhältnis galt und sich auf den Ausgleichsanspruch nach §426 Abs. 1 S. 1 BGB nicht auswirkte.[171] Verjährungshemmende Maßnahmen bringen nicht unerhebliche Problemen und Risiken für Kartellanten mit sich:

(a) *Streitverkündung*

Die Verjährung des Anspruchs aus §426 Abs. 1 S. 1 BGB kann durch Streitverkündung gem. §204 Abs. 1 Nr. 6 BGB gehemmt werden, z.B. wenn der Ausgleichsanspruch wenigstens bei Zustellung der Schadensersatzklage des Primärgläubigers noch unverjährt ist, was aber oft nicht der Fall ist.[172] Die Streitverkündung erfasst den Ausgleichsanspruch nur, wenn er hinreichend individualisiert ist.[173] Die Hemmungswirkung erfasst nur den Anspruch, so, wie er in der Streitverkündungsschrift dargelegt wird.[174] Aber auch wenn Ausgangs- und Ausgleichsanspruch etwa gleichzeitig verjähren, kann es für den Ausgleichsgläubiger problematisch werden, z.B. wenn der Schadensersatzgläubiger seine Klage gerade noch innerhalb der Verjährungsfrist bei Gericht einreicht und die Zustellung „demnächst" im Sinne von §167 ZPO erfolgt. Dem Ausgleichsgläubiger bleibt dann nämlich keine Zeit mehr, verjährungshemmende Maßnahmen für den gleichzeitig verjährenden Ausgleichsanspruch einzuleiten.[175] Auch Befürwortern des einheitlichen Verjährungsbeginns ist diese Gefahr nicht verborgen geblieben.[176] Der Ansatz, vorsorglich eine negative Feststellungsklage gegenüber dem potenziellen Schadensersatzgläubiger zu erheben und den potenziellen anderen Gesamtschuldnern in diesem Verfahren verjährungshemmend den Streit zu verkünden,[177] führt im Kartellrecht nicht weiter. Die Kartellanten müssten sich dann, obwohl das Kartell als solches noch nicht bekannt ist, möglicherweise noch

---

[171] *Krüger*, a.a.O., S. 128. *Emmerich*, in: Immenga/Mestmäcker, Wettbewerbsrecht, 5. Aufl. 2014, §33, Rn. 77 ff.; *Bechtold/Bosch*, in: Bechtold/Bosch, GWB (Kartellgesetz), 8. Auflage 2015, §33, Rn. 37 ff.

[172] Vgl. oben Einl. II.

[173] BGH, NJW 2008, 519, Tz. 28.

[174] BGH, WM 2010, 372, Tz. 9; *Ellenberger*, in: Grüneberg, 81. Aufl. 2022, §204, Rn. 21.

[175] Vgl. *Hartmann/Lieschke*, WM 2011, 205, 206.

[176] *Gebauer*, LMK 2010, 299711; *Grothe*, in: Münch. Komm. BGB, 8. Aufl. 2018, §199, Rn. 8.

[177] *Fischer*, ZIP 2014, 406, 409; *Dollmann*, GmbHR 2004, 1330, 1332.

nicht einmal ein behördliches Ermittlungsverfahren eingeleitet wurde, zwecks Verhinderung der Verjährung proaktiv hinsichtlich des Schadensersatzanspruchs verhalten.[178] Schließlich wirkt auch nur eine zulässige Streitverkündung verjährungshemmend. Tritt der derjenige, dem der Streit verkünded wurde dem Rechtsstreit bei, wird die Zulässigkeit im Erstprozess geklärt, ansonsten erst im Folgeprozess.[179] Der Regressgläubiger weiß daher u.U. bis zur Klärung im Folgeprozess nicht, ob Verjährung eingetreten ist oder nicht.[180] Daher kann die Streitverkündung praktisch nur in wenigen Fällen ihre verjährungshemmende Wirkung für den Ausgleichsanspruch der Gesamtschuldner entfalten und spielt für die Kartellanten in den dargestellten häufig auftretenden Konstellationen keine Rolle.

(b) Frühzeitige Geltendmachung des Freistellungsanspruchs

Dies gilt auch für eine frühzeitige gerichtliche Geltendmachung des Freistellungsanspruchs gegen andere Gesamtschuldner (§ 204 Abs. 1 Nr. 1 BGB).[181] Im Kartellrecht erscheint dies völlig realitätsfremd, da beispielsweise bei einem acht Jahre laufenden Kartell die Ausgleichsansprüche hinsichtlich der Schadensersatzansprüche aus den ersten Jahren noch während des laufenden Kartells geltend gemacht werden müssten. Auch zwischen Beendigung und Aufdeckung des Kartells ist eine Geltendmachung des Ausgleichsanspruchs „völlig unrealistisch",[182] da es sich dabei um ein „vollkommen fernliegendes offenes Bekenntnis zum Wettbewerbsverstoß vor Aufdeckung des Kartells"[183] handeln würde. Schließlich liegt auch im Zeitraum zwischen Aufdeckung des Kartells und Inanspruchnahme der Kartellanten durch den Geschädigten eine öffentliche Auseinandersetzung mit dem Ausgleichsanspruch nicht im Interesse der beteiligten Kartellanten:[184]

Zum einen würde ein Streit über den Innenausgleich, ohne dass überhaupt die Frage über das Bestehen eines Schadensersatzanspruchs geklärt ist, quasi im „luftleeren Raum" stattfinden.[185] Zum anderen würde die Diskussion der Kartellanten über eine etwaige interne Haftungsverteilung den Schadensersatzgläubigern als Grundlage dienen und Argumentationsmaterial für ihren eigenen Anspruch liefern.

---

[178] *Hösch*, Der schadensrechtliche Innenausgleich zwischen Kartellrechtsverletzern, S. 350.

[179] BGH, Beschl. v. 08.02.2011 – VI ZB 31/09 = NJW 2011, 1078 m.w.N.; OLG Köln, Beschl. v. 15.07.2015 – 11 W 39/15 = NJW 2015, 3317; BGH, Urt. v. 04.10.1984 – VII ZR 342/83 = NJW 1985, 328.

[180] *Schmidt*, JA 2015, 627; *Schmidt*, FS Eichele, 341, 344 ff., dort auch Fn. 45.

[181] *Hartmann/Lieschke*, WM 2011, 205, 211.

[182] *Krüger*, Kartellregress, S. 128.

[183] *Schwenke*, NZKart 2015, 383, 388.

[184] *Hösch*, Der schadensrechtliche Innenausgleich zwischen Kartellrechtsverletzern, S. 350.

[185] Ebd.

Auf das Fallbeispiel von *Gänswein* übertragen, würde das bedeuten, dass K1 noch während des Kartells oder während der Ermittlungen des Bundeskartellamts Feststellungsklage gegen K2 zur Sicherung seines originären Ausgleichsanspruchs erheben müsste. Dies könnte aber die Verteidigung im Bußgeldverfahren erschweren. Im Rahmen dieser Feststellungsklage müsste K1 nämlich auch zu seiner Kartellbeteiligung vortragen, die er gegenüber dem Bundeskartellamt möglicherweise gerade bestreitet.[186] Die frühzeitige Geltendmachung des Mitwirkungs- und Befreiungsanspruchs, ob in Form einer Leistungs- oder Feststellungsklage, hat daher als Mittel zur frühzeitigen Verjährungsverhinderung für Kartellanten in der Praxis keine Bedeutung. Dies würde sie letztlich dazu zwingen, sich öffentlich zu ihrem Verstoß gegen das Kartellrecht zu bekennen, was letztlich gegen den Grundsatz verstößt, sich nicht selbst belasten zu müssen (*Nemo-tenetur-Grundsatz*).[187]

(c) Hemmung der Verjährung durch Verhandlung

Eine weitere Möglichkeit, die Verjährung des Ausgleichsanspruchs von Kartellanten zu hemmen, bieten gem. § 203 S. 1 BGB Verhandlungen. Die Hemmung besteht solange, bis eine der Parteien die Fortsetzung der Verhandlungen gem. § 203 S. 1 BGB a.E. verweigert. Darüber hinaus endet die Hemmung auch dann, wenn die Parteien die Verhandlungen ergebnislos einschlafen lassen.[188] Zwar könnte man davon ausgehen, dass die Kartellanten im Bereich des Innenverhältnisses relativ leicht miteinander verhandeln und dies mit entsprechender Dokumentation gegebenenfalls auch belegen könnten; allerdings führt gerade § 203 BGB im Vergleich zu anderen Hemmungstatbeständen in der Praxis zu einer nicht zu unterschätzenden Rechtsunsicherheit.[189] Gerade bei mehrschichtigen komplexen Verhandlungen über ganze Bündel von Ansprüchen, wie das bei Kartellschadensersatzforderungen häufig der Fall sein wird, ist der Zeitpunkt der tatsächlichen Beendigung von Verhandlungen oft nicht genau bestimmbar.[190] Damit sind vor allem solche Fälle gemeint, in denen keine der beiden Parteien die Verhandlungen ausdrücklich für beendet erklärt, und solche, bei denen die Parteien eher schleichend erkennen, dass eine Einigung doch in weite Ferne rückt und die Verhandlungen so schließlich endgültig zum Stillstand gelangen.[191] Gerade, ab welchem Zeitraum eine Unterbrechung der Verhandlung als deren Ende

---

[186] *Gänswein*, NZKart 2016, 50, 55.

[187] Der Grundsatz geht auf die englische Rechtstradition des späten Mittelalters zurück, ist insbesondere im Strafrecht bedeutsam und gewährt ein umfassendes Aussageverweigerungsrecht, vgl. *Nothhelfer,* Die Freiheit vom Selbstbezichtigungszwang, S. 4; vgl. auch oben § 3 I. 1. a).

[188] Vgl. *Ellenberger,* in: Grüneberg, 81. Aufl. 2022, § 203, Rn. 4.

[189] *Schuler/Stübinger,* in: Stancke/Weidenbach/Lahme, Kartellrechtliche Schadensersatzklagen, Rn. 900.

[190] Ebd.

[191] Ebd.

anzusehen ist, wird lebhaft diskutiert.[192] Das Ende tritt in solchen Fällen ein, „wenn aus Sicht des Gläubigers nach Treu und Glauben ein nächster Schritt zu erwarten gewesen wäre, dieser aber nicht erfolgt ist.“[193] Dies bietet einen enormen Wertungsspielraum und ermöglicht keine exakte Fristberechnung. Zwar endet die Hemmung der Verjährung gem. § 203 S. 2 BGB nicht unmittelbar nach dem Ende der Verhandlungen, sondern erst drei Monate später, sodass grundsätzlich noch etwas Zeit bleibt, andere verjährungshemmende Maßnahmen einzuleiten. Wegen dieser Unsicherheiten stellen Verhandlungen daher jedoch keine taugliche Maßnahme für Kartellanten dar, für die es im Innenverhältnis häufig um Millionenbeträge geht, die Verjährung des Ausgleichsanspruchs zuverlässig zu hemmen.

(d) Verjährungsverzicht oder -vereinbarung

Verjährungsverzicht oder Verjährungsvereinbarungen stellen auf den ersten Blick das am häufigsten genutzte und effektivste Mittel dar, um die Durchsetzbarkeit des Innenausgleichsanspruchs von Kartellanten zu erhalten.[194] Inhaltlich können solche Vereinbarungen wegen des großen Spielraums, den § 202 BGB gewährt, unterschiedlich ausgestaltet werden. Denkbar sind Vereinbarungen über den (vorübergehenden) Verzicht und über eine eigenständige Verjährungsfrist, die beispielsweise an den Zeitpunkt der Gläubigerbefriedigung anknüpfen kann.[195] Jedoch können derartige Vereinbarungen nicht jederzeit getroffen werden. Die frühesten Zeitpunkte, in denen eine solche Vereinbarung wirksam abgeschlossen werden kann, sind unmittelbar nach Beendigung des Kartells bzw. während der drohenden Inanspruchnahme durch die Geschädigten.[196] Zuvor kommt einer solchen Vereinbarung, da sie auf die Mithaftung aller Kartellanten einwirkt, eine kartellstabilisierende Wirkung zu.[197] Sämtliche Vereinbarungen, die als Bestandteil der Kartellvereinbarung anzusehen sind, werden allerdings nach §§ 1 GWB, 134 BGB bzw. Art. 101 Abs. 2 AEUV als nichtiger „Ausführungsvertrag“ gewertet und sind daher in der Folge unwirksam.[198] In dem Moment, in dem solche Vereinbarungen wirksam geschlossen werden könnten, ist aber möglicherweise bereits ein großer Teil der Ausgleichsansprüche verjährt und die Kartellanten sind darauf angewiesen, sich über einen Verzicht auf die Erhe-

---

[192] Je nach den Umständen des Einzelfalls hat die Rechtsprechung ein Ende von Verhandlungen nach Zeiträumen von einem bis hin zu neun Monaten nach dem letzten Kontakt angenommen; vgl. *Spindler*, in: BeckOK, 52. Edition (Stand: 01.11.2019), § 203, Rn. 9.

[193] *Grothe*, in: Münch. Komm. BGB, 8. Aufl. 2018, § 203, Rn. 8 m.w.N.

[194] *Hösch*, Der schadensrechtliche Innenausgleich zwischen Kartellrechtsverletzern, S. 351.

[195] *Fischer*, ZIP 2014, 406, 410; *Hartmann/Lieschke*, WM 2011, 205, 211.

[196] *Hösch*, Der schadensrechtliche Innenausgleich zwischen Kartellrechtsverletzern, S. 351.

[197] Vgl. *Krüger*, Kartellregress, S. 157; *Krüger*, WuW 2012, 12.

[198] *Krüger*, WuW 2012, 12; *Kling/Thomas*, Kartellrecht, 2. Aufl., S. 635.

bung der Verjährungseinrede zu einigen. Eine solche Vereinbarung setzt allerdings die Zustimmung sämtlicher Kartellanten voraus, die in einigen Fällen nicht ohne Weiteres erreichbar ist, wenn ein Kartellant davon ausgehen kann, im Außenverhältnis nur mit geringer Wahrscheinlichkeit in Anspruch genommen zu werden. Auch hinsichtlich einer entsprechenden Vereinbarung darf an deren Praxistauglichkeit gezweifelt werden.[199] Festzuhalten ist in jedem Fall, dass auch diese Möglichkeit der Verjährungshemmung keine sichere Alternative gegenüber einem unverjährten Ausgleichsanspruch aus §426 Abs. 1 BGB darstellt.

(e) Zwischenergebnis

Wie soeben gezeigt, ließ sich das Problem der vorzeitigen Verjährung des Ausgleichsanspruchs auch nicht durch die Ergreifung verjährungshemmender Maßnahmen beseitigen. Deren Einleitung war für die Gesamtschuldner oft faktisch unmöglich, da damit sonst bußgeldbewehrte und unter Umständen sogar strafbewehrte Kartellverstöße hätten offenbart werden müssen.[200] Wenn nicht ein Großteil der Kartellteilnehmer, was nahezu undenkbar erscheint, auf die Geltendmachung der Verjährungseinrede verzichtete, war der Innenausgleich unter Kartellrechtsverletzern gem. §426 Abs. 1 BGB allein schon auf Grundlage des Verjährungsrechts faktisch ausgeschlossen.

b) Verjährung des nach § 426 Abs. 2 BGB übergegangenen Anspruchs im Kartellschadensersatzrecht

War der Anspruch aus §426 Abs. 1 BGB verjährt, blieb dem Kartellant nur der gesetzliche Rückgriff gem. §426 Abs. 2 BGB i.V.m. §33 Abs. 3 GWB a.F. Der Regressschuldner konnte sich also nur dann wirksam auf Verjährung berufen, wenn auch der auf den Zessionarkartellanten im Wege der Legalzession übergegangene Schadensersatzanspruch im Verhältnis zum betreffenden Regressschuldner verjährt war, vgl. §425 Abs. 2 BGB.[201]

aa) Verjährungsbeginn und Fortgeltung der Einwendungen des Schuldners

Bei kartellrechtlichen Schadensersatzansprüchen nach §33 Abs. 3 GWB a.F. galten für den Beginn der Regelverjährung und den Lauf der dreijährigen Verjährungsfrist die §§195, 199 Abs. 1 BGB. Auch bei §426 Abs. 2 BGB war der übergegangene Schadensersatzanspruch oft bereits verjährt.

Die Verjährungsfrist läuft nämlich gerade ohne Rücksicht auf den Forderungsübergang weiter.[202] Über §412 BGB sind die §§399ff. BGB auf die über-

---

[199] *Krüger*, WuW 2012, 12.

[200] *Petrasincu*, NZKart 2014, 437, 440.

[201] *Krüger*, Kartellregress, S. 129.

[202] Vgl. RGZ 124, 111, 114; BGH NJW 2008, 2429; *Grüneberg,* in: Grüneberg, 81. Aufl. 2022, §404, Rn. 5.

gangene Gläubigerforderung anzuwenden. Besonders bedeutsam ist insoweit §404 BGB.[203] Der Zessionarkartellant muss sich demnach die Kenntnis des befriedigten Gläubigers für den Verjährungsbeginn anrechnen lassen.[204] Dies führte dazu, dass der Zessionarkartellant mit Blick auf die Geltendmachung seiner Regressforderung regelmäßig unter erheblichen Zeitdruck geriet.[205] Gerade wenn der Gläubiger des Schadensersatzanspruchs keine verjährungshemmenden Maßnahmen wie beispielsweise die Klageerhebung gem. §§204 Abs. 1 Nr. 1, 425 Abs. 2 BGB gegenüber dem Mitkartellanten eingeleitet hatte, drohte dem an den Primärgläubiger leistenden Kartellmitglied zumindest ein teilweiser Ausfall seiner Regressansprüche.[206] Insbesondere war die Gläubigerforderung gegen einen Mitschuldner ggf. bereits vor der Schadensersatzklage verjährt, weil dieser Mitschuldner, weil er möglicherweise Hauptkronzeuge war, anders als der ausgleichsuchende Gesamtschuldner kein Rechtsmittel im Bußgeldverfahren eingelegt hatte und die Bußgeldentscheidung schnell bestandskräftig wurde. Die Verjährungshemmung gem. §33 Abs. 5 GWB a.F. endete für den Anspruch des Primärgläubigers gegen einen der Kartellschuldner, während die Hemmung für den sich im Bußgeldverfahren wehrenden Gesamtschuldner noch lange andauern konnte und so die Verjährung des Schadensersatzanspruchs gegen ihn und somit auch ein etwaiger Forderungsübergang nach Leistung erst deutlich später eintrat.[207] Ein solcher Fall konnte auch dann eintreten, wenn der geschädigte Primärgläubiger lediglich mit einzelnen Kartellanten verjährungshemmende Verhandlungen gem. §203 BGB aufgenommen hatte.[208] Insoweit konnte es zu sehr unterschiedlichen Verjährungszeitpunkten kommen.[209]

Der übergangene Anspruch hat darüber hinaus den schwerwiegenden Nachteil, dass der Ausgleichsschuldner dem Anspruch alle Einwendungen i.w.S. entgegenhalten kann, die er auch dem ursprünglichen Schadensersatzgläubiger gegenüber hätte geltend machen können,[210] etwa persönliche Einwendungen gegen den Geschädigten, z.B. aus einer geschäftlichen Lieferbeziehung[211] (Rabatte oder

---

[203] *Grüneberg*, a.a.O., §426, Rn. 16; *Pfeiffer*, NJW 2010, 23.

[204] Vgl. BGH, NJW 1973, 702; BGH, NJW 1006, 117, 118; *Grüneberg*, a.a.O., §404, Rn. 5; *Ellenberger*, in: Grüneberg, 81. Aufl. 2022, §199, Rn. 26.

[205] *Krüger*, Kartellregress, S. 129.

[206] *Krüger*, WuW 2012, 6, 11.

[207] Vgl. *Bornkamm/Tolkmitt*, in: Langen/Bunte, Kartellrecht, Bd. 1, 13. Aufl. 2018, §33, Rn. 35.

[208] *Krüger*, Kartellregress, S. 129f.; *Fischer*, ZIP 2014, 406, 407; *Dollmann*, GmbHR 2004, 1330, 1331.

[209] Zu beachten ist, dass eine frühere Kenntnis des Zessionars nicht dazu führte, dass nach Übergang der Forderung auf den Zessionar rückwirkend auf den Zeitpunkt dessen Kenntniserlangung für den Verjährungsbeginn abzustellen war, sondern es blieb für den Verjährungsbeginn bei dem Zeitpunkt, in dem der Zedent Kenntnis erlangt hatte, vgl. *Deppenkemper*, in: Prütting/Wegen/Weinreich, 14. Aufl. 2019, §199, Rn. 12 m.w.N.

[210] *Krüger*, WuW 2012, 6, 11; *Roth/Kieninger*, in: Münch. Komm. BGB, 8. Aufl. 2019, §404, Rn. 5ff.

[211] Dabei geht es in erster Linie um solche Vergleiche, in denen der Geschädigte mit dem

Naturallieferungen)[212] oder aufgrund eines verdeckt abgeschlossenen Vergleichs.[213] Hat der Schadensersatzgläubiger im Rahmen dieses Vergleichs wie üblich auf einen Teil seiner Forderung verzichtet, richtet sich die Frage der Gesamtwirkung nach §423 BGB. Die Vermutung, dass ein Verzicht – insbesondere ein Teilverzicht gegenüber allen Schuldnern – wirken soll, besteht grundsätzlich nicht.[214] Der Verzicht wirkt dann nur hinsichtlich eines Kartellanten, hat allerdings keinen Einfluss auf den Anspruch aus §426 Abs. 1 BGB.[215] Ein gesetzlicher Forderungsübergang gem. §426 Abs. 2 BGB ist dann allerdings wegen §§404, 412 BGB ausgeschlossen.[216] Auch eine erfolglos gebliebene Klage des Geschädigten führt zum Ausschluss des Anspruchs für den Rechtsnachfolger, da die rechtskräftige Klageabweisung gem. §325 ZPO auch gegen den Regresssuchenden fortwirkt und insoweit Sperrwirkung entfaltet.[217] Denkbar wäre, dass der Primärgläubiger den Mitschuldner auf Schadensersatz verklagt, die Klage aber abgewiesen wurde, weil der Gläubiger diesem konkreten Mitschuldner die Kartellzugehörigkeit nicht nachweisen konnte.

bb) Hemmung der Verjährung und Maßnahmen zur Sicherung des Rückgriffsanspruchs

Problematisch wurde die Situation für später ausgleichsberechtigte Kartellanten daher dann, wenn der Primärgläubiger nur gegenüber einzelnen Kartellmitgliedern verjährungshemmende Maßnahmen einleitete. Für den rückgriffsberechtigten Gesamtschuldner stellte sich die Frage, ob und – wenn ja – welche verjährungshemmenden Maßnahmen er gegenüber anderen Gesamtschuldnern ergreifen konnte, um die Chance zu wahren, auch von diesen wenigstens Ausgleich über den nach §426 Abs. 2 BGB übergangenen Anspruch verlangen zu können.[218]

(1) Klageerhebung durch den künftig Regresssuchenden

Zunächst kam auch hier wieder eine Hemmung der Verjährung durch frühzeitige Klageerhebung gem. §204 Abs. 1 Nr. 1 BGB durch den künftigen Ausgleichsberechtigten in Betracht. Allerdings setzt eine solche voraus, dass gerade der

---

begünstigten Kartellmitglied ein *Pactum de non petendo* vereinbart hat, das vorsieht, diesem Schädiger einen Teil der Schuld zu erlassen und ihn von Regressansprüchen freizuhalten, vgl. *Bentele*, Gesamtschuld und Erlass, S. 42 (str.).

[212] *Schwenke*, NZKart 2015, 383, 389.

[213] *Krüger*, WuW 2012, 6, 11.

[214] *Fischer*, ZIP 2014, 406, 408 m.w.N.

[215] BGH, Urt. v. 26.06.2003 – VII ZR 126/02 = ZIP 2003, 1456, 1457; *Looschelders,* in: Staudinger, Kommentar zum BGB, Neubearbeitung 2017, §423, Rn. 19.

[216] BGH NJW-RR 1989, 918, 920; *Fischer*, ZIP 2014, 406, 408.

[217] *Krüger*, Kartellregress, S. 131.

[218] *Petrasincu*, NZKart 2014, 437, 441.

materiell Anspruchsberechtigte die entsprechende Handlung vornimmt.[219] Das heißt, dass nur eine Feststellungsklage des zum Zeitpunkt der Klagezustellung Berechtigten eine Hemmung bewirken kann, da die Klage andernfalls mangels Aktivlegitimation abgewiesen wird.[220] Der spätere Erwerb durch den Nichtberechtigten führt dabei nicht rückwirkend zur Hemmung.[221] Beim Gesamtschuldnerregress sind die Gesamtschuldner, die den Schadensersatzgläubiger noch nicht befriedigt haben, nicht Inhaber des Schadensersatzanspruchs und somit auch nicht zur Geltendmachung berechtigt. Gem. §426 Abs. 2 BGB gehen die Ansprüche des Primärgläubigers erst nach dessen Befriedigung auf den an ihn leistenden Gesamtschuldner über. Daher würde eine Feststellungsklage mangels Berechtigung des Klägers ins Leere laufen und keine verjährungshemmende Wirkung hinsichtlich des Schadensersatzanspruchs des Primärgläubigers entfalten. Dem kann auch nicht mit dem Einwand begegnet werden, dass eine unzulässige Klage ebenfalls genüge, um die Verjährung des Anspruchs gem. §204 Abs. 1 Nr. 1 BGB zu hemmen. Nach §204 Abs. 1 Nr. 1 BGB wird die Verjährung durch Erhebung einer Leistungs- oder Feststellungsklage gehemmt. Diese Vorschrift setzt – ebenso wie schon §209 Abs. 1 BGB a.F. – eine Klage des Berechtigten voraus. Zwar enthält §204 Abs. 1 Nr. 1 BGB – anders als §209 Abs. 1 BGB a.F. – nicht mehr ausdrücklich dieses Tatbestandsmerkmal. Am sachlichen Erfordernis einer Berechtigung des jeweiligen Klägers hat sich aber nichts geändert. Denn nach der Begründung des Gesetzentwurfs zur Modernisierung des Schuldrechts wollte der Gesetzgeber lediglich aus systematischen Gründen die in §209 Abs. 1 BGB a.F. vorgesehene Unterbrechung der Verjährung in eine Hemmung umwandeln. Davon abgesehen sollte §204 Abs. 1 Nr. 1 BGB aber der Vorschrift des §209 Abs. 1 BGB a.F. weiterhin entsprechen.[222] Die vorzeitige Klageerhebung des künftigen Anspruchsinhabers hemmt somit nicht die Verjährung der Schadensersatzforderung gegen die Mitschuldner.

(2) Drittfeststellungsklage

Eine weitere Möglichkeit, wie der vorleistende Gesamtschuldner die Verjährung ohne Mitwirkung des Gläubigers hemmen könnte, wäre die Erhebung einer Drittfeststellungsklage.[223] Nach BGH kann Gegenstand einer Feststellungsklage nicht nur ein Rechtsverhältnis zwischen den Prozessparteien sein, sondern auch

---

[219] BGH, Urt. v. 04.03.1992 – VII ZR 148/92 = BB 1993, 1687; *Peters/Jacoby,* in: Staudinger, Kommentar zum BGB, Neubearbeitung 2019, §204, Rn. 10; *Grothe*, in: Münch. Komm. BGB, 8. Aufl. 2018, §204, Rn. 18.

[220] Vgl. *Grothe,* a.a.O., §204, Rn. 19; *Ellenberger,* in: Grüneberg, 81. Aufl. 2022, §204, Rn. 9, jeweils m.w.N.

[221] *Peters/Jacoby,* in: Staudinger, Kommentar zum BGB, Neubearbeitung 2019, §204, Rn. 10f.; *Grothe,* a.a.O., §204, Rn. 20 m.w.N.

[222] BGH, Urt. v. 29.10.2009 – I ZR 191/07 = NJW 2010, 2270, Tz. 38 unter Hinweis auf BT-Drs. 14/6040, S. 113; *Althammer*, NJW 2011, 2172.

[223] *Gänswein*, NZKart 2016, 50, 57.

ein solches zwischen einer Prozesspartei und einem Dritten. Dies setzt aber voraus, dass dieses Rechtsverhältnis zugleich für die Rechtsbeziehungen der Parteien untereinander von Bedeutung ist und der Kläger ein rechtliches Interesse an der alsbaldigen Klärung hat.[224] Gerade wenn noch keine Schadensersatzklage erhoben wurde und so der schadensersatzberechtigte Dritte und der Umfang seines Schadens dem Gesamtschuldner noch nicht bekannt sind, dürfe es bereits äußerst schwierig sein, den Tenor der Drittfeststellungsklage bestimmt genug zu fassen.[225] Selbst wenn man davon ausgeht, dass bereits Klage gegen einen der Gesamtschuldner erhoben wurde, so scheint die Drittfeststellungsklage zumindest im Hinblick auf das erforderliche Feststellungsinteresse nicht unproblematisch zu sein. In dem Moment, in dem ein Gesamtschuldner sinnvollerweise Drittfeststellungsklage erheben würde, wäre nämlich noch nicht hinreichend sicher, ob der Schadensersatzanspruch jemals auf ihn übergeht.[226] Dies wäre nur dann der Fall, wenn der Gesamtschuldner den Primärgläubiger tatsächlich befriedigt. Ab diesem Zeitpunkt stünde ihm auch die allgemeine Leistungsklage als verjährungshemmende Maßnahme offen. Ob auch ein anderes Ereignis ausreichend sein kann, um das Feststellungsinteresse des Gesamtschuldners zu begründen, erscheint fraglich. Daher scheidet auch eine Drittfeststellungsklage als Möglichkeit der Verjährungshemmung des gem. § 426 Abs. 2 BGB übergegangenen Schadensersatzanspruchs als Maßnahme ohne Mitwirkung des Schadensersatz verlangenden Primärgläubigers aus.

(3) Streitverkündung durch den künftig Regresssuchenden

Auch kommt als Möglichkeit der Verjährungshemmung wiederum eine Streitverkündung gegenüber dem unverklagten Gesamtschuldner in Betracht (§ 204 Abs. 1 Nr. 6 BGB). Dies ist jedoch in der Praxis oft mit erheblichen Problemen verbunden:[227] Zum einen muss der Schadensersatzgläubiger überhaupt schon Klage erhoben haben, zum anderen darf der Schadensersatzanspruch gegen den/die anderen Gesamtschuldner noch nicht verjährt sein.[228] Häufig wird es aber so sein, dass es für eine Streitverkündung schon zu spät ist, weil der Gläubiger des Schadensersatzanspruchs, der Primärgläubiger, gerade nicht jeden der Kartellanten in verjährungshemmender Weise verklagt hat.[229] Auch hier kann es zu einem Wettlauf mit der Zeit kommen, wenn der Kartellgeschädigte erst kurz vor Ablauf der Verjährungsfrist des Schadensersatzanspruchs Klage gegen einen Gesamtschuldner erhebt. Auf die obigen Ausführungen wird verwiesen.[230] Problematisch ist auch, ob die Streitverkündung wie die Klageerhebung eine Ver-

---

[224] Vgl. BGH, NJW 1982, 1703, 1704; *Greger*, in: Zöller, ZPO, 33. Aufl. 2020, § 256, Rn. 3b m.w.N.

[225] *Gänswein*, NZKart 2016, 50, 57.

[226] *Gänswein*, a.a.O., 50, 57.

[227] *Petrasincu*, NZKart 2014, 437, 442.

[228] *Krüger*, Kartellregress, S. 129; *Gänswein*, NZKart 2016, 50, 57.

[229] *Petrasincu*, NZKart 2014, 437, 442; *Krüger*, WuW 2012, 6, 11 m.w.N.

[230] Vgl. oben Einl. II.

folgung eigener Ansprüche voraussetzt.[231] Insoweit scheint es unklar, ob durch die Streitverkündung im Verhältnis zwischen den Gesamtschuldnern auch die Verjährung bezüglich des erst aufgrund der Legalzession nach §426 Abs. 2 S. 1 BGB übergehenden Schadensersatzanspruchs gehemmt wird. Zwar wird vereinzelt vertreten, dass die Hemmungswirkung bei Regressansprüchen auch infolge einer späteren Regressmöglichkeit eintritt, allerdings wird dies nicht tragfähig begründet und stellt somit nur eine recht unsichere Option für den später leistenden Kartellanten dar.[232] Fraglich ist darüber hinaus, ob eine Streitverkündung praktisch und prozess- bzw. unternehmenstaktisch immer gewollt ist.[233] Dem künftigen Regressgläubiger könnten vielleicht nicht sämtliche Mitschuldner hinreichend bekannt sein, oder er befürchtet, durch die Benennung des Streitverkündungsempfängers bislang verborgen gebliebene Kartellstrukturen zu offenbaren, deren Bekanntwerden sich dann im Schadensersatzprozess nachteilig für ihn auswirken könnte.[234]

cc) Zwischenergebnis

Zusammenfassend ist festzustellen, dass der gem. §426 Abs. 2 BGB übergegangene Anspruch im Fall der regelhaften Verjährung des Ausgleichsanspruchs aus §426 Abs. 1 BGB keine ausreichende Kompensation darstellt.[235] Aus der Legalzession resultieren nicht nur Unsicherheiten im Zusammenhang mit eventuell ebenfalls übergegangenen Einwendungen der Regressschuldner gem. §§412, 404 BGB. Eine Regresslösung, die faktisch nur auf dem Übergang der individuellen Gläubigerforderung beruht, stünde auch einer umfassenden Bewältigung des Kartellregresses i.w.S. entgegen, insbesondere weil der Primärgläubiger des Schadensersatzanspruchs letztlich allein darüber zu entscheiden hat, inwieweit eine Hemmung des Schadensersatzanspruchs für den Gesamtschuldner überhaupt möglich ist. Auch der nach §426 Abs. 2 BGB übergehende Anspruch war nach dem Kartellrecht vor der 9. GWB-Novelle einem erheblichen Verjährungsrisiko ausgesetzt.

---

[231] Dafür: *Schmidt-Räntsch*, in: Erman, BGB, 15. Aufl. 2017, §204, Rn. 19 f.; *Henrich*, in: Bamberger/Roth/Henrich, BGB, 3. Aufl. 2012, §204, Rn. 28 f.

[232] *Peters/Jacoby,* in: Staudinger, Kommentar zum BGB, Neubearbeitung 2019, §204, Rn. 77, 81; wohl auch *Krüger*, Kartellregress, S. 129; *Krüger*, WuW 2012, 6, 11.

[233] Im Zementkartell haben die beklagten Unternehmen trotz des Vorwurfs eines einheitlichen Kartells gerade nicht allesamt denselben weiteren Unternehmen den Streit verkündet, vgl. LG Düsseldorf, WuW/E DE-R 1948, 1949.

[234] *Kürger*, Kartellregress, S. 129.

[235] *Hösch*, Der schadensrechtliche Innenausgleich zwischen Kartellrechtsverletzern, S. 349.

4. Zusammenfassung und Ergebnis

Im Ergebnis lässt sich somit festhalten: Sowohl der Anspruch aus § 426 Abs. 1 S. 1 BGB als auch der gem. § 426 Abs. 2 BGB übergegangene Anspruch ermöglichten einen Regress unter den Kartellanten. Nach dem vor der 9. GWB-Novelle geltenden Recht war der Ausgleichsanspruch gem. § 426 Abs. 1 S. 1 BGB aber in vielen Fällen wegen des vom BGH angenommenen frühen Verjährungsbeginns bereits verjährt, bevor einer der Geschädigten überhaupt Klage auf Schadensersatz erhoben hatte. Die Verjährungsfrist des Schadensersatzanspruchs hatte dagegen wegen fehlender Kenntnis des Geschädigten oder wegen § 33 Abs. 5 GWB a.F. noch nicht zu laufen begonnen oder war in der Verjährung noch gehemmt. Dem konnte für keinen der in § 426 BGB erwähnten Ansprüche mit verjährungshemmenden Maßnahmen entgegengewirkt werden. Dass Mitglieder eines Kartells verjährungshemmende Maßnahmen ergriffen, solange ihre illegalen Aktivitäten noch geheim waren, erwies (und erweist) sich als überaus unrealistisch. Versuche, eine zufriedenstellende Lösung über Zumutbarkeitserwägungen,[236] § 852 BGB i.V.m. § 426 Abs. 2 BGB[237] oder die Grundsätze der gestörten Gesamtschuldnerschaft[238] zu erreichen, bargen oft erhebliche Risiken und Unsicherheiten für die Kartellanten oder betrafen nur besondere Einzelfälle, sodass in der Literatur die Forderung nach einer gesetzlichen Neuregelung, die den Regress der Gesamtschuldner im Kartellrecht sichert, immer lauter wurde.[239] Der europäische Gesetzgeber reagierte schließlich mit Erlass der bereits erwähnten Kartellschadensersatzrichtlinie.[240]

---

[236] *Gänswein*, NZKart 2016, 50, 56, der auf die Rechtfertigung der Verjährung verweist, dass der vorleistende Gesamtschuldner die Forderung rechtzeitig hätte geltend machen können. Eine frühzeitige Klageerhebung sei ihm im Kartellrecht unter dem Gesichtspunkt der Selbstbelastung allerdings nicht zuzumuten. Wegen der Komplexität des Wettbewerbsverstoßes sei oftmals eine Tatsachenkenntnis nicht ausreichend, sodass die Verjährung erst später, beispielswiese mit Erlass des Bußgelbescheides, beginnen könne.

[237] Nach dieser Ansicht soll der Schuldner auch nach Verjährung des Schadensersatzanspruchs den erlangten Vorteil im Wege einer ungerechtfertigten Bereicherung herausverlangen können. Allerdings bleibt der Umfang von § 852 BGB oftmals hinter dem eigentlichen Schadensersatzanspruch zurück und auch hier besteht die Gefahr einer vorzeitigen Verjährung, vgl. *Gänswein*, a.a.O., 50, 57 f. m.w.N.

[238] Vgl. *Petrasincu*, NZKart 2014, 437, 442, der im bewussten Verjährenlassen des Anspruchs gegen einzelne Gesamtschuldner einen möglichen Anwendungsfall der Grundsätze der gestörten Gesamtschuld sieht und den Schadensersatzanspruch dann zulasten des Gläubigers kürzen möchte. Dabei stellt er allerdings unter Verweis auf die BGH-Rechtsprechung dar, dass ein solches Verjährenlassen erst dann zu einer Anspruchskürzung reichen kann, wenn das Verhalten des Gläubigers als rechtsmissbräuchlich einzustufen ist. Wann ein Verhalten allerdings als rechtsmissbräuchlich einzustufen ist, sei unklar und auch nur schwer beweisbar, weshalb im Regelfall nicht auf die Grundsätze der gestörten Gesamtschuld zurückgegriffen werden könne.

[239] *Krüger*, Kartellregress, S. 128 ff., 280 f.; *Krüger*, WuW 2012, 6, 11 *Petrasincu*, a.a.O., 437; *Schwenke*, NZKart 2015, 383; *Gänswein*, NZKart 2016, 50.

[240] ABl. EU 2014, Nr. L 349, 1.

II. Regelungsgehalt der Richtlinie hinsichtlich des Gesamtschuldnerinnenausgleichs

Die Ende 2014 erlassene Kartellschadensersatzrichtlinie[241] soll sicherstellen, dass der Wettbewerb im Binnenmarkt nicht verfälscht wird[242], und eine Rechtsangleichung der nationalen Regelungen zum Schadensersatz wegen bestimmter Kartellverstöße herbeiführen.[243] Der europäische Gesetzgeber wertet Art. 101 und 102 AEUV als Teile der öffentlichen Ordnung.[244] Um effektiven Rechtsschutz zu gewährleisten,[245] enthält die Richtlinie Bestimmungen über Maßnahmen, die sicherstellen sollen, dass jeder, der durch eine gegen das Wettbewerbsrecht verstoßende Handlung eines Unternehmens oder einer Unternehmensvereinigung geschädigt wurde, vollständigen Schadensersatz verlangen kann.[246] Außerdem sollen der unverfälschte Wettbewerb im Binnenmarkt gefördert und Hindernisse für sein reibungsloses Funktionieren beseitigt werden, indem in der gesamten Union gleichwertiger Rechtsschutz gewährleistet wird.[247] Schließlich verbessert die Richtlinie die Möglichkeiten der Rechtsdurchsetzung durch Wettbewerbsbehörden und legt Bestimmungen über Schadensersatzklagen vor nationalen Gerichten fest.[248]

In Erwägungsgrund 11 knüpft die Kartellschadensersatzrichtlinie an die in der Rechtsprechung des EuGH in den Fällen *Courage/Crehan*[249] und *Manfredi*[250] aufgestellten Grundsätze an. Danach gelten für Schadensersatzklagen in Ermangelung unionsrechtlicher Vorschriften die innerstaatlichen Vorschriften und Verfahren der Mitgliedstaaten. Diese sollten demnach nicht so formuliert oder angewandt werden, dass sie die Geltendmachung des durch den AEUV garantierten Rechts auf Schadensersatz übermäßig erschweren oder praktisch unmöglich machen, sie müssen dem Effektivitäts- und dem Äquivalenzgrundsatz entsprechen. Im Einklang mit der „Jedermann-Formel" des EuGH[251] sollen alle Unternehmen

---

[241] Richtlinie 2014/104/EU des Europäischen Parlaments und des Rates vom 26.11.2014 über bestimmte Vorschriften für Schadensersatzklagen nach nationalem Recht wegen Zuwiderhandlungen gegen wettbewerbsrechtliche Bestimmungen der Mitgliedstaaten und der Europäischen Union, ABl. (EU) L 349/1 v. 05.12.2014. Vgl. zum vorausgehenden Richtlinienvorschlag der EU-Kommission: *Remien*, in: Czeguhn (Hrsg.), Recht im Wandel – Wandel des Rechts, 2014, S. 675–693; siehe auch schon oben Einl. I.

[242] ABl. EU 2014, Nr. L 349, 1, Erwägungsgrund 1.

[243] RL 2014/104/EU, Erwägungsgründe 9 und 10.

[244] RL 2014/104/EU, Erwägungsgrund 1.

[245] RL 2014/104/EU, Erwägungsgrund 4.

[246] Art. 1, Abs. 1, S. 1 RL 2014/104/EU.

[247] Art. 1, Abs. 1, S. 2 RL 2014/104/EU.

[248] Art. 1, Abs. 2 RL 2014/104/EU.

[249] EuGH, Urt. v. 20.09.2001 – Rs. C-453/99 – *Courage/Crehan*, ECLI:EU:C:2001:465, Rn. 29.

[250] EuGH, Urt. v. 13.07.2006 – Rs. C-295/04 – *Manfredi*, ECLI:EU:C:2006:461, Rn. 62, 78, 81.

[251] EuGH, Urt. v. 20.09.2001 – Rs. C-453/99 – *Courage/Crehan*, ECLI:EU:C:2001:465,

und natürlichen Personen aktiv legitimiert sein, die aufgrund eines Verstoßes gegen europäisches oder nationales Kartellrecht einen Schaden erlitten haben.[252] Dies beruht darauf, dass die Kartellschadensersatzrichtlinie und die 9. GWB-Novelle den Zweck haben, das „Private Enforcement“, d.h. die privatrechtliche Durchsetzung des Kartellrechts, zu erleichtern. Damit findet eine Entwicklung ihren vorläufigen legislativen Abschluss, die mit den zwei genannten Urteilen des EuGH ihren Anfang genommen hat.[253]

Aufgrund des vom EuGH entschiedenen Falls *Cogeco*[254] kommt der Richtlinie in gewisser Weise auch schon für Sachverhalte vor Ablauf der Umsetzungsfrist Bedeutung zu. Diese Entscheidung betraf eine portugiesische Verjährungsregelung, nach welcher der Beginn der Verjährung durch bloße Kenntnis vom Verstoß ausgelöst wird, unabhängig davon, ob damit die Kenntnis des hierfür verantwortlichen und daher zu verklagenden Unternehmens verbunden war. Die Verjährungsfrist wurde darüber hinaus während der Anhängigkeit des Behördenverfahrens nicht gehemmt. Zwar sprach sich der EuGH gegen eine Rückwirkung der Richtlinie aus[255] und erklärte deren Regelungen in diesem Fall für noch nicht anwendbar, argumentierte hinsichtlich der portugiesischen Verjährungsregelung jedoch mit dem Effektivitätsprinzip und erklärte sie für unanwendbar.[256]

Im Folgenden soll auf die Erwägungsgründe und diejenigen Aspekte der Richtlinie eingegangen werden, die sich auf den oben bereits dargestellten Problemkreis beziehen, bevor im Anschluss daran eine Darstellung der Umsetzung ins deutsche Kartellrecht erfolgt und die Auswirkungen dieser Neuerungen erörtert werden.

Rn. 26; EuGH, Urt. v. 28.03.2019 – Rs. C-637/17 – *Cogeco Communications*, ECLI: EU:C2019:263, Rn. 40.

[252] RL 2014/104/EU, Erwägungsgrund 11; *Kersting/Podszun*, in: Kersting/Podszun, Die 9. GWB-Novelle, 2017, Vorwort.

[253] 2005 legte die EU-Kommission ein Grünbuch „Schadensersatzklagen wegen Verletzung des EU-Wettbewerbsrechts“ (KOM [2005] 672 endg.) vor, mit dem sie die Bedingungen für Schadensersatzklagen wegen Verletzung des EU-Wettbewerbsrechts aufzeigte, Hindernisse für einen wirksameren Rechtschutz benannte und verschiedene Lösungsmöglichkeiten vorschlug. Dem Grünbuch folgte im Jahre 2008 ein Weißbuch (KOM [2008] 165 endg.), welches die Verbesserung der rechtlichen Rahmenbedingungen für Kartellgeschädigte zum Gegenstand hatte. Übergeordnetes Ziel sollte die vollständige Entschädigung sein. Gleichzeitig wurde auch weiterhin auf eine starke behördliche Durchsetzung gesetzt. Dieser Prozess mündete auf europäischer Ebene dann schließlich in den Erlass der Kartellschadensersatzrichtlinie (2014/104/EU).

[254] EuGH, Urt. v. 28.03.2019 – Rs. C-637/17 – *Cogeco Communications*, ECLI: EU:2019:263; ggf. *Holzwarth/Bock*, WuW 2019, 342; *Wagener*, BB 2019, 977.

[255] EuGH, Urt. v. 28.03.2019, a.a.O., Rn. 34; *von Graevenitz*, EuZW 2019, 336, 337.

[256] *Weitbrecht*, NzKart 2020, 106, 109.

1. Verjährung des Schadensersatzanspruchs

Erwägungsgrund 36 der Richtlinie befasst sich damit, dass die nationalen Vorschriften über Beginn, Länge, Hemmung und Unterbrechung der Verjährungsfristen die Erhebung von Schadensersatzklagen nicht übermäßig behindern sollen. Aufgrund der dort genannten Erwägungen enthält Art. 10 RL 2014/104/EU Bestimmungen über die Dauer der Verjährung (Abs. 3) und den Beginn der Verjährungsfrist (Abs. 2). Die Verjährungsfrist wettbewerbsbedingter Schadensersatzansprüche soll – abweichend von § 195 BGB – mindestens fünf Jahre betragen.[257] Ihr Lauf beginnt nach Art. 10 Abs. 2 RL 2014/104/EU nicht, bevor die Zuwiderhandlung gegen das Wettbewerbsrecht beendet wurde und der Kläger weiß bzw. vernünftigerweise wissen muss, dass das Verhalten des Schädigers eine Zuwiderhandlung gegen das Wettbewerbsverbot darstellt, dass ihm hieraus ein Schaden entstanden ist und er Kenntnis von der Identität des Rechtsverletzers hat. Maßgeblich ist insofern bei dauernden oder fortgesetzten Wettbewerbsverstößen die vollständige Beendigung der letzten Teilhandlung.[258] Daher entspricht die von der Richtlinie angeordnete Rechtslage praktisch der Annahme einer Dauerhandlung, von der im deutschen Recht zuvor wohl nicht auszugehen war.[259] Die Richtlinie möchte dadurch sicherstellen, dass der gesamte Schaden, auch wenn er über Jahrzehnte hinweg entstanden ist, im Hinblick auf die Verjährung einheitlich behandelt wird. Da dieses Erfordernis jedoch nur die subjektive Verjährungsfrist betrifft, sind die Auswirkungen auf das deutsche Recht gering, da schon die Abhängigkeit von der Kenntnis des Verstoßes sowie des Schadens zu einer einheitlichen Verjährungsfrist geführt hat, wenn die Zuwiderhandlung nicht noch nach Kenntniserlangung fortgeführt wurde und daraus weitere Schäden entstanden sind.[260] Damit ist letztlich nicht nur die Höchstdauer der Verjährungsfrist deutlich günstiger bemessen als im deutschen Recht, vielmehr knüpft der Verjährungsbeginn, wie sogleich noch zu erörtern sein wird,[261] an eine rechtliche Bewertung an, die zu einer deutlichen Verschiebung des Beginns nach hinten führen kann.[262]

Zwar sieht die Richtlinie keine eigenen objektiven Verjährungshöchstfristen vor[263], jedoch sollen die Mitgliedsstaaten nach Erwägungsgrund 36 die Möglich-

---

[257] Das entspricht der allgemeinen Regelverjährungsfrist nach französischem Recht, vgl. unten § 5 III. 2. und *Remien*, in: Czeguhn (Hrsg.), Recht im Wandel – Wandel des Rechts, S. 675, 685.

[258] *Bürger/Aran*, NZKart 2014, 423, 427; *Keßler*, VuR 2015, 83, 90; *Pohlmann*, WRP 2015, 548; *Hoffmann/Schneider*, WuW 2016, 102, 105.

[259] Vgl. oben § 3 I. 1. d) aa).

[260] Werden mehrere, zu unterschiedlichen Zeitpunkten entstandene Schäden in einem Zeitpunkt bekannt, so läuft für diese ab diesem Zeitpunkt die gleiche Verjährungsfrist, vgl. *Hoffmann/Schneider*, WuW 2016, 102, 105.

[261] Vgl. unten § 3 II. 2.

[262] *Kersting*, WuW 2014, 564, 573; *Mederer*, EuZW 2013, 847, 850.

[263] RL 2014/104/EU, Erwägungsgrund 36.

keit haben, allgemein anwendbare absolute Verjährungsfristen beizubehalten oder einzuführen, sofern diese nicht im Konflikt zum Effektivitätsgrundsatz stehen, also die Durchsetzung des Schadensersatzanspruchs praktisch unmöglich machen oder übermäßig erschweren. Wegen der langen Dauer von Kartellen war zumindest die zehnjährige kenntnisunabhängige Verjährung des § 199 Abs. 3 Nr. 1 BGB ohne eine Anknüpfung an weitere Voraussetzungen im Bereich des Kartellschadensersatzrechts nicht mehr haltbar.[264] Sollte sich eine übermäßige Erschwernis der Anspruchsdurchsetzung zeigen, so ist wohl ein Verstoß gegen Primärrecht anzunehmen, sodass die Regelungen aufgrund des Anwendungsvorrangs des Unionsrechts nicht auf den Schadensersatzanspruch anzuwenden wären.[265]

In Art. 10 Abs. 4 RL 2014/104/EU ist schließlich die Hemmung der Verjährung durch die Vornahme bzw. Einleitung von Untersuchungs- und oder sonstigen Verfahrensmaßnahmen durch Kartellbehörden wegen einer Zuwiderhandlung, die Grundlage eines Schadensersatzanspruchs ist, geregelt. Als Behörden kommen dabei die EU-Kommission oder eine nationale Wettbewerbsbehörde in Betracht.[266] Die Hemmung hält zunächst bis zur Verfahrensbeendigung an, insbesondere bis zur Bestandskraft der Entscheidung. Darüber hinaus legt Art. 10 Abs. 4 S. 2 RL 2014/104/EU noch eine Nachhemmung von einem Jahr fest, ein halbes Jahr länger als § 204 Abs. 2 BGB. Dem Wortlaut der Richtlinie lässt sich entnehmen, dass der Beginn der Verjährungshemmung nicht an die formale Verfahrenseröffnung anknüpft, sondern an die erste verfahrensrelevante Maßnahme jeder Art. Diese Maßnahme muss allerdings „im Hinblick“ auf die konkrete Zuwiderhandlung eingeleitet worden sein, es darf sich also nicht um eine allgemeine Prüfung wie beispielsweise eine Sektoruntersuchung handeln.[267] Gleichwohl kann die erste behördliche Maßnahme auch die Eröffnung des Ermittlungsverfahrens darstellen. Sollten jedoch bereits zuvor zur Abklärung des Anfangsverdachts konkrete Untersuchungsmaßnahmen eingeleitet werden, so lösen diese die Hemmung der Verjährung aus, da die Hemmung zum frühestmöglichen Zeitpunkt eintreten soll.[268] Bedeutsam wird diese Frage vor allem dann, wenn sich die Beteiligung einiger Kartellanten erst später herausstellt. Die Formulierung der Richtlinie deutet darauf hin, dass eine Maßnahme die Hemmung auch gegenüber Dritten, die Teil desselben Kartells sind, auslöst, denn dort wird gerade nicht vorausgesetzt, dass die Maßnahme sich gegen den Schädiger richtet, sondern nur, dass sie hinsichtlich der Zuwiderhandlung vorgenommen wurde, auf die sich die Schadensersatzklage bezieht.[269]

---

[264] *Keßler*, VuR 2015, 83, 90; a.A. *Bürger/Aran*, NZKart 2014, 423, 427.
[265] EuGH, Urt. v. 08.09.2011 – Rs. C-89/10 – *Q-Beef NV*, ECLI:EU:C:2011:555 = BeckRS 2011, 81313 m.w.N.
[266] *Remien,* in: Czeguhn, Recht im Wandel – Wandel des Rechts, S. 675, 685.
[267] *Hoffmann/Schneider*, WuW 2016, 102, 108.
[268] Ebd.
[269] Ebd.; Vgl. dazu auch die Regelung im französischen Recht in Art. 2245 Abs. 1 C.C.

Ein weiterer Hemmungstatbestand findet sich in Art. 18 Abs. 1 RL 2014/104/EU, der die Verjährung für die Dauer einer einvernehmlichen Streitbeilegung hemmt. Dies soll verhindern, dass derartige Bemühungen wegen drohender Verjährung abgebrochen werden. Unter einvernehmlicher Streitbeilegung sind nach Erwägungsgrund 48 der Richtlinie Schieds-, Mediations- und Schlichtungsverfahren sowie außergerichtliche Vergleiche zu verstehen. Es muss sich also nicht um formalisierte Verfahren handeln, auch formlose Parteiverhandlungen reichen aus.[270] Die Hemmungswirkung soll allerdings nur zwischen den am Verfahren auch tatsächlich beteiligten Parteien eintreten.

2. Gesamtschuld und Gesamtschuldnerausgleich

Ausgehend von Erwägungsgrund 37 haben die Mitgliedstaaten entsprechend Art. 11 Abs. 1 RL zu gewährleisten,

> „dass die Unternehmen, die durch gemeinschaftliches Handeln gegen das Wettbewerbsrecht verstoßen haben, gesamtschuldnerisch für den durch diese Zuwiderhandlung gegen das Wettbewerbsrecht verursachten Schaden haften, mit der Wirkung, dass jedes dieser Unternehmen zum vollständigen Ersatz des Schadens verpflichtet ist und der Geschädigte das Recht hat, von jedem[271] von ihnen den vollständigen Schadensersatz zu verlangen, bis der Schaden vollständig ersetzt ist."[272]

Dies entsprach den Vorgaben des deutschen (Kartell)-Deliktsrechts gem. §§ 830, 840 BGB.[273] Weiterhin haben die Mitgliedstaaten gemäß Art. 11 Abs. 5 S. 1 RL zu „gewährleisten", dass der vom Geschädigten in Anspruch genommene Kartellant in der Lage ist, sich bei den übrigen gesamtschuldnerisch haftenden Kartellanten insoweit schadlos zu halten, als er mehr als den von ihm im Innenverhältnis zu tragenden Haftungsbeitrag gezahlt hat. Der im Innenverhältnis zu tragende Anteil ist dabei grundsätzlich anhand der „relativen Verantwortung" der Kartellanten für den entstandenen Schaden zu bestimmen. Als Kriterien zur Bestimmung der „relativen Verantwortung" werden in Erwägungsgrund 37 der Richtlinie beispielhaft der Umsatz, die Marktanteile und die Rolle im Kartell genannt. Die genaue Ausgestaltung wird unter Wahrung des Äquivalenz- und Effektivitätsgrundsatzes dem geltenden nationalen Recht überlassen.[274] Ein genaueres Eingehen auf die Frage nach der Verantwortung der Kartellanten im Innenverhältnis soll jedoch nicht Gegenstand der Arbeit sein, sodass hier nur der Vollständigkeit halber darauf hingewiesen wird.

---

sowie § 5 III. 3.: Im französischen Recht führt die Klage gegen einen Gesamtschuldner zum Neubeginn der Verjährungsfrist gegenüber allen Gesamtschuldnern.

[270] Ebd.

[271] Zu Unklarheiten im vorausgehenden Richtlinienentwurf: *Remien*, in: Czeguhn (Hrsg.), Recht im Wandel – Wandel des Rechts, S. 675, 687.

[272] Art. 11 Abs. 1 RL 2014/104/EU.

[273] So auch *Keßler*, VuR 2015, 83, 89.

[274] *Schwenke*, NZKart 2015, 383.

Viel interessanter als diejenige nach den Haftungsanteilen gestaltet sich hier jedoch die Frage, ob Art. 11 Abs. 5 RL lediglich die theoretische Möglichkeit der Regressnahme fordert oder ob diese tatsächlich möglich sein muss.[275] Unter Zugrundelegung der Begründungserwägung 37 und des Wortlauts der Vorschrift selbst scheint Letztgenanntes eher gewollt zu sein. Auch Sinn und Zweck der Richtlinie sprechen dafür. Sie soll nämlich neben der privaten Kartellrechtsdurchsetzung auch die Wirksamkeit staatlicher Kronzeugenprogramme durch die Privilegierung von Kronzeugen gewährleisten.[276]

Wird der Kronzeuge nun von einem seiner direkten Abnehmer, den er zu einhundert Prozent beliefert hat, auf Schadensersatz in Anspruch genommen, so sind seine Haftungsquote und die der anderen Abnehmer im Innenverhältnis ausnahmsweise nicht anhand der jeweiligen Lieferanteile, sondern anhand der „relativen Verantwortung" zu bestimmen.[277] Er ist also berechtigt, die übrigen Kartellanten auf Ausgleich in Anspruch zu nehmen. Würde man hier aber nur die rechtliche Möglichkeit der Regressnahme voraussetzen, so bliebe der Kronzeuge im schlimmsten Fall entgegen dem von der Richtlinie gewünschten Ergebnis auf eigentlich von den Mitkartellanten zu tragenden Anteilen sitzen. Das ist mit dem unionsrechtlichen Effektivitätsgrundsatz nicht zu vereinbaren.[278] Dabei handelt es sich auch nicht um eine Diskriminierung der übrigen Kartellanten gegenüber dem Kronzeugen, sondern um eine ausdrückliche Privilegierung[279] des Letztgenannten, weil er eine Schlüsselrolle bei der Aufdeckung von Zuwiderhandlungen einnimmt und dadurch zur Vermeidung weiterer Schäden beiträgt.[280] Die Richtlinie muss im Ergebnis also so verstanden werden, dass die Mitgliedstaaten die tatsächliche Möglichkeit gewährleisten müssen, sich für den über die eigene Haftungsquote hinaus gezahlten Schadensersatz bei den Mitkartellanten schadlos zu halten. Dieser Aspekt war, wie zuvor mit Blick auf die damals geltende deutsche Rechtslage gezeigt wurde, gerade hinsichtlich der Verjährung der Ausgleichsansprüche zwischen den Gesamtschuldnern von wesentlicher Bedeutung. Die Richtlinie will also gerade für denjenigen Gesamtschuldner, der „gezahlt hat"[281], die Möglichkeit der Erlangung des Ausgleichsbetrags sicherstellen, was unabhängig von der Einordnung als Kronzeuge oder „gewöhnlicher" Kartellant gelten soll.

[275] *Schwenke*, a.a.O., 383 f.

[276] RL 2014/104/EU, Erwägungsgrund 38.

[277] RL 2014/104/EU, Erwägungsgrund 38

[278] *Schwenke*, NZKart 2015, 383, 384.

[279] Neben der Privilegierung von Kronzeugen enthält die Richtlinie in Art. 11 Abs. 2, 3 auch eine Privilegierung für kleine oder mittlere Unternehmen (KMU). Diese Privilegierung spielt für die Problematik der Verjährung des Innenausgleichsanspruchs allerdings keine Rolle und wird daher auch nicht weiter behandelt.

[280] RL 2014/104/EU, Erwägungsgrund 1.

[281] RL 2014/104/EU, Erwägungsgrund 37.

III. Umsetzung der Richtlinie in deutsches Recht

Die Umsetzung der Richtlinie in Deutschland erfolgte durch die 9. GWB-Novelle, die im Hinblick auf die bereits oben beleuchteten Punkte einige grundlegende Änderungen für das nationale Recht mit sich brachte und am 09.06.2017 in Kraft trat.[282]

Allerdings enthielt das GWB bereits vor der Umsetzung einige Regelungen, die 2005 durch die 7. GWB-Novelle eingefügt worden waren und mit den Bestimmungen des Grünbuchs der EU-Kommission übereinstimmten,[283] wie etwa die Bindungswirkung rechtskräftiger kartellbehördlicher und gerichtlichen Entscheidungen gem. § 33 Abs. 4 GWB a.F., die Regelung zum Passing-on-defence gem. § 33 Abs. 3 S. 3 GWB a.F. sowie die richterliche Befugnis zur Schadensschätzung gem. § 33 Abs. 3 S. 3 GWB i.V.m. § 287 ZPO. Insoweit stand das deutsche Kartellschadensersatzrecht für die Kartellschadensersatz-RL Modell.[284] Demzufolge ergab sich auf den ersten Blick in Deutschland inhaltlich zunächst kein großer Handlungsbedarf, was die Umsetzung der Kartellschadensersatz-RL anging. Allerdings beabsichtigte der Referentenentwurf[285], die Regelungen der Kartellschadensersatz-RL nicht nur vollständig in das nationale Recht umzusetzen, sondern die entsprechenden Vorschriften zugleich neu zu strukturieren und diese dann in dem gesonderten Abschnitt „Schadensersatz und Vorteilsabschöpfung" zusammenzufassen.[286] In der Einleitung des Gesetzesentwurfs der Bundesregierung wurde zusätzlich darauf verwiesen, dass sich in der kartellrechtlichen Praxis im nationalen Recht deutliche Defizite im Bereich der effektiven Rechtsdurchsetzung gegenüber Unternehmen gezeigt hätten und daher vor allem digitalisierungsbedingt[287] eine Anpassung des GWB erforderlich sei.[288] Der Gesetzesentwurf, der einige Ergänzungen des Referentenentwurfs enthielt,[289] setzte sehr nah am Wortlaut der Richtlinie 2014/104/EU an, weshalb es zu einer textlich sehr weitreichenden Übernahme in das GWB kam. Diese Änderungen des GWB sol-

---

[282] Neuntes Gesetz zur Änderung des Gesetzes gegen Wettbewerbsbeschränkungen v. 01.06.2017, BGBl. 2017 I, S. 1416, in Kraft getreten am 09.06.2017. Die §§ 33a bis 33f und § 33h GWB mit Ausnahme von § 33 c Abs. 5 GWB traten bereits am 27.12.2016 in Kraft, vgl. BGBl. 2017 I, S. 1433; *Bien,* in: Bien/Idot/Kroes/Osti/Wagner-von Papp, Private damages actions before and after the Implementation of the Directive, Concurrences 2017, 5.

[283] *Kahlenberg/Heim*, BB 2016, 1863, 1866; *Bien/Idot/Kroes/Osti/Wagner-von Papp,* a.a.O., 6.

[284] Ebd.

[285] Bundesministerium für Wirtschaft und Energie: Referentenentwurf v. 01.07.2016.

[286] Bundesministerium für Wirtschaft und Energie: Referentenentwurf v. 01.07.2016, S. 36 ff.

[287] *Bien,* in: Bien/Idot/Kroes/Osti/Wagner-von Papp, Concurrences 2017, 5.

[288] BT-Drs. 18/10207, S. 1.

[289] *Bien,* in: Bien/Idot/Kroes/Osti/Wagner-von Papp, Concurrences 2017, 5; BT-Drs. 18/11446, Beschlussempfehlung und Bericht des Ausschusses für Wirtschaft und Energie (9. Ausschuss).

len nun vor dem Hintergrund der zuvor angesprochenen Normen dargestellt werden.

1. Voraussetzung und Verjährung des Schadensersatzanspruchs gem. §§ 33a, 33 GWB

Der Schadensersatzanspruch aus § 33a Abs. 1 GWB greift den bisherigen Schadensersatzanspruch aus § 33 Abs. 3 GWB a.F. auf. Neu ist insofern § 33a Abs. 2 GWB, der die widerlegliche Vermutung beinhaltet, dass Kartelle einen Schaden verursachen, und eine Begriffsbestimmung des Kartells enthält. Mit der Regelung des § 33a GWB sollen die Art. 1, 3 und 17 der Kartellschadensersatzrichtlinie umgesetzt werden.[290]

a) Anspruchsgrundlage

Der Kartellschadensersatzanspruch wurde durch die 9. GWB-Novelle im Wortlaut nicht verändert, lediglich der zuvor enthaltene Verweis auf Abs. 1 wurde als redaktionelle Folgeänderung durch den Verweis auf § 33 Abs. 1 GWB ersetzt. Die Regierungsbegründung geht davon aus, dass § 33a Abs. 1 GWB in seinem Regelungsgehalt dem bisherigen § 33 Abs. 3 S. 1 GWB a.F. entspricht.[291] Durch den Verweis auf § 33 Abs. 1 GWB wurde der Tatbestand des Kartellrechtsverstoßes präzisiert. Nach der Gesetzesbegründung zu § 33 GWB entsprechen § 33 Abs. 1–4 GWB dem bisherigen § 33 Abs. 1 und 2 GWB a.F. Es handle sich insoweit nur um eine redaktionelle Überarbeitung und eine Neugliederung zum Zwecke einer besseren Verständlichkeit und Übersichtlichkeit.[292] Zwar sei die bisherige Formulierung „gegen eine Vorschrift dieses Gesetzes" durch die Formulierung „gegen eine Vorschrift dieses Teils" ersetzt worden, dies habe jedoch nichts am Regelungsgehalt der Vorschrift verändert, sondern nur entsprechend der bisherigen Auslegung präzisiert, wonach nur materiell-rechtliche Verbote des Gesetzes gemeint sind, nicht jedoch solche des Verfahrensrechts.[293] Aus diesem Grund kann hinsichtlich der Voraussetzungen, insbesondere der Verletzungstatbestände des Schadensersatzanspruchs, auf das bereits zur Rechtslage vor Erlass der 9. GWB-Novelle Gesagte verwiesen werden.[294]

Neu hingegen ist die in § 33a Abs. 2, 3 GWB enthaltene widerlegliche Vermutung, dass Kartelle einen Schaden beim direkten Abnehmer verursachen. Eine solche Vermutung des Schadenseintritts des direkten Abnehmers war in der

[290] *Kersting*, in: Kersting/Podszun, Die 9. GWB-Novelle, S. 120.
[291] BT-Drs. 18/10207, S. 55.
[292] BT-Drs. 18/10207, S. 55.
[293] BT-Drs. 18/10207, S. 55.
[294] Vgl. oben § 3 I. 1.

Rechtsprechung[295] bereits für Quotenkartelle[296] anerkannt, wurde nunmehr aber auch auf den Bereich der „Hardcore-Kartelle" ausgeweitet.[297] Die Vermutung enthält die Annahme, dass der Schaden „größer null"[298] ist, nicht vermutet wird dagegen die Schadenshöhe. Es bleibt somit letztlich bei der Schadenschätzung durch den Richter gem. § 287 ZPO.[299]

Im Einklang mit der „Jedermann-Formel" des EuGH[300] sind im Rahmen von § 33a GWB alle Unternehmen und natürliche Personen aktiv legitimiert, die aufgrund eines Verstoßes gegen europäisches oder nationales Kartellrecht einen Schaden erlitten haben. Darüber hinaus sind auch mittelbare Schäden erfasst.[301] Auf die Schaffung von kollektiven Rechtsschutzelementen hat der deutsche Gesetzgeber allerdings verzichtet.[302]

b) Verjährung des Schadensersatzanspruchs

Anders als bisher nach § 33 Abs. 3 GWB a.F. richtet sich die Verjährung des Kartellschadensersatzanspruchs nicht mehr nach den §§ 194 ff. BGB, sondern wird für Schadensersatzansprüche aus § 33a Abs. 1 GWB durch § 33h GWB abweichend und gesondert geregelt. Diese neue Norm gilt unterschiedslos für Ansprüche, die auf Verstöße gegen europäisches und gegen nationales Kartellrecht gestützt werden.[303]

aa) Verhältnis zum allgemeinen Verjährungsrecht

Die Regelungen des § 33h GWB verdrängen als Leges speciales die inhaltlich konkurrierenden Normen des allgemeinen Verjährungsrechts der §§ 194 ff. BGB, die im Übrigen anwendbar bleiben, weil § 33h GWB keine abschließende Regelung trifft.[304] Besonders bedeutsam ist das für die neben § 33h Abs. 6 GWB wei-

---

[295] BGH, Beschl. v. 28.06.2005 – KRB 2/05 = NJW 2006, 163; LG Dortmund, Urt. v. 01.04.2004 – 13 O 55/02 Kart. – Vitaminkartell = WuW 2004, 1182 = EWS 2004, 434 = WuW/E DE-R 1352, 1354; OLG Karlsruhe, Urt. v. 31.07.2013 – 6 U 51/12 Kart. – Löschfahrzeuge = NZKart 2014, 366; Übersicht bei *Thiede/Träbing*, NZKart 2016, 422, 424 ff.; ablehnend *Kahlenberg/Heim*, BB 2016, 1863, 1866.

[296] KG Berlin, Urt. v. 01.10.2009 – 2 U 10/03 Kart. – Berliner Transportbeton = WuW 2010, 189 = EWiR 2006, 171 (Anm. Wagner-von Papp) = GWR 2010, 69 ff. = GRURPrax 2010, 46; OLG Karlsruhe, Urt. v. 31.07.2013 – 6 U 51/12 Kart. – Löschfahrzeuge = NZKart 2014, 366.

[297] *Klumpe/Thiede*, NZKart 2017, 332, 334.

[298] *Klumpe/Thiede,* ÖZK 2016, 137, 143; *Kahlenberg/Heim*, BB 2016, 1863, 1865.

[299] *Kersting*, VersR 2017, 581, 583 f.

[300] EuGH, Urt. v. 20.09.2001 – Rs. C-453/99 – *Courage/Crehan*, ECLI:EU:C:2001:465, Rn. 26; EuGH, Urt. v. 28.03.2019, Rs. C-637/17 – *Cogeco Communications*, ECLI: EU:C2019:263, Rn. 40.

[301] *Klumpe/Thiede*, NZKart 2017, 332, 333.

[302] Genauer hierzu: *Hirner/Mayr-Riedel*, wbl 2016, 366, 367.

[303] *Ollerdißen*, in: Kersting/Podszun, Die 9. GWB-Novelle, S. 293.

[304] *Ollerdißen*, a.a.O., S. 293; *Ollerdißen*, in: Loewenheim/Meessen/Riesenkampff/Kersting/Meyer-Lindemann, Kartellrecht, 4. Aufl. 2020, § 33h, Rn. 3.

terhin anwendbaren Hemmungstatbestände der §§ 203 ff. BGB und die Rechtsfolgen der Verjährung gem. §§ 214 ff. BGB. Die zeitliche Anwendbarkeit des § 33h GWB regelt § 186 Abs. 3 S. 2 und 3 GWB. Danach gilt das neue Verjährungsrecht für nach dem 26.12.2016 entstandene Ansprüche. Auf davor entstandene, am 09.06.2017 noch nicht verjährte Ansprüche ist § 33h GWB mit Einschränkungen anwendbar.[305]

bb) Beginn und Dauer der regelmäßigen Verjährungsfrist bei Kartellschadensersatzansprüchen

Die bisherige kenntnisabhängige Regelverjährungsfrist für Kartellschadensersatzansprüche von drei Jahren gem. § 195 BGB wurde durch § 33h Abs. 1 GWB auf fünf Jahre verlängert. Sie beginnt gem. § 33h Abs. 2 GWB mit dem Schluss des Jahres zu laufen, in dem (1) der in Rede stehende Schadensersatzanspruch entstanden ist, (2) der Anspruchsberechtigte Kenntnis von den anspruchsbegründenden Umständen und der Person des Schädigers hat oder dies aufgrund grober Fahrlässigkeit verkennt, und erfasst bzw. erfasst aufgrund grober Fahrlässigkeit nicht, dass ein zum Schadensersatz verpflichtender Verstoß nach § 33 Abs. 1 GWB vorliegt und (3) der Kartellrechtsverstoß, der dem Anspruch zugrunde liegt, beendet ist.

Die Fragen nach der Anspruchsentstehung sowie der Kenntnis bzw. der grob fahrlässigen Unkenntnis des Gläubigers von den anspruchsbegründenden Tatsachen dürfte dabei auch im neuen Recht genauso zu beantworten sein wie auch bisher im Rahmen von § 199 Abs. 1 BGB.[306] Den Gesetzesmaterialien lässt sich jedenfalls kein Hinweis entnehmen, dass mit der Neuregelung deutlich abweichende Standards geschaffen werden sollen.[307] Allerdings fallen aus Sicht des deutschen Rechtsanwenders zwei Aspekte auf, die das deutsche Verjährungsregime bislang in dieser Weise nicht kannte:

Zum einen beginnt die Verjährung gem. § 33h Abs. 2 Nr. 3 GWB nicht zu laufen, solange der Verstoß nicht beendet ist, also das Kartell bzw. der Missbrauch der markbeherrschenden Stellung fortbesteht. Dies gilt sowohl für die fünfjährige, kenntnisabhängige als auch für die zehnjährige, objektive Verjährungsfrist.[308] Dies ist aus Sicht des Geschädigtenschutzes durchaus sinnvoll und

---

[305] *Ollerdißen*, in: Loewenheim/Meessen/Riesenkampff/Kersting/Meyer-Lindemann, Kartellrecht, 4. Aufl. 2020, § 33h, Rn. 5. Mit Übergangsbestimmungen aus Anlass der 7. GWB-Novelle befassen sich *Bien* und *Harke* und lehnen jedwede Rückwirkung ab: Der intertemporale Anwendungsbereich von § 33 Abs. 5 GWB 2005 lasse sich unmittelbar durch Auslegung der Vorschrift nach Wortlaut, Systematik und Zweck ermitteln. Eine Verjährungshemmung werde nicht durch Kartellverfahren ausgelöst, die vor dem Inkrafttreten der Norm am 01.07.2005 eingeleitet und mit einer kartellbehördlichen Verfügung abgeschlossen wurden, vgl. *Bien/Harke*, ZWeR 2013, 312, 344.

[306] *Schuler/Stübinger,* in: Stancke/Weidenbach/Lahme, Kartellrechtliche Schadensersatzklagen, Rn. 877.

[307] BT-Drs. 18/10207, S. 65 f.

[308] *Dannecker/Müller*, in: Wabnitz/Janovsky/Schmitt, Handbuch Wirtschafts- und Steu-

dürfte die Möglichkeiten der zivilrechtlichen Anspruchsdurchsetzung deutlich verbessern. Es wird so verhindert, dass bereits bei Beginn eines langandauernden Kartells entstandene Schadensersatzansprüche frühzeitig verjähren und der Geschädigte diese bei Aufdeckung des Kartells nicht mehr geltend machen kann.[309] Der Gesetzgeber hat sich somit indirekt der Figur des Dauerdelikts angeschlossen.[310] Für die Frage, wann der Verstoß als beendet anzusehen ist, wird ausdrücklich auf Art. 25 Abs. 2, S. 2 der Kartellverfahrensordnung verwiesen. Somit wird an die öffentliche Verfolgungsverjährung angeknüpft.[311] Danach beginnt die Verjährung bei fortgesetzten oder dauernden Zuwiderhandlungen erst an dem Tag, an dem die gesamte Zuwiderhandlung beendet ist. Es geht also nicht um die Auswirkungen, sondern um die tatsächliche Beendigung der Grundabsprache.[312] Durch diesen Verweis wird Rechtsklarheit geschaffen und ein Gleichlauf von öffentlichem Recht und Zivilrecht erreicht. Die oben erwähnte Rechtsprechung zur Unterscheidung von Zustands- und Dauerdelikten wird somit für die Auslegung hinfällig.[313]

Zum anderen muss der Geschädigte Kenntnis erlangt haben oder seine Kenntnis kann vernünftigerweise erwartet werden, von dem Verhalten des Rechtsverletzers und von der Tatsache, dass dieses eine Zuwiderhandlung gegen das Wettbewerbsrecht darstellt, sowie von der Tatsache, dass ihm durch die Zuwiderhandlung gegen das Wettbewerbsrecht ein Schaden entstanden ist, und von der Identität des Rechtsverletzers.[314]

Die grob fahrlässige Unkenntnis von der zutreffenden rechtlichen Bewertung der bekannten Tatsachen dürfte in objektiver Hinsicht voraussetzen, dass keine ernsthaften Zweifel an der rechtlichen Bewertung als Kartellrechtsverstoß bestehen.[315] In subjektiver Hinsicht wird man die zum allgemeinen Verjährungsrecht entwickelten Grundsätze entsprechend anwenden können.[316] Die Einfüh-

---

erstrafrecht, 5. Aufl. 2020, 19. Kapitel, Rn. 352; *Franck*, in: Immenga/Mestmäcker, GWB, 6. Aufl. 2020, § 33h, Rn. 22 ff.

[309] *Schuler/Stübinger,* in: Stancke/Weidenbach/Lahme, Kartellrechtliche Schadensersatzklagen, Rn. 878.

[310] *Rinne/Kolb*, NZKart 2017, 217, 222.

[311] BT-Drs. 18/10207, S. 66.

[312] *Bechtold/Bosch*, in: Bechthold/Bosch, GWB, 9. Aufl. 2018, § 33h, Rn. 8; *Ollerdißen*, in: Loewenheim/Meessen/Riesenkampff/Kersting/Meyer-Lindemann, Kartellrecht, 4. Aufl. 2020, § 33h, Rn. 18.

[313] *Schuler/Stübinger,* in: Stancke/Weidenbach/Lahme, Kartellrechtliche Schadensersatzklagen, Rn. 879.

[314] RL 2014/104/EU, Art. 10.

[315] *Ollerdißen*, in: Loewenheim/Meessen/Riesenkampff/Kersting/Meyer-Lindemann, Kartellrecht, 4. Aufl. 2020, § 33h, Rn. 25; *Kersting/Preuß*, Umsetzung der Kartellschadensersatzrichtlinie (2014/104/EU): ein Gesetzgebungsvorschlag aus der Wissenschaft, S. 66, gehen sogar so weit, dass eine nicht mehr gerichtlich angreifbare Entscheidung bezüglich des Verstoßes vorliegen muss, damit keine Zweifel bestehen. Das erscheint allerdings weder vom Wortlaut der Richtlinie noch des § 33h GWB gedeckt.

[316] *Bornkamm/Tolkmitt,* in: Langen/Bunte, Kartellrecht, Bd. 1, 13. Aufl. 2018, § 33h, Rn. 13; *Ollerdißen*, in: Kersting/Podszun, Die 9. GWB-Novelle, S. 300.

rung dieses neuen Kriteriums führt im Ergebnis wohl zu einer Umkehr der Darlegungs- und Beweislast zulasten desjenigen, der sich auf die Verjährung beruft, da neben der Tatsachenkenntnis die richtige Subsumtion zur Regelvoraussetzung gemacht wird.[317]

Praktisch wird dies allerdings im Vergleich zu alten Rechtslage nur selten etwas ändern, da die Zumutbarkeit der Klage grundsätzlich zu bejahen ist, weil es häufig an einem „ernsthaften Meinungsstreit in Rechtsprechung und Wissenschaft" fehlt.[318] Auf die Frage, ob eine grob fahrlässige Rechtsunkenntnis mangels hinreichender Klärung der Rechtslage vorliegt und ob dies auf ein grob fahrlässiges Unterlassen von Nachforschungen aufseiten des Gläubigers zurückgeht, kommt es dann gar nicht erst an.[319] Der Zweck der neuen Regelung besteht darin, in Fällen, in denen die Rechtslage schwierig zu beurteilen und der Kartellverstoß nicht einfach feststellbar ist, den Verjährungsbeginn hinauszuschieben.[320]

cc) Objektive Verjährungshöchstfrist

Neben der fünfjährigen, kenntnisabhängigen Verjährungsfrist gibt es im neuen Recht nach wie vor auch eine zehnjährige, kenntnisunabhängige Verjährungsfrist, § 33h Abs. 3 GWB. Wie bisher ist die zehnjährige Frist im Gegensatz zur Regelverjährung auf den Tag genau zu berechnen und endet nicht zum Schluss des Jahres, in dem sie begonnen hat.[321] Anders als nach BGB beginnt die Verjährungsfrist nicht bereits mit der Anspruchsentstehung. Gemäß § 33h Abs. 3 Nr. 2 GWB muss zudem der Verstoß, also das zum Schadensersatz verpflichtende Verhalten, beendet sein. Auch die kenntnisabhängige zehnjährige Verjährungsfrist beginnt damit erst mit Beendigung der Kartellabsprache. Darin liegt eine deutliche Abkehr vom bisher geltenden Recht. Weiterhin sieht – anders als die Richtlinie – auch das reformierte GWB-Verjährungsrecht eine zeitliche Höchstgrenze vor, nach deren Ablauf unabhängig von einer etwaigen Fortdauer des Kartells und fehlender Kenntnis des Geschädigten ein Anspruch im Interesse des Rechtsfriedens und der Rechtssicherheit endgültig verjährt. Die Höchstfrist beträgt gem. § 33h Abs. 4 GWB wie im BGB 30 Jahre und beginnt mit dem jeweiligen vorgeworfenen Verstoß i.S.d. § 33 Abs. 1 GWB. Weitere Voraussetzungen für den Fristbeginn erfordert die Vorschrift nicht; insbesondere ist es für den Lauf der Frist nach § 33h Abs. 4 GWB unbeachtlich, ob der Kartellverstoß fortdauert oder beendet ist. Insoweit stimmt die Neuregelung mit dem bisherigen Recht überein.[322] Ist eine der genannten Verjährungsfristen abgelaufen, kann sich der Schuldner gem. § 33h Abs. 5 GWB auf Verjährung berufen.

---

[317] *Pohlmann*, WRP 2015, 546, 550.

[318] *Ollerdißen*, in: Kersting/Podszun, Die 9. GWB-Novelle, S. 300.

[319] *Ollerdißen*, a.a.O., S. 300.

[320] So auch *Petrasincu*, WuW 2016, 330, 333.

[321] *Ellenberger*, in: Grüneberg, 81. Aufl. 2022, § 199, Rn. 42.

[322] *Schuler/Stübinger,* in: Stancke/Weidenbach/Lahme, Kartellrechtliche Schadensersatzklagen, Rn. 884.

dd) Besondere Hemmungstatbestände im GWB

Die Verjährungshemmung nach § 33h Abs. 6 GWB löst den bisherigen § 33 Abs. 5 GWB a. F. ab und erweitert die Hemmungstatbestände in verschiedener Hinsicht.[323] So können auch Auskunftsklagen gem. § 33g GWB gegen den Schädiger gem. § 33h Abs. 6 S. 1 Nr. 3 GWB zur Hemmung der Verjährung des Ausgleichsanspruchs führen. Mit § 186 Abs. 2 S. 3 GWB hat der Gesetzgeber ausdrücklich eine Übergangsvorschrift geschaffen, die klarstellen soll, auf welche Ansprüche die Verjährungshemmung nach § 33h Abs. 6 GWB zeitlich Anwendung findet.[324]

Der Beginn der Verjährungshemmung gem. § 33h Abs. 6 Nr. 1 und 2 GWB ist wie bisher daran geknüpft, dass eine deutsche oder mitgliedstaatliche Kartellbehörde bzw. die EU-Kommission ein Verfahren einleiten. Allerdings ist der Begriff der Verfahrenseinleitung anders zu verstehen als im Rahmen des § 33 Abs. 5 GWB a.F.[325] Gemeint ist damit gerade nicht die Eröffnung des förmlichen Verfahrens, sondern nach dem oben bereits betrachteten Wortlaut von Art. 10 Abs. 4 der Kartellschadensersatzrichtlinie, dass „eine Wettbewerbsbehörde Maßnahmen im Hinblick auf eine Untersuchung oder ihr Verfahren trifft", sodass auch wesentlich frühere Ermittlungsmaßnahmen oder Untersuchungen zu einer Hemmung der Verjährung führen können.[326]

Dem Wortlaut von § 33h Abs. 6 Nr. 1 und 2 GWB ist nicht eindeutig zu entnehmen, ob die Untersuchungsmaßnahmen der Kartellbehörde auch zur Verjährung von Ansprüchen gegen Betroffene führen, gegen die sich das Verfahren gerade nicht richtet. Zwar ist dies bei isolierter Betrachtung des Wortlauts dieser Normen und aus Art. 10 Abs. 4 der Kartellschadensersatzrichtlinie nicht ersichtlich, ergibt sich aber aus dem systematischen Zusammenhang. Während Art. 10 Abs. 4 der Kartellschadensersatzrichtlinie gerade nicht auf die Identität des Rechtsverletzers abstellt, setzt Art. 10 Abs. 2 der Kartellschadensersatzrichtlinie sowie dessen Umsetzung in § 33h Abs. 2 Nr. 2 lit. a) und b) GWB jeweils die gesonderte Kenntnis von der Zuwiderhandlung und der Identität des Rechtsverletzers voraus. Die Nicht-Erwähnung des Rechtsverletzers spricht für ein „beredtes Schweigen" des Gesetzgebers im Rahmen von § 33h Abs. 6 Nr. 1 und 2 GWB, sodass die Hemmungswirkung wohl einheitlich für Ansprüche gegen sämtliche Rechtsverletzer anzunehmen ist.[327] Darüber hinaus regelt § 33h Abs. 6 GWB auch

[323] *Ollerdißen*, in: Loewenheim/Meessen/Riesenkampff/Kersting/Meyer-Lindemann, Kartellrecht, 4. Aufl. 2020, § 33h, Rn. 30.

[324] Da es sich hier nur um einen Hinweis der Vollständigkeit halber handelt, sollen die Einzelheiten zu den verschiedenen Stichtagen hier nicht im Detail erläutert werden, angemerkt sei allerdings, dass § 33 Abs. 5 GWB a.F. für Altfälle auch weiterhin von Bedeutung sein kann; vgl. hierzu *Schuler/Stübinger,* in: Stancke/Weidenbach/Lahme, Kartellrechtliche Schadensersatzklagen, Rn. 933 f.

[325] Vgl. oben § 3 I. 1. d) cc)

[326] *Ollerdißen*, in: Loewenheim/Meessen/Riesenkampff/Kersting/Meyer-Lindemann, Kartellrecht, 4. Aufl. 2020, § 33h, Rn. 30; *Bornkamm/Tolkmitt,* in: Langen/Bunte, Kartellrecht, Bd. 1, 13. Aufl. 2018, § 33h, Rn. 23.

[327] Insoweit auch Argumentation mit dem Wortlaut von Art. 25 Abs. 4 VO 1/2003 und der

nicht ausdrücklich, wann die Hemmung endet, wenn sich das Verfahren gegen mehrere Beteiligte richtet und dieses gegenüber einzelnen Betroffenen zu unterschiedlichen Zeitpunkten beendet wird. Dies kann der Fall sein, wenn nicht alle Adressaten des Bußgeldbescheides Rechtsmittel einlegen. Für die individuelle Wirkung der Verjährungshemmung spricht der Blick auf die allgemeine Rechtslage im Ordnungswidrigkeiten-, Verwaltungs- und Zivilprozess ebenso wie der Grundgedanke von § 425 Abs. 2 BGB, vor allem aber auch die Gesetzesbegründung zu § 33h Abs. 7 GWB.[328]

Das Ende der Hemmungswirkung legt § 33 Abs. 6 S. 2 GWB fest, der – abweichend von § 204 Abs. 2 BGB – von einem Jahr nach der bestands- oder rechtskräftigen Entscheidung oder anderweitigen Beendigung des Verfahrens ausgeht. Die Verlängerung der Hemmung um ein halbes Jahr soll dem Kartellgeschädigten nach Abschluss des behördlichen Verfahrens die nötige Zeit einräumen, die er benötigt, um Informationen zu sammeln, um dann bei entsprechender Erfolgsaussicht gegen die Schädiger ein Schadensersatzverfahren anzustrengen.[329] Im Übrigen bleiben § 204 Abs. 2 S. 2 und 3 BGB gem. § 33h Abs. 6 S. 3 GWB anwendbar, wonach bei tatsächlichem Stillstand des Verfahrens die letzte relevante Verfahrenshandlung einer Partei, des Gerichts oder eines sonst mit dem Verfahren befassten Akteurs an die Stelle der Verfahrensbeendigung tritt und die Hemmung erst dann erneut einsetzt, wenn einer der Betroffenen das Verfahren wieder aufnimmt.[330] Damit soll verhindert werden, dass der Verjährungseintritt ohne absehbares Ende hinausgeschoben wird und damit die Ziele der Verjährung unterlaufen werden.[331]

Neben § 33 Abs. 6 GWB sind auch weiterhin die Hemmungsvorschriften aus §§ 203 ff. BGB anzuwenden. Dies gilt insbesondere für die Hemmung der Verjährung bei Verhandlungen gem. § 203 BGB und durch die Einleitung von Güteverfahren gem. § 204 Abs. 1 Nr. 4 BGB.[332] Die Hemmungswirkung nach § 204 Abs. 1 Nr. 4 BGB soll gem. § 242 BGB bei missbräuchlicher Anrufung der Gütestelle entfallen. Diese Annahme liegt vor allem dann nahe, wenn wegen entsprechend eindeutiger Mitteilung des Antragsgegners gegenüber dem Antragsteller schon vor Antragstellung klar ist, dass der Antragsgegner nicht an der Mitwirkung interessiert ist und auch nicht beabsichtigt, sich auf eine außergerichtliche Einigung einzulassen.[333]

Sicherung der Bindungswirkung nach § 33b GWB für den Geschädigten, vgl. *Franck*, in: Immenga/Mestmäcker, GWB, 6. Aufl. 2020, § 33h, Rn. 34 m.w.N.; *Ollerdißen*, a.a.O., § 33h, Rn. 31 m.w.N.

[328] *Engelhoven/Danger*, WuW 2019, 303, 304 ff.

[329] BT-Drs. 18/10207, S. 66.

[330] *Schuler/Stübinger,* in: Stancke/Weidenbach/Lahme, Kartellrechtliche Schadensersatzklagen, Rn. 940; *Klöppner/Schmidt*, NZKart 2018, 449, 452.

[331] *Franck*, in: Immenga/Mestmäcker, GWB, 6. Aufl. 2020, § 33h, Rn. 37.

[332] Wegen § 204 Abs. 1 Nr. 4 BGB war eine Umsetzung des oben angesprochenen Art. 18 Abs. 1 RL 2014/104/EU für die einvernehmliche Streitbeilegung im Sinne von Art. 2 Nr. 21 RL 2014/104/EU nicht notwendig, vgl. *Pohlmann*, WRP 2015, 546, 553.

[333] *Fritzsche/Klöppner/Schmidt*, NZKart 2016, 501, 502 m.w.N.

2. Gesamtschuldnerische Haftung und Grundlage des Regresses gem. § 33d GWB

Die §§ 33d und 33e GWB regeln die solidarische Haftung unter Kartellanten. Die Umsetzung der Schadensersatzrichtlinie führt zu einigen notwendigen Neuerungen im GWB, die die bereits dargestellten Probleme des Innenausgleichs abschwächen sollen und entsprechend dem Wortlaut von Art. 11 Abs. 5 der Richtlinie „gewährleisten, dass ein Rechtsverletzer von anderen Rechtsverletzern einen Ausgleichsbetrag verlangen kann". Die Regelungen des GWB modifizieren insoweit die allgemeinen Regeln des BGB.

a) Begründung der gesamtschuldnerischen Haftung

Das Gesetz ordnet nunmehr in § 33d Abs. 1 S. 1 GWB die gesamtschuldnerische Haftung der Kartellbeteiligten im Außenverhältnis an. Diese Norm hat nach dem gesetzgeberischen Willen nur klarstellende Funktion.[334] Der Verweis auf §§ 830, 840 BGB erscheint daher überflüssig.[335] Mehrere Schädiger, die gemeinsam einen Kartellrechtsverstoß begangen haben, haften gem. § 33d Abs. 1 GWB als Gesamtschuldner. Die Rechtsfolgen ergeben sich weiterhin aus §§ 421 ff. BGB.

Eine Besonderheit, eine Ausnahme vom Grundsatz der vollumfänglichen Haftung, sehen die Richtlinie und die §§ 33d Abs. 3 GWB und 33e Abs. 1 GWB für kleinere und mittlere Unternehmen (KMU) sowie für Kronzeugen vor. Insoweit haftet der Rechtsverletzer nur für seine unmittelbaren und mittelbaren Abnehmer oder Lieferanten. Dies gilt gem. § 33d Abs. 3 GWB, wenn es sich um kleine oder mittlere Unternehmen im Sinne der Empfehlung 2003/361/EG der Kommission handelt, deren Marktanteil in der Zeit der relevanten Wettbewerbsrechtsverletzung stets weniger als fünf Prozent betrug und eine uneingeschränkte Haftung seine wirtschaftliche Lebensfähigkeit unwiederbringlich gefährdet und seine Aktiva völlig entwertet. Die Termini „Kleine und mittlere Unternehmen" (KMU)[336] bzw. „Small-and-Medium-Sized Enterprises" = SMEs) (bzw. Businesses = SMBs) sind Sammelbegriffe für Unternehmen, die bestimmte festgelegte Grenzen bei der Anzahl der Beschäftigten, den Umsatzerlösen oder der Jahresbilanzsumme nicht überschreiten. Es handelt sich nach einer Definition der EU-Kommission aus dem Jahre 2003 um Unternehmen, die weniger als 250 Personen beschäftigen und einen Jahresumsatz von 50 Mio. Euro oder weniger erwirtschaften oder deren Jahresbilanzsumme 43 Mio. Euro oder weniger beträgt.[337]

[334] BT-Drs. 18/10207, S. 57; *Kersting*, VersR 2017, 581, 587 f.

[335] Vgl. *Kersting*, a.a.O., 581, 588 mit weiterführender Überlegung für den Grund dieser Klarstellung.

[336] In Österreich wird der Begriff „Klein- und Mittelbetriebe" verwendet.

[337] EU-Kommission 2003, Anhang, Titel I, Art. 2. In den §§ 267, 267a HGB sind ebenfalls Begriffsbestimmungen zu großen, mittelgroßen, kleinen und Kleinstkapitalgesellschaften enthalten. Dabei steht allerdings der Aspekt der Bilanzierung im Vordergrund.

Zusätzlich wird zwischen kleinen und Kleinstunternehmen differenziert. Ein kleines Unternehmen ist ein Unternehmen, das weniger als 50 Personen beschäftigt und dessen Jahresumsatz bzw. Jahresbilanz zehn Millionen Euro nicht übersteigt. Ein Kleinstunternehmen ist ein Unternehmen, das weniger als zehn Personen beschäftigt und dessen Jahresumsatz bzw. Jahresbilanz zwei Millionen Euro nicht überschreitet.[338] Für die Einstufung kommt es dabei weder auf die jeweilige Rechtsform noch auf die Eigentümerstruktur der betreffenden Unternehmen an.

Eine Gegenausnahme regelt § 33d Abs. 5 GWB.[339] Eine vollständige Pflicht zum Ersatz des Schadens von anderen Geschädigten durch die KMU besteht im Wege der Ausfallhaftung unter den dort genannten Voraussetzungen aber dann, wenn von den übrigen Rechtsverletzern kein vollständiger Schadensersatz verlangt werden kann.[340] § 33e Abs. 1 GWB weitet diese Bestimmung auch auf Kronzeugen aus, die ebenfalls nur für ihre unmittelbaren oder mittelbaren Abnehmer haften sollen, es sei denn, die anderen Geschädigten können von den anderen Haftpflichtigen keinen vollständigen Schadensersatz erlangen.[341] Eine solche Haftungsprivilegierung von Gesamtschuldnern im Außenverhältnis stellt sicherlich ein Novum in den meisten EU-Mitgliedstaaten dar und birgt die Gefahr, dass dem Geschädigten das Ermittlungsrisiko der finanziellen Leistungsfähigkeit der Mittäter aufgebürdet wird.[342] Für die hier thematisierte Verjährung des Ausgleichsanspruchs ist dies jedoch irrelevant. Dennoch sei in diesem Zusammenhang noch auf § 33h Abs. 8 Nr. 1 GWB hingewiesen.[343] Dies soll sicherstellen, dass der Anspruch anderer Geschädigter gegen Kronzeugen nicht schon längst verjährt ist, wenn sich die Inanspruchnahme der übrigen Kartellanten als erfolglos erweist.

Dies kann im Extremfall zu einem sehr langen Hinausschieben der Verjährungsfrist führen, allerdings bleibt die Frist aus § 33h Abs. 4 GWB anwendbar.[344]

---

338 EU-Kommission 2003, Anhang, Titel I, Art. 2 Abs. 2 und 3.

339 *Bornkamm/Tolkmitt*, in: Langen/Bunte, Kartellrecht, Bd. 1, 13. Aufl. 2018, § 33h, Rn. 9.

340 *Mackenrodt*, in: Loewenheim/Meessen/Riesenkampff/Kersting/Meyer-Lindemann, Kartellrecht, 4. Aufl. 2020, § 33d, Rn. 53 ff.

341 *Franck*, in: Immenga/Mestmäcker, GWB, 6. Aufl. 2020, § 33e, Rn. 3.

342 *Krüger*, NZKart 2013, 483, 486; *Klumpe/Thiede*, NZKart 2017, 332, 335, m.w.N., die das Problem durch eine Privilegierung im Innenverhältnis und eine uneingeschränkten Haftung im Außenverhältnis lösen möchten.

343 Danach beginnt – abweichend von § 33h Abs. 2 GWB – die Verjährungsfrist des Schadensersatzanspruchs nach § 33a Abs. 1 GWB von Geschädigten, „die nicht unmittelbare oder mittelbare Abnehmer oder Lieferanten des Kronzeugen sind, gegen den Kronzeugen mit dem Schluss des Jahres, in dem der Geschädigte von den übrigen Rechtsverletzern keinen vollständigen Ersatz seines aus dem Verstoß entstehenden Schadens erlangen konnte“.

344 *Kersting*, VersR 2017, 581, 591.

b) Anspruchsgrundlagen des Innenausgleichs

Im Innenverhältnis der Gesamtschuldner untereinander verdrängt § 33d Abs. 2 S. 1 GWB als Lex specialis § 426 Abs. 1 BGB. Die neue Vorschrift übernimmt dabei eine Doppelfunktion als Anspruchsgrundlage des Regressanspruchs und als Verteilungsmaßstab für die Haftungsquoten im Innenverhältnis.[345] Die Legalzession des § 426 Abs. 2 BGB bleibt gem. § 33d Abs. 2 S. 2 GWB, genauso wie § 426 Abs. 1 S. 2 BGB, unberührt.[346] Vor der Zahlung an den Geschädigten steht den Kartellanten gem. § 426 Abs. 1 S. 1 BGB weiterhin der Anspruch auf Freistellung zu.[347] Da die Bestimmung der internen Haftungsquote nichts mit der Verjährung des Ausgleichsanspruchs unter Kartellschädigern zu tun hat, wird hierauf an dieser Stelle nicht weiter eingegangen.

Für KMU, Kronzeugen und für den Vergleichsabschluss im Innenverhältnis gelten Privilegierungsregeln:[348] So begrenzt § 33d Abs. 4 GWB die Ausgleichspflicht für KMU auf den Betrag, auf den diese im Außenverhältnis für ihre mittelbaren und unmittelbaren Abnehmer oder Lieferanten haften. Hierdurch soll die im Außenverhältnis bestehende Privilegierung nicht durch einen unbegrenzten Regress im Innenverhältnis konterkariert werden.[349] Darüber hinaus wird auch der Kronzeuge gem. § 33e Abs. 3 S. 1 GWB in entsprechender Weise im Innenverhältnis privilegiert.[350] Demnach haftet er, auch wenn sein individueller Verursachungs- und Verschuldensanteil am Gesamtschaden nach den Umständen des jeweiligen Einzelfalls höher ausfällt als der den Abnehmern und Lieferanten entstandene Schaden, nur auf den niedrigeren Betrag.[351] Schließlich werden die Grundsätze über den Innenausgleich zwischen Gesamtschuldnern nach § 33d Abs. 2 GWB auch durch den Abschluss eines Vergleichs zwischen Kartellant und Geschädigtem modifiziert. § 33f Abs. 2 GWB überträgt die im Außenverhältnis bestehende Haftungsprivilegierung des sich vergleichenden Gesamtschuldners nach § 33f Abs. 1 GWB auf das Innenverhältnis mit der Folge, dass der sich vergleichende Gesamtschuldner in Höhe seines nach § 33d Abs. 2 GWB zu bestimmenden Haftungsanteils auch gegenüber den anderen Gesamtschuldnern vollständig frei wird, auch wenn er an den Schädiger nur einen geringeren Betrag gezahlt hat. Ein Regress gegen den sich vergleichenden Gesamtschuldner soll auf diese Weise ausgeschlossen werden.[352]

---

345 *Krüger*, WuW 2017, 229, 230.

346 *Franck*, in: Immenga/Mestmäcker, GWB, 6. Aufl. 2020, § 33d, Rn. 1,6.

347 *Bornkamm/Tolkmitt,* in: Langen/Bunte, Kartellrecht, Bd. 1, 13. Aufl. 2018, § 33d, Rn. 18.

348 Vgl. dazu ausführlich: *Bauermeister*, Gesamtschuld und Regress in der Schadensersatzrichtlinie, S. 241 ff., 281 ff. (zur gesamtschuldnerischen Haftung) und S. 283 ff. (zur Innenhaftung).

349 BT-Drs. 18/10207, S. 58.

350 *Bauermeister,* Gesamtschuld und Regress in der Schadensersatzrichtlinie, S. 245 ff.

351 *Bornkamm/Tolkmitt,* in: Langen/Bunte, Kartellrecht, Bd. 1, 13. Aufl. 2018, § 33d, Rn. 24.

352 BT-Drs. 18/10207, S. 61; Diese Privilegierungen sind nicht ohne Kritik geblieben, teil-

c) Verjährung des Innenausgleichs gem. § 33h Abs. 7 GWB

Die 9. GWB-Novelle hat die Verjährung des Gesamtschuldnerregressanspruchs grundlegend reformiert. Nach § 33h Abs. 7 GWB beginnt die Verjährungsfrist eines Anspruchs auf Ausgleichung nach § 33d Abs. 2 GWB wegen der Befriedigung eines Schadensersatzanspruchs nach § 33a Abs. 1 GWB erst mit der Befriedigung dieses Schadensersatzanspruchs. Wie bereits oben dargestellt[353] sieht das Gesetz in § 33h Abs. 1 GWB eine fünfjährige Verjährungsfrist für den Schadensersatzanspruch aus § 33a Abs. 1 GWB vor.[354] Fraglich ist, ob diese fünfjährige Verjährung nicht nur für den gem. § 33d Abs. 2 S. 2 i.V.m. § 426 Abs. 2 BGB nach Zahlung übergegangenen Schadensersatzanspruch, sondern auch für den an die Stelle von § 426 Abs. 1 S. 1 BGB getretenen selbstständigen Regressanspruch aus § 33d Abs. 2 S. 1 GWB gilt. Dies ist jedoch wegen der eindeutigen Aussage der Gesetzesbegründung[355] abzulehnen und wird auch in der Literatur nicht vertreten.[356] Der an die Stelle von § 426 Abs. 1 S. 1 BGB getretene und diesem entsprechende selbständige Ausgleichsanspruch aus § 33d Abs. 2 S. 1 GWB unterliegt daher ausdrücklich weiterhin der regelmäßigen Verjährung nach § 195 BGB.[357] § 33h Abs. 7 GWB trifft also nur eine Aussage hinsichtlich des Verjährungsbeginns des Regressanspruchs aus § 33d Abs. 2 S. 1 GWB.[358]

Insoweit ist es nur konsequent, von einer gespaltenen Lösung auszugehen und für den gem. § 426 Abs. 2 BGB übergegangenen Schadensersatzanspruch die fünfjährige Verjährung gem. § 33h Abs. 1 GWB und für den originären Regressanspruch von der allgemeinen, dreijährigen Verjährungsfrist nach §§ 195, 199 BGB auszugehen.[359]

Abweichend vom BGB beginnt die Verjährungsfrist für den originären Ausgleichsanspruch (§ 33d Abs. 1 S. 2 GWB) des Gesamtschuldners, der an den ge-

---

weise werden sogar verfassungsrechtliche Probleme ins Feld geführt, vgl. *Kersting*, VersR 2017, 581, 592.

[353] Vgl. § 3 III. 1. b).

[354] I.V.m. § 426 Abs. 2 BGB.

[355] BT-Drs. 18/10207, S. 67: „Im Übrigen unterliegt der Anspruch der regelmäßigen Verjährung nach § 195 des Bürgerlichen Gesetzbuchs".

[356] *Franck*, in: Immenga/Mestmäcker, Wettbewerbsrecht, 6. Aufl. 2020, § 33h GWB, Rn. 41; *Ollerdißen*, in: Loewenheim/Meessen/Riesenkampff/Kersting/Meyer-Lindemann, Kartellrecht, 4. Aufl. 2020, § 33h GWB, Rn. 37; *Bornkamm/Tolkmitt*, in: Langen/Bunte, Kartellrecht, Bd. 1, 13. Aufl. 2018, § 33h GWB, Rn. 26; *Bechtold/Bosch*, GWB, 9. Aufl. 2018, § 33h GWB, Rn. 11.

[357] BT-Drs. 18/10207, S. 67, wonach die fünfjährige Verjährungsfrist für Kartellschadensersatzansprüche nach § 33h Abs. 1 GWB gerade nicht für den Regressanspruch gilt.

[358] Vgl. nur *Franck*, in: Immenga/Mestmäcker, Wettbewerbsrecht, 6. Aufl. 2020, § 33h GWB, Rn. 41.

[359] *Schuler/Stübinger*, in: Stancke/Weidenbach/Lahme, Kartellrechtliche Schadensersatzklagen, Rn. 887.

schädigten Primärgläubiger geleistet hat, gem. § 33h Abs. 7 GWB also erst mit Befriedigung des Schadensersatzanspruchs.[360]

Dogmatisch fällt damit der Beginn der Verjährungsfrist mit der Umwandlung des Regressanspruchs von einem Freistellungsanspruch in einen Zahlungsanspruch zeitlich zusammen. § 33h Abs. 7 GWB regelt demnach nicht die Entstehung des Anspruchs, sondern nur den Verjährungsbeginn. Der Gesetzgeber verfolgt damit ausdrücklich das von der Richtlinie vorgegebene Ziel, dass der auf den Schadensersatzanspruch leistende Gesamtschuldner gegenüber den übrigen Gesamtschuldnern angemessen geschützt und ihm die tatsächliche Möglichkeit eingeräumt wird, das über den eigenen Haftungsanteil hinaus Geleistete im Innenverhältnis zurückholen zu können.[361] Er reagiert damit auf die Rechtsprechung des BGH, wonach jedenfalls Ausgleichsansprüche nach § 426 Abs. 1 S. 1 BGB in der Regel bereits verjährt sind, wenn der geschädigte Primärgläubiger Schadensersatz verlangt.[362] Dies soll mit der Neuregelung vermieden und sichergestellt werden, dass der Schadensersatz leistende Gesamtschuldner nicht allein auf die – häufig ebenfalls nicht zielführende – *Cessio legis* nach § 426 Abs. 2 BGB verwiesen wird, sondern seinen originären Regressanspruch effektiv geltend machen kann.[363] Die Aussichten, Regressansprüche tatsächlich realisieren zu können, verbessern sich dadurch erheblich.[364]

3. Übergangsregelungen/Intertemporales Recht

Fragen der intertemporalen Rechtsanwendung verlieren mit dem Zeitablauf an Bedeutung. Auf sie wird daher nachfolgend, lediglich der Vollständigkeit halber, nur kurz eingegangen.

Der Gesetzgeber hat zur intertemporalen Anwendbarkeit von 33h GWB keine Sondervorschrift geschaffen. Es muss daher auf die allgemeine Übergangsvorschrift in § 186 Abs. 3 GWB zurückgegriffen werden. Nach § 186 Abs. 3 S. 2 GWB findet § 33h GWB auf vor dem 27.12.2016 entstandene Unterlassungs-, Beseitigungs- und Schadensersatzansprüche wegen eines Verstoßes gegen eine Vorschrift i.S.d. § 33 Abs. 1 GWB oder gegen eine Verfügung der Kartellbehörde Anwendung, die zum Zeitpunkt des Inkrafttretens noch nicht verjährt waren. § 33h GWB gilt somit auch für Altansprüche, wenn seine Voraussetzungen vorliegen.[365] § 186 Abs. 3 S. 3 GWB enthält für den Beginn, die Hemmung, die Ablaufhemmung und den Neubeginn der Verjährung von Altansprüchen für die

---

[360] Insofern bestimmt die Spezialvorschrift des § 33h Abs. 7 GWB „einen anderen Verjährungsbeginn" i.S.d. § 199 Abs. 1 Hs. 1 BGB.

[361] BT-Drs. 18/10207, S. 66 f.

[362] Zur Problematik der frühzeitigen Verjährung des Regressanspruchs aus § 426 Abs. 1 BGB siehe oben § 1 III. 3. a).

[363] BT-Drs. 18/10207, S. 67.

[364] Vgl. *Bach/Wolf,* NZKart 2017, 285, 293; *Soyez*, WuW 2017, 240, 243.

[365] *Bach/Wolf,* a.a.O., 285, 293.

Zeit bis zum Inkrafttreten der 9. GWB-Novelle eine Ausnahme insofern, als dass diese Zeitpunkte für Ansprüche, die vor dem 27. Dezember 2016 entstanden sind, bis zum 8. Juni 2017 nach altem Recht, danach dann aber nach neuem Recht zu bestimmen sind.

Entscheidend ist also, ob der Regressanspruch nach § 33d Abs. 2 GWB als ein Schadensersatzanspruch wegen eines Verstoßes gegen eine Kartellrechtsvorschrift zu qualifizieren ist. Dem ist allerdings gerade nicht so: Der Ausgleichsanspruch ist ein selbstständiger Anspruch aus einem gesetzlichen Schuldverhältnis, das mit der Begründung der Gesamtschuld entsteht, zwischen verschiedenen Schuldnern eines Kartellschadensersatzanspruchs besteht und daher nicht als Kartellschadensersatzanspruch qualifiziert werden kann.[366] Dagegen könnte allerdings sprechen, dass der Regressanspruch eng mit dem originären Schadensersatzanspruch verknüpft ist, sodass eine Aufspaltung der intertemporalen Anwendbarkeit von § 33h GWB nicht sinnvoll wäre.[367] Eine Anwendung von § 33h Abs. 7 GWB scheint allerdings im Hinblick auf den klaren Wortlaut des § 186 Abs. 3 S. 2 GWB nur schwer vertretbar.[368]

Die Regelung in § 186 Abs. 3 S. 2 GWB erlaubt also, wenn man der überwiegenden Ansicht folgt, dass es sich bei dem Anspruch aus § 33d Abs. 2 GWB nicht um einen Schadensersatzanspruch wegen eines Verstoßes gegen eine Vorschrift i.S.d. § 33 Abs. 1 GWB oder gegen eine Verfügung der Kartellbehörde handelt, keine Anwendung der Neuregelung über den späten Verjährungsbeginn (§ 33h Abs. 7 GWB) auf Altfälle.[369]

IV. Kritik an der verjährungsrechtlichen Neuregelung

Die neuen Regeln zur Verjährung und zum Gesamtschuldnerausgleich sollen, wenn auch in der gebotenen Kürze, abschließend einer kritischen Analyse unterzogen werden.

So wird das Erfordernis der nötigen Rechtskenntnis des Geschädigten gem. § 33h Abs. 2 Nr. 2 lit. a GWB, um die verjährungsauslösende Kenntnis zu bejahen, als missglückt bezeichnet.[370] Es sei nicht ganz nachvollziehbar, warum der Geschädigte eine zutreffende rechtliche Würdigung des rechtswidrigen Verhaltens vornehmen müsse. Das führe gerade in der Praxis zu dem Problem, dass der Zeitpunkt, zu dem der Geschädigte das schädigende Verhalten in grob fahrlässiger Weise nicht als Kartellverstoß einordnet, nur sehr schwer zu bestimmen sei.

---

[366] *Bach/Wolf,* a.a.O., 285, 293.

[367] *Ruster,* in: Stancke/Weidenbach/Lahme, Kartellrechtliche Schadensersatzklagen, Rn. 1262.

[368] *Bach/Wolf,* NZKart 2017, 285, 293.

[369] *Bach/Wolf,* a.a.O, 285, 293.

[370] *Schuler/Stübinger,* in: Stancke/Weidenbach/Lahme, Kartellrechtliche Schadensersatzklagen, Rn. 882.

Unklar sei weiterhin, welche Anforderungen an die rechtliche Bewertung des Sachverhalts durch den Geschädigten zu stellen sind. Dabei stellt sich die Frage, ob eine Parallelwertung in der Laiensphäre ausreicht oder eine echte Subsumtionsleistung hinsichtlich § 33a GWB vorliegen muss.[371] Es ist sicherlich zuzugeben, dass zur genaueren Bestimmung der Regelung die Angabe des gesetzgeberischen Motivs oder ein entsprechender Leitfaden hilfreich gewesen wären, um diesem neuen Kriterium normative Konturen zu verleihen. Jedoch hat der Gesetzgeber insoweit lediglich den Wortlaut von Art. 10 Abs. 2 lit. c der Richtlinie umgesetzt, wonach die Verjährung der Schadensersatzansprüche eine effektive Rechtsdurchsetzung nicht behindern oder vereiteln soll. Gerade bei langen und komplexen Kartellrechtssachverhalten könne dies jedoch schnell der Fall sein, wenn man auf die reine Tatsachenkenntnis des Geschädigten abstellt.

Welche Anforderungen an das Kriterium der zutreffenden rechtlichen Einordnung zu stellen sind, wird letztlich die Judikatur zu klären haben. Bis dahin wird ein gewisses Maß an Rechtsunsicherheit hingenommen werden müssen.

Ebenfalls Teil der Neuregelung zum Verjährungsrecht ist § 33h Abs. 3 GWB, der eine kenntnisunabhängige Verjährungsfrist von zehn Jahren vorsieht, welche teilweise für zu kurz erachtet wird.[372] Zwar ist diese auf den ersten Blick in der Länge identisch mit der allgemeinen Regel in § 199 Abs. 3 Nr. 1 BGB. Dabei wird jedoch außer Acht gelassen, dass jene Regel die allgemeine Verjährungsfrist von drei auf zehn und somit um sieben Jahre verlängert. Im Vergleich dazu verlängert § 33h Abs. 3 GWB die Frist des § 33h Abs. 1 GWB nicht um sieben, sondern lediglich um fünf Jahre. Wenn man der Systematik des BGB also hätte treu bleiben wollen, dann hätte die Frist von fünf auf zwölf Jahre angehoben werden müssen.[373] *Kersting/Preuß* erscheint eine kenntnisunabhängige Verjährungsfrist von 15 Jahren eher als angemessen.[374] Dem lässt sich allerdings entgegenhalten, dass § 33h Abs. 3 GWB auch hinsichtlich des Verjährungsbeginns nicht der allgemeinen Regelung des § 199 Abs. 3 Nr. 1 BGB entspricht. Im Gegensatz zu § 199 Abs. 3 Nr. 1 BGB hängt der Verjährungsbeginn nicht bloß von der Entstehung des Anspruchs ab, sondern zusätzlich noch von der Beendigung des Verstoßes.[375] Dadurch begegnet der Gesetzgeber den Bedenken, dass die zu Beginn des Kartells entstandenen Ansprüche bereits verjährt sein könnten, wenn dieses bekannt wird.[376] Zusätzlich findet auch der Hemmungstatbestand aus § 33h Abs. 6 GWB auf die Frist aus § 33h Abs. 3 GWB Anwendung, sodass grundsätzlich kein Be-

---

[371] Ebd.

[372] *Kersting*, VersR 2017, 581, 594.

[373] Ebd.

[374] *Kersting/Preuß*, Umsetzung der Kartellschadensersatzrichtlinie (2014/104/EU): Ein Gesetzgebungsvorschlag aus der Wissenschaft, 2015, S. 41, Rn. 15.

[375] *Ollerdißen*, in: Loewenheim/Meessen/Riesenkampff/Kersting/Meyer-Lindemann, Kartellrecht, 4. Auflage 2020, § 33h, Rn. 27; *Franck*, in: Immenga/Mestmäcker, Wettbewerbsrecht, 6. Auflage 2020, § 33h, Rn. 27.

[376] BT-Drs. 18/10207, S. 66.

dürfnis gesehen wird, die kenntnisunabhängige Verjährungsfrist von zehn Jahren im Kartellrecht noch zusätzlich zu verlängern. Die Interessen von Gläubigern und Schuldnern werden durch diese Regelung hinreichend gewahrt. Hinsichtlich der 30-jährigen Höchstfrist, die gem. § 33h Abs. 4 GWB unabhängig von der Beendigung des Verstoßes mit Entstehung des Schadens zu laufen beginnt, sind zwar durchaus einzelne Konstellationen denkbar, in denen der Schadensersatzanspruch bei Aufdeckung des Kartells bereits verjährt ist, jedoch erscheint eine solche Frist zur Wahrung des Rechtsfriedens auch hier geboten und erforderlich. Eine erhebliche Beeinträchtigung der Durchsetzbarkeit wird darin nicht gesehen.[377]

Völlig kritiklos ist auch die Regelung des § 33h Abs. 7 GWB nicht geblieben. Diese würde Kartellmitglieder honorieren, die ihre illegalen Absprachen über die allgemeine Verjährungsfrist hinaus einvernehmlich praktizieren und geheim halten. Das Haftungsrisiko eines aktiven Kartellanten werde so erheblich gesenkt, da er sich stets auf sein Regressrecht verlassen könne.[378] Dem ist jedoch entgegenzuhalten, dass dem Zivilrecht keine Erziehungs- und Sanktionsfunktion zukommt und es in erster Linie interessengerechte Lösungen hervorbringen soll,[379] die ohne eine solche Regelung nicht möglich sind, da das Haftungsrisiko sonst ausschließlich aufseiten des zahlenden Kartellanten liegt. Dies würde wiederum eine Erschwernis für etwaige Vergleichsverhandlungen mit sich bringen, die gerade im Rahmen der Schadensersatzrichtlinie gefördert werden sollten. Vielmehr wird durch diese Regelung ein Anreiz zur Schadenswiedergutmachung durch die einzelnen Gesamtschuldner geschaffen.[380]

Letztlich kann man kritisieren, dass in den Neuregelungen zur Gesamtschuld und vor allem in denen zur Verjährung ein Sonderprivatrecht geschaffen wird.[381] Dieser Umstand ist gerade im Hinblick auf die oben bereits formulierten Ziele des Schuldrechtsmodernisierungsgesetzes äußerst bedenklich, da dies ja gerade dazu führen sollte, Verjährungsvorschriften weitestgehend zu vereinheitlichen.[382] Freilich kann es, bedingt durch Vorgaben auf europäischer Ebene, immer zu Sonderregelungen in einzelnen Teilrechtsgebieten kommen. Wie jedoch zu zeigen sein wird, bestehen die Probleme der Verjährung des Gesamtschuldnerinnenausgleichs nicht nur im Bereich des Kartellrechts, sondern auch in anderen Rechtsgebieten, sodass der Gesetzgeber hier die Chance gehabt hätte, eine einheitliche und klare Regelung speziell für die Verjährung des Gesamtschuldnerinnenausgleichs zu schaffen. Nicht von der Hand zu weisen ist jedoch das Argument, dass das Kartellrecht aufgrund seiner Besonderheiten auch eigener, spezieller Regelungen bedarf, jedoch nur dort, wo es sich um spezifisch kartellrechtliche Pro-

---

377 Ebd.

378 *Krüger*, WuW 2017, 229, 231.

379 Ebd.

380 *Soyez*, WuW 2017, 240, 242.

381 *Klumpe/Thiede*, NZKart 2017, 332.

382 Vgl. oben § 1 I. 1. c).

bleme handelt. Insoweit kann der Vorwurf der Schaffung eines Sonderprivatrechts nicht vollständig von der Hand gewiesen werden.

V. Zusammenfassung

Das Ziel der Richtlinie, die private Kartellrechtsdurchsetzung deutlich zu erleichtern, wurde durch die 9. GWB-Novelle erreicht.[383] Zwar hat sich an den Voraussetzungen des Schadensersatzanspruchs wegen Kartellrechtsverletzung wenig geändert, jedoch erleichtert die Vermutung eines Schadenseintritts dessen Geltendmachung deutlich. Die wohl umfassendsten Veränderungen hat das Verjährungsrecht erfahren, das in § 33h GWB ein völlig neues „Gewand" erhalten hat. Die Verjährung wird durch die dort aufgestellten Regelungen deutlich hinausgeschoben und ermöglicht nun auch eine effektive Rechtsdurchsetzung.

Äußerst bedeutsam und als zentrales Thema der Arbeit besonders hervorzuheben ist die Neuregelung des Verjährungsbeginns des Regressanspruchs. Zwar war die Neuregelung in der Kartellschadensersatzrichtlinie nicht vorgegeben,[384] dennoch trägt sie nicht unerheblich dazu bei, die Regressmöglichkeit im Sinne von Art. 11 Abs. 5 der Kartellschadensersatzrichtlinie sicherzustellen. Führt man sich die zu Beginn des Kapitels dargestellten Probleme der vorzeitigen Verjährung des Innenausgleichsanspruchs vor Augen, so wird man recht schnell feststellen, dass ein Abstellen auf die Befriedigung des Primärgläubigers nicht nur eine solche verhindert, sondern auch die Überlegungen zu etwaigen rechtshemmenden Maßnahmen vor Zahlung an den Geschädigten obsolet macht. Dies dient letztlich nicht nur dazu, wie von der Richtlinie gefordert, dem leistenden Gesamtschuldner den Regress zu „gewährleisten",[385] sondern fördert letztlich auch die Bereitschaft zur Leistung an den Primärgläubiger, da im Innenverhältnis in jedem Fall ein Ausgleichsanspruch besteht. Der zuvor letztlich untragbare und auf die Rechtsprechung des BGH zum Verjährungsbeginn des Gesamtschuldnerinnenausgleichs zurückzuführende Zustand[386] wird durch eine für alle Beteiligten eindeutige Regelung überwunden. Der Gesetzgeber entschied sich zu Recht dafür, den originären Ausgleichsanspruch verjährungstechnisch weder unmittelbar noch mittelbar an den ursprünglichen Gläubigeranspruch zu knüpfen,[387] sondern wählte bewusst, das Problem der vorzeitigen Verjährung erken-

[383] *Kersting*, VersR 2017, 581, 595.
[384] Vgl. oben § 3 II. 1.
[385] Art. 11 Abs. 5 RL 2014/104/EU; s. auch *Remien*, in: Kroes/Negri/Prieto/Remien/Wagner-von Papp: Limitation periods (Implementation of the EU Damages Directive into Member State law), III Germany, Concurrences 2017, Des droits de la concurrence/Competition Law Review, 3, 2017, 51, S. 53.
[386] BGHZ 181, 310.
[387] So z.B. *Schwenke*, NZKart 2015, 383, 390, der eine Regelung nach dem Vorbild von § 426a BGB-KE vorschlägt, wonach die Verjährung nicht vor Ablauf von sechs Monaten

nend, den spätesten Zeitpunkt, nämlich den der Leistung durch einen der Gesamtschuldner. Dessen ungeachtet trifft es zu, dass jede umfassende Gesetzesänderung eine Vielzahl von Einzelfragen für Rechtsprechung und Wirtschaft aufwirft.

Abschließend lässt sich jedoch festhalten, dass die Umsetzung der Kartellschadensersatzrichtlinie hinsichtlich dieser Problematik jedenfalls grundsätzlich als sehr gelungen erscheint.

eintritt, nachdem die Zahlungspflicht dem Geschädigten gegenüber durch Urteil rechtskräftig festgestellt worden ist.

§ 4

Problemlagen in anderen Teilrechtsgebieten

Nachfolgend wird der Blick erweitert: Nunmehr sollen verschiedene Teilbereiche des deutschen Rechts dahingehend untersucht werden, ob dort ebenfalls die Gefahr der vorzeitigen Verjährung des Ausgleichsanspruchs der Gesamtschuldner besteht und ggf. Regelungen zur Verjährung des Regressanspruchs im Gesamtschuldnerinnenausgleich geschaffen wurden, die von der Konzeption des BGH abweichen und den Verjährungsbeginn an die Zahlung durch den ausgleichsberechtigten Gesamtschuldner anknüpfen. Dies betrifft das Recht des Fracht- und Speditionsvertrags, das Steuerrecht, das Bau- und das Architektenrecht, das Gesellschaftsrecht sowie berufsspezifische Regelungen zum Anwaltsrecht und im Recht der Anlageberater und -vermittler. Sämtliche Erörterungen dienen dazu, einen Beitrag zur Klärung der oben aufgeworfenen zentralen Fragestellung zu leisten.[1] In einem weiteren Schritt wird dann in § 5 das ausländische und das EU-Recht einbezogen.

Dabei wird sich zeigen, dass es, wie im Kartellschadensersatzrecht, auch in anderen Rechtsgebieten aufgrund der BGH-Konzeption zu dem Missstand einer vorzeitigen Verjährung des Ausgleichsanspruchs des Rückgriffsschuldners kommen kann.

I. Gesetzliche Sonderregelung im Fracht- und Speditionsvertrag

Abgesehen von der später geschaffenen kartellrechtlichen Bestimmung in § 33h Abs. 7 GWB[2] enthält § 439 Abs. 2 S. 3 HGB für den Fracht- und den Speditionsvertrag (§§ 407 ff., 453 ff., 463 HGB) seit 1998 als *Lex specialis*[3] eine Sonderregelung für den Verjährungsbeginn von Rückgriffsansprüchen im Gesamtschuldverhältnis.[4]

---

[1] Vgl. Einl. II.

[2] Vgl. oben § 3. Die hier erörterte Regelung verdankt ihre Entstehung, wenn auch nur zum Teil, ebenfalls europäischen Impulsen, vgl. BT-Drs. 13/8445, S. 1 und S. 78. Größere Bedeutung kam allerdings der Convention relative au contrat de transport international de marchandises par route (CMR) zu. Dies rechtfertigt die Behandlung an dieser Stelle.

[3] BGH, Urt. v. 07.03.2013 – I ZR 186/11, Tz. 20 = VersR 2014, 355; MDR 2013, 987.

[4] Als Vorbild diente Art. 32 CMR, vgl. BT-Drs. 13/8445 v. 29.08.1997, S. 77 f.; vgl. auch *Schaffert*, in: Ebenroth/Boujong/Joost/Strohn, HGB, 4. Aufl. 2020, § 439, Rn. 14 ff.; *G. Kirchhof*, in: BeckOK HGB, 30. Edition (Stand: 15.10.2020), § 439, Rn. 15 ff.; *Eckardt*, in: Münch. Komm. HGB, 4. Aufl. 2020, § 439, Rn. 18.

Ansprüche aus dem Frachtgeschäft verjähren gem. §439 Abs. 1 S. 1, 2 HGB im Primärverhältnis in einem oder drei Jahren[5] ab dem Tag, an dem das Gut abgeliefert wurde oder hätte abgeliefert werden müssen. Für Rückgriffsansprüche zwischen Hauptfrachtführern und (ausführenden) Unterfrachtführern, die gem. §437 Abs. 3 HGB gesamtschuldnerisch[6] haften, wird der Beginn – nicht dagegen die Dauer – der Verjährung zugunsten des Rückgriffsgläubigers bis zur Klärung seiner Primäranspruchsverpflichtung hinausgeschoben.[7] Die Verjährungsfrist beginnt daher spätestens mit Rechtskraft eines Urteils gegen den Rückgriffsgläubiger. Solange dagegen noch kein rechtskräftiges Urteil vorliegt, beginnt die Frist mit dem Tag, an dem der Rückgriffsgläubiger den Anspruch des Gesamtschuldgläubigers freiwillig erfüllt hat, also im Zeitpunkt der Leistung.[8] Dies gilt nur dann nicht, wenn der Rückgriffsgläubiger den Rückgriffsschuldner nicht innerhalb von drei Monaten, nachdem er Kenntnis von dem Schaden und der Person des Rückgriffsschuldners erlangt hat, über den Schaden unterrichtet. Für die den Fristlauf in Gang setzende Kenntnis des Rückgriffsgläubigers kommt es darauf an, dass der für die Verfolgung der Rückgriffsansprüche zuständige Entscheidungsträger Kenntnis erlangt hat.[9] §439 Abs. 2 S. 3 HGB gilt für Rückgriffsansprüche aus §425 HGB und §426 BGB,[10] da der Begriff des Rückgriffs nach Ansicht des BGH ohnehin weit auszulegen ist.[11] Die spezialgesetzlichen Vorschriften gehen der allgemeinen Vorschrift des §199 Abs. 1 BGB demnach vor.

Die legislatorische Zielsetzung der Regelung ist eindeutig: die Schaffung von Rechtssicherheit für den Regress.[12] Der Gesetzgeber hat sich dabei an der Regelung in Art. 39 Abs. 4 CMR orientiert und diese zum Vorbild genommen. Diese Bestimmung bewirkt, dass die Verjährung des Art. 32 Abs. 1 S. 2 CMR für Regressansprüche unter Frachtführern i.S.d. Art. 34 CMR mit dem die Schadensersatzpflicht des Regressberechtigten feststellenden Urteil neu beginnt.[13] Der Zeitpunkt der Zahlung des Regressberechtigten ist nach Meinung des BGH nur dann von Bedeutung, wenn kein rechtskräftiges Entschädigungsurteil vorliegt.[14] Nach Auffassung des OGH beginnt die Verjährung von Regressansprüchen da-

---

[5] Bei Vorsatz oder bei einem dem Vorsatz nach §435 HGB gleichstehenden Verschulden gilt gem. §439 Abs. 1 S. 2 HGB eine verlängerte Verjährungsfrist von drei Jahren.

[6] Vgl. *Merkt*, in: Baumbach/Hopt, Handelsgesetzbuch, 40. Aufl. 2021, §437, Rn. 2; *Koller*, Transportrecht, 10. Aufl. 2020, §437, Rn. 38 ff.

[7] *Paschke*, in: Oetker, Handelsgesetzbuch, 6. Aufl. 2019, §439, Rn. 9.

[8] *Schaffert*, in: Ebenroth/Boujong/Joost/Strohn, HGB, 4. Aufl. 2020, §439, Rn. 15; *Koller*, Transportrecht, 10. Aufl. 2020, §439, Rn. 25.

[9] *Koller*, a.a.O., §439, Rn. 25.

[10] Vgl. *Rammig*, RdTW 2015, 45, 61 (zu §607 HGB); *Koller*, a.a.O., §439, Rn. 24; dazu auch BGH NJW-RR 1990, 1509, 1510 zu Art. 32 CMR.

[11] BGH, Urt. v. 07.03.2013 – I ZR 186/11 = VersR 2014, 355.

[12] Vgl. BT-Drs. 13/8445, S. 78.

[13] *Helm*, VersR 1988, 548, 555.

[14] BGH, VersR 1991, 238, 239 = TranspR 1990, 418 = NJW-RR 1990, 1508.

gegen ausschließlich mit der Rechtskraft des Entschädigungsurteils gegen den Regressberechtigten und es kommt nicht auf die tatsächliche Zahlung an, wenn kein rechtskräftiges Entscheidungsurteil vorliegt.[15] Da es sich um eine für ihn günstige Tatsache handelt, trifft die Beweislast für den Zeitpunkt nach Art. 39 Abs. 4 CMR den Regressberechtigten.[16]

Bei der Neufassung von § 439 HGB hat sich der Gesetzgeber nach den Worten von *Schmid* von folgenden Erwägungen leiten lassen:

„Schwierigkeiten, die allgemeinen Verjährungsfristen einzuhalten, ergeben sich im Regelfall insbesondere daraus, dass die Verjährung des Rückgriffsanspruchs zeitgleich mit der Verjährung des gegen den Rückgriffsberechtigten gerichteten Primäranspruchs beginnt und zugleich endet. Derjenige, der vom Geschädigten zuerst in Anspruch genommen wird, läuft damit Gefahr, etwaige Rückgriffsansprüche zu verlieren, da er typischerweise nicht bereits zum Zeitpunkt, wenn der Geschädigte erstmals an ihn herantritt, bereits verjährungsunterbrechende oder -hemmende Maßnahmen zur Wahrung seines Regresses treffen wird."[17]

Der Gesetzgeber hat somit die auf der ständigen Rechtsprechung des BGH[18] beruhende Gefahr einer vorzeitigen Verjährung von Regressansprüchen bereits vor Erlass der Kartellschadensersatzrichtlinie[19] erkannt und mit § 439 Abs. 2 S. 3 HGB durch eine gesetzliche Sonderregelung Abhilfe geschaffen. In anderen Teilrechtsgebieten bleibt dies, sofern nicht auf verjährungshemmende Maßnahmen rekurriert wird, *de lege lata* der Rechtsprechung überlassen. Auf die Rechtsgebiete wird nachfolgend eingegangen.

II. Steuerrechtliche Gesamtschuld (Öffentlich-rechtliche Gesamtschuld)

1. Einführung und anwendbares Recht

Personen, die nebeneinander dieselbe Leistung aus dem Steuerschuldverhältnis schulden oder für sie haften oder die zusammen zu einer Steuer zu veranlagen sind, sind Gesamtschuldner gemäß § 44 Abs. 1 S. 1 AO. Leistet ein Gesamtschuldner auf die Steuerschuld, stehen ihm im Innenverhältnis gem. § 426 BGB Ausgleichsansprüche gegenüber dem anderen Gesamtschuldner zu. Die Verjährung dieser Ansprüche ist bislang in wesentlichen Fragen ungeklärt.[20] Der Innen-

---

[15] OGH Wien, VersR 1999, 1131.

[16] *Schmid,* in: Thume (Hrsg.): CMR – Kommentar – Übereinkommen über den Beförderungsvertrag im internationalen Straßengüterverkehr, 4. Aufl. 2013, Art. 39 Rn. 7.

[17] Ebd.

[18] BGH, Urt. v. 21.11.1953 – VI ZR 82/52 = BGHZ 11, 170, 174; BGH, Urt. v. 21.03.1991 – IX ZR 286/90 = BGHZ 114, 117, 122; BGH, Urt. v. 28.04.1994 – VII ZR 73/93 = BauR 1994, 621 = ZfBR 1994, 209.

[19] § 33h Abs. 7 GWB, vgl. oben § 3 III. 1. b) bb).

[20] *Binnewies/Wollweber*, ZEV 2008, 517.

ausgleichsanspruch zwischen zwei gesamtschuldnerisch haftenden Steuerpflichtigen richtet sich nach allgemeinem Zivilrecht.[21]

2. Freistellungs- und Ausgleichsanspruch nach § 426 Abs. 1 S. 1 BGB

Hierzu wird grundsätzlich ebenfalls die Ansicht vertreten, dass die Verjährung des Ausgleichsanspruchs unter den Steuergesamtschuldnern ab Entstehung des Gesamtschuldverhältnisses zu laufen beginnt.[22] Zunächst entsteht der Anspruch auf Freistellung von der Verbindlichkeit gegenüber dem Finanzamt, soweit im Innenverhältnis der jeweils andere Gesamtschuldner zur Tragung der Steuerschuld verpflichtet ist. Die Verjährung des Freistellungsanspruchs beginnt nach § 199 Abs. 1 BGB, wenn der Anspruch entstanden, d.h. gerichtlich durchsetzbar ist, und der Gläubiger von den anspruchsbegründenden Tatsachen Kenntnis oder allein aufgrund grober Fahrlässigkeit Unkenntnis hat. Nach Zahlung an das Finanzamt durch einen der Gesamtschuldner wandelt sich der Freistellungsanspruch in einen Zahlungsanspruch gegen den anderen Gesamtschuldner in der Höhe um, in der der Ausgleichsberechtigte über seinen Anteil im Innenverhältnis hinaus geleistet hat.[23]

Nicht abschließend geklärt ist, ob die Verjährung für den Zahlungsanspruch erst durch die Zahlung auf die Steuerschuld in Gang gesetzt wird oder ob die ursprüngliche Verjährungsfrist des Freistellungsanspruchs weiterläuft. So entschied das OLG Karlsruhe ohne nähere Begründung, dass von einem einheitlichen Verjährungsbeginn von Freistellungs- und Zahlungsanspruch auszugehen sei.[24] Dafür lässt sich letztlich so argumentieren wie bereits dargestellt.[25]

Demgegenüber hat das BAG nunmehr in einer Entscheidung aus dem Jahre 2018, in dem es um die Erstattung nachentrichteter Lohnsteuer ging, festgestellt, dass der Anspruch des Arbeitgebers gegen den Arbeitnehmer auf Erstattung nachentrichteter Lohnsteuer nach § 42d Abs. 1 Nr. 1, Abs. 3 S. 1 EStG, § 44 Abs. 1 S. 1 AO i.V.m. § 426 Abs. 1 S. 1 BGB erst mit tatsächlicher Zahlung des Steuerbetrags fällig wird.[26] Entscheidend komme es darauf an, dass es dem Gläubiger tatsächlich möglich sein müsse, seinen Anspruch geltend zu machen, d.h. seinen Zahlungsanspruch wenigstens annähernd zu beziffern.[27] Mit dieser Entscheidung

---

[21] Vgl. BGH, Urt. v. 22.10.1992 – IX ZR 244/91 = NJW 1993, 585; BGH, Urt. v. 01.12.2003 – II ZR 202/01 = DStR 2004, 468 = NJW-RR 2004, 474; *Ratschow,* in: Klein, 15. Aufl. 2020, § 44 AO, Rn. 4 ff.

[22] *Binnewies/Wollweber*, ZEV 2008, 517.

[23] Vgl. *Klutinius/Karwatzki*, VersR 2008, 617.

[24] OLG Karlsruhe, Urt. v. 08.12.2006 – 12 U 208 = NJOZ 2007, 693 = r + s 2007, 216; *Klutinius/Karwatzki*, VersR 2008, 617.

[25] Vgl. oben Einl. II.

[26] BAG, Urt. v. 14.11.2018 – 5 AZR 301/17 = BAGE 164, 159–167 = NZA 2019, 250–253 (Leitsatz und Gründe, red. Leitsatz) = NJW 2019, 872–875 (Leitsatz und Gründe); *Reifzug*, DB 2019, 793; *Plesterminks*, AuA 2019, 489.

[27] BAG, a.a.O., Rn. 27.

knüpfte das BAG an eine frühere Entscheidung aus dem Jahr 1984 an.[28] Seinerzeit ging es davon aus, dass der Freistellungsanspruch des Arbeitgebers hinsichtlich etwaiger Lohnsteuernachforderungen zwar bereits in dem Zeitpunkt entstehe und fällig werde, in dem zu wenig Lohnsteuern einbehalten und abgeführt würden. Der Rückerstattungsanspruch des Arbeitgebers erwachse aber erst in dem Zeitpunkt, in dem er freiwillig oder aufgrund eines Haftungsbescheids die Steuerforderung für den Arbeitnehmer erfülle.

Anders als in der früheren Entscheidung stellte das BAG nunmehr – 2018 – fest, dass die Fälligkeit des Rückerstattungsanspruchs nicht zwingend mit der Anspruchsentstehung zusammenfalle, sondern die Fälligkeit im Sinne der (tariflichen) Ausschlussfrist unter Einbeziehung des Kenntnisstandes des Gläubigers und unter Berücksichtigung subjektiver Zurechnungsgesichtspunkte regelmäßig erst mit Bestandskraft des Haftungsbescheids oder, falls eher eintretend, mit tatsächlicher Zahlung des Arbeitgebers eintrete.[29]

Das BAG weicht mit dieser Entscheidung von der Rechtsprechung des BGH zur Verjährung von Ausgleichsansprüchen aus § 426 Abs. 1 BGB ab,[30] indem es den gegen den Arbeitnehmer gerichteten Erstattungsanspruch erst mit der Zahlung der Steuerschuld an das Finanzamt fällig werden lässt.[31] Der Entscheidung lag folgender Sachverhalt zugrunde:

Der Beklagte war ein ehemaliger Arbeitnehmer des Klägers. Auf das Arbeitsverhältnis fand der Bundesrahmentarifvertrag für das Baugewerbe (BRTV-Bau) Anwendung. Dieser sieht in § 14 Ausschlussfristen vor. Danach mussten sämtliche beiderseitigen Ansprüche aus dem Arbeitsverhältnis und solche, die mit dem Arbeitsverhältnis in Verbindung stehen, innerhalb von zwei Monaten nach der Fälligkeit gegenüber der anderen Vertragspartei schriftlich erhoben werden, um nicht zu verfallen. Bei Ablehnung oder Nichtäußerung der Gegenpartei in einer Frist von zwei Wochen trat Verfall ein, wenn der Anspruch nicht innerhalb von zwei Monaten nach der Ablehnung oder dem Fristablauf gerichtlich geltend gemacht wurde. Der Beklagte hatte zuvor den Kläger, seinen vormaligen Arbeitgeber, auf Zahlung einer Überstundenvergütung in Anspruch genommen und gemeint, ein Teil der Überstunden sei durch Materiallieferungen des Klägers abgegolten worden. Später erließ das Finanzamt Haftungsbescheide gegen den Kläger und verlangte mit Erfolg die Zahlung rückständiger Lohnsteuer, weshalb der Kläger vom Beklagten Erstattung verlangte. Im Klageverfahren wandte der Arbeitnehmer und nunmehrige Beklagte u.a. ein, etwaige Ansprüche seien aufgrund der tarifvertraglichen Ausschlussfrist verfallen, und erhob die Verjährungseinrede.

[28] BAG, a.a.O., Rn. 18; BAG, Urt. v. 20. März 1984 – 3 AZR 124/82, II 2 b der Gründe = BAGE 45, 222; *Fuhlrott/Garden*, NJW 2019, 810, 812.

[29] *Fuhlrott/Garden*, a.a.O., 810, 812.

[30] BGH NJW 2010, 60.

[31] *Schuster*, ArbR 2019, 123 (Anmerkung).

Nach § 42 Abs. 3 S. 1 EStG sind Arbeitnehmer und Arbeitgeber Gesamtschuldner für die Lohnsteuer, soweit die Haftung des Arbeitgebers reicht. Im Innenverhältnis bleibt aber der Arbeitnehmer allein verpflichtet; er schuldet dem Arbeitgeber Ausgleich.[32] Zur Übernahme der Lohnsteuerforderung des Finanzamts ist ein Arbeitgeber nicht verpflichtet.[33] Dies gilt nur dann nicht, wenn ausnahmsweise der Arbeitgeber aufgrund gesetzlicher Anordnung Steuerschuldner ist (§ 40 Abs. 3 S. 2 EStG) oder der klar erkennbare Parteiwille dahin geht, dass die Steuerlast den Arbeitgeber treffen solle.[34] Der Arbeitgeber wird dadurch, dass er Lohnsteuer einbehält und an den Fiskus abführt, treuhänderisch für den Steuerfiskus tätig.[35] Durch die Abführung der Steuer erfüllt der Arbeitgeber eine Verpflichtung, die ursprünglich nur dem Arbeitnehmer oblag. Im Verhältnis zwischen Arbeitgeber und Arbeitnehmer ist grundsätzlich allein der Arbeitnehmer Steuerschuldner.[36] Hat der Arbeitgeber, auf Zahlung durch das Finanzamt in Anspruch genommen, Zahlung geleistet, steht ihm gegenüber dem Arbeitnehmer ein zivilrechtlicher Erstattungsanspruch zu,[37] der tarifvertraglichen Ausschlussfristen unterliegt.[38] Das BAG stellte fest, dass der Lauf der tariflichen Ausschlussfrist mit der Fälligkeit des Anspruchs beginnt. Dies sei der Zeitpunkt der tatsächlichen Erfüllung der Steuerforderung gegenüber dem Finanzamt.[39]

Im Anschluss daran setzte sich das BAG mit der Frage auseinander, ob Freistellungs- und Erstattungsanspruch ein einheitlicher Ausgleichsanspruch gem. § 426 Abs. 1 BGB sind, und begründete die Abweichung von der Meinung des BGH.[40]

Dabei stellte es darauf ab, dass

1. eine einheitliche Behandlung von Freistellungs- und Erstattungsanspruch in Bezug auf Ausschlussfristen zu einer Verschiebung der Lohnsteuerlast auf den Arbeitgeber führen würde, was aber dem Telos von § 38 Abs. 2 S. 1 EStG, wonach der Arbeitnehmer der Steuerschuldner ist, widerspräche.[41]

2. Die Auffassung des BGH zur Verjährung könne nicht auf die nach § 42d Abs. 3 S. 1 EStG lohnsteuerrechtlich begründete Gesamtschuld übertragen werden. Wesentlich sei, dass in § 42d Abs. 3 S. 1 EStG „eine im Steuerrecht und damit im öffentlichen Recht wurzelnde Gesamtschuldnerschaft von Arbeitnehmer und Arbeitgeber hinsichtlich der Zahlung der aus dem Arbeitsentgelt resultierenden

---

[32] *Ratschow,* in: Klein, 15. Aufl. 2020, AO, § 44, Rn. 7.

[33] BAG, Urt. v. 14.11.2018 – 5 AZR 301/17 = BAGE 164, 159–167, Tz. 11 sowie § 38 Abs. 2 S. 1 EStG.

[34] *Laws,* FA 2019, 363, 363.

[35] BAG, Urt. v. 30.04.2008 – 5 AZR 725/07, Rn. 18 = BAGE 126, 325.

[36] BAG, Urt. v. 17.03.2010 – 5 AZR 303/09, Rn. 17.

[37] BAG, Urt. v. 14.11.2018 – 5 AZR 301/17, Rn. 12; BAG, Urt. v. 20. März 1984 – 3 AZR 124/82, II 2 b der Gründe.

[38] BAG, Urt. v. 14.11.2018, a.a.O., Rn. 18 a).

[39] BAG, Urt. v. 14.11.2018, a.a.O., Rn. 18 b).

[40] BAG, Urt. v. 14.11.2018, a.a.O., Rn. 19 ff.

[41] BAG, Urt. v. 14.11.2018, a.a.O., Rn. 21.

Lohnsteuer geschaffen" worden sei, welche sich in zentralen Punkten von der Gesamtschuld des BGB unterscheidet. „Der Entgeltanspruch des Arbeitnehmers unterliegt einem öffentlich-rechtlichen Pflichtengefüge, das beide Parteien des Arbeitsvertrags trifft und den bürgerlich-rechtlichen Entgeltanspruch überlagert und prägt."[42] Im Innenverhältnis sei dieses durch § 38 Abs. 2 S. 1 EStG geprägt, weshalb im Innenverhältnis ausschließlich der Arbeitnehmer Lohnsteuerschuldner sei. Es liege zwischen Arbeitgeber und Arbeitnehmer eine steuerrechtlich begründete Gesamtschuld vor, in der ein besonderes Schutzbedürfnis für Arbeitgeber bestehe, da aufgrund lohnsteuerrechtlicher Besonderheiten (§ 38 Abs. 2 S. 1 EStG) die Schuldenquote von Arbeitnehmern 100 Prozent betrage.[43]

3. Dies habe zur Folge, dass ein Verfall des Erstattungsanspruchs aufgrund der Ausschlussfristen nicht vom Verhalten des Ausgleichsberechtigten abhängen könne. Der Arbeitgeber könne weder den Verjährungsbeginn noch den Beginn der Ausschlussfrist hinauszögern. Das Finanzamt entscheide über die haftungsmäßige Inanspruchnahme des Arbeitgebers und ziehe ihn als Haftungsschuldner heran. Der Fälligkeitszeitpunkt des Erstattungsanspruchs werde maßgeblich durch die Inanspruchnahme seitens der Finanzbehörden und nicht durch die freiwillige Leistung des Arbeitgebers auf die Steuerschuld bestimmt.[44]

4. Folge man der Meinung des BGH und gehe man von einem einheitlichen Freistellungs- und Erstattungsanspruch aus, der durch tarifliche Ausschlussfristen erfasst würde, müssten Gesamtschuldner ab Kenntnis der die Gesamtschuld begründenden Tatsachen die Freistellungsansprüche gegenseitig geltend machen und bei zweistufigen Ausschlussfristen diese auch gerichtlich verfolgen. Solange noch kein bestandskräftiger Steuerbescheid vorliege und nicht feststehe, ob und ggf. in welcher Höhe ein Ausgleich im Arbeitsverhältnis überhaupt erforderlich sei, könne es dem Freistellungsberechtigten nicht zugemutet werden, das Arbeitsverhältnis durch eine Streitfrage zu belasten.[45]

Zusammenfassend kommt das BAG zu dem Schluss, dass die Verjährungsfrist des Anspruchs auf Erstattung der Lohnsteuernachzahlung im Falle tarifvertraglicher Ausschlussfristen mit Schluss des Jahres zu laufen beginnt, in dem der Haftungsbescheid bestandskräftig wird und der Arbeitgeber die Steuerforderung begleicht.[46] Darüber hinaus lehnt das BAG eine Einheit von Freistellungs- und Erstattungsansprüchen ab.[47] Zu diesem Ergebnis, das der Auffassung des Verfassers entspricht, gelangt das Schrifttum auch in anderen Bereichen des Rechts. Darauf wird später noch einzugehen sein.[48]

---

[42] BAG, Urt. v. 14.11.2018, a.a.O., Rn. 23; BAG, Urt. v. 21.12.2016 – 5 AZR 273/16 = BAGE 157, 341–346.

[43] *Breitkopf*, ZfA 2019, 419, 422.

[44] BAG, Urt. v. 14.11.2018 – 5 AZR 301/17, Rn. 25.

[45] BAG, Urt. v. 14.11.2018, a.a.O., Rn. 25.

[46] BAG, Urt. v. 14.11.2018, a.a.O., Rn. 29.

[47] *Kreße*, in: BeckOGK, 01.09.2020, § 426 BGB, Rn. 12.

[48] Zum privaten Bau- und zum Architektenrecht unten § 4 III. 4., zum Gesellschaftsrecht

Insgesamt ist diese Rechtsprechung des BAG zu begrüßen, weil ein Arbeitgeber sonst bei arbeitsvertraglichen Ausschlussfristen Gefahr laufen würde, letztlich die Steuerschuld seines Mitarbeiters tragen zu müssen und nicht erstattet zu bekommen.[49] Darüber hinaus ist es aus Sicht des Arbeitgebers zu begrüßen, dass er nicht nur durch den Einbehalt des Arbeitslohns der drei folgenden Auszahlungstermine seine Regressansprüche gegen den Arbeitnehmer durchsetzen kann, wobei hinzukommt, dass auch noch Pfändungsfreigrenzen zu beachten sind.[50]

Grundsätzlich sind die Ausführungen des BAG überzeugend, wenn für den Verjährungsbeginn auf den Zeitpunkt der Bestands- bzw. Rechtskraft des Haftungsbescheids bzw. die Zahlung durch den Arbeitgeber abgestellt wird. Probleme können sich indes ergeben, wenn die Zahlung vorzeitig, d.h. vor Eintritt der Bestands- bzw. Rechtskraft des Haftungsbescheids erfolgt. Denn Bestandskraft tritt – außergerichtlich – erst ein, wenn die Einspruchsfrist verstrichen ist, auf den Einspruch verzichtet, der Haftungsbescheid zurückgenommen wird (§§ 355 Abs. 1, 354, 362 AO) oder die Klagfrist abgelaufen ist (§ 47 FGO), im Gerichtsverfahren die Klage zurückgenommen wurde (§ 72 FGO) oder Rechtskraft eingetreten ist.[51] Ziehen sich die Verfahren über die Gebühr in die Länge, könnte es u.U. dazu kommen, dass der Ausgleichsanspruch gem. § 426 Abs. 1 BGB verjährt ist, bevor der Haftungsbescheid des Finanzamts rechtskräftig wird.

Darüber hinaus stellt das BAG unter Hinweis auf § 199 BGB auf den Kenntnisstand des ausgleichsberechtigten Arbeitgebers und auf subjektive Zurechnungsgesichtspunkte sowie die Möglichkeit der Anspruchsbezifferung ab. Dabei ist zu berücksichtigen, dass dem Erlass eines Haftungsbescheids meist eine Anhörung des Haftungsschuldners vorausgeht (§ 91 Abs. 1 S. 1 AO) und der Haftungsschuldner dabei alle Informationen über die beabsichtigte Inanspruchnahme und den daraus resultierenden Ausgleichsanspruch erhält. Demnach kann der maßgebliche Zeitpunkt also noch früher eintreten und bereits in der Zustellung des Anhörungsschreibens liegen.[52]

Insgesamt führt die Sichtweise des BGH hier wiederum zur Problematik der frühzeitigen Verjährung des Ausgleichsanspruchs. Es liegt in den Fällen der steuerlichen Gesamtschuld zwar eine öffentlich-rechtliche Verwurzelung vor. Die Argumentation des BAG lässt sich ohne Weiteres auf zivilrechtliche Sachverhalte übertragen. Angesichts der dargelegten Unsicherheiten verjährungshemmender Maßnahmen[53] besteht dort ebenfalls die Notwendigkeit, eine vorzeitige Verjäh-

---

z.B.: *Dollmann*, GmbHR 2004, 1330, 1331, der die Folgen der BGH-Meinung ausdrücklich für „unsinnig" erklärt, vgl. unten § 4 IV. 2. b) und c) sowie § 7.

[49] *Schuster*, ArbR 2019, 123 (Anmerkung).

[50] *Jacobi,* ArbRB 2019, 103.

[51] *Laws,* FA 2019, 362, 366.

[52] *Laws,* FA 2019, 362, 366.

[53] Vgl. oben § 3 I. 3. a) cc) (3) und b) bb).

rung des dem Rückgriffsschuldner zustehenden Regressanspruchs sicher zu verhindern. Mithin ist die „Zahlungslösung" aufgrund ihrer Einfachheit und Rechtsklarheit zu präferieren.

3. Der gem. § 426 Abs. 2 S. 1 BGB übergegangene Anspruch

Leistet einer der Gesamtschuldner in voller Höhe auf den Steueranspruch, geht die Forderung des Fiskus gem. §426 Abs. 2 S. 1 BGB im Wege einer „rechtsgebietsübergreifenden"[54] Legalzession auf den zahlenden Gesamtschuldner über, soweit diese im Innenverhältnis vom anderen Gesamtschuldner zu tragen ist.[55] Fraglich ist, ob der Regressgläubiger dadurch wirksamer als durch den Anspruch nach §426 Abs. 1 S. 1 BGB gegen einen Rechtsverlust im Verhältnis zum Regressschuldner, im Lohnsteuerrecht zum Arbeitnehmer, abgesichert ist. Die Steuerforderung verliert mit dem Übergang nach §426 Abs. 2 BGB ihre Eigenschaft als öffentlich-rechtlicher Anspruch und wird zu einer Forderung bürgerlichen Rechts.[56] Nach §§412, 401 Abs. 2 BGB bleiben die der Forderung anhaftenden Besonderheiten erhalten, wie z.B. ein möglicher Konkursvorrang oder ein Sicherungsrecht.[57]

Für den nach §426 Abs. 2 BGB übergehenden Anspruch sei mit Blick auf die Verjährungsthematik zunächst auf folgendes Fallbeispiel zur Schenkungssteuer verwiesen, welches allerdings eine Sonderkonstellation betrifft, die lediglich der Vollständigkeit halber erwähnt wird, sodass anschließend zu fragen ist, ob sie für die vorliegende Thematik fruchtbar gemacht werden kann:[58]

O schenkt T 1995 ein Wertpapierdepot und wird 1996 vom Finanzamt durch Bescheid zur Schenkungssteuer herangezogen. Im Jahre 2008 ist hierzu nach wie vor ein finanzgerichtliches Verfahren anhängig. O hat die Schenkungssteuer 1999 vollständig gezahlt und möchte die Schenkungssteuer zivilrechtlich gegenüber T geltend machen.

Der Zessionar, der regressierende Gesamtschuldner, erwirbt die Forderung, so wie sie übergeht, d.h. mit sämtlichen zur Zeit der Zession bestehenden Einreden und Einwendungen. Hier wäre Festsetzungs- und Zahlungsverjährung gem. §§269 ff. AO noch nicht eingetreten. Durch das Verfahren vor dem Finanzgericht wäre die Frist gehemmt, jedoch nur, wenn sich die Verjährung nach den §§169 ff. und 228 ff. AO richten würde. Dem steht entgegen, dass der BFH einer Umwandlung der Forderung in eine zivilrechtliche Forderung das Wort redet.[59]

---

[54] *Binnewies/Wollweber*, ZEV 2008, 517.

[55] BFH, Urt. v. 12.05.1976 – II R 187/72 = BStBl II 1976, 579 = BeckRS 1976, 22003513; *Kruse*, in: Tipke/Kruse, AO, Juli 2005, §44, Rz. 27.

[56] BGH, Urt. v. 02.04.1973 – VIII ZR 108/72 = NJW 1973, 1077.

[57] *Binnewies/Wollweber*, ZEV 2008, 517; BFH, Urt. v. 12.05.1976 – II R 187/72; OLG Karlsruhe, Urt. v. 18. 02.1994 – 15 U 113/93 = EWiR 1994, 379 mit Anm. Walz.

[58] *Binnewies/Wollweber*, ZEV 2008, 517.

[59] BFH, Urt. v. 12.05.1976 – II R 187/72.

Eine derartige Forderung kann indes nicht nach den Regeln der AO verjähren.[60] Demnach müssen die Verjährungsregeln des BGB Anwendung finden. Als problematisch erweist sich dann wiederum die Bestimmung des Beginns der Verjährungsfrist. Denkbar wäre die Anknüpfung an die Zession durch Zahlung der Schenkungssteuer; hier durch O im Jahre 1999. O könnte dann einseitig den Verjährungsbeginn auslösen. Stattdessen käme wiederum ein Gleichlauf mit der Verjährung des Freistellungsanspruchs gem. § 426 Abs. 1 BGB mit den bereits dargestellten Folgen in Betracht:[61] Der Grundsatz der Selbstständigkeit der Ansprüche, wie er nach § 426 Abs. 1 und 2 BGB vom Gesetzgeber gewollt ist, wäre durchbrochen. Wegen der dreijährigen Verjährungsfrist käme es bei steuerlichen Gesamtschuldnerverhältnissen oft dazu, dass der übergehende Anspruch im Zeitpunkt der Zession bereits verjährt wäre. So wäre im Fallbeispiel der 1995 entstandene Anspruch bei Zahlung durch O im Jahre 1999 bereits verjährt. Dies würde dem legislatorischen Grundgedanken der durch § 426 Abs. 2 BGB angeordneten *Cessio legis*, dass dem leistenden Gesamtschuldner die gleichen Rechte wie dem Gläubiger zustehen sollen, indes diametral entgegenstehen.[62]

Als Ausweg schlagen *Binnewies* und *Wollweber* eine analoge Anwendung der im Kontext der Schuldrechtsmodernisierung bedeutsam gewordenen Übergangsvorschrift zur Verjährung in Art. 229 § 6 EGBGB vor.[63] Danach würde Folgendes gelten:

---

[60] *Binnewies/Wollweber,* ZEV 2008, 517, 518.

[61] Vgl. oben Einl. II.

[62] *Binnewies/Wollweber,* ZEV 2008, 517, 518.

[63] Ebd. Art. 229 § 6 EGBGB hat folgenden Wortlaut: „(1) Die Vorschriften des Bürgerlichen Gesetzbuchs über die Verjährung in der seit dem 1. Januar 2002 geltenden Fassung finden auf die an diesem Tag bestehenden und noch nicht verjährten Ansprüche Anwendung. Der Beginn, die Hemmung, die Ablaufhemmung und der Neubeginn der Verjährung bestimmen sich jedoch für den Zeitraum vor dem 1. Januar 2002 nach dem Bürgerlichen Gesetzbuch in der bis zu diesem Tag geltenden Fassung. Wenn nach Ablauf des 31. Dezember 2001 ein Umstand eintritt, bei dessen Vorliegen nach dem Bürgerlichen Gesetzbuch in der vor dem 1. Januar 2002 geltenden Fassung eine vor dem 1. Januar 2002 eintretende Unterbrechung der Verjährung als nicht erfolgt oder als erfolgt gilt, so ist auch insoweit das Bürgerliche Gesetzbuch in der vor dem 1. Januar 2002 geltenden Fassung anzuwenden.

(2) Soweit die Vorschriften des Bürgerlichen Gesetzbuchs in der seit dem 1. Januar 2002 geltenden Fassung anstelle der Unterbrechung der Verjährung deren Hemmung vorsehen, so gilt eine Unterbrechung der Verjährung, die nach den anzuwendenden Vorschriften des Bürgerlichen Gesetzbuchs in der vor dem 1. Januar 2002 geltenden Fassung vor dem 1. Januar 2002 eintritt und mit Ablauf des 31. Dezember 2001 noch nicht beendigt ist, als mit dem Ablauf des 31. Dezember 2001 beendigt, und die neue Verjährung ist mit Beginn des 1. Januar 2002 gehemmt.

(3) Ist die Verjährungsfrist nach dem Bürgerlichen Gesetzbuch in der seit dem 1. Januar 2002 geltenden Fassung länger als nach dem Bürgerlichen Gesetzbuch in der bis zu diesem Tag geltenden Fassung, so ist die Verjährung mit dem Ablauf der im Bürgerlichen Gesetzbuch in der bis zu diesem Tag geltenden Fassung bestimmten Frist vollendet.

(4) Ist die Verjährungsfrist nach dem Bürgerlichen Gesetzbuch in der seit dem 1. Januar 2002 geltenden Fassung kürzer als nach dem Bürgerlichen Gesetzbuch in der bis zu diesem Tag geltenden Fassung, so wird die kürzere Frist von dem 1. Januar 2002 an berechnet. Läuft

Bis zur Zession richten sich Fristbeginn und Fristenlauf nach Steuerrecht. Ist die Steuerforderung zur Zeit der Zession noch nicht verjährt, gelten ab diesem Zeitpunkt für den weiteren Lauf und das Ende der Frist die Bestimmungen des BGB. Demnach beginnt mit der Zession die Dreijahresfrist. Würde die Verjährung nach Steuerrecht allerdings vor Ablauf der Dreijahresfrist enden, soll sich das Fristende nach den steuerrechtlichen Festsetzungsverjährungs- oder – falls die Zahlungsverjährung später endet – nach den Bestimmungen über die Zahlungsverjährung (§§ 228 ff. AO) richten.[64]

Im Fallbeispiel ist bis zur Zahlung der Steuer durch O nach Steuerrecht noch keine Festsetzungsverjährung eingetreten. Durch die Zahlung der Schenkungssteuer begann nach altem Verjährungsrecht zunächst die 30-jährige Verjährung. Durch die Schuldrechtsreform wurde die Verjährungsfrist zum 01.01.2002 auf drei Jahre verkürzt, Art. 229 § 6 EGBGB. Die Regelverjährung wäre danach zum 31.12.2004 eingetreten. Bei Inanspruchnahme des T wäre ggf. Verjährung eingetreten, sofern die Verjährung nicht nach § 204 Abs. 1 Nr. 1 BGB durch Klageverfahren gehemmt ist. Dafür müsste das Klageverfahren des O gegen den Fiskus die Verjährung des gegen den am Verfahren nicht beteiligten T gerichteten Anspruchs hemmen, obwohl der übergegangene Anspruch nicht Streitgegenstand des finanzgerichtlichen Verfahrens ist.[65] O begehrt mit seiner Anfechtungsklage lediglich die Aufhebung des Haftungsbescheids. Der Anspruch auf Rückzahlung der Schenkungssteuer ist ein anderer Streitgegenstand. Auch setzt § 204 Abs. 1 Nr. 1 BGB eine Klage gegen den Schuldner voraus.[66] O klagt aber gegen das Finanzamt, nicht gegen T, den Schuldner des nach § 426 Abs. 2 S. 1 BGB übergegangenen Anspruchs. Verjährung wäre daher hier spätestens am 31.12.2004 eingetreten: T könnte erfolgreich die Verjährungseinrede erheben (§ 214 Abs. 1 BGB).[67]

Dies zeigt: Auch die durch § 426 Abs. 2 BGB bewirkte *Cessio legis* bietet dem Regressgläubiger keinen effektiven Schutz gegenüber einem Rechtsverlust im Verhältnis zu den Regressschuldnern im Innenverhältnis. Auch diese Rechtssituation spricht somit für die vom Verfasser propagierte Ansicht, dass der Beginn der Verjährungsfrist des aufgrund der Zahlung an den Primärgläubiger entste-

---

jedoch die im Bürgerlichen Gesetzbuch in der bis zu diesem Tag geltenden Fassung bestimmte längere Frist früher als die im Bürgerlichen Gesetzbuch in der seit diesem Tag geltenden Fassung bestimmten Frist ab, so ist die Verjährung mit dem Ablauf der im Bürgerlichen Gesetzbuch in der bis zu diesem Tag geltenden Fassung bestimmten Frist vollendet.

(5) Die vorstehenden Absätze sind entsprechend auf Fristen anzuwenden, die für die Geltendmachung, den Erwerb oder den Verlust eines Rechts maßgebend sind.

(6) Die vorstehenden Absätze gelten für die Fristen nach dem Handelsgesetzbuch und dem Umwandlungsgesetz entsprechend."

[64] *Binnewies/Wollweber*, ZEV 2008, 517, 519.

[65] Ebd.

[66] *Ellenberger*, in: Grüneberg, 81. Aufl. 2022, § 204, Rn. 12; BGHZ 80, 226.

[67] Dies würde im Übrigen auch für den Ausgleichsanspruch nach § 426 Abs. 1 S. 1 BGB gelten, *Binnewies/Wollweber*, ZEV 2008, 517, 519.

henden Zahlungsanspruchs in Abweichung von der Rechtsprechung des BGH an den Zeitpunkt der Zahlung zu knüpfen ist.

4. Zusammenfassung

Die Entscheidung des BAG vom 14.11.2018 stellt einen entscheidenden Fortschritt dar, wenn man die Trennungslösung favorisiert, also entgegen dem BGH nicht von einem einheitlichen Anspruch gem. §426 Abs. 1 S. 1 BGB ausgeht. Sie bringt darüber hinaus Klarheit für Arbeitgeber. Die Gefahr, bei einer späteren Inanspruchnahme durch das Finanzamt den Arbeitnehmer nicht mehr in Regress nehmen zu können und damit einen Rechtsverlust zu erleiden, wird reduziert.[68] Insbesondere sprechen praktische Billigkeitserwägungen dafür, den Beginn der Verjährungs- und Ausfallfristen an die Zahlung des Arbeitgebers an das Finanzamt bzw. einen (bestandskräftigen) Haftungsbescheid anzuknüpfen.

Indes hat das Fallbeispiel zu §426 Abs. 2 BGB gezeigt, dass auch die vorliegend präferierte Anknüpfung an die Zahlung durch den regressierenden Gesamtschuldner – und damit an die Zession – nicht in allen denkbaren Fallkonstellationen zu einem als „gerecht" empfundenen Ergebnis führt. Allerdings dürfte das Fallbeispiel von *Binnewies* und *Wollweber*[69] in der steuerlichen Praxis kaum vorkommen und ist deshalb im vorliegenden Zusammenhang unbeachtlich. Ein Steuerschuldner, wie in obenstehendem Beispiel der O, welcher gegen den Haftungsbescheid des Finanzamts aus 1996 vorgeht, dürfte, steuerrechtlich beraten, über derartige zukünftige Sachverhaltsverläufe aufgeklärt worden sein. Es hätte die Möglichkeit einer unbezifferten Leistungsklage bestanden; T hätte den Ausgleichsbetrag hinterlegen können (§ 327 ZPO) und es wäre zu überlegen gewesen, welche anderen Maßnahmen zivilprozessualer Art in Betracht gekommen wären.

Daraus folgt:

Ungewöhnliche Sachverhalte so wie im genannten Fallbeispiel von *Binnewies* und *Wollweber* können nicht gegen die grundsätzliche Anknüpfung des Verjährungsbeginns an die Zahlung durch den haftenden Gesamtschuldner, der die Steuerforderung begleicht, ins Feld geführt werden. Dabei spielt auch der Gedanke eine Rolle, dass bei der Beantwortung der hier im Fokus stehenden Frage hauptsächlich Situationen zu berücksichtigen sind, die nach dem gewöhnlichen Lauf der Dinge praxisrelevant sind. Daher verbleibt es bei interessengerechter Wertung entgegen der Judikatur des BGH für den Anspruch aus §426 Abs. 1 BGB im Steuerrecht bei einer Anknüpfung für den Verjährungsbeginn an den Zeitpunkt der Zahlung. Für den nach §426 Abs. 2 BGB übergehenden Anspruch verbleibt es dabei, dass die Verjährungsfrist mit der Entstehung des Primärgläubigeranspruchs beginnt.

---

[68] *Breitkopf*, ZfA 2019, 419, 420.

[69] Vgl. oben §4 II. 3.

Wie dargestellt[70] ist der erörterte Fall ein absoluter Sonderfall und wurde lediglich der Vollständigkeit halber behandelt. Es hat sich gezeigt, dass er für die vorliegende Thematik nicht fruchtbar gemacht werden kann.

III. Baurecht und Architektenrecht

1. Einführung: Komplexe Ausgangssituation aufgrund mehrerer Baubeteiligter

Auch im privaten Baurecht ist der Gesamtschuldnerausgleich von Bedeutung. Dies beruht auf der Komplexität der Materie. Das Baurecht ist gekennzeichnet durch das arbeitsteilige Zusammenwirken vieler Akteure mit dem gemeinsamen Ziel, ein funktionstaugliches und zweckgerechtes Bauwerk zu errichten, welches den Vorgaben der Leistungsbeschreibung und den rechtlichen und technischen Vertragsbedingungen (VOB/C) entspricht.[71] Dabei lassen sich in den einzelnen Phasen des Bau- und Vergabegeschehens Verursachungsbeiträge unterschiedlicher Baubeteiligter identifizieren: Im Vorfeld der Vergabe muss das Bauvorhaben konzipiert werden und es müssen Planungsleistungen erbracht werden, für die der Architekt und Sonderfachleute wie z.B. Baustatiker oder Spezialisten für die technische Gebäudeausrüstung zuständig sind. Im Rahmen der Bauvergabe sind die Preisangaben im Leistungsverzeichnis und eventuelle Alternativvorschläge der Bieter auf Plausibilität und Durchführbarkeit bzw. die Preise auf Auskömmlichkeit zu prüfen. Nach der Vergabe sind bei der Bauausführung wiederum Architekten und Sonderfachleute in Kooperation mit Bauunternehmern (General- und Subunternehmern bzw. Generalübernehmern) und Handwerksfirmen[72] gefragt: Bauunternehmer und Handwerker bei der Errichtung des Bauwerks sowie Architekten in aufsichtsführender und kontrollierender Funktion.[73] Auch bei der Abnahme, Abrechnung und bei der sich ggf. anschließenden Mängelbehebung bedarf es eines kooperativen Zusammenwirkens sämtlicher Baubeteiligter.[74]

Diese kurze Darstellung zeigt bereits bzw. lässt eine erste Vermutung dafür aufkommen, dass insbesondere im (privaten) Baurecht und im Architektenrecht etwaige Mängel meist nicht ausschließlich von einem einzigen Baubeteiligten verursacht oder gar verschuldet werden. Vielmehr fallen Baumängel meist in den Verantwortungsbereich verschiedener Baubeteiligter und je umfangreicher das Bauvorhaben ist und je mehr Gewerke beteiligt sind, desto eher können sich

[70] Vgl. oben § 4 II. 3.; *Binnewies/Wollweber*, ZEV 2008, 517.

[71] *Sohn/Holtmann*, BauR 2009, 1480; *Kniffka*, BauR 2005, 274.

[72] *Krusche*, in: Motzke/Bauer/Seewald, Prozesse in Bausachen, 3. Aufl. 2018, § 10, Rn. 2; *Klein/Moufang/Koos*, BauR 2009, 333, 340.

[73] Sofern ihnen die Leistungsphase 8 der HOAI „Objektüberwachung – Bauüberwachung und Dokumentation" übertragen ist.

[74] Leistungsphase 9 der HOAI „Objekbetreuung".

Gesamtschuldverhältnisse ergeben,[75] indem Fehler eines Baubeteiligten sich auf die Leistung eines anderen Beteiligten auswirken.

Mängel können sich daraus ergeben, dass mehrere Unternehmer, ggf. General- und Subunternehmer, gemeinsam einen Schaden am Bauwerk zu vertreten haben, dass der bauleitende Architekt und ein Unternehmer gemeinsam einen Baumangel verschuldet haben, indem sich ein Planungsfehler bei der Bauausführung auswirkt bzw. der Bauunternehmer in Kenntnis der offensichtlich fehlerhaften Planung weiterbaut bzw. ein Architekt im Rahmen der Bauabnahme Ausführungsfehler schuldhaft nicht erkennt, indem neben dem Architekten und ggf. dem Statiker noch weitere Sonderfachleute verantwortlich sind oder zusätzlich Bauunternehmer in den verschiedensten Phasen der Bauabwicklung die Verantwortung tragen.[76] Denkbar sind auch die gemeinsame Verantwortlichkeit des planenden und des bauleitenden Architekten oder Sonderfachmanns bzw. gemeinsam begangene Pflichtverletzungen eines Baubetreuers und eines Treuhänders.[77]

Sämtliche Konstellationen zeichnen sich dadurch aus, dass jeder Akteur für eigene Fehler bzw. Pflichtverletzungen verantwortlich, die Mitverursachungs- bzw. Mitverschuldensquote aber unterschiedlich ist.[78] Dies ist eine Besonderheit und es stellt eine Schwierigkeit des Bau- und des Architektenrechts insbesondere im streitigen Verfahren dar, dass – anders als etwa bei einem gemeinsam begangenen vorsätzlichen Kartellrechtsverstoß – die Haftungsanteile bei allen Beteiligten meist stark differieren.[79] Es muss dann im Rechtsstreit (analog) § 254 BGB abgewogen werden, von wem der Baumangel überwiegend zu verantworten ist.[80] Hinzu kommt, dass das private Baurecht, unabhängig davon, ob es sich um einen „BGB-Vertrag" handelt oder die Vertragsordnung für Bauleistungen (VOB)[81] Vertragsgrundlage ist, wie auch das Kaufrecht[82] durch eine strikte Erfolgshaftung geprägt ist.[83] Insgesamt führt dies dazu, dass in Abhängigkeit von der Komplexität des jeweiligen Bauvorhabens vielfach mehrere Baubeteiligte dem Besteller bzw. Auftraggeber auf Mängelbeseitigung, ggf. im Wege der Selbstvornahme (§§ 637, 650q BGB), auf Tragung der Mängelbeseitigungskosten oder Schadens-

---

[75] Vgl. dazu unten in diesem Abschnitt 3. a) und b).

[76] Vgl. z.B: LG Stuttgart, BauR 1997, 137 (fehlende Dehnungsfuge).

[77] OLG Köln NJW-RR 1997, 597; OLG Düsseldorf NJW-RR 1992, 914.

[78] § 254 BGB (analog).

[79] Darüber hinaus sind auch etwaige Mitverschuldensanteile des Bestellers bzw. Auftraggebers zu berücksichtigen, vgl. nur die Ausführungen zu § 9 Abs. 3 VOB/B bei *Joussen/Vygen*, in: Ingenstau/Korbion, 21. Aufl. 2020, Rn. 19 m.w.N. und bei *Grüneberg*, in: Grüneberg, 81. Aufl. 2022, § 254, Rn. 8 ff.

[80] *Grüneberg*, a.a.O., § 254, Rn. 8 ff.

[81] Vgl. zur VOB unten in diesem Abschnitt 2. a).

[82] Vgl. § 439 Abs. 1 BGB: „Der Käufer … nach seiner Wahl" und § 635 Abs. 1: „…so kann der Unternehmer nach seiner Wahl". Zur Begründung des Unterschieds *Schmidt-Räntsch*, Das neue Schuldrecht, Rn. 854 und 1016.

[83] *Retzlaff*, in: Grüneberg, 81. Aufl. 2022, vor § 631, Rn. 1; BGH NJW 2012, 1071

ersatz haften[84] bzw. die Minderung ihrer Vergütung hinzunehmen haben. Liegen die zusätzlichen Voraussetzungen der Gesamtschuld vor, ist also auch die von der Rechtsprechung geforderte Gleichstufigkeit gegeben,[85] haften die Baubeteiligten im Außenverhältnis gegenüber Besteller bzw. Auftraggeber[86] auch gemeinsam. Dieser kann nach Belieben gegen jeden Gesamtschuldner vorgehen, eine bestimmte Rangordnung gibt es nicht, insbesondere kann nicht von einer subsidiären Architektenhaftung[87] bzw. davon ausgegangen werden, dass Bauunternehmer grundsätzlich primär in Anspruch zu nehmen sind.[88] Daran hat sich, wie noch zu zeigen sein wird, auch für nach dem 31.12.2017 abgeschlossene Architekten- und Ingenieurverträge durch § 650t BGB nur wenig geändert.[89]

Auch wenn es Bestellern bzw. Auftraggebern aus prozesstaktischen Gründen und zwecks Verbesserung der Vollstreckungsaussichten zu empfehlen ist, gegen sämtliche Baubeteiligte gemeinschaftlich vorzugehen, kommt es oft dazu, dass nur einer der Betroffenen in Anspruch genommen wird. Ist dies der Fall, stellt sich erneut die Frage nach einem Rückgriff gegen die übrigen Baubeteiligten. Dass es auch hier zu Problemen durch den frühzeitigen Verjährungsbeginn des Ausgleichsanspruchs kommen kann, vermag aufgrund der bisherigen Ausführungen nicht zu überraschen und wirft auch in diesem Teilrechtsgebiet eine Vielzahl von Fragen auf, insbesondere nach der Dauer von Verjährungsfristen und dem jeweiligen Fristbeginn.[90]

Nachfolgend werden, wenn auch in der gebotenen Kürze, im Außenverhältnis in Betracht kommende Ansprüche des Bestellers bzw. Auftraggebers gegen einzelne Baubeteiligte und die dabei zu beachtenden Verjährungsfristen beschrieben. Es folgt eine vertiefende Darstellung denkbarer Gesamtschuldkonstellationen zwischen den Anspruchsgegnern. Im Anschluss daran werden die Rückgriffsmöglichkeiten der Gesamtschuldner im Innenverhältnis sowie die damit zusammenhängende Frage erörtert, wann die Verjährungsfrist des Ausgleichsanspruchs und des gem. § 426 Abs. 2 BGB übergangenen Anspruchs beginnt und wie lange die Fristen jeweils dauern bzw. dauern sollten. Abschließend wird der Befund mit der Parallelsituation im Kartellrecht verglichen.

---

[84] *Sohn/Holtmann*, BauR 2009, 1480; *Kniffka*, BauR 2005, 274.

[85] *Grüneberg*, in: Grüneberg, 81. Aufl. 2022, § 421 Rn. 3; BGH NJW 2012, 1071 und oben § 1 II.

[86] Das Gesetz verwendet die Termini „Besteller“ und „Unternehmer“, und zwar letzteren Begriff auch für Architekten und Ingenieure (§ 650p BGB ff.), die VOB dagegen enthält die Bezeichnungen „Auftraggeber“ und „Auftragnehmer“.

[87] OLG Dresden NJW 2017, 1555, 1557 (für einen vor dem 31.12.2017 abgeschlossenen Vertrag); *Klein/Moufang/Koos*, BauR 2009, 333, 340.

[88] OLG Dresden NJW 2017, 1555, 1557; *Retzlaff*, in: Grüneberg, 81. Aufl. 2022, § 650t, Rn. 2 m.w.N.

[89] *Retzlaff*, in: Grüneberg, a.a.O., § 650p Rn. 1; vgl. im Übrigen unten § 4 III. 4. a) cc) (2).

[90] *Kniffka*, BauR 2005, 274 ff.

2. Mögliche Ansprüche des Bestellers, Beginn und Dauer der Regelverjährungsfristen

Im Folgenden werden die Grundlagen der Ansprüche des Bestellers dargestellt, wobei zwischen BGB-(Bau-)Verträgen und VOB-Bauverträgen differenziert und sodann auf die gesetzlichen Verjährungsfristen eingegangen wird. Der Blick wird dabei vornehmlich auf die Mängelrechte des Bestellers gerichtet, da dort im weiteren Verlauf auch die Thematik der Gesamtschuld zu verorten ist.

a) In Betracht kommende Anspruchsgrundlagen

aa) Rechtslage nach BGB

Nach § 631 Abs. 1 BGB besteht die Hauptleistungspflicht des Unternehmers in der mangelfreien Herstellung des versprochenen Werks.[91] Daher können sich Mängelansprüche des Bestellers gegen sämtliche am Bau Beteiligten ergeben, also gegen den planenden und bauleitenden Architekten, Sonderfachleute, Gutachter sowie Bau- und Fachunternehmer.[92] Ausgangspunkt für werkvertragliche Mängelansprüche des Bestellers ist § 634 BGB. Für die grundsätzliche Anwendbarkeit des Mängelhaftungsrechts bedarf es außer eines Werkvertrages eines Sach- oder Rechtsmangels gem. § 633 BGB im Zeitpunkt des Gefahrenübergangs. Maßgeblich für den Gefahrenübergang ist die Abnahme gem. § 640 BGB oder ein sog. Abnahmesurrogat.[93] Sind diese Voraussetzungen erfüllt, stehen dem Besteller folgende Rechtsbehelfe zu: Er kann

- gem. § 634 Nr. 1 BGB bei Vorliegen eines Mangels gegen den Werkunternehmer einen Nacherfüllungsanspruch gem. § 635 BGB geltend machen,
- unter weiteren Voraussetzungen im Falle der Selbstvornahme Aufwendungsersatz (§§ 634 Nr. 2, 637 BGB) verlangen,
- ansonsten steht ihm ein Schadensersatzanspruch (§§ 634 Nr. 4 Alt. 1, 280 ff. BGB) und
- ein Anspruch auf Ersatz vergeblicher Aufwendungen (§§ 634 Nr. 4 Alt. 2, 284 BGB) zu.
- Darüber hinaus kann der Besteller Gestaltungsrechte ausüben und vom Vertrag zurücktreten oder die Vergütung mindern (§§ 634 Nr. 3 Alt. 1 und 2, 636, 323 und 326 Abs. 5 BGB bzw. 643 Nr. 3 Alt. 2, 638 BGB). Die beiden letztgenannten Rechtsbehelfe werden, zumal lediglich das Rücktrittsrecht allenfalls mittelbar Gläubigeransprüche gem. §§ 346 ff. BGB auslöst,[94] im weiteren Fortgang der Arbeit nicht berücksichtigt.

---

[91] *Brox/Walker*, Besonderes Schuldrecht, 44. Auflage 2020, § 24, Rn. 2.

[92] *Krause-Allenstein*, in: Kniffka, ibr-online-Kommentar Bauvertragsrecht, 21. Aktualisierung 2019, Stand: 17.09.2019, § 634, Rn. 142. Sind die Verträge ausnahmsweise als Dienstverträge zu qualifizieren, ergeben sich Rechte aus §§ 280 ff., 311a, 323 BGB, vgl. *Sprau,* in: Grüneberg, 81. Aufl. 2022, § 633, Rn. 12 ff.

[93] § 640 Abs. 2 BGB; *Jouseen,* BauR 2018, 328.

[94] *Grüneberg*, in: Grüneberg, 81. Aufl. 2022, § 323 BGB, Rn. 33.

Durch das Bauvertragsreformgesetz vom 28.04.2017[95] haben der Bauvertrag (§ 650a bis 650h), der Verbraucherbauvertag (§§ 650i bis 650n BGB), der Architekten- und der Ingenieurvertrag (§§ 650p bis 650t BGB) sowie der Bauträgervertrag (§§ 650u und v BGB) erstmals – fast 120 Jahre nach Inkrafttreten des BGB[96] – mit Wirkung ab dem 01.01.2018[97] eine ausdrückliche gesetzliche Regelung im BGB erfahren. Bis dahin enthielt das BGB keine detaillierten den besonderen Gegebenheiten der Bauwirklichkeit Rechnung tragenden und diese sachgemäß erfassenden Sonderbestimmungen. Bau-, Architekten- und Ingenieurvertragsrecht hatten sich allerdings mittlerweile zu komplexen Spezialmaterien entwickelt, zu denen eine immer umfangreicher gewordene und für den Rechtsanwender in der Praxis kaum mehr überschaubare Rechtsprechung ergangen war.[98] Viele Fallkonstellationen waren gesetzlich nicht einmal ansatzweise geregelt, ebenso wenig Verbraucherschutzgesichtspunkte.[99]

Insgesamt berücksichtigte das Gesetz nicht, dass es sich bei (Verbraucher-) Bau-, Architekten- und auch Ingenieurverträgen sowie Bauträgerverträgen in der Regel um komplexe Langzeitverträge handelt,[100] weshalb nach Vertragsschluss oft Anpassungen der ursprünglich vorgesehenen Leistung an veränderte Umstände erforderlich werden.[101] Der Reformgesetzgeber schuf daher neben einer an § 1 VOB/A angelehnten Legaldefinition des Bauvertrags in § 650a BGB in den Bestimmungen der §§ 650b ff. BGB Spezialbestimmungen zu einigen besonders neuralgischen Punkten im Baugeschehen, zur Zustandsfeststellung bei verweigerter Abnahme (§ 650g Abs. 1 bis 3 BGB), zur Schlussrechnung (§ 650 Abs. 4 BGB) und zur Kündigung aus wichtigem Grund (§ 648a BGB).[102] Für Bauverträge von Verbrauchern[103] wurden die Anforderungen an die Baubeschreibung (§ 650j BGB, Art. 249 § 2 EGBGB) verschärft, eine Pflicht zur verbindlichen Vereinbarung der Bauzeit (§ 650k Abs. 3 BGB) und ein Widerrufsrecht für Verbraucher (§ 650l BGB, Art. 249 § 3 EGBGB) eingeführt.[104] Darüber hinaus erfuhren Architekten- und auch Ingenieurverträge erstmals eine gesetzliche Regelung.

---

[95] Gesetz zur Reform des Bauvertragsrechts, zur Änderung der kaufrechtlichen Mängelhaftung, zur Stärkung des zivilprozessualen Rechtsschutzes und zum maschinellen Siegel im Grundbuch- und Schiffsregisterverfahren (Bauvertragsrechtsreformgesetz = BauVertrRRG) v. 28.04.2017, BGBl. I, S. 969.

[96] Am 18.08.1896 wurde das BGB im Reichsgesetzblatt (RGBl. 1896, S. 195) verkündet und trat auf persönlichen Wunsch von Kaiser Wilhelm II. – das neue Jahrhundert sollte glanzvoll beginnen – am 01.01.1900 in Kraft.

[97] Art. 229 EGBG § 39.

[98] BT-Drs. 18/8486 v. 18.05.2016, RegE, S. 1.

[99] Ebd.

[100] Vgl. oben § 4 III. 1.

[101] *Retzlaff,* in: Grüneberg, 81. Aufl. 2022, § 650b BGB, Rn. 2

[102] Im VOB-Bauvertragsrecht ist die außerordentliche Kündigung aus wichtigem Grund – nicht abschließend – in § 8 Abs. 2 bis 4 VOB/B geregelt, vgl. *Kuffer/Petersen*, in: Heiermann/Riedl/Rusam, VOB-Kommentar, 14. Aufl. 2017, § 8 VOB/B, Rn. 3 und 4; vgl. auch BGH BauR 2000, 409.

[103] Legaldefinition in § 650i BGB.

[104] BT-Drs. 18/8486, S. 2.

Sonderfachleute, Bauunternehmer und Fachunternehmer, die aufgrund eines Bauvertrages gem. § 650a BGB die Herstellung, Wiederherstellung oder die Beseitigung oder den Umbau eines Bauwerks, einer Außenanlage oder eines Teils davon schulden, sind gem. § 634 BGB regelmäßig zunächst unter Setzung einer angemessenen Frist zur Nacherfüllung aufzufordern, bevor Mängelhaftungsansprüche geltend gemacht werden können. Dies soll dem Recht zur zweiten Andienung Rechnung tragen,[105] wobei, anders als im Kaufrecht, dem Unternehmer das Wahlrecht zwischen Nachbesserung und Neuherstellung zusteht.[106] Erst nach ergebnislosem Ablauf einer solchen Frist oder deren Entbehrlichkeit kann der Besteller Ansprüche aus § 634 Nr. 2 und 4 BGB geltend machen.

Anders kann der Fall hingegen bei Architekten, Ingenieuren und Gutachtern liegen, da diese durch Planungs- und/oder Überwachungsleistungen[107] ein geistiges Werk schulden.[108] Dies zeigt auch die neue Bestimmung des § 650p BGB. Danach schulden Architekten und Ingenieure – Unternehmer im Sprachgebrauch des BGB – Leistungen, die nach dem jeweiligen Stand der Planung und Ausführung des Bauwerks erforderlich sind, um die zwischen den Parteien vereinbarten Planungs- und Überwachungsziele zu erreichen. Bei Leistungsmängeln ist der dadurch entstandene Schaden oft nicht durch bloße Nacherfüllung gem. §§ 634 Nr. 1, 635 BGB zu beseitigen. Gutachterfehler führen zu Planungsfehlern, Planungsfehler führen zu Baufehlern, Aufsichtsfehler verhindern das Entdecken von Planungs- und Baufehlern.[109] Zwar können das Gutachten und der Plan nachträglich mangelfrei erstellt werden, dies allein führt aber noch nicht zum Wegfall des Mangels am Bauwerk.[110] Auch ist in der Regel die spätere Behebung eines Aufsichtsfehlers im Sinne von § 275 Abs. 1 BGB tatsächlich unmöglich.[111] Somit entfällt für den Besteller das Erfordernis der Fristsetzung und er kann gem. §§ 634 Nr. 4, 280 Abs. 1, 3, 283 BGB sofort Schadensersatz fordern, während er gegen den ausführenden Unternehmer einen Anspruch auf Nacherfüllung hat.[112] Es hängt somit vom Wesen des geschuldeten Werks ab, welche Mängelrechte dem Besteller gegenüber den jeweiligen Baubeteiligten zustehen und ob eine Fristsetzung erforderlich ist.

---

[105] BGH NJW 2013, 1228, Rn. 14, 21.

[106] Vgl. § 439 Abs. 1 BGB und § 635 Abs. 1 BGB.

[107] *Retzlaff*, in: Grüneberg, 81. Aufl. 2022, § 650p, Rn. 17 m.w.N.

[108] *Zerr*, NZBau 2002, 241, 242.

[109] *Krause-Allenstein*, in: Kniffka, ibr-online-Kommentar Bauvertragsrecht, 21. Aktualisierung 2019, Stand: 17.09.2019, § 634, Rn. 142.

[110] *Retzlaff*, in: Grüneberg, 81. Aufl. 2022, § 635, Rn. 8.

[111] Vgl. Ebd.

[112] Vgl. Ebd.

bb) Rechtslage nach VOB/B

Bei Bauverträgen wird meist die Geltung der Allgemeinen Vertragsbedingungen für die Ausführung von Bauleistungen (VOB/B) vereinbart. Diese stellen Allgemeine Geschäftsbedingungen (AGB) im Sinne von § 305 Abs. 1 BGB dar und tragen den besonderen Anforderungen der Bauausführung eingehender als das gesetzliche Bauvertragsrecht (§§ 650a BGB ff.) Rechnung.[113] Hingegen enthalten die – im vorliegenden Kontext allerdings zu vernachlässigenden – Allgemeinen Bestimmungen über die Vergabe von Bauleistungen (VOB/A), mit Spezialvorschriften für die EU-weite Auftragsvergabe,[114] Regelungen über die der Zuschlagserteilung vorausgehende Bauvergabe und die Allgemeinen Technischen Vertragsbedingungen für Bauleistungen (VOB/C), die die Allgemeinen Regelungen für Bauarbeiten jeder Art (DIN 18 299) und die Allgemeinen Technischen Vertragsbedingungen für Bauleistungen (ATV) einzelner Gewerke (DIN 18 300 ff) enthalten,[115] grundlegende technische Vorschriften.

Die Bestimmungen der VOB/B gelten nur, wenn sie wirksam in den Vertrag einbezogen werden (§ 305 Abs. 2 BGB). Sie unterliegen einer Einbeziehungs- und Inhaltskontrolle nach den §§ 305 ff. BGB. Werden die VOB/B-Bestimmungen als Ganzes, also „ohne inhaltliche Abweichungen“ vereinbart,[116] werden sie gem. § 310 Abs. 1 S. 3 BGB AGB-rechtlich privilegiert mit der Folge, dass eine Inhaltskontrolle (§§ 307–309 BGB) einzelner VOB-Bestimmungen entfällt. Möglich bleibt nur die Kontrolle der VOB/B als Ganzes anhand der Generalklausel von § 307 Abs. 1 und 2 BGB.[117] Zur Begründung wird angeführt, die VOB/B stelle einen auf die Besonderheiten der zu erbringenden Leistung abgestellten einigermaßen ausgewogenen Ausgleich der Beteiligteninteressen dar.[118] Die Rechtsprechung erkennt sie daher als angemessene und ausgewogene Regelung an.[119]

Die VOB-Bestimmungen gelten nur, wenn Bauleistungen im Sinne von § 1 VOB/A Vertragsgegenstand sind, also Arbeiten jeder Art, durch die eine bauliche Anlage hergestellt, instand gehalten, geändert oder beseitigt wird. Dabei kann es sich um Bauwerke handeln. Als Bauwerk wird dabei eine „unbewegliche, durch

[113] *Medicus/Lorenz,* Schuldrecht II BT, 18. Aufl. 2018, § 38, Rn. 7.

[114] VOB/A Abschnitt 2: Vergabebestimmungen im Bereich der Richtlinie 2014/24/EU (VOB/A-EU) und VOB/A Abschnitt 3: Vergabebestimmungen im Bereich der Richtlinie 2009/81/EG (VOB/A-VS).

[115] *Medicus/Lorenz,* Schuldrecht II BT, 18. Aufl. 2018, § 38, Rn. 8.

[116] *Retzlaff,* in: Grüneberg, 81. Aufl. 2022, § 650b, Rn. 14.

[117] BT-Drs. 16/9787, S. 24; *Kuffer*, NZBau 2009, 73 ff.

[118] BGH NJW 1983, 816.

[119] BGH NJW 2004, 1597. Sowohl in der kommunalen Praxis als auch durch mittelständische Bauunternehmer, d.h. kleine und mittlere Unternehmen (KMU) sowie internationale Baukonzerne (sog. „Global Player“) wird in Besonderen und Zusätzlichen Vertragsbedingen (BVB und ZVB) allerdings vielfach von VOB/B-Bestimmungen abgewichen. Dadurch entfällt die AGB-rechtliche Privilegierung, vgl. *Stenz*, in: Ingenstau/Korbion, 21. Aufl. 2020, Anhang 3, Recht der AGB, Rn. 37 und 58 ff.

Verwendung von Arbeit und Material in Verbindung mit dem Erdboden hergestellte Sache“[120] verstanden, wobei die Verbindung mit dem Erdboden nicht nur vorübergehend sein darf.[121] Erfasst werden auch Arbeiten an einem Grundstück[122] sowie bestimmte andere Arbeiten.[123]

Die den Auftragnehmer treffende Hauptleistungspflicht aus § 631 Abs. 1 BGB wird für VOB-Bauverträge durch die Generalklausel des § 4 Abs. 2 Nr. 1 S. 1 und weiteren Bestimmungen in § 4 Abs. 2 VOB/B ergänzt.[124] § 4 Abs. 2 VOB/B lautet wie folgt:

„1. Der Auftragnehmer hat die Leistung unter eigener Verantwortung nach dem Vertrag auszuführen. Dabei hat er die anerkannten Regeln der Technik und die gesetzlichen und behördlichen Bestimmungen zu beachten. Es ist seine Sache, die Ausführung seiner vertraglichen Leistung zu leiten und für Ordnung auf seiner Arbeitsstelle zu sorgen.

2. Er ist für die Erfüllung der gesetzlichen, behördlichen und berufsgenossenschaftlichen Verpflichtungen gegenüber seinen Arbeitnehmern allein verantwortlich. Es ist ausschließlich seine Aufgabe, die Vereinbarungen und Maßnahmen zu treffen, die sein Verhältnis zu den Arbeitnehmern regeln.“

Der Grundsatznorm des § 633 Abs. 1 BGB entspricht § 13 Abs. 1 VOB/B, der im Rahmen der Schuldrechtsmodernisierung weitgehend an den Wortlaut der BGB-Vorschrift angepasst wurde,[125] dabei aber zusätzlich ausdrücklich auf die „anerkannten Regeln der Technik“[126] Bezug nimmt.

Die VOB/B enthält eine Vielzahl von Ansprüchen, mit deren Hilfe der Auftraggeber bereits vor der Abnahme seine Rechte wahrnehmen kann, so z.B. einen

---

[120] BGHZ 57, 60.

[121] BGH NJW 2013, 601 Rn. 17, 20. Es existiert dazu eine umfangreiche und kaum zu überblickende Einzelfallrechtsprechung, vgl. dazu nur *Retzlaff*, in: Grüneberg, 81. Aufl. 2022, § 650a, Rn. 3 ff.

[122] Entscheidend ist der allgemeine Sprachgebrauch, so dass z.B. auch die Schottierung eines Waldwegs (OLG Köln OLGR 2000, 288) erfasst wird; ebenso Ausschachtungs- und Verfüllarbeiten (OLG Hamm BauR 1996, 399), Abbrucharbeiten (OLG Bremen BauR 1995, 862), „unwesentliche Reparatur- und Instandhaltungsarbeiten (OLG Hamm NJW-RR 1999, 462), Lieferung und Einbau von Bauteilen und Baugliedern (z.B. BGH NJW-RR 1990, 1108), sonstige Erneuerungs- bzw. Reparaturarbeiten (BGH NJW 1993, 3195), wesentliche Ergänzungsarbeiten (BGH NJW-RR 1990, 87), Verlegung von Teppichboden (BGH NJW 1991, 2486) sowie feste und dauerhafte Verbindung auch bei „Scheinbestandteilen“ (BGH NJW 1992, 1445).

[123] „Arbeiten jeder Art“: z.B. die Herstellung zum Einbau in ein Gebäude bestimmter beweglicher Sachen (BGH BauR 19990, 603), Gerüstbauarbeiten (DIN 18 451 Nr. 1.1: rechtliche Doppelnatur).

[124] *Oppler*, in: Ingenstau/Korbion, VOB, Kommentar, 21. Aufl. 2020, § 4 Abs. 2 VOB/B, Rn. 3.

[125] *Wirth,* in: Ingenstau/Korbion, VOB Kommentar, 21. Aufl. 2020, § 13 Abs. 1 VOB/B, Rn. 5.

[126] Diese umfassen die DIN-Normen. Es besteht eine widerlegbare Vermutung, dass DIN-Normen den anerkannten Regeln der Technik entsprechen; vgl. dazu u.a. OLG Brandenburg BauR 2010, 100.

Anspruch auf Beseitigung vertragswidrigen Materials von der Baustelle (§ 4 Abs. 6 VOB),[127] einen „vorweggenommenen" Mängelbeseitigungs- (§ 4 Abs. 7 S. 1 VOB/B) und Schadensersatzanspruch (§ 4 Abs. 7 S. 2 VOB/B).[128] Für den Zeitraum nach Abnahme (§ 12 VOB/B) stehen dem Auftraggeber folgende Rechtsbehelfe zu: Der Auftraggeber kann

- nach § 13 Abs. 5 Nr. 1 VOB/B Nacherfüllung verlangen und
- nach ergebnislosem Fristablauf den Weg der Ersatzvornahme beschreiten (§ 13 Abs. 5 Nr. 2 VOB/B),
- die Vergütung gem. § 13 Abs. 6 VOB/B mindern oder
- gem. § 13 Abs. 7 VOB/B Schadensersatz wegen Verletzung bestimmter höchstpersönlicher Rechtsgüter (Nr. 1), wegen schuldhafter (§ 276 BGB) Schadensverursachung (Nr. 2) oder wegen unmittelbarer (Bauwerks-) Mängel (§ 13 Abs. 7 Nr. 3 S. 1 VOB/B, „kleiner Schadensersatz") bzw. darüber hinausgehender Folgeschäden (§ 13 Abs. 7 Nr. 3 S. 2 VOB/B, „großer Schadensersatz") verlangen.[129]

b) Beginn und Dauer der Verjährungsfristen

aa) Rechtslage nach BGB

Die Verjährung von Mängelansprüchen richtet sich im Baurecht und im Recht des Architekten- bzw. Ingenieurvertrags nach §§ 634a, 650q Abs. 1 BGB. Bei Bauleistungen beginnt die Verjährung mit der Abnahme der Leistung gem. § 640 BGB. Die Abnahme setzt nach allseits anerkanntem Verständnis die körperliche Entgegenahme des Werkes verbunden mit der rechtsgeschäftlichen Erklärung des Auftraggebers voraus, die Werkleistung im Wesentlichen als vertragsgerecht hinnehmen zu wollen.[130] Die Abnahme selbst kann ausdrücklich oder stillschweigend erklärt werden.[131] Unterbleibt eine Abnahme, kann die Verjährung auch durch eine Abnahmefiktion gem. § 640 Abs. 2 S. 1 BGB in Gang gesetzt werden. Dazu muss der Unternehmer dem Besteller nach Fertigstellung des Werks eine angemessene Frist zur Abnahme des Werks gesetzt haben und der Besteller die Abnahme nicht innerhalb dieser Frist unter Angabe mindestens eines Mangels verweigert haben.[132]

---

[127] Mit einem Selbsthilferecht des Auftraggebers gem. § 4 Abs. 6 S. 2 VOB/B.

[128] *Oppler,* in: Ingenstau/Korbion, VOB Kommentar, 21. Aufl. 2020, § 4 Abs. 7 VOB/B, Rn. 26 ff.

[129] *Wirth,* in: Ingenstau/Korbion, VOB Kommentar, 21. Aufl. 2020, § 13 Abs. 7 VOB/B, Rn. 68.

[130] *Wirth/Galda,* in: Kuffer/Wirth, Handbuch des Fachanwalts Bau- und Architektenrecht, 6. Aufl. 2020, Kap. 11, Rn. 198; BGHZ 48, 257, 262.

[131] § 640 Abs. 1 BGB; Zur stillschweigenden Abnahme: *J. Meier*, BauR 2016, 565 ff.

[132] Für die Bezeichnung genügt die Angabe der Symptome („Symptomtheorie"), BGH NJW 2009, 354: Bezugnahme auf Gutachten; BGH NJW-RR 2000, 309: „Nichteinhaltung der Schallschutzwerte".

Zu beachten ist jedoch, dass der BGH schon zum vor der Schuldrechtsreform geltenden Recht entschieden hat, dass weder der Verjährungsbeginn noch die Verjährungsdauer von Mängelrechten zwangsläufig an die Abnahme gebunden sind.[133] So kann es vielmehr ausreichen, dass der Besteller aus anderen Gründen keine Erfüllung mehr verlangt und das Vertragsverhältnis in ein Abrechnungsverhältnis umgewandelt wird. Die Verjährungsfrist beginnt dann zu laufen, wenn die Abnahme endgültig verweigert wird.[134] Es gilt jedoch zu beachten, dass die Alternative zur fünfjährigen Verjährungsfrist für die Mängelrechte nach damaligem Recht eine Regelverjährungsfrist von 30 Jahren war. Für den Unternehmer stellte sich der Beginn der Verjährung durchaus als vorteilhaft dar, da er eine Verkürzung der Verjährung mit sich brachte. Jedoch ist auch die Verlängerung der regelmäßigen Verjährungsfrist von drei Jahren gem. §§ 195, 199 BGB auf fünf Jahre gem. § 634a Abs. 1 Nr. 2 BGB im aktuellen Recht für den Unternehmer von Vorteil, da so, wie gleich noch zu zeigen ist, von einer subjektiven zu einer objektiven Verjährungsfrist gewechselt wird.[135]

Auch bei der Architektenleistung beginnt die Verjährung im Zeitpunkt der Abnahme des Werks[136] bzw. mit dem Abnahmesurrogat.[137] Allerdings ist die Bestimmung des Abnahmezeitpunkts schwieriger, da Architektenleistungen als geistige Leistungen häufig nicht förmlich abgenommen werden. Eine Abnahme erfordert die Billigung der Architektenleistung als im Wesentlichen vertragsgemäß.[138] Wann dies der Fall ist, bestimmt sich nach dem jeweiligen Einzelfall. Ist der Architekt beispielsweise auch mit der Leistungsphase 9[139] beauftragt, hat er für die Dauer der Verjährungsfrist von Mängelansprüchen des Bauherren gegen die bauausführenden Unternehmen Leistungen zu erbringen, sodass die Architektenleistungen selbst erst fünf Jahre nach der Abnahme der Bauhandwerkerleistungen abnahmefähig sind. Dies hat zur Folge, dass die Verjährung erst mit der Abnahmefähigkeit der Architektenleistungen fünf Jahre nach der Abnahme der Bauhandwerkerleistung beginnt.[140] Im Fall des § 634a Abs. 1 Nr. 2 BGB haf-

[133] BGH, Urt. v. 08.07.2010 – VII ZR 171/08 = NJW 2010, 3573.

[134] Ebd.

[135] Vgl. *Schulze-Hagen*, BauR 2016, 384, 385; *Moufang/Koos*, in: Messerschmidt/Voit, Privates Baurecht, 3. Aufl. 2018, § 634, Rn. 16 und § 634a, Rn. 58 f.

[136] *Koebele*, in: Kniffka/Koeble/Jurgeleit/Sacher, Kompendium des Baurechts, 5. Aufl. 2020, Teil 12, Rn. 682 ff.

[137] *Koebele*, a.a.O., Teil 12, Rn. 814.

[138] *Koebele*, a.a.O., Teil 12, Rn. 684, 815.

[139] Unter Phase 9 ist die Objektbetreuung und Dokumentation durch den Architekten gemeint. Diese umfasst die Grundleistung der Objektbegehung zur Mängelfeststellung vor Ablauf der Verjährungsfristen der Gewährleistungsansprüche gegenüber den bauausführenden Unternehmen, das Überwachen der Beseitigung von Mängeln, die innerhalb der Verjährungsfristen der Gewährleistungsansprüche, längstens jedoch bis zum Ablauf von fünf Jahren seit Abnahme der Bauleistungen auftreten, Mitwirken bei der Freigabe von Sicherheitsleistungen, die systematische Zusammenstellung der zeichnerischen Darstellungen und rechnerischen Ergebnisse des Objekts sowie gegebenenfalls weitere besondere Leistungen.

[140] BGH, Urt. v. 06.07.2000 – VII ZR 82/98 = ZfBR 2000, 544; BGH, Urt. v. 10.02.1994 – VII ZR 20/93 = NJW 1994, 1276.

tet der Architekt somit im Ergebnis zehn Jahre. Diesem Umstand wollte der Gesetzgeber mit der Regelung über die Teilabnahme in § 650s BGB begegnen.[141]

Etwas anderes kann sich allerdings dann ergeben, wenn der Unternehmer den Mangel arglistig verschwiegen hat. Dann gilt gem. § 634a Abs. 3 S. 1 BGB für die von § 634a Abs. 1 Nr. 1 und Nr. 2 BGB erfassten Werke die dreijährige Regelverjährung gem. §§ 195, 199 BGB. Diese tritt allerdings gem. § 634a Abs. 3 S. 2 BGB durch die sog. Ablaufhemmung frühestens nach Ablauf der Fünfjahresfrist in § 634a Abs. 1 Nr. 2 BGB ein.[142]

Die Verjährungsfrist beträgt gem. § 634a Abs. 1 Nr. 1 BGB zwei Jahre bei einem Werk, dessen Erfolg in der Herstellung, Wartung oder Veränderung einer Sache oder in der Erbringung von Planungs- oder Überwachungsleistungen hierfür besteht, gem. § 634a Abs. 1 Nr. 2 BGB fünf Jahre bei einem Bauwerk und einem Werk, dessen Erfolg in der Erbringung von Planungs- und Überwachungsleistungen hierfür besteht. Im Übrigen, d.h. für alle nicht von den beiden Alternativen erfassten Werkleistungen gilt nach § 634a Abs. 1 Nr. 3 BGB die regelmäßige Verjährungsfrist. Da es vorliegend maßgeblich um Fälle des privaten Baurechts und die daraus resultierenden Ansprüche gegen die Baubeteiligten geht, liegt der Schwerpunkt nachfolgend auf der Verjährung nach § 634a Abs. 1 Nr. 2 BGB. Die Verjährungsregelung in § 634a BGB erfasst dabei sämtliche Mängelrechte des Auftraggebers, soweit es sich nicht um Gestaltungsrechte handelt, namentlich also den Anspruch auf Nacherfüllung, Selbstvornahme sowie den Anspruch auf Schadensersatz.[143]

Abschließend ist festzuhalten, dass es neben den Ansprüchen, die der abschließenden Sonderregelung in §§ 634, 634a unterliegen, auch Ansprüche des Bestellers gibt, die der Regelverjährung gem. §§ 195, 199 BGB unterliegen.[144] Der Besteller kann daher weitere Rechte geltend machen, durch welche die Wertungen des Mängelrechts nicht unterlaufen werden.[145] Die Regelverjährung betrifft sämtliche sonstigen Ansprüche des Bestellers, z.B. Ansprüche auf Erfüllung, Vergütung, aus Bereicherungsrecht, Geschäftsführung ohne Auftrag sowie Ansprüche aus einer Schutzpflichtverletzung gem. § 241 Abs. 2 BGB, die nicht zu einer mangelhaften Leistung führen.[146] Die Gefahr, dass ein Rückgriff gegen andere Gesamtschuldner wegen derartiger Ansprüche verjährungsbedingt nicht möglich ist, ist also größer als bei den Mängelrechten.

Der wesentliche Unterschied zwischen der mängelrechtlichen Sonderverjährung und der regelmäßigen Verjährungsfrist liegt dabei nicht in der Dauer der Verjährungsfrist, sondern in der Kenntnisabhängigkeit des Verjährungsbeginns.

---

[141] Vgl. unten § 4 III. 4. a) cc) (1).

[142] *Mansel*, NJW 2002, 89; *Retzlaff*, in: Grüneberg, 81. Aufl. 2022, § 634a, Rn 16.

[143] *Merl/Hummel*, in: Kleine-Möller/Merl/Glöckner, Handbuch Baurecht, 6. Aufl. 2019, § 15, Rn. 1108; *Retzlaff*, in: Grüneberg, 81. Aufl. 2022, Rn. 2.

[144] *Raab*, in: Dauner-Lieb/Heidel/Ring, BGB, Bd. 2, 3. Aufl. 2021, § 634 BGB, Rn. 27.

[145] *Raab*, a.a.O., Rn. 33.

[146] Vgl. *Brox/Walker*, Besonderes Schuldrecht, 44. Auflage 2020, § 24, Rn. 62.

Die fünfjährige Verjährungsfrist des § 634a Abs. 1 Nr. 2 BGB beginnt nämlich ohne Rücksicht darauf, ob der Auftraggeber zum Zeitpunkt der Abnahme die Mangelhaftigkeit selbst, die Mangelursachen oder den für den Mangel Verantwortlichen kennt oder kennen muss.[147] So mag die Frist als solche auf den ersten Blick zwar länger sein, jedoch führt die Kenntnisunabhängigkeit häufig zu einem deutlich früheren Verjährungseintritt als die kürzere, kenntnisabhängige Regelverjährungsfrist von nur drei Jahren.[148]

Da sich Konstellationen der Gesamtschuldnerschaft jedoch überwiegend aus dem Mängelgewährleistungsrecht ergeben, sind auch nur diese Ansprüche und ist in der Folge auch nur deren Verjährung für die hier dargestellte Problematik relevant. Nur so kann sich die Frage nach einem Ausgleichsanspruch im Innenverhältnis überhaupt stellen und die Verjährung dieser relevant werden.

bb) Rechtslage nach VOB/B

Eine besondere Verjährungsfrist kann sich nach wirksamer Einbeziehung[149] der VOB/B aus § 13 Abs. 4 Nr. 1 VOB/B ergeben. Danach verjähren Mängelrechte für Arbeiten an Bauwerken innerhalb von vier Jahren, wobei gem. § 13 Abs. 4 Nr. 3 VOB/B die Abnahme auch hier den maßgeblichen Zeitpunkt für den Verjährungsbeginn darstellt.[150] Der Begriff des Bauwerks gem. § 13 Abs. 4 Nr. 1 VOB/B entspricht dabei dem Bauwerksbegriff nach § 634a BGB.[151] Nach § 13 Abs. 5 Nr. 1 VOB/B ist der Auftragnehmer verpflichtet, alle während der Verjährungsfrist hervortretenden Mängel, die auf vertragswidrige Leistung zurückzuführen sind, auf seine Kosten zu beseitigen, wenn es der Auftraggeber vor Ablauf der Frist schriftlich verlangt. Der Mängelbeseitigungsanspruch verjährt zwei Jahren nach dem Zugang des schriftlichen Verlangens, jedoch nicht vor Ablauf der Regelfristen nach § 13 Abs. 4 VOB/B oder einer an ihrer Stelle vereinbarten Frist. Es beginnt also eine neue Frist, auf die auch Hemmungen (§ 203 BGB) oder der Neubeginn der Verjährung (§ 212 BGB) einwirken können.[152] Nach Abnahme der Mängelbeseitigungsleistung beginnt gem. § 13 Abs. 5 S. 3 VOB/B für diese Leistung eine *weitere* Verjährungsfrist von zwei Jahren neu, die jedoch nicht vor Ablauf der Regelfristen nach Absatz 4 oder der an ihrer Stelle vereinbarten Frist endet. Es handelt sich hierbei um eine nur für VOB-Bauverträge geltende Sonderregelung.[153] Zur Verdeutlichung ein Fallbeispiel:[154]

---

[147] *Merl/Hummel,* in: Kleine-Möller/Merl/Glöckner, Handbuch des privaten Baurechts, 6. Aufl., 2019, § 15, Rn. 3147; *Retzlaff*, in: Grüneberg, 81. Aufl. 2022, § 640 BGB, Rn. 18.

[148] *Schulze-Hagen*, BauR 2016, 384, 385.

[149] Dazu bereits unter § 5 III. 2. a) bb).

[150] BGH NJW 2003, 1450; BauR 2003, 689.

[151] *Merl/Hummel*, a.a.O. Rn. 1130.

[152] *Wirth*, in: Ingenstau/Korbion, 21. Aufl. 2020, § 13 Abs. 4 VOB/B Rn. 286; BGH, Urt. v. 22.12.1997, – VII ZR 134/76 –, BauR 1978, 143.

[153] BGH, Urt. v. 25.09.2008 – VII ZR 32/07 –, NJW 2009, 985, Ls. 3 und Tz. 18.

[154] BGH, a.a.O., Tz. 4 bis 9.

In einem VOB-Bauvertrag (Fassung 1990) über die Errichtung einer Lagerhalle wurde eine Gewährleistungsfrist von fünf Jahren und vier Wochen sowie eine förmliche Abnahme (§ 12 Abs. 4 VOB) vereinbart. Ein Subunternehmer hatte das nach wie vor mangelhafte Trapezdach erstellt, ihm war der Streit verkündet worden. Die Abnahme erfolgte am 27.05.1991. Der Auftraggeber verlangte mit Schreiben vom 11.01.1994 und vom 23.02.1995 die Beseitigung von Dachundichtigkeiten. Der Generalunternehmer leitete die Schreiben an den Subunternehmer weiter, welcher Nachbesserungsarbeiten durchführte und am 11.11.1998 mitteilte, der Mangel sei behoben. Auf erneute Mängelanzeige vom 27.03.2000 lehnte der Generalunternehmer weitere Mängelbeseitigung endgültig Ende November 2000 ab. Am 21.06.2001 wurde ein selbstständiges Beweisverfahren eingeleitet. General- und Subunternehmer haben die Verjährungseinrede erhoben.

Der BGH stellte hierzu fest, dass die einseitige Erklärung, der Mangel sei behoben, die neue Frist des § 13 Abs. 5 Nr. 1 S. 3 VOB/B nicht in Gang setze. Vielmehr sei nach dem Zweck der Regelung eine Abnahme erforderlich.[155] Die nach § 639 Abs. 2 BGB a.F.[156] erfolgte Hemmung der Verjährung des Gewährleistungsanspruchs werde bei einem VOB-Vertrag dann, wenn eine Mängelbeseitigung erbracht wird, durch deren Abnahme oder durch die endgültige Erfüllungsverweigerung des Auftragnehmers beendet.[157] Demnach war bei Einleitung des selbstständigen Beweisverfahrens im Sommer 2001, durch das erneut die Hemmung ausgelöst wird (§ 204 Abs. 1 Nr. 7 BGB), die vereinbarte („erste") Verjährungsfrist noch nicht abgelaufen. Die Verjährungseinrede geht ins Leere.

3. Gesamtschuldkonstellationen zwischen den Baubeteiligten

Im Folgenden werden Gesamtschuldkonstellationen im Baurecht dargestellt. Dabei ist zwischen vertraglich begründeten und gesetzlichen Gesamtschuldverhältnissen zu differenzieren. Es wird sich zeigen, welche bedeutsame Rolle der gesamtschuldnerischen Haftung im privaten Baurecht aufgrund der Vielzahl möglicher Konstellationen zukommt.

a) Vertraglich begründete Gesamtschuld

Verpflichten sich mehrere gegenüber dem Besteller bzw. Auftraggeber gemeinschaftlich, entsteht eine Gesamtschuld zwischen mehreren Baubeteiligten. Dies ist in der Regel bei einer Arbeitsgemeinschaft (ARGE) der Fall, welche im Vergabeverfahren als Bietergemeinschaft auftritt.[158] Im Zweifel haften sie dann gem. § 427 BGB als Gesamtschuldner.[159] Im Regelfall ist jedoch jeder Bauunternehmer und Architekt unabhängig von anderen Baubeteiligten für sein Werk ausschließ-

---

[155] BGH, Urt. v. 25.09.2008 – VII ZR 32/07 = NJW 2009, 985, Rn. 19, 20.

[156] Nunmehr § 203 BGB, BGH NJW 200. 587.

[157] BGH, Urt. v. 25.09.2008 – VII ZR 32/07 = NJW 2009, 985, Rn. 21.

[158] *Retzlaff*, in: Grüneberg, 81. Aufl. 2022, § 631 Rn. 13; *Merl/Hummel*, in: Kleine-Möller/Merl/Glöckner, Handbuch des Baurechts, 6. Aufl. 2019, § 15, Rn. 1001.

[159] *Krusche*, in: Motzke/Bauer/Seewald, Prozesse in Bausachen, 3. Aufl. 2018, § 10, Rn. 10.

lich eigenverantwortlich und geht keine vertragliche Verpflichtung ein, mit anderen Beteiligten gemeinschaftlich für den Werkserfolg einstehen zu wollen.[160]

b) Gesetzlich begründete Gesamtschuld

Von weitaus größerer Bedeutung sind daher im privaten Baurecht gesetzlich begründete Gesamtschuldverhältnisse, welche eine inhaltsgleiche, d.h. gleichstufige bzw. gleichrangige Verpflichtung mehrerer Baubeteiligter voraussetzen.[161] Im Folgenden werden verschiedene Gesamtschuldkonstellationen dargestellt.

aa) Gesamtschuld zwischen Architekten/Ingenieuren und Bauunternehmern

Die Frage, unter welchen Voraussetzungen Planungs-, Aufsichts- und Baubeteiligte insbesondere für Baumängel gesamtschuldnerisch haften, ist von großer praktischer Bedeutung.[162] Bereits 1956 nahm der siebte Senat des BGH unter Berufung auf § 421 BGB eine Gesamtschuld zwischen einem Architekten und einem Bauunternehmer an, die den Ersatz eines Schadens schuldeten, den beide pflichtwidrig mitverursacht hatten.[163] Anfang der 1960er-Jahre wurde die rechtliche Qualifikation als Gesamtschuld in Zweifel gezogen, wenngleich nur für die Fälle, in denen der Unternehmer Mängelbeseitigung und nicht Schadensersatz schuldete.[164] Diese Zweifel räumte der Große Zivilsenat des BGH dann mit seiner Grundsatzentscheidung vom 01.02.1965[165] aus und seither nimmt der BGH in ständiger Rechtsprechung[166] ein Gesamtschuldverhältnis zwischen planenden bzw. überwachenden Architekten/Ingenieuren und dem ausführenden Bauunternehmer an, sofern sie für identische Baumängel einzustehen haben.[167]

Im privaten Baurecht kann eine (gesetzliche) Gesamtschuldnerschaft zwischen dem Auftragnehmer und bauleitenden Architekten[168] angenommen werden, wenn der eine seine Herstellungspflichten und der andere seine Aufsichtspflichten verletzt und diese Pflichtverletzungen zu einem Mangel des Bauwerks führen.[169] Ebenfalls denkbar ist ein Planungsmangel des Architekten, den der

---

[160] Vgl. Ebd.

[161] Vgl. *Grüneberg,* in: Grüneberg, 81. Aufl. 2022, § 421 BGB, Rn. 6, 7; *Heinemeyer,* in: Münch. Komm. BGB, 8. Aufl. 2019, § 421, Rn. 5; *Gehrlein,* in: BeckOK BGB, 54. Ed. (Stand: 01.05.2020), § 421, Rn. 5; vgl. oben § 1 II.

[162] *Langen*, NZBau 2015, 2.

[163] BGH VersR 1957, 29.

[164] BGH NJW 1962, 1499; BGHZ 39, 261, 264; BGH VersR 1964, 1048.

[165] BGH, BGHZ 43, 227 = NJW 1965, 1175.

[166] BGH BauR 2006, 337, 339; BGH BauR 2001, 630; BGH BauR 1995, 231, 232.

[167] *Merl/Hummel*, in: Kleine-Möller/Merl/Glöckner, Handbuch des Baurechts, 6. Aufl. 2019, § 15, Rn. 1003.

[168] BGHZ 43, 227 = NJW 1965, 1175.

[169] *Merl/Hummel*, in: Kleine-Möller/Merl/Glöckner, Handbuch des Baurechts, 6. Aufl. 2019, § 15, Rn. 1003; *Jurgeleit*, in: Kniffka/Koeble/Jurgeleit/Sacher, Kompendium des Baurechts, 5. Aufl. 2020, Teil 5, Rn. 117.

Handwerker nach §4 Abs. 3 VOB/B oder wegen seiner allgemeinen Prüfungs- und Hinweispflicht hätte bemerken und beanstanden müssen.[170] Denkbar ist auch, dass Bauunternehmer und Architekten/Ingenieure voneinander unabhängige Schadensursachen setzen, die zu einem Bauschaden führen, der nur einheitlich beseitigt werden kann.[171] Dies gilt sowohl für BGB-Verträge als auch für VOB-Bauverträge[172] und für sämtliche Mängelansprüche des Bestellers/Auftraggebers.[173] Auch der seit dem 01.01.2018 geltende §650t BGB geht davon aus, dass zwischen Architekt/Ingenieur und Bauunternehmer eine Gesamtschuld besteht, auch wenn er dies nicht selbst festlegt, sondern nur ein Indiz dafür gibt und das Vorliegen der Gesamtschuld Voraussetzung für dessen Anwendbarkeit ist.[174] Schuldet der Bauunternehmer wegen Planungsfehlern des Architekten nach §254 BGB nur anteiligen Schadensersatz, besteht eine Gesamtschuld zwischen Architekten und Unternehmer nur in dieser Höhe, während der überschießende Schadensersatzbetrag ausschließlich vom Architekten geschuldet wird.[175] Die gesamtschuldnerische Haftung kann also in vollem Umfang oder auch nur zu Teilen bestehen.[176]

bb) Gesamtschuld zwischen planenden und bauleitenden Architekten

Ein Gesamtschulverhältnis kraft Gesetzes kann auch zwischen dem planenden und dem bauleitenden Architekten bestehen,[177] etwa bei Planungsfehlern, die der überwachende Architekt bei hinreichend sorgfältiger Prüfung hätte erkennen und anschließend verhindern können. Für daraus resultierende Bauwerksmängel haften sowohl der für die unrichtige Planung verantwortliche als auch der für die Bauüberwachung zuständige Architekt.[178] Allerdings kann sich der Bauüberwacher dem Bauherren gegenüber auf die fehlerhafte Planvorgabe berufen und diesem damit das Mitverschulden des vom Besteller eingesetzten Planers gem. §§278, 254 BGB entgegenhalten.[179] Im umgekehrten Fall, wenn also der Planer in Anspruch genommen wird, ist hingegen der Anspruch des Auftraggebers von

---

[170] *Peters*, NZBau 2007, 337, 339.

[171] *Merl/Hummel*, in: Kleine-Möller/Merl/Glöckner, Handbuch des Baurechts, 6. Aufl. 2019, §15, Rn. 1003.

[172] BGH BauR 1995, 231, 232.

[173] BGH NJW 1969, 653.

[174] *Schwenker/Wessel*, in: Messerschmidt/Voit, Privates Baurecht, 3. Auflage 2018, §650s, Rn. 1, bezeichnen die Überschrift als „irreführend".

[175] BGH, Urt. v. 16.10.2014 – VII ZR 172/12 = BauR 2015, 523; BGH NJW 1985, 2475.

[176] Vgl. *Merl/Hummel*, in: Kleine-Möller/Merl/Glöckner, Handbuch des Baurechts, 6. Aufl. 2019, §15, Rn. 1004.

[177] BGH, Urt. v. 29.09.1988 – VII ZR 182/87 = BauR 1989, 97.

[178] *Jurgeleit*, in: Kniffka/Koeble/Jurgeleit/Sacher, Kompendium des Baurechts, 5. Aufl. 2020, Teil 5, Rn. 117; *Merl/Hummel*, in: Kleine-Möller/Merl/Glöckner, Handbuch des Baurechts, 6. Aufl. 2019, §15, Rn. 1010.

[179] BGH, Urt. v. 27.11.2008 – VII ZR 206/06 = BauR 2009, 515 = NZBau 2009, 185 = NJW 2009, 582.

vornherein beschränkt, so dass ein Ausgleichsanspruch des leistenden Gesamtschuldners nicht mehr nötig ist.[180]

cc) Gesamtschuld zwischen mehreren Bauunternehmern

Zwischen mehreren Bauunternehmern kann ebenfalls eine Gesamtschuld bestehen, wenn der Baumangel gemeinsam verursacht wurde, nicht aber, wenn sich die Leistungen und auch Nacherfüllungsleistungen nicht überschneiden.[181] Fehlt es an einer gemeinsamen vertraglichen Verpflichtung,[182] so haften die Unternehmer dennoch als Gesamtschuldner, wenn sie unabhängig voneinander wegen eines Mangels die gleiche Nacherfüllungsleistung oder Kostenerstattung oder Schadensersatz schulden.[183] Dies kommt in der Praxis allerdings selten vor, da Bauunternehmer in aller Regel voneinander getrennte Bauleistungen zu erbringen haben.[184] Keine gesamtschuldnerische Haftung besteht zwischen Haupt- und Subunternehmern. Zwar schulden sie ein und dieselbe technische Leistung, jedoch steht der Subunternehmer gerade nicht zum Besteller, sondern nur zum Hauptunternehmer in vertraglicher Beziehung.[185] Nebenunternehmer haften aufgrund der voneinander getrennten Verträge nur dann als Gesamtschuldner, wenn sie unabhängig voneinander oder im Zusammenwirken ihrer Leistung Baumängel verursachen, die sinnvollerweise nur zusammen beseitigt werden können,[186] insbesondere, wenn ihre Leistungen aufeinander aufbauen, wenn z.B. die Fehlerhaftigkeit des ersten Werkes einen Mangel im späteren Werk verursacht und der Bauunternehmer diesen ersten Fehler wegen eines Verstoßes gegen seine Prüfungs- und Hinweispflicht übersehen hat und deshalb haftet.[187]

dd) Gesamtschuld zwischen Architekten und Sonderfachleuten sowie Bauunternehmern

Schließlich kann ein (gesetzliches) Gesamtschuldverhältnis auch zwischen Architekten und Sonderfachleuten, Sonderfachleuten und Unternehmern oder zwi-

[180] Vgl. *Jurgeleit*, in: Kniffka/Koeble/Jurgeleit/Sacher, Kompendium des Baurechts, 5. Aufl. 2020, Teil 5, Rn. 117.

[181] BGH, Urt. v. 16.05.1974 – VII ZR 35/72 = BauR 1975, 130, 131. Entscheidend ist dann die Haftungsquote im Innenverhältnis, auf die hier aber nicht einzugehen ist, da im vorliegenden Kontext die Verjährungsproblematik im Mittelpunkt steht.

[182] Zum Fall der ARGE in diesem Teil oben 3. a).

[183] BGH, Urt. v. 26.06.2003 – VII ZR 126/02 = BauR 2003, 1211; vgl. *Kniffka*, BauR 2005, 274, 275 mit Beispielsfällen.

[184] BGH, Urt. v. 16.05.1974 – VII ZR 35/72 = BauR 1975, 130, 131.

[185] BGH NJW 1981, 1779.

[186] BGH, Urt. v. 25.06.2015 – VII ZR 220/14 = BauR 2015, 1664, 1669.

[187] BGH, Urt. v. 10.11.2005 – VII ZR 64/04 = BauR 2006, 377, 379; *Jurgeleit*, in: Kniffka/Koeble/Jurgeleit/Sacher, Kompendium des Baurechts, 5. Aufl. 2020, Teil 5, Rn. 120; *Langen*, BauR 2011, 385 ff.

schen Architekten, Sonderfachleuten und Unternehmern entstehen,[188] z.B. wenn ein Planungs- und/oder Überwachungsfehler des Architekten und eine mangelhafte Leistung des Sonderfachmanns zusammentreffen; ebenso beim Zusammentreffen eines Fehlers von Sonderfachleuten mit Ausführungsfehlern oder Verstößen gegen die Hinweispflichten von Unternehmern gem. §§4 Abs. 3, 13 Abs. 3 VOB/B. Für die Annahme einer gesamtschuldnerischen Haftung müssen die genannten Baubeteiligten einen Fehler begangen haben, der sich in demselben Baumangel niederschlägt, welcher aus wirtschaftlichen oder technischen Gründen sinnvollerweise nur einheitlich behoben werden kann.[189] Erforderlich ist weiterhin, dass die Baubeteiligten jeweils durch den Bauherrn selbst beauftragt wurden.[190] Zwischen Architekten und Sonderfachleuten ist die gesamtschuldnerische Haftung die Regel. Beiden obliegt es, innerhalb ihres jeweiligen Aufgabenbereichs und ihrer Sachkunde die Leistungen des anderen Teils zu überprüfen und so ein mangelfreies Werk zu schaffen.[191] Im Unterschied zum planenden Architekten ist der vom Bauherren beauftragte Bodengutachter daher im Regelfall gerade nicht dessen Erfüllungsgehilfe im Vertragsverhältnis zum Architekten, weshalb der Architekt sich dann auch nicht auf §§ 254, 278 BGB berufen kann.[192]

c) Stellungnahme und Zusammenfassung

Wie gezeigt werden konnte, kann sich im privaten Baurecht, insbesondere im Bereich der Mängelhaftung, eine Vielzahl von Gesamtschuldverhältnissen ergeben. Dem Besteller bzw. Auftraggeber steht es dann frei, welchen Gesamtschuldner er in Anspruch nimmt, soweit er sich nicht rechtsmissbräuchlich verhält oder gegen seine Schadensminderungspflicht verstößt.[193] Der Einwand, der Bauherr hätte sich durch rechtzeitigen Zugriff bei einem anderen Gesamtschuldner befriedigen können, ist Gesamtschuldnern in der Regel verwehrt.[194] Zwar darf der Bauherr nicht vollkommen rücksichtslos handeln, wenn er die Beseitigung des Mangels deutlich einfacher und kostengünstiger vom Bauunternehmer erlangen kann. Dies stellt jedoch nur eine sehr enge Ausnahme dar, auf die Gesamtschuldner nicht spekulieren sollten.[195] Immerhin ist der Besteller keinem Gesamtschuld-

[188] Zu Einzelheiten siehe *Jurgeleit*, in: Kniffka/Koeble/Jurgeleit/Sacher, Kompendium des Baurechts, 5. Aufl. 2020, Teil 5, Rn. 117 ff.; *Glöckner*, BauR 2005, Sonderheft 1a, 239 ff.

[189] *Wirth/Galda*, in: Kuffer/Wirth, Handbuch des Fachanwalts Bau- und Architektenrecht, 6. Aufl. 2020, Kap. 11, Rn. 184.

[190] BGH BauR 1971, 265, wonach es gerade nicht ausreicht, wenn der Architekt den Sonderfachmann oder den Bauunternehmer in eigenem Namen zur Erfüllung einer Aufgabe heranzieht.

[191] *Merl/Hummel*, in: Kleine-Möller/Merl/Glöckner, Handbuch des Baurechts, 6. Aufl. 2019, § 15, Rn. 1009 m.v.w.N.

[192] BGH, Urt. v. 10.07.2003 – VII ZR 329/02 = BauR 2003, 1918, 1920.

[193] BGH BauR 2007, 1875.

[194] BGH BauR 2007, 1875.

[195] BGH BauR 2007, 1875, 1878; BGHZ 39, 261, 264.

ner gegenüber verpflichtet, die rechtlichen Voraussetzungen für die Inanspruchnahme der weiteren Gesamtschuldner zu schaffen.[196] Zwar kann das Leistungsverweigerungsrecht gem. § 650t BGB Architekten und Ingenieuren, wenn auch ggf. nur vorübergehend, Entlastung verschaffen; ob dies aber wegen des beschränkten Anwendungsbereichs der Norm die Probleme der alleinigen Inanspruchnahme zu lösen vermag, kann allerdings bezweifelt werden.[197]

Aus naheliegenden Gründen werden häufig nur einer oder nur einige wenige Gesamtschuldner in Anspruch genommen, weshalb Regressansprüchen und deren Verjährung auch im Baurecht eine große Bedeutung zukommt.[198]

4. Rückgriff der Gesamtschuldner im Innenverhältnis und Verjährungsproblematik

Nachdem in den beiden vorangegangenen Abschnitten der Arbeit auf die Voraussetzungen und die Verjährung der Mängelansprüche des Bestellers im Außenverhältnis sowie die Begründung der Gesamtschuld unter den Baubeteiligten eingegangen wurde, soll nunmehr das Innenverhältnis betrachtet werden. Da es an einer speziellen werkvertraglichen Anspruchsgrundlage fehlt, richtet sich der Innenausgleich auch im privaten Baurecht nach § 426 BGB. Der Rückgriff kann daher auf § 426 Abs. 1 S. 1 BGB oder § 426 Abs. 2 BGB gestützt werden. Mit Blick auf die unterschiedliche Verjährung kann erneut gezeigt werden, dass es oft zu einer Diskrepanz zwischen der Verjährung von Mängelhaftungsansprüchen im Außenverhältnis und Regressansprüchen im Innenverhältnis kommen kann. Das hat zur Folge, dass der im Außenverhältnis leistende Gesamtschuldner bei konsequenter Anwendung der BGH-Rechtsprechung wegen Zeitablaufs nicht mehr die Möglichkeit hat, intern Ausgleich zu verlangen. Das ist unbefriedigend. Der in Anspruch genommene Baubeteiligte hätte den gesamten Schaden daher meist alleine zu tragen, da der Ausgleichsanspruch als solcher bereits verjährt war/ist.

a) Verjährung des Ausgleichsanspruchs gem. § 426 Abs. 1 BGB

Auch hier stellen sich die bereits behandelten Fragen, wann die Verjährungsfrist beginnt. Insoweit wird zur Vermeidung von Wiederholungen auf die bisherigen Ausführungen verwiesen.[199] Von besonderem Interesse ist dabei auch im privaten Baurecht die Problematik der vorzeitigen Verjährung des Ausgleichsanspruchs und die Art und Weise, diesem begegnen zu können.

---

[196] BGH BauR 2004, 111.

[197] Vgl. dazu eingehend noch in diesem § unter 4. a) aa) und cc).

[198] *Weise*, NJW-Spezial 2011, 108; *Sohn/Holtmann,* BauR 2009, 1480.

[199] Vgl. oben § 1 III. 3. a) und b).

aa) Verjährungsbeginn

Der von den Mängelansprüchen des Bauherrn unabhängige Ausgleichsanspruch entsteht nach h.M. auch im privaten Baurecht mit Begründung der Gesamtschuld und verjährt in der Dreijahresfrist.[200] Die Höchstfristen (§ 199 Abs. 2 und 4 BGB) gelten ebenfalls.

(1) § 199 Abs. 1 Nr. 1 BGB

Maßgeblich für die Entstehung der Gesamtschuld und damit des Ausgleichanspruchs[201] ist der Zeitpunkt der Entstehung bzw. Fälligkeit der Mängelansprüche des Bauherrn und damit gem. § 640 BGB der Abnahme der jeweiligen Leistung. Entscheidend ist daher die zweite bzw. letzte Abnahme.[202] Allerdings fallen die Abnahmezeitpunkte oft auseinander, wenn z.B. der Rohbau früher abgenommen wird als die Malerarbeiten; ebenso kann sich eine große Differenz zwischen der Verjährung gegenüber Bauhandwerkern und Architekten ergeben, sofern Letzterer die Leistungsphase 9 des § 15 HOAI zu erbringen hat.[203] Zwar wird dem für nach dem 31.12.2017 abgeschlossene Verträge mit der in § 650s BGB geregelten Teilabnahme begegnet. Ob dies die Problematik der vorzeitigen Anspruchsverjährung im Innenverhältnis jedoch zu beheben vermag, wird später noch zu untersuchen sein.[204] Ergänzend erwähnt sei, dass es für die Entstehung bzw. die Fälligkeit des Ausgleichsanspruchs keiner Nachbesserungsaufforderung des Bauherrn gegenüber dem/den Ausgleichsverpflichteten bedarf.[205]

Allerdings, und das scheint letztlich auch überzeugender zu sein, kann die Gesamtschuld möglicherweise bereits zu einem früheren Zeitpunkt, also bereits im Erfüllungsstadium, begründet werden.[206] Denkbar wäre es insoweit, auf die mangelhafte Ausführung sowie die Verletzung der Aufsichtspflicht oder die mangelhafte Planung, gegen die keine Bedenken geäußert wurde, abzustellen.[207] Die Gesamtschuld als solche entsteht dann bereits mit der Verwirklichung des Mangels, für den letztlich mindestens zwei Baubeteiligte verantwortlich sind, also in dem Augenblick, in dem mehrere Ersatzpflichtige dem Geschädigten ersatz-

---

[200] Vgl. *Kreße,* in: BeckOGK, BGB, Stand: 01.06.2020, § 426, Rn. 48; *Heinemeyer,* in: Münch. Komm. BGB, 8. Aufl. 2019, § 426, Rn. 26; *Gehrlein,* in: BeckOK BGB, 54. Ed. (Stand: 01.05.2020), § 426, Rn. 4; *Grüneberg,* in: Grüneberg, 81. Aufl. 2022, § 426, Rn. 4.

[201] BGH, Urt. v. 18.06.2009 – VII ZR 167/08 = NJW 2010, 60.

[202] *Peters*, NZBau 2007, 337, 340.

[203] *Peters*, NZBau 2007, 337, 340: Es können so Fälle entstehen, in denen die Gesamtschuld als solche erst dann begründet wird, wenn der Anspruch gegen den einen Gesamtschuldner im Außenverhältnis längst verjährt ist. Entscheidend ist nur, ob zwei oder mehrere Baubeteiligte für denselben Mangel einstehen müssen, dabei spielt es keine Rolle, ob die beiden Außenverpflichtungen jemals unverjährt nebeneinander bestanden.

[204] Vgl. unten in diesem Abschnitt 4. a) cc).

[205] OLG Frankfurt, Beschl. v. 24.01.2011 – 25 U 108/09.

[206] *Peters*, NZBau 2007, 337, 341.

[207] Ebd.

pflichtig werden.[208] Der Entstehungszeitpunkt der Gesamtschuld würde dadurch vorverlagert, da diese dann nicht erst mit der Abnahme der Werkleistung oder Befriedigung des Bestellers bzw. Auftraggebers begründet wird, sondern bereits mit Verwirklichung des Mangels, den mehrere Projektbeteiligte verursacht haben. Das hieße, dass die Gesamtschuld beim Zusammentreffen von Planungsfehler und Ausführungsmangel zu dem Zeitpunkt begründet wird, in dem sich die mangelhafte Planung im Bauwerk niederschlägt und der Bauherr den Anspruch im Wege der Klage durchsetzen kann.[209] Die Ansprüche des Bauherren gegen die Baubeteiligten wären dann keine Mängelhaftungs-, sondern Erfüllungsansprüche. Mit der Abnahme wäre dann das „Stadium der Nacherfüllung" eröffnet und das bisher bestehende Gesamtschuldverhältnis würde sich auf der Grundlage des Mängelhaftungsrechts fortsetzen.[210]

Im Ergebnis spricht mehr dafür, von dem früheren Zeitpunkt der Entstehung des Gesamtschuldverhältnisses auszugehen. Denn für den Anspruch aus dem Innenverhältnis spielt es keine Rolle, ob die Gesamtschuld auf Ansprüchen des allgemeinen Schuldrechts oder des werkvertraglichen Mängelhaftungsrechts beruht. So entschied auch das OLG München 2011,[211] dass der Anspruch nicht erst mit Sichtbarwerden des Mangels oder der Abnahme beginnt, sondern bereits mit Verwirklichung des von mehreren Baubeteiligten verursachten bzw. zu vertretenden Mangels. Im dortigen Streitfall wurde angenommen, dass der Ausgleichsanspruch bereits mit Betonierung der Tiefgarage ohne erforderliches Abdichtungssystem entstanden sei, auch wenn die daraus resultierenden Chloridschäden sich erst Jahre später entwickelten. Es ist also für die folgenden Ausführungen davon auszugehen, dass der Ausgleichsanspruch bereits zu diesem frühen Zeitpunkt entstehen kann und von einer etwaigen Abnahme unabhängig ist.

(2) § 199 Abs. 1 Nr. 2 BGB

Wie bereits dargestellt[212] ist das subjektive Element aus § 199 Abs. 1 Nr. 2 BGB für den Verjährungsbeginn von überragender Bedeutung.[213] Mit dem BGH kommt es auch hier darauf an, dass der Ausgleichsberechtigte Kenntnis von den Umständen hat, die den Gläubigeranspruch gegen ihn und gegen den Ausgleichsverpflichteten, das Gesamtschuldverhältnis sowie eine im Innenverhältnis be-

---

[208] BGH, Urt. v. 18.06.2009 – VII ZR 167/08 = BGHZ 181, 310; BGH, Urt. v. 21.11.1953 – VI ZR 82/52 = BGHZ 11, 170; *Kniffka*, in: Kniffka, ibr-online-Kommentar Bauvertragsrecht, 21. Aktualisierung 2019 (Stand: 17.09.2019), § 634a, Rn. 265; *Kniffka*, BauR 2005, 274, 286.

[209] OLG München, Urt. v. 18.01.2011 – 9 U 2546/10 = BauR 2011, 712; *Kainz*, BauR 2013, 420, 428; *Weise*, NJW-Spezial 2011, 108.

[210] *Peters*, NZBau 2007, 337, 340.

[211] OLG München, Urt. v. 18.01.2011 – 9 U 2546/10.

[212] Vgl. die Ausführungen oben unter § 1 I., II., § 1 III. 3. a) aa).

[213] *Schulze-Hagen*, BauR 2016, 384, 399.

stehende Ausgleichspflicht begründen.[214] Auf das Baurecht übertragen genügen bei Mängeln die Kenntnis des Mangels, das Wissen um die Möglichkeit, dass der Auftraggeber deswegen einen Anspruch gegen den Ausgleichsberechtigten geltend machen kann, sowie die Kenntnis von anderen Bau- und Projektbeteiligten, die dem Auftraggeber gegenüber für den gleichen Mangel verantwortlich sein können.[215] Ungeklärt ist die Frage, ob die Mängel tatsächlich durch ein entsprechendes Sachverständigengutachten nachgewiesen werden müssen oder ob es ausreicht, dass sie offenkundig vorliegen, wobei Letzteres sinnvoller erscheint, weshalb allein die Mängelrüge als ausreichend gesehen wird.[216] Auch die Art des Mangels spielt eine wesentliche Rolle, da sich aus dieser die persönliche Einstandspflicht ergeben kann.[217] In der Praxis werden die subjektiven Voraussetzungen in aller Regel aber schnell erfüllt sein.[218] Nicht nur der Architekt, sondern auch der Unternehmer, dem eine Mängelrüge zugeht, wird wissen, dass in diesem Bereich auch noch andere Baubeteiligte tätig waren und für den behaupteten Mangel (mit-)verantwortlich sind (bzw. sein können). Mit Kenntnis des Ausführungsfehlers, eines möglichen Überwachungsfehlers, und in Kenntnis der Tatsache, dass für diese Leistungen ein entsprechender Bauunternehmer eingeschaltet war, beginnt die Verjährung nach §§ 195, 199 BGB für den Ausgleichsanspruch.[219]

Tatsachenkenntnis hinsichtlich der Entstehung des Ausgleichsanspruchs des planenden Architekten kann auch dann angenommen werden, wenn dieser den Mangel kennt und weiß, dass möglicherweise ein anderer Fachplaner an dem Planungsfehler mitgewirkt hat.[220] Maßgeblich ist letztlich immer, ob auf Grundlage der dem haftenden Gesamtschuldner bekannten oder erkennbaren Tatsachen eine hinreichend aussichtsreiche, wenn auch nicht risikolose Klage, zumindest eine Feststellungsklage, gegen den anderen Gesamtschuldner erhoben werden kann.[221]

Es kann also davon ausgegangen werden, dass der Architekt grundsätzlich, nicht zuletzt auch wegen seiner Expertise, schon zu einem sehr frühen Zeitpunkt Kenntnis davon hat, dass bestimmten bauausführenden Unternehmen Fehler unterlaufen sind. Gerade der Architekt, der dazu verpflichtet ist, im Namen des Bauherren Mängelrügen auszusprechen und Nachbesserungsfristen zu setzen,

---

[214] BGH, Urt. v. 18.06.2009 – VII ZR 167/08 = BauR 2009, 1458.; vgl. auch oben § 1 III. 3. a) aa).

[215] Vgl. *Weise*, NJW-Spezial 2017, 44; etwas ausführlicher zu den einzelnen Voraussetzungen *Schulze-Hagen*, BauR 2016, 384, 400.

[216] *Preussner*, in: Fuchs/Berger/Seifert, HOAI, 1. Aufl. 2016, B., Rn. 317.

[217] Vgl. mit detaillierten Ausführungen zu den unterschiedlichen Mängeln *Zahn*, in: Ganten/Jansen/Voit, VOB/B, Teil B, 3. Aufl. 2013, Vorbem. § 13, Rn. 133.

[218] *Sohn/Holtmann*, BauR 2009, 1480, 1484.

[219] *Kainz*, BauR 2013, 420, 428; *Weise*, NJW-Spezial 2011, 108; *Sohn/Holtmann*, BauR 2009, 1484, 1485; *Preussner*, in: Fuchs/Berger/Seifert, HOAI, 1. Aufl. 2016, Rn. 317.

[220] *Weise*, NJW-Spezial 2011, 108.

[221] BGH, NJW 2001, 172.

erfüllt die subjektiven Merkmale des § 199 Abs. 1 Nr. 2 BGB recht schnell.[222] Schon aufgrund der von ihm ausgesprochenen Mängelrüge hat der Architekt Kenntnis davon, dass er unter dem Aspekt des Überwachungsverschuldens für die von ihm gegenüber dem bauausführenden Unternehmer gerügten Mängel im Verhältnis zum Bauherrn mitverantwortlich ist. Dies hat zur Konsequenz, dass der Regressanspruch des Architekten gem. § 426 Abs. 1 S. 1 BGB gegenüber dem bauausführenden Unternehmer bereits zu einem Zeitpunkt verjährt sein kann, zu dem der Architekt vom Bauherrn noch nicht in Anspruch genommen wurde[223] und die Haftungsfragen im Außenverhältnis mit dem Bauherren geklärt sind.[224] Es kann also insoweit konstatiert werden, dass auch das subjektive Element in der Regel nicht dazu geeignet ist, die Verjährung des Ausgleichsanspruchs zu einem deutlich späteren Zeitpunkt beginnen zu lassen. Gerade durch die Expertise der Baubeteiligten kann diesen oftmals auch fahrlässige Unkenntnis hinsichtlich der Mangelhaftigkeit vorgeworfen werden, sodass die vom BGH beabsichtige „Bremse" des subjektiven Elements hier wohl auch nicht greift.

Schließlich reicht für den Verjährungsbeginn nach § 199 Abs. 1 Nr. 2 BGB auch die grob fahrlässige Unkenntnis der haftungsbegründenden Tatsachen. Dafür reicht die bloße Rüge der Symptome aus. Demgegenüber geht das OLG Hamm zwar davon aus, dass die bloße Rüge von Mängelsymptomen nicht ausreiche, vielmehr sei zusätzlich die Kenntnis oder grob fahrlässige Unkenntnis der Mangelursachen erforderlich. Erst wenn dies bei einem Baubeteiligten der Fall ist, könne er beurteilen, ob er möglicherweise selbst und/oder ein anderer Baubeteiligter für den Mangel haftet.[225] Allerdings ist zu bedenken, dass den Baubeteiligten vielfach aufgrund der Kenntnis des Mangels auch dessen Ursache bekannt sein dürfte. Lediglich bei technisch komplexen Sachverhalten ist dies indes meist nicht der Fall. Die Meinung des OLG Hamm führt somit nur in Einzelfällen zu einer deutlich später eintretenden Verjährung. Für die vorliegende Thematik ist diese Fragestellung mithin unbeachtlich.

bb) Problematik der frühzeitigen Verjährung

Nachdem gezeigt werden konnte, dass die Hürde für den Verjährungsbeginn des Ausgleichsanspruchs gem. § 426 Abs. 1 BGB nicht sonderlich hoch ist, soll nun dargelegt werden, wie sich dies auf die frühzeitige Verjährung des Ausgleichsanspruchs auswirkt.

Bis zum Inkrafttreten des Schuldrechtsmodernisierungsgesetzes zum 01.01.2002 hatte die Verjährungsfrist des Ausgleichsanspruchs keine entscheidende Bedeutung, da der Anspruch innerhalb von 30 Jahren verjährte und somit praktisch unverjährbar war. Erst mit Verkürzung der Regelverjährung auf drei

---

[222] *Sohn*, NJW 2019, 2579, 2580.
[223] *Sohn*, a.a.O., 2579, 2580 f.
[224] *Sohn/Holtmann,* BauR 2009, 1480, 1485.
[225] OLG Hamm, Urt. v. 08.07.2020 – I-12 U 74/19 = NZBau 2021, 120.

Jahre wurden die Problemfälle gerade auch im privaten Baurecht sichtbar.[226] Wie soeben beschrieben[227] richtet sich die Verjährung des Ausgleichsanspruchs gem. § 426 Abs. 1 BGB nach §§ 195, 199 BGB und bleibt somit in ihrer Dauer von drei Jahren im Ausgangspunkt hinter derjenigen für Bauhandwerksarbeiten zurück, die gem. § 634a BGB fünf Jahre oder gem. § 13 Abs. 4 VOB/B vier Jahre betragen kann. Die Verjährung des Ausgleichsanspruchs beginnt gem. § 199 BGB unabhängig von einer Abnahme mit Schluss des Jahres, in dem der Anspruch entstanden ist und der Ausgleichsberechtigte von den anspruchsbegründenden Umständen und der Person des anderen Gesamtschuldners Kenntnis erlangt oder infolge grober Fahrlässigkeit nicht erlangt hat, und wird nur dann gehemmt bzw. beginnt nur dann neu, wenn die Voraussetzungen nach §§ 203 ff. BGB[228] gerade bezüglich des Ausgleichsanspruchs vorliegen. Hemmung und Neubeginn der Mängelverjährung führen nicht zur Hemmung bzw. zum Neubeginn der Verjährung des Ausgleichsanspruchs und umgekehrt, da der Ausgleichsanspruch aus § 426 Abs. 1 BGB unabhängig von dem gem. § 426 Abs. 2 BGB übergegangenen Anspruch ist.[229]

Aufgrund dieser Diskrepanz zwischen Verjährung des Anspruchs im Außenverhältnis und dem möglicherweise frühzeitigen Beginn der Verjährung des Ausgleichsanspruchs kann es gerade im privaten Baurecht häufig vorkommen, dass der Ausgleichsanspruch nach neuem Verjährungsrecht bereits verjährt ist, bevor überhaupt eine Zahlung an den Gläubiger erfolgt ist und dementsprechend vom Ausgleichsberechtigten Zahlung verlangt werden könnte.[230] Das hat gerade in privaten Bausachen eine besondere Bedeutung, in denen einer Zahlung häufig eine jahrelange Auseinandersetzung vorausgeht.[231]

Im Regelfall wird der Besteller bzw. Auftraggeber zunächst versuchen, eine außergerichtliche Einigung mit den Unternehmern bzw. Auftragnehmern zu erzielen. Dies kann sich allerdings, abhängig von der Anzahl der beteiligten Personen, als ein durchaus schwieriges Unterfangen erweisen. Gerade Gesamtschuldner machen eine Einigung mit dem Auftraggeber oft davon abhängig, dass die Haftungsquote im Innenverhältnis geklärt ist. Für den Auftraggeber scheint es dann sinnvoll, zunächst nur mit dem Auftragnehmer zu verhandeln, dessen Haftung im Außenverhältnis am leichtesten nachzuweisen ist. Dies kann allerdings dazu führen, dass die Verjährung der Ansprüche gegen die übrigen Gesamtschuldner ungestört fortlaufen kann, da die Hemmung nur gegenüber dem jeweiligen Verhandlungspartner eintritt. Die Verhandlungen im Außenverhältnis wirken sich auch nicht auf den Ausgleichsanspruch im Innenverhältnis aus.[232]

---

[226] *Kainz,* BauR 2012, 420, 427 f.

[227] Vgl. zuvor unter § 4 III. 4. a) aa) (1) und (2).

[228] Dazu sogleich unter § 4 III. 4 a) ee).

[229] *Merl/Hummel*, in: Kleine-Möller/Merl/Glöckner, Handbuch des privaten Baurechts, 6. Aufl. 2019, § 15, Rn. 1020.

[230] *Zahn*, in: Ganten/Jansen/Voit, VOB/B, Teil B, 3. Aufl. 2013, Vorbem. § 13, Rn. 130.

[231] *Kniffka*, BauR 2005, 274, 286; *Schulze-Hagen*, BauR 2016, 384, 400.

[232] Allerdings wird die Situation – für den VOB-Bauvertrag – durch die Quasi-Unterbre-

Daher ist es gut vorstellbar, dass der Gläubiger vielleicht erst spät gerichtlich gegen einen der Gesamtschuldner vorgegangen ist oder sich die eigene Auseinandersetzung mit ihm hingezogen hat. Gerade im Bereich des privaten Baurechts erscheint dies leicht möglich zu sein, vor allem dann, wenn der Mangel erst spät, allerdings noch rechtzeitig, entdeckt wird und schon der Erstprozess äußerst langwierig war.[233] Denkbar und in der Praxis durchaus häufig sind also solche Konstellationen, in denen die Mängelgewährleistungsrechte erst nach langjährigen außergerichtlichen Auseinandersetzungen und kurz vor Ablauf der Verjährungsfrist, also zu einem Zeitpunkt, der oft lange nach der Entstehung der Gesamtschuld und Kenntnis eines Ausgleichsanspruchs gegen andere Projektbeteiligte liegt, gegenüber dem Schuldner gerichtlich durchgesetzt werden. Dies ist auf die divergierenden Verjährungsfristen im Innen- und Außenverhältnis und die Möglichkeiten der Verjährungshemmung zurückführen. Zur Verdeutlichung möge folgendes Beispiel dienen:

Tritt ein Mangel kurze Zeit nach der Abnahme auf, so kann der Auftraggeber bei Geltung der gesetzlichen Verjährungsfrist in etwa fünf Jahre warten, bis er etwaige Hemmungstatbestände einleitet. Kurz vor Ablauf der Verjährungsfrist erhebt der Bauherr dann Klage gegen den ausführenden Unternehmer. Dieser ist der Meinung, dass auch ein Planungsfehler für den Mangel ursächlich sei.[234] In der Folge könnte der Unternehmer dann Klage auf Freistellung gegen den Architekten erheben. Problematisch ist allerdings, dass dieser Anspruch aus § 426 Abs. 1 BGB bereits verjährt ist, wenn der Bauunternehmer frühzeitig Kenntnis davon hatte, dass der Mangel auch vom Architekten verursacht sein könnte. Dies führt dazu, dass der ausführende Unternehmer, um sich die Chance auf den Rückgriff gem. § 426 Abs. 1 BGB zu wahren, gezwungen ist, gegen den Architekten Klage zu erheben, noch bevor er, der Bauunternehmer, überhaupt vom Auftraggeber im Wege der Klage in Anspruch genommen wurde.[235]

Das Problem der vorzeitigen Verjährung des Innenausgleichs tritt auch immer dann auf, wenn einer der Gesamtschuldner im Außenverhältnis wesentlich länger haftet als die anderen Gesamtschuldner. Häufig ist dies der Architekt, der auch mit der sog. Vollarchitektur, also mit sämtlichen Leistungsphasen der HOAI, betraut ist. Denn dieser muss im Rahmen der Objektbetreuung (HOAI-Leistungsphase 9) auch dann noch Leistungen erbringen, wenn für die bauausführenden Unternehmer die Bauphase bereits beendet ist. Das ist dem Umstand

chung bzw. den Quasi-Neubeginn der Verjährung gem. § 13 Nr. 5 Abs. 1 S. 2 VOB/B entschärft: Es beginnt für Mängelansprüche eine neue Verjährungsfrist von zwei Jahren, gerechnet vom Zugang des schriftlichen Verlangens beim Auftragnehmer bzw. Regressschuldner, die jedoch nicht vor Ablauf der Regelfristen nach Nummer 4 oder der an ihrer Stelle vereinbarten Frist abläuft. Nach der Abnahme der Mängelbeseitigungsleistung beginnt die Frist erneut.

233 *Peters*, NZBau 2007, 337.

234 *Krusche*, in: Motzke/Bauer/Seewal, Prozesse in Bausachen, 3. Aufl. 2018, § 10, Rn. 111.

235 Ebd.

geschuldet, dass es wesentlicher Inhalt der Objektbetreuung ist, das Bauvorhaben innerhalb der für die Leistungen der Bauhandwerker geltenden Verjährungsfristen auf Mängel zu überprüfen. Dies hat zur Folge, dass Architekten noch nach dem Ende der Verjährungsfrist für den Bauunternehmer vom Bauherren wegen solcher Mängel in Anspruch genommen werden können, die möglicherweise überwiegend vom Bauunternehmer zu vertreten sind, da die Abnahme der Architektenleistung erst deutlich später möglich ist.[236] Die Frage, inwieweit diese Problematik durch die Einführung von §650s und §650t BGB abgemildert wurde, soll sogleich beantwortet werden.[237]

Denkbar sind auch Fälle, in denen die Verjährung gegen die einzelnen Unternehmer, z.B. Vor- und Nachunternehmer, wegen der unterschiedlichen Abnahmezeitpunkte zu einem unterschiedlichen Zeitpunkt beginnt und so einer der beiden im Außenverhältnis für denselben Mangel möglicherweise deutlich länger haften muss.[238] So kann es auch hier vorkommen, dass einer der Gesamtschuldner erst in Anspruch genommen wird, wenn der Anspruch im Innenverhältnis wegen vorliegender Kenntnis bereits verjährt ist.

Wie soeben gezeigt ist das Risiko einer vorzeitigen Verjährung des Ausgleichsanspruchs nicht als gering einzuschätzen. Dabei sind nicht nur die Gesamtschuldsachverhalte zwischen Architekten und Gesamtschuldnern von Bedeutung. Auch in anderen Gesamtschuldkonstellationen kann dies der Fall sein. Dies führt dazu, dass jeder Gesamtschuldner seine Inanspruchnahme durch den Gläubiger antizipieren und vorsorglich verjährungshemmende Maßnahmen treffen muss, wie z.B. eine Klage zu erheben, was bei einer Vielzahl von Gesamtschuldnern nicht nur den Einzelnen unangemessen belastet, sondern darüber hinaus auch prozessökonomisch völlig sinnlos ist. Verstärkt wird dieses Problem noch dadurch, dass Verhandlungen zwischen dem Gläubiger und den Gesamtschuldnern keineswegs die Verjährung des Ausgleichsanspruchs aus §426 Abs. 1 S. 1 BGB gem. §203 S. 1 BGB hemmen.[239]

In der Folge wird allerdings noch zu zeigen sein, dass die denkbaren Möglichkeiten der Verjährungshemmung nicht wenige sind. Deren Geeignetheit in der Praxis erscheint allerdings ähnlich wie im Bereich des Kartellrechts äußerst fragwürdig.[240]

---

236 *Busche*, in: Münch. Komm. BGB, 8. Aufl. 2020, §650s, Rn. 1.

237 Vgl. unten in diesem Abschnitt nachfolgend unter 4. a) cc).

238 *Kniffka*, BauR 2005, 274, 285.

239 *Windorfer*, NJW 2015, 3329; *Kreße*, in: BeckOGK BGB, Stand: 01.06.2020, §426, Rn. 48.

240 Vgl. oben §3 I. 3. a) cc) (3).

cc) Auflösung der Problematik durch § 650s BGB und § 650t BGB?

Es fragt sich, ob die zuvor dargestellte Problematik mithilfe der durch das Bauvertragsreformgesetz vom 28.04.2017[241] für das Architekten- und das Ingenieurvertragsrecht geschaffenen Sonderbestimmungen der §§ 650s und 650t BGB wegfällt oder zumindest entschärft werden kann. Dies wird nachfolgend untersucht.

(1) Teilabnahme gem. § 650s BGB

Die neue Bestimmung lautet wie folgt:

> „Der Unternehmer kann ab der Abnahme der letzten Leistung des bauausführenden Unternehmers oder der bauausführenden Unternehmer eine Teilabnahme der von ihm bis dahin erbrachten Leistungen verlangen."

Die Bestimmung ist nur vor dem Hintergrund der HOAI-Vergütungsvorschriften verständlich: Werden dem Architekten[242] nicht nur die Leistungsphasen 1 bis 8 des § 34 Abs. 3 HOAI[243] übertragen, sondern auch die Leistungsphase 9 (Objektbetreuung), die begrifflich der Abnahme der Bauleistung gem. §§ 640 BGB, 12 VOB/B nachfolgt, ist die Architektenleistung erst nach Ablauf der fünfjährigen Frist (§§ 643 a Abs. 1 Nr. 2, Abs. 2 BGB) vollständig erbracht. Erst dann kann er Abnahme seiner erbrachten Architektenleistung verlangen,[244] sodass sich hier erneut das Problem ergibt, dass ihm bei Baumängeln im Rahmen der Bauaufsicht der Rückgriff gegenüber dem Bauunternehmer wegen Ablaufs der bauvertraglichen Verjährungsfrist verwehrt ist, obwohl jenen in der Regel die überwiegende Verantwortlichkeit trifft.[245] Er steht dann vor der auch sonst hier thematisierten Situation, dass er als rückgriffsberechtigter Gesamtschuldner den Schaden im Ergebnis allein zu tragen hat.[246]

Um dies zu vermeiden, kann er nunmehr unter den in § 650s BGB genannten Voraussetzungen Teilabnahme verlangen. Bisher war eine Teilabnahme nach Erbringung der Leistungsphase 8 des § 34 Abs. 3 HOAI nur bei entsprechender vertraglicher Vereinbarung möglich.[247] Diese ungleiche Belastung des Architek-

---

[241] Gesetz zur Reform des Bauvertragsrechts, zur Änderung der kaufrechtlichen Mängelhaftung, zur Stärkung des zivilprozessualen Rechtsschutzes und zum maschinellen Siegel im Grundbuch- und Schiffsregisterverfahren (Bauvertragsrechtsreformgesetz = BauVertrRRG) v. 28.04.2017, BGBl. I, S. 969; vgl. oben § 5 III. 2. b) aa).

[242] Die nachfolgenden Ausführungen gelten für Unternehmer eines Architekten- oder Ingenieurvertrags im Sinne von § 650p BGB (A&I Vertrag), also analog für Ingenieure.

[243] Dabei handelt es sich um die Grundlagenermittlung, Vorplanung, Entwurfsplanung, Genehmigungsplanung, Ausführungsplanung, Vorbereitung der Vergabe, die Mitwirkung bei der Vergabe und die Objektüberwachung (Bauüberwachung und Dokumentation).

[244] *Deckers,* ZfBR 2017, 532, 541; BGH NJW 1994, 1276; BGH NJW 2014, 206.

[245] *Retzlaff,* in: Grüneberg, 81. Aufl. 2022, § 650s, Rn. 2.

[246] BT-Drs. 18/8486, S. 70; *Brox/Walker*, Besonderes Schuldrecht, 44. Auflage 2020, § 28, Rn. 10; *Zahn*, NZBau 2019, 34, 35.

[247] BGH, Urt. v. 10.02.1994 – VII ZR 20/93 = BGHZ 125, 111, Ls. 2.

ten im Verhältnis zum Bauunternehmer soll § 650s BGB verhindern.[248] Das gilt für die Leistungsphasen 1 bis 8 des § 34 Abs. 3 HOAI, trägt dem wohlverstandenen Interesse des Architekten Rechnung und entschärft die verjährungsbedingte Rückgriffsproblematik. Kommt es etwa zu Fehlern im Rahmen der der Vergabe vorausgehenden Planungsphasen, die sich im Bauwerk niederschlagen, haftet er wie der BGB-Bauunternehmer fünf Jahre ab der Teilabnahme. Die spätere Endabnahme beschränkt sich bei zuvor durchgeführter Teilabnahme auf die noch nicht abgenommenen Teile.[249] Ist eine körperliche Entgegennahme nicht möglich, wie bei Leistungen im Rahmen der Leistungsphase 9 des § 34 Abs. 3 HOAI, besteht die Abnahme lediglich in der Anerkennung nach Vollendung des Werkes,[250] indem der Besteller (ausdrücklich oder stillschweigend) erklärt, er sei mit der Architektenleistung zufrieden. Liegt dem Bauvertrag dagegen die VOB/B zugrunde, kann es gleichwohl zu einem Auseinanderfallen, d.h. einem vorzeitigen Ablauf der baurechtlichen Verjährungsfrist kommen (§ 13 Abs. 4 Nr. 1 S. 1 VOB/B: vier Jahre ab Abnahme). Liegt eine Fehlleistung des Architekten vor, riskiert er u.U. seine alleinige Haftung, da die Ansprüche gegen die Bauunternehmer bereits verjährt sind.[251] Ansonsten verbleibt es beim weitgehenden Gleichlauf der Fristen,[252] allerdings – wegen der denktheoretischen Unmöglichkeit einer Erfassung von Leistungsphase 9 – nicht für diese. Mit anderen Worten: § 650s BGB erleichtert die Haftungssituation des Architekten. Es bleiben jedoch nach wie vor Situationen, in denen dieser Gefahr läuft, regresslos dazustehen.

Auch aus der Perspektive des bauausführenden Unternehmens kann sich eine vorgezogene Abnahme planerischer Architektenleistungen im Übrigen durchaus als vorteilhaft erweisen. Aufgrund der früher eintretenden Verjährung von Ansprüchen gegen den Planer verringert sich in zeitlicher Hinsicht sein Risiko, seinerseits vom Planer nach § 426 BGB in Regress genommen zu werden.[253]

Insgesamt kann festgehalten werden, dass durch die neue Bestimmung die Gefahren einer Inanspruchnahme ohne Regressmöglichkeit reduziert werden. Das betrifft den auf den regressierenden Gesamtschuldner gem. § 426 Abs. 2 BGB übergehenden Anspruch, trägt aber zur Klärung der hier aufgeworfenen Fragestellung nach dem Beginn der Verjährungsfrist des Ausgleichsanspruchs im Innenverhältnis zwischen den Gesamtschuldnern gem. § 426 Abs. 1 S. 1 BGB weniger bei. Allerdings ist die Nachhaftungsfrist kürzer. Daher besteht zumindest die Möglichkeit, dass der Anspruch aus § 426 Abs. 1 S. 1 BGB noch durchsetzbar ist. Für den Verjährungsbeginn selbst ist dies unbeachtlich.

---

248 *Messerschmidt/Voit,* Privates Baurecht, § 650s, Rn. 10.
249 *Retzlaff,* in: Grüneberg, 81. Aufl. 2022, § 650s, Rn. 3.
250 BGHZ 125, 111.
251 *Peters,* in: Staudinger, Kommentar zum BGB, Neubearbeitung 2019, § 650s, Rn. 3.
252 BT-Drs. 18/8486, S. 70.
253 *Preussner,* in: Leupertz/Preussner/Sienz, Bauvertragsrecht, 1. Aufl. 2018, § 650s, Rn. 8.

(2) Leistungsverweigerungsrecht des Architekten/Ingenieurs gem. § 650t BGB

§ 650t BGB bestimmt Folgendes:

„Nimmt der Besteller den Unternehmer wegen eines Überwachungsfehlers in Anspruch, der zu einem Mangel an dem Bauwerk oder an der Außenanlage geführt hat, kann der Unternehmer die Leistung verweigern, wenn auch der ausführende Bauunternehmer für den Mangel haftet und der Besteller dem bauausführenden Unternehmer noch nicht erfolglos eine angemessene Frist zur Nacherfüllung bestimmt hat."

Auch hier ist der vom Gesetzgeber verfolgte Zweck ohne Weiteres erkennbar und durchaus plausibel. Oft haften Architekten (als Unternehmer im Sinne von § 650t BGB)[254] und Bauunternehmer als Gesamtschuldner, weil sie, wenn auch ggf. in unterschiedlich starkem Maße, zur Schadensentstehung beigetragen haben – Letzterer durch die mangelhafte Bauausführung, Ersterer durch Verletzung der Pflicht zur Bauüberwachung. Der Bauherr hat somit die Wahl, an wen er sich wendet. Bei Inanspruchnahme des Architekten kann dieser u.U. Rückgriff nehmen. Dabei sind im Rahmen des Gesamtschuldnerinnenausgleichs die Verantwortungsanteile in jedem Einzelfall gesondert zu ermitteln, wobei Planungsfehler grundsätzlich dem Architekten und Ausführungsfehler dem Bauunternehmer anzulasten sind, jedoch keine Vermutung für das Übergewicht des jeweiligen Anteils bei einem der beteiligten Akteure besteht.[255]

Für Bauherren ist ein Vorgehen gegenüber Architekten indes der „sicherere Weg": Architekten sind nach den Architektengesetzen der Bundesländer grundsätzlich verpflichtet, eine Berufshaftpflichtversicherung abzuschließen.[256] Das Risiko eines Forderungsausfalls besteht mithin praktisch nicht. Ein solches Risiko besteht hingegen dann, wenn der Architekt beim Bauunternehmer Rückgriff nehmen möchte. Er trägt dann das Insolvenzrisiko. Somit kann es zu der bereits im Rahmen von § 650s BGB dargestellten Situation kommen. § 650t BGB will dieses Risiko minimieren,[257] indem es der Nachbesserung durch den Bauunternehmer vorrangig ist und dem Architekten ein Leistungsverweigerungsrecht gewährt.[258] Der Architekt muss sich ausdrücklich auf sein Leistungsverweigerungs-

---

[254] Bzw. Ingenieure.

[255] *Wessel,* ZfBR 2020, 107, 114; OLG Stuttgart, Urt. v. 31.07.2018 – 10 U 150/17.

[256] Z.B. § 17 S. 2 und 3 Architektengesetz Baden-Württemberg v. 28.03.2011, GBl. S. 152, zuletzt geändert durch Art. 38 der Verordnung v. 23.02.2017, GBl. S. 136: „Die Kammermitglieder und Berufsgesellschaften haben sich ausreichend gegen Haftpflichtansprüche zu versichern. Das Nähere zu den Sätzen 1 und 2 regelt die Berufsordnung." Kommt der Architekt oder Ingenieur den Nachweis einer Versicherung schuldig oder kündigt der Berufshaftpflichtversicherer den Vertrag, wird dies von der Architekten- bzw. Ingenieurkammer geahndet und kann mit einer Geldbuße sanktioniert werden, VG Düsseldorf, Urt. v. 19.06.2006 – Beschlüsse – 36 K 167/05.U und 36 K 4066/05.U.

[257] BT-Drs. 18/8486, S. 70.

[258] *Retzlaff,* in: Grüneberg, 81. Aufl. 2022, § 650t, Rn. 2. Teilweise wird auch eine Einbeziehung des ausschließlich mit Planungsleistungen betrauten Architekten in den Nacherfüllungsvorrang befürwortet, vgl. *Preussner,* BauR 2018, 1321.

recht berufen und im Rechtsstreit eine Einrede erheben. Eine Berücksichtigung des Leistungsverweigerungsrechts des Architekten von Amts wegen findet durch das Gericht gerade nicht statt.[259] Durch Erhebung der Einrede erfolgt keine Hemmung der Verjährung gem. §205 BGB.[260]

Aber letztlich gilt hier das Gleiche wie zu §650s BGB: Zur Beantwortung der Frage, wann die Verjährungsfrist für den Ausgleichsanspruch gem. §426 Abs. 1 S. 1 BGB beginnt oder – *de lege ferenda* – beginnen sollte, trägt die neue Norm nichts bei. Dennoch macht die Darstellung auch zu diesem Rechtsgebiet deutlich, dass hier ebenfalls die Gefahr einer vorzeitigen Verjährung besteht und der Regress begehrende Gesamtschuldner Gefahr läuft, mit seiner Forderung auszufallen. Im Übrigen gelten die neuen Normen nur für das Verhältnis zwischen Architekt und Bauunternehmer. Darüber hinaus gibt es im weiten Bereich des Bau- und Architektenrechts noch viele andere Konstruktionen, für die das Verjährungsrisiko in gleicher Weise relevant werden kann.

dd) Zumutbarkeit der Klage als wertendes Korrektiv

Im Verlaufe der bisherigen Darstellung wurde deutlich, dass die Ansicht des BGH, dass die Verjährungsfrist für den Ausgleichsanspruch von Gesamtschuldnern im Innenverhältnis bereits mit Begründung der Gesamtschuld beginnt, vielfach zu Ergebnissen führt, die nicht überzeugen. So verweist etwa *Zahn* darauf, dass nach dieser Auffassung der Anspruch des Bestellers gegen den Architekten bereits mit der Verkörperung des Mangels im Bauwerk fällig werde und dies somit der Startpunkt für die Verjährungsfrist sei.[261] Auf der Suche nach Lösungsansätzen, welche die durch den vorzeitigen Ablauf der Dreijahresfrist auftretenden Misshelligkeiten zu vermeiden suchen, stellt sich alternativ die Frage, ob in der Zumutbarkeit der Klageerhebung ein wertendes Korrektiv liegen könnte; ob also der Beginn der Frist zweckmäßigerweise mit dem Zeitpunkt, ab dem einem im Innenverhältnis Ausgleich anstrebenden suchenden Gesamtschuldner eine Klage gegen den Ausgleichspflichtigen überhaupt erst zugemutet werden kann, zusammenfallen sollte.

Dem liegt folgende Erwägung zugrunde: Im Grundsatz ist eine Klage erst zumutbar, wenn die wesentlichen Anspruchsvoraussetzungen geklärt sind und hinreichende Erfolgsaussicht besteht. Fehlt es daran, ist einem Anspruchsteller eine riskante Klagerhebung schlechterdings nicht zuzumuten, zumal er sonst gegen sein wohlverstandenes Eigeninteresse verstieße.[262] Diesen allgemeinen und für das gesamte (Zivil-)Recht einleuchtenden Überlegungen kommt gerade im privaten Baurecht eine besondere Brisanz zu: Oft ist das Vorliegen eines Bau-

---

[259] *Deckers*, ZfBR 2017, 523, 543.

[260] Teilweise wird eine entsprechende Anwendung von §205 BGB gefordert, vgl. *Zahn*, BauR 2017, 1262, 1266.

[261] *Zahn*, BauR 2017, 1261, 1266; siehe auch oben §4 III. 4. a) aa) (1).

[262] BGH, NJW 2001, 1721.

mangels, sei es – ausnahmsweise – durch Parteigutachten (§§ 402 ff., 411 ZPO) oder sei es – was häufiger der Fall ist – im Wege eines selbstständigen Beweisverfahrens (§§ 485 ff. ZPO), relativ rasch objektiv festgestellt. Auch wer möglicher Mangelverursacher ist, ist angesichts der begrenzten Anzahl in Betracht kommender Beteiligter – Architekt, Generalbauunternehmer, Subunternehmer oder Sonderfachmann – in der Regel bereits in einem frühen Stadium unstreitig. Überzieht der Bauherr ausschließlich den Architekten mit einer Klage und gibt dieser kein Anerkenntnis ab, sondern bestreitet er seine Haftung, etwa mit dem Argument, ihm sei kein Bauaufsichtsfehler unterlaufen, kann ihm eine Klage gegen andere Gesamtschuldner im Innenverhältnis solange nicht zugemutet werden, bis seine Haftung als Gesamtschuldner feststeht:[263] Der Architekt könnte im Rechtsstreit mit dem Gläubiger seine Haftung nicht bestreiten und sie als Anspruchsvoraussetzung des Anspruchs aus § 426 Abs. 1 S. 1 BGB gleichzeitig gegenüber dem ausgleichspflichtigen Bauunternehmer behaupten. Das müsste er aber, soll seine Ausgleichsklage schlüssig sein.[264] In diesem Rechtsstreit ist nicht davon auszugehen, dass die „Selbstbezichtigung“, durch die der Regresskläger die Durchsetzung seines Ausgleichsanspruchs anstrebt, die Vermutung der Wahrheit für sich hat.[265] Insofern würde der Architekt sich in einem Dilemma befinden, in einer „zwickmühlenähnlichen Situation“. Die Konstellationen, die den Besteller veranlassen, gegen den Architekten vorzugehen, bei denen ein Rückgriff gegenüber anderen Baubeteiligten in Betracht kommt, sind Legion. Es existiert dazu eine umfangreiche und kaum zu überschauende Judikatur. Beispielsweise kann sich handeln um

Planungsfehler: Die Planung ist nicht genehmigungsfähig,[266] entspricht nicht den anerkannten Regeln der Baukunst bzw. Technik,[267] stimmt in technischer oder wirtschaftlicher Hinsicht nicht mit den vertraglichen Vereinbarungen überein oder ist lückenhaft.[268] In diesen Fällen stellt sich die Frage, ob der Bauunternehmer seiner Prüfungs- und Anzeigepflicht nach § 4 Abs. 3 VOB/B ordnungsgemäß nachgekommen ist.[269]

Koordinierungsmängel: Der Architekt ist vertraglich verpflichtet (§ 650p BGB), das Bauvorhaben technisch, wirtschaftlich und zeitlich zu koordinieren und für einen reibungslosen Ablauf auf der Baustelle zu sorgen.[270] Die Koordinierungspflicht beginnt bereits im Planungsstadium, wobei allerdings Schnittstellen mit den Verantwortungsbereichen von Sonderfachleuten bestehen kön-

[263] *Kniffka*, BauR 2005, 274, 287.
[264] *Krüger,* Kartellregress, S. 148.
[265] *Himer,* VersR 1973, 309.
[266] BGH NJW 2013, 2268 Rn. 12; BGH BauR 1998, 578.
[267] BGH NJW 2013, 684; *Sprau,* in; Grüneberg, 81. Aufl. 2022, § 633 BGB, Rn. 13.
[268] BGH NJW 2003, 287; BGH ZfBR 1998, 148.
[269] Vgl. dazu die Kommentierung bei *Oppler*, in: Ingenstau/Korbion, 21. Aufl., 2020, § 4 Abs. 3, Rn. 62 ff.
[270] OLG Celle NJW-RR 2017, 1102, 1103.

nen. So können sich Schadensersatzansprüche gegenüber Architekten ergeben, wenn z.B. ihm beim Auftreten von Grundwasser in der Baugrube[271] oder bei der Inbetriebnahme einer Heizung zwecks des weiteren Ausbaus bei winterlichen Temperaturen[272] Fehler unterlaufen. Insgesamt können sich, insbesondere bei technisch anspruchsvollen und komplexen Bauvorhaben, in nahezu jeder Bauphase aufgrund von Koordinierungsmängeln Fehler ergeben.[273]

Mangelhafte Objekt- bzw. Bauüberwachung: Dies ist der Bereich, in dem die weitaus meisten Konstellationen einer gesamtschuldnerischen Haftung von Architekten und Bauunternehmern entstehen. Dabei ist allerdings zunächst zu beachten, dass der Architekt handwerkliche Selbstverständlichkeiten aufseiten der beteiligten Bauunternehmer voraussetzen darf, insoweit also keine Überwachungspflicht besteht.[274] Gesteigerte Überwachungspflichten bestehen dagegen bei typischen Gefahrenquellen und kritischen Bauabschnitten.[275] Auch muss er die Leistungen von Sonderfachleuten dann überprüfen, wenn er Fehler bemerkt,[276] allerdings nur im Rahmen der bei einem Architekten vorauszusetzenden Kenntnis.[277] Auch bei der Rechnungsprüfung treffen den Architekten besondere Sorgfaltspflichten.[278]

In allen diesen Situationen wird der Architekt im Rechtsstreit mit dem Besteller seine Haftung bestreiten, die aber im anschließenden Regressvortrag Gegenstand seines Parteivortrags sein muss, damit seine Ausgleichsklage in prozessualer Hinsicht schlüssig ist. Bestreitet der Regressbeklagte seine Haftung, wäre der Regresskläger gar gezwungen, für sein eigenes mitursächliches Fehlverhalten Beweis gegen sich selbst zu führen.[279] *Krüger* weist für den Kartellregress auf das auch im Architekten- und Bauprozess bestehende Risiko hin, dass sich der Ausgleichsbeklagte im weiteren Prozessverlauf des Klagevortrags des Architekten bedient, wenn es um die Festlegung der Haftungsquote geht.[280] Die Lage normalisiere sich erst, wenn der Kläger bei der Quotierung die ihm adäquate Parteirolle einnimmt und die „Vorgefechte“[281] beendet sind. Der Regresskläger muss also im Rückgriffsprozess eine „geradezu schizophren anmutende Kehrtwendung“[282] vollziehen. Das Dilemma werde für ihn nur dann geringer, wenn ihn als Vorleistendem eine lediglich gering zu bewertende Mitverursachung treffe,[283] da

---

[271] OLG Köln OLGR 1994, 242.

[272] OLG Koblenz BauR 1997, 482,

[273] OLG Düsseldorf NJW-RR 2011, 170.

[274] OLG Düsseldorf BauR 1998, 810, 811.

[275] OLG Köln NJW-RR 2014, 666: Anscheinsbeweis bei gravierenden sichtbaren Mängeln.

[276] BGH VersR 1964, 1045; BGH VersR 1967, 260.

[277] OLG Düsseldorf NZBau 2006, 187.

[278] OLG Celle NJW-RR 2008, 180.

[279] *Krüger,* Kartellregress, S. 148.

[280] *Krüger*, a.a.O., S. 148.

[281] *Klimke*, VersR 1974, 20.

[282] *Krüger,* Kartellregress, S. 148.

[283] *Klimke,* VersR 1974, 20, 21

er durch die Verjährungshemmung so immerhin noch die Möglichkeit wahrt, im Rückgriffsprozess einen Großteil des gegebenenfalls zu Leistenden im Innenverhältnis einzufordern.

Diese im privaten Bau- und Architektenrecht besonders häufig denkbare Prozesssituation ist auch aus anderen Rechtsgebieten bekannt:

Im bereits erwähnten *Kartellregress* ist die „Selbstbelastungssituation" ebenfalls anzutreffen. Bestreitet der Regressbeklagte die Haftung des Ausgleichsgläubigers, muss der Kläger für sein eigenes mitursächliches Fehlverhalten sogar Beweis gegen sich selbst führen. Dann besteht für ihn die Gefahr, dass der Regressbeklagte in seinem Prozessvortrag darauf rekurriert, wenn es darum geht, die Haftungsquote festzustellen. *Klimke* bezeichnet dies als ein „völlig neues Prozessgefühl".[284]

Für das *Darlehensrecht* hat der BGH entschieden, dass einer Bank, die sich wegen der Zins- und Tilgungsbeiträge dem Bereicherungsanspruch eines Darlehensnehmers aus einem nichtigen Darlehensvertrag ausgesetzt sieht und der zugleich ein Bereicherungsanspruch der Bank gegen einen Dritten als Zahlungsempfänger der Darlehensvaluta zusteht, die Erhebung einer auf die Rückzahlung der Darlehensvaluta gerichteten Klage gegen den Zahlungsempfänger aus § 812 Abs. 1 Satz 1 Alt. 2 BGB erst dann zumutbar ist, wenn ihre Rückzahlungsverpflichtung gegenüber dem Darlehensnehmer feststeht.[285]

Im *Bankvertragsrecht* hat die BGH-Judikatur mittlerweile eine weitreichende Sonderdogmatik für den Bereich der Regelverjährung entwickelt, die zu einer faktischen Verlängerung der Verjährungsfrist durch Anlaufhemmung des Verjährungsbeginns führt. Dies soll gelten für eine „unsichere und zweifelhafte Rechtslage", die selbst ein rechtskundiger Dritter nicht zuverlässig einzuschätzen vermag, und darüber hinaus im Wege eines „Erst-recht-Schlusses" für eine der eigenen Rechtsansicht entgegenstehende höchstrichterliche Rechtsprechung (sog. „anspruchsfeindliche Rechtsprechung").[286]

Es stellt sich in allen diesen Konstellationen stets die Frage, wie das Kriterium der Zumutbarkeit so präzise bestimmt werden kann, dass es als möglicher Anknüpfungspunkt für die Festlegung des Verjährungsbeginns herangezogen werden kann. *Herresthal* setzt sich dazu kritisch mit der BGH-Rechtsprechung auseinander.[287] Die dabei angestellten Überlegungen lassen sich ohne Einschränkung auf das private Bau- und Architektenrecht übertragen. Es ist zu konstatieren, dass die Merkmale der „unsicheren und zweifelhaften Rechtslage" und der „anspruchsfeindlichen Rechtsprechung" zwar die faire Chance zur Rechtsdurch-

---

[284] *Klimke,* VersR 1974, 20, 21 Fn. 5; *Krüger*, Kartellregress, Fn. 667.

[285] BGH, Urt. v. 13.01.2015 – XI ZR 303/12, Ls. und Rn. 35; BGH, Urt. v. 06.05.1993 – III ZR 2/92 = BGHZ 122, 317; vgl. auch BGH NJW 2014, 3713.

[286] *Herresthal,* WM 2018, 401; BGH WM 2009, 506; *Peters.* NJW 2009, 2046, Rn. 47; BGH WM 2013, 1286;

BGH NJW 2014, 3092, Rn. 23; BGHZ 203, 115; ablehnend *Bitter*, JZ 2015, 170.

[287] *Herresthal,* a.a.O., 401, 406 ff.

setzung eröffnen, sich terminologisch und prozessual aber kaum zuverlässig abgrenzen lassen. Ihnen fehlt zudem die praktische Handhabbarkeit. Dadurch wird die Rechtssicherheit bei der Anwendung der Verjährungsregeln massiv beeinträchtigt. Die Merkmale laufen den Zwecken der Verjährung diametral zuwider.[288] Die „unklare und zweifelhafte Rechtslage" umschreibt der BGH dahingehend, dass „das Vorliegen einer Anspruchsvoraussetzung aufgrund der bekannten Tatsachen rechtlich schwierig zu beantworten und die Rechtsfrage durch die Rechtsprechung noch nicht geklärt sei".[289] Die Unklarheit ende mit der Veröffentlichung einer höchstrichterlichen Entscheidung sowie mit der Aufstellung allgemeiner Rechtsgrundsätze durch die Rechtsprechung, welche sich auf den streitgegenständlichen Sachverhalt übertragen lassen. Dieses Kriterium ist als Abgrenzungsmerkmal untauglich, weil allgemeine Rechtsgrundsätze unterschiedlich abstrakt sind und sich demnach in unterschiedlicher Weise auf Sachverhalte übertragen lassen.[290] Ähnliche Bedenken bestehen gegenüber dem weiteren Merkmal der „anspruchsfeindlichen Rechtsprechung".[291]

So ist auch im hier interessierenden Rechtsgebiet des privaten Bau- und Architektenrechts eine Freistellungs- oder Feststellungsklage des Architekten oder eines anderen Rückgriffsgläubigers gegen andere Gesamtschuldner solange unzumutbar, bis dessen Haftung noch von ungeklärten Voraussetzungen abhängig ist. Dies könnte etwa der Fall sein, wenn die Frage der Bauaufsichtsverletzung infrage steht oder die Haftungsquote davon abhängt, ob z.B. der Bauunternehmer seinen Pflichten aus §4 Abs. 3 VOB/B nachgekommen ist und den Architekten auf seine Bedenken hingewiesen hat.[292] Aber ab wann ist Zumutbarkeit gegeben? Diese Frage ist möglicherweise ebenso wenig rechtssicher wie im in Bezug genommenen Bankvertragsrecht zu beantworten. Denn:

Ist die Klagerhebung dem Regressgläubiger im Gesamtschuldnerinnenverhältnis bereits zuzumuten, wenn vorprozessual ein Gutachter den Baumangel auch auf eine Architektenfehlleistung zurückführt? Muss der Architekt bereits in diesem frühen Stadium eine Klage gegen den Bauunternehmer in Erwägung ziehen und seinen Anspruch rechtshängig machen? Ein verständiger Beobachter würde sagen: sicher nicht. Wie aber ist die Situation im sich anschließenden Rechtsstreit zu beurteilen? Kann von einer unklaren Rechtslage nicht mehr gesprochen werden, wenn nach dem Ergebnis der Beweisaufnahme feststeht, dass ein haftungsauslösendes Mitverschulden des Architekten gegeben ist, oder ist dies erst nach Erlass des Urteils in erster Instanz der Fall?

Wie ist es aber, wenn der Architekt von seinem Novenrecht (§ 531 Abs. 2 ZPO) Gebrauch macht und zulässigerweise im Berufungsverfahren Tatsachen vorträgt,

---

[288] *Herresthal,* a.a.O., 401, 406.

[289] *Schmidt-Räntsch*, in: Erman, BGB, 15. Aufl. 2017, § 199, Rn. 18a; BGH WM 1999, 974; *Lerch*, MDR 1999, 963; BGHR 2005, 829, 831; *Herresthal*, a.a.O., 401, 406.

[290] *Herresthal,* a.a.O., 401, 407.

[291] Dazu *Herresthal,* a.a.O., 401, 407 ff.

[292] *Kniffka*, BauR 2005, 274, 287.

die zu einer gänzlich anderen Bewertung der Haftungsfrage Anlass geben? Ist ihm dann die Erhebung der Klage gegen den gesamtschuldnerisch haftenden Bauunternehmer zuzumuten? Oder kann davon erst nach rechtskräftigem Abschluss des Verfahrens, ggf. erst im Revisionsverfahren, ausgegangen werden?

Aufgrund dieser Erwägungen lässt sich der Zeitpunkt der Zumutbarkeit der Klagerhebung nicht abschließend und rechtssicher bestimmen. Darüber hinaus steht nach den bisherigen Ausführungen fest, dass die BGH-Rechtsprechung zum Verjährungsbeginn beim Gesamtschuldnerausgleichsanspruch gem. §426 BGB nicht überzeugt. Indes muss eine Anknüpfung an den Zeitpunkt, in dem Regressgläubigern eine Klagerhebung gegenüber ausgleichspflichtigen Gesamtschuldnern zumutbar ist, ausscheiden. Dieser Aspekt muss daher bei der Frage, wie der Verjährungsbeginn alternativ festzulegen ist, ausscheiden.

Da speziell dem privaten Bau- und Architektenrecht somit *de lege lata* keine Anhaltspunkte für eine andere Festlegung des Verjährungsbeginns zu entnehmen sind, müssen Prozessbeteiligte in entsprechenden Verfahren Möglichkeiten in Betracht ziehen, durch die die Verjährungsfrist im Verhältnis zu Regressschuldnern gehemmt werden kann.

ee) Möglichkeit von rechtshemmenden Maßnahmen

Die nachfolgend beschriebenen materiell-rechtlichen und prozessualen Möglichkeiten sind teilweise allgemeiner Natur, mithin keine Besonderheiten des hier behandelten Rechtsgebiets. Sie werden daher, um die Logik des darstellerischen Verlaufs nicht zu gefährden, an dieser Stelle nur kursorisch behandelt. Ausführlich soll die Verjährungshemmung durch Klagerhebung gem. §204 Abs. 1 Nr. 1 BGB, da für jedwede Art von Gesamtschuldinnenausgleichssituationen bedeutsam, erst später – in §7 – behandelt werden. Der Schwerpunkt der nachfolgenden Erörterungen liegt somit auf den Besonderheiten im Bau- und Architektenrecht.

Rechtshemmende Maßnahmen müssen potenzielle Regressgläubiger bereits in einem Zeitpunkt einleiten, in dem von einer eindeutigen (klaren) Rechtslage noch nicht ausgegangen werden kann, also noch unklar ist, ob der Auftraggeber überhaupt vor Ablauf der Verjährung einen Gesamtschuldner in Anspruch nimmt.[293]

(1) Klage auf Freistellung

Die Klagerhebung ist problematisch, wenn der Architekt bzw. potenzielle Regressgläubiger vom Besteller bzw. Primärgläubiger noch nicht in Anspruch genommen wurde. Wahrscheinlicher dürfte dagegen die Erhebung der Freistellungsklage im Gesamtschuldverhältnis sein, wenn die Zahlungspflicht des Regressgläubigers feststeht, dieser aber noch keine Zahlung an den Bauherrn geleis-

[293] *Kainz,* BauR 2013, 420, 429; *Weise*, NJW-Spezial 2011, 108, 109.

tet hat.[294] Voraussetzung ist dabei die Fälligkeit des Bestelleranspruchs.[295] Eine solche Klage dürfte in Betracht kommen, wenn der vom Bauherrn in Anspruch genommene Regressgläubiger zur Zahlung des dem Besteller geschuldeten Gesamtbetrags außerstande oder nicht willens ist, z.B. bei einem geringen Mitverschulden, den überwiegend auf den Rückgriffsschuldner entfallenen Forderungsanteil gewissermaßen „vorzufinanzieren". In der Praxis wird der Freistellungsanspruch praktisch nicht geltend gemacht.[296] Vielmehr wird in aller Regel Zahlung erst nach Befriedigung des Gläubigers gefordert.[297] Finden noch Verhandlungen zwischen den Parteien über die Höhe der Freistellung statt, ist eine Freistellungsklage prozessual unzulässig, da die genaue Bezifferung des eingeklagten Betrages wohl gerade nicht möglich, wegen der anschließenden Vollstreckungsfähigkeit des Urteils aber nötig ist und es ihr so an der erfroderlichen Bestimmheit gem. § 253 Abs. 2 Nr. 2 ZPO fehlt.[298] Der Regress begehrende Gesamtschuldner befindet sich in der bereits beschriebenen „Zwickmühlensituation", weshalb wohl kaum auf die Freistellungsklage zurückgegriffen wird.[299]

(2) Feststellungsklage auf Bestehen des Innenregressanspruchs

Auch hier stellt sich in gleicher Weise wie bei der Frage der Zumutbarkeit der Klagerhebung als Zeitpunkt des Verjährungsbeginns[300] das Problem, dass der Regressgläubiger in rechtlicher Hinsicht gegensätzlich vortragen müsste. In der Praxis wird der Bauherr nicht zuletzt durch den Feststellungsbeklagten, der auf diese Weise seine Position gegenüber dem Bauherrn stärken will, von dem Prozessvortrag des Regressgläubigers zu Mängeln erfahren. Es besteht daher die Gefahr, dass dadurch die Verhandlungen des Bauherrn mit den Baubeteiligten gefährdet werden.[301] Darüber hinaus ist zu beachten, dass Feststellungsklagen in erheblichem Umfang häufig zu unübersichtlichen Prozesssituationen führen können, insbesondere wenn die Verantwortlichkeiten einer Vielzahl von Baubeteiligten zu prüfen sind.[302] Dies liegt daran, dass der Bau durch das Zusammenwirken vieler Beteiligter im Hinblick auf den verfolgten Zweck, ein funktionstaugliches und den vertragliche Vereinbarungen entsprechendes Bauwerk entstehen zu lassen, geprägt ist.[303] Das setzt eine intensive Kommunikation voraus.

Der BGH hat dazu ausgeführt:[304]

[294] Ist der Architekt bereits verklagt, so bietet sich die Streitverkündung an, s.u. (4).
[295] BGH NJW 1986, 978.
[296] Vgl. zur Durchsetzung in der Vollstreckung: *Knacke*, BauR 1985, 270, 274.
[297] *Kniffka*, BauR 2005, 274, 276.
[298] BGH NJW 1980, 1450; *Kappelhoff*, NJW 2014, 2775.
[299] Vgl. oben in diesem Abschnitt III. 4. a) dd).
[300] Vgl. zuvor III. 4. a) cc).
[301] *Kappelhoff*, NJW 2014, 2775, 2776.
[302] *Glöckner*, BauR 2011, 378, 379.
[303] *Glöckner*, a.a.O., 378, 379.
[304] BGHZ 95, 128, Rn. 18.

„Unter ihnen (scil. mehreren Unternehmern als Auftragnehmern) besteht vielmehr eine Art objektiver Zweckgemeinschaft. Denn um eine einwandfreie Bauleistung zu erreichen, ist der eine auf den anderen angewiesen; die Leistung des einen ist Voraussetzung für die Leistung des anderen. Dem trägt auch die VOB/B Rechnung, indem sie den Auftragnehmer verpflichtet, die Vorleistung eines anderen Unternehmers zu überprüfen (§§ 4 Nr. 3, 13 Nr. 3 VOB/B). Hat er Bedenken gegen die Leistungen anderer Unternehmer, gemeint sind Vorunternehmer (vgl. Ingenstau/Korbion, a.a.O., § 4 Rdnr. 100; Senatsurteil, NJW 1974, 747 Nr. 5), so hat er sie dem Auftraggeber unverzüglich schriftlich mitzuteilen."

Die Anerkennung einer Prüfungs- und Bedenkenhinweispflicht der Bauunternehmer im Hinblick auf die Vorleistungen von Planern, Sonderfachleuten oder Vorunternehmern sowie aller Baubeteiligten ist grundlegend. Dem Bauherrn obliegt die Koordination aller Baubeteiligten. Somit muss er dafür sorgen, dass den Baubeteiligten die notwendigen Planvorgaben zur Verfügung gestellt werden und dass die Baustelle auf die Ausführung von Bauleistungen vorbereitet ist. Hinzu kommt die Kooperation im engeren Sinne.[305] Da es gerade wegen der Vielzahl möglicher Beteiligter zu unübersichtlichen Prozesssituationen kommen kann und die (spätere) Herbeiführung einer einvernehmlichen Lösung erschwert wird, ist eine Feststellungsklage auf Bestehen des Innenregressanspruchs in der Regel nicht sinnvoll. Wegen der Vielzahl der Beteiligten besteht auch die Gefahr, dass einzelne Gesamtschuldner gerade nicht verklagt werden und so die Verjährung gegenüber diesen ungehindert läuft. Zudem kommt es auch hier wieder zu der oben bereits beschriebenen „zwickmühlenähnlichen Situation" für den (späteren) Regressgläubiger.[306]

(3) Vereinbarung eines Verjährungsverzichts

Vereinbarungen über einen Verjährungsverzicht sind in den Grenzen des § 202 BGB zulässig[307] und können dazu dienen, Kosten zu sparen.[308] Dies ist ein Gesichtspunkt, welcher gerade in Bau- und Architektenprozessen eine besondere Rolle spielt. Bedenkt man die Komplexität derartiger Prozesse, welche sich zusätzlich durch eine oftmals besonders lange Dauer auszeichnen und in deren Verlauf umfassende Gerichtsgutachten erstellt und Augenscheinstermine durchgeführt werden, und berücksichtigt man die teilweise angespannte Situation der Baubranche, ziehen viele Baubeteiligte eine Streitbereinigung im Vergleichswege vor. Dahingehende Bemühungen sollen nicht durch den drohenden Ablauf von Verjährungsfristen torpediert werden. Andererseits kann ein angekündigter Verjährungsverzicht auch ein taktisches Mittel sein, den Verhandlungspartner zu Zugeständnissen zu veranlassen. Immerhin setzt ein Vergleich das beiderseitige

---

[305] *Glöckner,* BauR 2011, 378, 379.
[306] Vgl. dieser Abschnitt unter III. 4. a) dd).
[307] *Ellenberger*, in: Grüneberg, 81. Aufl. 2022, § 202, Rn. 3.
[308] *Kappelhoff*, NJW 2014, 2775, 2776.

Nachgeben voraus.[309] Ob der jeweilige Verhandlungspartner deshalb Entgegenkommen zeigt, ist allerdings höchst ungewiss, insbesondere dann, wenn ohnehin stark taktiert wird.[310] Besteht dazu keine Bereitschaft, ist der Verjährungsverzicht als Option ausgeschlossen.

(4) Streitverkündung

Besonders in Bau- und Architektenprozessen ist dem (späteren) Regressgläubiger die Streitverkündung gem. § 204 Abs. 1 Nr. 6 BGB zu empfehlen. Diese Möglichkeit der Verjährungshemmung kommt aber nur in Betracht, wenn ein Rechtsstreit zwischen Besteller und Regressgläubiger bereits anhängig ist, nicht aber, wenn noch Verhandlungen stattfinden.[311] Tritt der (eventuelle) Regressbeklagte dem Rechtsstreit bei, so erkennt er damit noch keine Haftung gegenüber einer der Prozessparteien an. Er kann jeder der beiden Parteien als Streithelfer beitreten, nicht nur dem Streitverkünder.[312] In prozessualer Hinsicht ist die Interventionswirkung gem. § 68 ZPO von entscheidender Bedeutung. Danach wird der dem Rechtsstreit beitretende Streitverkündungsempfänger im Verhältnis zur Hauptpartei, dem späteren Regressgläubiger, nicht mit der Behauptung gehört, dass der Rechtsstreit, wie er dem Richter vorgelegen habe, unrichtig entschieden sei: Mit der Behauptung, dass die Hauptpartei den Rechtsstreit mangelhaft geführt habe, wird er nur insoweit gehört, als er durch die Lage des Rechtsstreits zur Zeit seines Beitritts oder durch Erklärungen und Handlungen der Hauptpartei verhindert worden ist, Angriffs- oder Verteidigungsmittel geltend zu machen, oder als Angriffs- oder Verteidigungsmittel, die ihm unbekannt waren, von der Hauptpartei absichtlich oder durch grobes Verschulden nicht geltend gemacht sind. Die durch den Beitritt zum Erstprozess bewirkte Interventionswirkung ist sehr weitreichend, sie erfasst alle notwendigen tatsächlichen und rechtlichen Grundlagen des Urteils, d.h. die „tragenden Urteilsgründe“.[313]

In der Prozesspraxis ist die Anzahl wechselseitiger Streitverkündungen in Baubzw. Architektensachen besonders groß.[314] Dabei sind sie oft unnötig, weil sie die Gerichte über Gebühr belasten und ggf. durch Vergleich vermeidbar sind.[315] Dementsprechend wird teilweise erwogen, ob zwecks Entlastung der Justiz und im Sinne einer effektiveren Rechtsdurchsetzung die Formanforderungen an eine prozessual wirksame Streitverkündung *de lege ferenda* reduziert werden soll-

---

[309] BGHZ 39, 60; *Sprau*, in: Grüneberg, 81. Aufl. 2022, § 779, Rn. 9; BGH NJW 2000, 1942, BGH NJW 2005, 3576.

[310] Siehe dazu auch die Ausführungen zur individualvertraglichen Gestaltung unter § 4 III. 4. a) ee) (6).

[311] Siehe nur *Kappelhoff*, NJW 2014, 2775, 2776.

[312] OLG Stuttgart MDR 1970, 148.

[313] BGHZ 8, 72; BGH NJW 1987, 1894.

[314] Siehe nur *Weise*, NJW-Spezial 2017, 44, 46.

[315] Das liegt in der Natur der Sache, weil an Bauprojekten eine Vielzahl von Parteien beteiligt ist.

ten.[316] Darüber hinaus wird die Frage der Zulässigkeit der Streitverkündung u.U. erst im Folgeprozess geklärt und es besteht so die Gefahr, dass die beabsichtigte Hemmungswirkung dann doch nicht erreicht wurde, da gerade nur eine zulässige Streitverkündung die Verjährung hemmt.[317] Schließlich hilft die Streitverkündung nicht immer, um das durch die unterschiedlichen Verjährungsfristen ausgelöste Problem zu lösen. Denn oftmals ziehen sich die außergerichtlichen Verhandlungen lange hin[318] und es wird sehr spät eine gem. § 167 ZPO fristwahrende Klage erhoben, zu einem Zeitpunkt, in dem im Innenverhältnis bereits Verjährung eingetreten ist. Eine Streitverkündung setzt eben eine zuvor erhobene Klage voraus.

(5) Selbstständiges Beweisverfahren

Besondere Bedeutung insbesondere in Bausachen kommt selbstständigen Beweisverfahren im Sinne der §§ 485 ff. ZPO zu. Es ist dem Hauptverfahren vorgelagert. Meist besteht eine besondere Eilbedürftigkeit, insbesondere, wenn zu besorgen ist, dass Beweismittel verloren gehen, was gerade im hier behandelten Rechtsgebiet der Fall sein kann, wenn z.B. durch den weiteren Baufortschritt Baumängel nicht mehr feststellbar sind. Es muss ein rechtliches Feststellungsinteresse bestehen.[319] Der besondere Vorteil besteht darin, dass der Gutachter vom Gericht benannt wird und nicht von einer Partei. Parteigutachten, die Sachkunde eines Privatgutachters oder die von ihm getroffenen Feststellungen werden von der jeweiligen Gegenpartei erfahrungsgemäß im späteren Zivilprozess in Zweifel gezogen. Ihnen kommt daher nur ein geringerer Beweiswert zu. Das Verfahren nach §§ 485 ff. ZPO dient der Prozessbeschleunigung, zumal die Beweiserhebung in der Regel kurzfristig durchgeführt werden kann.[320] Darüber hinaus sind die Baubeteiligten nach Vorlage des Gutachtens eher verhandlungsbereit. Das selbstständige Beweisverfahren ist eine Ausnahme vom sonst im Zivilprozess geltenden Grundsatz der Unmittelbarkeit der Beweisaufnahme.[321] Im Regelfall muss sich das erkennende Gericht nämlich selbst einen eigenen und unmittelbaren Eindruck von strittigen und beweisbedürftigen Tatsachen verschaffen.[322]

Die Zulässigkeit des die Verjährung hemmenden selbstständigen Beweisverfahrens ist in § 485 ZPO geregelt.[323]

---

[316] *Weise*, NJW-Spezial 2017, 44, 46.

[317] *Krüger/Rahlmeyer*, JA 2014, 202; vgl. auch schon oben unter § 3 I. 3. a) cc) (3) (a).

[318] Vgl. aber auch § 203 BGB.

[319] § 485 Abs. 2 ZPO; OLG Bamberg NJW-RR 1995, 893, 894.

[320] *Schreiber*, in: Münch. Komm. ZPO, 6. Aufl. 2020, § 485, Rn. 1.

[321] BT-Drs. 111/3621, S. 24.

[322] §§ 128, 309 und 355 ZPO.

[323] „(1) Während oder außerhalb eines Streitverfahrens kann auf Antrag einer Partei die Einnahme des Augenscheins, die Vernehmung von Zeugen oder die Begutachtung durch einen Sachverständigen angeordnet werden, wenn der Gegner zustimmt oder zu besorgen ist, dass das Beweismittel verloren geht oder seine Benutzung erschwert wird.

Das selbstständige Beweisverfahren dauert allerdings oft länger als die Erstellung eines Privatgutachtens. Darüber hinaus ist ein selbstständiges Beweisverfahren mit erheblichen Kosten verbunden.[324] Sein Streitwert richtet sich nach dem Wert des Hauptsacheverfahrens, wobei der vom Antragsteller genannte Wert nicht maßgeblich ist. Der Gegenstandswert wird nach Anhörung der Parteien durch das Gericht festgesetzt.[325] Die Streitvolumina in Bausachen sind meist sehr umfangreich. Um den oft exorbitant hohen Streitwertfestsetzungen zu entgehen und die Kostenlast in Grenzen zu halten, sollten Möglichkeiten einer alternativen Streitbeilegung in Erwägung gezogen werden. In Betracht kommen Schiedsverfahren vor einer ständigen Schiedsstelle (Güteverfahren vor einer Bauschlichtungsstelle) oder durch Hinzuziehung eines Schiedsgutachters (§ 317 BGB).[326] In beiden Fällen kommt dem Verfahrensbeginn verjährungshemmende Wirkung zu (§ 204 Abs. 1 Nr. 8 BGB).[327] Schiedsrichterliche Verfahren (§§ 1025 ff. ZPO) führen ebenfalls ab Verfahrensbeginn zur Hemmung (§ 204 Abs. 1 Nr. 11 BGB),[328] sind jedoch oft kostenaufwendiger, wenn auch von kürzerer Dauer als Baustreitigkeiten vor staatlichen Gerichten; im Übrigen kann der Antragsgegner das Verfahren in Bauprozessen durch immer neue Anträge in die Länge ziehen.

Insgesamt kommt das selbstständige Beweisverfahren als rechtshemmende Maßnahme in Betracht, weist aber gegenüber alternativen Möglichkeiten der Streitbeilegung erhebliche Nachteile auf.

(6) Verhandlung gem. § 203 BGB

In der Baupraxis kommt der Hemmung der Verjährung durch Verhandlung gem. § 203 BGB zwischen den Vertragsparteien besondere Bedeutung zu.[329] Der Begriff

---

(2) Ist ein Rechtsstreit noch nicht anhängig, kann eine Partei die schriftliche Begutachtung durch einen Sachverständigen beantragen, wenn sie ein rechtliches Interesse daran hat, dass

1. der Zustand einer Person oder der Zustand oder Wert einer Sache,
2. die Ursache eines Personenschadens, Sachschadens oder Sachmangels,
3. der Aufwand für die Beseitigung eines Personenschadens, Sachschadens oder Sachmangels festgestellt wird. Ein rechtliches Interesse ist anzunehmen, wenn die Feststellung der Vermeidung eines Rechtsstreits dienen kann.

(3) Soweit eine Begutachtung bereits gerichtlich angeordnet worden ist, findet eine neue Begutachtung nur statt, wenn die Voraussetzungen des § 412 erfüllt sind."

[324] *Kappelhoff*, NJW 2014, 2775, 2776.

[325] Ebd.

[326] Im Zweifel fallen die Kosten des Schiedsgutachtens den Parteien je zur Häfte zur Last, LG Hamburg, MDR 1975, 143.

[327] *Ellenberger*, in: Grüneberg, 81. Aufl. 2022, § 204 BGB, Rn. 23; BGH NJW-RR 1993, 1495 (zum alten Recht: Verjährungsunterbrechung).

[328] Hemmung ab Zugang des Schiedsantrags beim Beklagten; vgl. *Ellenberger*, a.a.O., Rn. 26. § 204 Abs. 1 Nr. 11 BGB gilt auch bei Schiedsverfahren im Ausland, BT-Drs. 14/7052, S. 181.

[329] *Merl/Hummel*, in: Kleine-Möller/Merl/Glöckner, Handbuch Baurecht, 6. Aufl. 2019, § 15, Rn. 22.

der Verhandlung ist weit auszulegen.[330] Der Gläubiger muss deutlich machen, dass er einen Anspruch geltend machen will.[331] Anschließend genügt jeder Meinungsaustausch über den Anspruch oder seine tatsächlichen Grundlagen, sofern der Schuldner nicht sofort erkennbar Verhandlungen ablehnt.[332] Die Verweigerung weiterer Verhandlungen muss eindeutig und bedingungslos sein.[333] Erforderlich ist in der Regel ein doppeltes Nein: „kein Anspruch, keine weiteren Verhandlungen".[334] Sind mehrere Ansprüche Gegenstand der Verhandlungen, kann die Verweigerung auch nur auf einen oder einige wenige Ansprüche begrenzt werden.[335] Bei Mängelansprüchen gegen den Bauunternehmer endet die Hemmung, wenn der Unternehmer (Verkäufer) das Prüfergebnis mitteilt, den Mangel für beseitigt erklärt oder die Fortsetzung der Mängelbeseitigung verweigert.[336]

Nach alledem können allenfalls die eindeutige Erklärung, keine Verhandlungen führen zu wollen, bzw. die ernsthafte Nacherfüllungsverweigerung als einigermaßen präzise zu ermittelnde Zeitpunkte für den Wegfall der Hemmungswirkung identifiziert werden. Im Übrigen ist die Ermittlung dieses Zeitpunkts, ob z.B. die Gespräche endgültig beendet sind oder nur ruhen sollen, mit erheblicher Unsicherheit verbunden. Es ist daher Sache der Verhandlungsparteien, für klare Verhältnisse zu sorgen und ihre Willenserklärungen mit der erforderlichen Klarheit abzugeben.

Verhandlungen erweisen sich nach alledem auch nicht immer als rechtssicherer „Königsweg", um der Gefahr drohender Verjährung zu entgehen. Insbesondere besteht oft Unklarheit, ob die Hemmungswirkung noch gegeben ist. In diesem Zusammenhang wird auf die Ausführungen zum Kartellrecht verwiesen.[337]

(7) Zusammenfassung

Sämtliche der zuvor im Bau- und im Architektenrecht denkbaren Maßnahmen weisen gewisse Schwachstellen auf. Eine effektive Verjährungshemmung zugunsten des regressierenden Gesamtschuldners ist nur unter großen Schwierigkeiten

---

[330] BGH WM 2009, 1597, Rn. 16.

[331] OLG München ZIP 2005, 656.

[332] BGH NJW 2007, 65.

[333] *Peters*, NZBau 2007, 337, 339.

[334] OLG Oldenburg MDR 2008, 311; *Ellenberger*, in: Grüneberg, 81. Aufl. 2022, § 203, Rn. 4.

[335] OLG Düsseldorf NJW-RR 2005, 819. Schlafen die Verhandlungen ein, z.B. durch ein Schweigen auf ein Schreiben des jeweils anderen Teils, so sind sie nach der Rechtsprechung des BGH in dem Zeitpunkt beendet, in dem der nächste Schritt nach Treu und Glauben zu erwarten war, BGH NJW 2009, 1806, Rn. 11. Vereinbaren die Parteien eine Unterbrechung der Verhandlung, z.B. um die Schadensentwicklung abzuwarten, muss grundsätzlich der Schuldner den ersten Schritt tun und die Initiative zur Wiederaufnahme der Verhandlung ergreifen, BGH NKW 1986, 1337. Auch kann eine fehlende Reaktion des Schuldners zum Ende der Hemmung führen, BGH NJW 2017, 949, Rn. 24 ff.

[336] BGH NJW 2008, 5876, Rn. 21.

[337] Vgl. oben § 3 I. 3. a) cc) (3) (c).

zu erreichen. Demnach zeigt sich einmal mehr, dass die vom BGH vertretene Lösung zum Verjährungsbeginn mit Entstehung der Gesamtschuld als unpraktikabel anzusehen ist.

Einer Klage auf Freistellung steht meist entgegen, dass Architekten bzw. andere potenzielle Regressgläubiger vom Besteller noch nicht in Anspruch genommen worden sind, die Zahlungspflicht des Regressgläubigers somit noch nicht feststeht. Sofern der Umfang des Freistellungsanspruchs noch nicht festeht, ist eine solche Klage ohnehin prozessual unzulässig, da es ihr an der erfroderlichen Bestimmheit fehlt. Es besteht die bereits mehrfach beschriebene „Zwickmühlensituation". Erhebt der Regressgläubiger eine Klage auf Feststellung eines Regressanspruchs im Innenverhältnis, besteht das Risiko, dass der Bauherr Kenntnis von der Verteidigungsargumentation des Regressschuldners erlangt und die Verhandlungen mit seinem Vertragspartner gefährdet werden: Er kann damit das Vorbringen seines Verhandlungspartners widerlegen. Dieser Weg ist daher für den Regressgläubiger zu riskant.

Einer Vereinbarung über den Verjährungsverzicht wird der noch nicht in Anspruch genommene (potenzielle) Regressschuldner in der Praxis nur selten zustimmen, gibt er doch damit zugleich selbst sein schlagkräftigstes, weil am einfachsten nachzuweisendes Verteidigungsmittel, die Verjährungseinrede, aus der Hand. Für den Regressgläubiger ist ein Verjährungsverzicht hingegen vorteilhaft, hält er sich dadurch doch quasi „den Rücken frei" für die Geltendmachung des Regressanspruchs. Wegen dieser Interessenantinomie ist ein Verzicht nur selten erreichbar. Eine Streitverkündung kann prozessuale Wirksamkeit nur bei bereits erhobener Klage entfalten, nicht aber im vorgelagerten Verhandlungsstadium. Das selbstständige Beweisverfahren erweist sich noch am ehesten als dazu geeignet, der Verjährungsproblematik zu entgehen, schafft relativ schnell Klarheit zwischen den Parteien, wenn auch nur bezüglich des Vorhandenseins von Mängeln, nicht aber unbedingt hinsichtlich der Verantwortlichkeiten, und ist mit erheblichen Kosten verbunden. Verhandlungen weisen mit Blick auf die Verjährung ebenfalls erhebliche Unsicherheitsmomente auf. Sämtlicher Maßnahmen bedürfte es nicht, wenn die Verjährungsfrist des Innenanspruchs erst mit Zahlung des Regressgläubigers an den Besteller bzw. Auftraggeber beginnt.

b) Verjährung des gem. § 426 Abs. 2 BGB übergegangenen Anspruchs

Die übergehenden Mängelansprüche des Bestellers/Auftraggebers gegen den Unternehmer unterliegen der Verjährung nach §634a BGB, 13 Abs. 4, Abs. 5 VOB/B.[338] Der Lauf der Verjährungsfrist beginnt mit Abnahme der Leistung des Unternehmers/Auftragnehmers, Hemmung und Neubeginn der Verjährung setzen einen entsprechenden Tatbestand gerade im Hinblick auf die Gewährleistungsrechte voraus.[339] Der Anspruch des Bestellers bzw. Auftraggebers wegen

[338] *Schulze-Hagen*, BauR 2016, 384, 399.

[339] *Merl/Hummel*, in: Kleine-Möller/Merl/Glöckner, Handbuch Baurecht, 6. Aufl. 2019, § 15, Rn. 1020.

Mängeln am Bauwerk verjährt gem. § 634a Abs. 1 Nr. 2 BGB in fünf Jahren bzw. nach § 13 Abs. 4 Nr. 1 VOB/B in vier Jahren nach Abnahme i.S.d. § 640 BGB. Sind individualvertraglich oder durch Zusätzliche (ZVB) oder Besondere Vertragsbedingungen (BBV) andere Fristen vereinbart, treten diese an die Stelle der gesetzlichen bzw. VOB/B-Bestimmungen. Durch die Eigenständigkeit dieser Verjährung besteht die Gefahr, dass der Gesamtschuldgläubiger sich aus dem übergegangenen Anspruch nicht befriedigen kann, weil dieser verjährt ist.[340] Dies kann z.B. bei Vereinbarung der VOB/B der Fall sein: Der Mängelanspruch gegen den Architekten/Ingenieur verjährt in fünf Jahren ab Abnahme, der gegen den Bauunternehmer dagegen in vier Jahren (§ 13 Abs. 4 und 5 VOB/B).[341]

Der Verjährungsbeginn richtet sich hier nicht nach der Tatsachenkenntnis des zuerst zahlenden Gesamtschuldners, sondern nach den Verjährungsregeln des übergegangenen Anspruchs gem. §§ 412, 404 BGB. Entscheidend ist daher, ob der Anspruch des Bestellers/Auftraggebers gegen Architekten, andere Fachplaner oder den Bauunternehmer noch nicht verjährt ist. Für diesen Anspruch gelten die regelmäßigen Gewährleistungsfristen zwischen dem Auftraggeber und dem anderen Gesamtschuldner. Allerdings stellt sich auch hier das bereits im Zusammenhang mit dem kartellrechtlichen Schadensersatzanspruch dargestellte Problem, dass dieser Anspruch erst durch den Regressgläubiger durchsetzbar ist, wenn dieser den Auftraggeber und Primärgläubiger befriedigt hat. Erst dann wird dieser Inhaber der Forderung und entsprechend Aktivlegitimierter.

Angesichts der Länge von baulichen Auseinandersetzungen in der Praxis wird eine Befriedigung erst nach Ablauf der Verjährung des Anspruchs des Auftraggebers gegen den anderen Schuldner erfolgen, es sei denn, der Auftraggeber hat auch hier den Eintritt der Verjährung gegenüber dem anderen Gesamtschuldner gehemmt. Dazu ist er allerdings gerade nicht verpflichtet und oftmals kann es vorkommen, dass sich der Auftraggeber nur an einen der Gesamtschuldner hält. Daher greift der Anspruch aus übergangenem Recht in der Baupraxis kaum durch.[342]

5. *Zusammenfassung und Fazit*

Im Ausgangspunkt ist zunächst festzuhalten, dass sich das private Bau- und das Architektenrecht durch das Zusammenwirken vieler Baubeteiligter im weitesten Sinne auszeichnen. Aufgrund der Komplexität kommt es zu den unterschiedlichsten Fallgestaltungen einer Gesamtschuldnerschaft, beruhend auf Vertrag oder Gesetz (Delikt).[343] Der Besteller/Auftraggeber hat insoweit ein Wahlrecht: Er kann gemeinschaftlich gegen sämtliche Gesamtschuldner vorgehen oder er

---

[340] *Kniffka*, BauR 2005, 274, 285.

[341] *Krusche*, in: Motzke/Bauer/Seewald, Prozesse in Bausachen, 3. Aufl. 2018, § 10, Rn. 105 f.

[342] *Weise*, NJW-Spezial 2011, 108, 109.

[343] Vgl. dazu bereits oben Einl. I.

kann zunächst den Architekten mit einer Klage überziehen, der dann regelmäßig bestrebt ist, den über seinen Haftungsanteil hinausgehenden Teilbetrag von dem oder den hauptverantwortlichen übrigen Gesamtschuldnern „zurückzuholen". Mängelansprüche können auf mehrere Anspruchsgrundlagen gestützt werden, wobei strikt danach zu differenzieren ist, ob es sich im Einzelfall um einen Bauvertrag handelt, der nur dem BGB-Regime unterliegt (§ 650a BGB) oder für den die VOB/B Vertragsgrundlage ist.

Für nach § 426 Abs. 2 BGB übergehende Ansprüche von Bestellern/Auftraggebern gelten die Verjährungsregeln der §§ 634a BGB. Für den Ausgleichsanspruch gem. § 426 Abs. 1 BGB beginnt die Verjährungsfrist nach der BGH-Judikatur mit Begründung der Gesamtschuld. Es gilt die Dreijahresfrist (§ 199 BGB). Es stellt sich auch in diesem Rechtsgebiet die Problematik der vorzeitigen Verjährung. Durch die Neuregelungen in § 650s BGB und § 650t BGB hat sich hieran nichts geändert. Ausführlich wurde diskutiert, ob der Zeitpunkt der Zumutbarkeit einer Klageerhebung gleichsam als wertendes Korrektiv und Anknüpfungspunkt für die Bestimmung des Verjährungsbeginns genutzt werden kann. Dies hätte zugunsten des Regressgläubigers ein Hinausschieben des Verjährungsbeginns zur Folge. In der Auseinandersetzung mit der Rechtsansicht des BGH erweist sich der Zumutbarkeitsgedanke indes als zu unpräzise. Wann jeweils die unklare Rechtslage endet und dem vorleistenden Gesamtschuldner die Ausgleichsklage zuzumuten ist, hängt von einer Vielzahl von Einzelfallfaktoren ab, weshalb die Überlegung einer zeitlichen Anknüpfung an die Zumutbarkeit zu verwerfen ist. Dass auch die Durchführung verjährungshemmender Maßnahmen unter den besonderen Gegebenheiten des Bau- und des Architektenrechts, auf die nur wegen der verfehlten Rechtsprechung des BGH zum Verjährungsbeginn rekurriert werden muss, mit zahlreichen Schwierigkeiten und Unsicherheiten behaftet ist, wurde dargelegt. Insgesamt entsprechen die Problemsituationen damit denjenigen, welche auch sonst in allen anderen Bereichen des Rechts bestehen. Zumindest lassen sich dem privaten Bau- und Architektenrecht keine weitergehenden Erkenntnisse oder „Modelle" entnehmen, die für die Klärung, wann – alternativ zur BGH-Lösung – die Verjährungsfrist des Ausgleichsanspruchs nach § 426 Abs. 1 BGB beginnen sollte, hilfreich sind. Ob hierfür andere Rechtsgebiete, das Gesellschaftsrecht und die Berufsrechte bestimmter „freier Berufe" oder anderer Professionen, herhalten können, wird nachfolgend erörtert. Zumindest gilt im Bau- und im Architektenrecht ein anderes Verjährungsregime als im Kartellrecht. Insgesamt macht die Darstellung im vorliegenden Abschnitt wieder einmal deutlich, dass ein Bedürfnis nach einer gesetzlichen Neuregelung besteht.

IV. Gesamtschuldnerische Gesellschafter- und Geschäftsführerhaftung

1. Überblick

Betrachtet man das Gesellschaftsrecht aus der Perspektive des Gesamtschuldnerinnenausgleichs, so sind zunächst zwei Regelungsbereiche zu unterscheiden: die Haftungssituation im Recht der Personengesellschaften und diejenige im Recht der Kapitalgesellschaften. Dementsprechend sind Sedes materiae auf der einen Seite die §§ 708 BGB, 114 Abs. 1, Abs. 3, 161 Abs. 2 HGB und auf der anderen Seite die §§ 43 GmbHG und 93 AktG. Nachfolgend wird daher zunächst die Rechtslage im Personengesellschafts- und sodann im Kapitalgesellschaftsrecht dargestellt.

Im Recht der BGB-Gesellschaft (§ 705 ff. BGB) gelten verjährungsrechtlich keine Besonderheiten. Dort, wie auch im Recht der OHG und der KG, können sich Innenausgleichsansprüche ergeben, wenn mehreren Gesellschaftern die Geschäftsführung übertragen wurde und anderen Gesellschaftern ihnen gegenüber z.B. Schadensersatzansprüche zustehen und die Haftungsverteilung im Innenverhältnis infrage steht. Weder enthält das Gesellschaftsrecht des BGB eine von der Regelverjährungsfrist in § 195 BGB abweichende Bestimmung noch besondere gesetzliche Regeln über den Beginn der Verjährungsfrist. Innenausgleichsansprüche können sich auch ergeben, wenn ein Gesellschafter von einem Dritten in Anspruch genommen wird und er gegen weitere persönlich haftende Gesellschafter Rückgriff nehmen möchte.[344] Nach derzeitigem Rechtsstand ist daher von den oben in § 1 erläuterten Grundsätzen der BGH-Rechtsprechung auszugehen.[345] Das Recht der OHG hingegen enthält in § 113 Abs. 3 HGB eine Sondervorschrift. Danach verjähren Schadensersatzansprüche wegen Verletzung des Wettbewerbsverbots der Gesellschafter in drei Monaten von dem Zeitpunkt an, in welchem die übrigen Gesellschafter von dem Abschluss des Geschäfts oder von der Teilnahme des Gesellschafters an der anderen Gesellschaft Kenntnis erlangen oder ohne grobe Fahrlässigkeit erlangen müssten. Ohne Rücksicht auf diese Kenntnis oder grob fahrlässige Unkenntnis verjähren sie in fünf Jahren von ihrer Entstehung an. Die Fristen sind in beiden Fällen kürzer als nach § 199 Abs. 3, 4 BGB. Für die übrigen Schadensersatzansprüche bleibt es bei der Regelverjährungsfrist gem. § 195 BGB.

---

[344] Für die Gesellschafter einer OHG ordnet § 128 HGB die gesamtschuldnerische Haftung der Gesellschafter gegenüber Dritten ausdrücklich an. Wegen der Verweisung in § 161 Abs. 2 HGB gilt dies, unter Beachtung der Einschränkung der §§ 171–176 HGB, auch für die Gesellschafter der KG. Der Ausgleich der Gesellschafter untereinander richtet sich dann nach § 426 BGB, vgl. *Schmidt*, in: Münch. Komm. HGB, 4. Aufl. 2016, § 128, Rn. 34; *Roth*, in: Baumbach/Hopt, Handelsgesetzbuch, 40. Aufl. 2021, § 128, Rn. 1 ff.

[345] Vgl. oben § 1 I. 1. d) bb).

Das Recht der KG folgt für die Haftung der Komplementäre dem OHG-Recht (§§ 161 Abs. 2, 165 HGB), sodass auch insoweit von einer vertiefenden Darstellung im vorliegenden Zusammenhang abgesehen werden kann. Der Schwerpunkt der Darstellung liegt somit auf dem Gebiet des Rechts der Kapitalgesellschaften.

Im Recht der Kapitalgesellschaften stellt sich die Situation, gerade im Hinblick auf die Haftung der Geschäftsführer gegenüber der Gesellschaft gem. § 43 GmbHG, etwas anders dar. So bestimmt § 43 Abs. 2 GmbHG, dass Geschäftsführer, die ihre Obliegenheiten verletzen, der Gesellschaft solidarisch, d.h. als Gesamtschuldner[346] für den entstandenen Schaden haften. Hier beträgt die Verjährungsfrist für Ansprüche gegen (mehrere) Geschäftsführer fünf Jahre ab Eintritt des Schadens (§ 43 Abs. 4 GmbHG).[347] Insoweit kann man, in Abhängigkeit vom jeweiligen Einzelfall, von einer haftungsmäßigen „Privilegierung"[348] gegenüber der Höchstfrist von zehn bzw. dreißig Jahren bei fehlender Kenntnis oder grob fahrlässiger Unkenntnis sprechen. An diesem Rechtszustand hat der Reformgesetzgeber anlässlich der Schuldrechtsmodernisierung der Jahre 2001/02 bewusst festgehalten. Zur Begründung wurde angeführt, Geschäftsleiter benötigten für ihre unternehmerischen Aktivitäten Gewissheit nach objektiven Kriterien, ab wann sie für Pflichtverletzungen nicht mehr in Anspruch genommen werden können.[349] Dabei vermag dies nicht ganz zu überzeugen, denn auch bei einer Zehnjahres- oder Dreißigjahresfrist erfolgt die Fristberechnung nach objektiv nachvollziehbaren Kriterien. Die eigentliche Begründung, und diese schiebt *Fleischer* in seiner Kommentierung dann auch anschließend gleich nach, liegt darin, dass die Zehnjahresfrist wegen des erhöhten Risikos der Verwirklichung eines Haftungstatbestands durch GmbH-Geschäftsführer – mit Recht – als bei Weitem zu lang empfunden wird.[350] Als weiteres Argument für die kurze Fünfjahresfrist wird ergänzend darauf hingewiesen, dass die objektiv beginnende Fünfjahresfrist außerdem die Risikokalkulation von D&O-Versicherern[351] erleichtere.[352]

---

[346] *Verse,* in: Scholz, GmbHG, 12. Aufl. 2020, § 43 Rn. 345.

[347] § 43 Abs. 4 GmbHG: „Die Ansprüche auf Grund der vorstehenden Bestimmungen verjähren in fünf Jahren." *Fleischer,* in: Münch. Komm. GmbHG, 3. Aufl. 2019, § 43 Rn. 329 ff. Diese Sonderverjährung geht der Regelverjährung nach §§ 195, 199 BGB für alle Ansprüche aus § 43 Abs. 2 und 3 GmbHG vor, und zwar auch, wenn Verletzungen von Pflichten aus einem Anstellungsverhältnis in Rede stehen, vgl. *Beurskens,* in: Baumbach/Hueck, GmbHG, 22. Aufl. 2019, § 43, Rn. 101; Für Kreditinstitute beträgt die Verjährungsfrist gem. § 52a KWG zehn Jahre.

[348] Begr. RegE, BT-Drs. 15/3653, 12.

[349] Begr. RegE, BT-Drs. 15/3653, S. 12; vgl. auch *Thiessen,* ZHR 168 (2004), 503, 538.

[350] *Fleischer,* in: Münch. Komm. GmbHG, 3. Aufl. 2019, § 43, Rn. 330.

[351] D&O = Directors and Officers Liability Insurance.

[352] Begr. RegE, BT-Drs. 15/3653, S. 12.

Im Aktienrecht regelt § 93 Abs. 2 bis 5 AktG Schadensersatzansprüche aus Managerhaftung wegen Pflichtverletzung der Vorstandsmitglieder, auch hier gilt gem. § 93 Abs. 6 AktG eine Verjährungsfrist von fünf Jahren.[353]

Nachfolgend wird der Geschäftsführerregress im GmbH-Recht sowie der Vorstandsregress im Aktienrecht dargestellt. Dabei wird das Hauptaugenmerk auf dem Verhältnis der längeren – fünfjährigen – Verjährungsfrist im Außenverhältnis gegenüber der Gesellschaft zur kürzeren Dreijahresfrist im Innenverhältnis zwischen den Geschäftsführern bzw. den Vorstandsmitgliedern liegen.

2. GmbH-Recht

a) Allgemeine Ausführungen zur gesamtschuldnerischen Haftung

Die in § 43 Abs. 2 GmbHG angeordnete gesamtschuldnerische („solidarische") Haftung[354] führt zunächst dazu, dass bei mehreren Geschäftsführern unstreitig jeder Geschäftsführer, der eine Pflichtverletzung begangen hat, auf den gesamten Schadensbetrag haftet (§ 421 BGB), und zwar unabhängig von der Art der Pflichtverletzung und dem Grad des jeweiligen Verschuldens.[355] Liegen die Voraussetzungen der gesamtschuldnerischen Haftung vor, kann sich ein Geschäftsführer gegenüber der Gesellschaft nicht auf das Mitverschulden von Mitgeschäftsführern berufen.[356] Lässt sich bei einer festgestellten Pflichtwidrigkeit der Geschäftsführung nicht ermitteln, welcher der Geschäftsführer dafür verantwortlich ist, haften sie im Außenverhältnis gegenüber der Gesellschaft alle gemeinsam. Dies wird aus dem Rechtsgedanken von § 830 Abs. 1 S. 2 BGB[357] abgeleitet, ergibt sich aber ohnehin aufgrund der im Rahmen der Organhaftung vom Gesetzgeber angeordneten Beweislastumkehr.[358] Der ausgleichungsberechtigte Gesamtschuldner wird im Übrigen, wie auch beim Innenausgleich zwischen Architekt und Bauunternehmern oder zwischen mehreren Bauunternehmern, auch im GmbH-Recht gut beraten sein, zur verjährungsmäßigen Sicherung eines gegenüber den Mitgeschäftsführern bestehenden Regressanspruchs diesen den Streit zu verkünden (§ 204 Abs. 1 Nr. 6 BGB).[359]

---

[353] *Fleischer,* in: Münch. Komm. GmbHG, 3. Aufl. 2019, § 43, Rn. 329.

[354] Allg. Meinung, vgl. u.a. BGH, Beschl. v. 26.11.2007 – II ZR 161/06 = NJW-RR 2008, 48 = GmbHR 2008, 144 Rn. 3; *Beurskens,* in: Baumbach/Hueck, 22. Aufl. 2019, § 43, Rn. 58; *Fleischer*, in: Münch. Komm. GmbHG, 3. Aufl. 2019, § 43, Rn. 318.

[355] Vgl. nur *Fleische*r, a.a.O., Rn. 318.

[356] *Verse,* in: Scholz, GmbHG, 12. Aufl. 2020, § 43, Rn. 345.

[357] *Drescher*, Die Haftung des GmbH-Geschäftsführers, Rn. 395; *Fleischer,* in: Münch. Komm. GmbHG, 3. Aufl. 2019, § 43, Rn. 318.

[358] *Verse,* in: Scholz, GmbHG, 12. Aufl. 2020, § 43, Rn. 345: Beweislastumkehr analog § 93 Abs. 2 S. 2 AktG, § 34 Abs. 2 S. 2 GenG. Dabei kann sich der einzelne Mitgeschäftsführer nach allgemeinen Regeln exkulpieren, vgl. *Sprau,* in: Grüneberg, 81. Aufl. 2022, § 830, Rn. 11 m.w.N.

[359] *Reichert/Suchy,* NZG 2017, 88, 90 f.

In Bezug auf den Innenausgleich zwischen den gesamtschuldnerisch haftenden Mitgeschäftsführern[360] gilt das bisher Gesagte.[361] Dabei ist zu beachten, dass der regressierende Mitgeschäftsführer im Innenverhältnis mit dem Forderungsübergang gem. § 426 Abs. 2 BGB wie der Gläubiger, die GmbH, von der günstigen Beweislastregelung im Außenverhältnis im Rahmen der Organhaftung analog § 93 Abs. 2 S. 2 AktG, § 34 Abs. 2 S. 2 GenG profitiert.[362] Im Außenverhältnis gilt die Beweislastumkehr nach dem Gesagten für beide Absätze von § 426 BGB, sodass der zahlende Gesamtschuldner zumindest keinen Nachweis mehr darüber führen muss, dass im Außenverhältnis zur Gesellschaft ein Gesamtschuldverhältnis besteht.[363] Für die weitere Frage nach der Haftungsverteilung unter den von ihrem Mitgeschäftsführer in Anspruch genommenen Geschäftsführern gilt dagegen der allgemeine Grundsatz der Darlegungs- und Beweislast, dass jeder Geschäftsführer die sich zu seinen Gunsten auswirkenden Tatsachen darlegen und beweisen muss, hier also die Abweichung von der gleichmäßigen Haftungsverteilung nach § 426 Abs. 1 S. 1 BGB.[364] Das gilt auch für § 426 Abs. 2 BGB, da der Forderungsübergang dort nur erfolgt, soweit der leistende Gesamtschuldner von den übrigen Schuldnern nach § 426 Abs. 1 BGB Ausgleich verlangen kann.[365]

Auch beim Geschäftsführerregress ergibt sich die Problematik unterschiedlicher Verjährungsfristen. Es stellt sich also auch hier die Frage, welche Folgen die Divergenz zwischen der kurzen Frist der §§ 195, 199 BGB (bei § 426 Abs. 1 BGB) und der Fünfjahresfrist in § 43 Abs. 4 GmbHG (bei § 426 Abs. 2 BGB) für den Beginn der Verjährungsfrist im Innenverhältnis hat.[366] Dabei macht es im vorliegenden Zusammenhang keinen Unterschied, ob der Regress gegen Mitgeschäftsführer geführt wird, die zugleich Gesellschafter (Gesellschafter-Geschäftsführer) sind, oder gegen Geschäftsführer, die der GmbH ausschließlich aufgrund eines Anstellungsvertrags verbunden sind.

b) Verjährungssituation beim Ausgleichsanspruch nach § 426 Abs. 1 S. 1 BGB

Geht man im Ausgangspunkt mit dem BGH und der h.M. im Schrifttum davon aus, dass Mitwirkungs-, Befreiungs- und Zahlungsanspruch lediglich Ausprägungen eines einheitlichen Anspruchs sind und dieser bereits mit dem Zustan-

---

[360] Rechtsgedanke des § 254 Abs. 1 BGB, *Beurskens,* in: Baumbach/Hueck, GmbHG, 22. Aufl. 2019, § 43, Rn. 62, 58. Allgemein etwa BGH, Urt. v. 18.11.2014 – KZR 15/12 = ZIP 2015, 544; *Grüneberg,* in: Grüneberg, 81. Aufl. 2022, § 426 BGB, Rn. 14; *Beurskens,* in: Baumbach/Hueck, GmbHG, 22. Aufl. 2019, § 43, Rn. 62; *Fleischer,* in: Münch. Komm. GmbHG, 3. Aufl. 2019, § 43, Rn. 319.

[361] Vgl. oben § 1 III. 2.

[362] *Beurskens,* in: Baumbach/Hueck, GmbHG, 22. Aufl. 2019, § 43, Rn. 60 f.

[363] *Verse,* in: Scholz, a.a.O., § 43 Rn. 348.

[364] *Grüneberg*, in: Grüneberg, 81. Aufl. 2022, § 426 Rn. 8.

[365] *Looschelders,* in: Staudinger, Kommentar zum BGB, Neubearbeitung 2017, § 426, Rn. 136.

[366] *Verse,* in: Scholz, GmbHG, 12. Aufl. 2020, § 43, Rn. 348.

dekommen des Gesamtschuldverhältnisses entsteht,[367] kann der Mitgeschäftsführer, der an die GmbH zahlt, in die gleiche missliche Situation geraten wie zuvor erörtert. Ihm wäre der Rückgriff letztlich verwehrt.

Dollmann hält ein solches Ergebnis folgerichtig für „unsinnig", da der Zahlungsanspruch verjähren würde, bevor er als solcher geltend gemacht werden kann.[368] Diese Diskrepanz beruht auf den unterschiedlichen Verjährungsfristen im Innen- und im Außenverhältnis. Dementsprechend könne – entgegen der Auffassung des BGH[369] und in Übereinstimmung mit dem BAG zur Verjährungsfrist des Anspruchs auf Erstattung der Lohnsteuernachzahlung im Falle tarifvertraglicher Ausschlussfristen[370] – der Mitwirkungs- bzw. Befreiungsanspruch nicht mit dem auf Zahlung gerichteten Ausgleichsanspruch gleichgesetzt werden. Beide Ansprüche seien nicht inhaltsgleich.[371] Auch das „Kenntniselement" schützt den Geschäftsführer nicht vor einer vorzeitigen Verjährung.

Die dargestellten Folgen der h.M. zwingen den Mitgeschäftsführer zu einer ganzen Reihe verjährungshemmender Maßnahmen,[372] einer wechselseitigen Streitverkündung (§ 204 Abs. 1 Nr. 6 BGB), sofern nicht sämtliche Geschäftsführer gemeinschaftlich von der GmbH mit einer Klage überzogen werden (§ 204 Abs. 1 Nr. 1 BGB). Alternativ kann der Geschäftsführer die Hemmungswirkung nur dadurch herbeiführen, dass er den Ausgleichsanspruch in der Ausprägung als Mitwirkungs- bzw. Befreiungsanspruch gerichtlich gegen die übrigen Geschäftsführer im Vorfeld geltend macht, z.B. durch eine Feststellungsklage.[373]

c) Verjährungssituation beim übergegangenen Gläubigeranspruch nach § 426 Abs. 2 BGB

Leistet einer der Mit-Geschäftsführer Schadensersatz an die GmbH und gehen damit die Forderungen der Primärgläubigerin, der GmbH, gegen die übrigen Geschäftsführer (teilweise) auf den zahlenden Geschäftsführer über, so stehen den übrigen Geschäftsführern gegen den neuen Gläubiger, den Zahlung leistenden Geschäftsführer, gem. §§ 412, 404 BGB sämtliche bisher gegenüber der GmbH bestehenden Einwendungen zu, und zwar auch die Verjährungseinrede. Zu Problemen führt dies, wenn die Verjährung der Forderungen der GmbH gegen die verschiedenen Geschäftsführer zu unterschiedlichen Zeitpunkten ein-

---

[367] BGH NJW 1986, 3131, 3131 m.w.N.; BGHZ 59, 97, 102; BGHZ 11, 170, 174; auch schon RGZ 69, 422, 424.

[368] *Dollmann,* GmbHR 2004, 1330, 1331; *Löbbe/Lüneborg*, DK 2019, 53–61.

[369] BGH, Urt. v. 18.06.2009 – VII ZR 167/08 = BGHZ 181, 310, 315 = NJW 2010, 60 sowie § 1 III. 3. a) aa).

[370] Vgl. oben § 4 II. 2.; BAG Urt. v. 14.11.2011 – 5 AZR 301/17 = NJW 2019, 872, Tz. 29.

[371] Dollmann, GmbHR 2004, 1330, 1331.

[372] Ein wechselseitiger Verzicht der Geschäftsführer auf die Erhebung der Verjährungseinrede ist nur selten realisierbar, vgl. oben § 3 I. 3. a) cc) (3).

[373] Negative Feststellungsklage gegen die GmbH bei gleichzeitiger Streitverkündung gegenüber den anderen Geschäftsführern, § 204 Abs. 1 Nr. 1 BGB.

tritt. Insoweit gilt der Grundsatz der Einzelwirkung (§ 425 Abs. 2 BGB).[374] Demnach kann sich wie im privaten Bau- und im Architektenrecht auch im GmbH-Recht die Situation ergeben, dass die Schadensersatzforderung der Gesellschaft gegenüber dem Zahlung leistenden Mitgeschäftsführer später verjährt als die Forderungen der GmbH gegen die übrigen Geschäftsführer.[375] Der Regressgläubiger muss somit befürchten, dass die auf ihn übergehende Forderung der GmbH beim Forderungsübergang bereits verjährt ist. Nur wenn die GmbH sämtliche Mitgeschäftsführer gemeinschaftlich in Anspruch genommen hat, ist die Verjährung aufgrund der *Cessio legis* im gleichen Umfang gehemmt wie die Verjährung des Schadensersatzanspruchs gegen den zahlenden Geschäftsführer (§ 204 Abs. 1 Nr. 1 BGB). Die Rechtskraft eines Urteils zugunsten der GmbH gegen die übrigen Geschäftsführer erstreckt sich dabei auch auf den Rückgriffsgläubiger (§ 325 Abs. 1 ZPO).[376]

Zutreffend weist *Dollmann* darauf hin, dass diese Betrachtungsweise zu Friktionen führt, sofern Schadensersatzansprüche noch nicht gerichtlich anhängig sind, sich die Parteien also noch im außerprozessualen Stadium befinden, indem z.B. einer der Mitgeschäftsführer Vergleichsverhandlungen mit der GmbH führt, die anderen Geschäftsführer sich aber an Versuchen außergerichtlich, aus welchen Gründen auch immer, eine Lösung zu finden, nicht beteiligen. Während der Verhandlungen ist die Verjährung des gegen ihn gerichteten Anspruchs gehemmt (§§ 203, 209 BGB) mit der Folge einer Verlängerung der fünfjährigen Verjährungsfrist. Der Mitgeschäftsführer kann, wenn er die GmbH nach ggf. langwierigen Verhandlungen befriedigt und Zahlung leistet, in die gleiche Situation wie etwa ein Architekt oder Generalunternehmer geraten: Es tritt Tilgungswirkung ein (§ 362 BGB), er kann aber bei den anderen Geschäftsführern nicht Rückgriff nehmen, weil der Anspruch der GmbH diesen gegenüber wegen Überschreitung der Frist des § 43 Abs. 4 GmbHG bereits verjährt ist (§§ 404, 412, 425 Abs. 2 BGB). Eine Hemmungswirkung war nämlich weder aufgrund der Vergleichsverhandlungen noch wegen einer Klagerhebung diesen gegenüber eingetreten. Denn Verhandlungen hatten in einem solchen Falle nur der zahlende, nicht aber die Mitgeschäftsführer geführt.[377]

3. Aktienrecht

Im Aktienrecht ergeben sich gleichlautende Fragestellungen im Bereich der Managerhaftung. Dabei kommt der Thematik der Organhaftung gerade dort aufgrund der Ereignisse der letzten Jahre besondere Bedeutung zu. Das zeigt exemplarisch der *VW-Abgasskandal*. Dieser war bekanntlich 2016 beherrschendes

---

[374] Vgl. schon RGZ 116, 285.

[375] *Dollmann*, GmbHR 2004, 1330, 1330.

[376] *Dollmann*, GmbHR 2004, 1330, 1331: Für die Erteilung der Vollstreckungsklausel gilt § 727 Abs. 1 ZPO; *Christmann*, DGVZ 1987, 81 ff.

[377] *Dollmann*, a.a.O., 1330, 1331

Thema in der Automobilbranche und wird die Branche auch weiterhin stark beschäftigen. Mittlerweile sind auch andere Autohersteller, Mitbewerber und Zulieferer, wie den Mitteilungen der Tagespresse zu entnehmen ist,[378] in Verdacht geraten. Entscheidend ist dabei die Frage, ob sich das oberste Management von VW, der Vorstand und der Aufsichtsrat gesetzes- bzw. regelkonform verhalten haben. Damit ist das Thema der *Compliance*[379] angesprochen, dem zunächst im Zuge der Kontrolle und Überwachung von Kreditinstituten im Gefolge der weltweiten Finanzkrise seit 2008 und seitdem als Teilbereich guter und verantwortungsvoller Unternehmensführung (*Corporate Governance*) weltweit wachsende Bedeutung zukommt. *Compliance* kann dabei als das organisatorische Bemühen von Unternehmen um die Einhaltung bestehender Gesetze durch alle Unternehmensangehörige, um Schaden vom Unternehmen abzuwenden und Haftungsrisiken zu vermindern,[380] verstanden werden.

Aufgrund dieser und anderer Ereignisse[381] gerieten Pflichtverletzungen des Managements, des Aufsichtsrats und des Vorstands, zunehmend in das Blickfeld öffentlicher Aufmerksamkeit. In der AG kommt dem Aufsichtsrat gem. § 111 Abs. 1 AktG die Überwachung des Vorstands und dessen Geschäftsführungstätigkeit als zentrale Aufgabe zu.[382] Der Aufsichtsrat ist verpflichtet, auch im Rahmen einer nachträglichen Überwachung, mögliche Schadensersatzansprüche gegen pflichtwidrig handelnde Vorstandsmitglieder durchzusetzen.[383] Verletzt der Aufsichtsrat seine Pflichten gegenüber der Gesellschaft, unterliegt er seinerseits gem. §§ 116, 93 AktG der gesamtschuldnerischen Organhaftung. Dazu kann es auch kommen, wenn der Aufsichtsrat gegenüber pflichtwidrig handelnden Vorstandsmitgliedern untätig bleibt, sodass Schadensersatzansprüche der Gesellschaft gegen den Vorstand verjähren und nicht mehr durchsetzbar sind. Dies wiederum wirft die Folgefrage auf, wann Schadensersatzansprüche der AG gegen den Aufsichtsrat verjähren, wenn dieser es versäumt hat, Schadensersatzansprüche der Gesellschaft gegen den Vorstand in unverjährter Zeit geltend zu

---

[378] Auch Mitsubishi hat mittlerweile Manipulationen bei Tests zum Treibstoffverbrauch seiner Autos eingeräumt, vgl. www.welt.de/wirtschaft/article154558251/Nun-hat-auch-Mitsubishi-sein-Dieselgate.html, zuletzt abgerufen am 15.07.2023.

[379] Compliance ist „die Gesamtheit von organisatorischen Maßnahmen, die das regelkonforme Verhalten eines Unternehmens, seiner Organe und seiner Mitarbeiter im Hinblick auf gesetzliche Gebote und Verbote sicherstellen und so Haftungsrisiken für das Unternehmen und die handelnden Organe minimieren sollen." Compliance bedeutet somit – kurz gefasst – nichts anderes als Regeltreue oder Regelkonformität bzw. „organisationale Rechtstreueverantwortung"; *Cordes*, Die Compliance-Organisation in der GmbH, S. 34; vgl. auch *Hemeling*, CCZ 2010, 21, 21; *Campos Nave/Zeiler*, BB 2010, 131, 131; *Riebl*, Ritsumeikan Law Review 2009, 191, 191.

[380] *Bürkle*, BB 2005, 565; *Rodewald/Unger*, BB 2006, 113, 117; *Schneider*, ZIP 2003, 645 f.

[381] Panama-Paper, Cum-ex-Skandal etc.

[382] *Henne/Dittert*, DStR 2019, 227, 229.

[383] BGH, Urt. v. 21.04.1997 – II ZR 175/95 = BGHZ 135, 244 = DStR 1997, 880.

machen und durchzusetzen.[384] Hier gilt wiederum gem. § 92 Abs. 6 AktG eine Verjährungsfrist von fünf Jahren. Ist die jeweilige AG zum Zeitpunkt der Pflichtverletzung börsennotiert, tritt eine Haftungsverschärfung ein, die Frist verlängert sich auf zehn Jahre.

Auch hier kann die gleiche Situation wie im GmbH-Recht eintreten: Zahlt ein Vorstands- bzw. Aufsichtsratsmitglied für andere mit, kann es, sofern Gesamtschuldnerschaft vorliegt und die Voraussetzungen von § 426 Abs. 1 S. 1 bzw. Abs. 2 BGB vorliegen, dazu kommen, dass jene mit Erfolg die Verjährungseinrede (§ 214 BGB) erheben können.

4. *Zusammenfassung und Fazit*

Auch die Ausführungen zum Gesellschaftsrecht zeigen, dass die Annahme einer Einheit von Freistellungs- und Erstattungsanspruch für den ausgleichsberechtigten Gesamtschuldner im Innenverhältnis zu Verwerfungen führt und diesen zu ansonsten unnötigen rückgriffssichernden Maßnahmen zwingt. Dies entspricht der Situation im Steuerrecht[385] sowie im privaten Bau- bzw. im Architektenrecht[386] und in anderen Rechtsgebieten.[387] Zur Vermeidung von Wiederholungen wird auf die dortigen Ausführungen verwiesen. Auch im Gesellschaftsrecht führt die BGH-Judikatur zu untragbaren Ergebnissen.

V. Berufsspezifische Haftung

Auch im Haftungsrecht freier Berufe (Rechtsanwälte, Steuerberater und Wirtschaftsprüfer etc.) und anderer Berufe können sich Situationen ergeben, in denen eine Gesamtschuldnerschaft vorliegt und sich bei Beraterregress die im vorliegenden Kontext relevanten Fragestellungen ergeben. Unabhängig davon können sich im Einzelfall auch bei anderen Beratungsleistungen, etwa bei Anlageberaten im Banken- und Kapitalmarktbereich, im Falle der Fehlberatung oder aufgrund der Prospekthaftung Schadensersatzansprüche ergeben.[388]

Nachfolgend wird die Verjährungsproblematik beim Gesamtschuldnerinnenregress exemplarisch für den Fall der Anwaltshaftung und der Haftung von Anlageberatern bzw. -vermittlern dargestellt.

---

[384] BGH, Urt. v. 18.09.2018 – II ZR 152/17 = DStR 2018, 2648; *Löbbe/Lüneborg*, DK 2019, S. 53–61.

[385] BAG, Urt. v. 14.11.2018, a.a.O., Tz. 29; *Kreße*, in: BeckOGK, 01.09.2020, § 426 BGB; vgl. auch § 4 II.

[386] Vgl. oben § 4 III.

[387] Vgl. oben § 1 und nachfolgend § 4 V.

[388] Vgl. dazu grundlegend: *Buck-Heeb/Dieckmann*, BKR 2020, 425–431.

1. Anwaltshaftung

Auch im Anwaltshaftungsrecht kann die Situation eintreten, dass einer von mehreren gesamtschuldnerisch haftenden Anwälten, weil entsprechend liquide, die Forderung des Primärgläubigers tilgt und dann, ggf. weil der Rückgriffsschuldner aus der Kanzlei ausgeschieden ist, nicht greifbar ist oder Insolvenzgefahr besteht, aufgrund Verjährung mit seinem Ausgleichs- oder Zahlungsanspruch ausfällt. Die Gefahr der vorzeitigen Verjährung des Ausgleichsanspruchs kann sich z.B. dann ergeben, wenn mehre Anwälte an der Beratung beteiligt waren und aufgrund ihrer Fachkunde selbst erkennen, dass Mandanten ihnen gegenüber ein Schadensersatzanspruch zusteht oder zustehen könnte, und zwar auch dann, wenn der Anspruch noch nicht geltend gemacht wurde. Als problematisch können sich auch Fälle erweisen, in denen im Außenverhältnis die zehnjährige Verjährungsfrist gilt (§ 199 Abs. 3 Nr. 1 BGB).

Begehrt z.B. ein Mandant von seinem Berater Schadensersatz wegen fehlerhafter Beratung und sind mehrere Anwälte etc. an der Beratung beteiligt, kann der enttäuschte Mandant sie als Gesamtschuldner in Anspruch nehmen mit der Folge, dass intern, sofern einer der Anspruchsgegner den Schaden ersetzt, eine Ausgleichspflicht entsteht. Da die Ausgleichsansprüche nach der Rechtsprechung des BGH dem Grunde nach zeitgleich mit dem Schadensersatzanspruch des Mandanten entstehen, kann dies für den ausgleichsberechtigten Berater zu dem missliebigen Ergebnis kommen, dass zum Zeitpunkt seiner Inanspruchnahme Ausgleichsansprüche bereits unmittelbar zu verjähren drohen oder ggf. bereits verjährt sind. Dabei ist allerdings zu beachten, dass Anwälte eine Berufshaftpflichtversicherung unterhalten müssen[389] mit der Folge, dass Auseinandersetzungen über den Rückgriff bzw. die interne Haftungsverteilung, anders als dies etwa im Bau- und Architektenrecht der Fall ist, selten gerichtlich ausgetragen werden.[390] Dabei ist zunächst zu beachten, dass der Vertrag, den der Mandant mit seinem Anwalt abschließt, in aller Regel als Dienstvertrag zu qualifizieren ist, selbst wenn der Anwalt die Einhaltung des geltenden Rechts in Aussicht stellt oder gar zusichert.[391] Eine Qualifizierung als Werkvertrag (§§ 631 ff. BGB) kommt nur ausnahmsweise in Betracht, z.B. bei der Beauftragung mit der Erstellung eines Gutachtens, der Erstellung eines Jahresabschlusses oder der Prüfung der Insolvenzreife eines Unternehmens.[392] Demnach entfällt der Gebührenanspruch des Anwalts nicht bereits bei Schlechterfüllung des Anwalts(dienst-)vertrags. Anders als im Werkvertragsrecht (§§ 634 Nr. 3 Alt. 2, 638 BGB) ist der Mandant nicht berechtigt, den anwaltlichen Vergütungsanspruch wegen mangelhafter

[389] § 51 Abs. 1 BRAO.

[390] Diese Auseinandersetzungen erfolgen vor allem dann, wenn ein Anwalt aus einer Sozietät ausscheidet. Wegen der unerwünschten Öffentlichkeit und des befürchteten Renommeeverlusts wird überwiegend eine vergleichsweise Regelung angestrebt.

[391] *Fischer*, ZAP 2016, 1317–1328; BGH BeckRS 2015, 17442, Rn. 10.

[392] *Fischer*, VersR 2016, 700, 701 m.w.N.

Dienstleistung zu kürzen.[393] Kommt der Anwalt seinen allgemeinen Mandatspflichten, seiner Pflicht zur ordnungsgemäßen Beratung, nicht nach, verletzt er seine Pflichten beim Abschluss eines Prozessvergleichs oder sonstige Pflichten, die ihm als Prozessanwalt obliegen (z.B. über Erfolgsaussichten eines Rechtsmittels), können sich jedoch Schadensersatzansprüche ergeben. Voraussetzung ist u.a., dass dem Mandanten ein Vermögensschaden entstanden ist und der bzw. die mandatierten Anwälte mindestens fahrlässig gehandelt haben (§ 276 BGB).[394]

Bis zum 14.12.2004 galt die Verjährungsregel des § 51b BRAO,[395] nach der Schadensersatzansprüche der Auftraggeber in drei Jahren von dem Zeitpunkt an, in dem der Anspruch entstanden ist, spätestens jedoch in drei Jahren nach der Beendigung des Auftrags verjährten. Seitdem gilt insoweit keine Sondervorschrift mehr, es gelten die Regelungen der §§ 195 ff. BGB. Die Verjährungsfrist beginnt somit mit dem Schluss des Jahres, in dem der Anspruch entstanden ist und der Mandant von den anspruchsbegründenden Umständen und der Person der Beklagten als Anspruchsschuldner Kenntnis erlangt hat oder ohne grobe Fahrlässigkeit hätte erlangen müssen (§ 199 Abs. 1 BGB).[396]

Dafür, wann ein Schaden eingetreten ist, gilt nach wie vor die sog. Risiko-Schaden-Formel des BGH.[397] Danach reicht eine bloße Vermögensgefährdung infolge der Pflichtverletzung des Beraters nicht. Ein Schaden ist vielmehr erst dann eingetreten, wenn sich die Vermögenslage des Betroffenen durch die Pflichtverletzung des Beraters gegenüber seinem früheren Vermögensstand objektiv verschlechtert hat. Dafür genügt es, dass der Schaden wenigstens dem Grunde nach erwachsen ist, mag auch seine Höhe noch nicht beziffert werden können. Es muss nicht feststehen, dass eine Vermögenseinbuße bestehen bleibt und damit endgültig wird.[398] Ein Schaden ist dagegen noch nicht eingetreten, solange nur das Risiko eines Vermögensnachteils infolge der Pflichtverletzung des Beraters besteht, solange also noch offen ist, ob es tatsächlich zu einem Schaden kommt.[399] Dies hat zur Folge, dass, solange sich das Risiko nicht verwirklicht, die Verjährungsfrist noch nicht läuft, da allenfalls eine Vermögensgefährdung vorliegt.[400] Die in der Rechtsberaterhaftung für den Beginn der Verjährungsfrist erforderliche Kenntnis von den Umständen, die den Schadensersatzanspruch begründen, liegt vor, wenn der Mandant aus den ihm bekannten Umständen den Schluss auf einen gegen den Berater gerichteten Schadensersatzanspruch gezogen hat.[401]

---

[393] BGH NJW 2015, 3519, Tz. 25.

[394] *Fischer*, ZAP 2016, 1317–1328.

[395] § 51b BRAO wurde mit Wirkung ab dem 15.12.2004 durch das Gesetz v. 09.12.2004, BGBl. I S. 3214, aufgehoben.

[396] BGH, Urt. v. 29.10.2020 – IX ZR 10/20, Tz. 15.

[397] BGH WM 2015, 1622, Tz. 76; BGH WM 2016, 1562, Tz. 22.

[398] BGH WM 2015, 1622, Tz. 73.

[399] *Fischer*, ZAP 2016, 1317–1328.

[400] BGH WM 2015, 1622, Tz. 73.

[401] BGH, Urt. v. 29.10.2020 – IX ZR 10/20 = NJW 2021, 1957, Ls.; BGH, Urt. v. 06.02.2014 – IX ZR 245/12 = BGHZ 200, 172.

Auch hier kann sich das Regressproblem für den Schadensersatz leistenden Anwalt ergeben. Dies ist z.B. der Fall, wenn mehrere Anwälte wegen fehlerhafter Beratung gesamtschuldnerisch haftend in Anspruch genommen werden und sich im Innenverhältnis aufgrund interner Arbeitsteilung unterschiedliche Verursachungs- und Verschuldensbeiträge ergeben.[402] Der Regressgläubiger muss dann ggf. auch verjährungshemmende Maßnahmen ergreifen, deren Erfolg ungewiss ist.

2. Haftung von Anlageberatern und -vermittlern

Zu diesem Themenkreis existiert mittlerweile eine ausdifferenzierte Rechtsprechung, insbesondere zur Frage der Prospekthaftung. Dabei wurden die Anforderungen an die Haftung zunehmend verschärft, so z.B. auch im Bereich der Bankenregulierung, worüber sich Vertreter der Kreditinstitute und der Bankenverbände beklagen und meinen, es handle sich um ein „regulatorisches Dickicht".[403] Diese Entwicklung haben Banken[404] und (ihre) Anlageberater bzw. -vermittler sich allerdings selbst zuzuschreiben. Sie hat ihren Ursprung in der Weltfinanzkrise ab 2008.[405]

Auch im Interessengeflecht zwischen Anlageberatern, Anlagevermittlern einerseits und Emittenten bzw. Anbietern von Anlageprodukten andererseits kann es zu Gesamtschuldverhältnissen kommen, wobei sich dann ebenfalls eine Rückgriffsproblematik ergeben kann.

---

[402] Vgl. insgesamt zur Anwaltshaftung: *Gruneberg*, AnwBl 2002, 258–260.

[403] *Lister*, in: Böhnke/Rolfes (Hrsg.): Neue Erlösquellen oder Konsolidierung? Geschäftsmodelle der Banken und Sparkassen auf dem Prüfstand, Beiträge des Duisburger Banken-Symposions, S. 9.

[404] Dass die Regulierung zunehmend strenger wird, haben sich die Banken, und in erster Linie Großbanken, selbst zuzuschreiben. Sie ist – zumindest gegenwärtig – als Reaktion auf die Weltfinanzkrise ab 2008 zu verstehen. Selbst exponierte „Vertreter des Kapitalismus" wie der vormalige Leiter der Federal Reserve Bank, Alan Greenspan, meinen: „Capitalism is not working". Dies zeigt, dass ohne regulierende staatliche Eingriffe ein Kapitalismus, getrieben ausschließlich von hemmungsloser Gier, sich selbst abschaffen und nicht funktionieren wird. Solange hemdsärmeliges „Bankertum" angloamerikanischer Provenienz bestimmend ist und sich nicht die Einsicht durchsetzt, dass nicht alles, was technisch möglich ist, auch segensreich ist für die Volkswirtschaft, wird es bald zu einer erneuten Krise kommen; Tagesspiegel v. 15.10.2008, http://www.tagesspiegel.de/wirtschaft/finanz/finanzkrise-im-internet-kapitalismus-funktioniert-nicht/1348452.html, zuletzt abgerufen am 17.07.2023.

[405] Die Krise hatte aufgrund der engen internationalen wirtschaftlichen Verflechtung das Potenzial, wesentlich stärkere Folgewirkungen auszulösen als der Börsencrash im Oktober 1929, konnte aber aufgrund des raschen konzertierten Agierens der wichtigsten Wirtschaftsstaaten wesentlich rascher überwunden werden, während die Federal Reserve Bank in den USA während der Großen Depression nichts zur Krisenbewältigung unternahm, bis Präsident F. D. Roosevelt das Reformprogramm des New Deal initiierte. *Bordo*, An Historical Perspective on the Crisis of 2007–2008; *Almunia/Eichengreen/Rourke/Rua*, From Great Depression to Great Credit Crisis: Similarities, Differences and Lessons.

Im Übrigen ist in diesem Bereich in der Rechtsprechung viel in Bewegung.[406] Bisher war davon auszugehen, dass Emittenten und Anbieter von Anlageprodukten für die Verwendung eines von ihnen erstellten, fehlerhaften Prospekts schon bei einfacher Fahrlässigkeit dem Anleger den gesamten Schaden zu ersetzen haben.[407] Der 11. Zivilsenat des BGH geht nunmehr (seit 2018) davon aus, dass Emittenten und Anbieter erst ab grober Fahrlässigkeit für die Verwendung eines fehlerhaften Prospekts einzustehen und dem Anleger auch nur noch rücktrittsähnlich den von ihm für den Erwerb der Anlageprodukte gezahlten Betrag zu erstatten haben.[408] Auf der anderen Seite sollen bei der Heranziehung eines (fehlerhaften) Prospekts durch einen Anlageberater bzw. -vermittler diese bei nicht objektgerechter Aufklärung und Beratung schon bei leichter Fahrlässigkeit auf vollen Schadensersatz haften.[409] Insgesamt scheint hierin ein Wertungswiderspruch zu liegen. Denn Emittent und Anbieter haben als sog. Prospektverantwortliche den Prospekt selbst erstellt und dadurch überhaupt erst für den Anleger die Gefahr geschaffen, aufgrund des fehlerhaften Prospekts eine ungewollte, weil fehlinformierte Anlageentscheidung zu treffen. Die schärfer haftenden Anlageberater und Anlagevermittler dagegen haben den fehlerhaften Prospekt lediglich verwendet, es also nur versäumt, das schon vom Emittenten und Anbieter verursachte Risiko vom geschädigten Anleger abzuwenden.[410] Es besteht also ein Unterschied zwischen der Prospekthaftung und der Haftung von Anlageberatern und Anlagevermittlern. Zur Begründung wird darauf abgestellt, dass Letztere in besonderem Maße persönliches Vertrauen des Anlegers in Anspruch genommen haben.[411] Die praktischen Auswirkungen lassen sich anhand des folgenden Beispiels demonstrieren:[412]

Erwirbt z.B. ein Anleger über einen Anlageberater oder -vermittler, der als Verhandlungsgehilfe des Emittenten oder des Anbieters fungiert,[413] für einen Betrag von 100.000 € Wertpapiere, Investmentanteile oder Vermögensanlagen und verwendet der Berater oder Vermittler dabei einen fehlerhaften Prospekt, kann der Anleger vom Emittenten und vom Anbieter nach Rücktrittsrecht (§§ 346 ff. BGB) lediglich die Erstattung des investierten Betrags (100.000 €) verlangen (Prospekthaftung im engeren Sinne).[414] Dies bedeutet:

---

[406] Vgl. zur Thematik insgesamt: *Reinelt*, NJW 2009, 1–8.

[407] Für den 2. Zivilsenat: BGH BKR 2018, 520 Tz. 12; für den 3. Zivilsenat: BGH NJOZ 2009, 3950 Tz. 8; für den 11. Zivilsenat: BGHZ 159, 94 Tz. 26; *Buck-Heeb/Dieckmann*, BKR 2020, 425, 425.

[408] BGHZ 220, 100, Tz. 55–57.

[409] BGH WM 2015, 1055 ff.; BGH NJW-RR 2019, 1332 ff.; BGH NJW-RR 2019, 428 ff.; BGH NJW 2019, 1137 ff.; BGH NJW-RR 2017, 1520 ff.; Eine Stellungnahme des II. und des III. Zivilsenats zum Abweichen des XI. Zivilsenats von der gemeinsamen Rechtsprechungslinie der drei Senate steht noch aus.

[410] *Buck-Heeb/Dieckmann*, BKR 2020, 425, 426.

[411] Ebd.

[412] Ebd.

[413] Allgemein zum Anspruch aus *Culpa in contrahendo* gegen den Vertretenen und nicht gegen den Vertreter: BGH NJW 1990, 1907, 1908.

[414] *Reinelt*, NJW 2009, 1.

Selbst wenn der Anleger bei einem alternativen Investment einen Gewinn von 200.000 € erzielt hätte, könnte er diesen im Regresswege als entgangenen Gewinn (§§ 249, 252 BGB) vom Emittenten bzw. Anbieter nicht ersetzt verlangen. Gegenüber seinem in der Regel weniger finanzkräftigen Anlageberater und -vermittler hätte er dagegen einen Anspruch auf Rückzahlung des Investitionsbetrags in Höhe von 100.000 €. Zusätzlich könnte er den entgangenen Gewinn von 200.000 € verlangen (Prospekthaftung im weiteren Sinne bzw. Anlageberatungs-/Anlagevermittlungshaftung)[415], also den gesamten Schaden in Höhe von 300.000 € liquidieren. Anspruchsgrundlage sind insoweit die §§ 280 ff. BGB.[416] Haftungsvoraussetzung wäre aber zusätzlich, dass dem Anlageberater bzw. -vermittler Verschulden zur Last gelegt werden kann. Dies wäre der Fall, wenn er die Unrichtigkeit der im Prospekt enthaltenen Angaben positiv gekannt hat bzw. hätte erkennen müssen.

Angesichts dieses Ergebnisses wird die Regressfrage im Falle einer Inanspruchnahme durch enttäuschte Investoren für Berater bzw. Vermittler in besonderem Maße virulent. Wie auch in den anderen bisher untersuchten Konstellationen gilt auch hier der Grundsatz, dass ein Vorgehen allein gegen diesen Personenkreis die dreijährige Verjährungsfrist nur ihm gegenüber hemmt, nicht jedoch die – inzwischen ebenfalls dreijährige[417] – Verjährungsfrist gegenüber Emittenten und Anbieter (§ 425 Abs. 1 und 2 BGB).[418] Demnach kann es auch in diesem Rechtsbereich dazu kommen, dass Ansprüche gegen Emittenten und Anbieter verjährt sind, wenn Berater und Vermittler Regress nehmen wollen. Sie sind daher ebenfalls zur Streitverkündung und anderen der Anspruchsrealisierung dienenden Maßnahmen gezwungen.

Angesichts der Tatsache, dass Anlagevermittler aufgrund der skizzierten BGH-Judikatur in wesentlich stärkerem Maße der Gefahr einer Inanspruchnahme durch enttäuschte Anleger ausgesetzt sind, zumal die sie treffende Haftung betragsmäßig höher ausfallen kann, soll sichergestellt sein, dass zumindest insoweit Rückgriff genommen werden kann, als der prospektverantwortliche Hintermann ebenfalls haftet. Dann kann der Anlagevermittler seine finanzielle Einstandspflicht durch Abwälzung des Schadens zumindest mindern. Dies ist aber nur dann gewährleistet, wenn die Verjährung seines Zahlungsanspruchs aus § 426 Abs. 1 BGB gegen den regressverpflichteten Hintermann erst mit Zahlung an den Anleger beginnt. Die sonst zu ergreifenden verjährungshemmenden Maßnahmen bieten keinen ausreichenden und rechtssicheren Schutz.

---

[415] BGH NJW 2002, 2553 (Gewinn aus Spekulationsgeschäften in Aktien); *Buck-Heeb/Dieckmann,* BKR 2020, 425, 427; *Reinelt*, NJW 2009, 2.

[416] *Buck-Heeb/Dieckmann,* BKR 2020, 425, 427 f.

[417] Die besonderen Verjährungsregeln für die Prospekthaftung im engeren Sinne wurden inzwischen aufgehoben, *Grüneberg,* in: Grüneberg, 81. Aufl. 2022, § 311, Rn. 7. Früher betrug die Verjährungsfrist ein Jahr nach Kenntnis des Prospektmangels und endete spätestens drei Jahre nach der Prospektveröffentlichung, §§ 8 f., 13 I Nr. 3 VerkProspG i.V. mit § 46 BörsG, *Reinelt*, NJW 2009, 1, 7. Das Verkaufsprospektgesetz (VerkProspG) ist 2012 außer Kraft getreten.

[418] *Buck-Heeb/Dieckmann,* BKR 2020, 425, 430.

VI. Zusammenfassung und Fazit

Auch auf den zuvor behandelten Feldern[419] des Rechts führt die Meinung des BGH zur Einheit von Freistellungs- und Erstattungsanspruch zu unpraktikablen Ergebnissen.

Im Steuerrecht weicht das BAG von der BGH-Lösung ab und beschreitet damit einen überzeugenderen Weg, indem beim Gesamtschuldnerausgleich für die Fälligkeit und damit den Verjährungsbeginn des Ausgleichsanspruchs des Arbeitgebers auf die Bestandskraft des Haftungsbescheids bzw. die Zahlung des Arbeitgebers an den Fiskus abgestellt wird. Für das private Bau- und das Architektenrecht fungiert der BGH bei Streitigkeiten als Letztinstanz. Dementsprechend wirkt sich seine nach diesseitiger Meinung unzutreffende Auffassung zum Beginn der Verjährungsfrist bei § 426 Abs. 1 S. 1 BGB auch in diesem Gebiet aus, mit gravierenden Folgen: zum einen wegen der Prozesshäufigkeit und der Höhe der im Streit stehenden Beträge, zum anderen wegen der Notwendigkeit für die Beteiligten, den Weg verjährungshemmender Maßnahmen zu beschreiten, die ihrerseits mit erheblichen Unsicherheiten verbunden sind. Insoweit wird auf die Zusammenfassung zu den verjährungshemmenden Maßnahmen verwiesen.[420] Demnach gebietet die Situation in diesem Rechtsbereich ebenfalls die Aufgabe der BGH-Lösung. Für das Gesellschaftsrecht gilt das Gleiche: im Außenverhältnis gilt eine Fünfjahresfrist, intern die Regelfrist von drei Jahren, in den anderen hier erörterten Rechtsbereichen beides Mal Letztere. Insgesamt besteht nur im Steuerrecht eine Rechtssituation, die „unnötige Umwege“ zur Vermeidung eines Rechtsverlusts des Regressgläubigers entbehrlich macht. Dies ist ein Grund mehr, den BGH-Ansatz zum Verjährungsbeginn aufzugeben.

[419] Vgl. oben § 4 II. 4., III. 5. und IV. 4.

[420] Vgl. oben § 4 III. 4. b) ee) (7).

§ 5

Rechtsvergleichender Überblick

Ein „Blick über die Grenzen“, d.h. die Hinzuziehung der Lösungsansätze in ausländischen Rechtsordnungen, kann oftmals einen zusätzlichen Erkenntnisgewinn verschaffen. Wie Judikatur und Lehre dort an die Klärung zivilrechtlicher Fragestellungen herangehen, kann zur Hinterfragung der Betrachtungsweisen im inländischen Recht führen und gerade mit Blick auf die Frage des Verjährungsbeginns des Ausgleichsanspruchs gem. § 426 Abs. 1 BGB und der übergangenen Ansprüche nach § 426 Abs. 2 BGB zur Entwicklung neuer Konzepte beitragen. Darüber hinaus stellt sich die Frage, ob und welcher Beitrag in den *Principles of European Contract Law (PECL)* und im *Draft Common Frame of Reference (DCFR)*, geleistet wird. Letzteres ist besonders deshalb von Bedeutung, weil diese Regelungen ein komprimiertes Kompendium in Europa vertretener Lösungsansätze darstellen und daraus zudem Hinweise für die Fortentwicklung des Rechts entnommen werden können.[1]

I. Österreich

1. Grundregel § 896 ABGB: Überblick

Sedes materiae ist § 896 ABGB. Dort heißt es:[2]

„Ein Mitschuldner zur ungetheilten Hand, welcher die ganze Schuld aus dem Seinigen abgetragen hat, ist berechtiget, auch ohne geschehene Rechtsabtretung, von den übrigen den Ersatz, und zwar, wenn kein anderes besonderes Verhältniß unter ihnen besteht, zu gleichen Theilen zu fordern. War einer aus ihnen unfähig, sich zu verpflichten, oder ist er unvermögend, seiner Verpflichtung Genüge zu leisten; so muß ein solcher ausfallender Antheil ebenfalls von allen Mitverpflichteten übernommen werden. Die erhaltene Befreyung eines Mitverpflichteten kann den übrigen bey der Forderung des Ersatzes nicht nachtheilig seyn (§ 894).“

[1] Vgl. als Einstieg in die Rechtsvergleichung zur Verjährungsfrage bei der Gesamtschuld: *Friedemann/Cohen*, Adjustment among Multiple Debtors, 1991, §§ 64 ff. (Verjährung) sowie *S. Meier*, Gesamtschulden, ab S. 685.

[2] Es entspricht der üblichen Verfahrensweise in Österreich, dass die Texte in der jeweiligen Urfassung wiedergegeben werden; daher die altertümliche Orthografie.

§ 896 ABGB enthält die Parallelbestimmung zu § 426 Abs. 1 BGB. Es wird dort der Rückgriff unter Gesamtschuldnern geregelt. Das Gesetz will damit die Gleichbehandlung unter den Gesamt- bzw. Solidarschuldnern erreichen.[3] Die Norm gilt sowohl für vertragliche als auch für gesetzliche Gesamtschuldverhältnisse.[4] Besteht im Innenverhältnis zwischen den Gesamtschuldnern keine besondere Abrede hinsichtlich des Haftungsmaßstabs des jeweiligen Gesamtschuldners, besteht der Ersatzanspruch zu gleichen Teilen.[5] Die Gesamtschuldner können den internen Ausgleich in den Grenzen der Sittenwidrigkeit aber auch abweichend regeln.[6] § 1359 ABGB stellt einen besonderen Anwendungsfall der Norm für Mitbürgen dar.[7] § 896 ABGB gilt unabhängig davon, ob die jeweilige Forderung auf einem gemeinsamen Rechtsgrund beruht oder nicht.[8] Der Rückgriffsanspruch wird von der h.M. als eigenständiger Anspruch, als Anspruch sui generis, qualifiziert.[9] Eine mit § 426 Abs. 2 BGB vergleichbare Regelung enthält § 869 ABGB nicht. Es wird jedoch teilweise vertreten, dass, wenn ein Gesamtschuldner mehr als den auf ihn entfallenden Anteil an den Gläubiger gezahlt hat, gem. § 1358 ABGB eine Legalzession eintritt,[10] sodass der übergehende Anspruch neben dem Rückgriffsanspruch aus § 896 ABGB besteht.[11]

Der Rückgriffsanspruch aus § 869 ABGB entsteht *erst mit der tatsächlichen Zahlung durch den ausgleichsberechtigten Gesamtschuldner, nicht bereits mit der Entstehung des Schadens oder mit der Geltendmachung des Anspruchs durch den geschädigten Dritten.*[12] Dies gilt selbst dann, wenn dem betreffenden Gesamt-

---

[3] Zur Begrifflichkeit: Das österreichische Recht verwendet sowohl den Begriff der Gesamtschuld als auch denjenigen der Solidarschuld, und zwar synonym und sowohl für auf vertraglicher Basis beruhende als auch gesetzliche Gesamtschuldverhältnisse, vgl. dazu oben Einl. I. (zur Unterscheidung zwischen Correal- und Solidarschuld) m.w.N.

[4] *Kodek*, in: Kletečka/Schauer, ABGB-ON, Kommentar, 1. Aufl. 2010, § 896, Rn. 1.

[5] *Kodek*, in: Kletečka/Schauer, a.a.O., § 896, Rn. 13.

[6] *Kolmasch*, in: Schwimann, ABGB-Taschenkommentar, 2. Aufl. 2013, § 896 Rn. 1; entspricht dem Gedanken von § 426 Abs. 1 S. 1 2. Hs. BGB.

[7] § 1359 ABGB: „Haben für den nähmlichen ganzen Betrag mehrere Personen Bürgschaft geleistet, so haftet jede für den ganzen Betrag. Hat aber Eine von ihnen die ganze Schuld abgetragen, so gebührt ihr gleich dem Mitschuldner (§. 896) das Recht des Rückersatzes gegen die übrigen."

[8] *Kodek*, in: Kletečka/Schauer, ABGB-ON, Kommentar, 1. Aufl. 2010, § 896, Rn. 1.

[9] *Bydlinski*, in: Koziol/Bydlinski/Bollenberger, ABGB-Kommentar, 3. Aufl. 2017, § 896 ABGB, Rn. 4; teilweise wird er auch als Unterfall des Verwendungsanspruchs angesehen und teilweise auch mit dem Gemeinschaftsverhältnis erklärt. *Bydlinski/Coors*, ÖJZ 2007, 275, 276.

[10] *Bydlinski/Coors*, a.a.O., § 1358 ABGB lautet: „Wer eine fremde Schuld bezahlt, für die er persönlich oder mit bestimmten Vermögensstücken haftet, tritt in die Rechte des Gläubigers und ist befugt, von dem Schuldner den Ersatz der bezahlten Schuld zu fordern. Zu diesem Ende ist der befriedigte Gläubiger verbunden, dem Zahler alle vorhandenen Rechtsbehelfe und Sicherungsmittel auszuliefern."

[11] *Gamerith*, in: Rummel, ABGB, Kommentar, 3. Aufl, 2013, § 896, Rn. 3; *Kodek*, in: Kletečka/Schauer, Kletečka/Schauer, ABGB-ON, Kommentar, 1. Aufl. 2010, § 896, Rn. 2.

[12] *Gamerith*, in: Rummel, a.a.O., § 896 Rn. 2; *Bydlinski*, in: Koziol/Bydlinski/Bollenberger, ABGB-Kommentar, 3. Aufl. 2017, § 896 ABGB, Rn. 5.

schuldner ggf. auch schon zuvor wegen der Belastung mit einer Ersatzverpflichtung ein, u.U. schadensersatzrechtlich begründeter Befreiungsanspruch gegen den anderen, z.B. des Geschäftsherrn gegen den Erfüllungsgehilfen, zusteht.[13] Erst wenn die Zahlung erfolgt ist, werden Fristen zur Geltendmachung des Regressanspruchs aus § 869 ABGB in Lauf gesetzt.[14] Hinsichtlich des gem. § 1358 ABGB übergegangenen Anspruchs ist, wie im Rahmen der gem. § 426 Abs. 2 BGB übergegangenen Ansprüche, die Verjährungsfrist des übergegangenen Anspruchs selbst maßgeblich.[15] Die Situation vor der Zahlung durch den rückgriffsberechtigten Gesamtschuldner wird in § 896 ABGB nicht geregelt.[16] Demnach gibt die bloße Möglichkeit, ggf. zur Zahlung herangezogen zu werden, dem einzelnen Gesamtschuldner noch kein Rückgriffsrecht. Allerdings ist ein Feststellungsbegehren möglich. Ebenso wenig kann in der Regel vor der Zahlung Freistellung verlangt werden.[17] Lediglich ausnahmsweise kann dies der Fall sein, wenn der in Anspruch Genommene den Schaden im Innenverhältnis nicht endgültig zu tragen hat.[18] Für einen zukünftig entstehenden Rückgriffsanspruch besteht kein Sicherungsanspruch.[19] Das Rückgriffsrecht steht demjenigen zu, der mehr als den auf ihn entfallenden Anteil bezahlt hat.[20]

2. *Beginn der Verjährungsfrist des Rückgriffsanspruchs*

Die Verjährungsfrist beginnt stets erst mit der tatsächlichen Zahlung.[21] Fehlt jedes besondere Verhältnis zwischen den Gesamtschuldnern, das eine Zuordnung des Rückgriffsanspruchs zu besonderen, kürzeren Verjährungsfristen anordnenden Vorschriften erlaubt, gilt die allgemeine 30-jährige Verjährungsfrist des § 1479 ABGB.[22] Dies ist auch deshalb so, weil Beweisschwierigkeiten zwischen den Gesamtschuldnern eine geringere Bedeutung zukommt als im Erstprozess.

---

[13] Ebd.

[14] *Kodek*, in: Kletečka/Schauer, ABGB-ON, Kommentar, 1. Aufl. 2010, § 896, Rn. 2.

[15] *Kodek*, a.a.O, § 869, Rn. 3.

[16] *Bydlinski*, in: Koziol/Bydlinski/Bollenberger, ABGB-Kommentar, 3. Aufl. 2017, § 896 ABGB, Rn. 1.

[17] *Bydlinski*, a.a.O., § 896 ABGB, Rn. 1

[18] *Kodek*, in: Kletečka/Schauer, ABGB-ON, Kommentar, 1. Aufl. 2010, § 896, Rn. 3.

[19] *Kodek*, a.a.O., § 896, Rn. 3.

[20] *Kodek*, a.a.O., § 896, Rn. 4.

[21] *Gamerith*, in: Rummel, ABGB, Kommentar, 3. Aufl. 2013, § 896, Rn. 2.

[22] § 1479 ABGB: „Alle Rechte gegen einen Dritten, sie mögen den öffentlichen Büchern einverleibt seyn oder nicht, erlöschen also in der Regel längstens durch den dreyßigjährigen Nichtgebrauch, oder durch ein so lange Zeit beobachtetes Stillschweigen." *Kodek*, in: Kletečka/Schauer, ABGB-ON, Kommentar, 1. Aufl. 2010, § 896, Rn. 3.

Nach § 6 DHG[23] besteht allerdings für Regressansprüche zwischen Dienstgeber und Dienstnehmer eine sechsmonatige Präklusivfrist.[24]

3. Dauer der Verjährungsfrist

Grundsätzlich richtet sich die Verjährungsfrist nach dem besonderen Schuldcharakter im Innenverhältnis zwischen den Gesamtschuldnern.[25] Wird der Regressanspruch beispielsweise als Schadensersatzanspruch qualifiziert, gilt (wie bis zur Schuldrechtsmodernisierung auch im deutschen Recht, vgl. § 852 BGB a.F.) eine Dreijahresfrist.[26] Der Anspruch wird von der h.M. allerdings nur dann als Schadensersatzanspruch qualifiziert, wenn die Schädigung des Dritten durch den Mitschuldner zugleich eine Verletzung seiner Pflichten aus dem Vertrag mit dem mithaftenden Geschäftsherrn ist.[27] Wie auch im deutschen Recht (§ 214 BGB) und in anderen Rechtsordnungen wird die Verjährung eines Anspruchs nicht von Amts wegen beachtet, sondern nur auf Antrag des Schuldners:[28] „Auf die Verjährung ist, ohne Einwendung der Parteien, von Amts wegen kein Bedacht zu nehmen." (§ 1501 ABGB) Vereinbarungen über die Verjährung sind nur in engen, gesetzlich aber wenig geklärten Grenzen möglich.[29] Regeln über die Hemmung und die Unterbrechung der Verjährung enthalten die §§ 1494 bis 1497 ABGB.

---

[23] Bundesgesetz vom 31.03.1965 über die Beschränkung der Schadenersatzpflicht der Dienstnehmer (Dienstnehmerhaftpflichtgesetz) StF: BGBl. Nr. 80/1965 (NR: GP X RV 631 AB 653 S. 76. BR: S. 226.)

[24] *Kodek*, in: Kletečka/Schauer, in: Kletečka/Schauer, ABGB-ON, Kommentar, 1. Aufl. 2010, § 896, Rn. 4. Die Bestimmung lautet wie folgt: § 6. Auf einem minderen Grad des Versehens beruhende Schadenersatz- oder Rückgriffsansprüche zwischen Dienstgeber und Dienstnehmer (§ 2 Abs. 1, § 3 Abs. 2 bis 4, § 4 Abs. 2 und 4) erlöschen, wenn sie nicht binnen sechs Monaten nach Ablauf des Tages, an dem sie erhoben werden können, gerichtlich geltend gemacht werden."

[25] *Kodek*, a.a.O., § 896, Rn. 19; *Bydlinski/Vollmaier*, in: Remien (Hrsg.), Verjährungsrecht, S. 204.

[26] Ebd. § 1489 ABGB: „Jede Entschädigungsklage ist in drei Jahren von der Zeit an verjährt, zu welcher der Schade und die Person des Beschädigers dem Beschädigten bekannt wurde, der Schade mag durch Übertretung einer Vertragspflicht oder ohne Beziehung auf einen Vertrag verursacht worden sein. Ist dem Beschädigten der Schade oder die Person des Beschädigers nicht bekannt geworden oder ist der Schade aus einer oder mehreren gerichtlich strafbaren Handlungen, die nur vorsätzlich begangen werden können und mit mehr als einjähriger Freiheitsstrafe bedroht sind, entstanden, so erlischt das Klagerecht nur nach dreißig Jahren."

[27] Vgl. *Kodek*, in: Kletečka/Schauer, ABGB-ON, Kommentar, 1. Aufl. 2010, § 896, Rn. 2.

[28] *Bydlinski/Vollmaier*, in: Remien (Hrsg.), Verjährungsrecht, S. 206.

[29] *Bydlinski/Vollmaier,* a.a.O., S. 207. § 1502 ABGB: „Der Verjährung kann weder im voraus entsagt, noch kann eine längere Verjährungsfrist, als durch die Gesetze bestimmt ist, bedungen werden."

Die Problematik, die Gegenstand der vorliegenden Arbeit ist, stellt sich im österreichischen Zivilrecht nicht. Rückgriffsansprüche nach § 896 ABGB verjähren nach der Rechtsprechung mangels besonderer Anordnung,[30] wenn also kein weiteres Rechtsverhältnis zwischen den Gesamtschuldnern besteht, gem. § 1478 ABGB in 30 Jahren.[31] In der Lehre wird dagegen versucht, dieser langen Verjährungsfrist entgegenzuwirken, indem man auf die Verjährungsfrist der beglichenen Forderung abstellt. Entscheidendes Argument hierfür ist, dass der in Regress genommene Mitschuldner nicht in verjährungsrechtlicher Hinsicht benachteiligt werden soll, was bei einer dreißigjährigen Frist möglicherweise der Fall ist.[32] *Bydlinski* plädiert dafür, dem zahlenden Gesamtschuldner allerdings eine Nachfrist einzuräumen, damit ein Scheitern des Rückgriffs vermieden wird, wenn der zahlende Gesamtschuldner erst kurz vor Fristablauf gerichtlich in Anspruch genommen wird oder Zahlung leistet. Er spricht sich für eine analoge Anwendung der Bestimmungen zum Händlerregress aus (§ 933b Abs. 2 ABGB).[33]

Teilweise wird in der Literatur für die Dauer der Verjährungsfrist auch auf die möglicherweise im Wege der *Cessio legis* gem. § 1358 ABGB auf den zahlenden Mitschuldner übergehende Gläubigerforderung rekurriert, teilweise wird aber auch in Analogie zu § 6 Abs. 2 AHG[34] und § 6 DHG die Auffassung vertreten, dass Verjährung sechs Monate nach dem Urteil im Vorprozess eintrete.[35] Wiederum andere gehen davon aus, dass die Verjährungsfrist für die Forderung des Dritten maßgeblich sei, wenn der Regress auschließlich auf Rechtsabtretung gestützt werde.[36]

---

[30] Wie z.B: in § 6 DHG.

[31] *Bydlinski*, in: Koziol/Bydlinski/Bollenberger, ABGB-Kommentar, 3. Aufl. 2017, § 896 ABGB, Rn. 5; vgl. OGH 7 Ob 723/86, JBl 1987, 721 m.w.N.

[32] Bei § 1042 ABGB entspricht dies der h.M., vgl. *Bydlinski*, a.a.O., Rn. 5.

[33] „(1) Hat ein Unternehmer einem Verbraucher Gewähr geleistet, so kann er von seinem Vormann, wenn auch dieser Unternehmer ist, auch nach Ablauf der Fristen des § 933 die Gewährleistung fordern. Dasselbe gilt für frühere Übergeber im Verhältnis zu ihren Vormännern, wenn sie selbst wegen der Gewährleistungsrechte des letzten Käufers ihrem Nachmann Gewähr geleistet haben. Der Anspruch ist mit der Höhe des eigenen Aufwandes beschränkt.

(2) Ansprüche nach Abs. 1 sind innerhalb von zwei Monaten ab Erfüllung der eigenen Gewährleistungspflicht gerichtlich geltend zu machen. Die Haftung eines Rückgriffspflichtigen verjährt jedenfalls in fünf Jahren nach Erbringung seiner Leistung. Die Frist wird durch eine Streitverkündigung für die Dauer des Rechtsstreits gehemmt."

[34] Bundesgesetz über die Haftung der Gebietskörperschaften und der sonstigen Körperschaften und Anstalten des öffentlichen Rechts für in Vollziehung der Gesetze zugefügte Schäden (Amtshaftungsgesetz – AHG) StF: BGBl. Nr. 20/1949 idF BGBl. I Nr. 194/1999 (DFB) (NR: GP V RV 549 u. 757 AB 515 u. 595 u. 715 u. 777 S. 73. u. 82. u. 91. u. 101. BR: S. 29, 32, 36 und 37.). Die Bestimmung hat folgenden Wortlaut: „(2) Rückersatzansprüche nach § 1 Abs. 3 und § 3 verjähren in sechs Monaten nach Ablauf des Tages, an dem der Rechtsträger den Ersatzanspruch dem Geschädigten gegenüber anerkannt hat oder rechtskräftig zum Ersatz verurteilt worden ist."

[35] *Kodek*, in: Kletečka/Schauer ABGB-ON, Kommentar, 1. Aufl. 2010, § 896, Rn. 20.

[36] Ebd.

Besteht zwischen den Gesamtschuldnern ein besonderes Rechtsverhältnis,[37] ist dieses für die Verjährung vorrangig heranzuziehen. Der OGH wendet teilweise § 1489 ABGB an (dreijährige Verjährungsfrist, vgl. § 852 Abs. 1 BGB a.F.), obwohl der Regressanspruch grundsätzlich kein Schadensersatzanspruch ist. Wenn die Mitschuld aber durch Schädigung eines Dritten entstanden ist und das Verhalten des einen Gesamtschuldners, z.B. des Arbeitnehmers bzw. Erfüllungsgehilfen, gleichzeitig eine Vertragsverletzung gegenüber dem anderen, z.B. dem Arbeitgeber bzw. Geschäftsherrn, darstellt, ist dies nach *Bydlinski* gerechtfertigt.[38]

Zusammenfassend ergibt sich nach der h.M. also:[39]

Besteht ein besonderes Rechtsverhältnis zwischen den Gesamtschuldnern, richtet sich die Verjährungsfrist nach diesem. Demnach wendet der OGH die dreijährige Verjährungsfrist des § 1489 ABGB an, wenn der Entstehungsgrund der Solidarschuld eine Verletzung von zwischen den Solidarschuldnern bestehenden Pflichten ist und der Regress daher auch als Schadensersatz zu beurteilen ist. Eine Dreijahresfrist gilt auch für Entgeltsansprüche eines Unternehmers, für Mietzinsen und für Arbeitslohn (§ 1486 ABGB). Der Grund liegt darin, dass solche Ansprüche insbesondere vertraglicher Art in der Regel bekannt sind und daher auch rasch geltend gemacht und beglichen werden können.[40] Besteht zwischen den Gesamtschuldnern kein besonderes Rechtsverhältnis,[41] verjährt der Regressanspruch nach § 1478 ABGB in dreißig Jahren.[42] Die für die Gläubigerforderung geltende Verjährungsfrist ist nicht maßgeblich, weil es sich bei dem Regressanspruch um einen eigenständigen Anspruch handelt.[43]

Nimmt man mit einer Mindermeinung eine Legalzession an,[44] gilt die für den übergegangenen Anspruch dessen Verjährung. Werden Gesamtschuldner im Wege des Innenausgleichs nicht gleichzeitig, sondern nacheinander in Regress genommen, besteht dann mit Blick auf den übergegangenen Anspruch die Gefahr, dass die Verjährungsfrist der übergegangenen Gläubigerforderung endet, bevor der letzte Regressanspruch geltend gemacht werden kann.[45] Insoweit kommt die Annahme einer Ablaufhemmung analog § 6 AHG und § 6 DHG in

---

[37] Z.B. ein Aufwandersatzanspruch nach § 1014 ABGB.

[38] *Bydlinski*, in: Koziol/Bydlinski/Bollenberger, ABGB-Kommentar, 3. Aufl. 2017, § 896 ABGB, Rn. 5.

[39] *Kolmasch*, in: Schwimann, ABGB-Taschenkommentar, 2. Aufl. 2013, § 896, Rn. 8.

[40] *Bydlinski/Vollmaier*, in: Remien (Hrsg.), Verjährungsrecht, S. 208. Eine Dreijahresfrist sehen auch die §§ 1487, 1480 S. 1 ABGB vor.

[41] Im Gegensatz dazu geht das deutsche Recht stets von einem gesetzlichen Schuldverhältnis (Ausgleichsverhältnis) zwischen den Gesamtschuldnern aus.

[42] Die 30-Jahres-Frist wird als zu lange angesehen und *de lege ferenda* eine drastische Fristverkürzung wie im deutschen bzw. französischen Recht befürwortet, *Bydlinski/Vollmaier*, in: Remien (Hrsg.), Verjährungsrecht, S. 226.

[43] *Kolmasch*, in: Schwimann, ABGB-Taschenkommentar, 2. Aufl. 2013, § 896, Rn. 8.

[44] Vgl. oben § 5 I. 1.

[45] *Bydlinski/Coors*, ÖJZ 2007, 275, 279.

Betracht.[46] Umstritten ist hingegen, ob diese Verjährung dann auch für den Anspruch aus § 896 ABGB maßgeblich sein soll, was von der h.M. jedoch abgelehnt wird. Folgt man der h.M., bleibt festzuhalten, dass dem Regressgläubiger mit Zahlung in jedem Fall noch ein Zahlungsanspruch gegen die übrigen Gesamtschuldner gem. § 869 ABGB zusteht.

II. Schweiz

1. Überblick über die gesetzliche Regelung in Art. 143 ff. OR und in Art. 50 OR

In der Schweiz sind die grundlegenden Bestimmungen in Art. 143 ff. OR (allgemeine Regelungen zur Solidarschuld) enthalten. Art. 143 OR enthält zunächst eine Definition der Gesamtschuld auf *vertraglicher Grundlage*, indem es heißt, dass die „Solidarität unter mehreren Schuldnern entsteht, wenn sie erklären, dass dem Gläubiger gegenüber jeder einzeln für die Erfüllung der ganzen Schuld haften wolle."[47] Darüber hinaus enthält Art. 143 Abs. 2 OR einen ausdrücklichen Hinweis darauf, dass eine Solidarschuld ohne vorausgegangene Willenserklärung nur dann entsteht, wenn dies gesetzlich ausdrücklich bestimmt wird.[48] So enthält Art. 50 Abs. 1 OR[49] eine § 840 Abs. 1 BGB ähnelnde Bestimmung für den Bereich des *Deliktsrechts*. Eine Solidarschuld kann also entweder vertraglich vereinbart werden oder muss gesetzlich ausdrücklich angeordnet sein (z.B. wie im bereits erwähnten Art. 50 OR oder wie in Art. 544 Abs. 3 OR, der die solidarische Haftung der Gesellschafter für Schulden einer einfachen Gesellschaft festlegt).[50]

Die Haftungsquote der Gesamtschuldner untereinander bestimmt sich gem. Art. 148 Abs. 1 OR nach Köpfen, „sofern sich aus dem Rechtsverhältnisse unter den Solidarschuldnern nicht etwas anderes ergibt"[51], was letztlich der Regelung im deutschen § 426 Abs. 1 BGB entspricht. Allerdings besteht im Schweizer Recht eine Vielzahl von besonderen gesetzlichen Regelungen zu Regressvorschriften, die eine andere Haftungsquote im Innenverhältnis bestimmen.[52] So ordnet beispielsweise Art. 50 Abs. 2 OR[53] für den Rückgriff im Innenverhältnis an, dass die

---

[46] *Bydlinski/Coors*, a.a.O., 280.

[47] Art. 143 Abs. 1 OR.

[48] Das schweizerische Recht kennt nur den Begriff der Solidarschuld, der dem deutschen Begriff der Gesamtschuld entspricht, und verwendet ihn sowohl für vertraglich bzw. testamentarisch begründete Gesamtschulden als auch für kraft Gesetzes entstandene (vor allem deliktische) Gesamtschulden, vgl. dazu oben I. 1., Fn. 3 m.w.N.

[49] Art. 50 Abs. 1 OR: „Haben mehrere den Schaden gemeinsam verschuldet, sei es als Anstifter, Urheber oder Gehilfen, so haften sie dem Geschädigten solidarisch."

[50] *Krauskopf*, in: Zürcher Kommentar OR, 3. Aufl. 2016, Art. 148, Rn. 2.

[51] *Krauskopf*, a.a.O., Art. 148, Rn. 2.

[52] *Krauskopf*, a.a.O, Art. 148, Rn. 2, 50 ff., 62.

[53] Art. 50 Abs. 2 OR: „Ob und in welchem Umfange die Beteiligten Rückgriff gegeneinan-

Haftungsanteile nach richterlichem Ermessen bestimmt werden. Klarstellend bestimmt Art. 50 Abs. 3 OR, dass der Begünstigte nur dann und nur so weit ersatzpflichtig ist, „als er einen Anteil an dem Gewinn empfangen oder durch seine Beteiligung Schaden verursacht hat".

Art. 148 Abs. 2 OR enthält die gesetzliche Grundlage für die Regressforderung, die dem Solidarschuldner, welcher an den Gläubiger geleistet hat, gegen die Mitschuldner zusteht, soweit er mehr als den von ihm im Innenverhältnis geschuldeten Teil geleistet hat. Er kann dann aus dem selbstständigen[54] Regressanspruch aus Art. 148 Abs. 2 OR für den über den eigenen Anteil hinausgehenden Betrag Rückgriff gegen die übrigen Solidarschuldner nehmen.[55]

Eine den Ausgleichsanspruch aus Art. 148 Abs. 2 OR bestärkende Legalzession (in der Schweizer Terminologie: „Subrogation")[56] ordnet Art. 149 OR an, indem es dort heißt:

„*2. Übergang der Gläubigerrechte*

[1] Auf den rückgriffsberechtigten Solidarschuldner gehen in demselben Masse, als er den Gläubiger befriedigt hat, dessen Rechte über.

[2] Der Gläubiger ist dafür verantwortlich, dass er die rechtliche Lage des einen Solidarschuldners nicht zum Schaden der übrigen besser stelle."

Diese Regelung entspricht letztlich der von §426 Abs. 2 BGB angeordneten Legalzession.[57]

2. *Allgemeine Ausführungen zur Solidarschuld*

Weitere Bestimmungen zur Solidarschuld, die teilweise den §§421 bis 425 BGB entsprechen, sind in den Art. 144 bis 148 OR enthalten.[58] Der Begriff der Soli-

---

der haben, wird durch richterliches Ermessen bestimmt." Teilweise wird in der Lehre vertreten, dass es sich hierbei um eine eigene Anspruchsgrundlage für den Regressanspruch handele. Die sei laut *Krauskopf* allerdings abzulehnen, da Art. 50 Abs. 2 OR lediglich eine Aussage zur internen Haftungsquote und dem Umfang des Regresses treffe, vgl. *Krauskopf*, a.a.O, Art. 148, Rn. 14ff. Letztlich spielt dies aber für die hier betrachtete Thematik keine Rolle, da dieser Anspruch ebenfalls erst mit Zahlung entsteht und somit dessen Verjährung auch erst dann beginnt., vgl. *Brehm*, in: BernK, OR, Art. 50, Rz. 64 m.w.N.

[54] BGE 133 III 6, E. 5.5.2 und 130 III, E. 5.2 sowie *Krauskopf*, a.a.O, Art. 148, Rn. 13 m.w.N.

[55] Art. 148 Abs. 2 OR: „Bezahlt ein Solidarschuldner mehr als seinen Teil, so hat er für den Mehrbetrag Rückgriff auf seine Mitschuldner."

[56] *Krauskopf*, in: Zürcher Kommentar OR, 3. Aufl. 2016, Art. 148, Rn. 10.

[57] *Krauskopf*, a.a.O, Art. 149, Rn. 169.

[58] Art. 144 OR: „1 Der Gläubiger kann nach seiner Wahl von allen Solidarschuldnern je nur einen Teil oder das Ganze fordern. 2 Sämtliche Schuldner bleiben so lange verpflichtet, bis die ganze Forderung getilgt ist." Art. 145: „1 Ein Solidarschuldner kann dem Gläubiger nur solche Einreden entgegensetzen, die entweder aus seinem persönlichen Verhältnisse zum Gläubiger oder aus dem gemeinsamen Entstehungsgrunde oder Inhalte der solidarischen Verbindlichkeit hervorgehen. 2 Jeder Solidarschuldner wird den andern gegenüber verant-

darität entspricht dem der Gesamtschuld im deutschen Recht,[59] d.h. der Geschädigte bzw. Gläubiger kann nach seiner Wahl von jedem Schädiger die gesamte Leistung bzw. den Ersatz des ganzen Schadens verlangen (Art. 143 ff., 144 Abs. 1 OR).[60] Sämtliche Schuldner bleiben solange verpflichtet, bis die gesamte Forderung getilgt ist, also die Leistung erbracht bzw. der gesamte Schaden ersetzt ist (Art. 144 Abs. 2 OR). „Dritten gegenüber solidarisch haftende Gesellschafter haften als Mitschuldner gegenüber dem Solidarschuldner, der mehr als seinen Teil bezahlt hat, nicht solidarisch."[61] Aus der durch Subrogation auf den zahlenden Solidarschuldner übergegangenen Rechtsposition und dem allgemeinen Regressanspruch aus Art. 148 Abs. 2 OR kann er auf die anderen Solidarschuldner somit nur entsprechend des jeweiligen Anteils des anderen Solidarschuldners zurückgreifen.[62] Zwischen den Gesamtschuldnern besteht kein besonderes Rechtsverhältnis wie nach deutschem Recht mit einem entsprechenden Mitwirkungsanspruch.[63] Demnach scheidet die Annahme eines allein aufgrund der gesamtschuldnerischen Haftung bestehenden und mit § 426 Abs. 1 BGB vergleichbaren Mitwirkungsanspruchs aus. Sobald die Leistung durch einen – oder mehrere Solidarschuldner – erbracht ist, sind alle anderen Mitschuldner gegenüber dem Gläubiger befreit.[64] Wie bereits zuvor dargelegt wird der Regressanspruch im internen Verhältnis im Bereich der sog. echten Solidarität[65] durch einen gesetz-

---

wortlich, wenn er diejenigen Einreden nicht geltend macht, die allen gemeinsam zustehen." Art. 146: „Ein Solidarschuldner kann, soweit es nicht anders bestimmt ist, durch seine persönliche Handlung die Lage der andern nicht erschweren." Art. 147: „Soweit ein Solidarschuldner durch Zahlung oder Verrechnung den Gläubiger befriedigt hat, sind auch die übrigen befreit. 2 Wird ein Solidarschuldner ohne Befriedigung des Gläubigers befreit, so wirkt die Befreiung zugunsten der andern nur so weit, als die Umstände oder die Natur der Verbindlichkeit es rechtfertigen."

[59] *Mazan*, in: Handkommentar zum Schweizer Privatrecht. 3. Aufl. 2016, Art. 50 OR, Rn. 1, 15; sowie *ders.*, a.a.O., Art. 149 OR, Rn. 2.

[60] BGE 133 III 6, E 5.3.2 u 5.3.3; BGE 125 III 223 E 5a; BGE 117 II 50 E 5b.

[61] BGE 103 II 137 (Regeste) und E. 4.

[62] *Fischer,* in: OFK, 3. Aufl. 2016, Art. 50 OR, Rn. 23.

[63] *Fischer,* a.a.O., Art. 50 OR, Rn. 23; *Krauskopf*, in: Zürcher Kommentar OR, 3. Aufl. 2016, Art. 148, Rn. 37, der ein „antizipiertes Regressrecht" wegen Unvereinbarkeit mit dem Wortlaut und Zweck des Art. 148 Abs. 2 OR ausdrücklich ablehnt.

[64] *Mazan*, in: Handkommentar zum Schweizer Privatrecht. 3. Aufl. 2016, Art. 149 OR, Rn. 2.

[65] „Echte Solidarität" besteht zwischen gemeinsam aus Verschulden Haftenden (Art. 50 OR), z.B. bei Miteigentümern einer Liegenschaft, die einen Baum nicht zurückgeschnitten haben (BGE 112 II 439 E. 1.b), bei vertraglicher Haftung (BGE 115 II 42 E. 1), im Bereich von Art. 60 Straßenverkehrsgesetz (SVG; z.B. zwischen Fahrzeughalter und Werkeigentümer; BGE 116 II 645 E. 3.b). „Unechte Solidarität" besteht bei Anspruchskonkurrenz i.S.v. Art. 51 Abs. 1 OR, wenn also mehrere Personen aus verschiedenen Rechtsgründen haften (BGE 130 III 591 E. 5.5.1; BGE 119 II 127 E. 4.b; BGE 115 II 42 E. 1.b) bzw. in sämtlichen Fällen, in denen es an einem gemeinsamen Verschulden fehlt, sei es, weil mehrere Personen voneinander unabhängig schädigende Handlungen begangen haben oder sonstwie aus verschiedenen Rechtsgründen für den gleichen Schaden haften; demnach auch bei Personen, die allein aus

lichen Rechtsübergang, die sog. Subrogation, verstärkt. Demnach kann sich derjenige, der dem Geschädigten mehr als seine Quote geleistet hat, einerseits auf ein autonomes Rückgriffsrecht gemäß Art. 148 Abs. 2 OR stützen (Regressforderung). Andererseits kann er sich aufgrund der Subrogation auf sämtliche Rechte berufen, die nach seiner Zahlung gemäß Art. 149 OR von Gesetzes wegen vom Geschädigten auf ihn übergehen;[66] ebenso gehen die akzessorischen Nebenrechte des Geschädigten, insbesondere die Sicherheiten, auf den zahlenden Schuldner über (Art. 170 OR). Das Rückgriffsrecht des zahlenden Solidarschuldners gegen seine Mitschuldner setzt neben dem Bestehen einer Solidarschuld zusammengefasst voraus:

1. die ganze oder partielle Befriedigung des Gläubigers, sei es durch Zahlung, sei es durch Verrechnung etc.; insoweit gibt die bloße Verurteilung zur Zahlung noch kein Recht zum Regress.[67]

2. Mehrzahlung des Solidarschuldners, d.h. über den eigenen Anteil hinaus. Hat er dem Gläubiger lediglich seinen Anteil oder weniger geleistet, steht ihm gegenüber den Mitschuldnern, die gar nichts oder weniger als ihren Anteil geleistet haben, nichts zu.[68]

3. Beginn und Dauer der Verjährung

Auch im Schweizer Recht erlischt die Forderung nicht mit Eintritt der Verjährung, verliert aber ihre Durchsetzbarkeit: Sie kann nicht mehr gegen den Willen des Schuldners geltend gemacht werden. Die Verjährung gewährt dem Schuldner ein Leistungsverweigerungsrecht.[69] Die Verjährung muss geltend gemacht werden.[70] Die ordentliche Verjährungsfrist beträgt bei vertraglichen Ansprüchen zehn Jahre (Art. 127 OR). Forderungen „für Miet-, Pacht- und Kapitalzinse sowie für andere periodische Leistungen, Forderungen aus der Lieferung von Lebensmitteln, für Beköstigung und für Wirtsschulden; Forderungen aus Handwerksarbeit, Kleinverkauf von Waren, ärztlicher Besorgung, Berufsarbeiten von Anwälten, Rechtsagenten, Prokuratoren und Notaren sowie aus dem Arbeitsverhältnis von Arbeitnehmern“ verjähren in fünf Jahren (Art. 128 OR). Die Fristen können durch vertragliche Vereinbarung modifiziert werden. Auch kann in gewissen Grenzen vertraglich auf die Verjährung verzichtet werden. Art. 141

Vertrag haften. In der Lehre wird die Differenzierung zwischen „echter“ und „unechter“ Solidarität abgelehnt; *Fischer,* in: OFK, 3. Aufl. 2016, Art. 50 OR, Rn. 9; *Krauskopf,* in: Zürcher Kommentar OR, 3. Aufl. 2016, Art. 143, Rn. 133.

[66] Subrogierte Forderung; BGE 115 II 42 E 2a; *Mazan,* in: Handkommentar zum Schweizer Privatrecht. 3. Aufl. 2016, Art. 50 OR, Rn. 21.

[67] BGE 115 Ib 274 E 19b.

[68] *Mazan,* in: Handkommentar zum Schweizer Privatrecht. 3. Aufl. 2016, Art. 148 OR, Rn. 2.

[69] *Huguenin/Thouvenin,* in: Remien (Hrsg.), Verjährungsrecht, S. 293–311, hier: S. 295.

[70] Arg. e contr. aus Art. 142 OR, vgl. *Huguenin/Thouvenin,* a.a.O., S. 296: Der Richter darf die Verjährung nicht von Amtes wegen berücksichtigen.

Abs. 1 OR legt dabei fest, dass auf die Verjährung nicht im Voraus verzichtet-werden kann.[71] Gem. Art. 130 OR beginnt die regelmäßige Verjährung mit Fälligkeit der Forderung.

In Bezug auf die Verjährung der Regressmöglichkeiten ist zu differenzieren: Beruft sich der Regressierende auf die im Wege der Subrogation übergegangene Forderung, so ist die Verjährungsfrist diejenige der Forderung des Gläubigers gegen den jeweiligen Mitschuldner. Eine subrogierte Forderung geht mit der laufenden Verjährung auf den Regressberechtigten über.[72] Dem Regressierenden verbleibt somit auch dann nur so viel von der Verjährungsfrist, wie dem Geschädigten im Verhältnis zum Regressschuldner noch zustand.[73] Der Übergang der Gläubigerrechte erfolgt von Gesetzes wegen und bedarf keiner Gläubigerhandlung. Wie auch im deutschen Recht gehen die akzessorischen Sicherheiten zusammen mit dem Gläubigeranspruch über (Art. 170 OR).[74] Zu beachten ist, dass Art. 136 Abs. 1 OR eine Sondervorschrift enthält, nach der die Unterbrechung der Verjährung durch den Gläubiger gegenüber einem Solidarschuldner auch gegenüber den übrigen Solidarschuldnern wirkt. Dies gilt allerdings nur im Rahmen der echten Solidarschuld.[75]

Im Hinblick auf den Beginn der Verjährungsfrist des selbstständigen und von der Verjährung des Gläubigeranspruchs unabhängigen[76] Regressanspruchs aus Art. 148 Abs. 2 OR wird ausdrücklich auf den neu eingeführten Art. 139 OR hingewiesen. Gem. Art. 139 OR beginnt die Verjährung des selbstständigen Regressanspruchs nämlich erst mit Ablauf von drei Jahren vom Tage an gerechnet, an welchem der leistende Solidarschuldner den Gläubiger befriedigt hat und den Mitschuldner kennt.[77]

Die Sonderregelung des Art. 136 Abs. 1 OR stellt einen sehr interessanten Ansatz dar, der jedoch auch im Schweizer Recht nicht uneingeschränkt gilt.[78]

---

[71] *Huguenin/Thouvenin*, a.a.O., S. 301.

[72] BGE 4A_582/2008 E 4.3; 60 II 30 E 3; *Mazan*, in: Handkommentar zum Schweizer Privatrecht. 3. Aufl. 2016:Art. 50 OR Rn. 24a sowie Art. 148 OR, Rn. 8, *Krauskopf*, in: Zürcher Kommentar OR, 3. Aufl. 2016, Art. 149 OR, Rn. 181.

[73] *Krauskopf*, a.a.O. Art. 148 OR, Rn. 181, 184.

[74] *Mazan*, in: Handkommentar zum Schweizer Privatrecht. 3. Aufl. 2016, Art. 149 OR, Rn. 2; *Krauskopf*, a.a.O, Art. 149 OR, Rn. 170.

[75] *Krauskopf*, a.a.O., Art. 148 OR, Rn. 182.

[76] Ebd.

[77] Art. 139 OR ist in dieser Fassung erst am 1. Januar 2020 in Kraft getreten, vgl. AS 2018 5343. Zuvor gab es keine entsprechende Regelung im Bundesprivatrecht und es wurde eine Vielzahl von Ansätzen diskutiert. Herrschend war wohl eine analoge Anwendung des Art. 67 Abs. 1 OR, wonach der Regressanspruch in drei Jahren ab dem Zeitpunkt, an dem der rückgriffsberechtigte Solidarschuldner an den Geschädigten gezahlt hat, jedenfalls aber mit Ablauf von zehn Jahren gerechnet ab dem Zeitpunkt der schädigenden Handlung, verjährte. Diese Dreijahresfrist galt, zumindest nach Meinung des BGer, im Wege richterlicher Rechtsfortbildung (Art. 1 Abs. 2 ZGB) auch im Bereich des Vertragsrechts. (vgl. dazu ausführlich *Krauskopf*, a.a.O, Art. 148 OR, Rn. 116 ff.)

[78] *Krauskopf*, a.a.O, Art. 148 OR, Rn. 182.

Allerdings konfligiert dieser Ansatz mit dem Grundsatz des deutschen Rechts, dass die einzelnen Hemmungs- und Unterbrechungstatbestände immer nur gegenüber der Partei gelten, gegen die sie eingeleitet werden[79], und lässt sich daher nicht ohne Weiteres in das deutsche Recht integrieren.[80]

Im Hinblick auf den selbstständigen Regressanspruch knüpft Art. 139 OR, anders als der BGH, für die Entstehung der selbstständigen Regressforderung des Rückgriffsgläubigers und den Beginn ihrer in der Länge dem deutschen Recht entsprechenden Verjährungsfrist an den Zeitpunkt der Zahlung an den Primärgläubiger sowie die Kenntnis der Mitschuldner an. Bemerkenswert ist dabei, dass neben dem objektiven Element der Zahlung gerade auch die Kenntnis der Mitschuldner für den Verjährungsbeginn vorausgesetzt wird.[81] Der zahlende Solidarschuldner wird durch Art. 139 OR letztlich umfangreich vor der hier diskutierten Verjährungsfalle geschützt. Durch die Schaffung dieser Norm hat der schweizerische Gesetzgeber der in der Literatur und Rechtsprechung heftig diskutierten Frage nach Beginn und Länge der Verjährung des selbstständigen Regressanspruchs[82] durch eine klare Regelung wohl vorerst ein Ende gesetzt. Zwar kennt auch das Schweizer Recht keine Mitwirkungspflicht, dennoch kann Art. 139 OR inhaltlich durchaus als Vorlage im Hinblick auf den Verjährungsbeginn des Zahlungsanspruchs aus § 426 Abs. 1 BGB für den deutschen Gesetzgeber dienen.

III. Frankreich

1. Überblick über die Gesamtschuld

Die Regelungen über die Gesamtschuld befanden sich bisher in den Art. 1200 bis 1216 CC a.F. Wie in Deutschland das BGB, wurde der CC einer großen Vertragsrechtsreform unterzogen.[83] *Sedes materiae* sind seitdem die Art. 1310 bis 1319 CC. Während die bisherige, § 421 BGB entsprechende Begriffsbestimmung in Art. 1200 CC a.F. enthalten war,[84] findet sich die Definition nunmehr in Art. 1313 CC:

[79] BGHZ 86, 98, 103 = NJW 1983, 1047; *Henrich,* in: BeckOK BGB, 52. Ed. (Stand: 01.02.2020), § 209, Rn. 3.

[80] Vgl. dazu auch die Ausführungen unter § 5 III. 3.

[81] *Wildhaber/Dede*, in: BernK, OR, Art. 139, Rz. 38 ff.

[82] Vgl. *Krauskopf*, in: Zürcher Kommentar OR, 3. Aufl. 2016, Art. 148, Rn. 116.

[83] In Kraft seit dem 01.10.2016, *Babusiaux/Witz*, JZ 2017, 496, 497; siehe dazu auch *Bien/Borghetti*, Die Reform des französischen Vertragsrechts.

[84] Art. 1200 CC. a.F.: „Il y a solidarité de la part des débiteurs, lorsqu'ils sont obligés à une même chose, de manière que chacun puisse être contraint pour la totalité, et que le paiement fait par un seul libère les autres envers le créancier."

„La solidarité entre les débiteurs oblige chacun d'eux à toute la dette. Le paiement fait par l'un d'eux les libère tous envers le créancier. Le créancier peut demander le paiement au débiteur solidaire de son choix. Les poursuites exercées contre l'un des débiteurs solidaires n'empêchent pas le créancier d'en exercer de pareilles contre les autres."[85]

Gem. Art. 1310 CC[86] besteht ein Gesamtschuldverhältnis, ähnlich wie im deutschen Recht, dann, wenn das Gesetz dies ausdrücklich anordnet oder ein solches vertraglich vereinbart wird. So liegt beispielsweise gem. Art. 1320 Abs. 2 CC bei einer von mehreren geschuldeten unteilbaren Leistung eine Gesamtschuld vor.[87] Im 18. Jahrhundert ging der damals führende französische Jurist *Robert-Joseph Pothier*[88] davon aus, dass die Gesamtschuld zwar stets mit einem Rückgriff verbunden sei, dieser aber in Abhängigkeit von dem jeweils zugrunde liegenden Rechtsverhältnis eine unterschiedliche Rechtsnatur aufweise. Hätten sich Schuldner z.B. gemeinsam verpflichtet, etwa bei der gemeinsamen Aufnahme eines Darlehens, ergebe sich ein Rückgriffsanspruch aufgrund der *actio pro socio.*[89] Die *actio mandati*[90] sollte nach *Pothiers* Meinung als Regressgrundlage bei solchen Geschäften dienen, die nur einen Schuldner betreffen, da der zweite Schuldner, der sich mitverpflichtet habe, im Innenverhältnis als Bürge des ersten gelte.[91] Für den Fall, dass ein rechtsgeschäftliches Innenverhältnis fehle, z.B. bei Delikt, könne der Rückgriff mit Hilfe der *actio negotiorum gestorum utilis*[92] erfolgen.[93]

---

[85] „Die Gesamtschuldnerschaft verpflichtet jeden von ihnen zur gesamten Schuld. Die Zahlung durch einen von ihnen befreit alle anderen von ihrer Leistungspflicht gegenüber dem Gläubiger. Der Gläubiger kann die Zahlung von dem gesamtschuldnerischen Schuldner seiner Wahl verlangen. Die Ausübung gerichtlicher Schritte gegen einen der gesamtschuldnerischen Schuldner hindert den Gläubiger nicht daran, die gleichen Schritte gegen die anderen Gläubiger auszuüben." Vgl. dazu https://www.fondation-droitcontinental.org/fr/wp-content/uploads/2015/05/Allemand-Ordonnance-r%C3%A9forme-du-droit-des-contrats.pdf, zuletzt abgerufen am 17.07.2023.

[86] Bzw. Art. 1202 CC a.F. (bis 2016); *Sonnenberger/Schweinberger,* Einführung in das französische Recht, 2. Aufl. 1986, S. 60.

[87] Bzw. Art. 1222 CC a.F. (bis 2016).

[88] Robert-Joseph Pothier, 1699 bis 1772, verfasste Abhandlungen („Traités") zum römischen Recht und zum französischen Gewohnheitsrecht („Droit coutumier").

[89] Diese aus dem römischen Recht übernommene Klage, die auch im deutschen Gesellschaftsrecht bekannt ist, ermöglicht es Mitgesellschaftern, untereinander Verpflichtungen aus dem Gesellschaftsvertrag durchzusetzen; BGHZ 10, 101; BGHZ 25, 47, 49; *S. Meier,* Gesamtschulden, S. 294; *Pothier,* Traité des obligations, § 280.

[90] Diese ebenfalls aus dem römischen Recht übernommene Klage ist auf die Herausgabe des durch die Geschäftsführung aus der Durchführung eines Auftrags Erlangten gerichtet, vgl. §§ 662, 670 BGB. *Hausmaninger/Selb,* Römisches Privatrecht, 2001, S. 256–259; *S. Meier,* a.a.O., S. 294; *Pothier*, a.a.O., § 280, 1761.

[91] *S. Meier,* a.a.O., S. 294.

[92] Klage aus Geschäftsführung ohne Auftrag, vgl. §§ 677, 684, 670.

[93] *Pothier,* Traité des obligations, § 280, 1761; *S. Meier*, Gesamtschulden, S. 294.

Auch nach Inkrafttreten des CC im Jahre 1804[94] folgte die französische Lehre diesen Grundsätzen. Die Gesamtschuld ist im Innenverhältnis unter den Schuldnern geteilt. Dementsprechend bestimmt Art. 1317 S. 2 CC,[95] dass der an den Primärgläubiger leistende Gesamtschuldner von den Mitschuldnern auf dem Regresswege nicht mehr als den von diesen jeweils zu leistenden Anteil verlangen kann:

„Celui qui a payé au-delà de sa part dispose d'un recours contre les autres à proportion de leur propre part.“

Die Bestimmung fungiert dabei, anders als im deutschen Recht, nicht als Anspruchsgrundlage.[96] Der Anspruch ergebe sich vielmehr aus dem vertraglichen Innenverhältnis, welches entweder eine Gesellschaft oder ein Auftragsverhältnis darstellen könne.[97] Der Rückgriffsanspruch spiegelt nach allgemeiner Auffassung nur den im Innenverhältnis bestehenden vertraglichen Anspruch wider.[98] Der Rückgriff könne daher nur auf Art. 1999 CC gestützt werden, der den Auslagenersatzanspruch des Beauftragten regle.[99] Auch heutzutage hält die französische Lehre an dieser Auffassung fest. Im Falle eines gesetzlichen Gesamtschuldverhältnisses[100] kommen in Ermangelung eines vertraglichen Innenverhältnisses als Anspruchsgrundlage Art. 1301-2 CC (Geschäftsführung ohne Auftrag bzw. Gestion d'affaires)[101] in Betracht. Darüber hinaus kommt es gem. Art. 1346 CC[102] zu einer Subrogation, d.h., die Forderung des Gläubigers wird in Höhe des Rückgriffsanspruchs am Leben gehalten.[103]

Zu beachten ist, dass, anders als im deutschen Recht, § 426 Abs. 1 BGB, Art. 1317 Abs. 1 S. 2 CC lediglich anordnet, dass ein Gesamtschuldnerregress zu erfolgen hat, welcher auf die Bestimmungen des Auftrags- oder Geschäftsführungsrechts gestützt wird,[104] nicht jedoch als eigenständige Anspruchsgrundlage

---

[94] Der CC trat am 21.03.1804 in Kraft.

[95] Früher (bis 2016): Art. 1214 Abs. 1 CC a.F.

[96] Zum alten Recht: S. *Meier,* Gesamtschulden, S. 294.

[97] Ebd.

[98] *S. Meier,* AcP 211 (2011), 435, 448.

[99] Ebd.; Art. 1999 Abs. 1 CC: „Le mandant doit rembourser au mandataire les avances et frais que celui-ci a faits pour l'exécution du mandat, et lui payer ses salaires lorsqu'il en a été promis.“ *S. Meier,* Gesamtschulden, S. 294.

[100] Art. 1310 CC: „La solidarité est légale ou conventionnelle; elle ne se présume pas.“ *S. Meier,* a.a.O., S. 294.

[101] Art. 1301-2 CC: „Celui dont l'affaire a été utilement gérée doit remplir les engagements contractés dans son intérêt par le gérant. Il rembourse au gérant les dépenses faites dans son intérêt et l'indemnise des dommages qu'il a subis en raison de sa gestion. Les sommes avancées par le gérant portent intérêt du jour du paiement.“ Bis 2016 war dies in Art. 1375 CC a.F. geregelt, vgl. *S. Meier,* a.a.O., S. 294.

[102] „La subrogation a lieu par le seul effet de la loi au profit de celui qui, y ayant un intérêt légitime, paie dès lors que son paiement libère envers le créancier celui sur qui doit peser la charge définitive de tout ou partie de la dette.“

[103] *S. Meier,* AcP 211 (2011), 435, 451.

[104] *S. Meier,* Gesamtschulden, S. 294.

fungiert.[105] Einen Mitwirkungs- und Befreiungsanspruch, wie ihn das deutsche Recht in § 426 Abs. 1 BGB regelt, kennt das französische Recht nicht.[106]

2. Dauer und Beginn der Verjährungsfrist

Wie auch in Deutschland wurde das französische Verjährungsrecht reformiert, und zwar bereits 2008.[107] Auch in Frankreich war das Verjährungsrecht komplett veraltet und unübersichtlich.[108] Es gab eine große Vielzahl unterschiedlicher Fristen (mehr als 200),[109] das Verjährungsrecht befand sich in einem „völlig chaotisch[en]" Zustand.[110] Nach Art. 2224 CC[111] beträgt die allgemeine Regelverjährungsfrist („Délai de prescription") nunmehr – nach der Reform – nicht mehr 30, sondern fünf Jahre.[112] Eine dreijährige Frist wie in Deutschland hielt der französische Reformgesetzgeber, der sich ansonsten durch die im Rahmen mit der Schuldrechtsmodernisierung in Deutschland geschaffenen Verjährungsregeln in-

---

[105] *von Caemmerer*, ZfRV 9 (1968), 81, 84; *S. Meier*, a.a.O., S. 294 f.

[106] *Bentele*, Gesamtschuld und Erlass. Eine rechtsvergleichende Untersuchung zum deutschen und französischen Recht vor dem Hintergrund der europäischen Rechtsvereinheitlichung, S. 84; *Bauermeister*, Gesamtschuld und Regress in der Schadensersatzrichtlinie, S. 86.

[107] Durch das Gesetz No. 2008-561 v. 17.06.2008, Journal officiel v. 18.06. 2008; Schweizerisches Institut für Rechtsvergleichung, Gutachten zum Recht der Verjährung in Deutschland, Frankreich, England und Dänemark 2011, S. 11.

[108] Schweizerisches Institut für Rechtsvergleichung, Gutachten zum Recht der Verjährung in Deutschland, Frankreich, England und Dänemark 2011, S. 15 m.w.N.

[109] *Ancel*, in: Remien (Hrsg.), Verjährungsrecht, S. 28–43, hier: S. 31 m.w.N.

[110] *Ancel*, a.a.O., S. 28.

[111] Art. 2224 CC: „Les actions personnelles ou mobilières se prescrivent par cinq ans à compter du jour où le titulaire d'un droit a connu ou aurait dû connaître les faits lui permettant de l'exercer. ", vgl. *Neumann/Berg,* Einführung in das französischen Recht, Rn. 307.

[112] *Kroes/Negri/Prieto/Remien/Wagner-von Papp:* Implementation, S. 47–58, hier: S. 49. Von Interesse ist hier nur die sog. „Prescription extinctive" („erlöschende Verjährung"), also die Verjährung, die es einem Rechtsinhaber unmöglich macht, sein Recht weiterhin geltend zu machen, nicht die „Prescription acquisitive" („Erwerbende Verjährung"), mit deren Ablauf jemand ein dingliches Recht erwirbt („Ersitzung" bzw. „Usucapion"). Die erlöschende Verjährung wirkt auf ein Recht ein („un mode d'extinction d'un droit", Art. 2219 CC, vgl. auch Art. 1234 CC). In Art. 2224 CC heißt es, dass die Klagen der Verjährung unterliegen: „Les actions personnelles ou mobilieres se prescrivent […]". Die materiell-rechtliche Auffassung ist nach Kleinschmidt wohl im Vordringen begriffen: „Obwohl die Wendung „mode d'extinction" danach klingt, als habe die Verjährung den Untergang des Anspruchs zur Folge, und obwohl Art. 1234 CC die Verjährung zu den Erlöschensgründen zählt, geht die ganz herrschende Ansicht davon aus, dass eine Naturalobligation verbleibt. Da zusätzlich angeordnet wird, dass das zur Erfüllung einer verjährten Forderung Geleistete nicht allein wegen des Ablaufs der Verjährung zurückgefordert werden kann, bestehen kaum Unterschiede zu einer Konzeption der Verjährungseinrede als Leistungsverweigerungsrecht." Dies hätte der französische Gesetzgeber nach Meinung von Kleinschmidt deutlicher im Wortlaut zum Ausdruck bringen können. *Kleinschmidt*, RIW 2008, 590, 599; Schweizerisches Institut für Rechtsvergleichung, Gutachten zum Recht der Verjährung in Deutschland, Frankreich, England und Dänemark 2011, S. 27 m.w.N.

spirieren ließ, für zu kurz.[113] Wie in Deutschland war es das Bestreben des Gesetzgebers, eine Vielzahl unterschiedlicher und teilweise auch kürzerer Verjährungsfristen durch eine einheitliche, für eine maximale Anzahl von Fällen geltende Regelverjährungsfrist zu ersetzen.[114] Für Rechte an Grundstücken („*actions réelles immobilières*") gilt wie in § 196 BGB (dort: zehn Jahre) eine längere Frist, und zwar von 30 Jahren. Das Eigentum als solches unterliegt gem. Art. 2227 CC nicht der Verjährung.[115] Die Unterscheidung zwischen vertraglicher und deliktischer Haftung wurde aufgegeben. Entscheidend ist nur die Art des jeweiligen Schadens. Für Körperschäden beträgt die Verjährungsfrist zehn Jahre.[116]

Die Verjährungsfrist beginnt nach Art. 2224 CC grundsätzlich „an dem Tag, ab dem der Rechtsinhaber von seinem Recht erfahren hat oder von den rechtsbegründenden Tatsachen hätte erfahren können."[117] Das französiche Recht knüpft also, wie das deutsche Recht in § 199 Abs. 1 Nr. 2 BGB, an ein subjektives Element hinsichtlich des Verjährungsbeginns an und setzt dabei die positive Kenntnis und die fahrlässige Unkenntnis gleich.[118] Wie auch im deutschen Recht führt die Anknüpfung an ein subjektives Element im Hinblick auf den Verjährungsbeginn dazu, dass die Verkürzung der Verjährungsfrist gewissermaßen relativiert wird.[119] Darüber hinaus gilt wie im deutschen Recht eine Verjährungshöchstfrist („délai butoir").[120] Unabhängig vom Beginn der subjektiven Verjährungsfrist tritt Verjährung gem. Art. 2232 CC 20 Jahre nach der Anspruchsentstehung („naissance du droit") ein. Allerdings gilt im französischen Recht keine Jahresendverjährung wie im deutschen Recht (§ 199 Abs. 1 BGB).[121]

Für den Bereich der Kartellschadensersatzklagen präzisiert Art. 482–1 des Code de Commerce[122] die Voraussetzungen für den Verjährungsbeginn und über-

---

[113] *Hentel/App/Valenzuela*, KSI 2009, 115, 116.

[114] Ebd.

[115] Art. 2227 CC: „Le droit de propriété est imprescriptible. Sous cette réserve, les actions réelles immobilières se prescrivent par trente ans à compter du jour où le titulaire d'un droit a connu ou aurait dû connaître les faits lui permettant de l'exercer.", vgl. auch *Hentel/App/Valenzuela,* KSI 2009, 115, 117.

[116] *Hentel/App/Valenzuela,* a.a.O., 115, 117.

[117] „[...] où le titulaire d'un droit a connu ou *aurait dû connaître* les faits lui permettant de l'exercer.", vgl. auch *Kroes/Negri/Prieto/Remien/Wagner-von Papp,* Implementation, 2017, S. 49.

[118] *Ancel*, in: Remien (Hrsg.), Verjährungsrecht, S. 34 f.

[119] *Hentel/App/Valenzuela,* KSI 2009, 115, 117.

[120] *Ancel*, in: Remien (Hrsg.), Verjährungsrecht, S. 30 f. der in Bezug auf Art. 2232 CC von einer „wahren Verjährungsfrist" spricht; *Hentel/App/Valenzuela,* a.a.O., 115, 117.

[121] *Hentel/App/Valenzuela,* a.a.O., 115, 117.

[122] Art. 482-1: „L'action en dommages et intérêts fondée sur l'article L. 481-1 se prescrit à l'expiration d'un délai de cinq ans. Ce délai commence à courir du jour où le demandeur a connu ou aurait dû connaître de façon cumulative :1° Les actes ou faits imputés à l'une des personnes physiques ou morales mentionnées à l'article L. 481-1 et le fait qu'ils constituent une pratique anticoncurrentielle; 2° Le fait que cette pratique lui cause un dommage; 3° L'identité de l'un des auteurs de cette pratique. Toutefois, la prescription ne court pas tant que

nimmt dabei die Vorgaben von Art. 10 der EU-Kartellschadensersatzrichtlinie.[123] Darüber hinaus wird zusätzlich gefordert, dass jeweils Handlungen und Umstände im Sinne von Art. 481-1 Code de Commerce[124] vorliegen, die einer natürlichen oder juristischen Person zugerechnet werden.[125] Der Geschädigte muss also *kumulativ* positive Kenntnis erlangen bzw. diese hätte erlangen können von Handlungen bzw. Tatsachen einer natürlichen oder juristischen im Sinne von Art. 481-1, von ihrer Wettbewerbswidrigkeit, von der Ursächlichkeit für die Schadensentstehung und von der Identität eines der Schädiger. Auf jeden Fall beginnt die Frist nicht vor der Beendigung des Wettbewerbsverstoßes. Nach allgemeiner Auffassung müsse Art. 482-1 in Verbindung mit Art. 481-1 gelesen werden. Demnach beginnt Frist nicht, wenn der Geschädigte, der noch keine Ersatzleistung erhalten hat, eine Klage gegen den mit einem Bußgeld belegten Schädiger erhoben hat.[126]

Im Übrigen können die Parteien Hemmungs- und Unterbrechungsgründe frei vereinbaren und die Verjährungsfristen im gegenseitigen Einvernehmen abkürzen oder verlängern.[127] Dabei sind hier zwingende Grenzen zu beachten: Die Verjährung darf nicht kürzer als ein Jahr und auch nicht länger als zehn Jahre

---

la pratique anticoncurrentielle n'a pas cessé. Elle ne court pas à l'égard des victimes du bénéficiaire d'une exonération totale de sanction pécuniaire en application d'une procédure de clémence tant qu'elles n'ont pas été en mesure d'agir à l'encontre des auteurs de la pratique anticoncurrentielle autres que ce bénéficiaire."

[123] „Art. 10 Verjährung (1) Die Mitgliedstaaten legen die Vorschriften über die Verjährungsfristen für die Erhebung von Schadensersatzklagen im Einklang mit diesem Artikel fest. In diesen Vorschriften wird festgelegt, wann die Verjährungsfrist beginnt, ihre Dauer und unter welchen Umständen eine Unterbrechung oder Hemmung der Frist eintritt. (2) Die Verjährungsfrist beginnt nicht, bevor die Zuwiderhandlung gegen das Wettbewerbsrecht beendet wurde und der Kläger von Folgendem Kenntnis erlangt hat oder diese Kenntnis vernünftigerweise erwartet werden kann: a) dem Verhalten und der Tatsache, dass dieses eine Zuwiderhandlung gegen das Wettbewerbsrecht darstellt, b) der Tatsache, dass ihm durch die Zuwiderhandlung gegen das Wettbewerbsrecht ein Schaden entstanden ist, und c) der Identität des Rechtsverletzers. (3) Die Mitgliedstaaten gewährleisten, dass die Verjährungsfristen für die Erhebung von Schadensersatzklagen mindestens fünf Jahre betragen. (4) Die Mitgliedstaaten gewährleisten, dass eine Verjährungsfrist gehemmt oder – je nach nationalem Recht – unterbrochen wird, wenn eine Wettbewerbsbehörde Maßnahmen im Hinblick auf eine Untersuchung oder ihr Verfahren wegen einer Zuwiderhandlung gegen das Wettbewerbsrecht trifft, auf die sich die Schadensersatzklage bezieht. Die Hemmung endet frühestens ein Jahr, nachdem die Zuwiderhandlungsentscheidung bestandskräftig geworden oder das Verfahren auf andere Weise beendet worden ist."

[124] Art. 481-1: „Toute personne physique ou morale formant une entreprise ou un organisme mentionné à l'article L. 464-2 est responsable du dommage qu'elle a causé du fait de la commission d'une pratique anticoncurrentielle définie aux articles L. 420-1, L. 420-2, L. 420-2-1, L. 420-2-2 et L. 420-5 ainsi qu'aux articles 101 et 102 du traité sur le fonctionnement de l'Union européenne."

[125] *Kroes/Negri/Prieto/Remien/Wagner-von Papp,* Implementation, S. 49.

[126] *Kroes/Negri/Prieto/Remien/Wagner-von Papp,* Implementation, S. 50.

[127] *Hente/Appl/Valenzuela,* KSI 2009, 115, 117.

sein. Darüber hinaus sind Vereinbarungen über die Verjährungsdauer, den Beginn und die Unterbrechung der Verjährung bei Verträgen zwischen Unternehmern und Verbrauchern unzulässig.[128] Das Gesetz sieht drei Unterbrechungsgründe vor: die Anerkennung des Anspruchs durch den Schuldner,[129] die Einreichung eines Antrags bei Gericht einschließlich Eilanträgen und vor einem unzuständigen Gericht eingereichten Anträgen sowie wegen Verfahrensfehlern für nichtig erklärten Anträge[130] und Vollstreckungshandlungen.[131]

3. Verjährung bei Gesamtschulden

Die im deutschen Recht bestehende Gefahr, dass bei einem Rückgriff Ansprüche gegen ausgleichspflichtige Gesamtschuldner bereits verjährt sind, vermeidet das französische Recht dadurch, dass die Klage gegen einen Gesamtschuldner zur Unterbrechung der Verjährung (in der Terminologie des BGB also zum Neubeginn der Verjährung, § 212 BGB)[132] gegenüber allen anderen Gesamtschuldnern führt. So heißt es in der seit Juni 2008 gültigen Fassung des Art. 2245 Abs. 1 CC[133]:

„L'interpellation faite à l'un des débiteurs solidaires par une demande en justice ou par un acte d'exécution forcée ou la reconnaissance par le débiteur du droit de celui contre lequel il prescrivait interrompt le délai de prescription contre tous les autres, même contre leurs héritiers."[134]

Dementsprechend wirkt die Unterbrechung wegen Rechtsverfolgung im Verhältnis zum Primärschuldner gegenüber allen anderen Gesamtschuldnern bzw. gegenüber dem Hauptschuldner auch gegenüber dem gesamtschuldnerisch haftenden Bürgen.[135] Dies stellt eine Ausnahme von dem auch im französischen Recht ansonsten geltenden Grundsatz dar, dass sämtliche Hemmungs- und Unterbre-

---

[128] Art. L 137-1 de la Code de Consommation: „Par dérogation à l'article 2254 du code civil, les parties au contrat entre un professionnel et un consommateur ne peuvent, même d'un commun accord, ni modifier la durée de la prescription, ni ajouter aux causes de suspension ou d'interruption de celle-ci." Die Regelung ist nunmehr, seit 2016, (wortgleich) in Art. L 218-1 desselben Gesetzes enthalten. https://www.legifrance.gouv.fr/codes/id/LEGIARTI000032226897/2016-07-01/, zuletzt abgerufen am 18.07.2023.

[129] Vgl. § 212 Abs. 1 Nr. 1 BGB.

[130] Vgl. § 204 Abs. 1 Nr. 1 BGB; Art. 2241 CC.

[131] Vgl. § 212 Abs. 1 Nr. 2 BGB; *Hentel/App/Valenzuela*, KSI 2009, S. 115, 118.

[132] Vgl. § 217 BGB in der bis zum 31.12.2001 geltenden Fassung: „Wird die Verjährung unterbrochen, so kommt die bis zur Unterbrechung verstrichene Zeit nicht in Betracht; eine neue Verjährung kann erst nach Beendigung der Unterbrechung beginnen."

[133] *Endrös*, EU-Notizen 2008, S. 291–221, hier: S. 221, vgl. https://www.eba-avocats.com/de/voe/PHI20086genmodifizierteOrganismen.pdf, zuletzt abgerufen am 17.07.2023. Art. 2245 Abs. 2 und 3 CC betreffen erbrechtliche Situationen.

[134] Schweizerisches Institut für Rechtsvergleichung, Gutachten zum Recht der Verjährung in Deutschland, Frankreich, England und Dänemark 2011, S. 79.

[135] *Kleinschmidt*, RIW 2008, S. 590, 596.

chungsgründe ausschließlich im Verhältnis zu dem jeweiligen Schuldner gelten, der in Anspruch genommen wird. Daran wollte der Reformgesetzgeber nichts ändern.[136] Die Ausnahmebestimmung des Art. 2245 Abs. 1 CC gilt somit nur für den aufgrund der Zahlung an den gemeinsamen Gläubiger dem regressierenden Gesamtschuldner zustehenden Anspruch des Primärgläubigers, nicht jedoch für den Regressanspruch, der sich aus Auftrags- oder Geschäftsführungsrecht ergibt.[137] Hinsichtlich möglicher Ansprüche aus Auftrags- bzw. Geschäftsführungsrecht gilt die bereits oben erläuterte Regelverjährung.[138] Insoweit kann es wie im deutschen Recht zu einer vorzeitigen Verjährung kommen.

Insgesamt sind die Sondernorm des Art. 2245 Abs. 1 CC wie auch die Sondernorm im Schweizer Recht[139] ansprechende Ansätze. Insbesondere werden dadurch verjährungsrechtliche Probleme der Regressstörung vermieden, da im Falle der Rechtsverfolgung bereits im Außenverhältnis gegenüber dem Primärgläubiger ein Gleichlauf der Verjährung vorliegt.[140] Indes lassen sie sich nicht ohne Weiteres als Lösung in das deutsche Recht inkorporieren, zumal grundlegende Bedenken prozessualer Art dem entgegenstehen. Denn die Klagerhebung wirkt nach deutschem Rechtsverständnis nur unmittelbar gegenüber der beklagten Partei (formeller Parteibegriff),[141] vermag also keine Rechtshängigkeit gegenüber Personen bzw. Gesamtschuldnern, die formal keine Prozessparteien sind, herbeizuführen. Neben den prozessualen Bedenken gibt es aber auch materiellrechtliche Gründe, die der Übernahme einer solchen Regelung in deutsches Recht entgegenstehen. Zum einen ordnet § 425 Abs. 2 BGB ausdrücklich die Einzelwirkung von Verjährung sowie verjährungshemmenden Maßnahmen im Rahmen von Gesamtschuldverhältnissen an, weshalb eine Regelung wie im Schweizer und französischen Recht dem ausdrücklichen Willen des deutschen Gesetzgebers zuwiderlaufen würde.[142] Zum anderen soll der gem. § 426 Abs. 2 BGB übergehende Anspruch den Ausgleichsanpruch aus § 426 Abs. 1 BGB lediglich „bestärken“[143], würde aber wegen der aufgezeigten Verjährungsproblematik unter Umständen so zur einzigen Rückgriffsmöglichkeit des leistenden Gesamtschuldners. Da der Schuldner des gem. § 426 Abs. 2 BGB übergegangenen Anspruch gem. §§ 412, 404 BGB seine Einreden auch gegenüber dem leistenden Gesamtschulder behält,[144] führt eine solche Norm nicht zu einem gesicherten Rückgriffsanspruch, wie diesen § 426 Abs. 1 BGB bietet. Demgemäß scheidet

---

[136] Ebd.

[137] Ebd. m.w.N.

[138] Vgl. oben unter § 5 III. 2.

[139] Vgl. oben unter § 5 II. 3.

[140] *S. Meier,* AcP 211 (2011), 435, 461 m.w.N.

[141] BGHZ 80, 104.

[142] Vgl. nur *Heinemeyer,* in: Münch. Komm. BGB, 8. Aufl. 2019, § 425, Rn. 2, 18 ff. m w N.

[143] *Heinemeyer*, a.a.O., § 426, Rn. 48; Zur bestärkenden Funktion der Legalzession siehe auch unter § 6 III. 2., 3. und 4.

[144] Vgl. oben unter § 1 III. 2.

eine Übernahme einer entsprechenden Regelung in das deutsche Recht zur Lösung der in dieser Arbeit thematisierten Problematik aus.

IV. EU-Rechtsharmonisierung

Die Europäische Union wirkt, insbesondere durch Richtlinien, zunehmend auf das Privatrecht der einzelnen Mitgliedstaaten ein. Gleichwohl gelten die jeweiligen nationalen Privatrechtsnormen nach wie vor weiter. Eine übergreifende Methodik ist nicht erkennbar.[145] Demnach erweist sich das Recht der Mitgliedstaaten geradezu als eine Art „Flickenteppich", bestehend aus Normen nationalen Ursprungs und Regeln, die sich partiell mit Regeln des EU-Rechts überlappen. Allerdings hat das Europäische Parlament in den Entschließungen von 1989[146], 1994[147] und 2001[148] schon vor geraumer Zeit Schritte zur Ausarbeitung eines einheitlichen Europäischen Zivilgesetzbuchs unternommen.[149] Dabei stellte sich zunächst die Frage, ob eine Vollharmonisierung möglich und sinnvoll sei, die eine Anpassung bzw. Angleichung sämtlicher Bereiche des Zivilrechts erfassen solle, und welche Regelungen sich letztlich durchsetzen sollten.[150] Inzwischen hat sich die Erkenntnis durchgesetzt, dass trotz der umfassenden wirtschaftlichen Verflechtungen im EU-Binnenmarkt und der in anderen Rechtsbereichen weitgehend vollzogenen Rechtsharmonisierung eine Komplettangleichung der nationalen Zivilrechtsordnungen bzw. die Schaffung von etwas gänzlich Neuem, eines Europäischen Zivilgesetzbuchs, nur schwierig möglich ist[151] und letztlich sehr viel mehr Zeit in Anspruch nehmen wird als ursprünglich angenommen.[152]

[145] *Stürner,* JURA 2016, 1133–1141, https://www.degruyter.com/document/doi/10.1515/jura-2016-0228/html, zuletzt abgerufen am 17.07.2023.

[146] Entschließung des Europäischen Parlaments vom 26.05.1989 zu den Bemühungen um eine Angleichung des Privatrechts der Mitgliedstaaten, ABl. 1989 C 158/400; RabelsZ 56 (1992), 320, 320 ff. Vgl. dazu auch *Tilmann*, ZEuP 1993, 613, 613.

[147] Entschließung des Europäischen Parlaments vom 06.05.1994 zur Angleichung bestimmter Bereiche des Privatrechts der Mitgliedsstaaten, ABl. 1994 C 205/518.

[148] Entschließung des Europäischen Parlaments vom 15.11.2001 zur Annäherung des Zivil- und Handelsrechts der Mitgliedsstaaten, ABl. 2002 C 140/538.

[149] Eine genaue Darstellung zu den einzelnen Entschließungen findet sich in *Remien*, Zwingendes Vertragsrecht und Grundfreiheiten des EG-Vertrages, S. 75 ff.

[150] Einen Überblick und eine Darstellung der europäischen Harmonisierungsbestrebungen bieten *Fikentscher/Heinemann*, Schuldrecht, 12. Aufl. 2022, § 2 IV und V.

[151] *Stadler*, Gestaltungsfreiheit und Verkehrsschutz durch Abstraktion, S. 740; *Schmidt-Kessel*, in: Basedow/Hopt/Zimmermann (Hrsg.), Handwörterbuch des Europäischen Privatrechts, Bd. 1, 554.

[152] *Wietzorek*, StudZR 2006, 91, 119.

1. Principles of European Contract Law

Als Erstes wurde auf Initiative des dänischen Professors *Ole Lando*[153] im Jahre 1982 eine Kommission für Europäisches Vertragsrecht (*Commission on European Contract Law*), die sog. Lando-Kommission, gebildet. Sie unternahm den Versuch, aus den nationalen Regeln der jeweiligen Vertragsrechte Basisregeln für ein gesamteuropäisches Vertragsrecht abzuleiten.[154] Die Ergebnisse wurden in drei Teilen bis 2003 in den *Grundregeln des Europäischen Vertragsrechts* (*Principles of European Contract Law = PECL*) zusammengefasst.[155] Der erste von 1982 bis 1995 entstandene Teil behandelt im Wesentlichen Fragen der Leistungserbringung sowie der Nichterfüllung und Rechtsbehelfe für den Fall der Nichterfüllung sowie bestimmte Problemkreise allgemeiner Art. Der zweite Teil entstand von 1992 bis 1999 und umfasst das Recht des Vertragsschlusses, die Vollmacht von Vertretern sowie die Gültigkeit und Wirksamkeit von Verträgen. Der dritte Teil – entstanden von 1997 bis 2002 – regelt die Mehrheit von Parteien, d.h. Schuldner- und Gläubigermehrheiten, und damit auch die Gesamtschuld, die Abtretung, Schuld- und Vertragsübernahme, Aufrechnung, Verjährungsfragen, Rechtswidrigkeit, Bedingungen und Kapitalisierung von Zinsen.[156]

Die *PECL* helfen dem Gesetzgeber, den Gerichten und der Rechtswissenschaft bei der Fortbildung, Ergänzung und Auslegung nationaler Vertragsregeln.[157]

Art. 10:106 Abs. 1 PECL bestimmt Folgendes:

---

[153] *Remien*, ZVglRWiss 87 (1988), 105, 118.

[154] Dazu ausführlich *Zimmermann*, Principles of European Contract Law, HWB-EuP, Bd. 2, 1177, 1177; *O. Meyer,* Principles of Contract Law und nationales Vertragsrecht, S. 94 ff.; Remien weist 1988 darauf hin, „dass mit der Schaffung eines europäischen Vertragsrechts eine europäische juristische Identität wiederbelebt [wird], die vor bald 200 Jahren, wenn nicht untergegangen, so doch in den Hintergrund getreten ist", *Remien*, ZVglRWiss 87 (1988), 105, 117.

[155] *Lando/Beale*, Principles of European Contract Law I and II; *Lando/Clive/Prüm/Zimmermann*, Principles of European Contract Law III – deutsche Fassung bei *Bar/Zimmermann*, Grundregeln, Teil I und II sowie Teil III.

[156] *Zimmermann*, Principles of European Contract Law, HWB-EuP, Bd. 2, 1177 f.

[157] Vgl. General Provisions of the Principles of European Contract Law sowie beispielhaft *Basedow*, Europäische Vertragsrechtsvereinheitlichung und deutsches Recht; *Prieto*, Regards croisés sur les Principes du Droit Européen du Contrat et sur le droit français; *Busch/Hondius/van Kooten/Schelhaas/Schrama*, The PECL and Dutch Law: A Commentary I and II; *Busch*, ZEuP 2008, 549; *Antoniolli/Veneziano*, The PECL and Italian Law; *Vendrell Cervantes*, ZEuP 2008, 534; vgl. ferner *Hartkamp u.a.*, Towards a European Civil Code: Auch die in diesem Sammelband abgedruckten Aufsätze beurteilen, soweit sie das Vertragsrecht betreffen, durchweg die PECL als Inspirationsquelle, die von Gesetzgebung, Rechtsprechung und Rechtswissenschaft im Zuge der Europäisierung der nationalen Rechte berücksichtigt werden sollten.

„(1) A solidary debtor who has performed more than that debtor's share may claim the excess from any of the other debtors to the extent of each debtor's unperformed share, together with a share of any costs reasonably incurred.“

Die Verjährung eines Anspruchs wird nicht von Amts wegen, sondern nur beachtet, wenn sich der Schuldner auf sie ausdrücklich beruft (Art. 14:501 PECL, Anm. 1).[158] Zur Verjährung der Regressansprüche unter Gesamtschuldnern (Prescription in Solidary Obligations) bestimmt Art. 10: 110 PECL:

„Prescription of the creditor's right to performance („claim“) against one solidary debtor does not affect:
(a) the liability to the creditor of the other solidary debtors; or
(b) the rights of recourse between the solidary debtors under Article 10:106.“

Weder die *PECL*, der Gemeinsame Referenzrahmen (*Draft Common Frame of Reference, DCFR*)[159] und die *UNIDROIT*-[160]Grundregeln für Internationale Handelsverträge (*Principles of international commercial contracts, PICC*)[161] noch die meisten nationalen Zivilrechtsordnungen enthalten Regeln über einen zwischen den Gesamtschuldnern bestehenden Mitwirkungs- und Befreiungsanspruch. Sie haben bewusst davon abgesehen, vor der Zahlung durch den Regressschuldner an den Primärgläubiger irgendwelche wie auch immer gearteten Pflichten der Gesamtschuldner anzunehmen.[162] Damit haben sie die deutsche Auffassung eines zwischen den Gesamtschuldnern bestehenden gesetzlichen Schuldverhältnisses,[163] das wechselseitige Zahlungspflichten auslöst, verworfen.[164] Demnach soll ausschließlich ein Vertragsverhältnis ausschlaggebend dafür sein, ob Zinsen geschuldet sind, ob Gesamtschuldner bei Inanspruchnahme durch den Primärgläubiger von anderen Mitschuldnern Mitwirkung verlangen können und ob durch verweigerte Mitwirkung entstandene Schäden vom sich widersetzenden Gesamtschuldner ersetzt verlangt werden können.[165]

Demnach entscheidet ausschließlich ein Vertragsverhältnis zwischen den Gesamtschuldnern darüber, wie das Innenverhältnis zwischen den Parteien letztlich

---

[158] *Lando/Clive/Prüm/Zimmermann*, Principles of European Contract Law III – deutsche Fassung bei *Bar/Zimmermann*, Grundregeln, Teil III.

[159] Dazu nachfolgend unter 2.

[160] Institut international pour l'unification du droit privé. Das ist eine 1926 vom Völkerbund gegründete internationale Organisation mit Sitz in Rom, die sich mit der Vereinheitlichung des Privatrechts im internationalen Rahmen befasst.

[161] Vgl. dazu instruktiv: *O. Meyer,* Principles of Contract Law und nationales Vertragsrecht, S. 75 ff.

[162] *Lando/Clive/Prüm/Zimmermann*, Principles of European Contract Law III, Art. 10:106, Comment A; *Bar/Clive*, Principles, Definitions and Model Rules of European Private Law, Draft Common Frame of Reference (DCFR), Art. III.–4:107, Comment A.

[163] *Grüneberg*, in: Grüneberg, 81. Aufl. 2022, § 428, Rn. 1.

[164] *S. Meier,* AcP 211 (2011), 435, 448.

[165] *S. Meier*, in: Jansen/Zimmermann, Commentaries on European Contract Laws, Art. 10:106, Rn. 5.

ausgestaltet ist. Das bedeutet: Vor der Zahlung an den Gläubiger besteht kein Rechtsverhältnis zwischen den Parteien und kein Mitwirkungsanspruch. Demzufolge beginnt die Verjährung des Regressanspruchs auch erst mit der Zahlung an den Gläubiger.

2. *Draft Common Frame of Reference*

Im Jahr 2003 initiierte die EU-Kommission die Ausarbeitung eines „Gemeinsamen Referenzrahmens" (*Common Frame of Reference*), um ein gemeinsames Europäisches Vertragsrecht vorzubereiten.[166] Dieser Referenzrahmen sollte nicht nur den sog. Acquis communautaire, sondern auch den Acquis commun berücksichtigen, also die gemeinsamen Regeln der nationalen Vertragsrechtsordnungen[167] und insbesondere die der *PECL*. Beteiligt an der Ausarbeitung dieses „Gemeinsamen Referenzrahmens" war wiederum eine Gemeinschaft von Wissenschaftlern. Unter diesen befanden sich teilweise Mitglieder der *Research Group on* the *Existing EC Private Law* (sog. Acquis Gruppe),[168] die sich schon dem Acquis communautaire gewidmet hatte, teilweise aber auch Wissenschaftler der *Study Group on a European Civil Code (SGECC)*, die sich u.a. auf die *PECL* stützte.[169] Die Gruppe hatte das Ziel, an die *PECL* anschließend sowohl Prinzipien eines Europäischen Vertragsrechts als auch des gesamten Obligationenrechts sowie einzelner Gebiete des Sachenrechts zu entwickeln. Ergebnis war im Jahre 2009 der *Draft Common Frame of Reference (DCFR)*,[170] der Entwurf eines gemeinsamen Referenzrahmens. Zwar wurde die Absicht, ein für die gesamte EU geltendes Europäisches Zivilgesetzbuch zu schaffen, mittlerweile aufgegeben.[171] Dennoch könnte es sein, dass der zehn Bücher umfassende Entwurf einer solchen Kodifikation im Mittelpunkt weiterer Harmonisierungsbestrebungen auf dem Gebiet des Zivilrechts steht und im weiteren Diskurs über die Ausgestaltung des europäischen Privatrechts eine wichtige Rolle spielen könnte.[172] Der *DCFR* besteht aus mehreren Büchern.[173] *Sedes materiae* für die hier anstehenden Fragen ist

---

[166] *Zimmermann,* Common Frame of Reference, HWB-EuP, Bd. 1, 276.

[167] Zur Unterscheidung vgl. *Jansen*, Europäisches Privatrecht, HWB-EuP, Bd. 1, 548–551.

[168] *Grigoleit/Tomasic*: Acquis Principles, HWB-EuP, Bd. 1, 2011, 13.

[169] Vgl. ausführlich *M. Schmidt-Kessel,* Study Group on a European Civil Code, HWB-EuP, Bd. 2, 1453 ff.

[170] *Zimmermann,* Common Frame of Reference, HWB-EuP, Bd. 1, 276; An diesem Entwurf arbeiteten mehr als 150 Wissenschaftler mit vgl. *Grüneberg*, in: Grüneberg, 81. Aufl. 2022, Einl., Rn. 33 m.w.N.; *Doralt,* AcP 211 (2011), 1, 1 ff.; *Eidenmüller/Faust/Grigoleit/Wagner/Zimmermann,* JZ 2008, 529, 529 ff.; *Zimmermann/Jansen,* NJW 2009, 3401, 3401 ff.

[171] *Schmidt-Kessel,* Europäisches Zivilgesetzbuch, HWB EuP, Bd. 1.

[172] *Zimmermann,* Common Frame of Reference, HWB EuP, Bd. 1, 2011, 277.

[173] So auch *Eidenmüller/Faust/Grigoleit/Wagner,* JZ 2008, 529, 531. Ein dem Allgemeinen Teil des BGB ähnlicher Teil ist in Buch I zu finden. Die Bücher II und III enthalten die Materien, die nach deutschem Verständnis als Rechtsgeschäftslehre und/oder Allgemeines

das Buch III. Dieses regelt neben der Erfüllung (einschließlich der Erfüllungssurrogate), Rechtsbehelfen bei Nichterfüllung, der Abtretung, der Schuld- und Vertragsübernahme sowie der Aufrechnung und Verjährung. das Recht der Schuldner- und Gläubigermehrheiten.[174] Mit der Gesamtschuldnerschaft befasst sich Kapitel 4 (Mehrheit von Schuldnern und Gläubigern),[175] und zwar die Artt. III-4:101 bis 4:112.[176]

Art. III-4:102 enthält Definitionen der Rechtsbegriffe Gesamtschuld, Teilschuld und gemeinschaftliche Schuld.[177] Die Begriffsbestimmung der Gesamtschuld entspricht dabei § 421 BGB. Art. III-4:106 regelt, dass Gesamtschuldner im Verhältnis zueinander zu gleichen Anteilen verpflichtet sind. Bei einer Haftung aus Delikt gilt im Grundsatz eine Regelung wie in den §§ 840 Abs. 1, 426 Abs. 1 S. 1 BGB.[178] Der Ausgleich unter Gesamtschuldnern wird in Art. III-4:107 DCFR geregelt. Ein Rückgriffsanspruch besteht für den Überschuss, also soweit ein Gesamtschuldner mehr als den auf ihn entfallenden Anteil geleistet hat. Er kann von den anderen Gesamtschuldnern Leistung in Höhe des jeweils von ihnen geschuldeten Anteils verlangen, einschließlich eines Anteils der vernünftiger-

Schuldrecht bezeichnet werden. Das Buch II enthält insbesondere Bestimmungen über den Vertragsschluss, die Stellvertretung, die Gültigkeit von Verträgen, insbesondere zum Dissens, zur Gesetzes- und Sittenwidrigkeit sowie zur Auslegung und zu Inhalt und Wirkungen von Verträgen. Die Bücher IV bis VII umfassen, ähnlich dem BGB, die als besonderes Schuldrecht zu bezeichnenden Normen nebst dem Delikts- und Bereicherungsrecht in den Büchern VI und VII. Das Buch IV enthält insbesondere detaillierte Regelungen zu den einzelnen Vertragstypen wie Kauf, Miete beweglicher Sachen, Schenkung, Bürgschaft etc. Buch VIII behandelt Eigentumsverlust und -erwerb an beweglichen Sachen, die Bücher IX und X beschäftigen sich mit Kreditsicherheiten und Treuhand. Das gesamte Immobiliarsachenrecht wurde nicht geregelt; *Stadler,* JZ 2010, 380, 381

[174] *Ernst*, AcP (208) 2008, 248, 250.

[175] Abschnitt 1: Mehrheit von Schuldnern und Gläubigern (Section 1: Plurality of debtors).

[176] Eine deutsche Übersetzung findet sich bei *Schulte-Nölke*, Grundsätze, Begriffe und Modellregeln des Europäischen Privatrechts. Entwurf eines Gemeinsamen Referenzrahmens (DCFR), 2010/11. https://www.elsi.uni-osnabrueck.de/fileadmin/documents/public/hsn/DCFR_%C3%9Cbersetzung_f%C3%BCr_Internet.pdf, zuletzt abgerufen am 21.07.2023.

[177] „1) Eine Schuld ist gesamtschuldnerisch, wenn jeder Schuldner zur Erfüllung der gesamten Schuld verpflichtet ist und der Gläubiger von jedem Erfüllung verlangen kann, bis die Erfüllung vollständig bewirkt ist. (2) Eine Schuld ist teilschuldnerisch, wenn jeder Schuldner nur zur Erfüllung eines Teils der Schuld verpflichtet

ist und der Gläubiger von jedem Schuldner nur den auf diesen entfallenden Teil verlangen kann. (3) Eine Schuld ist gemeinschaftlich, wenn die Schuldner verpflichtet sind, sie gemeinschaftlich zu erfüllen und der Gläubiger die Erfüllung nur von ihnen allen gemeinsam verlangen kann."

[178] Art. III-4.106 Abs. 2 DCRF: „(2) Haften zwei oder mehr Schuldner gesamtschuldnerisch für denselben Schaden, haften sie im Verhältnis zueinander zu gleichen Anteilen, es sei denn, dass andere Anteile nach den Umständen des Einzelfalles, insbesondere in Bezug auf ein für den Eintritt oder die Folgen eines Schadens verantwortliches Verschulden, oder wegen der Verantwortlichkeit für eine Gefahrenquelle, angemessener sind."

weise angefallenen Kosten.[179] Dabei ist Art. III-4:107 DCFR nahezu identisch mit der Regelung des Art. 10:106 der PECL.[180] Urteile des Gläubigers gegenüber einem Gesamtschuldner wirken ausschließlich gegenüber dem beklagten Gesamtschuldner und nicht gegenüber den anderen Gesamtschuldnern (Art. III-4:110 Abs. 1 a) DCFR) und berühren gem. Art. III-4:110 Abs. 1 b) DCFR nicht „die Ausgleichsansprüche nach III-4:107 (Ausgleich zwischen Gesamtschuldnern) zwischen den Gesamtschuldnern."

Das Verjährungsrecht des *DCFR* ist in den Artt. III.-7:101 bis III.-7:601 geregelt. Die Regelverjährungsfrist beträgt drei Jahre (Art. III.-7:201 DCFR).[181] Die Verjährungsfrist beginnt nur zu laufen, wenn der Gläubiger sein Forderungsrecht (positiv) kennt bzw. fahrlässig nicht kennt (kennen müsste, Art. III.-7:301). Die Höchstfrist, über die hinaus die Verjährung nicht verlängert werden kann, beläuft sich grundsätzlich auf zehn Jahre. Insgesamt handelt es sich somit um die Kombination einer kurzen, kenntnisabhängigen Verjährung, ergänzt durch eine kenntnisunabhängige Maximalfrist.[182] Die Verfasser des *DCFR* haben das Verjährungsrecht mit ganz wenigen Änderungen aus den *PECL* entwickelt. Anders als bei den *PECL* stand nunmehr aber explizit das Ziel im Vordergrund, das entstehende Regelwerk mit dem Acquis communautaire, dem positiven (primären und sekundären) Unionsrecht und der EuGH-Judikatur[183] abzugleichen.[184] Das Verjährungsrecht des *DCFR* weicht in folgenden Punkten von den *PECL* ab:

1. Abgesehen davon, dass in den *PECL* der Gegenstand der Verjährung als claim („Anspruch") und als right to performance of an obligation („Recht, Erfüllung einer Verpflichtung zu verlangen") definiert wurde und der Terminus „claim" im *DCFR*, ohne dass damit inhaltlich eine Änderung erfolgt ist, nicht mehr verwendet wird, erstreckte sich die Hemmung durch gerichtliche Anspruchsverfolgung in den *PECL* auf „iudicial proceedings, arbitration and [to] all other proceedings initiated with the aim of obtaining an instrument which is

[179] Art. III-4:107 Abs. 1 DCFR. Vgl. auch Art. III-4.107 Abs. 2 und DCFR: „(2) Ein nach Absatz (1) ausgleichsberechtigter Gesamtschuldner kann auch, vorbehaltlich vorrangiger Rechte und Interessen des Gläubigers, die Rechte und Rechtsbehelfe des Gläubigers, einschließlich der dazugehörigen Sicherungsrechte, geltend machen, um von jedem anderen Schuldner Ausgleich in Höhe seines jeweils ausstehenden Anteils auf den Überschuss zu erlangen. (3) Ist ein Gesamtschuldner, der mehr als den auf ihn entfallenden Anteil geleistet hat, trotz aller zumutbaren Anstrengungen nicht in der Lage, von einem anderen Gesamtschuldner Ausgleich zu erlangen, erhöht sich der Anteil der anderen Schuldner, einschließlich dessen, der geleistet hat, anteilig."

[180] S. hierzu auch Vergleich bei *S. Meier*, AcP 211 (2011), 435, 447.

[181] Neben dieser Regelfrist gibt es überhaupt nur eine andere, „irreguläre" prescription period von zehn Jahren, und zwar die für den durch rechtskräftiges Urteil titulierten Anspruch (Art. III.-7:202), *Ernst*, Verjährungsrecht des (D)CFR, HWB-EuP, 68.

[182] Ebd.

[183] *Jansen*, Europäisches Privatrecht, HWB-EuP, Bd. 1, 550.

[184] *Ernst*, Verjährungsrecht des (D)CFR, HWB-EuP, 69.

enforceable as if it were a judgment". Im *DCFR* wurden auch „mediation proceedings whereby an issue between two parties is referred to a third party for a binding decision and to all other proceedings initiated with the aim of obtaining a decision relating to the right" erfasst.[185]

2. Der *DCFR* berücksichtigt wie die *PECL* die Konstellation der höheren Gewalt, die den Gläubiger an der Rechtsverfolgung hindert. In den *PECL* wurde die Hemmung nur durch Hindernisse innerhalb der letzten sechs Monate ausgelöst. Der *DCFR* räumt dem Gläubiger eine Frist von sechs Monaten nach Fortfall des Hindernisses zur Rechtsverfolgung ein.[186]

Nach Art. III.–7: 601 DCFR sind Vereinbarungen zur Verjährung zulässig. Jedoch darf die Mindestverjährungsfrist von einem Jahr nicht unter- und die Höchstfrist von 30 Jahren nicht überschritten werden.[187]

Zur Situation bei Gesamtschulden bzw. unterschiedlichen Verjährungsfristen (Art. III-4:111)[188] bestimmt Art. III-4:111 in Übereinstimmung mit Art. 10:106 PECL:[189]

> „Die Verjährung des Anspruchs des Gläubigers gegen einen der Gesamtschuldner berührt nicht
> (a) die Haftung der anderen Gesamtschuldner gegenüber dem Gläubiger oder
> (b) die Ausgleichsansprüche nach III.–4:107 (Ausgleich zwischen Gesamtschuldnern) zwischen den Gesamtschuldnern."

Der an den Primärgläubiger leistende rückgriffsberechtigte Gesamtschuldner hat in der Regel einen vertraglichen Rückgriffsanspruch aus Gesellschafts- oder Auftragsrecht. Dabei spiegelt der gesetzlich vorgesehene Gesamtschuldrückgriff lediglich das interne vertragliche Innenverhältnis wider. Dies entspricht der Rechtsauffassung in den meisten europäischen Staaten.[190] Maßgeblich für den Regress ist daher das rechtsgeschäftliche Innenverhältnis.[191]

Der Ansatz der deutschen Lehre, wonach sich bereits mit Begründung des Gesamtschuldverhältnisses aus dem Gesamtschuldverhältnis selbst ein An-

---

[185] Ebd.

[186] Ebd. Weder PECL noch CFR enthalten eine Sonderregelung für Ansprüche aufgrund sexuellen Missbrauchs. Der DCFR eröffnet aber die Möglichkeit, in diesen (und in anderen) Fällen den Eintritt der Verjährung zu verzögern; vgl. *Ernst*, Verjährungsrecht des (D)CFR, HWB-EuP, 70.

[187] *Ernst*, a.a.O., 90.

[188] „Die Verjährung des Anspruchs des Gläubigers gegen einen der Gesamtschuldner berührt nicht (a) die Haftung der anderen Gesamtschuldner gegenüber dem Gläubiger oder (b) die Ausgleichsansprüche nach III-4:107 (Ausgleich zwischen Gesamtschuldnern) zwischen den Gesamtschuldnern."

[189] *Schulte-Nölke*, Grundsätze, Begriffe und Modellregeln des Europäischen Privatrechts. Entwurf eines Gemeinsamen Referenzrahmens (DCFR), 2010/11. https://www.elsi.uni-osnabrueck.de/fileadmin/documents/public/hsn/DCFR_%C3%9Cbersetzung_f%C3%BCr_Internet.pdf, zuletzt abgerufen am 21.07.2023.

[190] *S. Meier*, AcP 211 (2011), 435, 448 Fn. 50 m.w.N.

[191] *S. Meier*, a.a.O., S. 449.

spruch ergibt, der zunächst auf Mitwirkung und Befreiung und nach Zahlung auf Ausgleich gerichtet ist, weicht hiervon ab. Durchgesetzt haben sich daher Auffassungen, wie sie auch im österreichischen, schweizerischen und französischen Recht vertreten werden.[192] Dadurch wird bei rechtsgeschäftlich vereinbarten Gesamtschulden ein Nebeneinander verschiedener Verjährungsfristen vermieden.[193]

V. Zusammenfassung

Allen dargestellten Rechtsordnungen ist gemein, dass sie einen allein aufgrund der gesamtschuldnerischen Haftung beruhenden Mitwirkungsanspruch, so wie es das deutsche Recht in § 426 Abs. 1 BGB vorsieht, nicht kennen. Maßgeblich für die Verjährung ist das zwischen den Gesamtschuldnern bestehende besondere Rechtsverhältnis, sei es ein Kauf-, Auftrags- oder Gesellschaftsvertrag etc. Fehlt es an einer internen Vertragsbindung, verjährt der Regressanspruch, wie früher nach deutschem Recht, im österreichischen Recht in dreißig Jahren. Nur im Falle einer *Cessio legis* wird in der Regel auf die Verjährungsfrist des übergegangenen Gläubigeranspruchs abgestellt.[194] Auch im österreichischen Recht besteht die Gefahr, dass diese Verjährungsfrist bei sukzessiver Inanspruchnahme vor der Geltendmachung des letzten Regressanspruchs endet. Auch dort wird die Verjährungshemmung als Lösungsansatz gewählt.

Das Schweizer Recht stellt für den Beginn der Verjährung des Regressanspruchs auf die Entstehung des Regressanspruchs und die Kenntnis der Mitschuldner ab und sieht eine dreijährige Verjährungsfrist vor.[195] Der Regressanspruch entsteht jedoch erst mit Zahlung des rückgriffsberechtigten Solidarschuldners an den Primärgläubiger. Der Schweizer Gesetzgeber hat hier neuerdings eine klare Regelung geschaffen, die die Diskussionen um Beginn und Länge der Verjährung des selbstständigen Regressanspruchs beendet hat und den Regressgläubiger ausreichend vor einer vorzeitigen Verjährung schützt. Ferner sieht das Schweizer Recht ebenfalls einen gesetzlichen Übergang der Gläubigerforderung vor, deren Verjährungsfrist weiterläuft.

Das schweizer und das französische Recht enthalten jeweils eine Sonderregel, als dass die Unterbrechung der Verjährung gegenüber einem Gesamtschuldner zur Unterbrechung der Verjährung des Anspruchs des Primärgläubigers gegenüber sämtlichen Gesamtschuldnern führt (Art. 2245 Abs. 1 CC, Art. 136 Abs. 1 OR). Dieser Ansatz ist grundsätzlich geeignet viele Probleme zu vermeiden, die im deutschen und im österreichischen Recht auftreten. Dass er im vorliegenden Kontext als Lösungsvorlage ausscheidet, wurde dargetan.[196] Das französische

[192] S.o. unter § 5 I.; II.; III.
[193] *S. Meier,* AcP 211 (2011), S. 449; S. *Meier,* Gesamtschulden, S. 295 ff., 322 ff., 329 ff.
[194] Vgl. § 5 I. 3., § 5 II. 3. und § 5 III. 3.
[195] Vgl. oben § 5 II. 3.
[196] Vgl. oben § 5 II. 3. und § 5 III. 3.

Recht kennt keine eigenständige Regelung des Regressanspruchs, sondern zieht das Auftrags- bzw. Geschäftsführungsrecht heran. Für diese Ansprüche gilt die Sondernorm des Art. 2245 Abs. 1 CC hingegen nicht und sie verjähren nach der regelmäßigen Verjährungsfrist.

Auch der *DCFR* sieht eine derartige Erstreckung der Klagwirkung nicht vor. In den *PECL* entscheidet das Vertragsverhältnis zum Primärgläubiger darüber, wie das Innenverhältnis zwischen den Parteien letztlich ausgestaltet ist. Vor Zahlung an den Gläubiger besteht zwischen den Gesamtschuldnern weder ein Vertragsverhältnis noch ein Mitwirkungsanspruch. Die Verjährungsfrist des Regressanspruchs beginnt wie im Schweizer Recht mit Zahlung an den Primärgläubiger. Auch im *DCFR* wirken Urteile des Gläubigers gegenüber einem Gesamtschuldner ausschließlich gegenüber diesem.

Maßgeblich für den Regress ist in sämtlichen betrachteten Rechtsordnungen das rechtsgeschäftliche Innenverhältnis. Das Konzept, dass im Rahmen der Gesamtschuld ein (zusätzlicher) interner Ausgleichsanspruch sowie ein Mitwirkungsanspruch besteht, vertritt nur das deutsche Recht. Vor diesem Hintergrund und angesichts der Problematik einer vorzeitigen Verjährung des Ausgleichsanspruchs erscheint eine Angleichung im Hinblick auf den Verjährungsbeginn des Ausgleichsanspruchs nach Zahlung an den Gläubiger an die Konzeption anderer Rechte im deutschen Recht rechtspolitisch *de lege ferenda* wünschenswert.[197] Auch spricht dies für die Aufgabe der BGH-Auffassung von einem einheitlichen Verjährungsbeginn von Mitwirkungs-, Befreiungs- und Zahlungsanspruch, was jedoch gerade nicht zu einer Aufgabe des Mitwirkungs- und Befreiungsanspruchs führen soll.

---

[197] *Herrmann,* Verjährung, Verjährungsbeginn und Regress bei Bürgschaft und Gesamtschuld, S. 204.

3. Kapitel

Mitwirkung, Verjährungsbeginn bei Zahlung und andere Ansätze

§ 6

Mitwirkungspflichten im Rahmen von § 426 BGB

In diesem Paragraphen erfolgt eine Auseinandersetzung mit Stimmen in der Literatur, die im Gleichlauf mit anderen Rechtsordnungen einen generellen Mitwirkungsanspruch ablehnen. Darüber hinaus soll der Frage nachgegangen werden, ob dem in dieser Arbeit untersuchten Verjährungsproblem durch Annahme eines späteren Entstehungszeitpunkts und somit auch Verjährungsbeginn des Mitwirkungsanspruchs begegnet werden kann.

Wie dargestellt[1] können neben dem Anspruch aus 426 Abs. 1 BGB und den nach § 426 Abs. 2 BGB übergegangenen Ansprüchen weitere Ansprüche, die ihre Grundlage außerhalb der Gesamtschuld haben, etwa aus Auftrag gem. §§ 662 ff. BGB, aus Geschäftsführung ohne Auftrag gem. §§ 677 ff. BGB, aus Gesellschaft gem. § 705 ff. BGB oder aus ungerechtfertigter Bereicherung gem. §§ 812 ff. BGB bestehen.[2]

I. Darstellung des Streitstands

Die soeben genannten Ansprüche stehen nach ganz herrschender Meinung in Anspruchskonkurrenz zueinander.[3] In diesem Zusammenhang wurde gerade in den letzten Jahren die Frage des inhaltlichen und zeitlichen Anwendungsbereichs des Gesamtschuldnerregresses nach § 426 BGB untersucht.[4] Auf der einen Seite wird die Frage aufgeworfen, ob § 426 Abs. 1 BGB bereits vor der Leistung an den Gläubiger durch einen der Gesamtschuldner einen Anspruch in Form eines Mitwirkungs- und Befreiungsanspruchs begründet. Auf der anderen Seite wird das Verhältnis zwischen § 426 Abs. 1 BGB und § 426 Abs. 2 BGB kritisch hinterfragt. Für den Standpunkt der herrschenden Lehre wird auf die bisherigen Ausführungen verwiesen.[5]

---

[1] Vgl. oben Einl. I.

[2] Vgl. *Heinemeyer,* in: Münch. Komm. BGB, 8. Aufl. 2019, § 426, Rn. 30; *Looschelders,* in: Staudinger, Kommentar zum BGB, Neubearbeitung 2017, § 426, Rn. 6; *Gehrlein,* in: BeckOK BGB, 53. Ed. (Stand: 01.02.2020), § 426, Rn. 1; *Ehmann*, Die Gesamtschuld, S. 108.

[3] *Looschelders,* a.a.O., § 426 BGB, Rn. 6; *Selb*, Mehrheiten von Gläubigern und Schuldnern, S. 95 f.; *Ehmann*, AcP 211 (2011), 491, 516.

[4] Vgl. dazu nachfolgend unter II.

[5] Vgl. oben § 1 III.

II. Kritik

Im Schrifttum wird kontrovers darüber diskutiert, ob §426 Abs. 1 BGB überhaupt Mitwirkungs- und Befreiungsansprüche begründet.[6] So hat sich *Sonja Meier* in ihrer Habilitationsschrift insoweit für ein eher restriktives Verständnis der Norm ausgesprochen.[7] Es bestehe keine Notwendigkeit, §426 Abs. 1 BGB heranzuziehen, wenn sich aus dem Innenverhältnis der Gesamtschuldner bereits ein vertraglicher Rückgriffsanspruch ergebe. Die Heranziehung dieser Norm sei sogar schädlich, weil die Anspruchsgrundlage ohne Not verdoppelt werde und Regressrechte auch dann angenommen werden, wenn sie nach dem Innenverhältnis, etwa wegen Verjährung, nicht bestehen.[8] §426 Abs. 1 BGB erlange nur dann eigenständige Bedeutung für den Regress der vertraglich verpflichteten Gesamtschuldner, wenn ein nichtiges oder gar kein Innenverhältnis vorliegt.[9] Danach ergäben sich keine unmittelbar aus §426 Abs. 1 BGB und somit aus der Gesamtschuld folgenden Mitwirkungsansprüche für die Gesamtschuldner.[10] Darüber hinaus könne auch nicht zwingend davon ausgegangen werden, dass zwischen den Gesamtschuldnern Befreiungsansprüche bestünden.[11] Ob Mitwirkungs- und Befreiungsansprüche gegeben seien, hänge im konkreten Einzelfall davon ab, ob es sich um vertraglich oder gesetzlich begründete Gesamtschulden handele und ein konkretes Innenverhältnis vorliege, auf das sich diese stützen ließen.[12] Zur Begründung wird weiter vorgebracht, dass die Annahme der herrschenden Lehre gerade nicht auf einer zweifelsfreien Analyse der Entstehungsgeschichte der Vorschriften bezüglich des Gesamtschuldnerausgleichs beruhe.[13] Ob der historische Gesetzgeber tatsächlich einen von der Frage der vertraglichen

---

[6] Vgl. *S. Meier*, in: HKK-BGB, §§420–432/I; Rn. 162; *Goette*, Gesamtschuldbegriff und Regressproblem, S. 128 ff.; *Winter*, Teilschuld, Gesamtschuld und unechte Gesamtschuld, S. 105 ff.; *v. Caemmerer*, ZfRV 9 (1968), 81, 84 ff.; *Denck*, JZ 1976, 669, 673 f.; *Selb*, Mehrheiten von Gläubigern und Schuldnern, S. 94; *Prediger*, NJW 1970, 125 ff.; *Kreße*, in: BeckOGK BGB, Stand: 01.03.2020, §426, Rn. 6 ff.

[7] Vgl. *S. Meier*, Gesamtschulden, S. 295 ff., 316 ff., 329 ff., 387 f., 627 ff., 638; zuvor auch schon *S. Meier*, in: HKK-BGB, §§420–432/I, Rn. 162 ff.

[8] *S. Meier*, Gesamtschulden, S. 387; vgl. auch *Keuck*, JZ 1972, 528, 530.

[9] *S. Meier*, a.a.O., S. 370 ff., 388.

[10] *S. Meier*, a.a.O., S. 316 ff., 387 f.; so auch *Prediger*, Zur Auslegung und Abwendung der Regelungen im BGB über die Gesamtschuld, S. 109 ff.

[11] *S. Meier*, a.a.O., S. 329 ff., 386, 387 f. 627 ff., 639, die konsequent zwischen vertraglich und gesetzlich begründeter Gesamtschuld unterscheidet; so auch schon *Winter*, Teilschuld, Gesamtschuld und unechte Gesamtschuld, S. 105 ff. und *Prediger*, a.a.O., S. 119 ff.

[12] *S. Meier*, a.a.O., S. 387 f., 601 ff., 627 ff., 1224 ff.; Annahme von Mitwirkungspflichten bei vertraglich begründeten Gesamtschulden: *v. Caemmerer*, ZfRV 9 (1968), 81, 84 ff.; *Denck*, JZ 1976, 669, 673 f.; *Prediger*, NJW 1970, 125, 127: grundsätzlich aber keine „Befreiungspflicht".

[13] *S. Meier*, a.a.O., S. 279 ff., 385 f., 387 f.; *S. Meier*, in: HKK-BGB, §§420–432/I, Rn. 165; *Winter*, Teilschuld, Gesamtschuld und unechte Gesamtschuld, S. 72 ff.; *Goette*, Gesamtschuldbegriff und Regressproblem, S. 128 ff.

oder gesetzlichen Entstehung der Gesamtschuld unabhängigen Ausgleichsanspruch habe schaffen wollen und dieser dann auch tatsächlich derart umfassende Mitwirkungs- und Befreiungspflichten habe begründen sollen, sei gerade nicht zu klären.[14] Weiterhin seien allein auf § 426 Abs. 1 BGB gestützte Mitwirkungspflichten, die dem Gesamtschuldner einen Anspruch auf Mitwirkung gegen seinen Mitschuldner auf Leistung an den gemeinsamen Gläubiger einräumen, aus rechtspolitischen Gründen angreifbar.[15]

Gerade wenn der ausgleichspflichtige Gesamtschuldner ein Interesse daran hat, die Leistung nicht zu erbringen, beispielsweise weil er den Anspruch des Primärgläubigers bestreitet oder mit diesem verhandeln möchte, könne ein klagbarer Mitwirkungsanspruch dieser Möglichkeit durchaus entgegenstehen.[16] Die Gewährung eines Ausgleichsanspruchs im Innenverhältnis diene zwar der Abmilderung der vollständigen Haftung im Außenverhältnis, solle jedoch nicht dazu führen, dass neben dem Gläubiger auch der ausgleichsberechtigte Gesamtschuldner die übrigen Gesamtschuldner zur Leistung zwingen könne.[17] So kritisiert auch *von Caemmerer*, dass das Modell der vertraglichen Gesamtschuld ohne Weiteres auf die gesetzliche Gesamtschuld ohne Innenverhältnis übertragen wurde.[18] Dafür spreche auch der Vergleich mit den Rechtsordnungen der Nachbarländer Deutschlands, denen die Annahme von Mitwirkungspflichten ohne jegliches besonderes Innenverhältnis überwiegend unbekannt sei.[19]

Neben der Frage, ob § 426 Abs. 1 BGB überhaupt eine Mitwirkungspflicht zwischen den Gesamtschuldnern begründen soll, geht vornehmlich *Stamm* auf die Auslegung der Systematik von § 426 BGB ein. Er differenziert bei § 426 BGB nach den verschiedenen Absätzen und weist diesen einen zeitlichen Anwendungsbereich zu, der sich alleine am Zeitpunkt der Gläubigerbefriedigung orientiert.[20] So habe § 426 Abs. 1 BGB einzig und allein die Funktion, dem Regressgläubiger *vor* der Zahlung an den gemeinsamen Gläubiger einen Freihalteanspruch gegen die übrigen Gesamtschuldner zu gewährleisten, der sich in seiner Höhe nach dem jeweiligen Innenverhältnis bestimmt.[21] Ein Zahlungsanspruch könne, auch nach der Zahlung, nicht aus § 426 Abs. 1 BGB hergeleitet werden.[22] Der auf Zahlung

[14] *S. Meier*, Gesamtschulden, S. 279 ff.; *S. Meier*, in: HKK-BGB, §§ 420–432/I, Rn. 165; *Winter*, a.a.O., S. 72 ff.

[15] *S. Meier*, in: HKK-BGB, §§ 420–432/I, Rn. 164; *v. Caemmerer*, ZfRV 9 (1968), 81, 91; *Prediger*, Zur Auslegung und Abwendung der Regelungen im BGB über die Gesamtschuld, S. 92 ff., 119 ff., 151 ff., 160 ff.; *Winter*, a.a.O., S. 108 ff.

[16] *S. Meier*, in: HKK-BGB, §§ 420–432/I, Rn. 164.

[17] *S. Meier*, in: HKK-BGB, §§ 420–432/I, Rn. 165.

[18] *v. Caemmerer*, ZfRV 9 (1968), 85, 91.

[19] *S. Meier*, Gesamtschulden, S. 612, 626; *S. Meier*, in: HKK-BGB, §§ 420–432/I, Rn. 165; *S. Meier*, AcP 211 (2011), 435, 448 f.; v. *Caemmerer*, a.a.O., 81, 84 ff., 91; vgl. auch oben § 5 I. bis IV.

[20] *Stamm*, NJW 2004, 811, 812; *Stamm*, BauR 2004, 240, 244; *Stamm*, AcP 217 (2017), 165, 201; *Stamm*, Regressfiguren im Zivilrecht, S. 71.

[21] Ebd.

[22] Vgl. *Stamm*, NJW 2004, 811 f.

gerichtete Regressanspruch ergebe sich dann allein aus §426 Abs. 2 BGB.[23] Diese Ansicht konzentriert sich somit zum einen auf den Zeitpunkt der Inanspruchnahme eines Gesamtschuldners durch den Primärgläubiger und zum anderen legt sie die Anspruchskonkurrenz innerhalb von §426 BGB so fest, dass in der Folge §426 Abs. 1 BGB und §426 Abs. 2 BGB nicht mehr nebeneinander stehen können.

III. Analyse und Stellungnahme zur Kritik

Die Argumentation von *Stamm*, die §426 Abs. 1 BGB nur auf den Zeitraum bis zur Inanspruchnahme einer der Gesamtschuldner anwenden will, stützt sich vor allem auf eine Auslegung des Wortlauts und eine systematische Analyse der Norm.[24] Die Autoren, die sich gegen das Vorliegen von Mitwirkungs- und Befreiungspflichten der Gesamtschuldner aussprechen, argumentieren hingegen überwiegend mit der Entstehungsgeschichte des Gesamtschuldnerausgleichs sowie den Risiken für den Rückgriffsgläubiger.[25] Im Folgenden werden diese Ansätze daher anhand des Wortlauts, der Entstehungsgeschichte, der Systematik und des Sinns und Zwecks der Vorschrift analysiert.

1. Wortlaut

Stamm geht in seiner Argumentation davon aus, dass der Wortlaut von §426 Abs. 1 BGB nicht wie §426 Abs. 2 BGB von der „Befriedigung des Gläubigers" spricht, sondern nur „von einer Verpflichtung zu gleichen Anteilen" die Rede ist.[26] Aus diesem Vergleich der beiden Absätze folgert er, dass §426 Abs. 1 BGB den Ausgleich vor der Befriedigung regle, während §426 Abs. 2 BGB den Rückgriff nach Befriedigung des Gläubigers statuiere.[27] Dem ist entgegenzuhalten, dass durch ein solches Verständnis der Wortlaut in unzulässiger Art und Weise auf den zeitlichen Anwendungsbereich von §426 BGB reduziert wird. §426 Abs. 1 S. 1 BGB besagt lediglich, dass die Gesamtschuldner „im Verhältnis zueinander zu gleichen Teilen verpflichtet" sind. Daraus lassen sich allerdings gerade keine Aussagen über den zeitlichen und funktionellen Anwendungsbereich der Norm ableiten.[28] Dem Wortlaut von §426 Abs. 2 BGB lässt sich lediglich

---

[23] *Stamm*, NJW 2004, 811, 812; *Stamm*, BauR 2004, 240, 244; *Stamm*, AcP 217 (2017), 165, 201; *Stamm*, Regressfiguren im Zivilrecht, S. 71.

[24] Ebd.

[25] Vgl. *S. Meier*, Gesamtschulden, S. 316 ff., 329 ff., 387 f., 627 ff.; *Prediger*, Zur Auslegung und Abwendung der Regelungen im BGB über die Gesamtschuld, S. 86 ff.; *Winter*, Teilschuld, Gesamtschuld und unechte Gesamtschuld, S. 105 ff.; *Goette*, Gesamtschuldbegriff und Regressproblem, S. 132 ff.; *Kreße*, in: BeckOGK BGB, Stand: 01.03.2020, §426, Rn. 6 ff.

[26] *Stamm*, NJW 2004, 811.

[27] Ebd.

[28] Vgl. *Hartmann/Lieschke*, WM 2011, 205, 207; ähnlich: *Gebauer*, LMK 2010, 299711;

entnehmen, dass sich der gesetzliche Forderungsübergang gerade nur nach bzw. mit der Befriedigung des Gläubigers vollzieht.[29] Einen Erst-Recht-Schluss, dass damit auch der zeitliche Anwendungsbereich von §426 Abs. 1 BGB erfasst werde,[30] greift somit nicht. Es ist daher festzuhalten, dass der von *Stamm* begründete Ansatz keinen Anhaltspunkt im Wortlaut findet und nicht auf diesen gestützt werden kann.

2. *Entstehungsgeschichte*

Ein Blick auf die Entstehungsgeschichte zeigt, dass diese gerade für die herrschende Lehre spricht. Denn während dem römischen Recht die Annahme eines allgemeinen Ausgleichsanspruchs im Hinblick auf die *Correalobligation* fremd war,[31] entschied sich der Gesetzgeber mit der Schaffung von §426 Abs. 1 BGB gerade für einen selbstständigen Ausgleichsanspruch der Gesamtschuldner, der sowohl vor als auch nach der Leistung an den gemeinsamen Gläubiger in jeweils unterschiedlicher Ausprägung bestehen soll und unabhängig von der Grundlage der Gesamtschuld ist.[32] Wenn man so möchte, stellt der Gesamtschuldnerausgleich gem. §426 Abs. 1 BGB ein echtes „Novum" des BGB dar.[33] Die Motive zum Ersten Entwurf bejahen eine über den reinen Regress hinausgehende Funktion des §426 Abs. 1 BGB mit den folgenden, wegen ihres Einflusses auf Rechtsprechung und Literatur hier wörtlich wiedergegebenen Erwägungen:

„Diese Bestimmung hat übrigens eine über das nach [...] bewirkter Leistung in Frage kommende [...] Regreßrecht hinausgehende Bedeutung. Sie enthält ein Prinzip über das innere Verhältnis überhaupt. Es erhellt hieraus besonders, daß die mehreren Schuldner in Ermangelung gegentheiliger Bestimmung von vornherein als in einem inneren Schuldverhältnisse stehend anzusehen sind, das sie verpflichtet, so zu handeln, daß es überhaupt zu einem Regresse nicht kommt. Sie sind kraft dieses inneren Schuldverhältnisses einander zu der erforderlichen Mitwirkung und Beitragung bei der Leistung verpflichtet, sofern nicht nach dem inneren Verhältnisse die Leistung nur von einem oder einigen Genossen zu bewirken ist. Im letzteren Fall haben die nicht Leistungspflichtigen gegen die Leistungs-

---

Winter, Teilschuld, Gesamtschuld und unechte Gesamtschuld, S. 81 f., 103; *Heinemeyer,* in: Münch. Komm. BGB, 8. Aufl. 2019, §426, Rn. 74; a.A. *Lischka*, Der Begriff der Gesamtschuld unter besonderer Berücksichtigung der Ausgleichungspflicht, S. 68.

[29] Vgl. *Looschelders,* in: Staudinger, Kommentar zum BGB, Neubearbeitung 2017, §426, Rn. 134; *Grüneberg,* in: Grüneberg, 81. Aufl. 2022, §426, Rn. 16; *Böttcher*, in: Erman, BGB, 15. Aufl. 2017, §426, Rn. 46.

[30] So wohl *Stamm*, NJW 2004, 811.

[31] *Savigny*, Das Obligationenrecht als Theil des heutigen römischen Recht, Band I, §23, S. 227: „Der allgemeine Grund [...] liegt darin, daß das abstracte Wesen der Correalschuld an sich, auf eine Ausgleichung nicht führt, daß dieselbe also jenem Wesen fremd ist."

[32] *Güntner*, Der Anspruch auf Befreiung von einer Verbindlichkeit, S. 296; *Looschelders,* in: Staudinger, Kommentar zum BGB, Neubearbeitung 2017, §426 BGB, Rn. 2 ff.

[33] *Glöckner*, Gesamtschuldvorschriften und Schuldnermehrheiten bei unterschiedlichen Leistungsinhalten, S. 118.

pflichtigen auch einen Anspruch darauf, daß sie selbst vor dem Anspruche des Gläubigers bewahrt bleiben".[34]

Die Bedeutung dieser Passage manifestiert sich folglich in der Umsetzung von Mitwirkungs- und Befreiungsansprüchen,[35] welche vor und nach Leistung an den gemeinsamen Gläubiger bestehen sollen. §426 Abs. 1 BGB normiert somit das zwischen Gesamtschuldnern bestehende besondere Innenverhältnis, welches nicht nur den bloßen Zahlungsregress umfasst, sondern für die Gesamtschuldner noch vor der Leistung an den gemeinsamen Primärgläubiger die Pflicht begründet, im Rahmen ihrer jeweiligen Haftungsanteile bei der Befriedigung des Letztgenannten mitzuwirken.[36] Würde man der Ansicht von *Stamm* folgen, käme es so zu einem vom historischen Gesetzgeber sicherlich nicht vorgesehenen, äußerst eingeschränkten Anwendungsbereich von §426 Abs. 1 S. 1 BGB.[37]

Andererseits lassen sich der Entstehungsgeschichte auch Argumente gegen die Annahme von Mitwirkungs- und Befreiungspflichten aus dem Gesamtschuldverhältnis entnehmen.[38] Denn weder in den Beratungsprotokollen von *Jakobs* und *Schubert*[39] noch in den Begründungen zum vorherigen Teilentwurf des Redaktors *von Kübel* von 1878,[40] der dann zumindest den maßgeblichen Beratungen der Ersten Kommission zum Gesamtschuldnerausgleich von 1882 zugrunde lag,[41] wurden Beratungen über mögliche Mitwirkungspflichten der Gesamt-

[34] Motive II, S. 169 f., bei *Mugdan*, II. Bd., S. 93.

[35] Motive II, S. 169 f., bei *Mugdan*, II. Bd., S. 93; kritisch dazu *Goette*, Gesamtschuldbegriff und Regressproblem, S. 132, mit dem Hinweis, dass diese Passage „nicht so ernst genommen werden" dürfe. Der Hinweis von *S. Meier* auf die Entstehungsgeschichte würde dann nicht greifen, vgl. *S. Meier*, Gesamtschulden, S. 316 ff., 329 ff., 387 f., 627 ff.

[36] BGHZ 181, 310, 313 f.; *Ehmann,* Die Gesamtschuld, S. 108 f.; *Looschelders,* in: Staudinger, Kommentar zum BGB, Neubearbeitung 2017, §426, Rn. 1, 6 ff.; *Grüneberg,* in: Grüneberg, 81. Aufl. 2022, §426, Rn. 4 ff.; *Böttcher*, in: Erman, BGB, 15. Aufl. 2017, §426, Rn. 1, 3, 12.

[37] *Stamm*, NJW 2004, 811 ff.

[38] Vgl. *S. Meier*, Gesamtschulden, S. 316 ff., 329 ff., 387 f.; *Prediger*, Zur Auslegung und Abwendung der Regelungen im BGB über die Gesamtschuld, S. 86 ff.; *Selb*, Mehrheiten von Gläubigern und Schuldnern, S. 94; *Goette*, Gesamtschuldbegriff und Regressproblem, S. 132 ff.; *Kreße*, in: BeckOGK BGB, Stand: 01.03.2020, §426, Rn. 6 ff.

[39] Protokolle zu den Beratungen der Ersten Kommission, *Jakobs/Schubert*, Die Beratung des Bürgerlichen Gesetzbuchs, SR I, S. 877 ff.

[40] Der Vorentwurf von 1878 hatte ausweislich des Protokolls VII v. 14.10.1878 und des Protokolls v. 16.10.1878 folgenden Wortlaut: „Der Gesammtgläubiger, an welchen erfüllt wurde, ist zur Theilung des Empfangenen mit den übrigen Gesammtgläubigern nur dann und insoweit verpflichtet, und der Gesammtschuldner, welcher erfüllt hat, zur Forderung des Ersatzes von den übrigen Gesammtschuldnern nur dann und insoweit berechtigt, als das eine und das andere durch ein zwischen den mehreren Gesammtgläubigern und zwischen den mehreren Gesammtschuldnern bestehendes Rechtsverhältniß oder unmittelbar durch besondere gesetzliche Vorschrift begründet ist. Insoweit als dies der Fall ist, kann der Gesammtschuldner, welcher erfüllt hat, auch die Rechte des Gläubigers gegen die übrigen Gesammtschuldner geltend machen.", vgl. *Jakobs/Schubert*, a.a.O., S. 912.

[41] In der 68. Sitzung vom 10.03.1882 wurde über die Änderung von §20 des Teilentwurfs

schuldner ausdrücklich dokumentiert.[42] Es mag daher zweifelhaft sein, ob die Motive tatsächlich durch die Erste Kommission legitimiert worden waren.[43] Weil es aber gerade an einer weiteren und vor allem genaueren Dokumentation dazu fehlt, kann in diesem Zusammenhang nur auf die bereits zuvor zitierten Passagen der Motive Bezug genommen werden.[44] Denn gerade die Motive zeigen den letzten Diskussionsstand zum Gesamtschuldnerregress vor Inkrafttreten des BGB. Nicht überzeugend ist es hingegen, warum zum Teil hypothetische und wohl kaum mehr beweisbare Überlegungen[45] dazu, warum kein Beschluss der Ersten Kommission zu den Mitwirkungspflichten zu finden ist,[46] der in den Motiven zuletzt und ausdrücklich getroffenen Aussagen vorzuziehen sein sollte.[47]

Zunächst kann somit festgehalten werden, dass der Inhalt des Ausgleichsanspruchs durch eine Analyse der Gesetzeshistorie heute wohl nicht ganz zweifelsfrei bestimmbar ist. Treffend formuliert es wohl *Gebauer*, der die Mitwirkungspflichten nur als „lose in der Entstehungsgeschichte verankert" bezeichnet.[48] Allerdings ist auch festzuhalten, dass die Motive, die letztlich den Ausgangspunkt der Diskussion darstellen, eine klare Aussage hinsichtlich des Bestehens von Mitwirkungs- und Befreiungspflichten treffen und dabei gerade auch nicht zwischen vertraglich und gesetzlich begründeter Gesamtschuld unterscheiden.[49] Auch die Gegenauffassung kommt nicht umhin zuzugeben, dass die Motive eine eindeutige Position bezüglich einer allgemeinen Ausgleichspflicht aufweisen.[50] Des Weiteren wird ausdrücklich festgestellt, dass die Motive von der Zweiten

---

abgestimmt. § 20 Abs. 1 hatte folgenden Wortlaut: „Der Gesammtgläubiger, an welchen erfüllt wurde, ist zur Theilung des Empfangenen mit den übrigen Gesammtgläubigern nach Kopftheilen verpflichtet, und der Gesammtschuldner, welcher erfüllt hat, im Zweifel zur Forderung des Ersatzes von den übrigen Gesammtschuldnern nach Kopftheilen berechtigt, wenn nicht aus dem Gesetze oder aus den Umständen ein Anderes sich ergiebt. Insoweit als hiernach der Gesamtschuldner, welcher erfüllt hat, Ersatz von den übrigen Gesammtschuldnern zu verlangen berechtigt ist, kann er gegen diese auch die Rechte des Gläubigers geltend machen". Zitiert nach *Jakobs/Schubert*, a.a.O., S. 947.

[42] *S. Meier*, Gesamtschulden, S. 283 f.

[43] Vgl. *Winter*, Teilschuld, Gesamtschuld und unechte Gesamtschuld, S. 15, 81.

[44] Motive II, S. 169 f., bei *Mugdan*, II. Bd., S. 93.

[45] Vgl. *Winter*, Teilschuld, Gesamtschuld und unechte Gesamtschuld, S. 15 f., 73 ff.

[46] Vgl. *S. Meier*, Gesamtschulden, S. 284: „Es erscheint aber kaum wahrscheinlich, dass ein solch zentraler Gedanke, der geradezu das Gegenteil von dem verkörpert, was *von Kübel* vorschwebte, wäre er in den Gesamtschuldberatungen zur Sprache gekommen, überhaupt nicht dokumentiert worden wäre. Zumindest einen Beschluss zu Mitwirkungs- und Befreiungsansprüchen hat die Erste Kommission bei ihren Beratungen zum Gesamtschuldrecht nicht gefasst."; ebenfalls *S. Meier*, a.a.O., S. 285: „Der Verfasser der 1887 fertiggestellten Motive zum Gesamtschuldrecht gehörte offenbar zu den, wahrscheinlich durch Ungerer beeinflussten, Befürwortern von Mitwirkungs- und Befreiungsansprüchen."

[47] Vgl. *Ehmann*, AcP 211 (2011), 491, 518; *Ehmann*, Die Gesamtschuld, S. 109.

[48] *Gebauer*, LMK 2010, 299711.

[49] Vgl. oben § 6 III. 2.

[50] *S. Meier*, Gesamtschulden, S. 283.

Kommission gebilligt wurden.[51] Auch deshalb sind die Erwägungen der Motive seit Langem in Rechtsprechung und Literatur anerkannt. Gegen die Ablehnung einer allgemeinen Mitwirkungs- und Befreiungspflicht spricht weiterhin, dass diese bereits in den 1960er-[52] und 1970er-[53]Jahren postuliert wurde und für den Gesetzgeber somit, wenn er dies gewollt hätte, unzählige Möglichkeiten bestanden, die Auslegung von § 426 Abs. 1 BGB durch die herrschende Meinung durch eine Gesetzesänderung obsolet werden zu lassen. Da er davon abgesehen hat, hat der Gesetzgeber den Bestand der Mitwirkungs- und Befreiungspflichten gebilligt. Damit geht auch der Hinweis auf die Entstehungsgeschichte fehl.

3. Systematik

Den Ausführungen von *Stamm* ist weiterhin entgegenzuhalten, dass auch der Systematik von § 426 BGB kein Hinweis darauf zu entnehmen ist, dass § 426 Abs. 1 BGB und § 426 Abs. 2 BGB im Hinblick auf ihren zeitlichen Anwendungsbereich voneinander abzugrenzen sind.[54] Vielmehr lässt sich zwischen dem Ausgleichsanspruch aus § 426 Abs. 1 BGB und der bestärkenden Legalzession von einer Wechselwirkung sprechen. Diese Wechselwirkung ist darauf zurückzuführen, dass die Frage, in welcher Höhe die Gläubigerforderung gem. § 426 Abs. 2 BGB auf den Regressgläubiger nach Leistung übergeht, von § 426 Abs. 1 BGB abhängig ist.[55]

Weiterhin wird kritisiert, dass auch ein ausgleichspflichtiger Gesamtschuldner das Recht habe zu entscheiden, ob und wann er an den Primärgläubiger leistet, und daher zur Leistung nur vom Primärgläubiger, nicht aber von seinen Mitschuldnern gezwungen werden könne.[56] Der ausgleichsberechtigte Gesamtschuldner hingegen habe entstehende Prozesskosten selbst zu tragen. Da er im Außenverhältnis zur Gesamtleistung verpflichtet sei, müsse er selbst einen Prozess verhindern. Außerdem könne er den Gläubigeranspruch auch kostensparend gem. §§ 307, 93 ZPO anerkennen.[57] Die herrschende Lehre hält dem allerdings entgegen, dass ohne Annahme einer Mitwirkungspflicht der einzelne Ge-

---

[51] Prot. 885 f., bei *Mugdan*, Bd. II, S. 608; *S. Meier*, a.a.O., S. 286.

[52] Vgl. *v. Caemmerer*, ZfRV 9 (1968), 81, 84 ff.

[53] Vgl. *Goette*, Gesamtschuldbegriff und Regreßproblem, S. 128 ff., 131 ff.; *Prediger*, NJW 1970, 125 ff.; *Keuck*, JZ 1972, 528, 530 f.

[54] So *Stamm*, NJW 2004, 811, 812.

[55] Vgl. *Grüneberg,* in: Grüneberg, 81. Aufl. 2022, § 426, Rn. 16; *Gebauer*, in: Soergel, BGB, 13. Aufl. 2010, § 426, Rn. 49; *Heinemeyer,* in: Münch. Komm. BGB, 8. Aufl. 2019, § 426, Rn. 42; *Looschelders,* in: Staudinger, Kommentar zum BGB, Neubearbeitung 2017, § 426, Rn. 13; *Gehrlein,* in: BeckOK BGB, 53. Ed. (Stand: 01.02.2020), § 426, Rn. 18; *Brox/Walker*, Allgemeines Schuldrecht, 43. Aufl. 2019, § 37, Rn. 29; *S. Meier*, Gesamtschulden, S. 430.

[56] Vgl. *S. Meier*, a.a.O., S. 321, 627; *Kreße*, in: BeckOGK BGB, Stand: 01.03.2020, § 426, Rn. 10.

[57] *Prediger*, NJW 1970, 125; *Prediger*, Zur Auslegung und Abwendung der Regelungen im BGB über die Gesamtschuld, S. 113, 119 ff.,51 ff., 160 ff.

samtschuldner gezwungen sein könnte, in Vorleistung zu gehen und damit das Insolvenzrisiko seiner Mitschuldner zu tragen, obwohl er im Innenverhältnis gar nicht allein verpflichtet ist.[58]

Die Gegenauffassung moniert darüber hinaus die Probleme, die der Befreiungsanspruch bei mehreren im Innenverhältnis Verpflichteten im Hinblick auf einen Zahlungsanspruch hervorruft. Zwar könne der ausgleichspflichtige Gesamtschuldner den ausgleichsberechtigten Gesamtschuldner dadurch befreien, dass er seinen Anteil an den Gläubiger leistet; doch dieser ist nach § 266 BGB gerade nicht zur Annahme von Teilleistungen verpflichtet.[59] Da eine voraussetzungslose Annahmeverweigerung gerade der gesetzlichen Wertung von § 266 BGB entspricht, wird ein solches Vorgehen kaum treuwidrig sein. Es sei daher nur wenig verständlich, dass die Gesamtschuldner voneinander eine Leistung verlangen können sollen, die keiner der Schuldner wirklich versprechen kann, da sie im Falle des fehlenden Einverständnisses gem. § 275 Abs. 1 BGB unmöglich wäre. Zwar sei die Leistungshandlung, das Anbieten der Leistung als solche, möglich, jedoch überzeuge es wenig, dass jemand eine Leistung anbieten müsse, die ohne Grund zurückgewiesen werden dürfe.[60] Auch eine Pflicht des Ausgleichspflichtigen, seinen internen Anteil an den leistungswilligen Gesamtschuldner zu leisten,[61] führe nicht zu einem befriedigenden Ergebnis, da man diesen dann dem Risiko aussetzte, dass der Empfänger vor der Leistung an den Gläubiger insolvent wird oder den Betrag veruntreut, womit der Ausgleichspflichtige doppelt zahlen müsste.[62] Zur Lösung dieses Problems wäre allerdings eine Hinterlegung gem. §§ 372 ff. BGB denkbar, bis die gesamte Geldsumme gezahlt ist.[63]

Zuletzt könnte noch daran gedacht werden, dass ein Mitwirkungsanspruch möglicherweise dem Prinzip der Gläubigerwillkür[64] nach § 421 BGB zuwider-

---

[58] *Gebauer*, in: Soergel, BGB, 13. Aufl. 2010, § 426, Rn. 15; *Looschelders*, in: Staudinger, Kommentar zum BGB, Neubearbeitung 2017, § 426 BGB, Rn. 93.

[59] Vgl. *S. Meier*, Gesamtschulden, S. 321; *Kreße*, in: BeckOGK BGB, Stand: 01.03.2020, § 426, Rn. 7; *Gebauer*, a.a.O., § 426, Rn. 15.

[60] *Kreße*, a.a.O., § 426, Rn. 7.

[61] Vollstreckung des Befreiungsanspruchs ggf. als Vorauszahlung an den Befreiungsgläubiger gem. § 887 Abs. 2 ZPO; vgl. *Lange*, NJW 1958, 497; *Winter*, Teilschuld, Gesamtschuld und unechte Gesamtschuld, S. 108, 125; S. *Meier*, Gesamtschulden, S. 627; *S. Meier*, in: HKK-BGB, §§ 420–432/I, Rn. 161.

[62] Vgl. *S. Meier*, a.a.O., S. 321 f.

[63] Vgl. *S. Meier*, a.a.O., S. 628 f., 639; *Lange*, NJW 1958, 497: Eine entsprechende Regelung befand sich auch in § 943 des Zürcher Gesetzbuchs: „Wird ein einzelner Solidarschuldner von dem Gläubiger belangt, so ist er berechtigt, seine Mitschuldner zu verhältnismäßiger Betheiligung bei der Zahlung anzuhalten. Diesen aber steht es hinwieder frei, ihren Beitrag unmittelbar an den Gläubiger zu bezahlen, wenn dieser die Theilzahlung annehmen will, oder bis die Gesammtzahlung möglich wird, gerichtlich zu hinterlegen." Eine solche Bestimmung ist in den Art. 143 ff. OR nicht mehr enthalten. Unabhängig davon enthält das schweizerische Recht in den Art. 472 ff. OR Bestimmungen über die Hinterlegung.

[64] BGHZ 173, 1, 7; BGH NJW 1991, 1289; BGH NJW 1983, 423, 424; *Gebauer*, in: Soergel, BGB, 13. Aufl. 2010, § 421, Rn. 49.

läuft. Letztlich würde dadurch nämlich nicht mehr der Primärgläubiger entscheiden, von welchem seiner Schuldner er wann die Leistung bekommt. Vielmehr würde sich der in Anspruch genommene Rückgriffsgläubiger an die Stelle des Primärgläubigers setzen und auch für das Außenverhältnis bestimmen, welcher Schuldner zu leisten hat.[65] Diese Ansicht verkennt allerdings, dass zwischen den Gesamtschuldnern ein gesetzliches Schuldverhältnis besteht.[66] Dieses begründet nach allgemeinen Grundsätzen Rücksichtnahmepflichten gegenüber den anderen Gesamtschuldnern gem. § 241 Abs. 2 BGB, die durch die Mitwirkungspflicht gem. § 426 Abs. 1 S. 1 BGB konkretisiert werden.[67] Ziel der Mitwirkungspflicht ist es, mögliche Härten im Innenverhältnis auszugleichen, die sich gerade aus dem Recht des Primärgläubigers zur beliebigen Inanspruchnahme eines einzelnen Gesamtschuldners ergeben können. Sie wirkt somit der sachlich nicht gerechtfertigten Vorleistungspflicht eines Gesamtschuldners entgegen.[68]

Auch erscheint es nicht geboten anzunehmen, dass der Mitwirkungsanspruch erst zu einem späteren Zeitpunkt, wie beispielsweise bei Inanspruchnahme durch den Primärgläubiger oder rechtskräftiger Verurteilung eines Gesamtschuldners, entsteht.[69] Zur Begründung dieser Ansicht werden gerade überwiegend die soeben widerlegten Argumente ins Feld geführt.[70] Eine derart späte Entstehung des Mitwirkungsanspruchs mag zwar zum Teil in der Lage sein, der frühzeitigen Verjährung des Ausgleichsanspruchs aus § 426 Abs. 1 S. 1 BGB zu begegnen, jedoch schränkt sie die Mitwirkungspflicht in nicht unerheblichem und vom Gesetzgeber nicht gewolltem Maße zeitlich und inhaltlich ein, sodass dieser Ansicht nicht gefolgt werden kann. Diese Ansicht verkennt dabei auch, dass der Mitwirkungsanspruch nicht nur dann bestehen soll, wenn einer der Gesamtschuldner durch den Gläubiger in Anspruch genommen wird, sondern gerade auch dann, wenn sich einer der Gesamtschuldner entscheidet, von sich aus an den gemeinsamen Gläubiger zu zahlen.[71] Es verbleibt also bei einer Mitwirkungspflicht, die bereits mit Begründung der Gesamtschuld in vollem Umfang entsteht und unabhängig davon ist, ob es sich um eine vertraglich oder gesetzlich begründete Gesamtschuld handelt.

---

[65] *Kreße*, in: BeckOGK BGB, Stand: 01.03.2020, § 426, Rn. 9.

[66] Vgl. Mot. II, S. 170, bei *Mugdan*, II. Bd., S. 94; *Grüneberg,* in: Grüneberg, 81. Aufl. 2022, § 426, Rn. 1; *Heinemeyer,* in: Münch. Komm. BGB, 8. Aufl. 2019, § 426, Rn. 1 ff.; *Gehrlein,* in: BeckOK BGB, 53. Ed. (Stand: 01.02.2020), § 426, Rn. 1.

[67] *Looschelders,* in: Staudinger, Kommentar zum BGB, Neubearbeitung 2017, § 426 BGB, Rn. 93.

[68] *Gebauer*, in: Soergel, BGB, 13. Aufl. 2010, § 426, Rn. 15; *Looschelders,* a.a.O., § 426 BGB, Rn. 93.

[69] Vgl. oben bereits unter § 2 II. 2. a).

[70] Vgl. nur *S. Meier*, Gesamtschulden, S. 627 ff.

[71] Vgl. *Heinemeyer,* in: Münch. Komm. BGB, 8. Aufl. 2019, § 426, Rn. 74 f.; *Looschelders,* in: Staudinger, Kommentar zum BGB, Neubearbeitung 2017, § 426 BGB, Rn. 92 ff.

4. Telos und rechtspolitische Erwägungen

Zuletzt ist noch auf Sinn und Zweck von § 426 Abs. 2 BGB einzugehen, welcher nicht nur den Forderungsübergang anordnet, sondern neben der Möglichkeit des Rückgriffs auch der Absicherung des Ausgleichsanspruchs aus § 426 Abs. 1 BGB dient.[72] Wegen §§ 412, 401 BGB gehen im Rahmen des gesetzlichen Forderungsübergangs auch die akzessorischen Sicherheiten auf den Rückgriffsgläubiger über.[73] Dieser Umstand ist letztlich ein Zeichen dafür, dass § 426 Abs. 2 BGB neben dem Anspruch aus § 426 Abs. 1 BGB eine eigenständige Bedeutung hat. Zwar gehen die Sicherheiten erst nach Leistung an den gemeinsamen Gläubiger über, sodass man dies möglicherweise als Argument für den von *Stamm* vertretenen Ansatz verwenden könnte. Das würde jedoch außer Acht lassen, dass dies ausschließlich auf der Akzessorietät der Sicherheiten beruht und nichts mit der Gesamtschuld als solcher zu tun hat. Der Regress aus § 426 Abs. 1 BGB soll durch § 426 Abs. 2 BGB verstärkt werden.[74] Eine solche bestärkende Funktion könnte § 426 Abs. 2 BGB aber nicht mehr erfüllen, wenn dem Regressgläubiger nach Leistung an den Gläubiger ohnehin nur § 426 Abs. 2 BGB als Anspruchsgrundlage zur Verfügung stünde. Der Anspruch aus § 426 Abs. 2 BGB würde dann nicht mehr der Sicherung des Anspruchs aus § 426 Abs. 1 S. 1 BGB dienen, sondern hätte eine von diesem Anspruch vollkommen isolierte Funktion, die über die Ratio legis hinausginge.

Darüber hinaus kann auch mit Sinn und Zweck des Gesamtschuldnerausgleichs an sich argumentiert werden. Dieser soll den Nachteil, den ein Gesamtschuldner aufgrund der beliebigen und vollständigen Inanspruchnahme durch den Primärgläubiger im Außenverhältnis erfährt, im Innenverhältnis ausgleichen.[75] Folgte man *Stamm*, würde kein unabhängiger Ausgleichsanspruch zugunsten des Regressgläubigers mehr bestehen, da er sich gem. §§ 412, 404 BGB sämtliche Einwendungen des anderen Gesamtschuldners, die diesem ursprünglich nur gegenüber dem gemeinsamen Primärgläubiger zustanden, ebenfalls ent-

---

[72] *Heck*, Grundriss des Schuldrechts, S. 236; *Lischka*, Der Begriff der Gesamtschuld unter besonderer Berücksichtigung der Ausgleichsverpflichtung, S. 73; *S. Meier*, Gesamtschulden, S. 389, 430.

[73] Mot. II, S. 170, bei *Mugdan*, II. Bd., S. 94; *Grüneberg*, in: Grüneberg, 81. Aufl. 2022, § 426, Rn. 16; *Gebauer*, in: Soergel, BGB, 13. Aufl. 2010, § 426, Rn. 56; *Heinemeyer*, in: Münch. Komm. BGB, 8. Aufl. 2019, § 426, Rn. 49 f.; *Looschelders*, in: Staudinger, Kommentar zum BGB, Neubearbeitung 2017, § 426 BGB, Rn. 136.

[74] Vgl. BGHZ 103, 72, 76; *Looschelders*, a.a.O., § 426 BGB, Rn. 135; *Gehrlein*, in: BeckOK BGB, 53. Ed. (Stand: 01.02.2020), § 426, Rn. 18; *Grüneberg*, a.a.O., § 426, Rn. 16; *Böttcher*, in: Erman, BGB, 15. Aufl. 2017, § 426, Rn. 46; *Heinemeyer*, a.a.O., § 426, Rn. 42 f.

[75] Vgl. *Savigny*, Das Obligationenrecht als Theil des heutigen römischen Rechts, Band I, § 23, S. 229 f.: Ausgleich der Diskrepanz zwischen Außenhaftung und Inneninteresse; *Böttcher*, a.a.O., § 426, Rn. 1.

gegenhalten lassen müsste.[76] Dies mögen sicher einige Autoren befürworten.[77] Zu bedenken ist allerdings, dass ein reiner Zessionsregress deutlich manipulationsanfälliger ist als ein unabhängiger Ausgleichsanspruch, da der Primärgläubiger und einer der Gesamtschuldner zulasten anderer Gesamtschuldner zusammenwirken könnten, sodass der ausgleichsberechtigte Regressschuldner letztlich allein auf der Leistung sitzen bleiben würde. Der von *Stamm* postulierte Ansatz, der nach Zahlung ausschließlich einen auf § 426 Abs. 2 BGB gestützten Regress zwischen den Gesamtschuldnern ermöglichen soll,[78] vermag daher nicht zu überzeugen. Es ist somit, gerade auch was die Begründung von Mitwirkungs- und Befreiungspflichten angeht, in diesem Punkt der herrschenden Meinung zu folgen.

Letztlich vermögen auch rechtsvergleichende Argumente[79] an diesem Ergebnis nichts zu ändern, da sich daraus keine Rückschlüsse auf den Anspruchsinhalt von § 426 Abs. 1 S. 1 BGB ziehen lassen. Zwar besteht z.B. im Recht der Schweiz gem. Art. 148 Abs. 2 OR ein Ausgleichsanspruch unter den „Solidarschuldnern", der mit der Zahlung des ausgleichsberechtigten Schuldners fällig wird, aber keine Mitwirkungspflicht begründet.[80] Auch die *PECL* sehen in Art. 10:106 Abs. 1 nur nach erfolgter Zahlung einen Ausgleichanspruch vor.[81] Eine fast übereinstimmende Regelung enthält der *DCFR* in Art. III-4:107 Abs. 1.[82] Eine Angleichung an die Rechtsordnungen der europäischen Nachbarländer mag vor diesem Hintergrund allenfalls aus integrationspolitischen Gründen sinnvoll sein[83], ist aber abzulehnen, da dies zum Wegfall des Mitwirkungsanspruchs führen würde. Eine Angleichung sollte gerade auch der Verbesserung der Rechtssituation dienen, doch das wäre mit einem Wegfall des Mitwirkungsanspruchs gerade nicht der Fall. Es bleibt also *de lege lata* dabei, dass § 426 Abs. 1 S. 1 BGB einen allgemeinen Ausgleichsanspruch für die Gesamtschuldner begründet.

---

[76] Vgl. *Looschelders,* in: Staudinger, Kommentar zum BGB, Neubearbeitung 2017, § 426, Rn. 134; *Gehrlein,* in: BeckOK BGB, 53. Ed. (Stand: 01.02.2020), § 426, Rn. 19; *Grüneberg,* in: Grüneberg, 81. Aufl. 2022, § 426, Rn. 16; *Böttcher*, in: Erman, BGB, 15. Aufl. 2017, § 426, Rn. 46; *Heinemeyer,* in: Münch. Komm. BGB, 8. Aufl. 2019, § 426, Rn. 44.

[77] *Kreße*, in: BeckOGK BGB, Stand: 01.09.2020, § 426, Rn. 3 f.; *Stamm*, NJW 2004, 811; *Schulz,* Rückgriff und Weitergriff, Studien zur gesetzlichen und notwendigen Zession, 40 ff., 81.

[78] Vgl. *Stamm*, NJW 2004, 811; *Stamm*, BauR 2004, 240, 244; *Stamm*, AcP 217 (2017), 165, 201; *Stamm*, Regressfiguren im Zivilrecht, S. 71.

[79] *S. Meier*, Gesamtschulden, S. 612, 626 ff.; *S. Meier*, in: HKK-BGB, §§ 420–432/I, Rn. 165; *v. Caemmerer*, ZfRV 9 (1968), 81, 84 ff., 91.

[80] *Ernst*, in: Zäch/Breining-Kaufmann/Breitschmid (Hrsg.): Individuum und Verband, S. 175, 178 f.; vgl. auch oben § 5 II.

[81] *Lando/Clive/Prüm/Zimmermann*, Principles of European Contract Law III, Art. 10:106, Comment A; *S. Meier*, AcP 211 (2011), 435, 447 f.; Vgl. oben § 5 IV. 1.

[82] *S. Meier*, AcP 211 (2011), 435, 447; Vgl. auch oben § 5 IV. 1. und 2.

[83] *S. Meier*, in: HKK-BGB, §§ 420–432/I, Rn. 164; *v. Caemmerer*, ZfRV 9 (1968), 81, 91.

IV. Zusammenfassung

Im Ergebnis ist daher festzuhalten, dass § 426 Abs. 1 BGB nach dem gesetzgeberischen Willen, der sowohl in der Rechtsprechung als auch überwiegend in der Literatur angenommen wird, eine allgemeine Ausgleichspflicht der Gesamtschuldner begründet. Dieser Ausgleichsanspruch beschränkt sich nicht, wie von *Stamm* vorgesehen, auf eine Mitwirkung und Befreiung. Ebenso wenig vermag die Ansicht von *Sonja Meier* zu überzeugen, die generell sehr restriktiv im Hinblick auf die Mitwirkungs- und Befreiungspflichten argumentiert. Der Frage nach Mitwirkungspflichten kommt letztlich nur dann eine praktische Bedeutung zu, wenn zwischen den Gesamtschuldnern ein besonderes Rechtsverhältnis fehlt. Denn sonst ist es letztlich nur eine Frage der Begründung, ob der Mitwirkungsanspruch aus der Gesamtschuld selbst oder aus dem besonderen Innenverhältnis zwischen den Gesamtschuldnern hergeleitet wird.[84] Der Anwendungsbereich von § 426 Abs. 1 BGB ist folglich weder auf den Zeitraum vor noch nach der Leistung an den gemeinsamen Gläubiger begrenzt. Nach der Befriedigung des Primärgläubigers tritt neben den Anspruch aus § 426 Abs. 1 BGB eine weitere Rückgriffsmöglichkeit in Form der *Cessio legis* gem. § 426 Abs. 2, 412 BGB. Dieser übergegangene Anspruch kann unabhängig vom Ausgleichsanspruch aus § 426 Abs. 1 BGB geltend gemacht werden, ist allerdings in seiner Höhe vom diesem abhängig, vgl. § 426 Abs. 2 S. 1 BGB („soweit"). Welche Auswirkungen die herrschende Meinung in verjährungsrechtlicher Hinsicht hat und wie diese zu bewerten ist, wird an anderer Stelle zu klären sein.

Da der Mitwirkungsanspruch demnach nach zutreffender Ansicht schon vor Befriedigung des Primärgläubigers besteht, kann durch Anknüpfung an dessen Entstehung keine Lösung der vorliegend thematisierten Problematik erreicht werden.

---

[84] *S. Meier*, Gesamtschulden, S. 322; *Looschelders*, in: Staudinger, Kommentar zum BGB, Neubearbeitung 2017, § 426, Rn. 93.

§ 7

Stellungnahme zum Verjährungsbeginn des Ausgleichsanspruchs

Aufgrund der bisherigen Ausführungen wird deutlich, dass eine Antwort auf die hier zentrale Fragestellung nur dadurch gefunden werden kann, dass der Beginn der Verjährungsfrist des Ausgleichsanspruchs – präziser: des Zahlungsanspruchs – anders festgelegt wird als wie von der Judikatur des BGH. Es wird nunmehr untersucht, wann dies sinnvollerweise der Fall sein sollte. Dazu kommt es darauf an, wann dieser Anspruch entsteht. Da der Anspruch aus § 426 Abs. 1 BGB je nach dem Zeitpunkt seiner Geltendmachung auf Mitwirkung, Befreiung oder Zahlung gerichtet ist[1], spricht viel dafür, dass der von der Zahlung an den Primärgläubiger abhängende Zahlungsanspruch gegen andere Gesamtschuldner erst fällig wird, wenn die Zahlung erfolgt ist.

I. Wortlaut

Bereits im Zusammenhang mit der Frage, ob § 426 Abs. 1 S. 1 BGB eine über Befreiung und Mitwirkung hinausgehende Bedeutung hat, konnte festgestellt werden, dass der Aussagegehalt der Vorschrift äußerst gering ist.[2] Dies setzt sich bei der Festlegung des Verjährungsbeginns im Sinne von § 199 Abs. 1 BGB fort. § 426 Abs. 1 S. 1 BGB spricht davon, dass die „Gesamtschuldner im Verhältnis zueinander zu gleichen Teilen verpflichtet sind, soweit nicht ein anderes bestimmt ist." Der Wortlaut der Norm lässt daher – auch ausgehend von der Auslegung der herrschenden Meinung als selbstständigem Ausgleichsanspruch – keinen zweifelsfreien Schluss auf den Entstehungszeitpunkt zu, für den entweder die Entstehung der Gesamtschuld oder die Leistung durch einen der Gesamtschuldner infrage kommt.[3]

---

[1] Siehe nur *Heinemeyer,* in: Münch. Komm. BGB, 8. Aufl. 2019, § 426, Rn. 13 f. m.w.N.

[2] Vgl. oben § 6 III. und § 2 II. 2.

[3] *Hartmann/Lieschke,* WM 2011, 205, 207; ähnlich: *Gebauer,* LMK 2010, 299711.

II. Entstehungsgeschichte

1. Analyse der Motive und Vergleich mit Auftragsregeln im Rahmen des Bürgschaftschaftsrechts

Möglicherweise ging der historische Gesetzgeber von einem § 670 BGB entsprechenden Regelungsgehalt auch für § 426 Abs. 1 BGB aus. Dies würde dafürsprechen, bei der Frage nach dem Verjährungsbeginn des Ausgleichsanspruchs die zum Aufwendungsersatzanspruch gem. § 670 BGB geltenden Kriterien zugrunde zu legen.[4]

Aus den Motiven ergibt sich, dass der Gesamtschuldausgleich gem. § 426 Abs. 1 BGB mehrere Funktionen erfüllen sollte:[5] § 426 Abs. 1 BGB sollte nicht nur als Anspruchsgrundlage dienen, sondern auch das Innenverhältnis der Gesamtschuldner von Beginn an ausgestalten.[6] Die Gesamtschuldner sollten im erforderlichen Maße an der Gläubigerbefriedigung mitwirken. So heißt es in den Motiven: „Sie sind kraft des inneren Schuldverhältnisses einander zur erforderlichen Mitwirkung und Beitragung bei der Leistung verpflichtet […]".[7] Die Motive greifen damit offenbar einen dem Beauftragtenregress immanenten und in § 670 BGB normierten Grundsatz auf. Somit legen sie nahe, dass der Ausgleich unter Gesamtschuldnern gem. § 426 Abs. 1 BGB zumindest bezüglich der Mitwirkungspflicht unter dem Gesichtspunkt der *Erforderlichkeit* zu sehen sein sollte.

Eine dem Gesamtschuldnerausgleich vergleichbare Situation kann sich so beispielsweise im Rahmen des Aufwendungsersatzanspruchs des Bürgen ergeben: Der Übernahme der Bürgschaft liegt im Regelfall eine Absprache zwischen dem Bürgen und dem Hauptschuldner zugrunde.[8] Bei entsprechendem Rechtsbindungswillen kann es sich im Innen- bzw. Grundverhältnis entweder um einen entgeltlichen Geschäftsbesorgungsvertrag gem. § 675 Abs. 1 BGB oder einen (unentgeltlichen) Auftrag gem. § 662 BGB handeln. In beiden Fällen kann der Bürge für die pflichtgemäße Übernahme der Bürgenhaftung und die Leistung auf die Bürgenschuld gem. § 670 BGB (ggf. i.V.m. § 675 Abs. 1 BGB) Ersatz derjenigen Aufwendungen verlangen, die er den Umständen nach für erforderlich halten durfte.[9] Die Verjährung des Anspruchs aus § 670 BGB beginnt, mangels

[4] *Hermann,* Verjährung, Verjährungsbeginn und Regress bei Bürgschaft und Gesamtschuld, S. 238.

[5] Motive II, S. 169 f., bei *Mugdan*, II. Bd., S. 93; kritisch dazu *S. Meier*, HKK-BGB, §§ 420–432/I, Rn. 158 f.; *Winter*, Teilschuld, Gesamtschuld und unechte Gesamtschuld, S. 75 ff., 81 ff.

[6] Motive II, S. 169 f., bei *Mugdan*, II. Bd., S. 93; *Lischka*, Der Begriff der Gesamtschuld unter besonderer Berücksichtigung der Ausgleichungspflicht, S. 68.

[7] Motive II, S. 170, bei *Mugdan*, II. Bd., S. 93;

[8] *Madaus,* in: BeckOGK BGB, Stand: 01.12.2019, § 774, Rn. 38.

[9] BGH NJW-RR 2008, 1007, 1008; BGHZ 95, 375, 380 f.

entsprechender Sonderregelung, entsprechend den allgemeinen Bestimmungen des Verjährungsrechts. Demnach gilt die Regelverjährungsfrist des § 195 BGB.[10] Maßgeblich ist somit die Anspruchsentstehung bzw. Fälligkeit gemäß § 271 BGB, sofern diese später eintritt.[11] Differenzierungen danach, ob der Anspruch erst mit Vollendung oder Beendigung des Auftrags fällig wird[12] oder bereits mit der Aufwendung selbst entsteht,[13] sich aber aus Treu und Glauben[14] ergeben kann, dass doch die Auftragsbeendigung entscheidend ist,[15] sind für den Verjährungsbeginn des Bürgenanspruchs aus § 670 BGB ohne Bedeutung.[16] Dies ergibt sich auch überwiegend aus dem Schrifttum, welches auf den Zeitpunkt abgestellt, in dem die erforderlichen Aufwendungen vorgenommen wurden, der Bürge also an den Gläubiger geleistet hat.[17] Vereinzelt wird weiter präzisiert, dass der Aufwendungsersatzanspruch wie der Regressanspruch aus § 774 BGB auch bereits mit Begründung des Innenverhältnisses unter der aufschiebenden Bedingung einer nachfolgenden Aufwendung entstehe.[18] Auch ergebe sich kein anderer Fälligkeitszeitpunkt daraus, wenn man stets die Beendigung des Auftrags für erforderlich hielte,[19] da diese regelmäßig mit der Zahlung des Bürgen an den Gläubiger zusammenfällt. Somit ist im Ergebnis davon auszugehen, dass die Entstehung und Fälligkeit des Aufwendungsersatzanspruchs des Bürgen mit der Zahlung an den Gläubiger eintritt.[20] Der Anspruch aus § 670 BGB entsteht gemäß § 199 Abs. 1 Nr. 1 BGB also generell erst mit Zahlung des Bürgen an den Gläubiger.[21]

Folgerichtig führt dies zu der Feststellung, dass die Parallelsituation bei § 670 BGB argumentativ für die Festlegung des Verjährungsbeginns des Zahlungsanspruchs aus § 426 Abs. 1 BGB herangezogen werden kann. Denn die endgültige Befreiung der Gesamtschuldner tritt wegen § 422 Abs. 1 S. 1 BGB ebenfalls erst mit der Leistung an den gemeinsamen Gläubiger ein. Zwar mag die Pflicht zur anteiligen Befreiung des anderen Schuldners für die Gesamtschuldner von Beginn an, mit Begründung der Gesamtschuld, bestehen.[22] Jedoch ist auch dem

---

[10] *Oegg,* in: Planck BGB, Bd. II/2, § 774, S. 1453; *Habersack,* AcP 198, 152, 156

[11] *Ellenberger,* in: Grüneberg, 81. Aufl. 2022, § 199 BGB, Rn. 3.

[12] *Fischer,* in: BeckOK BGB, 53. Ed. (Stand: 01.02.2020), § 670, Rn. 14.

[13] *Sprau,* in: Grüneberg, 81. Aufl. 2022, § 670, Rn. 2.

[14] *Otto,* in: jurisPK-BGB, 9. Aufl. 2020, § 670, Rn. 22.

[15] *Martinek/Omlor,* in: Staudinger, Kommentar zum BGB, Neubearbeitung 2017, § 670, Rn. 35 („spätestens mit Beendigung").

[16] BGH, Urt. v. 05.07.2018 – III ZR 273/16, Tz. 27 = NJW 2018, 2714.

[17] *Stadler,* in: Jauernig, BGB; 17. Aufl., 2018, § 774, Rn. 7; *Madaus,* in: BeckOGK BGB, Stand: 01.12.2019, § 774, Rn. 39.

[18] BGH NJW-RR 2008, 1007, 1008.

[19] So wohl *Fischer,* in: BeckOK-BGB, 53. Ed. (Stand: 01.02.2020), § 670, Rn. 14.

[20] Vgl. BGH NJW-RR 2000, 1717; *Knütel,* JR 1985, 6; BGH NJW 2018, 2714; *Sprau,* in: Grüneberg, 81. Aufl. 2022, § 670, Rn. 5.

[21] Auf die Kenntnis gem. § 199 Abs. 1 Nr. 2 BGB wird an dieser Stelle nicht eingegangen, da diese ohnehin regelmäßig vorliegen wird und für den systematischen Vergleich mit der Gesamtschuld an dieser Stelle nicht relevant ist.

[22] Vgl. BGHZ 181, 310, 313; BGH NJW 2010, 62, 63 f.; *Looschelders,* in: Staudinger, Kommentar zum BGB, Neubearbeitung 2017, § 426, Rn. 7 f.

Bürgschaftsrecht, wie § 775 BGB zeigt, ein Anspruch auf Befreiung von der Leistung nicht fremd. Dieser beruht, genauso wie der Befreiungsanspruch im Rahmen der Gesamtschuld, nicht darauf, dass mehrere (wirtschaftlich) für eine Verbindlichkeit haften, sondern auf dem Innenverhältnis.[23] Der Anspruch aus § 775 BGB ist dabei fällig, wenn einer der normierten Fälle vorliegt, also auch deutlich vor der Zahlung durch den beauftragten Bürgen.[24] Bemerkenswert ist hierbei allerdings, dass die Frage nach der unterschiedlichen Verjährung von Befreiungs- und Zahlungsanspruch im Bürgschaftsrecht gar nicht gestellt wird.[25] Zwar wird der Grund dafür wohl darin liegen, dass sich bereits die Anspruchsgrundlagen, zum einen § 670 BGB, zum anderen § 775 BGB für Befreiung und Zahlung, anders als bei § 426 Abs. 1 BGB, unterscheiden, jedoch ist zumindest fraglich, ob die Verjährung der jeweiligen Begehren von gesetzgeberischen Zufällen abhängig sein sollte. Denn hätte der Gesetzgeber eine eigene Regelung getroffen, die Gesamtschuldner vor Befriedigung des gemeinsamen Gläubigers zur Mitwirkung an der Befriedigung des Gläubigers und zur anteiligen Befreiung des anderen Gesamtschuldners verpflichten würde, so würde wohl auch über die Verjährung dieses Anspruchs kaum diskutiert werden. Gerade die Verjährung des Zahlungsanspruchs mit ihrer sehr einschneidenden Wirkung sollte jedoch nicht von Zufällen abhängen, die, wie auch der Wortlaut des § 426 Abs. 1 S. 1 BGB zeigt, zum Teil der sprachlichen Ungenauigkeit des Gesetzgebers geschuldet sind.

Unabhängig von der funktionalen Trennung der Ansprüche auf Befreiung und Zahlung lässt sich konstatieren, dass sich die Rückgriffansprüche aus § 426 Abs. 1 BGB und § 670 BGB jedenfalls nach erfolgter Zahlung praktisch nicht voneinander unterscheiden.[26] Daher ist als Ergebnis festzuhalten, dass nicht nur wegen des Aspekts der „erforderlichen Mitwirkung", der zwar vom historischen Gesetzgeber nicht in den Wortlaut der gesamtschuldnerischen Ausgleichsregel aufgenommen wurde, jedoch, wie die Motive zeigen, zumindest für die Beschreibung der Pflichten der Gesamtschuldner im Innenverhältnis eine Rolle gespielt hat,[27] bereits im frühen Gesetzesstadium eine weitgehende Ähnlichkeit der Ausgleichsansprüche der Gesamtschuldner einerseits und des Beauftragten andererseits bestand. Unter Berücksichtigung dieser Überlegung wäre eine verjährungsrechtliche Gleichbehandlung dieser beiden Ansprüche letztlich nur konsequent.

---

[23] *S. Meier*, Gesamtschulden, S. 332.

[24] *S. Meier*, a.a.O., S. 340.

[25] Vgl. *Kremer*, Die Mitbürgschaft, S. 143, der mit einem Verweis auf § 775 BGB feststellt, dass der auf Zahlung gestützte Regressanspruch nicht gleichzeitig mit dem Befreiungsanspruch zu verjähren beginnt.

[26] Vgl. *Peters*, ZGS 2010, 154, 156: Ähnlicher Vergleich zwischen § 110 HGB und § 426 Abs. 1 BGB.

[27] Motive II, S. 170, bei *Mugdan*, II. Band, S. 93. Nach *Stamm* regelt § 426 Abs. 1 BGB lediglich die Situation vor Befriedigung des gemeinsamen Gläubigers, vgl. *Stamm*, NJW 2004, 811. Dies würde gegen eine „weitgehende Ähnlichkeit der Ausgleichsansprüche der Gesamtschuldner einerseits und des Beauftragten andererseits" sprechen.

2. Änderungsvorschlag der Schuldrechtskommission

Im Abschlussbericht der Kommission zur Überarbeitung des Schuldrechts war mit 426a BGB-KE folgende Regelung enthalten:[28]

„(1) Für die Verjährung des Ausgleichsanspruchs nach § 426 Abs. 1 BGB ist die Verjährung des Anspruchs des Gläubigers gegen den ausgleichsverpflichteten Gesamtschuldner maßgebend. Die Verjährung tritt jedoch nicht vor Ablauf von sechs Monaten seit dem Tag ein, an dem der Gläubiger gegen den ausgleichsberechtigten Gesamtschuldner Klage erhoben hat. Leistet der Gesamtschuldner an den Gläubiger, bevor es zur Durchführung eines Klageverfahrens kommt, so beginnt die Frist mit der Leistung. Die Sechsmonatsfrist gilt nicht, wenn der Anspruch des Gläubigers gegen den ausgleichsberechtigten Gesamtschuldner zum Zeitpunkt der Klageerhebung oder Leistung bereits verjährt war.

(2) Mit dem Ausgleichsanspruch verjähren auch daneben bestehenden Ansprüche aus Geschäftsführung ohne Auftrag und ungerechtfertigter Bereicherung.“

Der Abschlussbericht repräsentiert eine Tendenz der neueren Gesetzgebung zur Verjährung des Gesamtschuldnerausgleichs. Der Bericht beruhte in diesem Punkt vor allem auf dem von *Peters* und *Zimmermann* erstellten Gutachten zur Überarbeitung des Verjährungsrechts aus dem Jahre 1981.[29] Die Verjährung des Ausgleichsanspruchs aus § 426 Abs. 1 BGB orientierte sich dort an der Verjährung der Gläubigerforderung.[30] Ergänzend war zum Schutz des Regressgläubigers eine zusätzliche sechsmonatige Ablaufhemmung des Ausgleichsanspruchs vorgesehen, die entweder nach Klage des Gläubigers gegen den ausgleichsberechtigten Gesamtschuldner oder mit der Leistung des ausgleichsberechtigten Gesamtschuldners einsetzen sollte (§ 426 Abs. 1 S. 2 u. 3 BGB-KE).[31] Diese Regelung sollte den Unterschied der Verjährungsfristen zwischen den Ansprüchen aus § 426 Abs. 1 und § 426 Abs. 2 BGB verringern bzw. aneinander angleichen.[32]

Übernommen wurde der Kommissionsentwurf allerdings nicht. Vielmehr fand § 426a BGB-KE bereits schon im Diskussionsentwurf eines Schuldrechtsmodernisierungsgesetzes vom 04.08.2000 keine Erwähnung mehr.[33] Die Literatur spricht im Zusammenhang mit dieser Nichterwähnung des § 426a BGB-KE vereinzelt von einem „Versehen“.[34] Allerdings soll dies nach dem derzeitigen Gesetzesstand nicht mehr von Bedeutung sein, da sich das Erfordernis einer solchen Regelung durch die Neuerung des Verjährungsrechts letztlich weitgehend erle-

[28] Bundesministerium der Justiz (Hrsg.), Kommission zur Überarbeitung des Schuldrechts, Abschlussbericht, S. 108.

[29] *Peters/Zimmermann,* in: Bundesministerium der Justiz (Hrsg.), Gutachten und Vorschläge zur Überarbeitung des Schuldrechts, Bd. I, 1981, S. 236 f.

[30] Bundesministerium der Justiz (Hrsg.), Kommission zur Überarbeitung des Schuldrechts, Abschlussbericht, S. 108.

[31] Ebd.

[32] Bundesministerium der Justiz (Hrsg.), a.a.O., S. 109.

[33] Anhang bei *Medicus*, Schlussbetrachtung, S. 613 ff.

[34] *Schmidt-Kessel*, in: Staudinger (Hrsg.), Eckpfeiler des Zivilrechts, Neubearbeitung 2018, H., Rn. 118.

digt habe.[35] Dem ist allerdings entgegenzuhalten, dass das Problem einer vorzeitigen Verjährung des Ausgleichsanspruchs auch nach jetzigem Verjährungsrecht weiterhin besteht und allenfalls die Ablaufhemmung den Primärschuldner davor schützen kann, seinen Regressanspruch nicht mehr rechtzeitig durchsetzen zu können. Bedenklich bleibt jedoch, dass trotz der recht ausführlichen Darstellung im Abschlussbericht der Schuldrechtsreformkommission der Diskussionsentwurf den Vorschlag der Kommission zur Überarbeitung nicht aufgegriffen hat.[36]

Im Ergebnis ist festzuhalten, dass es auf § 426a BGB-KE angesichts des neuen Verjährungsrechts des Schuldrechtsmodernisierungsgesetzes wohl letztlich nicht ankommt.

Die Kommission zur Überarbeitung des Schuldrechts hat zwar erkannt, dass die Angleichung der Verjährungsfrist des Ausgleichsanspruchs an die Verjährungsfrist der Forderung des Gläubigers gegen den ausgleichsberechtigten Gesamtschuldner zu einer Benachteiligung des ausgleichsberechtigten Gesamtschuldners führen könnte.[37] Der Ausgleichsberechtigte hätte nach § 426a BGB-KE nämlich nicht mehr wie nach § 195 BGB a.F. 30 Jahre Zeit gehabt, um Rückgriff gem. § 426 Abs. 1 BGB zu nehmen, sondern nur noch sechs Monate ab Klage bzw. Leistung.[38] Allerdings hatte die Verkürzung der regelmäßigen Verjährungsfrist im Zuge der späteren Schuldrechtsreform ebenso den Effekt, dass nun in zahlreichen Fällen auch die Verjährung der Gläubigerforderung gegen den ausgleichspflichtigen Gesamtschuldner selbst verkürzt wurde. In der Folge verlor daher das von der Kommission ins Feld geführte Argument, nämlich dass ein Auseinanderfallen von Gläubigerforderung und Ausgleichsforderung verhindert werden müsse, deutlich an Gewicht. Ziel von § 426a BGB-KE war es hauptsächlich, die als unbillig lang empfundene Verjährungsfrist des Ausgleichsanspruchs aus § 426 Abs. 1 BGB zu verkürzen.[39] Allerdings ist der Bedarf für eine solche Regelung zur Erreichung dieses Ziels wegen der Einführung der allgemeinen dreijährigen Verjährungsfrist gem. §§ 195, 199 Abs. 1 BGB entfallen, da es letztlich auf andere Weise weitgehend erreicht wurde. Dies ändert aber grundsätzlich nichts daran, dass eine solche eindeutige Regel zur Verjährungsfrage des Anspruchs aus § 426 Abs. 1 BGB durchaus wünschenswert wäre.[40]

3. *Gesetzgebungsverfahren zur Schuldrechtsmodernisierung*

Allerdings war die Entstehungsgeschichte der Schuldrechtsmodernisierung mit dem o.g. Diskussionsentwurf noch nicht beendet. Im Gesetzgebungsverfahren zum Schuldrechtsmodernisierungsgesetz findet sich ein weiterer Anhaltspunkt,

---

[35] *Peters*, ZGS 2010, 154, 156 f.; *Schmidt-Kessel*, a.a.O., H. Rn. 118.
[36] Bundesministerium der Justiz (Hrsg.), Abschlussbericht, S. 109 ff.
[37] Bundesministerium der Justiz (Hrsg.), a.a.O., S. 109.
[38] Ebd.
[39] Ebd.
[40] So zuletzt *S. Meier*, Gesamtschulden, S. 654, 1019.

der für den Zeitpunkt der Leistung des Rückgriffgläubigers als Zeitpunkt der Entstehung des Anspruchs im Sinne von § 199 Abs. 1 Nr. 1 BGB spricht. So heißt es in der Beschlussempfehlung des Rechtsausschusses in Bezug auf § 426 Abs. 1 BGB wörtlich:

„Die regelmäßige Verjährungsfrist beginnt bei diesem Anspruch nicht vor dem Zeitpunkt, in dem der begünstigte Gesamtschuldner an den Gläubiger geleistet hat."[41]

Im oben bereits erwähnten Urteil des 7. BGH-Zivilsenats stellte dieser dazu fest, dass die Meinungsäußerung des Rechtsausschusses ohne Belang sei, da sie im Gesetz keinen Niederschlag gefunden habe und zudem auf einer „nicht fundierten Analyse der Rechtslage" beruhe.[42] An der Richtigkeit dieser Aussage bestehen allerdings erhebliche Zweifel.[43] Der 7. Zivilsenat setzte sich mit seiner Rechtsprechung in Widerspruch zur Rechtsprechung des 11. Senats, der seinen Standpunkt zur Fälligkeit des Bürgschaftsanspruchs gerade auf die Äußerung des Rechtsausschusses in jener Beschlussempfehlung stützt, und das, obwohl auch die Fälligkeit der Bürgschaftsanspruchs nicht ausdrücklich im Gesetz geregelt ist.[44] Weiterhin ist es entgegen der Auffassung des 7. Senats bereits fraglich, wie eine solche Regelung im Normtext hätte gefasst werden sollen, wäre doch die Klarstellung keine Frage der reformierten allgemeinen Verjährungsregeln, sondern eine solche Regelung vielmehr eine zum Gesamtschuldnerausgleich gewesen.[45] Überdies greift die Argumentation des BGH zu kurz, denn wenn schon die Lehre von der Einheitlichkeit des Ausgleichsanspruchs keinen Anknüpfungspunkt im Gesetz für sich in Anspruch nehmen kann, weshalb sollte dies nun gerade von der Interpretation des Gesetzgebers gefordert werden?[46]

Weiterhin vermag die vom 7. Zivilsenat aufgestellte These, dass die Einschätzung des Rechtsausschusses auf einer „rechtlich nicht fundierten Analyse" beruhe[47], nicht zu überzeugen. Sie kann allenfalls darauf gestützt werden, dass zum Zeitpunkt des Vorschlags des Rechtsausschusses die Entstehung des Ausgleichsanspruchs gemäß § 426 Abs. 1 BGB, ganz gleich in welcher Ausprägung (Mitwirkung, Befreiung oder Zahlung), weitgehend unstreitig war und mit der Begründung der Gesamtschuld zusammenfiel.[48] Bedeutsam ist insofern allerdings, dass der Beginn der Verjährung des Ausgleichsanspruchs vor der Schuldrechtsreform wegen der dreißigjährigen Verjährung nahezu irrelevant war, da der Anspruch praktisch als unverjährbar galt.[49] Als unmittelbare Folge der Schuld-

---

[41] BT-Drs. 14/7052, S. 195.
[42] BGHZ 181, 310, 315.
[43] *Hartmann/Lieschke*, WM 2011, 205, 207.
[44] Vgl. BHGZ 175, 161, 169, mit Verweis auf BT-Drs. 14/7052, S. 206.
[45] *Hartmann/Lieschke*, WM 2011, 205, 207.
[46] *Gebauer*, LMK 2010, 299711 sub 2a).
[47] BGHZ 181, 310, 315.
[48] RGZ 160, 148, 151; BGHZ 11, 170, 174; BGHZ 114, 117, 122.
[49] Bundesministerium der Justiz (Hrsg.), Abschlussbericht, S. 108; *Peters*, NZBau 2007, 337, 339.

rechtsreform und der mit ihr einhergehenden drastischen Verkürzung der Regelverjährungsfrist auf drei Jahre musste die Auswirkung auf den Ausgleichsanspruch aus § 426 Abs. 1 BGB näher betrachtet werden. Vor diesem Hintergrund sind die Äußerungen des Rechtsausschusses nur konsequent. Die Erwägungen des Rechtsauschusses sollten daher nicht nur darlegen, welche Auswirkungen die Verkürzung der Verjährung auf den Ausgleichsanspruch haben könnte. Den Aussagen des Rechtsausschusses kann vielmehr ein rechtspolitisches Ansinnen entnommen werden, für den Verjährungsbeginn des auf Zahlung gerichteten Gesamtschuldnerausgleichs auf die Leistung an den Gläubiger abzustellen. Festzuhalten ist an dieser Stelle, dass die Idee eines mit dem Zeitpunkt der Leistung entstehenden Ausgleichsanspruchs auch kein Novum war, sondern bereits im Gutachten zur Überarbeitung des Verjährungsrechts von *Peters* und *Zimmermann* so vorgeschlagen worden war.[50] Vor diesem Hintergrund ist die Auffassung des 7. Zivilsenats[51] verfehlt.

Schließlich ist anzumerken, dass der Verjährungsbeginn des Ausgleichanspruchs auch im Gesetzgebungsverfahren eine Rolle spielte.[52] Darüber geht der BGH in seiner Entscheidung etwas schmalspurig hinweg und meint, dies sei „ohne Belang".[53] Zwar ist dem BGH insofern zuzustimmen, dass sich die Erwägungen des Rechtsausschusses nicht im Wortlaut des Gesetzes wiederfinden lassen. Das führt aber im Ergebnis nicht dazu, dass jegliche Verwertung dieser Erwägungen ausgeschlossen ist. Gerade im Rahmen der Auslegung von Normen geben die Erwägungen aus dem Gesetzgebungsverfahren häufig zumindest einen Anhalt. Im Ergebnis wird durch sie das Verständnis der verjährungsrechtlichen Differenzierung zwischen Befreiungs- und Zahlungsanspruch weiter verdeutlicht, gerade auch, weil den bereits von *Peters* und *Zimmermann* vorgetragenen Bedenken[54] Rechnung getragen wird. Die Aussage des BGH geht daher zu weit und setzt sich nicht hinreichend mit den Gesetzesmaterialien auseinander.[55]

---

[50] *Peters/Zimmermann,* in: Gutachten und Vorschläge zur Überarbeitung des Schuldrechts, Band I, S. 77, 237.

[51] BGHZ 181, 310, 315.

[52] BT-Drs. 14/7052, S. 195.

[53] BGHZ 181, 310, 315.

[54] *Peters/Zimmermann,* in: Gutachten und Vorschläge zur Überarbeitung des Schuldrechts, Band I, S. 77, 237.

[55] Vgl. *Hartmann/Lieschke*, WM 2011, 205, 209.

III. Systematik

1. Inhaltliche Verschiedenheit von Befreiungs- und Zahlungsanspruch

Während der Zahlungsanspruch nur auf Zahlung und nichts anderes gerichtet ist, kann der Freihalteanspruch in unterschiedlicher „Gestalt“ auftreten, da Befreiung in verschiedener Form geleistet werden kann. Die effektivste Form ist die Abwehr des Angriffs eines Dritten, so wie § 100 VVG[56] dies im Fall des zur Freihaltung verpflichteten Haftpflichtversicherers explizit vorsieht.[57] Eine weitere Möglichkeit besteht darin, den Gläubiger zum Erlass seiner Forderung zu bewegen, indem man ihm anderweitige, den Verlust der Forderung kompensierende Vorteile offeriert.[58] Die Befriedigung der Forderung stellt dabei letztlich nur eine Möglichkeit der Freistellung dar, aber gerade nicht die einzige.[59] Außer inhaltlich unterscheiden sich beide Ansprüche auch in ihrer Abtretbarkeit, da nur der spätere Zahlungsanspruch frei abtretbar ist.[60] Schließlich unterscheiden sich beide Ansprüche auch in ihren Voraussetzungen voneinander: Während es beim Zahlungsregress notwendig ist, dass der Primärgläubiger tatsächlich beide Schuldner in Anspruch nehmen kann, entsteht der auf Freistellung gerichtete Anspruch aus § 100 VVG bereits dann, wenn der Gläubiger einen Anspruch gegen seine Schuldner (Versicherungsnehmer) nur behauptet. Der Haftpflichtversicherer muss also bereits dann zur Anspruchsabwehr „antreten“, wenn jemand Ansprüche gegen seinen Versicherungsnehmer behauptet.[61] Ebenso wie § 100 VVG umfasst der Befreiungsanspruch des § 426 Abs. 1 BGB nämlich auch die Verpflichtung, unbegründete Ansprüche abzuwehren.[62] Daher lässt sich das genannte Beispiel auch auf die meisten Fälle der Gesamtschuld übertragen.[63] Freihalte- und Zahlungsanspruch unterscheiden sich daher inhaltlich voneinander.

---

[56] „Bei der Haftpflichtversicherung ist der Versicherer verpflichtet […], unbegründete Ansprüche abzuwehren.“

[57] *Peters,* ZGS 2010, 154, 155.

[58] Ebd.

[59] BGH NJW-RR 2008, 256; *Peters,* NZBau 2007, 337, 340; *Grömer,* JuS 2009, 7, 9; *Schweer/Todorow,* NJW 2013, 2072, 2073 f.

[60] Vgl. RGZ 140, 373, 378: Ein Freihaltungsanspruch kann nur an den betreffenden Gläubiger abgetreten werden.

[61] *Lücke,* in: Prölss/Martin, VVG, 30 Aufl. 2018, § 100, Rn. 2 f.; *Schimikowski,* in: Rüffer/Halbach/Schim, VVG, 4. Aufl. 2020, § 100, Rn. 5; *Langheid,* in: Langheid/Rixecker, VVG, 6. Aufl. 2019, § 100, Rn. 29.

[62] BGH NJW-RR 2008, 256, Rn. 22; *Grüneberg,* in: Grüneberg, 81. Aufl. 2022, § 426, Rn. 4; *Gehrlein,* in: BeckOK BGB, 53. Ed. (Stand: 01.02.2020), § 426, Rn. 3.

[63] *Peters,* NZBau 2007, 337, 340.

2. Verjährungshemmung durch Klage auf Freihaltung und Bedeutung von § 213 BGB für den Verjährungsbeginn

Nunmehr ist zu klären, welche zivilprozessualen Folgen sich aus der Verschiedenheit des Freistellungs- und des Zahlungsanspruchs ergeben. Dabei soll der Blick zunächst auf die verjährungshemmende Wirkung der Klage auf Freihaltung und deren Reichweite gerichtet werden. Zwar kommt es eher selten vor, dass auf Freihaltung geklagt wird,[64] ist dies aber der Fall, ist hinsichtlich ihrer verjährungshemmenden Wirkung strikt zwischen den Regelungen in § 204 BGB und in § 213 BGB und ihrem jeweiligen Anwendungsbereich zu differenzieren.[65] Schließlich ist der Frage nachzugehen, ob sich der Systematik von § 213 BGB eine Aussage über den unterschiedlichen Verjährungsbeginn von Freihalte- und Zahlungsanspruch entnehmen lässt.

a) Reichweite und Problematik der Verjährungshemmung gem. § 204 Abs. 1 Nr. 1 BGB

Trotz der inhaltlichen Verschiedenheit der sich aus § 426 Abs. 1 BGB ergebenden Ansprüche geht die herrschende Lehre von einem einheitlichen materiell-rechtlichen Anspruch des ausgleichsberechtigten Gesamtschuldners aus.[66] Fraglich ist, ob auch ein einheitlicher prozessualer Anspruch, also ein einziger Streitgegenstand, vorliegt.

Weil häufig nur so ein sinnvolles prozessuales Vorgehen möglich ist, ist die Beantwortung dieser Frage aus Gläubigersicht von Bedeutung.[67] Gerade bei der Klagehäufung (§ 260 ZPO), Klageänderung (§ 263 ZPO), Rechtshängigkeit (§ 261 ZPO) und der Reichweite der materiellen Rechtskraft (§ 322 ZPO) kommt es entscheidend auf den Streitgegenstand an.[68] Darüber hinaus kommt dem Begriff des Streitgegenstands auch materiell-rechtliche Bedeutung zu. § 204 Abs. 1 Nr. 1 BGB schützt den Kläger vor der Verjährung seines „materiell-rechtlichen" Anspruchs, wenn auch nur im Rahmen des prozessualen Anspruchs.[69] Folgt man *Peters*, so stimmt der Streitgegenstand der auf Freihaltung gerichteten Klage

---

[64] Vgl. *Knacke*, BauR 1985, 270, 274; *Kniffka*, BauR 2005, 274, 276; *Bydlinski*, LMK 2017, 387534.

[65] Vgl. *Peters*, ZGS 2010, 154, 155 f.

[66] BGHZ 181, 310, 314; *Grüneberg,* in: Grüneberg, 81. Aufl. 2022, § 426, Rn. 4; *Looschelders*, in: Staudinger, Kommentar zum BGB, Neubearbeitung 2019, § 426, Rn. 8.

[67] *Lüke*, ZPO I, 11. Aufl. 2020, § 14, Rn. 1.

[68] *Reichold*, in: Thomas/Putzo, Kommentar ZPO, 40. Aufl. 2019, Einl. II, Rn. 2; *Becker-Eberhard,* in: Münch. Komm. ZPO, 6. Aufl. 2016, Vor § 253, Rn. 34; *Musielak*, in: Musielak/Voit, ZPO, 16. Aufl. 2019, Einleitung, Rn. 68.

[69] Vgl. BGHZ 132, 240, 243; BGH NJW 2009, 1950, 1951; *Henrich,* in: BeckOK BGB, 52. Ed. (Stand: 01.02.2020), § 204, Rn. 17; *Grothe,* in: Münch. Komm. BGB, 8. Aufl. 2018, § 204, Rn. 10; *Peters/Jacoby,* in: Staudinger, Kommentar zum BGB, Neubearbeitung 2019, § 204, Rn. 13, 22; *Althammer*, NJW 2011, 2172, 2174.

nicht mit dem Streitgegenstand der Zahlungsklage überein, da sich schon die Anträge auf Freihaltung und Zahlung voneinander unterscheiden.[70] Dies hätte zur Folge, dass eine Freihalteklage nicht zur Hemmung der Verjährung des Zahlungsanspruchs gem. § 204 Abs. 1 Nr. 1 BGB führte.[71] Der in Rede stehende Zahlungsanspruch könnte erst mit Fälligkeit, also nach Leistung des ausgleichberechtigten Gesamtschuldners an den Gläubiger im Wege der Leistungsklage, geltend gemacht und dann dessen Verjährung nach § 204 Abs. 1 Nr. 1 BGB gehemmt werden.[72] Dem hält die Rechtsprechung entgegen, dass der ausgleichsberechtigte Gesamtschuldner eine unbezifferte Feststellungsklage gegen die anderen Gesamtschuldner erheben könne, um die Verjährung des Ausgleichsanspruchs zu hemmen.[73]

aa) Bestimmung des Streitgegenstands

Es fragt sich, ob der Meinung von *Peters* zugestimmt werden kann. Zur Bestimmung des Streitgegenstands werden im Wesentlichen zwei Ansätze unterschieden,[74] wobei der sog. „zweigliedrige Streitgegenstandsbegriff“ als h.M. bezeichnet werden kann.[75] Danach bestimmt sich der Streitgegenstand der Klage durch den Antrag des Klägers, welcher die von ihm begehrte Rechtsfolge konkretisiert, und nach dem zugrunde liegenden Lebenssachverhalt, aus dem sich die beantragte Rechtsfolge ableiten lässt, dem sog. Klagegrund.[76] Somit kommt es zunächst auf den Klageantrag an,[77] welcher gem. § 253 Abs. 2 Nr. 2 ZPO inhaltlich hinreichend bestimmt sein muss. Für den ausgleichsberechtigten Gesamtschuldner bedeutet das, dass aus seinem Antrag sowohl die begehrte Rechtsfolge als auch der Anspruchsumfang rechtssicher ableitbar sein müssen. Sowohl eine auf

[70] *Peters*, ZGS 2010, 154, 155; *Peters*, NZBau 2007, 337, 341; *Lau*, Die Reichweite der Verjährungshemmung bei Klageerhebung, S. 70.

[71] *Peters*, ZGS 2010, 154, 155.

[72] *Peters*, NZBau 2007, 337, 341.

[73] BGHZ 181, 310, 315;

[74] Vgl. *Musielak*, in: Musielak/Voit, ZPO, 16. Aufl. 2019, Einleitung, Rn. 69 ff.: Demnach wird zwischen dem eingliedrigen und dem zweigliedrigen Streitgegenstandsbegriff differenziert. Allerdings divergieren die Ergebnisse trotz erheblicher Unterschiede im Ausgangspunkt nur in wenigen Fällen (vgl. *Musielak*, in: Musielak/Voit, ZPO, 16. Aufl. 2019, Einleitung, Rn. 68.), weshalb hier mit der h.M. dem sog. „zweigliedrigen Streitgegenstandsbegriff“ gefolgt wird.

[75] BGHZ 79, 245, 248 f.; BGHZ 117, 1, 5; BGHZ 157, 47, 50; BGHZ 168, 179, 184; *Becker-Eberhard,* in: Münch. Komm. ZPO, 6. Aufl. 2016, Vor § 253, Rn. 32 ff.; *Musielak*, in: Musielak/Voit, ZPO, 16. Aufl. 2019, Einleitung, Rn. 68 ff.; *Bacher*, in: BeckOK ZPO, 35. Ed. (Stand: 01.01.2020), § 253, Rn. 50 ff.; *Seiler*, in: Thomas/Putzo, ZPO, 40. Aufl. 2019, Einl. II, Rn. 11 ff.

[76] *Becker-Eberhard,* a.a.O., Vor § 253, Rn. 33.

[77] Die eingliedrige Streitgegenstandslehre stellt sogar allein auf den Klageantrag ab, vgl. *Schwab*, Der Streitgegenstand im Zivilprozess, S. 183 ff.; *Musielak*, in: Musielak/Voit, ZPO, 16. Aufl. 2019, Einleitung, Rn. 70.

„Befreiung" gerichtete Leistungsklage,[78] welche den Bestimmtheitsvoraussetzungen eines Klageantrags gem. § 253 Abs. 2 Nr. 2 ZPO entspräche,[79] als auch ein eindeutig bezifferter Antrag auf (anteilige) Zahlung wären daher hinreichend bestimmt.[80] Sinn und Zweck dieser Bestimmungen ist es, dass das Gericht die beantragte Rechtsfolge gem. § 308 Abs. 1 ZPO zusprechen kann („*iudex non eat ultra petita partium*") und das Urteil ohne Weiteres vollstreckungsfähig ist.[81]

Der bloße Antrag des ausgleichsberechtigten Gesamtschuldners auf „Ausgleich" reicht dagegen nicht, um den prozessualen Anspruch in hinreichender Form bestimmen zu können.[82] Ein allgemein „auf Ausgleich" tituliertes Urteil wäre zu unbestimmt und könnte nicht vollstreckt werden. Denn die Zwangsvollstreckung einer Geldforderung, also des Zahlungsanspruchs, richtet sich nach den §§ 803 ff., 828 ff. ZPO,[83] während der Befreiungs- und Mitwirkungsanspruch nach § 887 ZPO vollstreckt werden müsste,[84] und zwar auch dann, wenn die Verbindlichkeit in einer Geldzahlung besteht. Auch dann ist der Titel nämlich nicht auf unmittelbare Realisierung der Vermögenshaftung, sondern auf individuelle Leistung gerichtet, die nicht zwangsläufig durch Geldzahlung an den Drittgläubiger erfolgen muss.[85] Demnach ist ein allgemein „auf Ausgleich" gerichteter Klagantrag nicht hinreichend bestimmt. Dass ein derart unbestimmter Antrag auf der Grundlage des zweigliedrigen Streitgegenstandsbegriffs durch Rückgriff

---

[78] Die Befreiungsklage stellt eine Leistungsklage gem. § 253 ZPO und nicht etwa eine Feststellungsklage im Sinn des § 256 ZPO dar, vgl. *Güntner*, Der Anspruch auf Befreiung von einer Verbindlichkeit, S. 245; *Bacher*, in: BeckOK ZPO, 35. Ed. (Stand: 01.01.2020), § 253, Rn. 70; *Foerste*, in: Musielak/Voit, ZPO, 16. Aufl. 2019, § 253, Rn. 32.

[79] Vgl. *Güntner*, a.a.O., S. 246 f.; *Bacher*, a.a.O., § 253, Rn. 70; *Foerste*, a.a.O., § 253, Rn. 32; *Reichold*, in: Thomas/Putzo, ZPO, 40. Aufl. 2019, § 253, Rn. 11.

[80] Vgl. BGHZ 22, 54, 63; BGH NJW 1994, 586, 587; *Becker-Eberhard,* in: Münch. Komm. ZPO, 6. Aufl. 2016, § 253, Rn. 95; *Foerste*, a.a.O., § 253, Rn. 30, 34 f.; *Bacher*, a.a.O., § 253, Rn. 59 ff.; *Reichold*, a.a.O., § 253, Rn. 11 f.

[81] Vgl. BGH NJW 1999, 954; *Reichold*, a.a.O., § 253, Rn. 11; *Greger*, in: Zöller, ZPO, 33. Aufl. 2020, § 253, Rn. 13.

[82] a.A. *Althammer*, ZZP 123 (2010), 163, 180 ff., der bei der Bestimmung des Verfahrensgegenstands auf die materiell-rechtliche Wertung des § 213 BGB abstellt, so dass es seiner Meinung nach hauptsächlich auf das mit dem Antrag verfolgte „Interesse" ankommt. Solche Ansprüche hätten dann „einen Verfahrensgegenstand" (*Althammer*, ZZP 123 [2010], 163, 182). Bei dieser Ansicht handelt es sich um eine Einzelmeinung, die an dieser Stelle nicht ausführlicher behandelt werden soll. Da, wie später noch gezeigt wird, § 426 Abs. 1 BGB in den Anwendungsbereich von § 213 BGB fällt, würde es sich nach *Althammers* Ansatz wohl um einen Streitgegenstand handeln. Vgl. auch *Reichold*, in: Thomas/Putzo, ZPO, 40. Aufl. 2019, § 308, Rn. 2; *Musielak*, in: Musielak/Voit, ZPO, 16. Aufl. 2019, § 308, Rn. 4 ff.

[83] *Becker*, in: Musielak/Voit, ZPO, 16. Aufl. 2019, § 803, Rn. 5; *Herget*, in: Zöller, ZPO, 33. Aufl. 2020, § 803, Rn. 1.

[84] Vgl. RGZ 150, 77, 80; BGH NJW 1958, 497; *Seiler*, in: Thomas/Putzo, ZPO, 40. Aufl. 2019, § 887, Rn. 2b; *Gruber,* in: Münch. Komm. ZPO, 6. Aufl. 2016, § 887, Rn. 4.

[85] Vgl. RGZ 150, 77, 80; BGH JR 1983, 498; BGHZ 25, 1, 7; *Krüger,* in: Münch. Komm. BGB, 8. Aufl. 2019, § 257, Rn. 18; *Bischof*, ZIP 1984, 1444, 1445; *Bischoff*, ZZP 120 (2007), 237, 242 ff.; *Rimmelspacher*, JR 1976, 183 ff.;

auf den zugrunde liegenden (Lebens-)Sachverhalt ausgelegt und damit präzisiert werden könnte, ändert daran nichts. Zwar sind Konstellationen denkbar, in denen aus dem Sachverhalt hervorgeht, dass der Gesamtschuldner den Gläubiger bereits befriedigt hat und welche Haftungsquote im Innenverhältnis vereinbart war, sodass gesichert wäre, dass nun nicht Freistellung, sondern Zahlung in einer bestimmten Höhe verlangt wird. In diesem Zusammenhang könnte darüber nachgedacht werden, ob das Gericht durch entsprechende Auslegung des Klageantrags gem. §§ 133, 157 BGB zu dem Ergebnis gelangen könnte, dass der Antrag statt auf Ausgleich auf Zahlung gerichtet ist.[86] Jedoch ist die Zulässigkeit einer entsprechenden Auslegung des Klageantrags stark von der prozessualen Einzelfallsituation abhängig und scheidet meist aus. Die Grenzen der Auslegung sind nämlich erreicht, wenn der Kläger unmissverständlich ein bestimmtes Prozessziel verfolgt, selbst wenn dies seinem wohlverstandenen Eigeninteresse widerspricht.[87] Darüber hinaus sind auch die schutzwürdigen Belange des jeweiligen Klagegegners als Erklärungsadressaten zu berücksichtigen.[88] Kommt die Auslegung des Klageantrags nicht infrage, dann bleibt dem Gericht im Rahmen der materiellen Prozessleitung gem. § 139 Abs. 1 ZPO nur noch die Möglichkeit, durch gerichtliche Hilfestellung „prozessuale Waffengleicheit“[89] herzustellen und den Kläger auf eine Klageänderung hinzuweisen.[90]

Im Ergebnis wird deutlich, dass einer Klage auf Befreiung von einer Verbindlichkeit und einer Zahlungsklage unterschiedliche Streitgegenstände zugrunde liegen[91] und eine korrigierende Auslegung des Klageantrags durch das Gericht in der Regel ausscheidet.[92]

bb) Schutz vor Verjährung des nicht rechtshängigen Anspruchs

Geht man von unterschiedlichen Streitgegenständen aus, stellt sich aus der Perspektive des ausgleichsberechtigten Gesamtschuldners die Frage, mit welchen prozessualen Möglichkeiten er sich vor einer vorzeitigen Verjährung des Ausgleichsanspruchs schützen kann.

(1) Feststellungsklage

Zu denken wäre zunächst an eine positive Feststellungsklage des ausgleichsberechtigten Gesamtschuldners gem. § 256 Abs. 1 ZPO, welche auf Feststellung des

---

[86] Vgl. dazu BAG, Urt. v. 13.06.2021 – 7 AZR 459/10, Rn. 14 m.w.N.
[87] Vgl. dazu BAG, Urt. v. 13.06.2021 – 7 AZR 459/10, Rn. 14 m.w.N.
[88] BAG, Urt. v. 11.06.2013 – 9 AZR 668/11, Rn. 13.
[89] *Fritsche,* in: Münch. Komm. ZPO, 6. Aufl. 2020, § 139, Rn. 2.
[90] Vgl. *Seiler*, in: Thomas/Putzo, ZPO, 40. Aufl. 2019, § 139, Rn. 1; *Stadler*, in: Musielak/Voit, ZPO, 16. Aufl. 2019, § 139, Rn. 1; Siehe zur Klageänderung unten unter § 7 III. 2. a) bb) (3).
[91] *Peters,* ZGS 2010, 154, 155; *Peters*, NZBau 2007, 337, 341.
[92] *Peters,* ZGS 2010, 154, 155

Bestehens des Ausgleichsanspruchs gerichtet ist und so für den Eintritt der Verjährungshemmung gem. § 204 Abs. 1 Nr. 1 BGB ausreichen würde.[93] Eine solche Klage wäre wegen der Möglichkeit einer Leistungsklage (entweder auf Befreiung oder Zahlung) mangels Feststellungsinteresse unzulässig.[94] Der Rückgriffsgläubiger muss folglich also entweder Befreiung von seiner Verbindlichkeit gegenüber dem gemeinsamen Gläubiger oder nach erfolgter Zahlung Zahlung an sich selbst beantragen. Es ist allerdings zu bedenken, dass auch eine solche unzulässige Klage nach herrschender Meinung ebenfalls die Verjährung hemmen (§ 204 Abs. 1 Nr. 1 BGB) könnte.[95] Folglich wäre die Feststellungsklage durchaus ein geeignetes Mittel, um sich gegen eine vorzeitige Verjährung des Ausgleichsanspruchs abzusichern. Da es allerdings auch im Rahmen der Feststellungsklage dabei bleibt, dass die Verjährungshemmung sich gem. § 204 Abs. 1 Nr. 1 BGB nur auf den eingeklagten prozessualen Anspruch, also entweder die Befreiung oder die Zahlung beziehen kann, ist der hiervon gewährte Schutz als nicht sonderlich effektiv einzustufen.[96]

(2) Hilfsantrag

Eine weitere denkbare Möglichkeit wäre eine Klage des ausgleichsberechtigten Gesamtschuldners, die zunächst auf Mitwirkung oder Befreiung und hilfsweise, für den Fall zwischenzeitlicher Erfüllung der Gläubigerforderung, auf Zahlung gerichtet ist. Die Stellung eines Hilfsantrags ändert grundsätzlich nichts an der Verjährungshemmung gem. § 204 Abs. 1 Nr. 1 BGB, d.h. auch der Hilfsantrag wird von der Hemmungswirkung umfasst.[97] Hält man dies mit dem BGH grund-

[93] BGH NJW 1998, 2274, 2276; *Ellenberger,* in: Grüneberg, 81. Aufl. 2022, § 204, Rn. 2; *Henrich,* in: BeckOK BGB, 52. Ed. (Stand: 01.02.2020), § 204, Rn. 3; *Grothe,* in: Münch. Komm. BGB, 8. Aufl. 2018, § 204, Rn. 4; *Peters/Jacoby,* in: Staudinger, Kommentar zum BGB, Neubearbeitung 2019, § 204, Rn. 44; *Schmidt-Räntsch,* in: Erman, BGB, 15. Aufl. 2017, § 204, Rn. 2.

[94] Vgl. zum Feststellungsinteresse bei möglicher Leistungsklage: BGHZ 5, 314, 315; BGH NJW 1984, 1118, 1119; BGHZ 134, 201, 208 f.; *Becker-Eberhard,* in: Münch. Komm. ZPO, 6. Aufl. 2020, § 256, Rn. 54; *Foerste,* in: Musielak/Voit, ZPO, 16. Aufl. 2019, § 256, Rn. 12; *Bacher,* in: BeckOK ZPO, 35. Ed. (Stand: 01.01.2020), § 256, Rn. 26.

[95] BGHZ 39, 287, 291; BGHZ 103, 298, 302; BGH NJW 2011, 2193, 2194; *Henrich,* in: BeckOK BGB, 52. Ed. (Stand: 01.02.2020), § 204, Rn. 13; *Ellenberger,* in: Grüneberg, 81. Aufl. 2022, § 204, Rn. 5; *Peters/Jacoby,* in: Staudinger, Kommentar zum BGB, Neubearbeitung 2019, § 204, Rn. 44.

[96] Vgl. BGHZ 103, 298, 302; *Peters/Jacoby,* a.a.O., § 204, Rn. 44: Klage muss „auf das Bestehen des Anspruchs gerichtet sein […]; Feststellung des […] Rechtsverhältnisses reicht nicht aus". Eine Feststellungsklage, die sich auf das Bestehen der Ausgleichspflicht richtet, reicht daher wohl nicht. Erst recht muss dann für eine unzulässige Feststellungsklage gelten, dass diese eben nur für den konkreten prozessualen Anspruch zur Verjährungshemmung führt.

[97] Vgl. BGH NJW 1981, 678, 679; BGH NJW-RR 1994, 514, 515; *Ellenberger,* in: Grüneberg, 81. Aufl. 2022, § 204, Rn. 13; *Henrich,* in: BeckOK BGB, 52. Ed. (Stand: 01.02.2020), § 204, Rn. 17; *Grothe,* in: Münch. Komm. BGB, 8. Aufl. 2018, § 204, Rn. 6; *Peters/Jacoby,* a.a.O., 204, Rn. 44; *Schmidt-Räntsch,* in: Erman, BGB, 15. Aufl. 2017, § 204, Rn. 2.

sätzlich für zulässig, würde man auf diese Weise zu einem vollumfänglichen Schutz des ausgleichsberechtigten Gesamtschuldners vor der Verjährung seines Zahlungsanspruchs gelangen. Ein solcher Antrag würde zu einer Eventualklagehäufung gem. § 260 ZPO führen. Über einen solchen Hilfsantrag würde das Gericht daher nur entscheiden, wenn die für den Hilfsantrag erforderliche Bedingung eingetreten ist. Allerdings ist eine eventuelle objektive Klagehäufung nur zulässig, wenn der Hilfsantrag vom Eintritt einer innerprozessualen Bedingung abhängig gemacht wird,[98] also einer Bedingung, die der Einflussnahme des Klägers entzogen ist und nur von der Entscheidung des Gerichts abhängig ist.[99] Dadurch soll verhindert werden, dass von außen Unsicherheit in den Prozess hineingetragen wird.[100] Vorliegend hinge der Bedingungseintritt aber von einem „außerprozessualen" Ereignis ab, nämlich vom Verhalten des Rückgriffgläubigers, konkret der Zahlung an den gemeinsamen Gläubiger. Aus diesem Grund ist eine Klage auf Mitwirkung und Befreiung und hilfsweise auf Zahlung prozessual in dieser Situation nicht möglich. Im Ergebnis bleibt also festzuhalten, dass der Vorteil der Verjährungshemmung gem. § 204 Abs. 1 Nr. 1 BGB dem ausgleichsberechtigten Gesamtschuldner nicht durch Stellung eines Hilfsantrags auf Zahlung zuteil würde.

(3) Klageänderung

Für den Fall, dass der Rückgriffsgläubiger den Rückgriffsschuldner bereits auf Mitwirkung und Befreiung verklagt hat, zwischenzeitlich dann jedoch vom gemeinsamen Gläubiger auf Zahlung in Anspruch genommen wird, an diesen leistet und deshalb nur noch Zahlung verlangen kann, besteht für ihn die Möglichkeit einer Klageänderung gem. §§ 263 f. ZPO. Eine solche nachträgliche Klageänderung führt aber nur ex nunc zur Hemmung der Verjährung des später eingeklagten Zahlungsanspruchs, da gem. § 261 Abs. 2 ZPO erst zum Zeitpunkt der Rechtshängigkeit des neuen Streitgegenstands[101] die Verjährungshemmung nach § 204 Abs. 1 Nr. 1 BGB einsetzen kann.[102] Nichtsdestotrotz ist ein solches Vorgehen aus Gläubigersicht als durchaus sinnvoll zu bewerten.

Nicht ganz unumstritten ist dabei die Rechtsgrundlage, auf die sich die Änderung des Klageantrags stützt. Nach einer Ansicht kommt dafür § 264 Nr. 2

---

[98] *Foerste*, in: Musielak/Voit, ZPO, 16. Aufl. 2019, § 260, Rn. 8; *Bacher*, in: BeckOK ZPO, 35. Ed. (Stand: 01.01.2020), § 260, Rn. 6 f.; *Reichold*, in: Thomas/Putzo, ZPO, 40. Aufl. 2019, § 260, Rn. 8; *Greger*, in: Zöller, ZPO, 33. Aufl. 2020, Vor § 128, Rn. 20; *Becker-Eberhard*, in: Münch. Komm. ZPO, 6. Aufl. 2020, § 253, Rn. 19 m.w.N.

[99] BGH NJW 1996, 3147, 3150.

[100] *Becker-Eberhard*, in: Münch. Komm. ZPO, 6. Aufl. 2020, § 260, Rn. 11.

[101] *Foerste*, in: Musielak/Voit, ZPO, 16. Aufl. 2019, § 261, Rn. 6; *Becker-Eberhard*, in: Münch. Komm.-ZPO, 6. Aufl. 2016, § 261, Rn. 30.

[102] *Grothe,* in: Münch. Komm. BGB, 8. Aufl. 2018, § 204, Rn. 27; *Peters/Jacoby,* in: Staudinger, Kommentar zum BGB, Neubearbeitung 2019, § 204, Rn. 37; *Henrich,* in: BeckOK BGB, 52. Ed. (Stand: 01.02.2020), § 204, Rn. 14.

ZPO infrage.[103] Um eine Erweiterung oder Beschränkung des Klageantrags gem. § 264 Nr. 2 ZPO handelt es sich dann, wenn „quantitative und qualitative" Änderungen bei im Übrigen gleichbleibendem Klagegrund vorliegen.[104] Darunter ist auch die qualitative Umstellung des Klageantrags von Befreiung auf Zahlung zu fassen.[105] Eine andere Ansicht kommt unter Rückgriff auf § 263 ZPO zum selben Ergebnis, da die Klageänderung zulässig sein soll, wenn sie sachdienlich ist oder der Beklagte eingewilligt hat.[106] Für letztere Ansicht spricht, dass es sich bei Zahlungs- und Befreiungsanspruch, wie dargestellt,[107] um unterschiedliche Streitgegenstände handelt. Letztlich ändert diese Ansicht nichts am Ergebnis, da die Klageänderung in einem solchen Fall regelmäßig sachdienlich im Sinne von § 263 Alt. 2 ZPO sein wird.[108] Daraus folgt, dass die Klageänderung gem. § 263 ZPO die richtige Vorgehensweise für den ausgleichsberechtigten Gesamtschuldner ist, der zunächst auf Befreiung geklagt hat, dieses Begehren wegen der späteren Inanspruchnahme durch den gemeinsamen Gläubiger jedoch nicht mehr aufrechterhalten kann.

cc) Materiell-rechtliche Lösung über §§ 204 Abs. 1 Nr. 1, 213 BGB

Wenn man nun also davon ausgeht, dass es sich bei Befreiungs- und Zahlungsanspruch um unterschiedliche Streitgegenstände handelt, stellt sich für den ausgleichsberechtigten Gesamtschuldner die Frage nach der Hemmung des nicht von ihm klageweise geltend gemachten Anspruchs. Wie eben dargestellt, besteht zwar die Möglichkeit, die erhobene Klage gem. § 263 ZPO zu ändern, jedoch schützt diese Maßnahme den Rückgriffsgläubiger gerade nicht hinreichend, da so nur eine Verjährungshemmung ex nunc bewirkt werden kann.

Um dieses Dilemma zu lösen und den ausgleichsberechtigten Gesamtschuldner zu schützen, sind, da dies dem Prozessrecht wie gezeigt nicht gelingt, zwei Möglichkeiten aus dem materiellen Recht denkbar:

Eine dieser beiden Möglichkeiten besteht darin, mit Teilen der Rechtsprechung und der Literatur § 204 Abs. 1 Nr. 1 BGB ausnahmsweise extensiv anzuwenden und sich so von der engen Bindung an den Begriff des Streitgegenstands

---

[103] Nur § 264 Nr. 2, 3 ZPO stellen einen Fall der Klageänderung dar, vgl. *Reichold*, in: Thomas/Putzo, ZPO, 40. Aufl. 2019, § 264, Rn. 1; § 264 Nr. 1 ZPO stellt hingegen begrifflich schon keine Klageänderung dar; vgl. *Greger*, in: Zöller, ZPO, 33. Aufl. 2020, 264, Rn. 1; *Foerste*, in: Musielak/Voit, ZPO, 16. Aufl. 2019, § 264, Rn. 2.

[104] Vgl. *Reichold*, a.a.O., § 264, Rn. 3; *Greger*, a.a.O., § 264, Rn. 3; *Foerste*, a.a.O., § 264, Rn. 3.

[105] BGH NJW 1994, 944, 945; BGH NJW 1994, 2896, 2897; *Reichold*, a.a.O., § 264, Rn. 4; *Greger*, a.a.O., § 264, Rn. 3b; *Foerste*, a.a.O., § 264, Rn. 3.

[106] *Grömer*, MDR 1995, 240 f.

[107] Vgl. oben § 7 III. 2. a) aa) a.E.

[108] *Grömer*, MDR 1995, 240 f., *Güntner*, Der Anspruch auf Befreiung von einer Verbindlichkeit, S. 249.

zu lösen.[109] Die andere Möglichkeit besteht im Rückgriff auf § 213 BGB.[110] Das Verhältnis beider Vorschriften zueinander ist ungeklärt und mitunter nicht unproblematisch. Während eine Ansicht davon ausgeht, dass die Auslegung von § 204 BGB nicht durch die Existenz des § 213 BGB beeinflusst werden dürfe,[111] steht eine andere auf dem Standpunkt, dass gerade die Existenz von § 213 BGB für eine enge Auslegung von § 204 BGB spreche.[112] Wegen der zuvor erläuterten Streitgegenstandsproblematik wird der Streitentscheid zusätzlich verkompliziert, da es zu einer Einbeziehung prozessualer Überlegungen in einen materiell-rechtlichen Kontext kommt, was freilich an der historischen Verwurzelung der Verjährung im Prozessrecht[113] liegen mag.

Für eine extensive Anwendung von § 204 Abs. 1 Nr. 1 BGB spricht vor allem, dass es sich um eine materiell-rechtliche Vorschrift handelt, deren Auslegung und Anwendungsbereich daher hauptsächlich durch materiell-rechtliche Wertungskriterien bestimmt werden sollte.[114]

Im Einzelfall kann es sogar zweckmäßig sein, die verjährungshemmende Wirkung der Klage auf Ansprüche zu erstrecken, die das Merkmal der „materiell-rechtlichen Wesensgleichheit" aufweisen.[115] Das Merkmal der Wesensgleichheit verlange, dass trotz Verschiedenheit der Klageanträge der Klagegrund im Wesentlichen schon Gegenstand des Verfahrens war[116] oder zumindest das identische Interesse weiterverfolgt werde.[117] Diese durchaus recht weite Definition, welche schon auf die Rechtsprechung zu § 209 Abs. 1 BGB a.F. zurückzuführen ist, lässt sich auch ohne Weiteres auf den Ausgleichsanspruch aus § 426 Abs. 1 BGB anwenden. Da sich beim Ausgleichsanspruch unter Gesamtschuldnern gem. § 426 Abs. 1 BGB zwar die Klageanträge unterscheiden, die materiell-rechtliche Anspruchsgrundlage jedoch gleichbleibt, ließe sich so die Rechtsprechung zu § 209 Abs. 1 BGB a.F., der bis auf die Anordnung der Verjährungshemmung in seinem Wortlaut mit § 204 Abs. 1 Nr. 1 BGB weitgehend übereinstimmt,[118] letztlich auf die letztgenannte Vorschrift übertragen.

---

[109] Vgl. BGHZ 66, 138, 141 f.; BGH NJW 1983, 388, 389; BGHZ 132, 240, 243 f.; BGH NJW-RR 2009, 544, Rn. 19; *Grothe,* in: Münch. Komm. BGB, 8. Aufl. 2018, § 204, Rn. 10; *Wolf,* in: FS Schumann, 2001, S. 579, 580 ff.

[110] Vgl. *Lau,* Die Reichweite der Verjährungshemmung bei Klageerhebung, S. 119; *Peters,* ZGS 2010, 154, 155 f.; *Peters/Jacoby,* in: Staudinger, Kommentar zum BGB, Neubearbeitung 2019, § 204, Rn. 22; *Henrich,* in: BeckOK BGB, 52. Ed. (Stand: 01.02.2020), § 204, Rn. 17.

[111] *Grothe,* a.a.O., § 204, Rn. 10.

[112] *Peters,* ZGS 2010, 154, 155; *Lau,* Die Reichweite der Verjährungshemmung bei Klageerhebung, S. 24 f., 119; *Mansel,* in: NK-BGB, 3. Aufl. 2016, § 204, Rn. 45.

[113] *Zimmermann,* JZ 2000, 853, 854.

[114] Vgl. *Henckel,* JZ 1962, 335, 336; *Wolf,* in: FS Schumann, 2001, S. 579, 580 ff.; *Grothe,* in: Münch. Komm. BGB, 8. Aufl. 2018, § 204, Rn. 10.

[115] Vgl. BGH NJW 1983, 388, 389, BGH NJW-RR 2009, 544; *Grothe,* a.a.O., § 204, Rn. 10.

[116] BGHZ 132, 240, 244; *Grothe,* a.a.O., § 204, Rn. 10.

[117] BGH NJW 1983, 388, 389; *Henckel,* JZ 1962, 335, 337; ähnlich *Schmidt-Räntsch,* in: Erman, BGB, 15. Aufl. 2017, § 204, Rn. 7.

[118] Vgl. BT-Drs. 14/6040, S. 113.

Gegen eine extensive Anwendung von § 204 Abs. 1 Nr. 1 BGB, die nicht von einer strengen Anknüpfung an prozessuale Begrifflichkeiten ausgeht, spricht zunächst, dass wegen § 213 BGB kein Bedarf für eine solche Auslegung mehr besteht. Im Übrigen spreche gegen § 213 BGB zwar, dass er zwei unterschiedliche materiell-rechtliche Ansprüche voraussetze und so z.B. im Fall einer Wahlschuld gem. § 262 BGB keine Anwendung finde, weil in diesem Fall nur ein einziger, einheitlicher Anspruch mit alternativem Inhalt gegeben sei.[119] Überdies sei § 213 BGB gerade bei solchen Ansprüchen, die kumulativ geltend gemacht werden könnten, nicht anwendbar.[120]

Auf den gesamtschuldnerischen Ausgleichsanspruch übertragen ist allerdings festzuhalten, dass dieser gerade keinen Fall der gesetzlichen Wahlschuld darstellt. Anders als bei der Wahlschuld hängt der Anspruchsinhalt hier nämlich nicht von der Wahl des ausgleichsberechtigten oder ausgleichsverpflichteten Gesamtschuldners ab, sondern davon, ob die Gesamtschuldner bereits vom Primärgläubiger in Anspruch genommen wurden oder nicht. Danach bestimmt sich in der Folge nämlich auch die Ausprägung des Ausgleichsanspruchs, der dann entweder in Form eines Zahlungs- oder eines Mitwirkungs- und Befreiungsanspruchs gegeben ist. Diese beiden Ansprüche können alternativ, nicht hingegen nebeneinander geltend gemacht werden. Die ganz h.M. nimmt allerdings an, dass § 213 BGB auf Ansprüche anwendbar ist, die in alternativer oder in elektiver Konkurrenz zueinander stehen.[121] Seinem Wortlaut nach ist § 213 BGB heranzuziehen, wenn die Ansprüche auf demselben rechtlichen Grund beruhen. Der Gesetzgeber versteht darunter solche Ansprüche, die im Wesentlichen ein wirtschaftlich identisches Leistungsinteresse verfolgen.[122] Um sein wirtschaftliches Interesse zu verfolgen, sei es erforderlich, dass „der Gläubiger von einem Anspruch auf den anderen Anspruch übergehen“ könne.[123]

Diese Aussage betrifft auch den Anspruch aus § 426 Abs. 1 BGB. Der einheitlich verstandene Ausgleichsanspruch aus § 426 Abs. 1 BGB ist im Wesentlichen auf den Ausgleich zwischen den Gesamtschuldnern nach der Haftungsquote im Innenverhältnis gerichtet.[124] Vor der Inanspruchnahme ist das wirtschaftliche In-

---

[119] Vgl. *Lakkis*, in: jurisPK-BGB, 8. Aufl. 2017 (Stand: 02.01.2019), § 213, Rn. 11; *Arnold*, in: NK-BGB, 4. Aufl. 2021, § 263, Rn. 5; so auch BT-Drs. 14/6857, S. 46; differenzierend: *Grothe*, in: Münch. Komm. BGB, 8. Aufl. 2018, § 213, Rn. 4.

[120] *Lakkis*, a.a.O., § 213, Rn. 5; *Schmidt-Räntsch*, in: Erman, BGB, 15. Aufl. 2017, § 213, Rn. 4; *Peters/Jacoby*, in: Staudinger, Kommentar zum BGB, Neubearbeitung 2019, § 213, Rn. 7.

[121] *Grothe*, in: Münch. Komm. BGB, 8. Aufl. 2018, § 213, Rn. 4; *Schmidt-Räntsch*, a.a.O., § 213, Rn. 4; *Peters/Jacoby*, a.a.O., § 213, Rn. 1; *Ellenberger*, in: Grüneberg, 81. Aufl. 2022, § 213, Rn. 3.

[122] Vgl. BT-Drs. 14/6040, S. 122; ähnlich *Ellenberger*, a.a.O., § 213, Rn. 3; *Henrich*, in: BeckOK BGB, 52. Ed. (Stand: 01.02.2020), § 213, Rn. 3 ff.

[123] BT-Drs. 14/6040, S. 122.

[124] Vgl. *Ehmann*, Die Gesamtschuld, S. 106 ff.; *Walker*, in: Brox/Walker, Allgemeines Schuldrecht, 43. Aufl. 2019, § 37, Rn. 15 ff.; *Bydlinski*, in: Münch. Komm. BGB, 8. Aufl. 2018,

teresse darin zu sehen, nicht über die eigene, sich aus dem Innenverhältnis ergebende Haftungsquote hinaus in Anspruch genommen zu werden, weshalb der Regressgläubiger Mitwirkung bei der Befreiung des Primärgläubigers verlangen kann.[125] Leistet der ausgleichsberechtigte Gesamtschuldner, wird dieses wirtschaftliche Interesse jedoch nicht wesentlich verändert, da der Zahlungsanspruch im Ergebnis auch nur auf Herstellung des durch das Innenverhältnis bestimmten Haftungsanteils abzielt. Es lässt sich daher festhalten, dass der Befreiungs- und der Zahlungsanspruch trotz ihres unterschiedlichen Leistungsinhalts auf dasselbe wirtschaftliche Interesse gerichtet sind.

Zwar geht eine andere Ansicht davon aus, dass mit demselben rechtlichen Grund nicht gemeint sei, dass die Ansprüche auf dasselbe wirtschaftliche Interesse gerichtet sein müssten,[126] sondern vielmehr solche Ansprüche von § 213 BGB erfasst sein sollten, die sich aus „demselben Lebenssachverhalt" ergäben.[127] Dies führt jedoch im Hinblick auf die Anwendbarkeit von § 213 BGB auf den Anspruch aus § 426 Abs. 1 BGB zu keinem anderen Ergebnis. Letztlich wird so nur verdeutlicht, dass der Zweck von § 213 BGB gerade darin besteht, die Diskussionen um den prozessualen Streitgegenstandsbegriff zu entschärfen.[128] § 213 BGB soll für den Fall, dass mehrere prozessuale Ansprüche vorliegen, die jedoch auf einem einheitlichen Anspruchsgrund beruhen, zum Schutz des Gläubigers eine Erstreckung der verjährungshemmenden Wirkung herbeiführen und weiterhin das Stellen von Hilfsanträgen für ihn obsolet machen.[129] Vor Einführung von § 213 BGB konnte die Verjährungshemmung bei differierenden Anträgen und gleichbleibendem Klagegrund nur über eine extensive Auslegung von § 209 Abs. 1 BGB a.F. erreicht werden. Diese Lücke hat der Gesetzgeber erkannt und sie mit § 213 BGB geschlossen, wodurch sich der im Prozessrecht entstandene materiell-rechtliche Konflikt der Verjährungshemmung zumindest praktisch größtenteils erledigt hat.

Schlussendlich ist festzuhalten, dass der Mitwirkungs- und Befreiungsanspruch und der Zahlungsanspruch zwar unterschiedliche Streitgegenstände aufweisen, dies an einer einheitlichen Verjährungshemmung allerdings nichts zu än-

---

§ 426, Rn. 1, 3 f.; *Looschelders*, in: Staudinger, Kommentar zum BGB, Neubearbeitung 2017, § 426, Rn. 1, 7.

[125] Vgl. oben § 1 III. 1. und 2.

[126] Vgl. *Jauß*, Jura 2018, 598, 604; *Peters/Jacoby*, in: Staudinger, Kommentar zum BGB, Neubearbeitung 2019, § 213, Rn. 5; *Schmidt-Räntsch*, in: Erman, BGB, 15. Aufl. 2017, § 213, Rn. 2 f.

[127] Vgl. BAG NJW 2014, 717, Rn. 30; *Jauß*, a.a.O., 605 f.; *Peters/Jacoby*, a.a.O., § 213, Rn. 3; *Schmidt-Räntsch*, a.a.O., § 213, Rn. 1, 3.

[128] *Lakkis*, in: jurisPK-BGB, 8. Aufl. 2017 (Stand: 02.01.2019), § 213, Rn. 3.

[129] Vgl. BT-Drs. 14/6040; *Henrich*, in: BeckOK BGB, 52. Ed. (Stand: 01.02.2020), § 213, Rn. 1; *Grothe*, in: Münch. Komm. BGB, 8. Aufl. 2018, § 213, Rn. 1; *Schmidt-Räntsch*, in: Erman, BGB, 15. Aufl. 2017, § 213 BGB, Rn. 1; *Peters/Jacoby*, in: Staudinger, Kommentar zum BGB, Neubearbeitung 2019, § 213, Rn. 1 f.; *Ellenberger*, in: Grüneberg, 81. Aufl. 2022, § 213, Rn. 1.

dern vermag. Die Erstreckung der Verjährungshemmung lässt sich daher problemlos auf § 213 BGB stützen, während für eine extensive Anwendung von § 204 Abs. 1 Nr. 1 BGB kein Raum mehr besteht.

dd) Zusammenfassung und Ergebnis

Nach alledem bilden Mitwirkungs- und Befreiungsantrag einerseits und der Zahlungsantrag andererseits unterschiedliche prozessuale Ansprüche. Der ausgleichsberechtigte Gesamtschuldner muss sich daher entscheiden, wie er die Verjährung des nicht eingeklagten Anspruchs verhindern kann. Die Erhebung einer Feststellungsklage gem. § 256 ZPO sowie einer allgemein auf „Ausgleich" gerichtete Klage stellen dabei kein geeignetes Vorgehen dar. Selbst wenn man meint, auch eine unzulässige Klage könne die Verjährung hemmen, würde die Hemmung lediglich den prozessualen Anspruch erfassen. Ebenso wenig kommt eine Eventualklagehäufung gem. § 260 ZPO in Betracht, allerdings kann eine auf Mitwirkung und Befreiung gerichtete Klage gem. § 263 ZPO auf Zahlung umgestellt werden. Der Nachteil der Klageänderung besteht darin, dass die Verjährung des nicht eingeklagten Anspruchs erst ex nunc gehemmt wird. Ist der Rechtsstreit allerdings bereits beendet und hat einer der Gesamtschuldner einen rechtskräftigen Titel auf Mitwirkung und Befreiung erwirkt und an den Primärgläubiger geleistet, erfasst das Urteil nicht den Zahlungsanspruch gegen die ausgleichspflichtigen Gesamtschuldner (§ 197 Abs. 1 Nr. 3 BGB). Um dessen Verjährung zu hemmen, muss er nochmals, dieses Mal mit dem Klageantrag auf Zahlung, gegen die Regressschuldner vorgehen, ein aus Sicht des Regressgläubigers wenig zufriedenstellender Umstand. Allerdings stellt sich das Problem in der Praxis wohl nur selten. Die Gesamtschuldner befassen sich mit der Ausgleichsthematik nämlich in der Regel erst im Falle einer Inanspruchnahme durch den Primärgläubiger. Aus Sicht des Regressgläubigers empfiehlt es sich daher, (zunächst) nur in Höhe des letztlich auf ihn im Innenverhältnis entfallenden Anteils an den Primärgläubiger zu zahlen und hinsichtlich des übrigen Betrages aus dem bereits erwirkten Titel auf Mitwirkung gegen die Rückgriffsschuldner vorzugehen.[130]

Um diesen Problemen zu entgehen, bedarf es eines Rückgriffs auf die materiell-rechtliche Vorschrift des § 213 BGB, die den Ausgleichsgläubiger einheitlich vor der Verjährung des Anspruchs aus § 426 Abs. 1 S. 1 BGB schützen soll. Ob und welche Rückschlüsse aus der Anwendbarkeit von § 213 BGB auf den Verjährungsbeginn des Gesamtschuldnerausgleichs gezogen werden können, wird im nächsten Abschnitt untersucht.

---

[130] Zahlt der Regressgläubiger voll, so hat er wegen der oben vertretenen Ansicht keinen Titel auf Zahlung an ihn selbst, aus dem er vollstrecken kann, da er ja auf Mitwirkung geklagt hatte.

b) Rückschluss aus der Anwendbarkeit von § 213 BGB auf den Verjährungsbeginn

Da die Klagen des Rückgriffsgläubigers auf Mitwirkung bzw. Befreiung und die Zahlungsklage gegen Regressschuldner unterschiedliche Streitgegenstände sind[131] und § 204 Abs. 1 Nr. 1 BGB nur zur Verjährungshemmung des materiellen Anspruchs führt, der dem Streitgegenstand zugrunde liegt,[132] ist der ausgleichsberechtigte Gesamtschuldner vor der Verjährung des nicht eingeklagten Zahlungsanspruchs zu schützen. Nach zutreffender Ansicht[133] wird dieser Schutz über § 213 BGB erreicht, der auf § 426 Abs. 1 BGB angewandt wird.[134] § 213 BGB enthält die Hemmung der Verjährung der Ansprüche, „die aus demselben Grunde wahlweise neben dem Anspruch oder an seiner Stelle gegeben sind". Geklärt ist damit jedoch nur die Erstreckung der Verjährungshemmung auf den nicht eingeklagten Anspruch. Zu klären ist aber zusätzlich, ob sich aus § 213 BGB ein systematischer Rückschluss auf die Entstehung des Zahlungsanspruchs – und damit auf dessen Verjährungsbeginn – ziehen lässt oder sich der Aussagegehalt der Norm in der Hemmungswirkung erschöpft.

Peters bejaht Letzteres. Der Wortlaut von § 213 BGB regle gerade nicht den erstmaligen Beginn der Verjährung. Im Wortlaut des § 213 BGB liege daher entweder ein „Analogie- oder Umkehrschluss, unbedachtes oder beredtes Schweigen", wobei er das zuletzt Genannte annimmt.[135] Weiterhin könne eine Parallele zum Verhältnis zwischen dem Erfüllungsanspruch und dem Anspruch auf Schadensersatz statt der Leistung gezogen werden.[136] Diese Ansprüche seien wie der Freihaltungs- und Zahlungsanspruch der Gesamtschuldner auf dasselbe wirtschaftliche Interesse gerichtet, unterlägen allerdings einer eigenständigen Verjährung. Dass der gegenwärtige (Erfüllungs-)Anspruch mit seiner Entstehung zu verjähren begonnen habe, bedeute noch nicht, dass man sich bereits gegenwärtig um die Verjährung desjenigen Anspruchs sorgen müsse, der irgendwann in der Zukunft an seine Stelle treten werde. Solange der Schadensersatzgläubiger Erfüllung verlangen könne, brauche er sich auch nicht um die Verjährung des Schadensersatzes zu kümmern, was sich auch auf das Verhältnis von Freistellungs- und Zahlungsanspruch übertragen lasse.[137]

Das von *Peters* vertretene Ergebnis überzeugt. Schon bei Betrachtung des Wortlauts von § 213 BGB fällt auf, dass dieser nur die Verjährungs- und die Ablaufhemmung sowie den Neubeginn der Verjährung, nicht aber den Verjährungsbeginn als solchen, nennt. Dieser Aufzählung lässt sich das Ziel des § 213

---

[131] Vgl. oben § 7 III. 2. a) aa).

[132] Vgl. BGHZ 132, 240, 243; BGH NJW 2009, 1950, 1951; *Henrich*, in: BeckOK BGB, 52. Ed. (Stand: 01.02.2020), § 204, Rn. 17; *Grothe*, in: Münch. Komm. BGB, 8. Aufl. 2018, § 204, Rn. 10; *Lau*, Die Reichweite der Verjährungshemmung bei Klageerhebung, S. 70.

[133] Vgl. zuvor § 7 III. 2. a) dd).

[134] *Peters*, NZBau 2007, 337, 341; *Peters*, ZGS 2010, 154, 155 f.

[135] *Peters*, ZGS 2010, 154, 155.

[136] *Peters*, a.a.O., 155 f.

[137] Ebd.

BGB entnehmen, den Gläubiger davor zu schützen, dass ein Anspruch, der aus anderen Gründen zu verjähren begonnen hat, dem Gläubiger aber aus demselben Grund gegen denselben Schuldner zusteht, trotz rechtzeitiger Rechtsverfolgung des anderen Anspruchs verjährt. Dieser Schutz der Wirkungserstreckung bezieht sich allerdings nur auf die Verjährungshemmung, die Ablaufhemmung sowie den Verjährungsneubeginn.[138] Eine analoge Anwendung von § 213 BGB auf den Verjährungsbeginn scheidet schon wegen des Fehlens einer planwidrigen Regelungslücke aus.[139] § 213 BGB regelt daher nicht den Verjährungsbeginn, sondern nur das Verjährungsschicksal der in der Norm bezeichneten Ansprüche. Daraus folgt für den Anspruch aus § 426 Abs. 1 BGB, dass sowohl der Verjährungsbeginn des Mitwirkungs- und Befreiungsanspruchs als auch der Verjährungsbeginn des Zahlungsanspruchs jeweils eigenen Voraussetzungen unterliegen können.

Weiterhin überzeugt in systematischer Hinsicht auch der Vergleich mit anderen Ansprüchen, deren Verjährungsbeginn unterschiedlich ist, obwohl sie auf dasselbe wirtschaftliche Interesse gerichtet sind. *Peters* rekurriert in seinen Ausführungen auf das Verhältnis zwischen dem Erfüllungsanspruch und dem Anspruch auf Schadensersatz statt der Leistung.[140] Dies ist ein Vergleich, der sachlich nicht schon deshalb zu überzeugen vermag, weil eine Vielzahl von Stimmen in der Literatur § 213 BGB auf das Verhältnis von Erfüllungs- und Schadensersatzanspruch für anwendbar halten.[141] Zusätzlich bestehen zwischen diesen Ansprüchen auch verjährungsrechtliche Parallelen, gerade was den Verjährungsbeginn angeht. So wurde zwar vor der Schuldrechtsreform noch die Meinung vertreten, für den Schadensersatzanspruch müsse dieselbe Verjährungsfrist wie für den Erfüllungsanspruch gelten.[142] Teile des Schrifttums meinten sogar, die Verjährungsfrist des Schadensersatzanspruches solle bereits mit der des Erfüllungsanspruchs zu laufen beginnen.[143] Die Judikatur und das überwiegende Schrifttum lehnten einen einheitlichen Beginn der Verjährung des Erfüllungsanspruchs und der Sekundäransprüche jedoch ab.[144] Für das heutige Recht dürfte mittlerweile wohl überwiegend anerkannt sein, dass für den Anspruch auf Schadensersatz statt der Leistung eine eigene Verjährungsfrist gilt.[145] Demzufolge rich-

---

[138] *Lau*, Die Reichweite der Verjährungshemmung bei Klageerhebung, S. 198 f.

[139] Ausführlich dazu: *Lau*, a.a.O., S. 199 f.

[140] *Peters*, ZGS 2010, 154, 156; zur „wirtschaftlichen Identität“ dieser Ansprüche bei *Peters*, JZ 1989, 749, 750.

[141] *Ellenberger,* in: Grüneberg, 81. Aufl. 2022, § 213, Rn. 3; *Schmidt-Räntsch*, in: Erman, BGB, 15. Aufl. 2017, § 213, Rn. 5; *Peters/Jacoby,* in: Staudinger, Kommentar zum BGB, Neubearbeitung 2019, § 213, Rn. 3; differenzierend: *Grothe,* in: Münch. Komm. BGB, 8. Aufl. 2018, § 213, Rn. 5; *Henrich,* in: BeckOK BGB, 52. Ed. (Stand: 01.02.2020), § 213, Rn. 5.

[142] Vgl. BGHZ 107, 179, 184; BGHZ 142, 36, 44 f.

[143] *Henckel*, Parteilehre und Streitgegenstand im Zivilprozess, S. 261 f.; *Peters,* in: Staudinger, Kommentar zum BGB, 2001, § 195 a.F., Rn. 13; *Peters*, JZ 1988, 762 zu § 326 BGB a.F.; *Peters*, JZ 1989, 749, 750; *Reinecke/Tiedke*, ZIP 1999, 1905, 1906 f.

[144] RGZ 128, 76, 79; BGHZ 107, 179, 184; BGH WM 1998, 548, 549; BGH NJW 1999, 2884, 2886.

[145] *Riehm,* in: BeckOGK BGB, Stand: 01.02.2020, § 283, Rn. 65; *Schwarze,* in: Staudinger,

tet sich der Verjährungsbeginn des Schadensersatzanspruchs grundsätzlich nach § 199 Abs. 1 BGB.[146] Beim Schadensersatz wegen nachträglicher Unmöglichkeit gem. §§ 280 Abs. 1, Abs. 3, 283 S. 1 BGB beginnt die Verjährungsfrist in der Regel erst dann, wenn der Schuldner gem. § 275 Abs. 1 BGB von der Primärleistungspflicht befreit worden ist.[147]

Diese Grundsätze lassen den Schluss zu, dass, wenn der Erfüllungsanspruch und der Schadensersatzanspruch statt der Leistung – obwohl auf dasselbe wirtschaftliche Interesse gerichtet und wie der Ausgleichsanspruch zwischen Gesamtschuldnern von § 213 BGB erfasst – jeweils nach eigenen Regeln verjähren, dass dann auch eine eigene Verjährung und ein eigener Verjährungsbeginn von Befreiungs- und Zahlungsanspruch im Rahmen der Gesamtschuld angenommen werden kann.

Dagegen lässt sich auch nicht vorbringen, dass es durch die Annahme eines eigenständigen Verjährungsbeginns des Zahlungsanspruchs gar nicht mehr auf § 213 BGB ankomme oder sich zumindest dessen Anwendungsbereich erheblich verkleinere. *Peters* selbst lässt zwar offen, warum § 213 BGB den Gläubiger vor der Verjährung von Ansprüchen schützen soll, die auf das identische wirtschaftliche Interesse gerichtet sind, wenn diese dann ohnehin erst später zu verjähren beginnen. Werde der Freihaltungsanspruch eingeklagt und dadurch dessen Verjährung gem. § 204 Abs. 1 Nr. 1 BGB gehemmt, käme es für die Erstreckung der Hemmungswirkung auf den Zahlungsanspruch erst dann auf § 213 BGB an, wenn Letzterer selbst fällig werde.[148] Doch führt diese Annahme nur auf den ersten Blick zu einem verkleinerten Anwendungsbereich von § 213 BGB. Dieser entfaltet seinen Schutz hinsichtlich der Erstreckung der Verjährungswirkung nämlich gerade dann, wenn der Gläubiger den falschen Anspruch einklagt, also auf Befreiung und Mitwirkung anstelle von Zahlung klagt.[149] Weiterhin findet § 213 BGB auch dann Anwendung, wenn der geltend gemachte Anspruch nicht oder nicht mehr besteht.[150] Dies deckt sich mit dem Grundsatz, dass ein Anspruch im Hinblick auf seine Verjährung bereits dann durch Klage gehemmt werden kann, bevor er entstanden ist bzw. all seine Anspruchsvoraussetzungen vorliegen und substantiiert vorgetragen werden können.[151] Überdies greift die von § 213

Kommentar zum BGB, Neubearbeitung 2019, § 283, Rn. 83; *Ernst*, in: Münch. Komm BGB, 8. Aufl. 2018, § 283, Rn. 28; *Peters/Jacoby*, in: Staudinger, Kommentar zum BGB, Neubearbeitung 2019, § 195, Rn. 12; *Stöber*, ZGS 2005, 290, 291, 293; a.A. *Grothe*, in: Münch. Komm. BGB, 8. Aufl. 2018, § 199, Rn. 21; *Ellenberger*, in: Grüneberg, 81. Aufl. 2022, § 199, Rn. 15.

[146] *Stöber*, ZGS 2005, 290, 293.

[147] *Riehm*, in: BeckOGK BGB, Stand: 01.02.2020, § 283, Rn. 65; *Schwarze*, in: Staudinger, Kommentar zum BGB, Neubearbeitung 2019, § 283, Rn. 83; *Schmidt-Räntsch*, in: Erman, BGB, 15. Aufl. 2017, § 199, Rn. 4; *Lakkis*, in: jurisPK-BGB, 8. Aufl. 2017 (Stand: 13.03.2020), § 199, Rn. 48; a.A. *Grothe*, in: Münch. Komm. BGB, 8. Aufl. 2018, § 199, Rn. 21.

[148] *Peters*, ZGS 2010, 154, 155.

[149] Ebd.

[150] Ebd.

[151] Vgl. BGH NJW-RR 2003, 784; BGH NJW 2014, 920, Rn. 18; *Kähler*, NJW 2006, 1769,

BGB angeordnete Wirkungserstreckung der Verjährungshemmung, wenn der Gesamtschuldner während der Rechtshängigkeit seiner Klage auf Mitwirkung und/oder Befreiung an den gemeinsamen Gläubiger zahlt. Ein darüber hinausgehender Anwendungsbereich lässt sich der Vorschrift nicht entnehmen. Solange der Zahlungsanspruch noch nicht entstanden ist, benötigt der ausgleichsberechtigte Gesamtschuldner keinen Schutz vor Verjährung. Sobald der Zahlungsanspruch allerdings fällig wird, gilt § 213 BGB.

Im Ergebnis ist daher festzuhalten, dass sich § 213 BGB durchaus ein systematischer Rückschluss auf den gesamtschuldnerischen Ausgleichsanspruch entnehmen lässt. Mitwirkungs- und Befreiungsanspruch und Zahlungsanspruch unterliegen in Bezug auf den Verjährungsbeginn jeweils eigenen Voraussetzungen. § 213 BGB verhält sich lediglich zur Verjährungs- und zur Ablaufhemmung sowie zum Verjährungsneubeginn, schweigt jedoch „beredet“ zum Verjährungsbeginn, sodass davon ausgegangen werden kann, dass der zunächst zu verfolgende Anspruch den späteren nicht „infiziert“.[152]

3. *Verletzung der Befreiungs- und Mitwirkungspflicht*

Ein weiteres Argument für die Festlegung des Verjährungsbeginns des Zahlungsanspruchs aus § 426 Abs. 1 BGB auf den Zeitpunkt der Leistung an den Primärgläubiger ergibt sich, wenn man einen Blick auf die Ursache dieses Zahlungsverlangens wirft. Diese liegt nämlich gerade darin, dass der ausgleichsverpflichtete Gesamtschuldner seiner Pflicht zur (wenn auch nur anteiligen) Mitwirkung und Befreiung nicht nachgekommen ist. Hierin liegt eine Pflichtverletzung, die bei Verschulden einen Schadensersatzanspruch gem. §§ 280 ff. BGB auslöst.[153] Insofern kommen je nach Sachverhalt als Anspruchsgrundlagen sowohl §§ 280 Abs. 1, 241 Abs. 2 BGB,[154] §§ 280 Abs. 1, Abs. 2, 286 BGB,[155] §§ 280 Abs. 1, Abs. 3, 281 BGB,[156] als auch §§ 280 Abs. 1, Abs. 3, 283 BGB[157] in Betracht. Diese Bestimmungen gelten nicht nur für vertragliche, sondern auch für gesetzliche Schuldverhält-

1770; *Schmidt-Räntsch*, in: Erman, BGB, 15. Aufl. 2017, § 204, Rn. 3; *Grothe,* in: Münch. Komm. BGB, 8. Aufl. 2018, § 204, Rn. 23; *Peters/Jacoby,* in: Staudinger, Kommentar zum BGB, Neubearbeitung 2019, § 204, Rn. 23 f., 38; *Meller-Hannich,* in: BeckOGK BGB, Stand: 01.03.2020, § 204, Rn. 17.

[152] *Peters*, NZBau 2007, 337, 341; *Peters*, ZGS 2010, 154, 155 f.; *Lau*, Die Reichweite der Verjährungshemmung bei Klageerhebung, S. 198 f.; *Peters/Jacoby,* a.a.O., § 199, Rn. 8a.

[153] RGZ 79, 291; RGZ 92, 151; *Grüneberg,* in: Grüneberg, 81. Aufl. 2022, § 426, Rn. 4; *Heinemeyer,* in:ni Münch. Komm. BGB, 8. Aufl. 2019, § 426, Rn. 75; *Looschelders,* in: Staudinger, Kommentar zum BGB, Neubearbeitung 2017, § 426, Rn. 100.

[154] Vgl. *Peters,* ZGS 2010, 154, 156.

[155] *Gehrlein,* in: BeckOK BGB, 56. Ed. (Stand: 01.11.2020), § 426, Rn. 3; *Heinemeyer,* in: Münch. Komm. BGB, 8. Aufl. 2019, § 426, Rn. 75.

[156] *Heinemeyer,* a.a.O., § 426, Rn. 75.

[157] Vgl. *Looschelders,* in: Staudinger, Kommentar zum BGB, Neubearbeitung 2017, § 426, Rn. 100; *Gebauer*, in: Soergel, BGB, 13. Aufl. 2010, § 426, Rn. 15.

nisse.[158] Das Verschulden wird vom Gesetz vermutet; im Übrigen wird es, wenn der ausgleichspflichtige Gesamtschuldner zur Mitwirkung an der Befriedigung des gemeinsamen Gläubigers aufgefordert wurde, nur schwerlich zu bestreiten sein.[159] Dieser Schadensersatzanspruch kann dabei sogar oftmals über den Zahlungsanspruch aus § 426 Abs. 1 BGB hinausgehen.[160] Inhaltlich umfasst er, je nach vertretener Auffassung, hauptsächlich drei Positionen: Dabei sind zunächst die Kosten der Auseinandersetzung mit dem gemeinsamen Gläubiger im Hinblick auf einen um die interne Haftungsquote des Ausgleichsgesamtschuldners reduzierten Streitwert zu nennen, da diese in der Höhe gar nicht angefallen wären, wenn dieser rechtzeitig gezahlt hätte. Darüber hinaus können Finanzierungskosten (z.B. Darlehenszinsen) anfallen, weil der leistende Gesamtschuldner eine aus Sicht des Innenverhältnisses überhöhte Zahlung zu erbringen hat.[161] Zuletzt und wohl der entscheidende Punkt: der Betrag, den eigentlich der andere Gesamtschuldner hätte zahlen müssen, den nun aber der in Anspruch genommene Gesamtschuldner, der Regressgläubiger, geleistet hat.[162]

Das wirft die Frage nach der Verjährung dieses Schadensersatzanspruchs auf. Dabei liegt es auf der Hand, dass die Begründung des Gesamtschuldverhältnisses zeitlich – zumindest eine logische Sekunde – der für den Verjährungsbeginn gem. § 199 Abs. 1 Nr. 1 BGB maßgeblichen Entstehung des Anspruchs vorausgehen muss. Nach allgemeinen Denkgesetzen setzt eine Pflichtverletzung zunächst ein Rechtsverhältnis, hier das Gesamtschuldverhältnis, voraus, aus dem sich eine Pflicht ergibt, die verletzt werden kann. Anspruchsvoraussetzung ist zusätzlich ein dadurch, also meist zeitlich nachfolgender und äquivalent-kausal verursachter Schaden.[163] Demnach muss es für den verjährungsrelevanten Zeitpunkt der Anspruchsentstehung auf den Zeitpunkt des Schadenseintritts, hier also die Zahlung an den Gläubiger einschließlich der Aufwendung etwaiger Finanzierungskosten ankommen, soweit sie aus der Innenperspektive überhöht ist.[164] Geht man wie *Peters*[165] davon aus, dass der Schadensersatzanspruch auch den im Innen-

---

[158] *Bachmann,* in: Münch. Komm. BGB, 8. Aufl. 2019, § 241, Rn. 3, 53, 65; *Sutschet,* in: BeckOK BGB, 53. Ed. (Stand: 01.02.2020), § 241, Rn. 5 f., 106.

[159] *Peters,* ZGS 2010, 154, 155.

[160] *Heinemeyer,* in: Münch. Komm. BGB, 8. Aufl. 2019, § 426, Rn. 75.

[161] BGH NJW 74, 694; RG 160, 151; Neustadt NJW 1963, 494; a.A. RG 92, 148.

[162] *Peters,* ZGS 2010, 154, 155, der auch diesen Betrag ohne weitere Begründung als Schadensposition qualifiziert; unklar hinsichtlich des Umfangs des Schadensersatzanspruchs bei Verletzung der Mitwirkungspflicht: *Böttcher,* in: Erman, BGB, 15. Aufl. 2017, § 426, Rn. 12; *Heinemeyer,* in: Münch. Komm. BGB, 8. Aufl. 2019, § 426, Rn. 75, die davon sprechen, dass der Schadensersatzanspruch „inhaltlich über den Ausgleichsanspruch nach § 426 Abs. 1 hinausgehen" kann.

[163] BGHZ 73, 363, 365; *Henrich,* in: BeckOK BGB, 53. Ed. (Stand: 01.02.2020), § 199, Rn. 14; *Peters/Jacoby,* in: Staudinger, Kommentar zum BGB, Neubearbeitung 2019, § 204, Rn. 32.

[164] *Peters,* ZGS 2010, 154, 156.

[165] Ebd.

verhältnis zu viel gezahlten Betrag des Regressgläubigers umfasst, dann besteht gerade im Hinblick auf den Verjährungsbeginn kein Anlass, den verschuldensunabhängigen Erstattungsanspruch anders als den verschuldensabhängigen Schadensersatzanspruch zu behandeln. Ansonsten käme es dazu, dass das Verschulden zum Dreh- und Angelpunkt der Frage der Verjährung erhoben würde, was aus rechtlicher Sicht wenig sinnvoll erscheint.[166] Auch dieses Ergebnis spricht dafür, für den Verjährungsbeginn des Zahlungsanspruchs aus § 426 Abs. 1 BGB den Zeitpunkt der tatsächlichen Zahlung des Regressgläubigers an den Primärgläubiger heranzuziehen.

4. Systematischer Vergleich mit Schadensersatzansprüchen

Ein unterschiedlicher Verjährungsbeginn des Befreiungs- und des Zahlungsanspruchs scheint auf den ersten Blick mit der Systematik des Gesetzes zu konfligieren. Die Rechtsprechung bejaht insbesondere bei Schadensersatzansprüchen häufig die Identität von Befreiungs- und späteren Zahlungsansprüchen. Dies wird damit begründet, dass es sich dabei nur um unterschiedliche Ausprägungen ein- und desselben Anspruchs handle.[167] Die Argumentation des einheitlichen Anspruchs steht im Mittelpunkt der bisherigen Rechtsprechung und Literatur, sofern sie einen einheitlichen Verjährungsbeginn für den „einheitlichen Ausgleichsanspruch" befürwortet.[168] Diese systematischen Überlegungen sind aber nicht zwingend. Ein Grund für eine Abweichung in Fällen der Gesamtschuld könnte sein, dass die jeweils für die Verjährung bedeutsamen Umstände entscheidende strukturelle Unterschiede aufweisen. So beginnt bei Schadensersatzansprüchen die Verjährung, sobald der Geschädigte den Schädiger und die den Schadensersatzanspruch begründenden Umstände kennt bzw. grob fahrlässig nicht kennt, auch wenn bestimmte Schadensersatzpositionen noch nicht bezifferbar sind.[169] Dem Schadensersatzgläubiger bleibt somit der volle Verjährungszeitraum als Bedenkzeit, ob er gegen den Schädiger vorgehen möchte oder nicht.

Anders stellt sich die Lage für den Zahlungsanspruch des ausgleichsberechtigten Gesamtschuldners dar. Denn obwohl in den meisten Fällen die Fälligkeit der Gesamtschuld bekannt ist, ist dennoch unklar, ob überhaupt eine Ausgleichszahlung von den übrigen Gesamtschuldnern eingefordert wird. Diese Frage stellt sich nur bei Inanspruchnahme (und Zahlung) eines oder mehrerer Gesamtschuldner. Erst dann ist es dem jeweiligen Regressgläubiger möglich, sinnvoll zu

[166] Ebd.

[167] So etwa BGH WM 1994, 608;

[168] Vgl. OLG Karlsruhe WM 2009, 407, 409; *Klutinius/Krawatzki*, VersR 2008, 617, 618 f.; *Gebauer*, LMK 2010, 299711 sub 2 a).

[169] RGZ 83, 354, 358; RGZ 87, 306, 311; BGHZ 100, 228, 231; BGHZ 114, 150, 152 f.; BGH NJW-RR 1990, 1532, 1534; BGH NJW 1992, 2828, 2829; BGH NJW 1993, 648, 650; BGH NJW 1996, 661, 662; BGH NJW 2000, 1498, 1499; Vgl. *Piekenbrock*, in: BeckOGK BGB, Stand: 01.02.2020, § 199, Rn. 54.

entscheiden, ob und ggf. von welchem Mitschuldner er den jeweiligen internen Anteil fordert. Dieser Vergleich zeigt, dass ein unterschiedlicher Verjährungsbeginn des Befreiungs- und des Zahlungsanspruchs im Rahmen der Gesamtschuld durchaus angebracht ist, um die durch die strukturellen Unterschiede bedingten Nachteile im Hinblick auf eine vorzeitige Verjährung auszugleichen.[170]

5. Systematischer Vergleich mit dem Verjährungsbeginn bei Freihalteansprüchen gem. § 257 S. 1 BGB

a) Ausgangslage und Rechtsprechung des BGH zum Freihalteanspruch

Nach § 257 S. 1 BGB hat derjenige, der Ersatz von Aufwendungen für einen bestimmten Zweck verlangen kann, auch einen Anspruch auf Befreiung von einer eingegangenen Verbindlichkeit. Der BGH entschied 2010, dass die Verjährungsfrist für den Freistellungsanspruch aus § 257 BGB nicht – wie es nach allgemeinen verjährungsrechtlichen Grundsätzen eigentlich der Fall sein müsste – bereits mit Fälligkeit des Freistellungsanspruchs, sondern erst mit Fälligkeit des Anspruchs des Gläubigers (Drittforderung) beginnt.[171] Dem lag folgender stark verkürzter Sachverhalt zugrunde:[172]

Die Klägerin war Gläubigerin aus 1993 und 1996 gewährten Darlehen. Nach Fälligstellung der Darlehensverbindlichkeiten im März 2007 nahm die Klägerin die Beklagte im Juni 2007 aus ihr durch die Darlehenschuldnerin abgetretenen Freistellungsanspruch gem. § 257 BGB, der sich aus einem zwischen der Beklagten und der Darlehensnehmerin geschlossenen Treuhandvertrag ergab, in Anspruch. Die Beklagte berief sich auf die Verjährung des abgetretenen Freistellungsanspruchs, da die Verjährung bereits mit Auszahlung der Darlehen in den Jahren 1993 und 1996 begonnen habe. Der BGH wies den Einwand der Beklagten jedoch mit der Begründung zurück, dass das Darlehen erst im März 2007 fällig gestellt worden war und die Forderung auf Freistellung bei Klageerhebung im Juni 2007 noch nicht verjährt gewesen sei.[173]

Der BGH begründete seine Ansicht bemerkenswerterweise damit, dass bei Anwendung der allgemeinen verjährungsrechtlichen Grundsätze der Freistellungsanspruch sonst oft bereits weit vor dem Fälligwerden der Hauptansprüche verjährt sei.[174] Dementsprechend sei von den allgemeinen verjährungsrechtlichen Grundsätzen abzuweichen, weil es „regelmäßig unbillig [ist], wenn ein Beauftragter oder ein Geschäftsbesorger […] seinen Befreiungsanspruch schon zu einem Zeitpunkt verliert, zu dem die Drittforderung noch nicht fällig ist“.[175] Weiter

---

[170] *Hartmann/Lieschke*, WM 2011, 205, 207.

[171] BGH, Urt. v. 05.05.2010 – III ZR 209/09 = NJW 2010, 2197, 2199; BGH NJW-RR 2010, 333.

[172] BGH, Urt. v. 05.05.2010 – III ZR 209/09, Tz. 4–8.

[173] BGH, Urt. v. 05.05.2010 – III ZR 209/09, Tz. 27.

[174] BGH NJW 2010, 2197, 2199.

[175] Ebd.

betonte der BGH, es lasse sich aus Sicht der Befreiungsschuldner „kaum nachvollziehen, dass er bereits lange Zeit vor Fälligkeit der Drittforderung ohne wirtschaftliche Notwendigkeit einem Freistellungsverfahren ausgesetzt ist, das nur im Hinblick auf die drohende Verjährung des Freistellungsanspruchs erhoben wird."[176] Auch wäre es für den jeweiligen Gläubiger nicht zumutbar, weit vor Fälligkeit seiner eigenen Verbindlichkeit sein Freistellungsbegehren durchsetzen zu müssen.[177]

b) Strukturelle Ähnlichkeit von Befreiungs- und Regressanspruch

Befreiungs- und Regressanspruch weisen strukturelle Ähnlichkeiten auf. Dies beruht allein darauf, dass der Regressanspruch aus § 426 Abs. 1 BGB nach der Rechtsprechung des BGH ein einheitlicher Anspruch ist, der außer auf Mitwirkung und Zahlung auch auf Befreiung gerichtet ist.[178] Die zugrunde liegende Sachverhaltskonstellation ist ähnlich: § 257 BGB gibt demjenigen, der „für einen anderen einspringt" und sich z.B. bei einer berechtigten Geschäftsführung ohne Auftrag gem. § 677, 683 BGB gegenüber einem Drittgläubiger verpflichtet, einen Anspruch auf Befreiung von der Verbindlichkeit, sofern die Forderung des Drittgläubigers noch nicht getilgt ist.[179]

c) Übertragbarkeit der Rechtsprechung auf den Gesamtschuldnerausgleich

Auch wenn die Entscheidung des BGH[180] nicht direkt auf Ausgleichsansprüche nach § 426 Abs. 1 BGB anwendbar ist, könnte man durchaus überlegen, die wesentlichen Grundsätze der Entscheidung auf diese zu übertragen. Die der Entscheidung zugrunde liegende Ausgangslage ist der Situation bei einigen Konstellationen des Gesamtschuldnerausgleichs in anderen Teilrechtsgebieten zumindest sehr ähnlich.[181] Im vom BGH entschiedenen Fall wäre der Freistellungsanspruch deutlich vor Fälligkeit der Drittforderung verjährt. Wie gezeigt, verjährt auch der Anspruch aus § 426 Abs. 1 BGB bei Gesamtschulden häufig bereits vor Kenntnis des Primärgläubigers von seinem Anspruch und damit vor dessen Geltendmachung. Überdies lässt sich anführen, dass es in diesen Fällen im Interesse keiner Partei liege, wenn der Regressgläubiger weit vor Fälligkeit bzw. Geltendmachung des Anspruchs durch den Primärgläubiger zur Ergreifung verjährungshemmender Maßnahmen gezwungen wäre. Zwar handelt es sich insge-

---

[176] Ebd.

[177] Ebd.

[178] Vgl. zur Vermeidung von Wiederholungen oben: § 1 III 1. und 2.

[179] Einen Befreiungsanspruch gewährt das Bürgschaftsrecht in § 775 BGB dem Bürgen. Vgl. ferner auch § 106 VVG.

[180] BGH NJW 2010, 2197, 2199; BGH NJW-RR 2010, 333.

[181] So z.B. im Kartellschadensersatzrecht und im Arbeitsrecht für den Anspruch von Arbeitgebern gegen Arbeitnehmer auf Erstattung nachentrichteter Lohnsteuer. Dort wird auf den Zeitpunkt der Zahlung an den Fiskus abgestellt, vgl. oben § 3 III 1. b) aa) und § 4 II. 2.

samt um andere Sachverhaltskonstellationen. Sie sind aber in folgender Beziehung vergleichbar: Für den Befreiungsschuldner ist es, wie der BGH ausgeführt hat, kaum nachvollziehbar, lange Zeit vor der Fälligkeit der Drittforderung einem Freistellungsverfahren ausgesetzt zu sein, das nur wegen drohender Verjährung des Freistellungsanspruchs durchgeführt wird. Für den ausgleichsverpflichteten und den ausgleichsberechtigten Gesamtschuldner ist es ebenfalls nicht nachvollziehbar, einen Freistellungsanspruch geltend machen zu müssen, nur um für den späteren denkbaren Rückgriff die Verjährung zu vermeiden. Dementsprechend lässt sich die Argumentation des BGH eben auch zur Begründung anführen, um für den Verjährungsbeginn des auf Zahlung gerichteten Regressanspruchs der Gesamtschuldner auf den Zeitpunkt der Zahlung an den Gläubiger abzustellen.

IV. Telos der Verjährungs- und Ausgleichsvorschriften

Für einen (Neu-)Beginn der Verjährung des Ausgleichsanspruchs, nunmehr als Zahlungsanspruch, zum Zeitpunkt der Befriedigung des Gläubigers spricht auch eine teleologische Auslegung. Durch die Regelung des Gesamtschuldnerausgleichs soll eine Benachteiligung des vom Gläubiger in Anspruch genommenen Gesamtschuldners über die interne Haftungsquote hinaus verhindert werden. Insoweit ordnet §426 Abs. 1 BGB eine entsprechende Ausgleichspflicht im Innenverhältnis an.[182] Nach Eintritt der Verjährung kann der Ausgleichspflichtige diesem Anspruch eine dauernde Einrede entgegenhalten (§214 Abs. 1 BGB). Der faktische Anspruchsverlust wird dadurch gerechtfertigt, dass der Ausgleichsberechtigte ihn durch rechtzeitige Geltendmachung der Forderung hätte verhindern können.[183] Stellt man somit für den Ausgleichsanspruch allein auf die Fälligkeit des Befreiungsanspruchs ab, müsste jeder Gesamtschuldner diesen gegebenenfalls rein vorsorglich gerichtlich geltend machen, insbesondere auch dann, wenn bereits der Bestand der Gesamtschuld umstritten ist. Die Erreichung des Gesetzeszwecks (Ausgleichsberechtigung nach Leistung an den Gläubiger über den Betrag der internen Quote hinaus) wäre durch die regelmäßige Notwendigkeit der Geltendmachung des Befreiungsanspruchs in verjährungshemmender Form also deutlich erschwert. Es ist nicht ersichtlich, dass der Gesetzgeber mit der Neuregelung der Verjährung dem in Anspruch genommenen Gesamtschuldner eine derartige Obliegenheit auferlegen wollte. Die Neuregelung war entwickelt worden, um die Rechtsposition des in Anspruch genommenen Gesamtschuldners zu verbessern,[184] nicht aber, um ihm unter bestimmten Umständen sogar die Chance auf einen Ausgleich zu nehmen.

---

[182] Statt aller *Noack*, in: Staudinger, Kommentar zum BGB, Neubearbeitung 2019, §426, Rn. 1.

[183] *Ellenberger,* in: Grüneberg, 81. Aufl. 2022, Überbl. vor §194, Rn. 10.

[184] Vgl. die Fälle unbegründeter Gläubigerforderungen, hierzu BGH WM 2007, 2289.

1. Bestimmung der Interessenlage

Das Verjährungsrecht verfolgt mehrere einander diametral entgegengesetzte Ziele.[185] Der in der Natur der Sache liegende Interessengegensatz zwischen Rückgriffsgläubiger und -schuldner wird sich kaum je allseits befriedigend lösen lassen.[186] Bei der Auslegung verjährungsrechtlicher Vorschriften sollte daher stets versucht werden, die Parteiinteressen angemessen zu berücksichtigen.[187] Bei der Gesamtschuld müssen somit das Regressinteresse des Regressgläubigers und das Interesse des Regressschuldners, wegen Verjährung der Forderung des Primärgläubigers gegen ihn – denn nur dann kommt es auf § 426 Abs. 1 BGB allein an –, nicht mehr in Anspruch genommen zu werden, gegeneinander abgewogen werden.[188]

Dabei kann zunächst ganz allgemein in Bezug auf die Verjährung argumentiert werden, dass diese eine Befreiung ohne Gegenopfer bedeutet und dem Schuldner daher wohl eine weniger schützenswerte Position einzuräumen ist.[189] Es darf jedoch nicht übersehen werden, dass das Institut der Verjährung nicht der rechtsgrundlosen Schuldnerbegünstigung dient, sondern, wie bereits erwähnt,[190] dem Rechtsfrieden und dem Schutz des in Anspruch Genommenen vor einer Beweisnot dienen soll.[191] Die Verjährungsregeln schützen daher nicht nur Schuldner, sondern auch Nichtschuldner, die nach Verstreichen einer gewissen Zeit zur Führung eines Entlastungsbeweises nicht mehr in der Lage sind.[192] Zwar führt die kenntnisabhängige Verjährungsfrist dazu, dass zunächst eine gewisse Unsicherheit in Bezug auf den Verjährungsbeginn bzw. dessen Ablauf besteht, jedoch kann eine Inanspruchnahme nach Verstreichen der Höchstfrist gem. § 199 Abs. 2–4 BGB in der Regel nicht mehr erwartet werden. Dieser, dem Schuldner gewährte Schutz, gilt im Falle der Abtretung der Forderung auch gegenüber Dritten.[193] Es stellt sich im Folgenden also die Frage, ob und warum der ausgleichsberechtigte Gesamtschuldner ein stärkeres Regressrecht haben soll als der reine Legalzessionar, der nach Verjährung der Gläubigerforderung nicht mehr gegen den Schuldner vorgehen kann. Für die Gesamtschuld gilt, dass der beschriebene Interessengegensatz vor allem im Verhältnis zwischen Rückgriffsgläu-

[185] Vgl. zur Vermeidung von Wiederholungen oben § 1 I. 1. a) und die dort genannten Nachweise.

[186] *Peters/Zimmermann,* in: Bundesministerium der Justiz (Hrsg.), Gutachten und Vorschläge zur Überarbeitung des Schuldrechts, Bd. I, 1981, S. 300.

[187] Vgl. *Mansel*, Die Reform des Verjährungsrechts, S. 333, 342, 351 f.

[188] *S. Meier,* Gesamtschulden, S. 648.

[189] *Ernst*, Solidarschuld, S. 189.

[190] Vgl. § 1 I. 1. a).

[191] Vgl. ebd.

[192] *S. Meier,* Gesamtschulden, S. 648; *Mansel*, Die Reform des Verjährungsrechts, S. 333, 342 f.

[193] *S. Meier*, a.a.O., S. 648.

biger und -schuldner deutlich zutage tritt.[194] Ein angemessener Interessenausgleich erweist sich dabei oftmals als echte Gratwanderung.

2. Beeinträchtigung der Interessen des Regressgläubigers durch Vorverlagerung des Entstehungszeitpunkts

Allein aufgrund der Verkürzung der Regelverjährungsfrist von 30 auf drei Jahre ist der Rückgriffsgläubiger aber einem erhöhten Risiko bei der Realisierung seines Rückgriffsanspruchs ausgesetzt. Der von der herrschenden Lehre vorgenommenen Vorverlagerung des Verjährungsbeginns auf den Zeitpunkt der Begründung der Gesamtschuld stehen die bereits dargelegten Bedenken entgegen.[195]

Dabei mag es zwar durchaus Ausnahmekonstellationen geben, in denen die Gesamtschuld erst nach Entstehung der Gläubigerforderung begründet wird, z.B. wenn ein weiterer Bürge erst später hinzutritt und dadurch nachträglich eine Mitbürgschaft gem. § 769 BGB entsteht. In diesem Fall unterscheidet sich der Verjährungsbeginn des Rückgriffsanspruchs gem. § 426 Abs. 1 BGB, für den es auf den Zeitpunkt des Hinzutretens des Bürgen ankommt, und die der legalzedierten Gläubigerforderung, für die wegen §§ 412, 404 BGB die Verjährung der Hauptforderung maßgeblich ist. In den meisten Fällen kommt es jedoch nach dem BGH zu einem Gleichlauf der Verjährung von Gläubigerforderung und Rückgriffsanspruch.[196] Dann verliert die von der h.M. vorgenommene Trennung der in § 426 Abs. 1 BGB und § 426 Abs. 2 BGB vorgesehenen Rückgriffsmöglichkeiten[197] für die Verjährung praktisch an Bedeutung. Letztlich zeigen sich hier sogar Überschneidungen zu den von *Stamm* angestellten Überlegungen, dass sich die Verjährung eines auf Zahlung gerichteten Ausgleichsanspruchs immer nach § 426 Abs. 2 BGB und somit eben auch nach der Verjährung der Forderung des Gläubigers richte.[198] Diese Auffassung ist aber abzulehnen.[199]

Aus der Sicht des Rückgriffsgläubigers ist die Annäherung des Anspruchs aus § 426 Abs. 1 BGB und des gem. § 426 Abs. 2 BGB nach Leistung übergegangenen Anspruchs abzulehnen. Im Ergebnis dienen zwar beide Ansprüche dazu, dem Gläubiger eine Rückgriffsmöglichkeit einzuräumen, doch erlaubt dies allerdings noch lange keinen Rückschluss auf einen Verjährungsgleichlauf. Vielmehr wohnt beiden Rückgriffsansprüchen eine unterschiedliche Zielsetzung inne. So soll die

---

[194] Vgl. *Peters/Zimmermann,* in: Bundesministerium der Justiz (Hrsg.), Gutachten und Vorschläge zur Überarbeitung des Schuldrechts, Bd. I, 1981, S. 236 f.; *Peters,* ZGS 2010, 154, 156; *Pfeiffer*, NJW 2010, 25.

[195] *Peters,* a.a.O., 154, 156; *Hartmann/Lieschke,* WM 2011, 205, 207 ff.; *Peters/Jacoby,* in: Staudinger, Kommentar zum BGB, Neubearbeitung 2019, § 199, Rn. 8a; *Piekenbrock,* in: BeckOGK BGB, Stand: 01.02.2020, § 199, Rn. 65; vgl. im Übrigen oben schon Einl. I.

[196] Vgl. oben § 1 III. 3.

[197] BGHZ 181, 310, 313 f.; *Grüneberg,* in: Grüneberg, 81. Aufl. 2022, § 426, Rn. 1, 4, 16.

[198] *Stamm,* NJW 2004, 811 f.; vgl. dazu eingehend oben § 6 III. 1.

[199] Ebd.

Legalzession aus § 426 Abs. 2 BGB den Rückgriffsgläubiger zusätzlich absichern, indem gegebenenfalls bestehende Sicherungen auf diesen übergehen.[200] § 426 Abs. 1 BGB hingegen stellt einen eigenen Rückgriffsanspruch dar, der eben auch einer eigenen Verjährung unterliegt.[201] Zwar besteht dieser Anspruch zunächst in Form eines Mitwirkungs- und Befreiungsanspruchs, ab dem Zeitpunkt der Zahlung würde sich dieser Anspruch inhaltlich dann aber nur noch marginal von dem aus § 426 Abs. 2 BGB durch Legalzession übergegangenen Gläubigeranspruch unterscheiden. Die Verjährung beider Ansprüche liefe weitgehend gleich, wenn die Entstehung der Gesamtschuld gleichzeitig die Entstehung des Ausgleichsanspruchs bedeutete, da die Entstehung der Gesamtschuld regelmäßig mit der Entstehung der Forderung des Gläubigers eng verknüpft ist.[202] Im Ergebnis führt die herrschende Meinung so zu einem Ergebnis, das der der gesetzlichen Rückgriffstechnik zugrunde liegenden Systematik zuwiderläuft, da sie die Verjährung zulasten des Rückgriffsgläubigers vorverlegt. Besonders gut zu erkennen ist dies dann, wenn der Gläubiger einen der Gesamtschuldner erst kurz vor Ablauf der Verjährungsfrist in Anspruch nimmt. Der Rückgriffsgläubiger käme so in die prekäre Lage, dass ihm zwar grundsätzlich zwei Regressmöglichkeiten aus § 426 BGB zustünden, dieser Ausgleich aber möglicherweise ganz ausfallen könnte. Festzuhalten ist, dass dies wohl eine mehr als zweifelhafte Konsequenz der herrschenden Lehre ist, die den Rückgriffsgläubiger letztlich deutlich benachteiligt.[203]

3. Schutz des Rückgriffsgläubigers durch verjährungshemmende Maßnahmen

Der angemessene Ausgleich der Interessen von Gläubiger und Schuldner hängt letztlich nicht nur von der Bemessung der Verjährungsfrist und ihrem Beginn ab. Vielmehr kommt es gerade in einem System mit einer kurzen Verjährungsfrist auf die Möglichkeit an, den Fristablauf aufzuhalten.[204] Die Vorverlegung des Entstehungszeitpunkts des gesamtschuldnerischen Ausgleichsanspruchs kann durch verjährungshemmende Maßnahmen des Rückgriffsgläubigers entschärft werden.[205] Dabei ist zu beachten, dass jede Möglichkeit materielle und/oder prozes-

---

[200] Vgl. *Grüneberg,* in: Grüneberg, 81. Aufl. 2022, § 426, Rn. 16; *Heinemeyer,* in: Münch. Komm. BGB, 8. Aufl. 2019, § 426, Rn. 43; *Gehrlein,* in: BeckOK BGB, 53. Ed. (Stand: 01.02.2020), § 426, Rn. 19.

[201] Vgl. § 1 III. 3. a).

[202] Bei einer gemeinschaftlichen vertraglichen Verpflichtung gemäß § 427 BGB verjährten Rückgriffsforderung und Gläubigerforderung gemäß §§ 195, 199 Abs. 1 BGB im gleichen Zeitraum, sofern auch für die Außenforderung die Vorschriften über die Regelverjährung anwendbar wären.

[203] *S. Meier*, Gesamtschulden, S. 653. Dies ergibt sich auch aufgrund der Ergebnisse zu den in § 4 behandelten Teilrechtsgebieten.

[204] *Peters/Jacoby,* in: Staudinger, Kommentar zum BGB, Neubearbeitung 2019, vor § 194, Rn. 12.

[205] Vgl. *Hartmann/Lieschke,* WM 2011, 205, 211; *Weise,* NJW-Spezial 2011, 108, 109; *Ge-*

suale Besonderheiten aufweist. So ist z.B. im Rahmen der Verjährungshemmung mittels Klageerhebung zu berücksichtigen, dass der Streitgegenstand der Klage auf Freihaltung von der gesamtschuldnerischen Verbindlichkeit nicht auch den Zahlungsanspruch umfasst.[206] Eine Hemmungswirkung der Klage auf Freistellung, die sich auch auf den Zahlungsanspruch erstreckt, wird allerdings über § 213 BGB erreicht, in dessen Anwendungsbereich der Ausgleichsanspruch aus § 426 Abs. 1 BGB fällt.[207] Für den ausgleichsberechtigten Gesamtschuldner besteht aber in vielen Fällen die Gefahr, die rechtzeitige Einleitung verjährungshemmender Maßnahmen zu versäumen.[208] Auch die Möglichkeit der Streitverkündung gegenüber dem ausgleichsverpflichteten Gesamtschuldner vermag daran nichts zu ändern.[209] Diese würde nämlich nur dann Abhilfe schaffen, wenn die Forderung zuvor durch den Gläubiger eingeklagt wurde.[210] Gerade auf den Zeitpunkt der Klageerhebung des gemeinsamen Gläubigers hat der Rückgriffsberechtigte wenig Einfluss.[211] So wird die Streitverkündung in vielen Fällen nicht in Betracht kommen, da oft zunächst außergerichtlich über die Haftungsfrage verhandelt wird und eine Klärung vor Gericht sehr häufig erst als „ultima ratio" und somit möglicherweise erst kurz vor Verjährung der Gläubigerforderung angestrebt wird. Darüber hinaus müsste die Streitverkündung den Anforderungen der §§ 72, 73 ZPO genügen, um die Verjährungshemmung herbeizuführen.[212] Zu beachten ist dabei auch, dass die Streitverkündung gem. § 73 S. 3 ZPO (ggf. i.V.m. § 167 ZPO) erst mit Zustellung des Schriftsatzes an den ausgleichsverpflichteten Gesamtschuldner wirksam wird. Problematisch ist in diesem Zusammenhang weiterhin, dass die prozessuale Zulässigkeit der Streitverkündung, die Voraussetzung für deren Hemmungswirkung gem. § 204 Abs. 1 Nr. 6 BGB ist[213], nicht im Ausgangsverfahren, sondern ggf. erst Jahre später im Folgeverfahren geprüft wird.[214] Dies birgt das Risiko, dass der Streitverkündende sich im Vertrauen auf die Streitverkündung sicher wähnt und erst Jahre später feststellen muss, dass dieser keine verjährungshemmende Wirkung zukam, er aber nun keinerlei Korrekturmöglichkeiten mehr hat. Nur wenn der Streitverkündende dem Rechts-

---

bauer, LMK 2010, 299711; *Reimann*, BauR 2011, 14, 18; *Peters,* ZGS 2010, 154; *Kaiffka*, BauR 2005, 274, 287.

[206] Vgl. oben § 3 I. 3. cc) (3) (b); § 4 III. 4. a) ee) (1).

[207] Vgl. oben § 7 III. 1.

[208] Vgl. *Scherzer*, in: jurisPR-PrivBauR 11/2009, Anm. 2; *Gebauer*, LMK 2010, 299711.

[209] Vgl. oben § 3 I. 3. cc) (3) (a) und auch § 4 III. 4. a) ee) (4).

[210] *Peters*, ZGS 2010, 154; *Hartmann/Lieschke,* WM 2011, 205, 211.

[211] So auch *Peters*, a.a.O., 156.

[212] Vgl. BGH NJW-RR 2015, 1058f.; BGHZ 175, 1, 6f.; BHGZ 179, 361, 366f.; *Peters/Jacoby,* in: Staudinger, Kommentar zum BGB, Neubearbeitung 2019, § 204, Rn. 77; *Grothe,* in: Münch. Komm. BGB, 8. Aufl. 2018, § 204, Rn. 40f.

[213] BGH VersR 2016, 1208, 1209; BHG NJW 2012, 674, 675 m.w.N.; *Grothe*, a.a.O., § 204, Rn. 40; *Henrich,* in: BeckOK BGB, 53. Ed. (Stand: 01.02.2020), § 199, Rn. 34.

[214] BGHZ 160, 259, 262; BGHZ 70, 187, 189; *Schmidt*, FS Eichele, 341, 351; *Schmidt*, JA 2015, 627, 629, vgl. oben § 3 I. 3. a) cc) (3) (a).

streit als Nebenintervenient beitritt, wird die Zulässigkeit im Erstprozess geklärt.[215] Möglicherweise könnte auch der Gläubiger kein Interesse daran haben, dass der Rückgriffsschuldner durch die Streitverkündung in den Prozess mit dem Rückgriffsgläubiger einbezogen wird. Allerdings kann er dies selbstverständlich nicht verhindern. In gewisser Weise widerspräche die Einbeziehung der anderen Gesamtschuldner auch § 421 S. 1 BGB, wonach sich der Gläubiger nach seinem Belieben an jeden Gesamtschuldner halten kann.[216] Dabei handelt es sich um eines der wesentlichen Prinzipien der Gesamtschuld.[217]

Ein weiteres Argument, das gegen ein frühzeitiges Einleiten verjährungshemmender Maßnahmen spricht, ist, dass deren Ausübung das Innenverhältnis zwischen den Gesamtschuldnern belasten würde.[218] In der Konsequenz würde die Ansicht des BGH nämlich dazu führen, dass die Gesamtschuldner zur Verjährungshemmung gegeneinander Klagen erheben, obwohl eine Inanspruchnahme im Außenverhältnis vom Verhalten des gemeinsamen Gläubigers abhinge und damit erst entscheiden würde, wer letztendlich von wem Ausgleich verlangen kann.[219] Dies scheint zumindest mit einem Nebenzweck der Verjährung, nämlich der Vermeidung der unnötigen Belastung der Gerichte mit möglicherweise unbegründeten Ansprüchen, zu konfligieren.[220] Das würde dann im Ergebnis dazu führen, dass gerade bei einer vertraglich begründeten Gesamtschuld gem. § 427 BGB die Gesamtschuldner ab Begründung der Gesamtschuld gegeneinander anstatt zusammenarbeiten würden, nur um sich die Chance eines rechtzeitigen, erfolgreichen Regresses zu sichern. Möglicherweise könnte sich eine solche Auseinandersetzung auch zu Lasten des Primärgläubigers auswirken. Zwar können dem Gläubiger Streitigkeiten unter den Gesamtschuldnern, ob und in welchem Umfang die Gesamtschuld besteht und wie ein etwaiger Regress gesichert werden kann, grundsätzlich egal sein, da die Geltendmachung seiner Forderung rechtlich unabhängig vom Innenverhältnis erfolgt. Dabei kann aber nicht mit Sicherheit ausgeschlossen werden, dass eine solche Auseinandersetzung der Schuldner, zumindest im Einzelfall, einen gewissen Unsicherheitsfaktor für den Primärgläubiger hinsichtlich der Geltendmachung seiner Forderung bedeuten kann. Ein solcher Unsicherheitsfaktor kann bereits in einer einfachen Leistungsverzögerung liegen, weil sich der in Anspruch genommene Gesamtschuldner erst über Maßnahmen gegen andere Gesamtschuldner im Klaren sein muss, bevor er an

---

[215] BGH, Beschl. v. 08.02.2011. – VI ZB 31/09 = NJW 2011, 1078 m.w.N.; OLG Köln, Beschl. v. 15.07.2015 – 11 W 39/15 = NJW 2015, 3317; BGH, Urt. v. 04.10.1984 – VII ZR 342/83 = NJW 1985, 328.

[216] Vgl. *Heck*, Grundriss des Schuldrechts, S. 234: „Der Gläubiger ist gewissermaßen ein juristischer Pascha."

[217] Vgl. BGH NJW 2010, 62, 63; *Looschelders,* in: Staudinger, Kommentar zum BGB, Neubearbeitung 2017, § 421, Rn. 122 ff.; *Heinemeyer,* in: Münch. Komm. BGB, 8. Aufl. 2018, § 421, Rn. 73 ff.

[218] Vgl. u.a. oben § 4 III.

[219] *Glöckner*, BauR 2005, 251, 271.

[220] Vgl. *Ellenberger,* in: Grüneberg, 81. Aufl. 2022, Überbl v. § 194, Rn. 11.

den Gläubiger leistet. Daran wird deutlich, dass Regressfragen gerade nicht vor der Inanspruchnahme, sondern erst nach der Leistung an den Gläubiger gerade nur zwischen den Gesamtschuldnern ausgetragen werden sollten. Dies erscheint auch deshalb sinnvoller, weil sich ein Gesamtschuldner meist erst mit Regressfragen befassen wird, wenn er tatsächlich hat zahlen müssen oder zumindest vom Gläubiger in Anspruch genommen wird.[221] Im Übrigen ist festzuhalten, dass mittelbare Beeinträchtigungen des Primärgläubigers wegen § 421 S. 1 BGB verhindert werden müssen, weil allein dieser über die Inanspruchnahme der Gesamtschuldner entscheidet.[222]

Obgleich für den ausgleichsberechtigten Gesamtschuldner mehrere Möglichkeiten bestehen, die Hemmung der Verjährung des Ausgleichsanspruchs herbeizuführen, kommt es durch die Vorverlagerung des Entstehungszeitpunkts des Ausgleichsanspruchs also zu einer unbilligen Beeinträchtigung.[223] So muss er sich schon sehr früh mit dem oder den Rückgriffsschuldner(n) über das Bestehen eines Anspruchs in Form eines Mitwirkungs- und Befreiungsanspruchs, der letztlich praktisch eher unbedeutend und für ihn regelmäßig nur von untergeordnetem Interesse ist,[224] auseinandersetzen, nur um später bei durch ihn erfolgter Zahlung noch seinen auf Zahlung gerichteten Ausgleichsanspruch durchsetzen zu können. Gerade eine nachlässige Rechtsverfolgung, die den §§ 195, 199 Abs. 1 BGB teleologisch zugrunde liegt, kann dem ausgleichsberechtigten Gesamtschuldner bis dahin nicht vorgeworfen werden.[225] Deshalb wird im Schrifttum zutreffend darauf hingewiesen, dass sich für eine solche „Obliegenheit" des ausgleichsberechtigten Gesamtschuldners keinerlei Anhaltspunkte im Gesetzgebungsverfahren finden lassen.[226] Vielmehr zeigt die Begründung des Rechtsausschusses, dass der Gesetzgeber vom Gegenteil ausging, sodass die Verjährung erst im Zeitpunkt der Leistung zu laufen beginnen sollte.[227] Der Mitwirkungs- und Befreiungsanspruch wird dort mit keinem Wort erwähnt.[228]

Auch wenn sich abschließend feststellen lässt, dass der Einsatz verjährungshemmender Maßnahmen zwar insgesamt ein einigermaßen effektives Schutzinstrument im Interesse des Ausgleichsberechtigten darstellt, so wird diesem dadurch eine Art Klagegebot im eigenen Interesse auferlegt, das weder interessen-

---

[221] Vgl. *Piekenbrock,* in: BeckOGK BGB, Stand: 01.02.2020, § 199, Rn. 65.

[222] Vgl. BGH NJW 2010, 62, 63; *Looschelders,* in: Staudinger, Kommentar zum BGB, Neubearbeitung 2017, § 421, Rn. 122 ff.; *Heinemeyer,* in: Münch. Komm. BGB, 8. Aufl. 2018, § 421, Rn. 73 ff.

[223] a.A. *Gebauer,* LMK 2010, 299711 und *Pfeiffer,* NJW 2010, 23, 25, die im Kenntniserfordernis nach § 199 Abs. 1 Nr. 2 BGB einen ausreichenden Schutz des Rückgriffsgläubigers sehen.

[224] *Peters/Zimmermann,* in: Bundesministerium der Justiz (Hrsg.), Gutachten und Vorschläge zur Überarbeitung des Schuldrechts, Bd. I, 1981, S. 237.

[225] Vgl. *Piekenbrock,* in: BeckOGK BGB, Stand: 01.02.2020, § 194, Rn. 5.

[226] *Hartmann/Lieschke,* WM 2011, 205, 208.

[227] BT-Drs. 14/7052, S. 195.

[228] Ebd.

gerecht ist noch im Gesetz irgendeinen Anhaltspunkt findet. Vielmehr würde es im Ergebnis zu Situationen kommen, in denen der Regressgläubiger einen umstrittenen Anspruch des gemeinsamen Gläubigers abzuwehren versucht und auf der anderen Seite im Wege einer Feststellungsklage die Voraussetzungen der Gesamtschuld und somit auch den zugrunde liegenden Anspruch des gemeinsamen Gläubigers beweisen muss.[229] Der Befreiungs- und Mitwirkungsanspruch, der eigentlich als Wohltat für den Rückgriffsgläubiger gedacht war,[230] erweist sich somit in der Realität eher als Nachteil, da dieser sich sehr frühzeitig mit verjährungshemmenden Maßnahmen auseinandersetzen und diese einleiten muss, um nicht Gefahr zu laufen, seinen Ausgleichsanspruch nicht mehr durchsetzen zu können. Weiterhin weisen diese verjährungshemmenden Maßnahmen mehr oder weniger große Probleme und Nachteile in praktischer und rechtlicher Hinsicht auf, sodass durch diese gerade kein ausreichender Interessenausgleich zwischen Rückgriffsgläubiger und Rückgriffsschuldner im Rahmen der Vorverlagerung des Verjährungsbeginns erreicht werden kann.

4. Schutz des Rückgriffsgläubigers durch § 199 Abs. 1 Nr. 2 BGB

Verjährungshemmende Maßnahmen bieten somit keinen ausreichenden Interessenausgleich für den Rückgriffsgläubiger. Möglicherweise könnte dieser allerdings, so zumindest der BGH,[231] durch das subjektive Tatbestandsmerkmal der Kenntnis bzw. grob fahrlässigen Unkenntnis von den den Anspruch begründenden Umständen und der Person des Schuldners gem. § 199 Abs. 1 Nr. 2 BGB erreicht werden. Auf diese Ansicht haben sich in der Folge auch Teile der Literatur gestützt.[232] So wird vorgebracht, dass die vom BGH vorgenommene Konturierung dieses Merkmals[233] zumindest zu einem gewissen Interessenausgleich zwischen Rückgriffsgläubiger und Rückgriffsschuldner führe.[234]

Dieser Einwand vermag aus mehreren Gründen nicht zu überzeugen. Gerade im oben dargestellten Kontext scheint dieses Argument schon deshalb besonders zweifelhaft, weil ein unrichtiges Verständnis im Hinblick auf die Entstehung des Anspruchs gem. § 199 Abs. 1 Nr. 1 BGB durch eine übermäßige Ausdehnung der Bedeutung der Kenntnis gem. § 199 Abs. 1 Nr. 2 BGB kompensiert werden soll.

In seiner Rechtsprechung verlangt der BGH für die Kenntnis des ausgleichsberechtigten Gesamtschuldners gem. § 199 Abs. 1 Nr. 2 BGB, dass diese sich auf „Umstände, die den Anspruch des Gläubigers gegen den Ausgleichsverpflichteten begründen, die Umstände, die den Anspruch des Gläubigers gegen ihn selbst

[229] Vgl. oben § 4 III. 4. a) ee) (1) und (2).
[230] So auch *Peters*, ZGS 2010, 154, 156.
[231] Vgl. BGHZ 181, 310, 315 f.
[232] *Gebauer*, LMK 2010, 299711; *Pfeiffer*, NJW 2010, 23, 25; *Dollmann*, GmbHR 2009, 1092 f.
[233] Vgl. BGHZ 181, 310, 315 f.
[234] *Pfeiffer*, NJW 2010, 23, 25; *Dollmann*, GmbHR 2009, 1093 („einziges Korrektiv").

begründen, die Umstände, die das Gesamtschuldverhältnis begründen und schließlich die Umstände, die im Innenverhältnis eine Ausgleichspflicht begründen, beziehen."[235] Auf den ersten Blick könnte man durchaus versucht sein, der Literatur zuzustimmen und in diesen vier vom BGH aufgestellten Kriterien tatsächlich einen hinreichenden Schutz des Rückgriffsgläubigers vor dem Verjährungsbeginn seiner Ausgleichsforderung gem. §§ 426 Abs. 1, 199 Abs. 1 BGB zu sehen.[236] Ein Argument dafür ist gewiss, dass die im Urteil des BGH[237] genannten Voraussetzungen kumulativ vorliegen müssen. Jedoch ergibt eine genauere Betrachtung dieser Voraussetzungen, dass die Anforderungen, die der BGH für § 199 Abs. 1 Nr. 2 BGB aufgestellt hat, nicht allzu hoch angesetzt sind. Dies wird dadurch verschärft, dass es im Rahmen von § 199 Abs. 1 Nr. 2 BGB nicht erforderlich ist, dass der Regressgläubiger die ihm bekannten Tatsachen auch zutreffend rechtlich würdigt.[238] Folge dieser wohl tatsächlich als gering zu bewertenden Anforderungen des § 199 Abs. 1 Nr. 2 BGB ist, dass die Kenntnis im Regelfall vorliegen wird. Daraus kann letztlich nichts Anderes geschlossen werden, als dass der Schutz des Rückgriffsgläubigers vor einem frühen Verjährungsbeginn durch § 199 Abs. 1 Nr. 2 BGB in der Tat als schwach und nicht interessengerecht einzustufen ist.[239] Dies kann anhand einer exemplarischen Anwendung der vom BGH entwickelten Kriterien auf einige Beispiele gesamtschuldnerischer Verpflichtungen verdeutlicht werden.

Das erste Kriterium, das der BGH festlegt, betrifft die Kenntnis von den Umständen, die den Ausgleichsanspruch gegen den Ausgleichsverpflichteten begründen.[240] Im Hinblick auf vertraglich begründete Gesamtschulden gem. § 427 BGB gilt, dass zum Zeitpunkt des Vertragsschlusses und damit zum Zeitpunkt der Entstehung der Gesamtschuld die erforderliche Kenntnis im Sinne von § 199 Abs. 1 Nr. 2 BGB bereits vorliegt und daher bejaht werden muss. Gleiches muss bei deliktischen Gesamtschuldnern gem. § 840 BGB, persönlich haftendenden Personengesellschaftern gem. § 128 HGB analog oder etwa bei Mitbürgen gem. § 769 BGB gelten. Die beiden letztgenannten Gruppen sind dabei wohl in der Regel dem wirtschaftlichen Verkehr zuzuordnen, was bedeutet, dass selbst, wenn dort positive Kenntnis zu verneinen ist, regelmäßig wegen der aus § 199 Abs. 1 Nr. 2 BGB herzuleitenden Informationspflicht zumindest grobe Fahrlässigkeit in Bezug auf die Unkenntnis dieser Umstände anzunehmen sein wird.[241]

---

235 BGHZ 181, 310, 316; vgl. bereits in der Einleitung unter II.

236 Vgl. BGHZ 181, 310, 316; *Pfeiffer*, NJW 2010, 23, 25; *Dollmann*, GmbHR 2009, 1093.

237 Vgl. BGHZ 181, 310, 316.

238 BGH, Beschl. v. 19.03.2008 – III ZR 220/07; ausführlich dazu bereits § 1 I. 1. d) bb).

239 So auch: *Schwenker*, EWiR 2009, 565, 566; *Schwenker*, EWiR 2009, 705, 706; *Rodemann*, IBR 2009, 591; *Hartmann/Lieschke,* WM 2011, 205, 209; *Weise*, NJW-Spezial 2011, 108.

240 Vgl. BGHZ 181, 310, 316.

241 *Peters*, ZGS 2010, 154.

Das zweite Kriterium besagt, dass der Ausgleichsberechtigte Kenntnis von den Tatsachen haben muss, die den Anspruch des Gläubigers gegen ihn selbst begründen.[242] Bei dieser Voraussetzung lassen sich keine gesamtschuldspezifischen Besonderheiten erkennen. Bei vertraglichen Gesamtschuldnern ist die Kenntnis daher im Zeitpunkt des Vertragsschlusses zu sehen, bei gemeinsamer deliktischer Haftung liegt Kenntnis im Zeitpunkt der schädigenden Handlung vor. Bei der Personengesellschafterhaftung und der Mitbürgschaft liegt die Kenntnis von den Umständen, die den Anspruch des Gläubigers begründen, mit der Begründung der Haftung aus § 128 S. 1 HGB analog bzw. § 769 BGB vor. Auch im Hinblick auf dieses Kriterium wird die Schwelle zur grob fahrlässigen Unkenntnis in den dargestellten Fällen recht schnell überwunden sein.

Das dritte Kriterium umfasst die Kenntnis von Umständen, die das Gesamtschuldverhältnis begründen.[243] Gerade bei gemeinschaftlichen vertraglichen Verpflichtungen wird das Vorliegen der Kenntnis praktisch kaum von der Hand zu weisen sein. Für die deliktische Gesamtschuldanordnung gem. § 840 Abs. 1 BGB ist es maßgeblich, dass der Rückgriffsgläubiger Kenntnis von dem Umstand hat, dass neben ihm ein anderer auf den Eintritt des schädigenden Ereignisses Einfluss gehabt hat und dies möglicherweise dessen Verantwortlichkeit begründet, so dass beide wegen § 840 Abs. 1 BGB nebeneinander haften. Gesellschafter einer OHG, die gem. § 128 S. 1 HGB gesamtschuldnerisch haften, werden immer wissen, dass sie Gesellschafter sind. Im Fall von Mitbürgen ist zu beachten, dass diese wegen der sich aus § 199 Abs. 1 Nr. 2 BGB ergebenden Informationspflicht beim Gläubiger entsprechend Auskunft darüber einholen müssen, ob noch eine weitere Bürgschaft für die Hauptforderung besteht.

Das vierte und letzte Kriterium setzt schließlich voraus, dass Kenntnis über die Umstände vorliegt, die im Innenverhältnis die Ausgleichspflicht begründen.[244] Bei vertraglich begründeten Gesamtschulden werden insoweit etwaige Abreden im Innenverhältnis über die Kenntnis entscheiden. Für den Fall, dass keine ausdrückliche Haftungsabrede im Innenverhältnis vorliegt, kann daraus allerdings nicht der Rückschluss gezogen werden, dass die Umstände, die im Innenverhältnis eine Ausgleichspflicht begründen, unbekannt sind.[245] Im Zweifel gilt jedenfalls die Regelung des § 426 Abs. 1 S. 1 BGB, der eine Haftung der Gesamtschuldner nach Köpfen festlegt.[246] Die Kenntnis von Tatsachen, die im Innenverhältnis die Ausgleichspflicht zwischen Gesamtschuldnern begründen, wird daher in der Regel ebenfalls vorliegen. Gerade bei einer vertraglich begrün-

---

[242] BGHZ 181, 310, 316.

[243] Ebd.

[244] Ebd.

[245] Vgl. *Peters/Jacoby,* in: Staudinger, Kommentar zum BGB, Neubearbeitung 2019, § 199, Rn. 65: „Irrtümer über die Quoten sind irrelevant."

[246] *Grüneberg,* in: Grüneberg, 81. Aufl. 2022, § 426, Rn. 8 ff.; *Gehrlein,* in: BeckOK BGB, 52. Ed. (Stand: 01.11.2019), § 426, Rn. 6; *Heinemeyer,* in: Münch. Komm. BGB, 8. Aufl. 2018, § 426, Rn. 15.

deten gemeinschaftlichen Verpflichtung kann dem Schweigen der Parteien bei Vertragsschluss jedenfalls nicht im Wege der Auslegung nach § 133, 157 BGB entnommen werden, dass ein Regress nach dem Innenverhältnis nicht stattfinden soll. Auch bei Vorliegen von komplizierten Fällen, in denen die Haftung nur wegen der Gleichstufigkeit der Verbindlichkeiten angenommen werden kann, wie dies beispielsweise bei der gemeinschaftlichen Architekten- und Bauträgerhaftung[247] der Fall ist, wird doch regelmäßig davon auszugehen sein, dass die unterbliebene Verschaffung der erforderlichen Kenntnis zumindest grob fahrlässig wäre und somit die Anforderung des § 199 Abs. 1 Nr. 2 BGB erfüllt sind.[248]

Aufgrund der vorangestellten Erwägungen ergibt sich, dass der BGH durch seine Rechtsprechung die Anforderungen an die Kenntnis im Sinne von § 199 Abs. 1 Nr. 2 BGB durchaus näher präzisiert hat. Dabei wird allerdings verkannt, dass es in der Praxis wohl kaum Fälle geben wird, in denen die Kriterien, welche der BGH für Annahme der Kenntnis nach § 199 Abs. 1 Nr. 2 BGB fordert, nicht erfüllt sein werden.[249] Vielmehr wird es so sein, dass in den meisten Fällen die erforderliche Kenntnis oder grob fahrlässige Unkenntnis vorliegen wird. Gerade wenn man den Bezug auf die Praxisrealität herstellt, wird man feststellen müssen, dass das Argument des BGH, der Rückgriffsgläubiger sei durch das Erfordernis der Kenntnis ausreichend vor einem frühen Beginn der regelmäßigen Verjährung des Ausgleichsanspruchs aus § 426 Abs. 1 BGB geschützt, im Ergebnis leer läuft.[250] Die in der Entscheidung des BGH aufgestellten Kriterien reichen nicht aus, den nach Ansicht des BGH sehr frühen Zeitpunkt der Entstehung gem. § 199 Abs. 1 Nr. 1 BGB und die damit für den Rückgriffsgläubiger einhergehenden Nachteile nachhaltig zu kompensieren. Es ist deshalb zu konstatieren, dass das Kriterium der Kenntnis gerade keinen Ausgleich dafür darstellt, dass es durch Vorverlagerung des Entstehungszeitpunkts des Ausgleichsanspruchs zu einer Risikoverlagerung zulasten des anspruchsberechtigten Gesamtschuldners gekommen ist.[251]

Im Ergebnis bleibt es auch nach Betrachtung der weiteren Voraussetzungen des § 199 Abs. 1 Nr. 2 BGB dabei, dass der Verjährungsbeginn des Ausgleichsanspruchs gem. § 426 Abs. 1 BGB im Wesentlichen von dessen Entstehungszeitpunkt nach § 199 Abs. 1 Nr. 1 BGB abhängt. Zwar vermögen die vom BGH

---

[247] Beispielsfall nach *Looschelders*, Schuldrecht AT, 16 Aufl. 2018, S. 461: Haftung des Architekten für die mangelnde Bauaufsicht gem. § 280 Abs. 1 BGB, während der Bauträger wegen Nacherfüllung des mangelhaften Bauwerks gem. §§ 634 Nr. 1, 635 Abs. 1 BGB in Anspruch genommen werden kann; so auch BGHZ 43, 227; 51, 275; *Medicus/Lorenz*, Schuldrecht I AT, 21. Aufl. 2015, Rn. 893. Vgl. auch oben § 4 III. 1. und 3.

[248] *Weise*, NJW-Spezial 2011, 108; *Sohn/Holtmann*, BauR 2010, 1480, 1485.

[249] So auch *Peters*, NZG 2010, 154, der am Beispiel eines Unfalls mit mehreren Beteiligten und anschließender Fahrerflucht darstellt, dass nur in einer solch speziellen Konstellation das Kriterium der Kenntnis die nachteiligen Folgen, die aus der Vorverlagerung des Entstehungszeitpunkts hervorgehen, abwenden kann.

[250] Vgl. *Weise*, NJW-Spezial 2011, 108.

[251] So aber BGHZ 181, 310, 315; *Gebauer*, LMK 2010, 299711; *Pfeiffer*, NJW 2010, 23, 25.

aufgestellten Kriterien im Einzelfall einen späteren Verjährungsbeginn zu ermöglichen, allerdings können diese auf keinen Fall, wie von Rechtsprechung und Teilen der Literatur angenommen, als hinreichender Interessenausgleich gesehen werden.[252] Der sich durch die Vorverlagerung des Entstehungszeitpunkts entstandene Konflikt aus der Perspektive des Rückgriffsgläubigers lässt sich somit gerade nicht auflösen.

Diskutiert wird auch, ob ein subjektives Element die Zumutbarkeit der Klageerhebung darstellt, was wegen seiner Unbestimmtheit aber abzulehnen ist und daher hier nicht wirklich einen Ertrag bringt. Insoweit wird auf die Ausführungen zum Bau- und Architektenrecht verwiesen.[253] Im Ergebnis lässt sich feststellen, dass auch die Präzisierung der subjektiven Kriterien des § 199 Abs. 1 Nr. 2 BGB durch den BGH keinen hinreichenden Schutz des Rückgriffsgläubigers bietet.

5. Argument der Beeinflussung des Verjährungsbeginns durch den Rückgriffsgläubiger

Ein weiteres Argument, welches der BGH zugunsten des früheren Verjährungsbeginns des Ausgleichsanspruchs anführt, ist, dass die Anknüpfung an den Zeitpunkt der Leistung dem Schuldnerschutz und damit dem gesetzlichen Leitbild des § 199 Abs. 1 BGB zuwiderlaufen würde, insbesondere wenn der Rückgriffsgläubiger durch sein Verhalten den Verjährungsbeginn bestimmen könnte.[254] Denn gerade wenn der Rückgriffsgläubiger keine Verjährung des Regressanspruchs fürchten muss, besteht noch weniger ein Anreiz für ihn an den Gläubiger zu zahlen. Im Hinblick auf diese Argumentation ist zu klären, ob sich der Rückgriffsgläubiger dadurch überhaupt einen Vorteil verschafft und sollte diese Frage zu bejahen sein, ob dieser Vorteil dann auch tatsächlich als ungerechtfertigt einzuordnen ist. In der Regel wird es nämlich gerade nicht der Rückgriffsgläubiger sein, der dem Gläubiger die Leistung zu einem beliebigen Zeitpunkt anbietet, sondern der gemeinsame Gläubiger der Gesamtschuldner wird sich zu irgendeinem Zeitpunkt für die Inanspruchnahme entscheiden und gerade so maßgeblichen Einfluss auf den Zahlungszeitpunkt haben.[255]

Dagegen lässt sich allerdings der in der Literatur geäußerte Einwand vorbringen, dass es fraglich sei, ob der ausgleichsverpflichtete Gesamtschuldner überhaupt vor einem neu entstehenden Zahlungsanspruch geschützt werden müsse.[256]

---

[252] Im Ergebnis auch *Peters*, ZGS 2010, 154; *Schwenker*, EWiR 2009, 565, 566; *Schwenker*, EWiR 2009, 705, 706; *Hartmann/Lieschke,* WM 2011, 205, 209; *Weise,* NJW-Spezial 2011, 108.

[253] Vgl. oben § 4 III. 4. a) dd).

[254] BGHZ 175, 161, 169 f.; BGHZ 181, 310, 314.

[255] Vgl. *Peters*, ZGS 2010, 154, 156, der davon spricht, dass der Gesamtschuldner deshalb nicht leiste, weil er sich der Hoffnung hingibt, die Leistung bis zum Verjährungseintritt hinauszuzögern oder weil ihm die entsprechenden finanziellen Mittel fehlen.

[256] Vgl. *Hartmann/Lieschke,* WM 2011, 205, 209.

Zutreffend wird insoweit darauf hingewiesen, dass es nur als Folge der Inanspruchnahme im Außenverhältnis einzuordnen sei, wenn es noch zu einem auf Zahlung gestützten Regress kommt.[257] Mit der Zahlung erfüllt der ausgleichsberechtigte Gesamtschuldner letztlich nur die Pflicht, die zuvor wegen § 421 BGB auch dem ausgleichsverpflichteten Gesamtschuldner im Außenverhältnis gegenüber dem gemeinsamen Gläubiger oblag.[258] Es ist daher nicht ersichtlich, worin die Unbilligkeit liegen soll, da der Regresspflichtige seiner Pflicht gegenüber dem gemeinsamen Primärgläubiger und seinem Mitgesamtschuldner gerade nicht nachkam und so eine Schutzwürdigkeit im Hinblick auf einen früheren Verjährungszeitpunkt nicht erkennbar ist. Selbst wenn man dem Einwand, der ausgleichsberechtigte Gesamtschuldner könne die Verjährung einseitig beeinflussen, eine größere Bedeutung zukommen lassen möchte, so wäre diese Beeinflussbarkeit durch den Ausgleichsberechtigten nur dann problematisch, wenn der Anspruch des gemeinsamen Gläubigers bereits einem oder allen Gesamtschuldnern gegenüber verjährt war.[259] Die Konsequenz daraus wäre dann, dass dem Ausgleichsverpflichteten eine Haftung im Innenverhältnis auferlegt würde, der er sich im Außenverhältnis bereits erfolgreich entziehen konnte.[260] Wie dieses Problem aufzulösen ist und ob bzw. wann dabei auch die Grenze des Rechtsmissbrauchs gem. § 242 BGB überschritten wird, ist unter dem Gesichtspunkt des Rückgriffsausschlusses wegen eingetretener Verjährung zu thematisieren.[261]

V. Verfassungsrechtliche Erwägungen

In bestimmten Fällen kann das Rechtsinstitut der Verjährung auch einen Eingriff[262] des Gesetzgebers in Rechtspositionen des jeweils betroffenen Gläubigers darstellen, die durch Art. 14 GG geschützt sind.[263] Eine Verjährungsregelung sollte daher stets einen angemessenen Ausgleich zwischen den Interessen des Schuldners und des Gläubigers gewähren.[264] Dem liegt der Gedanke zugrunde, dass dem Rechtsinstitut der Verjährung zumindest in manchen Fällen faktisch Enteignungswirkung zukommen kann.[265] Es kann nämlich durchaus argumentiert werden, dass ein zivilrechtlicher Anspruch ein Vermögensgegenstand ist, der

[257] Ebd.

[258] Ebd.

[259] Vgl. BGH NJW 2010, 62, 63 f.; BGH NJW 2010, 435 f.

[260] *Peters/Zimmermann,* in: Bundesministerium der Justiz (Hrsg.), Gutachten und Vorschläge zur Überarbeitung des Schuldrechts, Bd. I, 1981, S. 236 f.

[261] Vgl. oben § 1 I. 1. a).

[262] *Graf/Kielmansegg,* JuS 2008, 23–29.

[263] BVerfG, Beschl. v. 18.01.2006 – 2 BvR 2194/99 = NJW 2006, 1191 = WM 2006, 648, Tz. 36.

[264] *Mansel,* in: Ernst/Zimmermann (Hrsg.), Zivilrechtswissenschaft und Schuldrechtsreform, S. 333 ff., 351.

[265] *Bar,* Gemeineuropäisches Deliktsrecht, Bd. II, 1999, Rdz. 554.

seinen ökonomischen Wert weitestgehend verliert, wenn er nicht mehr durchgesetzt werden kann.[266]

Der Gläubiger sollte daher zumindest eine „faire Chance" haben, seinen Anspruch geltend machen zu können.[267] Verfassungsrechtlich bedenklich erscheint vor diesem Hintergrund eine Verjährungsregel, bei der Verjährung noch vor Anspruchsentstehung eintritt.[268] Hat ein Gläubiger nämlich keinen Anlass und keine Möglichkeit, in irgendeiner Weise gegen den Schuldner gerichtlich vorzugehen, gibt es auch keinen Ansatzpunkt für die Festlegung des Verjährungsbeginns.[269] Weiterhin ist ein Verjährungsbeginn unabhängig von der Möglichkeit, von den Umständen der Anspruchsentstehung Kenntnis zu nehmen, nur dann gerechtfertigt, wenn die Verjährungsfrist so bemessen ist, dass typischerweise mit der Erkennbarkeit innerhalb der betreffenden Frist zu rechnen ist.[270] Das führt dazu, dass dem Aspekt der Erkennbarkeit eine umso größere Bedeutung für den Verjährungsbeginn zukommt, je kürzer die jeweilige Verjährungsfrist ausgestaltet ist.[271] Werden diese Vorgaben beachtet, kommt Regelungen der Verjährung durch den Gesetzgeber keine enteignende Wirkung zu.[272] Das ergibt sich schon aus der ursprünglichen Konzeption der Verjährung, die den Anspruchsverlust an das geringe Interesse des Gläubigers an die Geltendmachung des Anspruchs knüpft.[273] Zwar stellt auch das geltende Verjährungsrecht in bestimmten Fällen nicht darauf ab, ob der Gläubiger überhaupt eine Chance hatte, seine Ansprüche geltend zu machen, wie etwa ein Blick auf die Verjährung von Mängelgewährleistungsansprüchen im Kauf- und Werkvertragsrecht (§§ 438, 634a BGB) zeigt. Dort kommt es für den Verjährungsbeginn allein auf die Übergabe bzw. Ablieferung der Sache an. Indes kommt der Verjährung der verschuldensunabhängigen Ansprüche im Kauf- und Werkvertragsrecht eher die Funktion der Risikoverlagerung zu.[274] Für den Innenausgleichsanspruch unter Gesamtschuldnern kommt es nach der h.M. auf die Entstehung der Gesamtschuld an, womit die bereits oben ausführlich beschriebenen Negativwirkungen für den Regressgläubiger einhergehen können. Daher scheint es auch aus verfassungsrechtlichen Erwägungen vorzugswürdig, nicht auf die Entstehung der Gesamtschuld, sondern

---

[266] *Zimmermann*, JZ 2000, 853, 853.

[267] Vgl. *Spiro*, Die Begrenzung privater Rechte durch Verjährungs-, Verwirkungs- und Fatalfristen, Bd. I, § 13.

[268] BGH WM 2005, 1801 = NJW-RR 2005, 1683, 1685 f. m.wN.

[269] So ausdrücklich: BGH NJW 1972, 1460.

[270] BGH a.a.O., 1460; *Oetker*, Verjährung, 1994, S. 56; *Mansel*, in: Ernst/Zimmermann (Hrsg.), Zivilrechtswissenschaft und Schuldrechtsreform, S. 337.

[271] *Zimmermann*, JZ 2000, 853, 857.

[272] BVerfG, Beschl. v. 15.04.2009 – 1 BvR 3478/08, Tz. 15. (zum landesrechtlichen Rechtsinstitut der unvordenklichen Verjährung).

[273] Mot. I. S. 219 = *Mugdan* Bd. I, S. 512. Ebendort findet sich auch die für die Lösung der hier aufgeworfenen Frage weiterführende Erkenntnis: „Die Verjährung ist ein Mittel zum Zweck, nicht Selbstzweck".

[274] *Zimmermann/Leenen/Mansel/Ernst*, JZ 2001, 684, 688.

auf die Zahlung an den Gläubiger als für die Entstehung und den damit verbundenen Verjährungsbeginn des Zahlungsanspruchs maßgeblichen Zeitpunkt abzustellen, um dem Gläubiger dieses Ausgleichsanspruchs auch eine „faire Chance" zu gewähren, diesen sinnvoll durchzusetzen.

VI. Zusammenfassung

Die in diesem Paragrafen angestellten Überlegungen machen deutlich, dass entgegen der h.M. bereits *de lege lata* die besseren Argumente dafürsprechen, für den Beginn der Verjährungsfrist des Zahlungsanspruchs des Rückgriffsgläubigers auf den Zeitpunkt der Zahlung an den Primärgläubiger abzustellen.

Zu diesem Ergebnis gelangt man sowohl durch Anwendung der herkömmlichen juristischen Auslegungsmethoden als auch aufgrund verfassungsrechtlicher Erwägungen. Dabei ist allerdings festzustellen, dass der Wortlaut für die Klärung der vorliegenden Frage unergiebig ist. Ihm lassen sich insoweit keine Anhaltspunkte entnehmen. Weiter führt dagegen eine Berücksichtigung der Argumente des historischen Gesetzgebers. Den Motiven lässt sich entnehmen, dass der Gesamtschuldnerausgleich zumindest bezüglich der Mitwirkungspflicht unter dem Gesichtspunkt der Erforderlichkeit erörtert wurde und wohl Vergleiche mit der Situation beim Aufwendungsersatzanspruch angestellt wurden, für den es ebenfalls auf Erforderlichkeit ankommt und für den als Zeitpunkt der Anspruchsentstehung vollkommen unstreitig auf die Zahlung an den Gläubiger abgestellt wird. Für diese Betrachtungsweise sprechen auch Überlegungen des Reformgesetzgebers. Im Vorfeld der Schuldrechtsmodernisierung hielt die Schuldrechtskommission zwar noch an der Grundannahme der h.M. fest, dass für die Verjährung des Ausgleichsanspruchs der Gläubigeranspruch entscheidend sei und wollte, die Verjährungsproblematik erkennend, zum Schutz des Ausgleichsgläubigers eine Verjährungsverlängerung in Form einer Mindestfrist von sechs Monaten ab Klagerhebung bzw. Zahlung festlegen. Dieser Vorschlag wurde indes nicht weiterverfolgt. Vielmehr enthielt die Beschlussempfehlung des Rechtsausschusses zu §426 Abs. 1 BGB den ausdrücklichen Hinweis, dass die regelmäßige Verjährungsfrist mit dem Zeitpunkt beginnen sollte, in dem der begünstigte Gesamtschuldner an den Gläubiger leistet. Das ist auch der Zeitpunkt, in dem der Anspruch auf Ersatz erforderlich gehaltener Aufwendungen gemäß §670 BGB entsteht.

Als noch gewichtiger erweist sich eine teleologische Auslegung. Befreiungs- und Zahlungsanspruch unterscheiden sich inhaltlich voneinander. Zivilprozessual liegen bei einer Klage auf Befreiung von einer Verbindlichkeit und einer Zahlungsklage unterschiedliche Streitgegenstände vor. Das wirft die Frage auf, wie sich der Regressgläubiger vor einer vorzeitigen Verjährung des Ausgleichsanspruchs schützen kann. Eine Feststellungsklage gem. §256 Abs. 1 ZPO erweist sich als wenig effektiv. Ein auf Zahlung gerichteter Hilfsantrag ist im Prozess über die Mitwirkung und Befreiung des (potenziellen) Rückgriffsschuldners ausgeschlossen. Bei Zahlung an den Primärgläubiger nach Klagerhebung kommt eine Klageänderung gemäß §§ 263 f. ZPO in Betracht. Allerdings entfaltet diese in Bezug auf den Zahlungsanspruch nur ex nunc, mit Rechtshängigkeit des neuen Streitgegenstands, verjährungshemmende Wirkung. Es konnte gezeigt werden, dass zur „Problembehebung" eine Erstreckung der Verjährungshemmung auf § 213 BGB gestützt werden kann, während für eine extensive Anwendung von § 204 Abs. 1 Nr. 1 BGB kein Raum mehr besteht.

Für die Zahlung als Verjährungsbeginn des Zahlungsanspruchs aus § 426 Abs. 1 BGB spricht des Weiteren die Ursache des Zahlungsverlangens des Regressgläubigers, nämlich die Tatsache, dass der ausgleichsverpflichtete Gesamtschuldner seiner (anteiligen) Mitwirkungs- und Befreiungspflicht nicht nachgekommen und dem Regressgläubiger ein Schaden entstanden ist. Auch die strukturelle Ähnlichkeit von Befreiungs- und Regressanspruch und die Situation beim Freihalteanspruch gem. § 257 S. 1 BGB können angeführt werden – für diesen hat der BGH die Fälligkeit der Drittforderung als Verjährungsbeginn festgelegt und damit gleichsam das entscheidende Argument des Verfassers der vorliegenden Arbeit vorweggenommen, es sei unbillig, wenn ein Beauftragter oder Geschäftsbesorger den Befreiungsanspruch schon vor Fälligkeit der Drittforderung verliere.

Schließlich spricht auch die teleologische Auslegung für die hier vertretene Ansicht. Das ergibt die Berücksichtigung der Interessen, insbesondere der des Regressgläubigers, bei der Verjährung. Allein die Verkürzung der Regelverjährungsfrist auf drei Jahre setzt den Rückgriffsgläubiger einem erhöhten Risiko bei der Realisierung seines Rückgriffsanspruchs aus: Ein Verjährungsbeginn mit Begründung der Gesamtschuld ist dem Ausgleichsberechtigten nicht zuzumuten. Auch verjährungshemmende Maßnahmen schützen den Rückgriffsgläubiger nicht. Denn nur bei einem Beitritt des Streitverkündenden wird die Zulässigkeit der Streitverkündung im Erstprozess geklärt und damit Sicherheit in der Verjährungsfrage erreicht. Auch die vom BGH zu § 199 Abs. 1 Nr. 2 BGB vorgenommene Präzisierung der subjektiven Voraussetzungen für den Verjährungsbeginn schützt den Rückgriffsgläubiger nicht, da es praktisch kaum Fälle gibt, in denen die vom BGH bestimmten Kriterien nicht vorliegen dürften. Ebenso wenig greift die Behauptung des BGH, der Rückgriffsgläubiger könne bei Anknüpfung an eine Zahlung an den Primärgläubiger den Zeitpunkt des Verjährungsbeginns bestimmen.

Zu guter Letzt können verfassungsrechtliche Argumente ins Feld geführt werden (Art. 14 GG). Der Rückgriffsgläubiger muss eine „faire und realistische Chance" haben, den Anspruch gegen den Rückgriffsschuldner geltend machen zu können. Demnach kann die Verjährungsfrist nicht vor der Entstehung des Zahlungsanspruchs beginnen.

§ 8

Alternativansätze und vertragliche Festlegung des Verjährungsbeginns

Das unbefriedigende Ergebnis der vorzeitigen Verjährung und die Schwierigkeiten, den Verjährungsbeginn des Ausgleichsanspruchs zu bestimmen, legen den Versuch nahe, alternative Lösungsansätze zu entwickeln. Darüber hinaus wäre auch zu erwägen, ob, solange der Gesetzgeber sich nicht zu einer Neuregelung entschließt, die dargestellten Misshelligkeiten durch vertragliche Gestaltungen vermieden werden können.

I. Alternative Lösungsansätze

Derartige Überlegungen haben *Hartmann/Lieschke*[1] angestellt. Die einzelnen Ansätze werden nachfolgend vorgestellt und sodann im Einzelnen untersucht.

1. Hemmung der Verjährung analog § 206 BGB

Als erste Lösungsmöglichkeit kommt die analoge Anwendung der Verjährungshemmung gem. § 206 BGB (i.V.m. der Ablaufhemmung aus § 203 S. 2 BGB) in Betracht: Dafür müsste sich der vom Gläubiger in Anspruch genommene Gesamtschuldner in einer mit höherer Gewalt vergleichbaren Situation befinden, in der er ohne eigenes Verschulden weder Kenntnis von der, noch Einfluss auf seine Inanspruchnahme und deren Zeitpunkt hat.[2] Der Verjährungseintritt als solcher müsste also einen „unabwendbaren Zufall"[3] darstellen. Höhere Gewalt setzt dabei in objektiver Hinsicht ein von außen kommendes, unabwendbares und unverschuldetes Ereignis voraus, welches in subjektiver Hinsicht auch durch äußerste, billigerweise zu erwartende Sorgfalt nicht verhindert werden kann.[4] *Hartmann/Lieschke* nehmen an, es liege in aller Regel außerhalb des Machtbereichs eines Gesamtschuldners, ob und wann er in Anspruch genommen wird. Zwar wisse jeder Gesamtschuldner meist abstrakt um die Gesamtschuld und dement-

---

[1] *Hartmann/Lieschke*, WM 2011, 205, 209 ff.

[2] *Hartmann/Lieschke*, a.a.O., 205, 210.

[3] *Peters/Jacoby,* in: Staudinger, Kommentar zum BGB, Neubearbeitung 2019, § 206, Rn. 4; *Grothe,* in: Münch. Komm. BGB, 8. Aufl. 2018, § 206, Rn. 4.

[4] *Peters/Jacoby,* a.a.O., § 206, Rn. 3.

sprechend um die Entstehung des Ausgleichsanspruchs gemäß § 426 Abs. 1 BGB. Allerdings wisse ein Gesamtschuldner normalerweise gerade nicht, welcher Mitschuldner wann und in welcher Höhe in Anspruch genommen werden wird.[5] Werde ausschließlich ein Gesamtschuldner in voller Höhe in Anspruch genommen, so könne er dies grundsätzlich nicht vorhersehen oder verhüten.[6] Geschehe dies innerhalb der letzten sechs Monate der Verjährungsfrist,[7] ließe sich somit durchaus an eine Hemmung der Verjährung in ansprechender Anwendung von § 206 BGB denken. Diese müsste noch um eine Ablaufhemmung von mindestens drei weiteren Monaten ergänzt werden, um dem in Anspruch genommenen Mitschuldner eine tatsächliche Überlegungsfrist und damit die verfassungsrechtlich gebotene „faire Chance" auf Regress einzuräumen.[8]

2. Verbot widersprüchlichen Verhaltens (§ 242 BGB)

Als weiterer Ansatz wird der Rechtsgedanke des „*venire contra factum proprium*" fruchtbar gemacht. Damit könne die weitere Durchsetzung des internen Ausgleichsanspruchs ermöglicht werden.[9] Dafür spricht, dass die hier vorliegende Konstellation derjenigen gleicht, die den in der Rechtsprechung entwickelten Grundsätzen über die Haftung für Verletzungen nach regelkonformem Spielverhalten bei Mannschaftssportarten zugrunde liegt.[10] Danach scheitert die Geltendmachung von Schadensersatzansprüchen durch einen verletzten Fußballspieler als „rechtlich unzulässiger Widerspruch zu seinem vorhergehenden Verhalten" (§ 242 BGB).[11] Wissen Gesamtschuldner um die Gesamtschuld, müssen sie auch von der grundsätzlichen Möglichkeit einer Inanspruchnahme im Innenverhältnis durch andere Gesamtschuldner ausgehen. Insbesondere wenn ein Gesamtschuldner vom Primärgläubiger kurz vor Ablauf der Verjährungsfrist in Anspruch genommen wird, soll Regressschuldnern die Einrede der Verjährung gegenüber dem Ausgleichsanspruch verwehrt sein, wenn der Regressgläubiger sie umgehend von seiner Inanspruchnahme informiert.[12] Gesamtschuldner würden eine Art „Schicksalsgemeinschaft" bilden, die das Wissen um das Risiko willkürlicher Inanspruchnahme eines einzelnen Gesamtschuldners durch den Primärgläubiger miteinander teilt.[13] Insoweit sei die Situation vergleichbar mit dem Ausschluss gegenseitiger Ansprüche durch verletzte Fußballspieler aufgrund der Überlegung, dass bei regelkonformem Spiel jeder Spieler sowohl potenzieller

---

[5] *Hartmann/Lieschke,* WM 2011, 205, 210.
[6] Vgl. zu diesem Erfordernis *Ellenberger,* in: Grüneberg, 81. Aufl. 2022, § 206, Rn. 4.
[7] *Ellenberger,* a.a.O., Rn. 2.
[8] *Hartmann/Lieschke*, WM 2011, 205, 210.
[9] Ebd.
[10] BGH NJW 1975, 109.
[11] Ebd.
[12] *Hartmann/Lieschke*, WM 2011, 205, 210.
[13] Ebd.

Verletzer als auch Geschädigter ist.[14] Es sei „anstößig", die eigene Haftungsquote durch Berufung auf die Verjährungsreinrede auf den in Anspruch genommenen Gesamtschuldner abzuwälzen, da die Inanspruchnahme jeden Gesamtschuldner in gleicher Weise hätte treffen können.[15] Dieser Analogie stehe schließlich nicht entgegen, dass Gesamtschuldverhältnisse nicht nur willentlich, sondern auch durch gesetzliche Anordnung begründet werden können. Für die Frage der Vergleichbarkeit der Interessenlagen der Gesamtschuldner sei die Begründung der Gesamtschuld nämlich ohne hinreichenden Belang.[16]

3. Einschränkende Auslegung von § 199 BGB

Eine weitere Möglichkeit sehen *Hartmann/Lieschke* in einer einschränkenden Auslegung von § 199 BGB.[17] Auszugehen sei von der Frage, wann ein Schuldner Kenntnis (oder grob fahrlässige Unkenntnis) von der Entstehung des Ausgleichsanspruchs gem. § 426 Abs. 1 BGB erlangt. Dabei schränkten die vom BGH postulierten[18] Bezugspunkte der Kenntnis den Kenntnistatbestand nicht weit genug ein.[19] Demnach könne der ausgleichsberechtigte Gesamtschuldner nur dann hinreichend geschützt werden, wenn die erforderliche Kenntnis nicht vor „Entstehen" des Zahlungsanspruchs, also vor der Leistung an den Primärgläubiger angenommen würde.[20]

4. Stellungnahme

So vielversprechend die von *Hartmann* und *Lieschke* vorgestellten Alternativansätze auf den ersten Blick auch sein mögen, so stehen ihnen doch jeweils gewichtige Argumente entgegen:

Eine analoge Anwendung von §§ 206, 203 S. 2 BGB vermag schon deshalb nicht zu überzeugen, weil die dargestellte Situation mit einem unvorhersehbaren Ereignis im Sinne der Rechtsprechung nicht vergleichbar ist. Vielmehr handelt es sich um ein regelhaft auftretendes Phänomen, welchem zumindest theoretisch durch die Erhebung einer Feststellungsklage auf Bestehen des Freistellungsanspruchs begegnet werden kann.[21]

Der Rückgriff auf Treu und Glauben (§ 242 BGB) scheint dagegen eher zur Lösung der Problematik beizutragen. Letztlich erscheint es allerdings zweifelhaft, ob der Beteiligung an einem zur Gesamtschuld führenden Verhalten ge-

[14] Ebd.
[15] BGH NJW 1961, 655; BGH NJW 1975, 109, 110.
[16] *Hartmann/Lieschke*, WM 2011, 205, 210.
[17] Ebd.
[18] BGHZ 181, 310, 316.
[19] Vgl. oben Einl. II.
[20] *Hartmann/Lieschke*, WM 2011, 205, 210.
[21] Vgl. oben § 4 III. 4. a) ee) (2).

nauso viel Gewicht beizumessen ist wie der Teilnahme an einem regelkonformen Fußballspiel. Darüber hinaus entscheidet über die Inanspruchnahme der Gesamtschuldner nicht nur der Zufall, maßgeblich sind vielmehr Beweisfragen und die Solvenz der jeweiligen Regressschuldner. Am gewichtigsten ist schließlich der Einwand, dass eine regelhafte Anwendung des als Ausnahmetatbestand geschaffenen § 242 BGB die für § 426 Abs. 1 BGB geltenden Verjährungsregeln unterlaufen würde. Oberstes Ziel des Verjährungsrechts ist die Rechtssicherheit. Ohne zuverlässig bestimmbare Grenze wäre sie nicht mehr gewährleistet.[22]

Dem dritten Lösungsweg ist zuzugeben, dass lediglich hinsichtlich der Anspruchsentstehung beide Ausprägungen des Ausgleichsanspruchs wie unterschiedliche Ansprüche behandelt werden würden, soweit diese „Entstehung“ Bezugspunkt der Kenntnis ist. Eine grundsätzliche Abkehr von der Dogmatik des einheitlichen Ausgleichsanspruchs wäre damit nicht verbunden. Es stellt sich allerdings die Frage, ob § 199 BGB hinreichend Raum für eine solche Auslegung bietet. Anders als *Hartmann/Lieschke* stellt der im Rahmen dieser Arbeit vertretene Ansatz nicht auf die Kenntnis (§ 199 Abs. 1 Nr. 2 BGB) als entscheidendes Kriterium für den Verjährungsbeginn ab, sondern geht davon aus, dass mit der Zahlung an den Gläubiger ein neuer Anspruch (§ 199 Abs. 1 Nr. 1 BGB) entstehe.[23]

Ein für den ausgleichsberechtigten Gesamtschuldner sicheres Ergebnis lässt sich über diese Methode zumindest nicht erreichen. Dementsprechend bieten auch die von *Hartmann* und *Lieschke* angestellten Überlegungen keinen Ausweg aus dem Dilemma einer vorzeitigen Verjährung des Ausgleichsanspruchs.

II. Vertragliche Festlegung des Verjährungsbeginns

Wegen der Unklarheiten und des oft frühen Verjährungsbeginns des Anspruchs aus § 426 Abs. 1 S. 1 BGB stellt sich unweigerlich die Frage nach abweichenden (kautelarjuristischen) Gestaltungsmöglichkeiten.[24] So kann neben der Abdingbarkeit der Vorschriften über die Regelverjährung gem. §§ 195, 199 BGB[25] auch daran gedacht werden, ob die Entstehung des Ausgleichsanspruchs möglicherweise an vertraglich bestimmte Tatbestandsvoraussetzungen geknüpft werden kann. Hierbei ist zwischen individualvertraglichen Vereinbarungen und entsprechenden AGB-Regelungen zu differenzieren.[26]

---

[22] Vgl. oben § 1 I. 1. a).

[23] Vgl. oben Einl. II.

[24] Vgl. *Hartmann/Lieschke*, WM 2011, 205, 211; vgl. dazu insbesondere: *Harke*, Privatautonomie und Verjährung, S. 102–114.

[25] Vgl. bereits oben § 1 I. 2.

[26] Vgl. *Herrmann*, Verjährung, Verjährungsbeginn und Regress bei Bürgschaft und Gesamtschuld, S. 264.

1. Individualvertragliche Festlegung des Verjährungsbeginns und § 202 BGB

a) Grundsätzliche Zulässigkeit

Dass die Parteien rechtsgeschäftliche Verjährungsvereinbarungen treffen können, ergibt sich, wie dargelegt,[27] aus § 202 BGB. Die Bestimmung zieht die Grenzen für den Grundsatz der Privatautonomie[28] gem. Art. 2 Abs. 1 GG und der einfachgesetzlich normierten Vertragsfreiheit[29] gem. § 311 Abs. 1 BGB.[30] Verjährungsvereinbarungen können sämtliche Regelungsbereiche der §§ 194 ff. BGB betreffen, also nicht nur die Länge der Verjährungsfrist, sondern auch deren Hemmung, Ablaufhemmung, den Verjährungsverzicht und den Verjährungsbeginn.[31] Weiterhin ist die Zulässigkeit einer Vereinbarung auch nicht an einen bestimmten Zeitpunkt gebunden. Die Vereinbarung kann vor Beginn,[32] während bereits laufender Verjährungsfrist und selbst nach deren Ablauf getroffen werden.[33] Ein Verjährungsverzicht und eine Verlängerung einer bereits abgelaufenen Verjährungsfrist sind daher einvernehmlich möglich.[34]

Durch Individualabreden wird selten die Verjährung erleichtert, oft handelt es sich vielmehr um Vereinbarungen, die die Verjährung erschweren. Derartige Abreden werden in aller Regel nicht vor oder bei Entstehung der Forderung, sondern erst dann abgeschlossen, wenn der Eintritt der Verjährung unmittelbar bevorsteht und mit Ausnahme der Höchstgrenze gemäß § 202 Abs. 2 BGB auch keine Beschränkungen im Hinblick auf den Inhalt solcher Vereinbarungen bestehen.[35] Steht die Verjährung kurz bevor, kann der Gläubiger auch dann, wenn er sich seines Anspruchs nicht völlig sicher ist und daher durchaus bereit wäre, einen Vergleich abzuschließen, Klage erheben oder gem. § 204 Abs. 1 BGB gleichgestellte Maßnahmen ergreifen, um die Verjährung kurzfristig zu verhindern.[36] Dazu wird dem Gläubiger regelmäßig auch zu raten sein, da § 203 BGB nur

---

[27] Vgl. oben § 1 I. 2.

[28] BVerfGE 8, 274, 328; BVerfGE 12, 341, 347; BVerfGE 21, 87, 90 f.; BVerfGE 70, 115, 123; *Di Fabio*, in: Dürig/Herzog/Scholz, GG, 95. EL 07.2021, Art. 2, Rn. 101.

[29] Vgl. *Grüneberg*, in: Grüneberg, 81. Aufl. 2022, Überbl. v. § 311, Rn. 3; *Emmerich*, in: Münch. Komm. BGB, 8. Aufl. 2019, § 311, Rn. 1 ff.; vgl. bereits oben § 1 I. 2.

[30] *Peters/Jacoby*, in: Staudinger, Kommentar zum BGB, Neubearbeitung 2019, § 202, Rn. 1; Vgl. *Henrich*, in: BeckOK BGB, 54. Ed. (Stand: 01.05.2020), § 202, Rn. 10 f.; *Ellenberger*, in: Grüneberg, 81. Aufl. 2022, § 202, Rn. 9.

[31] *Mansel/Budzikiewicz*, Das neue Verjährungsrecht, § 6, Rn. 16; *Mansel*, NJW 2002, 96; *Henrich*, in: BeckOK BGB, 54. Ed. (Stand: 01.05.2020), § 202, Rn. 3.

[32] Wenn aber noch gar nicht feststeht, ob überhaupt ein Anspruch des Gläubigers besteht, ist dies unrealistisch, vgl. oben § 1 I. 2.

[33] *Henrich*, in: BeckOK BGB, 54. Ed. (Stand: 01.05.2020), § 202, Rn. 3.

[34] *Piekenbrock*, in: BeckOGK BGB, Stand: 01.11.2019, § 202, Rn. 7; *Ellenberger*, in Grüneberg, 81. Aufl. 2022, § 202, Rn. 4.

[35] *Harke*, Privatautonomie und Verjährung, S. 107.

[36] *Harke*, a.a.O., S. 107 f.

unzureichenden Schutz bietet, da die Annahme, dass die Aufnahme von „Verhandlungen" im Einzelfall zur Verjährungshemmung führt, oftmals höchst riskant ist. Ob ein Gericht dasjenige Schuldnerverhalten, welches der Gläubiger als Indiz für den Beginn von Verhandlungen sieht, ebenfalls so versteht, ist alles andere als sicher.[37] Außerdem kann der Schuldner die Hemmungswirkung jederzeit beenden, indem er die Fortsetzung der Verhandlungen verweigert.[38] In dieser Situation erhält der Gläubiger, der einen Rechtsstreit vermeiden will, daher nur durch eine Verjährungsvereinbarung Sicherheit, weshalb nun auf deren Zweckmäßigkeit einzugehen ist.

b) Zweckmäßigkeit einer Vereinbarung zum Verjährungsbeginn

Geht man mit dem BGH davon aus, dass die Entstehung des Ausgleichsanspruchs mit der Begründung der Gesamtschuld zusammenfällt,[39] dann erscheint eine Verjährungsvereinbarung zwischen den Gesamtschuldnern geboten.[40] Gerade bei vertraglich begründeten Gesamtschuldverhältnissen ist eine Vereinbarung sinnvoll, dass der Ausgleichsanspruch einer längeren Verjährung unterliegt als der Anspruch des gemeinsamen Gläubigers.[41] So könnte durch individualvertragliche Vereinbarung die Zahlung durch einen der Gesamtschuldner als maßgeblicher Zeitpunkt für den Verjährungsbeginn des Ausgleichsanspruchs vereinbart werden. Durch eine solche Vereinbarung bleibt der Rückgriff der Gesamtschuldner im Falle der Inanspruchnahme durch den Gläubiger auch danach noch möglich. Bei gesetzlich begründeter Gesamtschuld z.B. nach § 840 Abs. 1 BGB vermag eine solche Abrede das Problem der vorzeitigen Verjährung nicht frühzeitig zu lösen.[42]

Stellt man für den Verjährungsbeginn dagegen auf die Befriedigung des Gläubigers ab, verliert die Problematik der vorzeitigen Verjährung erheblich an Brisanz. Eine individualvertraglich getroffene Vereinbarung hätte den Vorteil eines Zugewinns an Rechtssicherheit. Zwar muss grundsätzlich gem. § 421 S. 1 BGB jeder Gesamtschuldner mit einer Inanspruchnahme durch den Gläubiger rechnen, sodass eine solche Vereinbarung für alle Gesamtschuldner sinnvoll erscheint und auch keinen von ihnen benachteiligt. Allerdings wird sich der Gläubiger im Regelfall stets an den Gesamtschuldner halten, der ihm am solventesten erscheint oder am ehesten Zahlungsbereitschaft signalisiert, sodass die übrigen Gesamtschuldner gegebenenfalls darauf spekulieren könnten, im Außenverhältnis gar nicht in Anspruch genommen zu werden, um dann im Innverhältnis hinsichtlich

---

[37] *Harke*, a.a.O., S. 108.

[38] *Harke*, a.a.O., S. 108.

[39] BGHZ 181, 310, 313; BGH NJW 2010, 62, 63.

[40] Vgl. *Hartmann/Lieschke*, WM 2011, 205, 211; *Herrmann*, Verjährung, Verjährungsbeginn und Regress bei Bürgschaft und Gesamtschuld, S. 265.

[41] *Hartmann/Lieschke*, a.a.O., 205, 211.

[42] *Herrmann*, Verjährung, Verjährungsbeginn und Regress bei Bürgschaft und Gesamtschuld, S. 265.

des Regressanspruchs auf den Eintritt der Verjährung zu setzen. Da § 202 BGB eine Vereinbarung voraussetzt, müssten für einen effektiven Verjährungsschutz des später leistenden Gesamtschuldners sämtliche Gesamtschuldner einer solchen zustimmen, da der Regressanspruch gegenüber dem jeweiligen regresspflichtigen Gesamtschuldner nur in der Höhe seiner Haftung im Innenverhältnis besteht. Ob dies tatsächlich so umsetzbar und vor allem auch realistisch ist, kann durchaus angezweifelt werden. Zu hoch ist die Gefahr, dass einzelne oder gar mehrere Gesamtschuldner das Taktieren beginnen und so versuchen, einen späteren Innenausgleich zu vereiteln.[43]

Nach alledem stellt eine vertragliche Abrede zwar ein probates Mittel dar, die vorzeitige Verjährung des Anspruchs aus § 426 Abs. 1 S. 1 BGB zu verhindern. Allerdings muss der Regressschuldner mitwirken, weshalb auch dies ein unsicherer Weg ist. Angesichts der zu häufig auftretenden Problematik der vorzeitigen Verjährung des Ausgleichsanspruchs ist sie daher allenfalls bedingt geeignet, eine für den später ausgleichsberechtigten Gesamtschuldner hinreichend sichere Lösung zu bieten, um die vorzeitige Verjährung effektiv zu verhindern.

2. Formularvertragliche Festlegung des Verjährungsbeginns und §§ 307 ff. BGB

a) Grundsätzliche Zulässigkeit

Neben einer individualvertraglichen Verjährungsvereinbarung kann eine Regelung des Verjährungsbeginns in AGB gem. §§ 305 ff. BGB enthalten sein. Sind sie wirksamer Vertragsbestandteil, erfolgt die Inhaltskontrolle anhand der Generalklausel des § 307 Abs. 1, Abs. 2 BGB.[44] Inwieweit die Festlegung des Verjährungsbeginns danach angemessen ist, hängt vom jeweiligen Einzelfall ab.[45] AGB werden allerdings nur bei vertraglich begründeten Gesamtschulden relevant. Zwar finden die §§ 305 ff. BGB wegen der Bereichsausnahme des § 310 Abs. 4 BGB gerade im Gesellschaftsrecht keine Anwendung.[46] Dort haften beispielsweise Gesellschafter und Geschäftsführer einer GmbH im Außenverhältnis gem. § 9b Abs. 2 GmbHG für die Dauer von fünf Jahren als Gesamtschuldner (§ 9a Abs. 2 GmbHG) für Schäden gem. § 9a Abs. 1 GmbHG.[47] Jedoch sind diese Klauseln dann möglicherweise anhand von § 242 BGB zu messen, sodass zumindest mit-

---

[43] Kritisch im Ergebnis auch *Peters/Jacoby,* in: Staudinger, Kommentar zum BGB, Neubearbeitung 2019, § 202, Rn. 22.

[44] *Piekenbrock,* in: BeckOGK BGB, Stand: 01.11.2019, § 202, Rn. 26; *Ellenberger,* in: Grüneberg, 81. Aufl. 2022, § 202, Rn. 12; vgl. auch *Harke*, Privatautonomie und Verjährung, S. 110.

[45] *Grothe,* in: Münch. Komm. BGB, 8. Aufl. 2019, § 202, Rn. 12.

[46] *Basedow,* in: Münch. Komm. BGB, 8. Aufl. 2019, § 310, Rn. 120 ff.; *Becker,* in: BeckOK BGB, 54. Ed. (Stand: 01.05.2020), § 310, Rn. 29 f.

[47] Vgl. *Hartmann/Lieschke*, WM 2011, 205, 211.

telbar die Erwägungen aus den §§ 307 ff. BGB Anwendung finden können.[48] Die praktische Relevanz entsprechender Klauselgestaltungen ist daher wohl als ziemlich gering einzustufen.

b) Gestaltungsoptionen in AGB

Da § 199 Abs. 1 BGB zwei Voraussetzungen für den Beginn der Verjährung nennt,[49] könnte eine entsprechende AGB-Klausel einen dieser Punkte modifizieren. Zum einen könnte die Entstehung des Anspruchs auf Innenausgleich im Sinne von § 199 Abs. 1 Nr. 1 BGB auf den Zeitpunkt der Leistung verschoben werden.[50] Zum anderen ist es denkbar, dass der Verjährungsbeginn unabhängig von der Kenntnis in Gang gesetzt wird.[51]

Fraglich ist, welche Bedeutung einer Klausel, welche die Anspruchsentstehung auf den Zeitpunkt der Leistung an den Gläubiger verschiebt, zukäme. Folgt man dem hier vertretenen Ansatz, dass der Verjährungsbeginn des Zahlungsanspruchs ohnehin von der Leistung an den Gläubiger abhängig ist, käme einer solchen Klausel lediglich deklaratorische Natur zu, weshalb ihre Aufnahme in die AGB mithin unproblematisch wäre. Anders wäre die Situation möglicherweise zu bewerten, wenn man mit der herrschenden Meinung von einer einheitlichen Verjährung von Freistellungs-/Mitwirkungsanspruch und Zahlungsanspruch ausgeht. Es gilt nämlich zu beachten, dass Verjährungsregeln in AGB, die den Verjährungsbeginn auf einen unbestimmten Zeitpunkt hinausschieben,[52] unzulässig sind. Die Zahlung eines Gesamtschuldners an den Gläubiger ist als unbestimmter Zeitpunkt anzusehen. Eine solche Klausel wäre daher unzulässig, wenn nicht zusätzlich eine angemessene zeitliche Begrenzung für den Verjährungsablauf des Regressanspruchs (Höchstfrist), unabhängig von der Zahlung, angeordnet werden würde.[53]

Die andere Möglichkeit, auf die Voraussetzung der Kenntnis gem. § 199 Abs. 1 Nr. 2 BGB zu verzichten, führt auch nach der hier vertretenen Ansicht zu einer Benachteiligung des Rückgriffsgläubigers, da dieser dann abweichend vom gesetzlichen Leitbild der Verjährungsvorschriften, an dem sich die AGB-Kontrolle orientiert[54], nicht mehr hinreichend geschützt ist.[55] Würde der Verwender der

---

[48] Vgl. BGHZ 64, 238, 241 f. = NJW 1975, 1318; *Mansel/Budzikiewicz*, Das neue Verjährungsrecht, § 6, Rn. 46 ff.

[49] Vgl. oben § 1 I. 1. d) aa) und bb).

[50] Dabei ist von der herrschenden Meinung auszugehen, die die Entstehung des Anspruchs bereits in der Begründung der Gesamtschuld als solcher sieht.

[51] *Herrmann*, Verjährung, Verjährungsbeginn und Regress bei Bürgschaft und Gesamtschuld, S. 266.

[52] BGH NJW 1994, 1788, 1789; *Henrich*, in: BeckOK BGB, 54. Ed. (Stand: 01.05.2020), § 202, Rn. 10

[53] BGH NJW 1994, 1788, 1789; *Herrmann*, Verjährungsbeginn und Regress bei Bürgschaft und Gesamtschuld, S. 267.

[54] *Piekenbrock,* in: BeckOGK BGB, Stand: 01.11.2019, § 202, Rn. 29.

[55] *Herrmann*, Verjährungsbeginn und Regress bei Bürgschaft und Gesamtschuld, S. 267.

Klausel einseitig bestimmen, dass es für die Verjährung des Rückgriffs gerade nicht auf die Kenntnis des Rückgriffsgläubigers ankommt, dann müsste diese Klausel an § 307 Abs. 2 Nr. 1 BGB gemessen werden.[56] Eine Klausel, die den Verjährungsbeginn ausschließlich an objektive Kriterien knüpft, wird zumindest von Teilen der Literatur nicht von vornherein als unzulässig angesehen.[57] Begründet wird dies damit, dass das neue Verjährungsrecht die Vertragsfreiheit verstärken soll und gerade eine Möglichkeit enthält, durch vertragliche oder AGB-rechtliche Gestaltungen von der Regelverjährung abzuweichen.[58] Das neue Verjährungsrecht wolle erreichen, dass der Gläubiger eine faire Chance erhält, seinen Anspruch durchzusetzen, was auch durch eine ausreichend lange objektive Verjährungsfrist erreicht werden könne.[59] Der Klauselverwender könne sich daher aufgrund der Privatautonomie auch im Anwendungsbereich der Regelverjährung für eine mit Entstehung des Anspruchs beginnende, objektiv in ihrer Dauer aber angemessenen Verjährungsfrist entscheiden.[60] Für den hier betrachteten Gesamtschuldnerinnenausgleich heißt das konkret, dass eine Klausel, die für den Verjährungsbeginn nur an die Entstehung als solche anknüpft, um nicht nach § 307 Abs. 2 Nr. 1 BGB unwirksam zu sein, durch eine entsprechend lange Verjährungsfrist Ausgleich schaffen muss.[61]

Ein Verstoß gegen § 307 Abs. 2 Nr. 1 BGB wäre wohl dann zu bejahen, wenn dem Rückgriffsgläubiger die Geltendmachung des Anspruchs aus § 426 Abs. 1 S. 1 BGB durch die Verjährungsklausel massiv erschwert werden würde, was wohl insbesondere dann der Fall wäre, wenn neben dem Verzicht auf die Kenntnis noch eine Verjährungsverkürzung enthalten ist. Geht man von dem hier vertretenen Ansatz aus, erscheint ein Verzicht auf das subjektive Element für den Verjährungsbeginn indes weniger problematisch, da der Verjährungsbeginn von der Zahlung des ausgleichsberechtigten Gesamtschuldners abhängig gemacht wird und die Verjährung so ohnehin erst deutlich später beginnt. Der Gläubiger hat so eine reelle Chance zur Geltendmachung seines Anspruchs. Weiterhin ist zu beachten, dass der Kenntnis, wie oben bereits mehrfach gezeigt,[62] im Rahmen für die Gesamtschuld keine allzu große Bedeutung für den Verjährungsbeginn zukommt.

Zusammenfassend lässt sich für den Gesamtschuldnerinnausgleich festhalten, dass Regelungen über die Verjährung des Ausgleichsanspruchs in Allgemeinen

[56] *Ellenberger*, in: Grüneberg, 81. Aufl. 2022, § 202, Rn. 13; *Piekenbrock*, in: BeckOGK BGB, Stand: 01.11.2019, § 202, Rn. 29; *Grothe*, in: Münch. Komm. BGB, 8. Aufl. 2019, § 202, Rn. 12; *Schmidt-Räntsch*, in: Erman, BGB, 15. Aufl. 2017, § 202, Rn. 13.

[57] *Ellenberger*, a.a.O., § 202, Rn. 13.

[58] BT-Drs. 14/6040, S. 110 f.

[59] *Ellenberger*, in: Grüneberg, 81. Aufl. 2022, § 202, Rn. 13.

[60] *Ellenberger*, a.a.O., § 202, Rn. 13.

[61] *Herrmann*, Verjährung, Verjährungsbeginn und Regress bei Bürgschaft und Gesamtschuld, S. 267.

[62] Vgl. statt aller bereits oben einleitend in Einl. II.

Geschäftsbedingungen wohl nur bedingt zulässig sind.[63] Wegen des äußerst frühen Verjährungsbeginns des Ausgleichsanspruchs aus § 426 Abs. 1 S. 1 BGB als Konsequenz der herrschenden Ansicht wäre eine Klausel, die diesem Umstand entgegenwirkt, in der Praxis durchaus wünschenswert. Eine Klausel, welche die Fälligkeit von der Zahlung abhängig macht, wäre allerdings in den meisten Fällen wohl unzulässig.[64] Zwar bestünde durchaus die Möglichkeit, auf die Kenntnis des Rückgriffsgläubigers i.S.v. § 199 Abs. 1 Nr. 2 BGB zu verzichten und eine entsprechend längere objektive Verjährungsfrist festzulegen. Jedoch gilt dabei zu bedenken, dass dies stets der Kontrolle von § 307 Abs. 2 Nr. 1 BGB[65] unterliegt und am jeweiligen Einzelfall zu messen ist, sodass im Zweifel keine absolut sichere Klausel geschaffen werden kann. Ist die Klausel dann nämlich doch unwirksam, kommt eine geltungserhaltende Reduktion auf einen noch zulässigen Regelungsgehalt nach allgemeinen AGB-rechtlichen Grundsätzen nicht in Betracht, sodass dann doch wieder die Grundsätze der Regelverjährung Anwendung finden.[66]

Zusätzlich gilt es auch zu bedenken, dass AGB auch gem. §§ 305 ff. BGB wirksam in den Vertrag einbezogen werden müssen. Zum einen muss der Vertragspartner gem. § 305 Abs. 2 Nr. 2 BGB mit deren Geltung einverstanden sein. Dies kann, wie auch schon im Rahmen von individualvertraglichen Vereinbarungen, zum Problem des „Taktierens" führen, sodass eine Zustimmung ausbleiben kann. Darüber hinaus könnten solche Verjährungsklauseln auch dann nicht Vertragsinhalt geworden sein, wenn sie i.S.v. § 305c Abs. 1 BGB überraschend sind.[67]

Im Ergebnis bleibt also auch hier festzuhalten, dass eine entsprechende Verjährungsklausel in den AGB keinen hinreichenden Schutz vor der vorzeitigen Verjährung des Innenausgleichsanspruchs der Gesamtschuldner gem. § 426 Abs. 1 BGB bietet. Der Verwendung solcher Klauseln stehen letztlich zu viele Unsicherheiten entgegen und sie erscheint daher nicht empfehlenswert.[68]

---

[63] *Herrmann*, Verjährung, Verjährungsbeginn und Regress bei Bürgschaft und Gesamtschuld, S. 268.

[64] BGH NJW 1994, 1788, 1789; *Herrmann*, a.a.O., S. 267.

[65] Auch im Falle der Bereichsausnahme von § 310 Abs. 4 BGB kommen die Grundsätze der §§ 307 ff. BGB zumindest mittelbar über § 242 BGB zur Anwendung, vgl. BGHZ 64, 238, 241 f. = NJW 1975, 1318; *Mansel/Budzikiewicz*, Das neue Verjährungsrecht, § 6, Rn. 46 ff.

[66] BGH NJW-RR 2008, 1129; BGH NJW-RR, 2009, 1416; *Grothe*, in: Münch. Komm. BGB, 8. Aufl. 2019, § 202, Rn. 10; *Piekenbrock*, in: BeckOGK BGB, Stand: 01.11.2019, § 202, Rn. 29; *Schmidt-Räntsch*, in: Erman, BGB, 15. Aufl. 2017, § 202, Rn. 11.

[67] *Peters/Jacoby*, in: Staudinger, Kommentar zum BGB, Neubearbeitung 2019, § 202, Rn. 22.

[68] Ebd.

3. Festlegung durch Verjährungsverzicht

Wie bereits mehrfach dargelegt,[69] können die Parteien auf die Erhebung der Verjährungseinrede verzichten, und zwar auch schon vor Eintritt der Verjährung.[70] Die Kenntnis vom Verjährungseintritt ist für die Wirksamkeit ohne Bedeutung.[71] Allerdings darf ein vor Eintritt der Verjährung erklärter Verjährungsverzicht nicht den zeitlichen Rahmen des § 202 Abs. 2 BGB überschreiten.[72]

Ein Verzicht auf die Einrede der Verjährung nach Eintritt der Verjährung unterliegt der Einschränkung des § 202 Abs. 2 BGB hingegen nicht, da es dem Schuldner hier an jeder Schutzwürdigkeit fehlt.[73]

Der Verjährungsverzicht hat, anders als die Verjährungsvereinbarung, keine Auswirkung auf die Verjährung selbst, führt also nicht zu einer Unverjährbarkeit der Forderung, sondern lediglich dazu, dass sich der Schuldner des Anspruchs nicht auf die Verjährungseinrede als solche berufen kann.[74]

Dem Verzicht ist dabei nicht die gleiche Wirkung wie einem Anerkenntnis[75] zuzugestehen.[76] Anerkenntnis und Verzicht unterscheiden sich tatbestandlich. Ein Anerkenntnis im verjährungsrechtlichen Sinne verlangt eine Erklärung des Schuldners, die das Bewusstsein vom Bestehen der Schuld dokumentiert.[77] Beim Verjährungsverzicht geht es nicht um die Frage, ob der Anspruch besteht oder nicht, sondern nur darum, ob er darauf verzichtet, von seinem Leistungsverweigerungsrecht Gebrauch zu machen.[78] Es beginnt also, außer die Parteien haben

---

[69] Vgl. oben § 3 I. 3. a) cc) (3) (d) und § 4 III. 4. a) ee) (3).

[70] BGH NJW 2009, 1598, 1602; BGH ZIP 07, 2206, 2207; *Henrich,* in: BeckOK BGB, 54. Ed. (Stand: 01.05.2020), § 202, Rn. 7; *Ellenberger,* in: Grüneberg, 81. Aufl. 2022, § 202, Rn. 7.

[71] *Schmidt-Räntsch,* in: Erman, BGB, 15. Aufl. 2017, § 202, Rn. 15; nach alter Rechtslage machte die Rechtsprechung die Wirksamkeit auch bei ausdrücklichem Verzicht davon abhängig, ob der Schuldner vom Eintritt der Verjährung Kenntnis hatte, vgl. BGHZ 83, 382, 389. Dieser Rechtsprechung ist allerdings durch § 202 Abs. 2 BGB die Grundlage entzogen worden, da nun auch Verzichtserklärungen vor Eintritt der Verjährung möglich sind, die vorher als Umgehung des Erschwerungsverbots bewertet wurden, so auch *Ellenberger,* a.a.O., § 202, Rn. 7; a.A. *Niedenführ,* in: Soergel, BGB, 13. Aufl. 2010, § 202, Rn. 14.

[72] *Grothe,* in: Münch. Komm. BGB, 8. Aufl. 2019, § 202, Rn. 13; ist der Verzicht unbefristet, dann wird er regelmäßig dahingehend auszulegen sein, dass er die Grenze des § 202 Abs. 2 BGB wahrt, vgl. BGH WM 2007, 2230; sollte der Verzicht als unverjährbar ausgestaltet sein, so ist er unwirksam, vgl. *Henrich,* in: BeckOK BGB, 54. Ed. (Stand: 01.05.2020), § 202, Rn. 7.

[73] *Grothe,* a.a.O., Rn. 11, 13; *Lakkis,* ZGS 2003, 423, 425.

[74] *Mansel/Budzikiewicz,* Das neue Verjährungsrecht, § 6, Rn. 12.

[75] *Windorfer,* NJW 2015, 3329, 3330; *Schmidt-Räntsch,* in: Erman, BGB, 15. Aufl. 2017, § 202, Rn. 15; *Mansel/Stürner,* in: NK-BGB, 3. Aufl. 2016, § 202, Rn. 46.

[76] BGH WM 2007, 2230; *Henrich,* in: BeckOK BGB, 54. Ed. (Stand: 01.05.2020), § 202, Rn. 7; *Grothe,* in: Münch. Komm. BGB, 8. Aufl. 2019, § 202, Rn. 14; *Peters/Jacoby,* in: Staudinger, Kommentar zum BGB, Neubearbeitung 2019, § 214, Rn. 33; *Lakkis,* ZGS 2003, 423, 426.

[77] *Grothe,* a.a.O., § 212, Rn. 6 f.

[78] *Ellenberger,* in: Grüneberg, 81. Aufl. 2022, § 202, Rn. 7; *Piekenbrock,* in: BeckOGK BGB, Stand: 01.11.2019, § 202, Rn. 29; *Grothe,* a.a.O., § 202, Rn. 13.

Entsprechendes vereinbart, keine neue Frist analog § 212 Abs. 1 Nr. 1 BGB zu laufen.[79] Der einseitig bleibende Verzicht des Schuldners wird wohl nicht als frei widerruflich anzusehen sein.[80]

Zugebenermaßen kann der Verjährungsverzicht ein effektives Mittel zur Sicherung der Geltendmachung des Ausgleichsanspruchs gem. § 426 Abs. 1 S. 1 BGB sein. Allerdings bedarf es auch hier einer entsprechenden Erklärung des Schuldners des Ausgleichsanspruchs. Somit stellt sich auch hier die Frage, ob ein Gesamtschuldner, dessen Inanspruchnahme aus welchen Gründen auch immer nicht unbedingt wahrscheinlich scheint, eine solche Erklärung abgeben wird oder er nicht doch lieber auf die Verjährung des Ausgleichsanspruchs gegen ihn spekuliert. Es scheint zumindest nicht unrealistisch, dass dieser Gesamtschuldner sich auf dieses „Glücksspiel" einlässt. Der Verjährungsverzicht stellt, wenn ein solcher denn erklärt wurde, eine hinreichende Sicherheit dar, allerdings scheint eine solche Erklärung in der Praxis wohl überwiegend unrealistisch zu sein. Dies gilt gerade auch dann, wenn Verursachungsbeiträge unklar sind und eine eigene Haftung nicht zwingend vorliegt.

4. Festlegung aufgrund der Verjährung vertraglicher geregelter Rückgriffsansprüche im Innenverhältnis

Wie bereits zu Beginn der Arbeit angesprochen, kann sich der Gesamtschuldnerinnenausgleich auch aus dem der Gesamtschuld zugrunde liegenden Vertrag zwischen den Schuldnern ergeben.[81]

Diese Rückgriffsmöglichkeiten unterliegen einer eigenen Verjährung, wobei allerdings davon ausgegangen wird, dass diese Ansprüche auch die Verjährung des Anspruchs aus § 426 Abs. 1 BGB beeinflussen.[82] Legt eine solche vertragliche Vereinbarung etwa eine kürzere Verjährungsfrist fest, dann gehe diese Frist der des Ausgleichsanspruchs nach § 426 Abs. 1 BGB vor.[83] Teilweise wird dabei dann von einer Anspruchskonkurrenz gesprochen.[84]

Die Frage, ob diese vertraglichen Regelungen die gesetzlichen Verjährungsregeln verdrängen können, kann mit der soeben erläuterten Thematik der Abdingbarkeit der Verjährungsregeln im Innenverhältnis verglichen werden.[85] Sind

---

[79] *Grothe,* a.a.O., § 202, Rn. 13.

[80] BGHZ 22, 267, 271; *Peters/Jacoby,* in: Staudinger, Kommentar zum BGB, Neubearbeitung 2019, § 214, Rn. 35; *Grothe,* a.a.O., § 214, Rn. 8; *Bach,* in: BeckOGK BGB, Stand: 01.11.2019, § 214, Rn. 72.

[81] Vgl. oben Einl. I.

[82] *Heinemeyer,* in: Münch. Komm. BGB, 8. Aufl. 2019, § 426, Rn. 26, 32; *Looschelders,* in: Staudinger, Kommentar zum BGB, Neubearbeitung 2017, § 426, Rn. 27; *Wendehorst*, Jura 2004, 505, 506.

[83] *Ehmann*, Die Gesamtschuld, S. 110; *Heinemeyer,* a.a.O., § 426, Rn. 26, 32.

[84] *Ehmann*, a.a.O., S. 110; *Ehmann*, in: Erman, BGB, 12. Aufl. 2008, § 426, Rn. 24.

[85] Vgl. grundsätzlich oben § 1 I. 2. a).

für den vertraglichen Ausgleichsanspruch die Grenzen der §§ 202, 307 ff. BGB eingehalten, spricht viel dafür, dass die Verjährung parallel läuft, der Anspruch aus § 426 Abs. 1 S. 1 BGB also rascher verjährt.[86] Zwar handelt es sich jeweils um selbstständige Ansprüche, die in Anspruchskonkurrenz stehen, was grundsätzlich für eine gesonderte Betrachtung aus verjährungsrechtlicher Sicht spricht.[87] Jedoch muss nach den allgemeinen Regeln der Anspruchskonkurrenz geprüft werden, ob der Zweck der kürzeren vertraglichen Verjährungsfrist dadurch nicht vereitelt oder zumindest wesentlich erschwert wird.[88] Dies ist regelmäßig zu bejahen, sodass die kürzere Verjährung des vertraglich vereinbarten Rückgriffsanspruchs auf den gesetzlichen Anspruch aus § 426 Abs. 1 S. 1 BGB durchschlägt.[89] Dies kann allerdings wenig zur Lösung der eigentlichen Problematik beitragen.

Keine Besonderheit hinsichtlich des Verjährungsbeginns, aber eine Einschränkung der Geltendmachung von Ausgleichsansprüchen aus § 426 Abs. 1 BGB[90] kann sich aus tarifvertraglichen Ausschlussfristen[91] ergeben, die für Rückgriffsansprüche im Innenverhältnis maßgeblich sind und im Einzelfall der Geltendmachung entgegenstehen,[92] wie z.B. § 14 BRTV-Bau. Da der Fristbeginn an die Entstehung bzw. Fälligkeit des Anspruchs anknüpft, sind sie für die Frage nach dem Verjährungsbeginn irrelevant.

5. Stellungnahme

Wie hier gezeigt werden konnte, stellen individual- und formularvertragliche Gestaltungsmöglichkeiten durchaus ein effektives Mittel dar, um die vorzeitige Verjährung des Ausgleichsanspruchs gem. § 426 Abs. 1 S. 1 BGB zu verhindern und so einen Regress unter den Gesamtschuldnern zu ermöglichen. Allerdings sind diese Vereinbarungen je nach Fall an den §§ 202, 307 ff. BGB zu messen, sodass es durchaus Fälle geben kann, in denen eine solche Vereinbarung als unzulässig anzusehen ist. Ein weiteres Problem ist in vielen Fällen der Umstand, dass mit einer entsprechenden Vereinbarung immer alle Parteien einverstanden sein sollten.[93] Gerade im Fall der Gesamtschuld mit vielen Beteiligten kann es zum Taktieren unter weniger solventen Gesamtschuldnern kommen, die mögli-

---

[86] *Herrmann*, Verjährung, Verjährungsbeginn und Regress bei Bürgschaft und Gesamtschuld, S. 269.

[87] BGHZ 116, 297, 300; *Looschelders,* in: Staudinger, Kommentar zum BGB, Neubearbeitung 2017, § 426, Rn. 27.

[88] Vgl. BGHZ 119, 35, 41; BGHZ 130, 288, 293; *Grothe,* in: Münch. Komm. BGB, 8. Aufl. 2018, § 195, Rn. 47; *Looschelders,* a.a.O., § 426, Rn. 27.

[89] *Herrmann*, Verjährung, Verjährungsbeginn und Regress bei Bürgschaft und Gesamtschuld, S. 269; *Looschelders,* a.a.O., § 426, Rn. 27.

[90] Die Frist gilt auch für nach § 426 Abs. 2 BGB übergegangene Ansprüche.

[91] Vgl. dazu oben § 4 II.

[92] Vgl. *Grüneberg,* in: Grüneberg, 81. Aufl. 2022, § 426, Rn. 4; *Heinemeyer,* in: Münch. Komm. BGB, 8. Aufl. 2019, § 426, Rn. 32.

[93] BGH NJW 1977, 1879; BGH NJW 1984, 794.

cherweise darauf spekulieren, im Außenverhältnis mangels Liquidität vom Primärgläubiger nicht in Anspruch genommen zu werden und gleichzeitig im Innenverhältnis auf eine Verjährung des Ausgleichsanspruchs setzen. Diese werden sich davor hüten, einer entsprechenden Vereinbarung zuzustimmen. Daher lässt sich abschließend festhalten, dass Vereinbarungen zwar grundsätzlich einen verjährungshemmenden Effekt erzielen können, ihr Zustandekommen bei Gesamtschuldverhältnissen aufgrund der Komplexität aber oft unrealistisch ist.[94] Daher schaffen Individualvereinbarungen über die Verjährung des Ausgleichsanspruchs keine wirksame Abhilfe.

III. Zusammenfassung

Auch aufgrund der Ausführungen in diesem Paragrafenen muss auf die Zahlung als für den Verjährungsbeginn maßgeblichen Zeitpunkt abgestellt werden.

Die von *Hartmann* und *Lieschke* vorgestellten Alternativansätze bieten keine Abhilfe für die vorliegend thematisierte Problematik. Dies gilt sowohl für eine entsprechende Anwendung von §§ 206, 203 S. 2 BGB, die mangels Vergleichbarkeit der Ausgangssituationen ausscheidet, als auch für den Rechtsgedanken von Treu und Glauben (§ 242 BGB), dessen Berücksichtigung unter Rückgriff auf die BGH-Judikatur zu spielbedingten Verletzungen im Fußballsport erwogen werden könnte, letztlich aber als Problemlösungsmöglichkeit zu verwerfen ist, zumal es sich dabei um einen nicht friktionslos auf die allgemeine Lage bei Gesamtschuldnerschaften übertragbaren Spezialfall handelt.

Formular- oder individualvertragliche Gestaltungsmöglichkeiten können ein effektives Mittel gegen eine vorzeitige Verjährung des Ausgleichsanspruchs gem. § 426 Abs. 1 S. 1 BGB darstellen. Zwei Punkte sprechen gegen sie: Sie können gem. den §§ 202, 307 ff. im Einzelfall unzulässig sein. Außerdem setzen Vereinbarungen stets voraus, dass die Parteien miteinander kooperieren, was aufgrund der vielfältigen Interessengegensätze in einer Gesamtschuldnerschaft nicht ohne Weiteres vorausgesetzt werden kann.

---

[94] Vgl. zum Kartellrecht oben § 3 I. 3. a) cc) (3) (d).

Resümee und Gesamtergebnis

I. Beantwortung der zentralen Frage

Die eingangs aufgeworfene Frage lässt sich wie folgt beantworten:

Die vom BGH und Teilen der Literatur vertretene Auffassung, dass der Anspruch aus §426 Abs. 1 BGB ein einheitlicher Anspruch ist, gerichtet auf Mitwirkung, Befreiung und Zahlung und die sich daraus ergebende Folge, dass die Verjährungsfrist für den Zahlungsanspruch bereits mit der Entstehung der Gesamtschuld zu laufen beginnt, ist mit dem dem Institut des Gesamtschuldnerregresses zugrundeliegenden Konzept, dass gerade die von *Savigny* aufgezeigte „Glückspielkonstellation" vermieden werden soll, nicht vereinbar. Die vom Standpunkt des Rückgriffsgläubigers aus negative Folge einer verjährungsbedingt nicht mehr gegebenen Realisierbarkeit seiner Ausgleichsforderung kann nur durch verjährungshemmende Maßnahmen verschiedenster Art verhindert werden. Zu denken ist an eine Streitverkündung, die vorzeitige Erhebung der Klage auf Feststellung eines Freistellungsanspruchs, Versuche, auf dem Verhandlungsweg mit dem Rückgriffsschuldner eine Verjährungsregelung zu treffen, sei es im Wege der Fristverlängerung, sei es durch gänzlichen Verjährungsverzicht. Im Rahmen von komplexen Baustreitigkeiten und im Recht der Architekten und Sonderfachleute kommt auch ein selbstständiges Beweisverfahren in Betracht. Zu denken ist auch an alternative Lösungsansätze, bei denen u.a. das Verbot des widersprüchlichen Verhaltens als Abwehrargument gegenüber der Verjährungseinrede erwogen wird, wenn der Regressgläubiger seinen Mitgesamtschuldner unmittelbar nach der Inanspruchnahme durch den gemeinsamen Gläubiger hiervon in Kenntnis setzt. Wie dargelegt, muss somit de *lege lata* ein ganzes Bündel an Maßnahmen ergriffen werden, um das Verjährungsrisiko für den Regressgläubiger zu minimieren.

Vor diesem Hintergrund bedarf es zur Vermeidung von Rechtsverlusten des Rückgriffgläubigers *de lege ferenda* einer neuen Norm, durch die der Beginn der Verjährungsfrist des Ausgleichsanspruchs gem. §426 Abs. 1 BGB geregelt wird. Dabei kann es sich um eine Ergänzung ausschließlich von §426 BGB oder um eine Regelung, die zusätzlich durch einen neuen §199 Abs. 4a BGB n.F. ergänzt wird, handeln. Eine solche Intervention des Gesetzgebers würde der These des BGH von der Einheitlichkeit des in §426 Abs. 1 BGB geregelten Anspruchs dogmatisch den Boden entziehen. Für eine solche Annahme wäre dann kein Platz; zumindest der Zahlungsanspruch im Innenverhältnis zwischen den Gesamtschuldnern wäre von der Einheitlichkeit nicht mehr erfasst. Für den Ausgleichsanspruch in Form des Mitwirkungs- und des Befreiungsanspruchs mag es bei der Annahme der Einheitlichkeit verbleiben.

Der Verjährungsbeginn für den Zahlungsanspruch sollte wie im schweizerischen Recht[1] im Interesse des Regressuchenden an die Zahlung durch den Regressgläubiger und die Kenntnis der Mitschuldner geknüpft werden. Das Abstellen auf die (außergerichtliche oder gerichtliche) Geltendmachung durch den gemeinsamen Primärgläubiger scheint demgegenüber weniger zweckmäßig zu sein. Zwar lassen sich auch diese Zeitpunkte eindeutig bestimmen und vor allem im Streitfall durch Urkundenbeweise im Wege der Vorlage entsprechender Dokumente über den Zugang des vorprozessualen Aufforderungsschreibens bzw. den Eintritt der Rechtshängigkeit (§§ 253 Abs. 1 S. 1, 261 Abs. 1 ZPO) unschwer nachweisen. Bei der Festlegung des Verjährungsbeginns sollte aber die im vorliegenden Kontext bestehende Sonderproblematik des ansonsten um seine Rechtsdurchsetzung bangenden Regressgläubigers berücksichtigt werden. Demnach ist der späteste Zeitpunkt zu wählen, d.h. die Zahlung an den gemeinsamen Gläubiger, und zwar sowohl dann, wenn sie der Verurteilung, ggf. auch nach Klageerhebung, vorausgeht als auch dann, wenn sie ihr nachfolgt. Erwächst ein Urteil gegenüber dem Regressgläubiger in den letzten Tagen eines Jahres in Rechtskraft und erfolgt die Zahlung im Januar des Folgejahres, beginnt die Verjährungsfrist erst mit dem Schluss des Jahres, in dem die Zahlung erfolgt und nicht mit dem Schluss des Jahres der Urteilszustellung. Nur eine solche Regelung wird der „Zwickmühlensituation" des regresssuchenden Gesamtschuldners gerecht.

Einer zusätzlichen Festsetzung der Verjährungshöchstfrist bedarf es *de lege ferenda* nicht. Deren Dauer wird ohnehin variieren, je nachdem, ob es sich um einen Schadensersatzanspruch oder um einen sonstigen Anspruch, etwa auf Aufwendungsersatz etc., handelt. Insoweit sei auf das Verjährungsregime in § 199 Abs. 2 bis 4 BGB oder spezialgesetzliche Sondervorschriften z.B. nach § 33h Abs. 1 GWB verwiesen. Für die Berücksichtigung der erwähnten „Zwickmühlensituation", in der sich der regresssuchende Gesamtschuldner befindet, bedarf es keiner Neufestsetzung von gesetzlichen Höchstfristen; insoweit reicht das bisherige Regelungsinstrumentarium des BGB aus.

II. Eigener Lösungsansatz

Nach alledem ist der Gesetzgeber gefordert. Bei der Neuregelung ist zu beachten, dass es keines Eingriffs in das bisherige Normengefüge von § 426 Abs. 1 S. 1 und Abs. 2 BGB bedarf. Die neue Regelung wirkt sich nur auf die Voraussetzungen der Anspruchsentstehung aus. Die Kriterien, die die BGH-Judikatur zur Kenntnis im Sinne von § 199 Abs. 1 Nr. 2 BGB entwickelt hat, können beibehalten

[1] Vgl. oben § 5 II. 3.

werden. Insoweit bedarf es keiner Änderung der Rechtsprechung. Bei der Formulierung einer neuen Verjährungsvorschrift *de lege ferenda* ist sowohl auf die Rechtslage im Kartellrecht nach § 33h Abs. 7 GWB[2] sowie auf § 439 Abs. 2 S. 3 HGB[3] als auch auf die Rechtsprechung des BAG zum steuerrechtlichen Innenausgleich und auf ausländisches Recht zurückzugreifen.[4]

Dabei bieten sich als Sedes materiae regelungstechnisch zwei Varianten an: eine Regelung ausschließlich in einem neuen § 426 Abs. 3 BGB oder eine Regelung in § 199 Abs. 1 S. 2 BGB n.F. mit bloßer Verweisung in § 426 Abs. 3 BGB n.F.

Variante 1

§ 426 Abs. 3 BGB n.F.:

„Befriedigt ein Gesamtschuldner den Gläubiger, gilt sein auf Zahlung gerichteter Ausgleichsanspruch gegen die anderen Schuldner nach Abs. 1 im Sinne von § 199 Abs. 1 Nr. 1 für die Verjährung als am Tage der Befriedigung entstanden."

Variante 2

§ 426 Abs. 3 BGB n.F.

„Im Falle der Befriedigung des Gläubigers richtet sich die Verjährung des Ausgleichsanspruchs eines Gesamtschuldners gegen die anderen Schuldner nach § 199 Abs. 1 S. 2."

§ 199 Abs. 1 S. 2 BGB n.F.

„Nach Befriedigung des Gläubigers gilt der Anspruch eines Gesamtschuldners auf Ausgleich gegen die anderen Schuldner als am Tage der Befriedigung entstanden."

III. Zusammenfassung und Gesamtergebnis

Zusammenfassend lässt sich als Gesamtergebnis Folgendes festhalten:

1. Für den Verjährungsbeginn des Ausgleichsanspruchs aus § 426 Abs. 1 S. 1 BGB kommen mehrere Zeitpunkte und Aspekte in Betracht: die Entstehung der Gesamtschuld, subjektive und/oder objektive Kriterien, die außergerichtliche Zahlungsaufforderung des Primärgläubigers, die Klageerhebung gegen den Regressgläubiger, die Zahlung an den Primärgläubiger oder die Rechtskraft eines Zahlungstitels gegen den Regressgläubiger.[5]

2. Die These des BGH, dass es sich bei dem Ausgleichsanspruch nach § 426 Abs. 1 BGB um einen einheitlichen Anspruch, gerichtet auf Mitwirkung, Befreiung und Zahlung, handelt, dessen Verjährungsfrist mit der Entstehung der Gesamtschuld beginnt, führt zu sinnwidrigen Ergebnissen. Insbesondere besteht die

---

[2] Vgl. oben § 3 III. 2. c)

[3] Vgl. oben § 4 I.

[4] Vgl. oben § 4 II. 2 und 3.

[5] Vgl. oben § 2 II.

Gefahr, dass der Anspruch gegen Mitschuldner bereits verjährt ist, wenn der Rückgriffsgläubiger nach Befriedigung des Primärgläubigers Regress nehmen will.[6]

3. Wegen der verfehlten Rechtsprechung des BGH muss der Rückgriffsgläubiger zur Forderungssicherung verschiedene materiell-rechtliche und prozessuale „Umwege" wählen, deren Erfolg teilweise nicht sicher ist. Insbesondere die Streitverkündung erweist sich als ungeeignet, weil der regressierende Gesamtschuldner sich u.U. in einer Art „Hängepartie" wiederfindet: Nur wenn der Streitverkündungsempfänger dem Rechtsstreit beitritt, kommt es zur erwünschten Hemmungswirkung, ansonsten muss der Primärschuldner bis zum Folgeprozess zuwarten, um dann möglicherweise nachträglich festzustellen, dass er mit der Geltendmachung seines Zahlungsanspruchs zu spät kommt.[7]

4. Andere Möglichkeiten der Verjährungshemmung erweisen sich gleichermaßen als ungeeignet und enthalten für den Rückgriffsgläubiger materiell-rechtliche und prozessuale Schwierigkeiten, die ihre Wirksamkeit verringern. Dies gilt für die Klage auf Freistellung, die Feststellungsklage auf Bestehen des Innenregressanspruchs und für eine Vereinbarung über den gänzlichen Verjährungsverzicht oder die (vorübergehende) Nichterhebung der Verjährungseinrede sowie für Verhandlungen, das selbstständige Beweisverfahren oder sonstige alternative Verfahren zur Streitbeilegung.[8]

5. Die hier untersuchten ausländischen Rechtsordnungen kennen ein allein aufgrund der Gesamtschuldnerschaft bestehendes gesetzliches Schuldverhältnis nicht. Maßgeblich für die Verjährung ist das zwischen den Gesamtschuldnern bestehende besondere Rechtsverhältnis, sei es ein Kauf-, Auftrags- oder Gesellschaftsvertrag etc. Fehlt eine derartige Vertragsbindung, verjährt der Regressanspruch im österreichischen Recht in dreißig Jahren. Nur bei der *Cessio legis* wird von einigen Stimmen die Verjährungsfrist des übergegangenen Gläubigeranspruchs als maßgeblich erachtet. Auch im österreichischen Recht besteht die Gefahr, dass die Verjährungsfrist bei sukzessiver Inanspruchnahme vor der Geltendmachung des letzten Regressanspruchs endet. Auch dort wird die (nicht immer sichere) Verjährungshemmung als Lösungsansatz gewählt.[9] Im schweizerischen Recht entsteht der Regressanspruch erst mit Zahlung an den Primärgläubiger und die Verjährung beginnt zudem erst mit Kenntnis der Mitschuldner.[10] Des Weiteren enthalten das französische und das schweizerische Recht eine Sonderregelung und messen der Klage bzw. der Einleitung verjährungshemmender Maßnahmen gegen einen Gesamtschuldner verjährungsunterbrechende Wirkung gegenüber sämtlichen Gesamtschuldnern zu. Dies gilt allerdings nur für

[6] Vgl. oben Einl. I.

[7] Vgl. oben § 3 I. 3. a) cc) (3) (a); § 3 I. 3. b) bb) (3); § 4 III. 4. a) ee) (4).

[8] Vgl. oben § 3 I. 3. a) cc) (3) (b) bis (d); § 3 I. 3. b) bb) (1) und (2); § 4 III. 4. a) ee) (1) bis (3) und (5) sowie (6).

[9] Vgl. oben § 5 I. 2.

[10] Vgl. oben § 5 II. 3.

den Anspruch des Primärgläubigers, der später auf den zahlenden Gesamtschuldner übergeht.[11] Dies kann indes nicht auf das deutsche Recht übertragen werden. Auch die Rechtsvorschläge zur EU-Rechtsvereinheitlichung lehnen ein gesetzliches Schuldverhältnis unter den Gesamtschuldnern ab.[12]

6. Alle nicht deutschen Rechtsordnungen kennen keinen allein auf die Gesamtschuld gestützten Ausgleichsanspruch in Form eines Mitwirkungs-, Befreiungs- und Zahlungsanspruchs. Maßgeblich für den Regress ist das rechtsgeschäftliche Innenverhältnis.[13]

7. Für die Verjährung des Rückgriffsanspruchs knüpfen die hier als Referenz herangezogenen ausländischen Rechtsordnungen sowie *PECL* und *DCFR* auf den Zeitpunkt der Gläubigerbefriedigung an.[14]

8. Auch das deutsche Recht kennt eine solche Sonderanknüpfung in §33h Abs. 7 GWB für das Kartellschadensersatzrecht und in §439 Abs. 2 S. 3 HGB für den Fracht- und den Speditionsvertrag. Dadurch werden Überlegungen zu rechtshemmenden Maßnahmen vor Zahlung an den Geschädigten obsolet. Die Bestimmungen haben den Vorteil der Rechtsklarheit, sie fördern die Rechtssicherheit für den Regressgläubiger und dienen dem Rechtsfrieden.[15]

9. Für eine Festlegung des Verjährungsbeginns des Zahlungsanspruchs des Rückgriffsgläubigers auf den Zeitpunkt der Zahlung an den Primärgläubiger sprechen bereits die historische, systematische und teleologische Auslegung von §426 Abs. 1 S. 1 und §199 Abs. 1 BGB.[16] Der historische Gesetzgeber von 1896 zog Parallelen zum Auftragsrecht (§670 BGB) bzw. zum Bürgschaftsrecht, in denen unstreitig auf die Zahlung abgestellt wird,[17] und der Reformgesetzgeber von 2002 erwog ebenfalls eine derartige Regelung.[18] In systematischer Hinsicht spricht bereits die inhaltliche Verschiedenheit von Befreiungs- und Zahlungsanspruch für eine unterschiedliche Behandlung.[19] Zivilprozessual liegen zudem bei der Klage auf Befreiung von einer Verbindlichkeit und einer Zahlungsklage divergierende Streitgegenstände vor.[20] Verfahrensmäßig sind die Möglichkeiten für den (potenziellen) Regressgläubiger, die Verjährung gegenüber dem Regressschuldner zu verhindern, begrenzt. Es bleibt nur die Möglichkeit einer Erstreckung der Verjährungshemmung auf den Zahlungsanspruch (§213 BGB). Auch der Grund für das Zahlungsverlangen des Rückgriffsgläubigers spricht für den Zeitpunkt der Zahlung als Anknüpfungspunkt, ebenso die strukturelle Ähnlich-

[11] Vgl. oben §5 II. 3. und §5 III. 2.
[12] Vgl. oben §5 IV. 1. und 2.
[13] Vgl. dazu ingsesamt §5.
[14] Vgl. oben §5 IV. 1 und 2.
[15] Vgl. oben §4 I. und §3 III. 2.
[16] Vgl. oben §1 I. 1. b) und §2 II. 2.
[17] Vgl. oben §6, §7 II. und III.
[18] Vgl. Ebd.
[19] Vgl. oben §7 III. 1.
[20] Vgl. oben §7 III. 2. a) aa).

keit von Befreiungs- und Regressanspruch und die Situation bei Freihalteansprüchen gem. § 257 S. 1 BGB.[21] Ferner setzt die kurze Regelverjährungsfrist von drei Jahren den Rückgriffsgläubiger einem erhöhten Risiko aus, mit der Realisierung seiner Forderung gegen den regressverpflichteten Mitschuldner auszufallen.[22]

10. Durch das Konzept des BGH wird der Rückgriffsgläubiger auch aus verfassungsrechtlicher Perspektive über die Gebühr benachteiligt. Ihm wird die „faire und auch realistische Chance" der Forderungsrealisierung genommen bzw. zumindest erheblich erschwert.[23]

11. Da der Mitwirkungsanspruch schon vor der Befriedigung des Primärgläubigers besteht, kann durch Anknüpfung an dessen Entstehung keine Lösung der vorliegenden Problematik erreicht werden. Vielmehr verursacht gerade die Vorgehensweise des BGH diejenigen Probleme, die mit dem diesseits gewählten Lösungsansatz überwunden werden sollen.[24]

12. In den Teilrechtsgebieten, für die, anders als im Kartellschadenersatzrecht und im Recht des Fracht- und des Speditionsvertrages, keine gesetzliche Sonderregelung vorliegt, verursacht das Festhalten an der h.M. zum Verjährungsbeginn des Zahlungsanspruchs an vielen Stellen quasi einen „*Salto mortale*": Der Rückgriffsgläubiger muss umfassende Überlegungen anstellen, wie er sein berechtigtes Begehren gegen Verjährung absichern kann. Zwar hat im Steuerrecht das BAG korrigierend eingegriffen,[25] für das private Baurecht und das Architektenrecht fehlt es aufgrund der letztinstanzlichen Zuständigkeit des BGH jedoch an überzeugenden Konzepten.[26] Dies stellt die Baubeteiligten vor massive Probleme, wobei schwierigkeitserhöhend noch die besondere Prozessanfälligkeit in diesen Rechtsgebieten hinzukommt. Im Gesellschaftsrecht besteht das aufgezeigte Verjährungsproblem gleichermaßen,[27] ebenso in spezifischen Berufsrechten[28] und bei der Gesamtschuldnerschaft im Falle der Prospekthaftung und beim Haftungsausgleich zwischen Anlageemittenten und Anlageberatern bzw. -vermittlern.[29] Daher die Frage: Um wie viele Beispiele muss die Aufzählung noch erweitert werden, um den BGH zur Aufgabe seines verfehlten Konzepts zu veranlassen?

13. Wenn der BGH seine Rechtsprechung nicht ändert, bleibt nur der korrigierende Eingriff des Gesetzgebers, zumal auch die von *Hartmann* und *Lieschke* vorgestellten Alternativkonzepte und auch formular- oder individualvertragliche Gestaltungsmöglichkeiten keine Abhilfe schaffen können.[30]

---

[21] Vgl. oben § 7 III. 5.
[22] Vgl. oben § 7 IV.
[23] Vgl. oben § 7 V.
[24] Vgl. oben Einl. I.
[25] Vgl. oben § 4 II.
[26] Vgl. oben § 4 III.
[27] Vgl. oben § 4 IV.
[28] Vgl. oben § 4 V. 1.
[29] Vgl. oben § 4 V. 2.

14. Eine gesetzliche Neuregelung der vorgeschlagenen Art kann ohne weitere Friktionen in das BGB inkorporiert werden. *De lege lata* enthalten § 33h Abs. 7 GWB und § 439 Abs. 2 S. 3 HGB bereits vergleichbare Regelungen. Auch fügt sie sich in die Judikatur des BGH zum Beginn der Verjährungsfrist im Übrigen ein. Demnach beginnt die Verjährungsfrist für den Ausgleichsanspruch, gerichtet auf Mitwirkung und Befreiung, nach wie vor mit Entstehung der Gesamtschuld; lediglich für den nach Zahlung an den Primärgläubiger in einen Zahlungsanspruch umgewandelten Anspruch gegen Rückgriffsschuldner beginnt sie mit der Zahlung selbst, und zwar unabhängig davon, ob die Zahlung vor gerichtlicher Inanspruchnahme, im Rechtsstreit oder nach Vorliegen eines rechtskräftigen Titels gegen den Regressgläubiger erfolgt.[31]

15. Es ist auch unbedenklich, für den Verjährungsbeginn den spätesten Zeitpunkt zu wählen, nämlich den der Leistung des Regressgläubigers an den Primärgläubiger. Dass sie erst nach Rechtskraft eines Vollstreckungstitels gegen den Regressgläubiger erfolgt und dieser es daher in der Hand hat, den Verjährungsbeginn hinauszuschieben, mag hingenommen werden. Immerhin sind die Regressschuldner ihrer Mitwirkungspflicht bis dahin nicht nachgekommen. Auch steht der Regressgläubiger ggf. unter dem Vollstreckungsdruck des gemeinsamen Primärgläubigers, sodass er die Zahlung rasch erbringen dürfte und sich das Problem in der Praxis nicht stellt.[32]

16. Erst wenn der Gesetzgeber eine klarstellende Regelung trifft und den Beginn der Verjährungsfrist für den Zahlungsanspruch gegen die Regressschuldner ausdrücklich im Gesetz festlegt, kann – und zwar erst dann – mit *Ehmann*[33] davon gesprochen werden, dass er „die von Savigny gestellte Aufgabe gelöst" habe.[34] Denn dann sind die nachteiligen Folgen aus der zufälligen und alleinigen Inanspruchnahme durch den Primärgläubiger im Interesse des Regressgläubigers in ihren Auswirkungen wenn nicht vollkommen gebannt, so doch zumindest auf ein beherrschbares Minimum reduziert. Die Rede vom „Glücksspielargument" hat dann endgültig an Bedeutung verloren.

---

[30] Vgl. oben § 8 I. und II.

[31] Vgl. oben Resümee und Gesamtergebnis I. und II.

[32] Vgl. oben Resümee und Gesamtergebnis I.

[33] *Ehmann*, Die Gesamtschuld, S. 92.

[34] Vgl. oben Einl. I.

Literaturverzeichnis

Almunia, Miguel/Bénétrix, Agustin S./Eichengreen, Barry/Rourke, Kevin H. O./Rua, Gisela: From Great Depression to Great Credit Crisis: Similarities, Differences and Lessons, NBER Working Paper No. 15524, 2009.

Althammer, Christoph: Die Streitgegenstandslehre Karl Heinz Schwabs: Retrospektive Bestandsaufnahme und Fortentwicklung, ZZP 123 (2010), S. 163–184.

Ders.: Verjährungshemmung durch unzulässige Klage des Rechtsnachfolgers, NJW 2011 S. 2172–2174.

Ancel, Pascal: Charakter, System und Fristen der Verjährung in Frankreich nach der Reform, in: Remien, Oliver (Hrsg.): Verjährungsrecht in Europa – zwischen Bewährung und Reform, Würzburger Tagung vom 8. und 9. Mai 2009, Tübingen 2011, S. 23–43.

Babusiaux, Ulrike/Witz, Claude: Das neue französische Vertragsrecht – Zur Reform des Code civil, JZ 2017, S. 496–507.

Bach, Albrecht/Wolf, Christoph: Neue Instrumente im Kartellschadensersatzrecht – Zu den Regeln über Offenlegung, Verjährung und Bindungswirkung, NZKart 2017, S. 285 ff.

Bamberger, Heinz/Roth, Herbert/Henrich, Wolfgang: BGB, Bd. 1 §§ 1–480, 3. Aufl., München 2012.

Bar, Christian von: Gemeineuropäisches Deliktsrecht, Bd. II, München 1999.

Bar, Christian von/Clive, Eric: Principles, Definitions and Model Rules of European Private Law, Draft Common Frame of Reference (DCFR), München 2009.

Bar, Christian von/Zimmermann, Bernhard: Grundregeln des Europäischen Vertragsrechts, Teile I und II, hrsg. v. der Kommission für Europäisches Vertragsrecht, München 2002.

Dies.: Grundregeln des Europäischen Vertragsrechts, Teil III, hrsg. v. der Kommission für Europäisches Vertragsrecht, München 2005.

Bauermeister, Tabea: Gesamtschuld und Regress in der Schadensersatzrichtlinie, Tübingen 2021.

Bechtold, Rainer/Bosch, Wolfgang: Gesetz gegen Wettbewerbsbeschränkungen. Kommentar, 9. Aufl., München 2018.

Beck-online, Grosskommentar zum Zivilrecht (BeckOGK): BGB, Kommentar, hrsg. v Beate Gsell, Wolfgang Krüger, Stephan Lorenz, Christoph Reymann, München, https://www.beck-shop.de/beck-online-grosskommentar-zivilrecht-beckogk/product/14256791, zuletzt abgerufen am 20.08.2023.

Beck'scher Online-Kommentar (BeckOK BGB): BGB, Kommentar, hrsg. v. Bamberger, Heinz Georg/Roth, Herbert, 53. Ed., Stand: jeweils angegeben, München, https://beck-online.beck.de/?vpath=bibdata/komm/BeckOK_ZivR_36/cont/BeckOK.BGB%2Ehtm, zuletzt abegrufen am 20.08.2023.

Benke, Nikolaus/Meissel, Franz S.: Juristenlatein, 3. Aufl., Wien 2009.

Bentele, Florian: Gesamtschuld und Erlass. Eine rechtsvergleichende Untersuchung zum deutschen und französischen Recht vor dem Hintergrund der europäischen Rechtsvereinheitlichung, Tübingen 2006.

Berner Kommentar: Kommentar zum schweizerischen Privatrecht/Obligationenrecht – Die Entstehung durch unerlaubte Handlungen, Art. 41–61 OR, hrsg. v. Roland Brehm, 5. Aufl., Bern 2021.

Berner Kommentar: Kommentar zum schweizerischen Privatrecht/Obligationenrecht – Die Verjährung, Art. 127–142 OR, hrsg. v. Isabelle Wildaber/Sevda Dede, 1. Aufl., Bern 2021.

Bien, Florian/Borghetti, Jean-Sébastian: Die Reform des französischen Vertragsrechts: ein Schritt zu mehr europäischer Konvergenz?, Tübingen 2018.

Bien, Florian/Harke, Jan Dirk: Neues Recht für alte Fälle? Der intertemporale Anwendungsbereich der Verjährungshemmung gemäß § 33 Abs. 5 GWB 2005, ZWeR 2013, S. 312–345.

Bien, Florian/Idot, Laurence/Kroes, Frank/Osti, Cristoforo/Wagner-von Papp, Florian: Private damages actions before and after the Implementation of the Directive, Concurrences 2017, S. 4–11

Binnewies, Burkhard/Wollweber, Markus: Die Verjährung von Innenausgleichsansprüchen bei steuerrechtlicher Gesamtschuld, ZEV 2008, S. 517–519.

Bischof, Hans Helmut: Der Freistellungsanspruch, ZIP 1984, S. 1444–1453.

Ders.: Der Befreiungsanspruch – materielle und prozessuale Probleme, ZZP 120 (2007), S. 237–251.

Bitter, Georg: Aufschub des Verjährungsbeginns bei unklarer und klarer Rechtslage? Grenzen der Rückforderung von Abschlussentgelten beim Darlehen, JZ 2015, S. 170–177.

Bordo, Michael D.: An Historical Perspective on the Crisis of 2007–2008, NBER Working Papers No 14569, 2008.

Bork, Reinhard/Hoeren, Thomas/Pohlmann, Petra (Hrsg.): Recht und Risiko – Festschrift für Helmut Kollhosser, Band I Versicherungsrecht/Band II Zivilrecht, Karlsruhe 2004.

Breitkopf, Diethard: Die Rechtsprechung des BAG zum Beginn von Ausschluss- und Verjährungsfristen beim Lohnsteuerregress, ZfA 2019, S. 419–428.

Brox, Hans/Walker, Wolf-Dietrich: Allgemeiner Teil des BGB, 42. Aufl., München 2018.

Buck-Heeb, Petra/Dieckmann, Andreas: Haftung bei Prospektverwendung – Zum Verhältnis von Prospekthaftung und Anlageberater-/Anlagevermittlerhaftung, BKR 2020, S. 425–431

Bueren, Eckart: Zinsen ab Schadenseintritt schon vor der 7. GWB-Novelle!, WuW 2012, S. 1056–1061.

Bürger, Christian/Aran, Benjamin: Verjährung des § 33 Abs. 3 GWB bei follow-on Schadensersatzklagen de lege lata und de lege ferenda, NZKart 2014, S. 423–427.

Bundeskartellamt: Erfolgreiche Kartellverfolgung. 2016, https://www.bundeskartellamt.de/SharedDocs/Publikation/DE/Broschueren/Informationsbrosch%C3%BCre%20–%20Erfolgreiche%20Kartellverfolgung.pdf?__blob=publicationFile&v=12), zuletzt abgerufen am 20.08.2023.

Bundesministerium der Justiz (Hrsg.): Abschlussbericht der Kommission zur Überarbeitung des Schuldrechts, Köln 1992.

Bundesministerium der Justiz und für Verbraucherschutz (BMJV): Pressemitteilung v. 01.07.2020, Verkürztes Restschuldbefreiungsverfahren auf den Weg gebracht, https://www.bmjv.de/SharedDocs/Pressemitteilungen/DE/2020/070120_Restschuld.html, zuletzt abgerufen am 20.08.2023.

Bundesministerium für Wirtschaft und Energie: Referentenentwurf v. 01.07.2016, https://www.bmwi.de/Redaktion/DE/Downloads/M-O/neunte-gwb-novelle.pdf?__blob=publicationFile&v=2, zuletzt abegrufen am 20.08.2023.

Bundesverband der Deutschen Industrie und Bundesvereinigung der Deutschen Arbeitgeberverbände: Stellungnahme zum Diskussionsentwurf eines Schuldrechtsmodernisierungsgesetzes vom 12.01.2001.

Bydlinski, Peter: Anmerkung zu BGH, Urteil vom 08.11.2016 – VI ZR 200/15, LMK 2017, 387534.

Bydlinski, Peter/Coors, Martina: Gesamtregress, Freistellungsansprüche und Legalzession unter Mitschuldnern?, ÖJZ 2007, S. 275–280.

Bydlinski, Peter/Vollmaier, Peter: Österreichisches Verjährungsrecht. Grundregeln – Grundstrukturen – Grundwertungen – Reformideen, in: Remien, Oliver (Hrsg.): Verjährungsrecht in Europa – zwischen Bewährung und Reform, Würzburger Tagung vom 8. und 9. Mai 2009, Tübingen 2011, S. 204–231.

Caemmerer, Ernst von: Ausgleichsprobleme im Haftpflichtrecht in rechtsvergleichender Sicht, ZfRV 9 (1968), S. 81–98.

Christmann, Carsten: Der Gesamtschuldner als Vollstreckungsschuldner, DGVZ 1987, S. 81.

Connor, John M.: Cartels & Antitrust Portrayed: Private International Cartels from 1990 to 2008, vom 31.08.2009, https://ssrn.com/abstract=1467310, zuletzt abgerufen am 20.08.2023 oder http://dx.doi.org/10.2139/ssrn.1467310, zuletzt abgerufen am 20.08.2023.

Cordes, Niklas: Die Compliance-Organisation in der GmbH, Baden-Baden 2016.

Dauner-Lieb, Barbara/Heidel, Thomas/Ring, Gerhard (Hrsg.): Bürgerliches Gesetzbuch, Kommentar, Bd. 2 Schuldrecht, 3. Aufl., Baden-Baden 2021.

Deckers, Stefan: Das neue Architekten- und Ingenieurvertragsrecht im Bürgerlichen Gesetzbuch, ZfBR 2017, S. 523–545.

Denck, Johannes: Gesamtschuldnerregreß und Aufrechnungsschutz nach § 406 BGB, JZ 1976, S. 669–674.

Dollmann, Michael: Haftung gemäß § 43 GmbHG: Verjährung von Regressansprüchen im Innenverhältnis, GmbHR 2004, S. 1330–1332.

Dück, Hermann/Schultes, Marion: Kartellbedingte Arglistanfechtung und c.i.c.-Haftung – Mögliche Alternativen zum kartellrechtlichen Schadensersatzanspruch aus § 33 GWB? NZKart 2013, S. 228–233.

Dürig, Günter/Herzog, Roman/Scholz, Rupert: Grundgesetz, Kommentar, hrsg. v. Scholz, Rupert/Herdegen, Matthias/Klein, Hans H., Loseblatt, 95. Aufl., München 2021.

Ehmann, Horst: Die Gesamtschuld. Versuch einer begrifflichen Erfassung in drei Typen, Berlin 1972.

Ders.: Gesamtschulden – Abschied von der Einheits-Gesamtschuld?, AcP 211 (2011), S. 491–529.

Endrös, Florian: EU-Notizen 2008, S. 291–221, https://www.eba-avocats.com/de/voe/PHI20086genmodifizierteOrganismen.pdf, zuletzt abgerufen am 17.07.2023.

Engelhoven, Philipp/Danger, Jörg: Die Dauer der Verjährungshemmung nach § 33 Abs. 5 GWB a. F. und § 33h Abs. 6 GWB bei Verfahren gegen mehrere Beteiligte, WuW 2019, S. 303–306.

Erman: BGB-Kommentar, Bd. 1. Hrsg. v. Westermann, Harm Peter/Grunewald, Barbara/Maier-Reimer, Georg, 15. Aufl., Köln 2017.

Ernst, Wolfgang: Zum Fortgang der Schuldrechtsmodernisierung, in: Ernst, Wolfgang/Zimmermann, Reinhard (Hrsg.), Zivilrechtswissenschaft und Schuldrechtsreform, Tübingen 2001, S. 559–606.

Ders.: Solidarschuld und Verjährung, in: Zäch, Roger/Breining-Kaufmann, Christine/Breitschmid, Peter (Hrsg.): Individuum und Verband: Festgabe zum Schweizerischen Juristentag 2006. Zürich 2006, S. 175–177.

Ders.: Der ‚Common Frame of Reference' aus juristischer Sicht, AcP 208 (2008), S. 248–282.
Ders.: Das Verjährungsrecht des (D)CFR, in: Remien, Oliver (Hrsg.): Verjährungsrecht in Europa – zwischen Bewährung und Reform, Würzburger Tagung vom 8. und 9. Mai 2009, Tübingen 2011, S. 67–92.
EU-Kommission: Leitlinien für vertikale Beschränkungen. ABl. EU 2010 C 130/1 v. 19.05.2010, https://eur-lex.europa.eu/LexUriServ/LexUriServ.do?uri=OJ:C:2010:130:0001:0046:DE:PDF, zuletzt abgerufen am 20.08.2023.
EU-Kommission (Hrsg.)*:* Die neue KMU-Definition, Benutzerhandbuch und Mustererklärung. http://ec.europa.eu/enterprise/policies/sme/files/sme_definition/sme_user_guide_de.pdf, zuletzt abgerufen am 20.08.2023.
Fischer, Detlev: Aktuelle Entwicklungen im Recht der Rechtsanwaltshaftung, ZAP 2016, S. 1317–1328.
Fischer, Sebastian: Die Verjährung beim Gesamtschuldnerregress unter Organmitgliedern, ZIP 2014, S. 406–410.
Fikentscher, Wolfgang/Heinemann, Andreas: Schuldrecht – Allgemeiner und Besonderer Teil, 12. Aufl., Berlin 2022
Franck, Jens-Uwe: Marktverhältnisse als Gegenstand vorvertraglicher Informationsordnung, AcP 213 (2013), S. 222–265.
Friedemann, Daniel/Cohen, Nils: Adjustment among Multiple Debtors, Tübingen 1991.
Fritzsche, Alexander/Klöppner, Carsten/Schmidt, Miriam: Die Praxis der privaten Kartellrechtsdurchsetzung in Deutschland – Teil 2: Verjährung, Verzinsung und verfahrensrechtliche Aspekte, NZKart 2016, S. 501–507.
Fuchs, Andreas: Ausschluss oder Zulassung des Einwands der Schadensabwälzung? – Plädoyer für eine differenzierte Beurteilung der passing on defense bei Schadensersatzklagen wegen Kartellverstößen, ZWeR 2011, S. 192–217.
Fuhlrott, Michael/Garden, Florian: Regress wegen nachzuentrichtender Lohnsteuern, NJW 2019, S. 810–813.
Gabler, Wirtschaftslexikon, Stichwort Informations- und Kommunikationssysteme (I.u.K.), Definition, von Szczutkowski, Andreas, vom 19.02.2019. https://wirtschaftslexikon.gabler.de/definition/informations-und-kommunikationssysteme-iuk-39253/version-262666/, zuletzt abgerufen am 20.08.2023.
Gänswein, Olivier: Gesamtschuldnerausgleich unter Kartellbeteiligten: Bestimmung des Haftungsanteils und Verjährung der Ausgleichsansprüche, NZKart 2016, S. 50–58.
Gebauer, Martin: Zur Verjährung des Ausgleichsanspruchs unter Gesamtschuldnern – gleichzeitig eine Anmerkung zum Urteil des BGH vom 18.06.2009, Aktenzeichen VII ZR 167/08, LMK 2010, 299711.
Gierke, Otto von: Der Entwurf eines bürgerlichen Gesetzbuchs und das deutsche Recht, Leipzig 1889.
Glöckner, Jochen: Gesamtschuldvorschriften und Schuldnermehrheiten bei unterschiedlichen Leistungsinhalten: eine Untersuchung unter besonderer Berücksichtigung konkurrierender Verpflichtungen aus bauvertraglicher Gewährleistung, Baden-Baden 1997.
Ders.: Ausgewählte Probleme der gesamtschuldnerischen Haftung Baubeteiligter wegen Leistungsstörung bei der Erstellung des Bauwerks, BauR 2005, S. 251–273.
Ders.: Verantwortlichkeit mehrerer Baubeteiligter für Baumängel und Bauverzögerungen – Einführung, BauR 2011, S. 378–380.
Goette, Wulf: Gesamtschuldbegriff und Regressproblem, Bonn 1974.
Graf Kielmansegg, Sebastian: Die Grundrechtsprüfung, JuS 2008, S. 23–29.

Grigoleit, Hans Christoph/Tomasic, Lovro: Acquis Principles, in: Basedow, Jürgen/Hopt, Klaus J./Zimmermann, Reinhard (Hrsg.): Handwörterbuch des Europäischen Privatrechts (HWB EuP), Bd. 1: Abschlussprüfer Kartellverfahrensrecht, Tübingen 2011, S. 12–17.

Grömer, Gerald: Erweiterung des Klageantrages bei Übergang von Befreiungs- auf Zahlungsanspruch?, MDR 1995, 240–241.

Ders.: Der Befreiungsanspruch, JuS 2009, S. 7–12.

Gruneberg, Barbara: Die Haftung des Anwalts für fehlerhafte Beratung des Mandanten nach neuem Recht, AnwBl 2002, 258–260.

Grüneberg, Christian (vormals: Palandt, Otto): BGB-Kommentar, hrsg. v. Ellenberger, Jürgen/Götz, Isabell/Grüneberg, Christian/Herrler, Sebastian/Pückler, Renata von/Retzlaff, Björn/Siede, Walther/Sprau, Hartwig/Thorn, Karsten/Weidenkaff, Walter/Weidlich, Dietmar/Wicke, Hartmut, 81. Aufl., München 2022.

Gsell, Beate/Rüfner, Thomas: Symposium Schuldrechtsmodernisierung 2001 (Tagungsbericht Regensburg 17./18. 11. 2000, NJW 2001, S. 424–426.

Güntner, Ernst H.: Der Anspruch auf Befreiung von einer Verbindlichkeit, München 1967.

Gussone, Peter/Schreiber, Tillmann M.: Private Kartellrechtsdurchsetzung – Rückenwind aus Europa? Zum Richtlinienentwurf der Kommission für kartellrechtliche Schadensersatzklagen, WuW 2013, S. 1040–1057.

Haas, Lothar: Entwurf eines Schuldrechtsmodernisierungsgesetzes: Kauf- und Werkvertragsrecht, BB 2001, S. 1313–1321.

Habersack, Matthias: Der Regreß bei akzessorischer Haftung – Gemeinsamkeiten zwischen Bürgschafts – und Gesellschaftsrecht, AcP 198 (1998), S. 152–170.

Hager, Johannes: BGH, 08.11.2016 – VI ZR 200/15: Gesamtschuld, Schadenseinheit, JA 2017, S. 546–549.

Handkommentar zum Schweizer Privatrecht: Kommentar Obligationenrecht, Art. 1 bis 183 OR. Erste Abteilung. Allgemeine Bestimmungen, hrsg. v. Furrer, Andreas/Schnyder, Anton K., 3. Aufl., Zürich 2016.

Harke, Jan Dirk: Privatautonomie und Verjährung: Verjährungsvereinbarungen, in: Remien, Oliver (Hrsg.): Verjährungsrecht in Europa – zwischen Bewährung und Reform, Würzburger Tagung vom 8. und 9. Mai 2009, Tübingen 2011, S. 107–118.

Hartmann, Alexander/Lieschke, Uwe: Die „Verjährungsfalle" im Gesamtschuldnerausgleich, WM 2011, S. 205–211.

Hausmaninger, Herbert/Selb, Walter: Römisches Privatrecht, 9. Aufl., Wien 2001.

Heck, Philipp: Grundriss des Schuldrechts, Tübingen 1929.

Heinrichs, Helmut: Entwurf eines Schuldrechtsmodernisierungsgesetzes: Neuregelung des Verjährungsrechts, BB 2001, S. 1417–1423.

Helm, Johann Georg: Probleme der CMR: Geltungsbereich – ergänzendes Recht Frachtbrief – Weisungsbefugnis – aufeinanderfolgende Frachtführer, VersR 1988, S. 548–556.

Henckel, Wolfram: Parteilehre und Streitgegenstand im Zivilprozess, Heidelberg 1961.

Ders.: Die Grenzen der Verjährungsunterbrechung, JZ 1962, S. 335–339.

Henne, Alexander/Dittert, Christian: Blick ins Gesellschaftsrecht, DStR 2019, S. 227–232.

Hente, Volkhard/App, Michael/Valenzuela, Céline: Die Neuregelung der Verjährung im französischen Recht. Für das Forderungsmanagement bedeutsame Änderungen im Überblick, KSI 2009, S. 115–118.

Herpers, Hans-Heinz: Über den Nachteil des Gläubigers bei der Legalzession, AcP 166 (1966), S. 454–461.

Herresthal, Carsten: Die Verschiebung des Verjährungsbeginns bei unsicherer und zweifelhafter Rechtslage – Contra legale Rechtsgewinnung im Verjährungsrecht, WM Zeitschrift für Wirtschafts- und Bankrecht 2018, S. 401–410.

Herrler, Sebastian: Rückforderung von Nutzungsersatz beim Verbrauchsgüterkauf: Beginn der Verjährungsfrist wegen unübersichtlicher Rechtslage, NJW 2009, S. 1845–1847.

Herrmann, Nils J.: Verjährung, Verjährungsbeginn und Regress bei Bürgschaft und Gesamtschuld, Frankfurt am Main 2012.

Himer, Detlev: Zur Begründung des Ausgleichsanspruchs eines Gesamtschuldners, VersR 1973, S. 309.

Hirner, Stefan M./Mayr-Riedler, Thomas K.: Schadenersatz für kartellbedingte Streuschäden – Kollektive Schadenersatzklagen im Spannungsfeld zwischen Prozessökonomie und Missbrauchsgefahr, wbl 2016, S. 366–375.

Historisch-kritischer Kommentar zum BGB (HKK-BGB): BGB, Kommentar, Bd. 2 Schuldrecht Allgemeiner Teil, Teilbd.: § 305 – 432, hrsg. v. Schmoeckel, Mathias/Rückert, Joachim/Zimmermann, Reinhard, Redaktion: Zimmermann Reinhard, Tübingen 2007.

Hösch, Antonia: Der schadensrechtliche Innenausgleich zwischen Kartellrechtsverletzern, Baden-Baden 2015.

Hoffmann, Jochen/Schneider, Stephan: Die Verjährung unter der Kartellschadensersatzrichtlinie, WuW 2016, S. 102–110.

Holzwarth, Johannes/Bock, Merle: Verjährung à la Cogeco, WuW 2019, S. 342–347.

Huguenin, Claire/Thouvenin, Florent: Verjährung und Reform in der Schweiz, in: Remien, Oliver (Hrsg.): Verjährungsrecht in Europa – zwischen Bewährung und Reform, Würzburger Tagung vom 8. und 9. Mai 2009, Tübingen 2011, S. 293–311.

Immenga, Ulrich: Gefordertes Kartellrecht – 50 Jahre GWB, ZWeR 2008, S. 3–19.

Immenga, Ulrich/Mestmäcker, Ernst-Joachim (Hrsg.): GWB, Kommentar, 5. Aufl., München 2014 und 6. Aufl., München 2020.

Ingenstau, Heinz/Korbion, Hermann: VOB Teile A und B. Kommentar, hrsg. v. Leupertz, Stefan/von Wietersheim, Mark, 21. Aufl., Düsseldorf 2019.

Jacobi, Jessica: Anmerkung zu: BAG v. 14.11.2018 5 AZR 301/17, ArbRB 2019, S. 103.

Jakobs, Horst-Heinrich: Tagungsbericht: Schuldrechtsmodernisierung, JZ 2001, S. 27–29.

Jakobs, Horst-Heinrich/Schubert, Werner (Hrsg.): Die Beratung des Bürgerlichen Gesetzbuchs in systematischer Zusammenstellung der unveröffentlichten Quellen. Recht der Schuldverhältnisse/SR I, §§ 241 – 432, Berlin und New York 1978.

Jansen, Nils: Europäisches Privatrecht, in: Basedow, Jürgen/Hopt, Klaus J./Zimmermann, Reinhard (Hrsg.): Handwörterbuch des Europäischen Privatrechts (HWB EuP), Bd. 1: Abschlussprüfer Kartellverfahrensrecht, Tübingen 2011, S. 548–551.

Jansen, Nils/Zimmermann, Reinhard: Commentaries on European Contract Laws, Oxford 2018.

Jarass, Hans/Pieroth, Bodo: Grundgesetz für die Bundesrepublik Deutschland, Kommentar, bearb. v. Pieroth, Bodo/Kment, Martin, 16. Aufl., München 2020.

Jauernig, Othmar (Hrsg.): Bürgerliches Gesetzbuch, Kommentar, 18. Aufl., München 2018.

Jauß, Steffen: Verjährung bei elektiver und alternativer Anspruchskonkurrenz. Anmerkungen zum Urteil des BGH vom 27.09.2017, VIII ZR 99/16, JURA (2018), S. 598–605.

Juris-Praxiskommentar-BGB (jurisPK-BGB): BGB; Online-Kommentar, Bd. 1, Allgemeiner Teil, hrsg. v. Vieweg, Klaus, 9. Aufl., Saarbrücken 2020.

Kähler, Lorenz: Verjährungshemmung nur bei Klage des Berechtigten?, NJW 2006, S. 1769–1774.

Kahle, Christoph: Die Leistungskondiktion als Alternative zum Kartellschadensersatzanspruch. Zur Anfechtbarkeit und Rückabwicklung von Kartellfolgeverträgen, Baden-Baden 2013.

Kahlenberg, Harald/Heim, Lena: Referentenentwurf der 9. GWB-Novelle: Mehr Effizienz für die private und behördliche Rechtsdurchsetzung, BB 2016, S. 1863–1871.

Kappelhoff, Michael: Verjährungsverhinderung bei potenziellem Innenregress von Baubeteiligten, NJW 2014, S. 2775–2777.

Kaser, Max: Das Römische Privatrecht I, 2. Aufl., München 1971.

Kaser, Max/Knütel, Rolf: Römisches Privatrecht, 17. Aufl., München 2003.

Kersting, Christian: Die neue Richtlinie zur privaten Rechtsdurchsetzung im Kartellrecht, WuW 2014, 564–575.

Ders.: Kartellschadensersatzrecht nach der 9. GWB-Novelle, VersR 2017, S. 581–596.

Kersting, Christian/Podszun, Rupprecht (Hrsg.): Die 9. GWB-Novelle. Kartellschadensersatz, Digitale Ökonomie, Fusionskontrolle, Bußgeldrecht, Verbraucherschutz, München 2017.

Kersting, Christian/Preuß, Nicola: Umsetzung der Kartellschadensersatzrichtlinie (2014/104/EU). Ein Gesetzgebungsvorschlag aus der Wissenschaft, Baden-Baden 2015.

Keßler, Jürgen: Die europäische Richtlinie über Schadensersatz im Wettbewerbsrecht – Cui bono?, VuR 2015, S. 83–91.

Keuck, Brigitte: Anmerkung zu BGH Urteil vom 09.03.1972 – VII ZR 178/70 = JZ 1972, S. 528–531.

Klein, Franz (Begr.): Abgabenordnung, Kommentar, 15. Aufl., München 2020.

Klein, Walter/Moufang. Oliver/Koos, Oliver: Ausgewählte Fragen zur Verjährung, BauR 2009, S. 333–352 (Heft 2a).

Kleine-Möller, Nils/Merl, Heinrich/Glöckner, Jochen (Hrsg.): Handbuch des privaten Baurechts, 6. Aufl., München 2019.

Kleinschmidt, Jens: Das neue französische Verjährungsrecht, RIW 2008, S. 590–600.

Kletečka, Andreas/Schauer, Martin (Hrsg.): ABGB-ON, Kommentar, 1. Aufl., Wien 2010.

Klimke, Manfred: Probleme bei der Geltendmachung von Ausgleichsansprüchen, VersR 1974, S. 20–22.

Kling, Michael/Thomas, Stephan: Kartellrecht, 1, Aufl., München 2007 und 2. Aufl., München 2016.

Klöppner, Carsten/Schmidt, Miriam: Die Verjährung kartellrechtlicher Schadensersatzansprüche, NZKart 2018, S. 449–453.

Klumpe, Gerhard/Thiede, Thomas: Keeping the Floodgates Shut – Kartellschadensersatz nach der 9. GWB-Novelle, NZKart 2017, S. 332–339.

Klutinius, Rolf/Krawatzki, Martin: Der Verjährungsbeginn des Ausgleichsanspruchs nach § 426 Abs. 1 BGB, VersR 2008, S. 617–619.

Kniffka, Rolf: Gesamtschuldnerausgleich im Baurecht, BauR 2005, Sonderheft, S. 274–291.

Knütel, Rolf: Probleme des Bürgenregresses, JR 1985, S. 6–12.

Kremer, Heinrich: Die Mitbürgschaft. Mit Beiträgen zur Lehre von Bürgschaft und Gesamtschuld, Berlin 1902/2017.

Kroes, Frank/Negri, Marcella/Prieto, Catherine/Remien, Oliver/Wagner-von Papp, Florian: Limitation periods, in: Implementation of the EU Damages Directive into Member State law, Konferenz, 05.05.2017, Würzburg. Concurrences. Revue des droits de la concurrence/Competition Law Review, 3, 2017, S. 47–58

Krüger, Carsten: Kartellregress. Der Gesamtschuldnerausgleich als Instrument der privaten Kartellrechtsdurchsetzung, Baden-Baden 2010.

Ders.: Der Gesamtschuldnerausgleich im System der privaten Kartellrechtsdurchsetzung, WuW 2012, S. 6–13.

Ders.: Die haftungsrechtliche Privilegierung des Kronzeugen im Außen- und Innenverhältnis gemäß dem Richtlinienvorschlag der Kommission, NZKart 2013, S. 483–488.

Ders.: Gesamtschuld, Gesamtschuldnerausgleich und Vergleiche im neuen Kartellschadensersatzrecht, WuW 2017, S. 229–232.

Krüger, Carsten/Rahlmeyer, Niklas: Die Streitverkündung im Zivilprozess, JA 2014, S. 202–205.

Kuffer, Johann: Hat die Privilegierung der VOB/B weiter Bestand? Zur neuesten Rechtsprechung des BGH, NZBau 2009, S. 73–78.

Lando, Ole/Beale, Hugh: Principles of European Contract Law I and II, hrsg. v. der Kommission für Europäisches Vertragsrecht, Den Haag 2000.

Lando, Ole/Clive, Eric/Prüm, André/Zimmermann, Reinhard: Principles of European Contract Law III, hrsg. v. der Kommission für Europäisches Vertragsrecht, Den Haag 2003.

Langen, Eugen/Bunte, Hermann-Josef (Hrsg.): Kartellrecht, Bd. 1. Deutsches Kartellrecht, 12. Aufl., Köln 2014 und 13. Aufl., Köln 2018.

Langheid, Theo/Rixecker, Roland (Hrsg.): Versicherungsvertragsgesetz: VVG mit Einführungsgesetz und VVG-Informationspflichtenverordnung, 6. Aufl., München 2019.

Lau, Katrin: Die Reichweite der Verjährungshemmung bei Klageerhebung, Baden-Baden 2008.

Laws, Ralf: Haftung des Arbeitgebers und des Arbeitnehmers für Lohnsteuernachzahlungen, FA 2019, S. 362–366.

Lettl, Tobias.: Der Schadensersatzanspruch gemäß § 823 Abs. 2 BGB i.V. mit Art. 81 Abs. 1 EG, ZHR 2003, S. 473–493.

Ders.: Kartellrecht, 4. Aufl., München 2017.

Lischka, Hans: Der Begriff der Gesamtschuld unter besonderer Berücksichtigung der Ausgleichsverpflichtung, Breslau 1932.

Lister, Michael: Die Perspektiven deutscher Kreditinstitute unter dem Druck von Niedrigzinsen, Regulierung und Digitalisierung, in: Böhnke, Werner/Rolfes, Bernd (Hrsg.): Neue Erlösquellen oder Konsolidierung? Geschäftsmodelle der Banken und Sparkassen auf dem Prüfstand, Beiträge des Duisburger Banken-Symposions, Wiesbaden 2018, S. 1–30.

Löbbe, Marc/Lüneborg, Cäcilie: Das Easy-Software-Urteil des BGH: Verjährung der Aufsichtsratshaftung wegen Verstoßes gegen die ARAG/Garmenbeck-Pflichten – Anm. zu BGH-Urteil vom 18.09.2018, II ZR 152/17 – DK 2019, S. 29, Der Konzern (DK) 2019, S. 53–61.

Loewenheim, Ulrich/Meessen, Karl M./Riesenkampff, Alexander/Kersting, Christian/Meyer-Lindemann, Hans-Jürgen: Kartellrecht, 2. Aufl., München 2009 und 4. Aufl., München 2020.

Logemann, Hans Philip: Der kartellrechtliche Schadensersatz. Die zivilrechtliche Haftung bei Verstößen gegen das deutsche und europäische Kartellrecht nach Ergehen der VO (EG) Nr. 1/2003 und der 7. GWB-Novelle, Berlin 2009.

Looschelders, Dirk: Schuldrecht Allgemeiner Teil, 17. Aufl., München 2019 und 18. Aufl., München 2020.

Ders.: Schuldrecht Besonderer Teil, 15. Aufl., München 2020.

Lüke, Wolfgang: ZPO I, Zivilprozessrecht I. Erkenntnisverfahren und Europäisches Zivilverfahrensrecht, 11. Aufl., München 2020.

Mansel, Heinz-Peter: Die Reform des Verjährungsrechts, in: Ernst, Wolfgang/Zimmermann, Reinhard (Hrsg.), Zivilrechtswissenschaft und Schuldrechtsreform, Tübingen 2001, S. 333–424.

Ders.: Diskussionsbericht (Referat Mansel), in: Ernst, Wolfgang/Zimmermann, Reinhard (Hrsg.), Zivilrechtswissenschaft und Schuldrechtsreform, Tübingen 2001, S. 425–428.
Ders.: Die Neuregelung des Verjährungsrechts, NJW 2002, S. 89–99.
Mayer, Christian: Vertragsanfechtung durch Kartellgeschädigte, WuW 2010, 29–38.
Mederer, Wolfgang: Richtlinienvorschlag über Schadensersatzklagen im Bereich des Wettbewerbsrechts, EuZW 2013, S. 847–851.
Medicus, Dieter: Schlussbetrachtung, in: Ernst, Wolfgang/Zimmermann, Reinhard (Hrsg.), Zivilrechtswissenschaft und Schuldrechtsreform, Tübingen 2001, S. 607–610.
Medicus, Dieter/Petersen, Jens: Allgemeiner Teil des BGB, 11. Aufl., Heidelberg 2016.
Medicus, Dieter/Lorenz, Stephan: Schuldrecht I AT, 21. Aufl., München 2015.
Meier, Johannes: Die konkludent erklärte Abnahme, BauR 2016, 565–576.
Meier, Sonja: Gesamtschulden. Entstehung und Regress in historischer und vergleichender Perspektive, Tübingen 2010.
Dies.: Schuldnermehrheiten im europäischen Vertragsrecht, AcP 211 (2011), S. 435–490.
Meeßen, Gero: Der Anspruch auf Schadensersatz bei Verstößen gegen EU-Kartellrecht – Konturen eines Europäischen Kartelldeliktsrechts?, Tübingen 2011.
Meyer, Olaf: Principles of Contract Law und nationales Vertragsrecht. Chancen und Wege für eine Internationalisierung der Rechtsanwendung, Baden-Baden 2007.
Mugdan, Benno (Hrsg.)*:* Die gesammten Materialien zum Bürgerlichen Gesetzbuch für das Deutsche Reich, II. Band, Recht der Schuldverhältnisse, Berlin 1899.
Münchener Kommentar zum Bürgerlichen Gesetzbuch (Münchn. Komm. BGB):
–, BGB, Bd. 1: Allgemeiner Teil §§ 1–240, Allgemeines Persönlichkeitsrecht, ProstG, AGG, Kommentar, Redakteurin: Schubert, Claudia, 8. Aufl., München 2018.
–, BGB, Bd. 3: Schuldrecht Allgemeiner Teil II (§§ 311–432), Kommentar, Redakteur: Krüger, Wolfgang, 8. Aufl., München 2019.
Münchener Kommentar zum Handelsgesetzbuch (Münch. Komm. HGB): HGB, Band 2: §§ 105–160 HGB, Kommentar, hrsg. v. Drescher, Ingo/Fleischer, Holger/Schmidt, Karsten, 4. Aufl., München 2016.
Münchener Kommentar zur Zivilprozessordnung (Münch. Komm. ZPO): ZPO, Kommentar, hrsg. v. Krüger, Wolfgang/Rauscher, Thomas, 6. Aufl., München 2020.
Münchener Kommentar zum Wettbewerbsrecht (Münch. Komm. Wettbewerbsrecht): Europäisches Wettbewerbsrecht, Bd. 1, hrsg. v. Säcker, Franz Jürgen/Bien, Florian/Meier-Beck, Peter/Montag, Frank, 3. Aufl., München 2020.
Musielak, Hans-Joachim/Voit, Wolfgang (Hrsg.)*:* ZPO, Kommentar, 16. Aufl., München 2019.
Nassal, Wendt: Die kenntnisabhängige Verjährung in der Rechtsprechung des BGH, NJW 2014, S. 3681–3686.
Neu, Christian: Die Verjährung der gesetzlichen Unterlassungs-, Beseitigungs- und Schadensersatzansprüche des Wettbewerbs- und Warenzeichenrechts. Eine kritische Bestandsaufnahme zu einer praktisch wichtigen, theoretisch aber nicht zufriedenstellend aufgearbeiteten Thematik, GRUR 1985, S. 335–351.
Neumann, Sybille/Berg, Oliver: Einführung in das französische Recht, Baden-Baden 2020.
Nomos Kommentar zum BGB (NK-BGB): BGB, Allgemeiner Teil, Kommentar, Bd. 1, hrsg. v. Heidel, Thomas/Hüßtege, Rainer/Mansel, Heinz-Peter/Noack, Ulrich, 3. Aufl., Baden-Baden 2021.
Nothhelfer, Martin: Die Freiheit vom Selbstbezichtigungszwang, Heidelberg 1989.
Oetker, Hartmut: Die Verjährung, Baden-Baden 1994.
Oftinger, Karl/Stark, Emil W.: Schweizerisches Haftpflichtrecht, Bd. I, Allgemeiner Teil, 5. Aufl., Zürich 1995.

Orell-Füssli-Kommentar (OFK): Kommentar zum Schweizerischen Obligationenrecht, 3. Aufl., Zürich 2016.
Peters, Frank: Zur Verjährung der Schadensersatzforderung des Verpächters nach § 558 BGB, JZ 1989, S. 749–750.
Ders.: Die zeitlichen Dimensionen des Ausgleichs zwischen mehreren für einen Baumangel verantwortlichen Personen, NZBau 2007, S. 337–343.
Ders.: Der Beginn der Verjährung bei Regressansprüchen, ZGS 2010, S. 154–157.
Peters, Frank/Zimmermann, Reinhard/Bundesministerium der Justiz (Hrsg.): Gutachten und Vorschläge zur Überarbeitung des Schuldrechts, Bd. I, 1981, S. 77–373, Köln 1981.
Petrasincu, Alex: Verjährung des Gesamtschuldnerregresses wegen Kartellschadensersatzansprüchen, NZKart 2014, S. 437–443.
Ders.: Kartellschadensersatz nach dem Referentenentwurf der 9. GWB-Novelle, WuW 2016, S. 330–336.
Pfeiffer, Thomas: Gesamtschuldnerausgleich und Verjährung, NJW 2010, S. 23–25.
Piekenbrock, Andreas: Befristung, Verjährung, Verschweigung und Verwirkung. Eine rechtsvergleichende Grundlagenstudie zu Rechtsänderungen durch Zeitablauf, Tübingen 2019.
Planck, Gotttlieb: BGB, Kommentar, Bd. 2, Recht der Schuldverhältnisse, 2. Aufl., Berlin 1900.
Plesterminks, Ingo: Anmerkung zu BAG, Urt. v. 14.11.2018, 5 AZR 301/17, AuA 2019, S. 489.
Pohlmann, Petra: Verjährung nach der EU-Richtlinie 2014/104 zum Kartellschadensersatz, WRP 2015, S. 546–554.
Pothier, Robert-Joseph: Traité des obligations. Mit einem Vorwort von Jean-Louis Halpérin. Neuausgabe der Ausgabe von 1761 und 1764, Paris 2011.
Prediger, Bernhard: Der Vorabausgleichungsanspruch gemäß § 426 Abs. 1 Satz 1. BGB – ein Befreiungsanspruch?, NJW 1970, S. 125–127.
Ders.: Zur Auslegung und Abwendung der Regelungen im BGB über die Gesamtschuld, Frankfurt am Main 1988.
Preussner, Mathias: Zum Leistungsverweigerungsrecht des Planers, der für Planungsfehler einzustehen hat, BauR 2018, S. 1321–1337.
Prölss, Jürgen/Martin, Anton (Hrsg.): Versicherungsvertragsgesetz: VVG mit Nebengesetzen, europäischem Recht, Vertriebsrecht und Allgemeinen Versicherungsbedingungen, 30. Aufl., München 2018.
Prütting, Hanns/Wegen, Gerhard/Weinreich, Gerd: BGB, Kommentar, 14. Aufl., Köln 2019.
Rabe, Dieter: Vorschläge zur Überarbeitung des Schuldrechts: Verjährung, NJW 1992, S. 2395–2440.
Reifzug, Sonja: Anmerkung zu BAG, Urt. v. 14.11.2018, 5 AZR 301/17, DB 2019, S. 793.
Reimann, Alexander: Verjährungsfallen im Baurecht, BauR 2011, S. 14–21.
Reinelt, Ekkehart: Haftung aus Prospekt und Anlageberatung bei Kapitalanlagefonds, NJW 2009, S. 1–8.
Reinicke, Dietrich/Tiedke, Klaus: Verjährung eines Anspruchs vor seiner Entstehung, ZIP 1999, S. 1905–1908.
Remien, Oliver: Ansätze für ein Europäisches Vertragsrecht, ZVglRWiss 87 (1988), S. 105–122.
Ders.: Zwingendes Vertragsrecht und Grundfreiheiten des EG-Vertrages, Tübingen 2003.
Ders. (Hrsg): Verjährungsrecht in Europa – zwischen Bewährung und Reform, Würzburger Tagung vom 8. und 9. Mai 2009, Tübingen 2011.

Ders.: Europäisches Schadensersatzrecht für Kartellrechtsverletzungen in allgemeiner europaprivatrechtlicher Sicht. Zu einigen Regeln des Richtlinienvorschlags vom 11.06.2013, KOM(2013) 404endg, in: Czeguhn, Ignacio (Hrsg.): Recht im Wandel – Wandel des Rechts. Festschrift für Jürgen Weitzel zum 70. Geburtstag, Köln, Weimar u.a. 2014, S. 675–693.

Ders.: III: Germany, in: Kroes, Frank/Negri, Marcella/Prieto, Catherine/Remien, Oliver/Wagner-von Papp, Florian: Limitation periods, in: Implementation of the EU Damages Directive into Member State law, Konferenz, 05.05.2017, Würzburg. Concurrences. Revue des droits de la concurrence/Competition Law Review, 3, 2017, S. 51–53.

Rimmelspacher, Bruno: Die Durchsetzung von Befreiungsansprüchen, JR 1976, S. 183–187.

Rinne, Alexander/Kolb, Katharina: Die Verjährung kartellschadensersatzrechtlicher „Altansprüche“ – Ein Überblick, NZKart 2017, S. 217–223.

Rodemann, Tobias: Gesamtschuldnerausgleich und Verjährung: Auf welche Umstände muss sich Kenntnis beziehen? BGH, Urteil vom 18.06.2009 – VII ZR 167/08, IBR 2009, S. 591.

Rüffer, Wilfried/Halbach, Dirk/Schimikowski, Peter: Versicherungsvertragsgesetz, Kommentar, 4. Aufl., Baden-Baden 2019.

Rüßmann, Helmut: Die Abgrenzung der Gesamtschuld von anderen Schuldnermehrheiten – BGHZ 59, 97, JuS 1974, S. 292–298.

Rummel, Peter (Hrsg.): ABGB, Kommentar, mit EheG, KSchG, MRG, WGG, WEG 2002, BTVG, HeizKG, IPRG, EVÜ in zwei Bänden. 3. Aufl., Wien 2000.

Savigny, Friedrich Carl von: System des heutigen Römischen Rechts, Band V, Berlin 1841.

Ders.: Das Obligationenrecht als Theil des heutigen römischen Rechts, Band 1, Berlin 1851 und Band 2, Belin 1853.

Schlechtriem, Peter: Regreß und Gewährleistung, NJW 1972, S. 1554–1556.

Schmid, Reinhard Th.: Schadensersatzansprüche des Bauherrn bei Submissionsabsprachen, ZIP 1983, S. 652–656.

Schmidt, Hubert: Verjährung und Prozess – Zur Verjährungshemmung durch Streitverkündung, in: Buschbell-Steeger, Marga/Schmidt, Hubert/Jansen, Friedrich/Leverkinck, Gerhard (Hrsg.): Festschrift für Karl Eichele, Baden-Baden 2013, S. 341–354.

Ders.: Anmerkung zu BGH, 07.05.2015 – VII ZR 104/14: Zulässige Streitverkündung unter Gesamtschuldnern, JA 2015, S. 627–629.

Schmidt-Kessel, Martin: Europäisches Zivilgesetzbuch, in: Basedow, Jürgen/Hopt, Klaus J./Zimmermann, Reinhard (Hrsg.): Handwörterbuch des Europäischen Privatrechts (HWB EuP), Bd. 1: Abschlussprüfer Kartellverfahrensrecht, Tübingen 2011, S. 551–555.

Ders.: Study Group on a European Civil Code, in: Basedow, Jürgen/Hopt, Klaus J./Zimmermann, Reinhard (Hrsg.): Handwörterbuch des Europäischen Privatrechts (HWB EuP), Bd. 2: Kauf – Zwingendes Recht, Tübingen 2011, S. 1453–1457.

Schmidt-Räntsch, Jürgen: Das neue Schuldrecht. Anwendung und Auswirkungen in der Praxis, Köln 2002.

Schüssel-Kohlhäufl, Theresa: Die Struktur des Delikts im Kartellschadenersatzrecht. Eine Analyse unter besonderer Berücksichtigung der Feststellungswirkung des § 33b GWB, Tübingen 2020.

Schulte-Nölke, Hans: Grundsätze, Begriffe und Modellregeln des Europäischen Privatrechts. Entwurf eines Gemeinsamen Referenzrahmens (DCFR), 2010/11, https://www.elsi.uni-osnabrueck.de/fileadmin/documents/public/hsn/DCFR_%C3%9Cbersetzung_f%C3%BCr_Internet.pdf, zuletzt abgerufen am 20.08.2023.

Schulze-Hagen, Alfons: Zur Regelverjährung baurechtlicher Ansprüche, BauR 2016, S. 384–403.
Schweer, Carl-Stephan/Todorow, Valentin: Freistellungsansprüche bei streitiger Hauptforderung, NJW 2013, S. 2072–2077.
Schwenke, Hendrik: Die Richtlinie für private Kartellschadensersatzklagen und der Gesamtschuldnerausgleich. Wie kann Art. 11 V ins deutsche Recht umgesetzt werden?, NZKart 2015, S. 383–390.
Schwenker, Hans Christian: BGH, Urt. v. 18.06.2009 – VII ZR 167/08 – § 426 BGB 1/09. Einheitliche Verjährung des Ausgleichsanspruchs unter Gesamtschuldnern, EWiR 2009, S. 565–566.
Ders.: BGH, Urt. v. 09.07.2009 – VII ZR 109/08 – § 426 BGB 2/09. Innenausgleich zwischen Gesamtschuldnern trotz Verjährung des Hauptanspruchs gegenüber einem Gesamtschuldner, EWiR 2009, S. 705–706.
Schwimann, Michael (Hrsg.): ABGB-Taschenkommentar, 2. Aufl., Wien 2013.
Schulze, Reiner/Dörner, Heinrich/Ebert, Ina/Hoeren, Thomas/Kemper, Rainer/Saenger, Ingo/Scheuch; Alexander/Schreiber, Klaus/Schulte-Nölke, Hans/Staudinger, Ansgar/Wiese, Volker: Bürgerliches Gesetzbuch, 10. Aufl., Baden-Baden 2019.
Schulze, Reiner/Schulte-Nölke, Hans (Hrsg.): Die Schuldrechtsreform vor dem Hintergrund des Gemeinschaftsrechts, Tübingen 2001.
Schuster, Doris-Maria: Einbehalt von zu wenig Lohnsteuer durch den Arbeitgeber, ArbR 2019, 123 (Anmerkung).
Schwab, Karl-Heinz: Der Streitgegenstand im Zivilprozess, München 1954.
Schwarze, Jürgen (Hrsg.): Rechtsschutz und Wettbewerb in der neueren europäischen Rechtsentwicklung, Baden-Baden 2010.
Schweitzer, Heike: Kartellschadensersatz – rechtlicher Rahmen, in: Hüschelrath, Kai/Leheyda, Nina/Müller, Kathrin/Veith, Tobias: Schadensermittlung und Schadensersatz bei Hardcore-Kartellen. Ökonomische Methoden und rechtlicher Rahmen, Baden-Baden 2012, S. 39–78.
Schweizerisches Institut für Rechtsvergleichung, Gutachten zum Recht der Verjährung in Deutschland, Frankreich, England und Dänemark, hrsg. v. Heckendorn Urscheler, Lukas/Fötschl, Andereas/Mann, Martin/Hervier, Marion/Sychold, Martin, Lausanne 2011.
Selb, Walter: Mehrheiten von Gläubigern und Schuldnern, Tübingen 1984.
Singbartl, Jan/Zintl, Josef: Beginn der regelmäßigen Verjährungsfrist und Zumutbarkeit der Klageerhebung. Entscheidungsbesprechung zu BGH, Urt. v. 13.01.2015 – XI ZR 182/13, GWR 2015, S. 210.
Soergel, Carl: Die möglichen Gesamtschuldverhältnisse von Baubeteiligten, BauR 2005, Sonderheft 1a, S. 239–250.
Soergel, Theodor (Begr.): Bürgerliches Gesetzbuch mit Einführungsgesetz und Nebengesetzen: BGB. Kommentar, 13. Aufl., Stuttgart 2010.
Sohn, Peter/Holtmann, Patrick: Die neue Rechtsprechung des BGH zur Gesamtschuld, BauR 2010, S. 1480–1485.
Sonnenberger, Hans Jürgen/Schweinberger, Eugen: Einführung in das französische Recht, 2. Aufl., München 1986.
Soyez, Volker: Die Verjährung des Schadensersatzanspruchs gem. § 33 Abs. 3 Satz 1 GWB, ZWeR 2011, S. 407–421.
Ders.: Verjährung kartellrechtlicher Schadensersatzansprüche, WuW 2017, S. 240–244.
Spiro, Karl: Die Begrenzung privater Rechte durch Verjährungs-, Verwirkungs- und Fatalfristen, Bd. I, Die Verjährung der Forderungen, Bern 1975.

Stadler, Astrid: Gestaltungsfreiheit und Verkehrsschutz durch Abstraktion, Tübingen 1996.
Dies.: Allgemeiner Teil des BGB, 20. Aufl., München 2020.
Stamm, Jürgen: Regreßfiguren im Zivilrecht. Eine Rückbesinnung auf die Gesamtschuld unter Neubewertung des Zessionsregresses gemäß § 255 BGB und der Drittschadensliquidation, Berlin 2000.
Ders.: Die Bewältigung der „gestörten Gesamtschuld", NJW 2004, S. 811–813.
Ders.: Neue Lösungsansätze zur Bewältigung der gestörten Gesamtschuld im Verhältnis zwischen Bauunternehmer und Architekt, BauR 2004, S. 240–251.
Ders.: Die Auflösung der Drittschadensliquidation im Wege der Gesamtschuld. AcP 217 (2017), S. 165–204.
Stancke, Fabian/Weidenbach, Georg/Lahme, Rüdiger: Kartellrechtliche Schadensersatzklagen, Frankfurt am Main 2011.
Staudinger, Julius von (Begr.): Kommentar zum BGB.
–, Buch 1, Allgemeiner Teil: §§ 164–240 (Allgemeiner Teil 5), Neubearbeitung 2014, hrsg. v. Habermann, Norbert/Jacoby, Florain/Peters, Frank/Repgen, Tilman/Schilken, Eberhard, Berlin 2014.
–, Buch 2, Recht der Schuldverhältnisse: §§ 397–432, Neubearbeitung 2017, hrsg. v. Löwisch, Manfred, bearb. v. Rieble, Volker/Busche, Jan/Looschelders, Dirk, Berlin 2017.
–, Buch 2, Recht der Schuldverhältnisse: §§ 830–838 (Unerlaubte Handlungen 3), Neubearbeitung 2017, hrsg. v. Hager, Johannes/Eberl-Borges, Christina unter Mitarbeit v. Belling, Detlev W, Berlin 2017.
Ders.: Staudinger, Eckpfeiler des Zivilrechts, hrsg. v. Herresthal, Carsten/Kaiser, Dagmar/Stoffels, Markus, 7. Aufl., Berlin 2020.
Stöber, Michael: Die Verjährung von Ansprüchen auf Schadensersatz statt der Leistung, ZGS 2005, S. 290–295.
Stürner, Michael: Das Privatrecht der Europäischen Union, JURA 2016, S. 1133–1141. https://www.degruyter.com/document/doi/10.1515/jura-2016-0228/html, zuletzt abgerufen am 20.08.2023.
Teusch, Ulrich: Was ist Globalisierung?, Darmstadt 2004.
Thiede, Thomas/Träbing, Tim: Praxis des Anscheinsbeweises im Kartellschadensersatzrecht – ein Rechtsprechungsbericht, NZKart 2016, S. 422–427.
Thomas, Heinz/Putzo, Hans (Begr.): ZPO, Kommentar ZPO, bearb. v. Reichold, Klaus/Hüßtege, Rainer/Seiler, Christian, 40. Aufl., München 2019 und 41. Aufl., München 2020).
Thume, Karl-Heinz (Hrsg.): Kommentar CMR. Übereinkommen über den Beförderungsvertrag im internationalen Straßengüterverkehr, 4. Aufl., Frankfurt am Main 2013.
Thur, Andreas von/Escher, Arnold: Obligationenrecht, Allgemeiner Teil II, Zürich 1984.
Tipke, Klaus/Kruse, Wilhelm (Hrsg.): Abgabenordnung – Finanzgerichtsordnung: AO, FGO mit Aktualisierungsservice. Kommentar zur AO und FGO (inklusive Steuerstrafrecht), Köln 2005.
Wabnitz, Heinz-Bernd/Janovsky, Thomas/Schmitt, Lothar (Hrsg.): Handbuch Wirtschafts- und Steuerstrafrecht, 5. Aufl., München 2020.
Wagener, Dominique: BB-Kommentar zu EuGH, Urteil vom 28.03.2019, C-637/17, BB 2019, S. 973–977.
Weber, Sebastian: Anmerkung zu OLG Frankfurt, Urteil vom 22.05.2007 – 9 U 51/06, EWiR 2007, S. 739–740.
Weise, Stefan: Gesamtschuld und Verjährung, NJW-Spezial 2011, S. 108–109.

Weitbrecht, Andreas: Kartellschadensersatz 2019, NzKart 2020, S. 106–113.

Wessel, Markus: Aktuelle Entscheidungen im Bau- und Architekten-/Ingenieur-Recht, ZfBR 2020, S. 107–128.

Wietzorek, Michael: Die europäische Entwicklung auf dem Gebiet eines einheitlichen Vertragsrechts, StudZR 2006, S. 91–120.

Windscheid, Bernhard: Die Actio des römischen Zivilrechts vom Standpunkt des heutigen Rechts, Düsseldorf 1856.

Winter, Henry: Teilschuld, Gesamtschuld und unechte Gesamtschuld. Zur Konzeption der §§ 420 ff. BGB – Ein Beitrag zur Entstehungsgeschichte des BGB, Frankfurt am Main 1984.

Wolf, Manfred: Die Befreiung des Verjährungsrechts vom Streitgegenstandsdenken, in: Gottwald, Peter/Roth, Herbert (Hrsg.), Festschrift für Ekkehard Schumann zum 70. Geburtstag, Tübingen 2001, S. 579–595.

Zahn, Alexander: Verjährungsbeginn des Ausgleichsanspruchs bei Gesamtschuld zwischen Architekten und Bauunternehmer – auch bei § 650 t BGB n.F., BauR 2017, S. 1262–1266.

Ders.: Teilabnahme – Wie funktioniert § 650s BGB?, NZBau 2019, S. 34–41.

Zimmermann, Reinhard/Leenen, Detlef/Mansel, Heinz-Peter/Ernst, Wolfgang: Finis Litium? Zum Verjährungsrecht nach dem Regierungsentwurf eines Schuldrechtsmodernisierungsgesetzes, JZ 2001, S. 684–699.

Zimmermann, Reinhard: „... ut sit finis litium", JZ 2000, S. 853–866.

Ders.: Grundregeln eines Europäischen Verjährungsrechts und die deutsche Reformdebatte, ZeuP 2001, S. 217–222.

Ders.: Principles of European Contract Law, in: Basedow, Jürgen/Hopt, Klaus J./Zimmermann, Reinhard (Hrsg.): Handwörterbuch des Europäischen Privatrechts (HWB EuP), Bd. 2: Kauf – Zwingendes Recht, Tübingen 2011, S. 1177–1180.

Ders.: Common Frame of Reference, in: Basedow, Jürgen/Hopt, Klaus J./Zimmermann, Reinhard (Hrsg.): Handwörterbuch des Europäischen Privatrechts (HWB EuP), Bd. 1: Abschlussprüfer Kartellverfahrensrecht, Tübingen 2011, S. 276–280.

Zöller, Richard (Begr.)*:* ZPO, Kommentar, bearb. v. Althammer, Christoph/Feskorn, Christian/Geimer, Reinhold/Greger, Reinhold/Herget, Kurt/Heßler, Hans-Joachim/Lorenz, Arndt/Lückemann, Clemens/Seibel, Mark/Schultzky, Hendrik/Vollkommer, Max, 33. Aufl., Köln 2020.

Zöttl, Johannes/Schlepper, Lisa: Die private Durchsetzung von kartellrechtlichen Schadensersatzansprüchen: Status Quo in Deutschland, EuZW 2012, S. 573–576.

Zürcher Kommentar: Kommentar zum Obligationenrecht – Die Solidarität (Art. 143–150 OR), hrsg. v. Krauskopf, Frédéric, 3. Aufl., Zürich 2016.

Register

Studien zum Privatrecht

Die Schriftenreihe *Studien zum Privatrecht* (StudPriv) als Äquivalent zur renommierten Reihe *Jus Privatum* bietet herausragenden Dissertationen aus dem Bereich des Privatrechts eine ansprechende Plattform und deckt sämtliche Fächer des Privatrechts ab: das Bürgerliche Recht, das Handels- und Gesellschaftsrecht, das Wirtschaftsrecht, das Arbeitsrecht und das Verfahrensrecht. Fächerübergreifende und fachgebietsübergreifende Themenstellungen sind dabei nicht ausgeschlossen, solange der Schwerpunkt der Arbeit im Privatrecht einschließlich seiner europarechtlichen beziehungsweise internationalrechtlichen Bezüge zu finden ist. Um die hohe Qualität der in dieser Reihe veröffentlichten Dissertationen zu gewährleisten, werden nur Arbeiten zur Veröffentlichung in Betracht gezogen, die in beiden Gutachten uneingeschränkt mit summa cum laude bewertet wurden.

ISSN: 1867-4275
Zitiervorschlag: StudPriv

Alle lieferbaren Bände finden Sie unter *www.mohrsiebeck.com/studpriv*

Mohr Siebeck
www.mohrsiebeck.com